重庆市志

主　修　唐良智

主　审　屈　谦　唐　慎

总编辑　刘文海

重庆市志

残疾人事业志

重庆市残疾人联合会 编纂

（1986—2015）

西南师范大学出版社

图书在版编目(CIP)数据

重庆市志. 残疾人事业志 : 1986—2015 / 重庆市残疾人联合会编纂. -- 重庆 : 西南师范大学出版社, 2020.7
ISBN 978-7-5697-0356-6

Ⅰ. ①重… Ⅱ. ①重… Ⅲ. ①重庆 - 地方志②残疾人 - 社会福利事业 - 概况 - 重庆 - 1986 - 2015 Ⅳ. ①K297.19②D669.69

中国版本图书馆CIP数据核字(2020)第131087号

责任编辑　于诗琦
封面设计　张小卉　殷　智

重庆市志·残疾人事业志(1986—2015)
CHONGQING SHI ZHI CANJIREN SHIYE ZHI
重庆市残疾人联合会　编纂

西南师范大学出版社出版、发行
重庆荟文印务有限公司
开本:889mm×1194mm　1/16　印张:34　插页:4　字数:870千字
2020年7月第1版　2020年7月第1次印刷
ISBN 978-7-5697-0356-6
定价:228.00元

重庆市地方志编纂委员会

《重庆市志·残疾人事业志(1986—2015)》编纂委员会

2015年3月

主　任:周　鸣

副主任:任能君　彭美云　张青莉　孙连尚　郝建新　马占山

委　员:易士涌　祖　怀　耿　琳　雷建平　陈登武　罗海波　李清安　段贤彬

简朝恩　余恩来　王力军　李红红　吴志刚　钱　卫　陈　野　文　科

冯　鸿　王　静　田春兰　孟　翱　何光莲　杨　林　钟　铎　熊　昕

赵榜明　易才军　周明进　李　静　杨　勇　周林春　于成林　肖体桂

鲁　华　钟洪波　黄　平　胡显权　韦德东　程平康　刘雅洵　周　红

余明芳　秦大志　洪跃新　冉景扬　彭　华　李仕斌

《重庆市志·残疾人事业志(1986—2015)》编纂委员会编辑部

主　编:周　鸣

执行主编:任能君

执行副主编:蒋春辉

编　辑:李　霞　罗高利　张顶奇　姜志勇　邓广琼　张学春　雷光富　梁长华

文海青　杨志宇

供　稿:向泽贵　任　琼　张　骏　陈　佳　刘玉霞　黄　科　牟　娅　刘道民

熊世全　甘杨梅　谭小红　舒玉隽　陈　键　寇荣容　郑仕燕　崔学彬

肖　红　杨　强　郭利琼　唐　萍　周文斌　李奇志　晏文素　郑绍凡

曾海林　何　川　邹　江　罗　成　李秀英　余　伟　陈小明　彭　清

张　俊　黎智勇　田春香　谢　倩　窦世华　刘　娜　傅　强　唐　旭

阳　光

《重庆市志·残疾人事业志(1986—2015)》编纂委员会

2018年9月

主　任:黎德龙

副主任:张青莉　孙连尚　谭正萱　雷建平　陈登武

委　员:李　霞　罗海波　祖　怀　耿　琳　姜志勇　易士涌　阳　雄　雷光富
李清安　张光平　黄昌彬　何小林　彭丽娟　李红红　吴志刚　唐明跃
罗高利　赵安全　冯　鸿　王　静　张　勇　孟　翱　何光莲　杨　林
陈　波　陈　军　黄秀荣　张开强　邓永清　谭达友　周林春　简圣彬
高文辉　李泞玉　谢邦清　王亚光　钟洪波　余富华　程平康　梅应辉
周　红　谭文清　秦大志　陈天龙　冉景扬　黄江河　高东应　王慧明

《重庆市志·残疾人事业志(1986—2015)》编纂委员会编辑部

2018年9月

主　编:黎德龙

副主编:雷建平

执行副主编:蒋春辉

编　辑:文海青　陈洪宇　张顶奇　龙泽生　王华丽　张学春　梁长华　陈秀兰
杨志宇　杨　倩

供　稿:刘　麟　任　琼　张　骏　陈　佳　刘玉霞　黄　科　牟　娅　吴秀玲
熊世全　甘杨梅　谭小红　舒玉隽　刘　源　田　印　郑仕燕　王超莲
肖　红　罗伶俐　郭利琼　唐　萍　曾繁金　李奇志　李春梅　余　伟
宁　堃　冯　燕　何荣梅　刘纯华　王　钧　李秀英　朱　莎　彭　清
欧　琼　杨银美　秦清华　田春香　谢　倩　高伶俐　刘　娜　杨　校

重庆市地方志办公室复审人员:刘文海　夏小平　殷　智　司逸澈　陈欣如

凡　例

一、《重庆市志·残疾人事业志(1986—2015)》(以下简称本志)编纂坚持以马克思列宁主义、毛泽东思想、邓小平理论、“三个代表”重要思想、科学发展观和习近平新时代中国特色社会主义思想为指导,坚持解放思想、实事求是、与时俱进、求真务实,坚持辩证唯物主义与历史唯物主义的观点,全面、准确、客观、科学地记述了重庆市辖区内残疾人事业发展的历史与现状,力求志书的思想性、科学性和资料性统一,以促进全市残疾人事业的健康发展。

二、本志上限为1986年,下限为2015年(由于资料及时间原因,本志仅有图片、大事记、组织沿革等部分下限至2018年)。为保持事物的连续性和完整性,个别内容可适当上溯或下延,建置沿革、重大项目建设等内容,上溯至事物的发端之时;断限内发生发展的事物从其发端之时开始记载到下限之时。

三、本志采用述、记、志、传、图、表、录等体裁,以志为主体;大事记以编年体从1985年5月16日重庆市残疾人福利基金会经重庆市人民政府批准成立开始记述。设置残疾人状况、组织沿革、康复与预防、残疾人社会保障、残疾人教育、残疾人就业、残疾人扶贫、残疾人宣传文化体育、残疾人权益维护及区县(自治县)残疾人事业共十篇,篇下设章,章下设节,节下一般设两个层次,分别用一、二、三、……,(一)(二)(三)……区分。

四、本志坚持详今略古、详近略远的原则。重点记述1997年6月18日重庆市直辖市成立后的残疾人事业发展历史。

五、本志采用第三人称进行记述;1949年10月1日,中华人民共和国成立之前简称“新中国成立前”,之后简称“新中国成立后”;中国共产党简称“中共”;人物直呼其名,必要时冠其职衔;政区名称、机构名称、历史地名、人物职衔一律按照顺时记事的原则,以当时职务称谓为准,个别特殊的加括号注释。

六、本志民国及民国以前的历史纪年,用朝代、帝号、年代加括注公元纪年;涉及农历时间均按公历折算后入志;新中国成立后,一律使用公元纪年;世纪和年代用阿拉伯数字记述。

七、本志规范使用语言、文字、数字,采用规范的语体文、记述体;简化字、异形词、数字和标点符号按国家语言文字工作委员会、国家标准化管理委员会公布的《简化字总表》《出版物上数字用法》《标点符号用法》为准。计量单位采用国家法定的统一计量单位。

八、本志附录中收录了市残联历任领导简历、表彰奖励、地方性法规规章、重要文章选录等;还收录了市委市政府出台的《重庆市残疾人保障条例》《重庆市按比例安排残疾人就业规定》《促进残疾人事业发展意见》等法规规章,体现了党委政府对重庆残疾人事业的重视和支持。

九、本志资料来源于市残联和各区市县残联,以及市残联所属单位的档案资料等,文内资料一般不注明资料出处。

目 录

第一篇 残疾人状况

第二篇 组织沿革

第三篇　康复与预防

第四篇　残疾人社会保障

第五篇 残疾人教育

第六篇 残疾人就业

第七篇　残疾人扶贫

第八篇　残疾人宣传文化体育

第九篇 残疾人权益维护

第十篇　区县(自治县)残疾人事业

概　述

残疾人从来就是人类的一部分，健全与残缺构成人类生命的全部；残疾人是特殊的困难群体，需要更多关爱和帮助。

从20世纪80年代开始，重庆市残疾人事业从一个弱小的、工作单一的领域，发展成为一个系统的、工作内容涉及残疾人民生的崭新事业，走过了不平凡的历程。

20世纪80年代中期开始，各级单位逐步成立残疾人工作的专门性组织，对残疾人状况进行首次调查；开展扶残助残宣传活动；进行无障碍改造试点；大力兴办安置残疾人就业的福利企业；残疾人康复、特殊教育、技能培训以及文体活动等工作蓬勃开展。1997年重庆市直辖后，残疾人组织发生质的变化，重庆市委制定重庆市残疾人联合会机构设置和人员编制方案，残疾人联合会成为市政府设置机构，履行代表功能、服务功能、管理功能，对残疾人事业进行管理，各级政府将残疾人事业纳入经济和社会发展大局，加强领导和经费投入。2001年后，以抢救性的三项康复（聋儿语训、白内障复明、小儿麻痹后遗症矫治）为突破口，继续拓宽业务工作领域，事业稳步向前推进。进入新世纪后，为适应市场经济的发展，着力做好关系残疾人事业长远发展的基础性工作，在理论上，加强对现代化文明社会残疾人观念的学习和理解；在权益上，加强残疾人法规和制度建设，使残疾人工作职责明确，有章可循；在业务上，积极推进各项残疾人工作，开展按比例安排残疾人就业，建立扶贫助残基地；加强残疾人基础设施建设；开展残疾人社会保障和贫困残疾人救助等工作。重庆市残疾人事业迈上新台阶，给广大残疾人带来了实实在在的利益，为新世纪残疾人事业的持续健康发展奠定了良好的基础。

建立健全残疾人组织机构。近30年，重庆市残疾人工作经历了较大的发展过程，大致可以分为两个阶段。第一个阶段是1986—1997年，这个阶段，重庆市残疾人工作还未形成一个统一的整体，1985年，成立四川省重庆市残疾人福利基金会和重庆市盲人聋哑人协会，分别负责全市残疾人救助、文化体育、特殊教育及盲人按摩工作。1988年3月11日，中国残疾人联合会第一次全国代表大会开幕，宣告中国残疾人联合会的诞生。1989年3月1日，成立重庆市残疾人联合会，由民政局代管，独立开展残疾人工作。1994年，重庆市残联与市民政局分离，归市政府直管。万县市、涪陵市、黔江土家族苗族自治县等地的残疾人联合会也相继成立，独立开展工作，初步形成残疾人事业的框架。之后，残疾人事业纳入国民经济和社会发展规划，颁布了一系列维护残疾人合法权益的法规，残疾人康复、教育、就业、扶贫、社会保障及文体活动等业务全面展开。第二个阶段是1997年重庆市直辖后。重庆市残联辖万州区残联、涪陵区残联、黔江地区残联办事处及其他区(市)县的残联机构共40个,至此,重庆市残联系统正式形成一个有机的整体。至2015年年末,重庆市有区县残联40个,市残疾人联合会有直属机构3家:重庆市残疾人综合服务中心、重庆市残疾人劳动就业服务指导中心、重庆市残联信息中心(重庆市残疾人文化体育训练管理活动中心);专门协会5个:重庆市盲人协会、重庆市聋人协会、重庆市肢残人协会、重庆市智力残疾人及亲友会、重庆市精神残疾人及亲友会;社团组织7个:重庆市残疾人福利基金会、重庆市残疾人体育协会、重庆市残疾人新闻事业宣传促进会、重庆市残疾人康复协会、重庆市残疾人心理咨询学会、重庆市残疾人企业家协会、重庆市盲人按摩学会。全市形成一系列保障残疾人的组织体系、业务体系、政策法规体系和理论体系,残疾人事业发展得到了充分的保障。

认真开展残疾人普查。1986年4月,为贯彻落实国务院关于对全国残疾人进行抽样调查的会议精神,四川省成立四川省残疾人抽样调查领导小组及其办公室,对全省进行第一次大规模的残疾人抽样调查。1987年调查结束,根据测算,重庆市各类残疾人的总数约为78.75万人。1997年,重庆市直辖后,全市有残疾人约156万人,占总人口的5%;2006年全国进行第二次残疾人抽样调查,推算重庆市各类残疾人的总数为169.4万人,占总人口的6.05%。同年,启动残疾人状况监测,推动残疾人事业发展。2015年,启动专项入户调查工作,完成调查录入持证残疾人和0~15周岁未持证残疾儿童68.96万人,占调查底册总数的97%,4月2日,在重庆市举行了全国残疾人基本服务状况和需求专项调查工作会议。截至2015年年末,全市持有第二代残疾人证的残疾人有811979人;从残疾等级上看,一级残疾98844人、二级残疾211126人、三级残疾212961人、四级残疾289048人;从残疾类别上看,肢体残疾449303人、听力残疾48281人、视力残疾130026人、精神残疾73186人、言语残疾13560人、智力残疾67544人、多重残疾30079人。

全面加强残疾人康复服务。1984年,重庆市开始启动残疾人康复工作,主要开展盲聋哑人盲症、聋症的普查。1986—1987年,开展有计划、有组织的盲症康复治疗和儿麻矫治手术。1989年,实施以白内障康复服务、小儿麻痹后遗症矫治康复和聋儿语言训练三项康复服务的三项康复工作。是年,设立了残疾人三项康复工作领导小组和康复工作办公室。1994年后残疾人康复工作由“三项康复”服务延伸至白内障、小儿麻痹、耳聋、智力残疾、视力、肢体、精神等全面康复服务。2006—2015年,全市为残疾人实施白内障复明手术16.16万例/次,其中免费为贫困残疾白内障患者实施手术6.82万例/次。2011年,重庆市荣获了国家授予的“全国白内障无障碍市”称号;为贫困肢体残疾儿童实施矫治手术1700余人次,培训康复管理、技术人员8768人次,开展肢体残疾康复训练3.46万人次,供应各类辅助器具29.53万件/例,其中假肢装配4249例、矫形器装配3079例、其他辅助器具供应28.8件/例;完成聋儿听力语言训练2974人次,培训6216名聋儿家长协助聋儿语训康复工作,开展各级各类听力语言康复专业技术人员培训2149人次;为14519名智力残疾患者实施康复训练,培训智力康复管理、技术人员3297人次;为1.2万名低视力者配用助视器和进行康复训练,开展低视力儿童家长培训

2496人次。至2015年年末，全市患有精神病人数为18.27万人、监护病人数15.4万人、显好病人数12.62万人、接受治疗的精神病患者11.05万人、贫困患者6.85万人。至2015年年末，开展社区康复服务社区（村）累计数7791个，建社区康复站的社区累计数3379个；建社区康复服务档案86.6万人，接受社区康复服务累计人数66.29万人次。同时，残疾人康复机构还开展了社区康复、康复人才培训、残疾预防、康复知识、政策宣传等工作，为“人人享有康复服务”目标做出了努力。

扎实做好残疾人社会保障。20世纪90年代，重庆市主要通过救助救济的方式，保障残疾人最基本的生活。利用“全国助残日”“春节”等节日，走访看望贫困残疾人，发放慰问品和救济金。2000年以后，重庆市在残疾人社会保障方面的工作方式逐渐完善，从单一的救助救济，向为残疾人提供最低生活保障、医疗保险、养老保险、生活救助、重度残疾人托养服务转变。

在最低生活保障方面：重庆市于2008年在全国率先制定城乡统筹的《重庆市城乡居民最低生活保障条例》，将残疾人纳入最低生活保障，享受低保待遇，至2015年，有18.6万名残疾人享受到城乡居民最低生活保障。

在医疗保险方面：重庆市于2009年出台《重庆市新型农村合作医疗暂行管理办法》和《重庆市残疾人基本医疗保障办法（试行）》，制定了一系列残疾人参加医疗保险方面的优惠政策。

在养老保险方面：重庆市于2007年在全国率先建立全市统筹、城乡一体化的居民养老保险制度，并于2011年实现全覆盖，城乡残疾人享受到同样的养老保险待遇，到2015年，有41万名残疾人参加了城乡居民养老保险。

在生活救助方面：重庆市于2015年印发了《重庆市经济困难的高龄失能老年人养老服务补贴实施办法》《重庆市贫困残疾人生活补贴实施办法》《重庆市重度残疾人护理补贴实施办法》等救助政策，加大对生活困难残疾人的救助力度。至2015年年末，其他救助救济困难残疾人9.84万人。

在重度残疾人托养服务方面：重庆市残联于2009年提出托养工作以政府主导、民办公助、社会参与、市场运作的指导思想，托养工作实现了“家庭养护、日间照料、社区寄养、集中托养”的工作体系，至2015年，重庆市有寄宿制托养服务机构26个，日间照料托养服务机构37个，综合托养服务机构14个，托养残疾人2.84万人。

全力推进残疾人教育。20世纪80年代，全市特殊教育机构少，教学形式和内容单一，教育质量较低。1989年，国务院办公厅转发了国家教委等八部委《关于发展特殊教育若干意见》，确立了发展特殊教育的基本方针；1990年，印发了《重庆市1990—2000年特殊教育规划》，为全市特殊教育发展提出了目标、任务和要求；1994年，国务院颁布了《残疾人教育条例》，从学前教育、义务教育、职业教育、高等教育及成人教育等方面做出规定，开启了残疾人教育事业发展新篇章。条例颁布后，市政府及市教委、市残联分别连续出台了“五年发展规划”和一系列配套政策，推进残疾人教育事业发展。

学前教育。1986年,重庆市第一家由个体兴办的专门招收残疾儿童的幼儿园"重庆绍综残疾儿童幼儿园"诞生。此后,全市公办、民办以及残联康复机构开办的残疾儿童幼儿园(中心)分别建立,专门招收学龄前残疾儿童入学接受文化、生活、康复等方面的教育培养。

义务教育。配合教育部门,积极推进残疾儿童少年接受义务教育。1985年,江津县民政局协调配合教育部门在杜市乡成立重庆市第一所农村聋哑学校,残疾人义务教育从市区逐步延伸至县乡。至2015年12月,全市30万人口以上区县(自治县)全部建立特殊教育学校,已经形成以随班就读为主体,以特殊教育学校为骨干,以特殊教育资源中心(教室)为支撑,以送教上门为辅助,以政策支持为保障的教育体系。全市有特殊教育学校35所,在特教学校就读学生4405名。

中等教育(职业教育)。1989年,全市中等专业学校仅1名残疾人入学;1992年,江津成立江津县残疾人职业学校,开设财会、中医、文秘三个专业;1996年,开设残疾人中等职业教育2所,在校学生280名;2006—2015年,全市有残疾人中等职业学校(班)3个,在校就读学生累计4461名,其中普通高中阶段学生2239名,中等职业教育学生2222名。

高等教育。1985年,有16名残疾学生在重庆大学、四川外语学院、西南师范学院等3所大学就读;2003年,重庆师范大学特殊教育学院成立,标志着重庆高等特殊教育有了新的发展;2005年起,每年市残联与市教委联合印发《关于做好普通大中专院校残疾考生招录工作的通知》,从政策上保障残疾考生招录工作;2012年,建立和完善重庆市贫困残疾大学生资助机制;2013年,市残联印发了《重庆市贫困残疾大学生入学和生活救助暂行办法》。2015年,各类高等院校录取残疾考生265人。

盲文与手语推广。根据中国残联部署,1998年市残联举办"新盲文"推广培训班,对30个区县(市)的残联干部和盲人骨干进行了"新盲文"培训,并要求各区县做好推广普及工作。至2015年,"新盲文"在盲人中基本得到普及。启动视障阅览室建立工作,至2015年全市已有38个区县(自治县)的图书馆建立了视障阅览室,并配有盲文书籍、有声读物和无障碍电脑等,方便盲人无障碍信息交流。1986—2015年,共举办中国手语培训班25期,全市残疾人工作者、特校教师和相关社会人员共计1000余人参加培训。1999年,市残联与重庆有线电视台共同开办了电视手语新闻节目,方便聋人了解更多的社会信息。

有效解决残疾人就业。残疾人就业主要通过集中、分散按比例就业和个体从业三种形式。1998年以前,主要通过福利企业集中安置残疾人就业,就业渠道单一,残疾人就业困难。1998年,重庆市人民政府(以下简称市政府)颁布了《重庆市按比例安排残疾人就业规定》,2000年,市政府办公厅转发《市残联关于进一步做好残疾人劳动就业工作意见的通知》,市残联、市财政局、市地税局和中国人民银行重庆营业管理部联合印发了《重庆市残疾人就业保障金征收使用管理暂行办法》,之后重庆市残疾人就业工作呈现出新的局面。市残联制定、完善残疾人就业有关扶持政策;进行残疾人劳动力资源和社会用工调查;开展残疾人求职登记、劳动能力评估、失业登记、就业咨询、职业培训、职业介绍;实施残疾人按比例就业和残保金的征收;协助兴办残疾人福利企业,帮助残疾人个体从业;为农村残疾人参加生产劳动提供服务等,残疾人就业状况明显改善。至2015年,全市城镇残疾人就业13.84万人,农村残疾人就业46.63万人。

大力实施残疾人扶贫。1993年,重庆市开展残疾人贫困状况调查;1997年,重庆市实施《重庆市残疾人扶贫攻坚计划(1998—2000年)》;2002年,市残联、市扶贫办等五部门联合出台《农村残疾人扶贫开发计划(2001—2010年)》;2012年,市残联、市扶贫办编制《重庆市农村残疾人扶贫开发规划(2011—2020年)》等一系列规划,实施残疾人危房改造、开展贫困残疾人实用技术培训、建立残疾人扶贫基地、发放康复扶贫贴息贷款等工作。

危房改造。2001年,中国残联下发通知,实施残疾人危房改造项目,市残联按照中国残联通知要求,印发了《重庆市农村贫困残疾人危房改造实施方案》,在全市分期分批改造、新建农村贫困残疾人危房户和无房户。2004—2015年,中央、市级共安排资金1.91亿元,改造农村残疾人危房34945户,42094万残疾人受益。该项目在2009—2014年被列为市委市政府"民心工程"。

技术培训。2001—2015年,中央、重庆市及各区县(自治县)共投入培训经费8553.62万元,举办各类实用技术培训班1300余期,免费培训人数312.38万人次,并给予参加培训的残疾人一定的扶持资金或物资,让残疾人真正掌握一技之长,使他们通过辛勤劳动脱贫增收,有的甚至成了种、养或加工业大户,帮助带动其他贫困残疾人脱贫。

基地建设。2003年开始,市残联与区县(自治县)联系,建立有一定规模、有特色、有带动能力的残疾人扶贫示范基地。基地作为培训、辐射、安置、带动农村贫困残疾人脱贫致富奔小康的示范窗口。至2015年12月,全市已建立5个市级、10个市和区县共创基地,72个区县(自治县)级基地,辐射带动残疾人户累计8073户,在基地就业的残疾人达4.55万人次,人均月收入1200元以上。

康复贷款。国家于1992年设立康复扶贫贷款贴息项目。1993年,中国农业银行、财政部、中国残联下发《关于康复扶贫贷款结息办法的通知》后,重庆市启动该项工作。根据市残联、市财政局、市农行联合出台《关于使用扶贫贴息履行扶贫义务管理暂行规定的通知》以及市残联、市财政局、市扶贫办、中国人民银行重庆分行出台《关于印发重庆市康复扶贫贷款管理体制改革实施意见的通知》《关于印发重庆市残疾人康复扶贫贷款管理暂行办法的通知》等一系列文件,重庆市实施的康复扶贫贷款项目成效显著。2008—2015年,全市实际落实康复扶贫贷款1.92亿元,扶持残疾人8190人户。

广泛宣传残疾人事业。通过电视台、广播电台、报纸杂志以及新兴网络媒体等广泛开展残疾人宣传工作。以"全国助残日""国际盲人节""国际聋人节""国际残疾人日""世界自闭症日""全国爱耳日"等残疾人节日为契机,宣传残疾人先进典型人物、事迹,宣传助残先进单位和个人,感动社会。利用"元旦""春节"等传统节日,邀请重庆市党政领导和市级部门负责人走访慰问贫困残疾人及家庭,解决他们的实际困难和问题,让宣传工作逐渐形成常态。1998年1月,重庆有线电视台开办每周4次的手语新闻栏目,填补重庆残疾人完全工作电视手语空白。2007年3月,市残联等6家市级单位在沙坪坝区三峡广场举办"重庆市第八次'全国爱耳日'宣传周暨助残活动启动仪式”,开展爱心捐赠、爱心义演、专家现场咨询和义诊活动。是年5月20日,重庆市庆祝第十七次“全国助残日”暨重庆市扶残助残爱心活动仪式在人民广场举行,社会各界人士2000余人参加活动,为重庆残疾人朋友打造热烈而丰富的节日盛宴。2013年3月,在第二十三次“全国助残日”及“国际残疾人日”等重大活动上,宣传残疾人康复、扶贫、就业、教育、维权等重点工作,在中央媒体、《重庆日报》、重庆卫视、《残疾人之声》专题广播等媒体上刊发相关新闻,并运用新兴网络媒体,逐步推广残疾人官方微博。2015年3月3日,在重医附属儿童医院举行第十六次全国“爱耳日”宣传教育活动启动仪式,市残疾人聋儿中心派专业技术人员为儿童家长讲解初级耳科保健知识、听力残疾预防、常见耳病防治及听力筛查等方面的知识,《重庆晨报》《重庆日报》、重庆电视台、华龙网等新闻媒体对重庆市爱耳日系列活动进行报道。5月17日,在第二十五个全国助残日举办“一颗爱心一个愿望”——2015重庆“感恩之夜”助残慈善晚会暨“心与心愿”助残公益项目,共有1000余人参加,通过“爱心众筹”的形式,帮助残疾人实现自己的愿望和梦想,探索建立扶残助残新常态。重庆渝中区《蔡美岐——带着盲人看世界》被中央新闻联播刊播,蔡美岐入选第五届全国道德模范候选人。至2015年12月,有市级残疾人专题广播节目1个,电视手语新闻栏目1个,播出公益广告3个;区级残疾人专题广播节目7个,电视手语新闻栏目20个,播出公益广告16个。

组织开展残疾人文体活动。1988年,重庆市第一个残疾人活动中心——江北区残疾人活动中心成立,满足了残疾人的文体活动需求。随后,相继成立由高校学生和残疾人演员共同组成的表演队、聋哑儿夏令营、残疾人运动队;组织残疾人参加四川省伤残人运动会、田径锦标赛选拔赛、全国残疾人运动会等。进入90年代,建设残疾人艺术团队,参加重庆市残疾人文艺会演;组织残疾人运动员集训,参加第五届全国残疾人运动会;并且成立残疾人乒乓球队、田径队等队伍。进入21世纪后,市、区县、街道、乡镇残疾人文体活动场所有较大发展,文体活动项目不断增多,活动范围不断扩大,并出现一批群众性的残疾人文艺、体育业余组织。在文艺方面,多次组织残疾人文艺会演、歌手大赛和书画、摄影、工艺品展;多次参加全国残疾人文艺演出比赛或表演;部分残疾人演员还参加了上海世博会生命阳光馆重庆周系列活动。在体育方面,由开始举办一些残疾人的单项比赛,发展到举办多次全市各类残疾人参加的多项内容比赛的运动会。参加历次全国残疾人文艺表演和运动会比赛,部分残疾人运动员在世界残疾人运动会上夺得奖牌,为重庆市争得荣誉。至2015年,共举办5届重庆市残疾人运动会,4届重庆伤残人体育运动会及融合滚球比赛;组队参加全国9届残疾人运动会及6届全国特殊奥林匹克运动会。

切实维护残疾人合法权益。维护残疾人合法权益,发展残疾人事业,保障残疾人平等地参与社会生活,共享社会物质文化发展成果,是残疾人组织义不容辞的责任。

法制建设。1990年12月28日,《中华人民共和国残疾人保障法》颁布。2000年3月23日,市人大常委会第一届第二十三次会议通过《重庆市实施〈中华人民共和国残疾人保障法〉办法》,同年5月1日起施行。2010年,起草《重庆市残疾人保障条例(修订草案)》,2011年11

月25日,重庆市第三届人民代表大会常务委员会第二十八次会议通过《重庆市残疾人保障条例》,自2012年1月1日起施行。

政策方面。1997年,市残联会同市教委、市公安局等12个部门下发《重庆市关于〈中华人民共和国残疾人证核发管理使用办法〉和优惠残疾人进园(馆)参观的实施办法》。2007年,市残联与有关部门联合制定《重庆市残疾人事业法制建设“十一五”实施方案》《重庆市无障碍建设“十一五”实施方案》《重庆市残疾人法律救助“十一五”实施方案》。2013年,市残联贯彻市委法治建设领导小组《关于印发2013年重庆市法制建设工作要点的通知》和《关于印发2013年全市法制建设重点任务分工的通知》精神,成立法制建设工作领导小组和办公室,并将推进法制建设工作纳入2013年年度残疾人工作目标考核管理。2015年,市财政局、市残联等5部门率先联合制定《重庆市政府购买残疾人服务暂行办法》。是年,经市委常委会同意,出台《重庆市贫困残疾人生活补贴实施办法》和《重庆市重度残疾人护理补贴实施办法》。至2015年,全市制定或修改保障残疾人权益的规范性文件11件。

执法检查。1996年,贯彻《中华人民共和国残疾人保障法》,全市各区(市)县人大执法检查14次。2001年,市委宣传部、市人大常委会内务司法委员会、市残联等8部委联合开展残疾人保障法实施十周年座谈会、成就展及保障法执行情况检查。

举办内容包括:残疾人保障法实施十周年座谈会、残疾人保障法执行情况检查、残疾人保障法颁布实施十周年成就展。以“宣传残疾人保障法”为主题的“全国助残日”活动,为贫困残疾人建立法律援助基金等系列纪念活动。2003年,市残联在全市开展残疾人“扶残维权行动”工作。2006—2010年,市残联开展法律进机关、进企事业单位、进学校、进社区等活动。2012年,市人大常委会按照全国人大的委托,在全市范围开展《中华人民共和国残疾人保障法》和《重庆市残疾人保障条例》执法检查。2015年,市政协委员视察团第七分团视察《重庆市残疾人保障条例》贯彻实施情况。全年,县级以上人大进行《中华人民共和国残疾人保障法》执法检查和专题调研13次,政协进行视察和专题调研22次。开展普法宣传教育活动168次,4.12万人参加。举办法律培训班55个,3929人参加。

法律服务。法律服务的内容主要有解答法律咨询、代理法律文书、提供法律意见、刑事辩护和刑事代理、民事和行政诉讼代理、非诉讼法律事务代理等。1996年,全市有31个县(市、区)192个乡镇、1344个村建立法律救助。至2015年,全市各区县(自治县)都建立了残疾人法律援助工作协调机构,服务网络延伸至各街镇社区(村)。每年为残疾人提供了大量、有效、便捷的法律服务。

无障碍环境建设。2012年,国务院总理温家宝签署国务院令,颁布《无障碍环境建设条例》,自2012年8月1日起施行。是年6月,重庆市建委发出通知,要求认真执行无障碍设计规范。市建委、规划局等十三部门制定《重庆市无障碍建设“十一五”实施方案》。全市无障碍设施建设开始起步。无障碍建设有:公共交通无障碍建设与改造;公共服务无障碍建设与改造;老年人福利设施和残疾人服务设施无障碍建设与改造;居住小区和城市道路无障碍建设与改造以及贫困残疾人家庭无障碍改造和信息交流无障碍建设等。至2015年,重庆市、区县(自治县)两级有无障碍建设领导协调组织32个;发布无障碍建设与管理法规、政府令9个;开展无障碍建设区县(自治县)38个;40个区县(自治县)改造贫困残疾人家庭4562户;38个区县(自治县)公共图书馆设立盲文及盲人有声读物阅览室;22个区县(自治县)电视台开办了手语节目。

残疾人驾驶。残疾人机动轮椅车燃油补贴和残疾人申领C5驾照补贴,是针对残疾人这一特殊群体出台的一项优惠政策。2010年,市残联、市财政局联合转发财政部、中国残联《关于残疾人机动轮椅车燃油补贴》通知,重庆启动该项工作。至2015年12月,全市领取残疾人机动轮椅车燃油补贴20502人次,补贴金额533.05万元。1997年,市公安交通管理局、市残联联合发文,对残疾人专用车入户和办理残疾人驾驶证进行规范管理,并免收牌证费。2001年,市残联、公安局、交委等部门转发国家公安部等七部委《关于切实做好残疾人驾驶汽车相关工作的通知》,对取得C5驾驶证的残疾人给予培训补贴。2011—2013年,全市共补贴人数801人,补贴资金26.34万元。

路桥费减免。重庆市从2014年1月1日起,开始减免持有C2及C5驾驶执照的下肢残疾人所驾车辆的重庆路桥通行费。至2015年12月,共有664名残疾人享受重庆路桥费的减免政策。

信访稳定。信访工作主要处理残疾人来信、接待残疾人来访和处置集体上访。2010年,市残联贯彻落实《市委市政府关于推动干部下访群众制度化的决定》,印发《市残联关于深化干部下访为民办实事解难题相关制度的通知》;2012年,市残联下发《市残联2012年深化干部下访群众工作贯彻实施方案的通知》;2014年,市残联印发《关于进一步加强残疾人信访稳定工作的实施办法》。在做好残疾人来信、来访诉求处理工作的同时,市残联积极创新工作方式方法,推行残疾人信访代理制度、探索建立“大维权、大接访、大稳定”工作机制,处理好残疾人信访突出问题和合理诉求,有效维护好残疾人合法权益,促进社会和谐稳定。

重庆市残疾人事业虽然取得了历史性成就,但也面临一些困难,比如,残疾人生活状况和社会平均水平相比还存在一定的差距;残疾人参与社会活动的环境和条件仍有待进一步改善;服务设施还不适应事业发展的需要;残疾人素质需要进一步提高。当前,残疾人事业正面临新的历史时代,习近平总书记在党的十九大报告中指出:“发展残疾人事业,加强残疾康复服务。”这对残疾人工作提出了新的更高要求。站在新的历史起点,要认真贯彻落实党的十九大精神,坚持习近平新时代中国特色社会主义思想,以时不我待的精神,永不言弃的坚韧,心无旁骛的执着,切实加强对残疾人工作的领导,着力解决残疾人的实际问题和困难,为残疾人创造更加美好的生活,使残疾人群体与健全人同步进入全面小康、共享改革发展成果,为构建和谐重庆做出新的贡献。

大事记

1985年

5月16日 重庆市残疾人福利基金会(以下简称市残疾人福利基金会)经市人民政府批准成立。6月21日,召开市残疾人福利基金会成立大会。

7月 重庆市选派伤残人运动员14名参加四川省第一届伤残人运动会。获得金牌23枚、银牌8枚、铜牌6枚。

10月1日 江津县杜市聋哑学校建立,为四川省第一所农村聋哑学校。

12月 市民政局、市文化局、市广播电视局、市聋哑人协会联合举办重庆市聋哑人表演艺术比赛。

1986年

4月 四川省民政、卫生、教育、公安、财政厅、计经委,统计局、人口普查办公室和省残疾人福利基金会、盲人聋哑人协会联合组成四川省残疾人抽样调查领导小组及其办公室。负责对全省残疾人进行抽样调查的组织实施。

6月20日 在重庆渝州宾馆召开重庆市残疾人福利基金会第二次理事会。重庆市残疾人福利基金会名誉理事长孙先余出席并致辞。

10月9日 重庆市第一家由个体兴办的专门招收残疾儿童的幼儿园"重庆绍综残疾儿童幼儿园"诞生。

1987年

4月1日 第一次全国残疾人抽样调查正式启动。采取概率比例抽样方法,在四川省重庆市区市县中随机抽取九龙坡区、江北县、江津县、大足县、万县市、奉节县、武隆县、黔江土家族苗族自治县8个区市县进行调查。根据抽样调查测算,四川省重庆市各类残疾人的总数为78.75万人。

4月27日 在重庆第三军医大学大坪医院召开市残疾人福利基金会康复协会成立大会。

6月18日 举办重庆市第一届伤残人员体育运动会。

12月21—24日 重庆市伤残人1987年中国象棋比赛在市棋校举行。

12月24日 重庆市伤残人体育协会在市棋校成立。

1988年

3月1日 重庆市第一个残疾人活动中心“江北区残疾人活动中心”成立。

6月1日 成立重庆市残疾人联合会机关工会委员会。

6月中旬 四川省民政厅厅长张荣先一行6人到城口县检查残疾人工作。

10月10—12日 重庆市举办第二届伤残人员体育运动会。

11月14日 市政府办公厅转发民政局《关于组建重庆市残疾人联合会的通知》。

是年 市残联机关党员仅6名,在残联机关成立党支部,隶属民政局党委领导。

1989年

1月 四川省第一届残疾人职业技能竞赛在成都正式举行。重庆市共选拔出14名选手参加。

2月28—3月1日 重庆市残疾人联合会(以下简称市残联)第一次代表大会在重庆市军供站礼堂召开。到会代表共219名,其中正式代表203名,特邀代表16名。

3月1日 在市残疾人福利基金会、市盲人聋哑人协会的基础上,经市政府批准同意成立市残联。市残联享受副局级待遇,由市民政局代管,独立工作,内设办公室、群众工作部、宣传教育部、基金管理部、劳动康复部。市残联办公地址由重庆市市中区上清寺市二招待所内暂迁至市中区人和街31号(市建筑科研所内)。

3月 刘永康任市残联理事长;王熹任市残联副理事长。

4月8日 江津县残疾人联合会成立。

4月19日 成立四川省残疾人联合会万县地区办事处,归口地区民政局管理。

5月14日 重庆市首次“残疾人活动日”在解放碑举行,300余名残疾人及工作者参加活动。市委副书记陈宽金,副市长肖祖修,市人大常委会副主任李凤清,市政协副主席韦思琪,市民政局局长、残联主席肖希纯，市民政局副局长、残联副主席宋协秋，市残联执行理事会理事长刘永康出席活动。

5月19日 永川县残疾人联合会成立。

5月 南岸区残疾人联合会成立。

6月5日 北碚区残疾人联合会成立。

7月13日 成立重庆市残疾人“三项康复”工作领导小组及办公室。

7月 九龙坡区残疾人联合会成立。大足县残疾人联合会成立，隶属于大足县民政局。

8月28日 云阳县残疾人联合会成立。

10月5日 铜梁县残疾人联合会成立。

10月31日 南桐矿区残疾人联合会成立。

10月 璧山县残疾人联合会成立。

11月20日 沙坪坝区残疾人联合会成立。

11月30日 组建双桥区残疾人联合会。

12月6日 长寿县残疾人联合会正式成立。

12月19—20日 召开四川省残疾人联合会万县地区办事处成立大会。向诗全被任命为残联办事处主任。地区残联下辖万县市、万县、开县、梁平、忠县、云阳、奉节、巫山、巫溪、城口九县一市残联。

12月 合川县残疾人联合会成立。

12月 市中区残疾人联合会成立。

1990年

2月 成立重庆市白内障手术复明技术指导组。

3月下旬 四川省民政厅厅长张荣先在万县地区民政局局长李时民的陪同下到城口检查残疾人工作。

3月 大渡口区残联成立。

4月11—13日 在市委老干部活动中心礼堂召开第一届主席团第二次全体会议，增补徐雄、刘成义为市残联第一届主席团委员并增选为市残联第一届主席团副主席，调换周志仁、五怀定、李先洪、彭光明为市残联第一届主席团委员。

4月9日 江北区残联成立。

6月6日 荣昌县残疾人联合会成立。

6月9日 忠县残疾人联合会成立。

6月10日 潼南县残疾人联合会成立。

6月 丰都县残疾人联合会成立。

7月5日 巫溪县残疾人联合会成立。

7月23日 垫江县残疾人联合会成立。

7月12—14日 市残联与市少年宫联合举办重庆市首届聋哑儿童夏令营活动,45名学生和带队教师参加活动。

8月18日 武隆县残疾人联合会成立。

8月 奉节县残疾人联合会成立。

9月18日 举办重庆市第三届伤残人体育运动会,全市21个区县及聋哑学校的300余名伤残运动员参赛。

9月 梁平县残疾人联合会成立。

10月15日 市残联、市盲人协会庆祝“国际盲人节”,21个区县的120多名盲人和残疾人工作者参加,市残联理事长刘永康等领导到会祝贺。

10月22—23日 四川省涪陵市残疾人联合会第一次代表大会召开。推举吴德学为执行理事会理事长,吴勤生为副理事长。四川省涪陵市残联成立。

10月23日 石柱土家族自治县残疾人联合会成立。

11月23日 南川县残疾人联合会成立。

11月24日 开县残疾人联合会成立,县残疾人联合会是受县政府领导、县民政局代管的副局级事业团体。

12月5日 彭水自治县残疾人联合会成立。

12月27日 秀山土家苗族自治县残疾人联合会成立。

1991年

3月14日 黔江土家族苗族自治县残疾人联合会成立。

3月10日 市残联在重庆市人民广播电台开辟《重庆残疾人之声》。

5月28日 巫山县残疾人联合会成立。

9月25日 城口县残疾人联合会成立。

10月14日 市残联、市盲人协会组织近郊6区盲人代表和残疾人工作者100人,在歌乐山烈士陵园举行“国际盲人节”活动。

10月 重庆市聋儿康复中心在南坪成立,该中心承担全市聋儿康复训练、师资培训、测听、助听器验配、耳膜制作等工作。

是年 四川省政府办公厅批准成立重庆市残疾人事业领导小组,小组有17个单位21人参加,协调、解决残疾人工作中的重大问题。

1992年

1月21日 重庆市召开首次聋哑人手语工作会议。

2月2日 经中国残联批复，重庆市在永川成立县级低视力康复部。

2月 吴芙蓉为市残联第一届执行理事会副理事长。

9月9日 市教委、市残联等12个部门联合发出《重庆市关于〈中华人民共和国残疾人证〉核发管理使用办法》。

12月2日 重庆市在雾都宾馆举行首次“国际残疾人日”活动，市顾委主任王效才、老干部孙先余、市政府办公厅副秘书长贾培基等领导出席活动。

12月11日 经国务院批准，万县地区撤地设市。四川省残疾人联合会万县地区办事处随之更名为万县市残疾人联合会。

是年 成立重庆市残疾人用品用具供应服务站。

是年 举办重庆市第四届伤残人体育运动会，238名残疾人参加比赛。

1993年

2月16日 经国务院批准，重庆市南桐矿区更名为重庆市万盛区。是年5月，南桐矿区残疾人联合会改名为重庆市万盛区残疾人联合会。

3月31—4月1日 召开四川省涪陵市残联第二次代表大会。大会推举姚中吾为执行理事会理事长，张廷中为副理事长。

5月14日 市残联在解放碑首次举行“残疾人活动日”，300多名残疾人及工作人员参加活动。

8月 程年珍任市残联党组书记、理事长。

9月6—7日 重庆市残疾人联合会第二次代表大会召开。到会代表共242名，其中正式代表226名，特邀代表16名。

11月19日 重庆市残疾人康复办公室在市中区捍卫路小学举办重庆市第一期智残儿童家长康复知识培训。

是年 市编办同意成立重庆市残疾人劳动就业服务指导中心。

是年 中共市残联党组经市委批准成立，党组成员由市委任命。中共重庆市残疾人联合会机关支部委员会由中共重庆市直机关工作委员会领导，在中共重庆市残疾人联合会党组指导下开展工作。

1994年

3月 成立重庆市政府残疾人工作协调委员会，撤销原重庆市残疾人事业领导小组。

8月1—9月1日 举办重庆市第十期《中国手语》培训班。

11月 经市民政局党组、市残联党组同意，报市直机关工委批准，市残疾人联合会机关党支部直属市直机关工委管理。

12月19—20日 万县市残联召开第一次代表大会。大会推举向家才为万县市残联理事长、陈和平为副理事长。

是年 市残联与市民政局分离，归市政府直管。内设办公室、康复部、教育就业部、宣传文体部、组织联络部、维权信访部。

1995年

1月1日起 使用中华人民共和国残疾人证，有关部门凭证给予残疾人优惠减免各种税费等照顾。

3月 重庆市市中区残疾人联合会更名为渝中区残疾人联合会。

5月 由市政府发起“全市开展向残疾人献爱心捐赠两元钱”活动。

10月 重庆市选送《欺人难欺法》《银牌比金牌更重更亮》两篇作品，参加全国举办的“第三届中国残疾人事业好新闻”评选，分别获得全国报刊类一等奖和四川省报刊类二等奖。

11月 中宣部、团中央、中国残联联合组织的“热爱祖国、自强不息”巡回报告演出团到重庆市进行两场报告演出。

11月5日 撤销涪陵地区，设立地级涪陵市，四川省涪陵地区残联随行政区划调整而更名为四川省涪陵市残联。

12月15日 举行重庆市第四届残疾人运动会开幕式。

是年 市残联与重庆人民广播电台联合开办《残疾人之声》专题节目。

1996年

3月2日 重庆市残疾人联合基金更名为重庆市残疾人联合会基金发展部。

9月 涪陵市残联划归重庆市代管。

9月 市残联在綦江县南州宾馆举办重庆市残联康复培训班，全市各区（市、县）残联理事长和负责康复的工作人员参加为期3天的培训。

12月 市残联下辖市中区（渝中区）、江北区、沙坪坝区、九龙坡区、南岸区、大渡口区、北碚区、南桐矿区（万盛区）、双桥区；巴县（巴南区）、江北县（渝北区）、綦江县、长寿县（长寿区）、江津县（江津区）、合川县（合川区）、潼南县、铜梁县、永川县（永川区）、大足县、荣昌县、璧山县9区12县残联。

12月23日 全国残疾人康复办公室决定江津市为"九五"精神病防治康复工作试点市县。

是年 市残联迁至人和街74号9楼办公。

1997年

4月8—9日 21个区（市）县、市哑校、市盲校以及涪陵市共24支代表队近300人，在重庆市体育场（馆）举行全国残疾人青少年乒乓球、田径锦标赛选拔赛。

5月13日 "第二次全国自强模范暨扶残助残先进集体和个人表彰大会"在北京人民大会堂隆重举行。副市长、市残工委主任唐情林及自强模范、助残先进个人代表共8人参加，全体代表受到江泽民总书记和在京所有中共中央政治局常委等党和国家领导人的亲切接见。

6月18日 重庆市直辖市挂牌成立，重庆市残联由四川划归重庆管理。重庆残联辖万县市残联、涪陵市残联、黔江地区残联办事处及辖区内各区市县残联。根据第一次全国残疾人抽样调查测算，全市40个区县（自治县、市）有残疾人156万，占总人口的5.2%。

7月 国务院残疾人工作协调委员会与国际狮子会签订的"视觉第一中国行动"大型国际合作项目，是全球最大规模的防治失明行动，该项目同时也在重庆各地实施。

10月22—27日 举办汉语双拼盲文骨干培训班。

是年 市残联会同市教委、市公安局等12个部门下发《重庆市关于〈中华人民共和国残疾人证核发管理使用办法〉和优惠残疾人进园（馆）参观的实施办法》。

是年 制定实施《重庆市残疾人扶贫攻坚计划（1998—2000年）》。

1998年

1月 重庆有线电视台开办每周四次的手语新闻栏目，填补重庆市残疾人宣传工作电视手语的空白。

4月 袁绍华任市残联党组书记、理事长。

4月 何德元任市残联副理事长。

5月 成立重庆市残疾人基层工作办公室。加强对全市各区、市、县残联基层建设、扶贫解困、按比例就业、综合服务设施建设等重点工作的指导。

6月1日 市政府第22次常务会议通过《重庆市按比例安排残疾人就业规定》,1998年10月1日起施行。

6月20日 设立重庆市人民政府残疾人工作协调委员会。

8月25日 召开重庆市残疾人联合会第二届主席团第二次全体会议。主席团主席唐情林主持会议。会议决定:召开重庆直辖后市残疾人联合会第一次代表大会。

9月7—8日 召开重庆市直辖后重庆市残疾人联合会第一次代表大会。代表343名,其中残疾人代表219名。市委副书记王鸿举代表市委、市人大、市政府、市政协在开幕式上致辞。市人大常委会主任王云龙在闭幕式上致辞。

9月 相继召开直辖后重庆市残疾人5个专门协会第一次代表大会。

9月 重庆市编委发文,明确全市区县残联机构单列,为区县正局级,确定机关和事业单位的行政和事业编制人数。

10月16日 举办重庆市首期聋儿家长培训班,30多位家长参加培训。

10月 重庆市直辖以后,第一次组团参加全国第四届残疾人艺术会演。选送的声乐节目《三峡情》、器乐节目《盲校的早晨》、舞蹈节目《春讯》《雪山少年》获得全国表演优秀奖。

是年 成立重庆市残疾人用品用具供应服务站。市残联与重庆市电视台共同开办《有线周刊》电视手语栏目。

1999年

4月15日 经市编委第十次全体会议研究同意,批准成立重庆市残疾人综合服务中心。

5月11日 重庆西南医院、市残联在重庆西南医院联合成立重庆市残疾人联合会复明中心。

5月19日 市民政局同意重庆市残疾人新闻宣传促进会筹备组。

6月10日 举办重庆市第一届残疾人文艺会演。

6月14—18日 在重庆工学院培训中心举办首期重庆市按比例就业业务知识暨执法培训班。

9月6—8日 举办重庆直辖后首届残疾人运动会,中国残联副理事长王智均到会祝贺并致辞。市委书记贺国强等领导为运动会获奖单位和个人颁奖。

9月9日 中国残联副理事长王智均到重庆市检查指导残疾人工作,并召开全市各区(市)县残工委主任、残联理事长会议。

10月 重庆市民政局批复同意成立重庆市残疾人体育协会、重庆市残疾人新闻宣传促进会。

12月1日 在市图书馆开设盲人有声读物之角。

2000年

1月20日 市残联同意成立重庆市盲人按摩学会。

3月16日 市政府印发《关于进一步做好残疾人工作的通知》，改善残疾人工作、生活条件，促进经济发展和社会进步。

3月23日 市人大常委会第一届第二十三次会议通过《重庆市实施〈中华人民共和国残疾人保障法〉办法》，5月1日起施行。

4月10—14日 中国残联主席邓朴方一行到重庆调研残疾人工作。其间，安排两项活动。一是召开座谈会，市委副书记、市长包叙定，市委副书记、市人大常委会主任王云龙，市政协主席张文彬，副市长陈光国等领导参加座谈会。市残联理事长袁绍华做工做汇报。市委副书记、市长包叙定当场决定：市政府拨款1500万元，新建市、县级残疾人培训中心及部分区县残联办公用房。中国残联主席邓朴方也决定拨款100万元，用于市级残疾人培训中心建设。二是中国残联主席邓朴方一行到渝中区调研残疾人工作。

5月19日 副市长陈光国带领市政府法制办、司法局、财政局、地税局等9个部门的负责人和市人大代表到江北区检查《中华人民共和国残疾人保障法》的贯彻执行情况。

5月 重庆市首次以直辖市身份组团参加在上海举办的第五届全国残疾人运动会，获得金牌2枚、银牌6枚、铜牌9枚，同时2人3次打破全国纪录，1人打破世界纪录。

8月 重庆市第一次组队参加全国残疾人职业技能选拔赛，获得机械装配与测试第二名，组装个人计算机第三名。

2001年

1月22日 李嘉诚到重庆考察“长江新里程计划”项目。市委书记贺国强、市长包叙定会见了李嘉诚一行，并就李嘉诚扶残助残重庆资助项目进行了会谈。

2月 市委书记贺国强关心、探望重庆重症残疾人董书君。

5月 重庆市第二届残疾人文艺会演在市劳动人民文化宫举行。

5月14日 重庆市民政局核准同意成立重庆市盲人按摩学会。

7月 召开直辖后第一次重庆市残疾人事业工作暨“九五”总结表彰会。

10月22日 中国香港钻石狮子会会长鲍帼洁一行13人到长寿区检查指导“视觉第一中国行”项目——白内障复明手术工作。

11月 在重庆市体育馆首次承办全国盲人门球比赛。

12月25日 市残联联合市计生局、市民政局、市教委、市计生委、市妇联共同印发《重庆市康复训练与服务“十五”实施方案》。为全市城市和有条件的农村建立社会化康复训练服务体系,为各类残疾人提供康复服务。

12月 在市聋儿语训中心建立听力监听室和听力单训室。

是年 根据市委办公厅《关于印发重庆市残疾人联合会机关机构改革方案的通知》,完成机构改革,市残联编制29人,领导一正两副,核定市残联内设6个部室,设有办公室、组织联络部、康复部、教育就业部、宣传文体部、维权信访部。市残联辖40个区县(自治县、市)残联、经开区和高新区残联办事处、市残疾人综合服务中心。

2002年

3月 李光华任市残联党组书记、理事长。

3月21日 市残联批复同意成立重庆市聋儿家长学校。

7月4—6日 在大田湾体育场举办第二届重庆市残疾人运动会。

5月 市委副书记、副市长王鸿举主持召开“关于解决残疾考生谢卉卉公务员招录”的协调会。

6月10日 中共重庆市直属机关工作委员会同意建立“中共重庆市残疾人联合会总支部委员会”,撤销“中共重庆市残疾人联合会支部委员会”。

6月20日 成立重庆市肢体残疾人康复训练技术指导中心,设在西南医院康复整形中心。

6月21日 成立重庆市智力残疾儿童康复训练技术指导中心,设在重庆师范学院儿童智能发展研究所。

8月14日 市残联、市体育局、市残疾人体育协会联合向中国残联体育处、体协申请成立重庆国家残疾人脑瘫足球训练基地。

9月30日 市残联批复同意成立重庆市盲人协会、重庆市聋人协会、重庆市智力精神残疾人亲友会。

10月 中国残疾人艺术团在重庆市人民大礼堂演出大型歌舞晚会《我的梦》。市委书记黄镇东、市长王鸿举等领导亲切看望演职人员并观看演出。

11月20日 市残工委批复同意成立重庆市残疾人康复工作办公室。办公室主任由市残联副理事长何德元担任,办公室设在市残联康复部。

12月28日 市残联批复同意成立重庆市残疾人联合会高新技术开发区办事处和重庆市残疾人联合会经济技术开发区办事处。撤销重庆市北部新区办事处。

是年 市残联、市扶贫办、市财政局、市人行营业部、市农行联合出台《重庆市农村残疾人扶贫开发实施计划(2001—2010年)》。

2003年

2月　任能君任市残联党组成员、副理事长。

2月　在重庆医科大学附属第二医院眼科挂牌成立重庆市低视力康复部。

4月25日　在重庆广场宾馆召开全市第一次残疾人康复工作会。

4月　重庆市残疾人综合服务中心大楼全面建成，投入使用。

6月3日　揭晓重庆市首届残疾人书法、绘画、摄影、工艺品大赛获奖作品名单。

6月11日　市残联批复同意成立重庆市残疾人职业介绍所。

7月8—10日　在雾都宾馆召开重庆市残疾人联合会第二次代表大会，代表380名，其中残疾人代表238名，选举新一届市残联主席团，建立健全五类残疾人专门协会。市委副书记姜异康代表市委、市人大、市政府、市政协在开幕式上致辞，副市长陈光国在闭幕式上致辞。

7月　相继召开重庆市残疾人5个专门协会第二次代表大会。

9月　市编委同意重庆市残疾人综合服务中心增加事业编制25名，由44名增至69名，经费渠道为财政全额拨款。

12月3日　举办重庆市第一届“十佳爱心使者”表彰大会。

2004年

2月1日　施行《重庆市按比例安排残疾人就业规定》。

4月　市残疾人综合服务中心成立“重庆市脑损伤儿童康复中心”，主要开展肢体、智力、精神残疾儿童康复训练与研究。

7月12—16日　市残联在岚苑宾馆举办第一期重庆市电视手语新闻节目手语翻译人员培训班，38个区县(市)近100名人员参加培训。

8月24日　副市长陈光国视察市残疾人综合服务中心，市残联理事长李光华，副理事长何德元、周鸣、任能君陪同视察。

9月7日　在重庆大学举行“爱心双百工程”首期“爱心自强班”开学典礼，副市长陈光国出席开学典礼。

10月15—21日　市残联、市体育局、市残疾人体育协会共同承办，在重庆举行“2004年全国残疾人(脑瘫残疾人、聋人)足球锦标赛”，18个省市的23支代表队共450余名运动员参加比赛，重庆市脑瘫残疾人队获亚军。

11月18—28日　举办全市第一期乡镇残疾人工作者业务员培训班。学习残疾人工作基础业务和残疾人工作理论，以及残疾人康复、就业、扶贫、社区建设等方面的知识。

12月30日 经市残联、市体育局、市教委、市民政局研究决定,成立重庆市特奥会。加强和改进特奥工作,改善智力残疾人的状况,鼓励更多的智力残疾人参加特奥运动。

是年 成立重庆亮点视力康复研究中心,为民办非企业单位。

是年 成立重庆市残疾人鉴定评审委员会。市残联副理事长任能君任主任。

是年 市残联、市财政局、市地税局和中国人民银行重庆营业管理部,联合制定《重庆市残疾人就业保障金征收使用管理暂行办法》。

2005年

3月11日 袁洪相在全国残疾人射击锦标赛上获得中文项目气步枪60发卧射(SH2级别)(平世界纪录)和混合组气步枪60发立射(SH2级别)2枚金牌。

3月17日 江北区残疾人廖波在全国残疾人射击锦标赛上,分别获得小口径步枪60发卧射、气步枪60发卧射和立射的金牌、银牌和铜牌。

3月 成立重庆市第二次全国残疾人抽样调查领导小组,领导小组下设办公室。同时成立专家委员会。

3月 举办首届重庆市青少年残疾人运动员选拔赛。

4月 市残联举办首次残疾人就业招聘会。

4月22—27日 全国残疾人田径锦标赛在重庆市奥林匹克体育中心成功举行。

6月1日 市委书记黄镇东、市长王鸿举到市福利院和市聋校看望残疾儿童,与残疾儿童共庆“六一”国际儿童节。

6月 举办第三届重庆市残疾人文艺会演。

是年 市编办同意在市残疾人综合服务中心增挂市残联信息中心牌子。

2006年

1月7日 市委书记汪洋到市残疾人康复中心关心、了解脑瘫儿童康健康复情况。

是日 市委副书记、市长黄奇帆到市聋儿康复中心看望、慰问听障儿童。

2月23—28日 市残联承办全国特殊奥运会高级讲师培训班和全国特殊奥运会手球裁判员、教练员培训班。

3月1日 中国残联党组书记王新宪一行到重庆视察残疾人工作。

4月1日 第二次全国残疾人抽样调查正式启动。重庆市第二次全国残疾人抽样调查领导小组采取分层、多阶段、整群概率比例抽样方法,在全市抽取24个区县(自治县),96个乡镇(街道),共192个调查小区,平均每个调查小区抽取430人进行调查。根据抽样调查结果,全市各类残疾人的总数为169.4万人，占总人口的6.05%。

4月25日 副市长陈光国到渝中区视察第二次全国残疾人抽样调查工作。

4月27日 中宣部部长刘云山、市委书记汪洋接见重庆十佳爱心使者李淑娥。

5月25—6月6日 举办第三届重庆市残疾人运动会。

5月 江绍中任市残联党组书记、理事长。

6月5日 江北区、永川区、云阳县、江津市荣获第三批“全国残疾人工作先进县”称号。

7月12—22日 在瑞士举行的世界射击锦标赛中，梁平县残疾健儿袁洪相在50米60发卧射比赛中获得金牌。

7月19日 市直机关工委同意建立市残联机关党委。

8月2日 重庆市人民政府残疾人工作协调委员会更名为重庆市人民政府残疾人工作委员会。

8月10日 《重庆市残联通讯》创刊。

8月31日 市政府转发《重庆市残疾人事业“十一五”发展规划(2006—2010)》。

9月25日 成立共青团重庆市残疾人联合会委员会。

10月 举办重庆市第三届残疾人职业技能竞赛。

11月2—3日 中国残联副理事长吕世明及甘肃、宁夏、天津等省市残联领导到重庆，对残疾人干部的培养配备工作召开专题研讨会。

11月9—10日 重庆市盲人按摩学会第二次会员代表大会在市残疾人综合服务中心召开。

11月27日 市政府对涪陵区残工委等99个重庆市残疾人事业先进集体和廖振淑等83名重庆市残疾人事业先进个人进行通报表彰。是日，市政府残工委对“十五”康复工作中，万州区等10个区县，市精神卫生中心等60个先进集体，王承伦等160名先进个人进行表彰。

12月11日 市残联超额完成2006年市委、市政府民心工程“1155”助残项目任务。

12月26日 市残联同意成立重庆市残疾人企业家协会。

12月31日 市长王鸿举到市聋哑学校看望师生。

2007年

2月5日 市委常委、副市长马正其到市残联调研工作。

2月9日 市残联党组书记、理事长江绍中率领市残联各部室负责人，到大渡口、荣昌县，代表市政府残工委和市残联党组、理事会，看望慰问贫困残疾人及其亲属。

3月1日 中国残联副理事长吕世明带领中国残联正局级干事田斌、中国残疾人事业新闻宣传促进会常务副秘书长宋体金，到重庆对残联系统领导干部双管情况进行调研。

3月9日 以残疾人康复服务为主要内容的“重庆市残疾人综合服务中心公众信息网”

和以残疾人就业服务为主要内容的“重庆市残疾人就业信息网”正式开通。两个网站均为重庆市残联系统创办的首家专业性网站。

3月13日 市残联第二届主席团第四次全体会议在渝州宾馆召开。

3月14日 市残联召开2007年全市残联系统工作会议。

3月26日 市高级人民法院、市检察院、市司法局、市残联等9个部门联合印发《重庆市残疾人法律救助“十一五”实施方案》。

4月2日 市残联党组书记、理事长江绍中到大渡口区视察残疾人工作。

4月24日 2007年市政府残工委全体会议在市政府办公厅举行。

5月16日 重庆市政府批复同意成立重庆市残疾人福利基金会。

5月17日 市建委、市教委、市交委、市残联等13部门联合制定《重庆市无障碍建设“十一五”实施方案》;市法制办、市司法局、市公安局、市残联等10部门联合印发《重庆市残疾人事业法制建设“十一五”实施方案》《重庆市残疾人法律救助“十一五”实施方案》,并推动区县(自治县)出台或修订残疾人优惠政策。

5月9—10日 市残疾人状况监测工作和监测员培训会在红楼宾馆召开。

5月18日 市委常委、副市长马其正出席“重庆市电力公司助残、助学捐赠仪式”,市电力公司分别向残疾人福利基金会和市希望工程促进会捐赠人民币150万元。

5月20日 重庆市庆祝第十七次“全国助残日”活动在人民广场举行。市委常委、副市长马正其,市人大常委会副主任唐情林,中国残疾人福利基金会理事长邢建绪,市残联理事长江绍中等领导出席。

5月31日 市政府残工委在市委电视电话会议厅召开重庆市残疾人就业工作电视电话会议。市委常委、市政府副市长马正其及市政府残工委各成员单位领导参加会议。

6月28日 市残联组织召开重庆市残联系统换届工作和基层组织建设工作会。

7月1—9月30日 中国特奥足球队在重庆市体育训练基地集训,备战参加第十二届世界特奥运功会。获得金牌1枚、银牌3枚、铜牌1枚。

7月22日 中国残联副理事长程凯一行到重庆调研统筹城乡残疾人事业发展。

8月8日 市残联在重庆医科大学附属儿童医院举行“重庆市国家彩票公益金肢体残疾儿童矫治手术启动仪式”。

8月21日 市残联印发《重庆市听力残疾儿童康复机构建设规范(试行)》。

10月2日 “2007世界夏季特殊奥林匹克运动会”在上海隆重开幕,重庆市22名运动员参加此次特奥会,获得金牌20枚、银牌7枚、铜牌8枚。市委常委、副市长马正其赴上海看望并慰问参赛的重庆特奥运动员。

11月12日 由中国聋儿康复研究中心主办、市残联协办、市残疾人综合服务中心承办的残疾人事业专项彩票公益金贫困聋儿康复项目培训班(西部区)在重庆市开班。

12月4日 谢嘉庆任市残联党组书记,并提名其为市残联理事长人选。

12月17日 中国残联理事长汤小泉到重庆检查指导重庆市残疾人康复工作,并出席重庆市“2007爱心重铸梦的翅膀”大型助残晚会。市委常委、副市长马正其,中国残联常务副理事长吕世明在晚会上致辞。

12月17—18日 第四届中国信息无障碍论坛在重庆举行。联合国教科文组织信息传播助理总干事可汗,18个国家、地区的代表,国内相关部委、部分省市残联和重庆市有关领导共294人出席论坛。

12月28日 市政府任命谢嘉庆为市残联理事长。

是年 市卫生局、市民政局、市残联等六部门转发《关于印发〈中国残联“人人享有康复服务”审评方案〉的通知》,对重庆市残疾人“人人享有康复服务”工作进行部署。

是年 重庆市在渝中、北碚、大足、永川、奉节、涪陵、巴南共7个区县建立第一批重庆市残疾人特殊艺术人才培养基地。

2008年

1月14日 市委常委、副市长马正其率市民政局、市财政局、市残联等单位负责人,到沙坪坝区回龙坝镇梁滩桥村检查危房重建工作,并走访慰问贫困残疾人。

2月19日 召开重庆市残疾人康复协会第一届会员大会。聘请市残联党组书记、理事长谢嘉庆为重庆市残疾人康复协会第一届理事会名誉会长。经第一届会员大会选举,市残联副理事长周鸣任重庆市残疾人康复协会第一届理事会会长。

2月25日 市残联第二届主席团第五次全体会议在广场宾馆隆重召开。

3月10日 中国残联副理事长孙先德一行到重庆调研残疾人就业工作。

3月31—4月2日 重庆市残疾人联合会第三次代表大会召开。代表共400名,其中残疾代表261人。

4月24日 市政府残工委下发《重庆市创建白内障无障碍实施方案》。

4月 召开重庆市残疾人专门协会第三次代表大会。

5月18日 市残联在奥体中心举行“全国助残日”活动暨“残疾朋友心系灾区,奉献爱心情暖人间”赈灾捐赠活动。市委常委、副市长马正其,市人大常委会副主任余远牧,市政协副主席陈景秋等出席活动。参加活动人员及企业共为地震灾区捐款达1671万余元。

5月20日 重庆市残疾人文体中心被市政府列为十大公益性项目。

5月22日 市残联、市残疾人福利基金会组建“心系灾区,心系灾区残疾人”慰问小分队。由市残联党组成员、副理事长周鸣,市残联巡视员、市残疾人福利基金会理事长何德元带队,赴四川省重灾区慰问。小分队带去灾区急需的药品、食品和残疾人辅助器具,总价值288万元。

7月16日 “全国无障碍论坛”在重庆召开。

7月18日 成立重庆市残疾人劳动就业服务指导中心。

7月25日 《重庆市城乡居民最低生活保障条例》经重庆市第三届人民代表大会常务委员会第五次会议通过,自2008年12月1日起施行。

9月16日 重庆残疾人李兵以225公斤的成绩获得北京残奥会男子举重100公斤以上级铜牌。

10月8日 重庆市试行办理发放第二代中华人民共和国残疾人证。

10月21日 市委、市政府根据中央7号文件,出台《关于促进残疾人事业发展的意见》,使广大残疾人得到更多实惠。

11月8日 市委副书记张轩,市委常委、副市长马正其等领导在市委四会议室接见参加中国残联第五次全国代表大会重庆代表团的16名代表。

12月3日 市政府残工委在解放碑举行庆祝“国际残疾人日”专场文艺演出。市人大常委会副主任陈雅棠,市政协副主席于学信出席活动。

12月17日 市残联召开纪念改革开放30年情况通报会。《人民日报》、中新社、《经济日报》、中国改革报驻重庆记者站以及《重庆日报》《重庆晚报》《重庆晨报》、重庆电视台、重庆广播电台等18家媒体的记者参加通报会。市残联党组书记、理事长谢嘉庆通报改革开放30年、市残联成立20年来,重庆市残疾人事业发展取得的成就和经验,介绍未来工作思路和重点。

12月24—2009年1月8日 市残联副理事长周鸣带领重庆市创建“白内障无障碍区”县检查验收组,对渝中区、江北区、南岸区、大渡口区、巴南区创建“白内障无障碍区”工作进行检查验收。

是年 重庆开始实施“通向明天——交通银行残疾青少年助学计划”救助项目。

2009年

1月 彭美云任市残联党组成员、副理事长。

2月1日 第二代残疾人证的换发工作开始接件审核。

2月9日 市残联召开第三届主席团第二次全体会议。

2月10日 市政府召开全市民政暨残疾人工作会议。

2月24日 重庆市大足县14岁盲人王一木入选中国残疾人艺术团,是重庆市第一位入选该团的器乐演员。

2月25日 市政府残工委授予渝中区、江北区、南岸区、大渡口区、巴南区“重庆市白内障无障碍区”称号。

2月25—27日 中国残联党组成员、副主席吕世明率领国务院残工委检查组到渝检查残疾人事业“十一五”发展规划中期执行情况。

3月3日 市残联、市教委、市民政局等单位在南岸区联合举行重庆市第十次全国“爱耳日”大型宣传教育活动。

3月18日 市人大常委会副主任余远牧带领市人大常委会内司委调研市残疾人权益保障工作。

是日 市残疾人福利基金会在广场宾馆召开第一届理事会第三次全体会议。

4月14日 市残疾人福利基金会万州区、江津区、永川区、涪陵区、北碚区等11个区县办事处成立。

4月16—17日 住房和城乡建设部、民政部、中国残联、全国老龄委等四部委组成的检查组，到重庆市奥体中心、重医附一院、市残疾人综合服务中心、市第一社会福利院等地，对重庆市创建全国无障碍建设城市工作“十一五”中期执行情况进行检查。

4月21日 中国残联副主席马廷慧到江津区视察残疾人工作，对残疾人专门协会的组织建设和脑瘫、智残儿童的培训等工作提出要求。

5月19日 召开重庆市残疾人“人人享有康复服务”工作会，部署全市残疾人“人人享有康复服务”评审工作。

5月20日 重庆市残疾人心理健康与咨询学会成立。

5月31日 市委常委、副市长黄奇帆，市委常委、秘书长范照兵等领导看望市盲校师生。

6月8日 市残联召开残疾人教育就业扶贫和社会保障工作会议。

6月9—12日 中国第一期全国农村社区残疾人工作暨重庆市区县残联理事长培训班在雾都宾馆举办。

6月14日 成功举办重庆市少年儿童特奥运动会。

6月 举办第四届重庆市残疾人文艺会演，全市近1000名演员参演，评选出一等奖6个、二等奖9个、三等奖16个、创作奖12个、组织奖14个。

7月2日 市委常委、副市长马正其出席第四次全国自强模范暨扶残助残先进集体和个人座谈会。唐毅、周武生、李小勇、郑光宇荣获“全国自强模范”称号；市地方税务局、中国农业银行重庆市分行荣获“全国扶残助残先进集体”称号；鄢秀菊、刘群、邓已律荣获“全国扶残助残先进个人”称号；叶梅荣获“全国残联系统先进工作者”称号。

7月3日 胡锦涛总书记在人民大会堂接见重庆市全国残疾人自强模范代表唐毅。

7月18日 经重庆市民政局批准，成立重庆市残疾人企业家协会。

8月26日 举行万州区第二届残疾人文艺会演暨重庆市残疾人福利基金会授牌仪式。市委常委、万州区委书记吴政隆，市残联党组书记、理事长、市残疾人福利基金会会长谢嘉庆，万州区区长李世奎，区人大常委会主任梁先玉，区政协主席饶才邦，市残联党组成员、副理事长周鸣，彭美云，市残联巡视员、市残疾人福利基金会理事长何德元等领导出席授牌仪式并观看演出。

9月8日 江津特殊教育职业学校校长周万明荣获中国残联国家教委颁发的“全国江民

特教园丁奖”。

10月1日起 《重庆市残疾人康复扶贫贷款管理暂行办法》开始执行。

12月3日 庆祝“国际残疾人日”暨重庆市残疾人特殊艺术展演，市委常委、副市长马正其，市人大常委会副主任王洪华，市政协副主席陈景秋等领导出席并观看演出。

12月15—16日 重庆市残疾人事业新闻宣传促进会、市残疾人体育协会召开第三届理事会代表大会。

12月31日起 第一代残疾人证停止使用。

是年 重庆市开始实施“百万贫困白内障患者复明工程”项目。

是年 出台《重庆市残疾人基本医疗保障办法(试行)》等一系列残疾人参加医疗保险制度方面的优惠政策。

2010年

1月1日 全市残疾人使用新一代残疾人证(第二代中华人民共和国残疾人证)。

1月9日 市政府残工委授予江津区、渝北区、沙坪坝区、永川区、南川区、綦江县、潼南县、铜梁县、荣昌县、开县、北碚区、九龙坡区12区县“重庆市白内障无障碍区(县)”称号。

1月14日 市政府召开重庆市2010年民政暨残疾人工作会议。市委常委、副市长马正其出席会议并做重要讲话。

1月27日 市残联、市财政局联合印发《贫困残疾儿童抢救性康复项目重庆市实施办法的通知》。

1月28日 中国残联和中国特奥委员会为获得“全国特奥活动示范社区”称号的南岸区龙门浩街道天门社区、江津区李市镇三角坝社区、荣昌县昌州街道板桥社区正式授牌。

2月8日 市残联理事长谢嘉庆到南川区开展“送温暖，惠民生”活动。

3月20日 市政协副主席、市残疾人福利基金会名誉副会长刘隆铸出席重庆市“雨露助残行动”2009年总结表彰暨2010年启动仪式。

3月22—23日 市残联召开残疾人状况监测工作培训会。全市参与监测的24个区县残联和街道的监测员参加会议。

4月11—13日 重庆市代表队在2010年全国残疾人游泳锦标赛中获5金2银3铜，总排名第13位。梁平县黄海丰分别获得男子S5级50米自由泳、50米蝶泳、100米自由泳以及200米个人混合泳金牌。

4月19日 成立重庆市残疾人社会保障体系和服务体系建设领导小组。

5月14日 市残工委在荣昌县举办第二十次“全国助残日”重庆市现场宣传活动启动仪式。市残联党组书记、理事长谢嘉庆，市政府办公厅副主任凌凡等领导出席启动仪式。

6月12日 全国政协副主席、中国残联名誉主席邓朴方，中国残联副主席吕世明一行到重庆视察工作。市政协主席邢元敏，市委常委、常务副市长马正其，市政协副主席刘隆铸等参加汇报会。

6月21日 市政府下发《关于大力发展微型企业的若干意见》，明确将残疾人等“九类人群”纳入扶持对象。

7月4—7日 中国残疾人事业统计管理系统(网络版)培训班在重庆举办。

7月14—16日 重庆市第四届残疾人运动会在重庆医科大学举行。全市41个区县代表团，760名残疾人运动员参加田径、射击等12个项目的比赛，产生金牌127枚、银牌93枚、铜牌88枚。

8月12—16日 上海世博会生命阳光馆举办重庆活动周活动。

8月23日 首届全国残疾人文化活动周暨重庆市残疾人书法绘画手工艺品展在重庆三峡博物馆举行。200余件作品参展，1万余人次到馆参观。

9月7日 重庆首个残疾人机动车培训(C5)开班仪式在重庆景通驾校训练基地举行。

9月 重庆代表团在第五届全国特奥会上荣获奖牌79枚。

10月4日 市委常委、常务副市长马正其一行调研大足残疾人工作。

10月17—20日 全国残疾人康复工作办公室检查组对重庆市创建“白内障无障碍市”工作进行检查验收。

10月25—26日 全国残联组织建设工作会议在重庆召开。各省、自治区、直辖市残联，计划单列市残联及副省级城市残联组联部负责人，北京市、辽宁省、大连市残联单设的专门协会办公室负责人参加这次会议。中国残联副主席、党组成员吕世明，中国残联组联部主任张仪凤等相关领导出席会议。市委常委、常务副市长马正其出席会议开幕式并致辞。

10月27日 全国首个“信息无障碍工程研发中心”在重庆邮电大学挂牌成立。中国残联副理事长吕世明等领导出席挂牌仪式。

11月1日 中国聋儿康复中心主任胡向阳一行5人代表全国残疾人康复工作办公室聋儿康复协调组对重庆市听力语言康复中心工作进行全面督导检查。

12月31日 市政府办公厅出台《关于加快推进残疾人社会保障体系和服务体系建设实施意见的通知》。

是年 市残联成立重庆市第二代中华人民共和国残疾人证核发工作领导小组。

是年 重庆市开始实施残疾人居家托养项目。

2011年

3月16日 市编办批复市残联信息中心单独设立，为公益一类事业单位。

3月28日 国家民政部基层政权与社区建设司处长王时浩一行到大渡口区视察残疾人康复服务工作。

3月30日 国家民政部人事司司长戴均良一行到渝中区残联调研社会工作。

4月15日 市政协副主席于学信调研忠县残疾人农户增收工作。

4月25日 重庆市听力语言康复中心获"'十一五'全国听力语言康复工作先进集体"称号。

4月 市政府转发《重庆市残疾人事业"十二五"发展规划》。

5月1日 实施《残疾人残疾分类和分级》国家标准(GB/T26341—2010),残疾人分类标准为视力残疾、听力残疾、言语残疾、肢体残疾、智力残疾、精神残疾、多重残疾共7类。

5月17日 重庆市残疾人运动员田小焱代表中国征战2011年西班牙射击世界杯获金奖。

5月 制定《重庆市2011年度新一轮全国残疾人状况监测方案》。开展新一轮全国残疾人状况监测工作。

7月 市残联下发《重庆市农村残疾人种养业大户创业就业扶持补助暂行办法的通知》。自2011年8月1日起施行。

9月27日 召开重庆市全国新一轮残疾人状况监测办公室主任会和各类别残疾鉴定医师会议,明确监测办公室及各部门在这次残疾人状况监测工作中的主要职责,落实相关目标责任。

10月8—12日 组织全市各区县(自治县)理事长和市残联部室负责人到清华大学进行培训。

11月1—30日 开展现场入户复查和监测调查工作,48个监测小区,共有户数6650户,总人数2.09万人,入户率100%。

11月11日 市政协副主席王孝询到市残联开展"建立特殊人群帮扶机制"专题调研。

11月 全国残疾人康复工作办公室授予重庆市"全国白内障无障碍市"称号。重庆市是获得"全国白内障无障碍市"省市的第4个省市,西部第1个省市。

11月 大足县和双桥区合并,撤销原大足县残联和双桥区残联,成立大足区残联。

11月23—24日 重庆市盲人按摩学会第三次会员代表大会暨第二次换届大会在燕山酒店召开。

11月25日 《重庆市残疾人保障条例》经重庆市第三届人民代表大会常务委员会第二十八次会议通过,自2012年1月1日起施行。

12月17日 重庆市残疾人综合服务中心康复医院批准成立。

12月 市残联信息中心单独成立,其职责为承担信息采集、加工处理、分析汇总、信息系统建设、维护和管理等工作。

12月 重庆市被住建部、民政部、中国残联、全国老龄办联合授予"'十一五'全国无障碍建设先进城市"称号。

是年 制定《重庆市康复人才培养百千万工程实施方案》,每年投入100万元用于康复人才培训。

2012年

1月1日 《重庆市残疾人保障条例》施行，成为重庆市残疾人法制建设史上的一个重要里程碑，标志着全市残疾人立法保障工作进入一个新的发展阶段。5—8月，市人大常委会对全市实施《中华人民共和国残疾人保障法》《重庆市残疾人保障条例》情况进行执法检查，有力促进了残疾人权益保障工作。

2月16日 市委副书记张轩视察调研重庆市残疾人工作。

3月14日 市残联、市卫生局印发《关于严肃核发第二代中华人民共和国残疾人证工作纪律的通知》。

4月20日 市残联、市财政局印发《残疾儿童康复救助七彩梦行动计划实施办法》。

4月25日 市委常委、常务副市长马正其调研大渡口区九宫庙街道残疾人托养中心。

5月7日 成立重庆市盲人医疗按摩人员从事医疗按摩资格认定及证书管理领导小组。市残联、市卫生局联合制定《重庆市盲人医疗按摩人员从事医疗按摩资格证书管理实施办法》。

5月15—18日 市人大常委会副主任余远牧、内司委主任委员杨颖嘉等组成执法检查组。在全市范围开展《中华人民共和国残疾人保障法》和《重庆市残疾人保障条例》执法检查。

5月17日 市委副书记张轩、市人大常委会副主任余远牧，市残联理事长谢嘉庆出席重庆市庆祝第22次“全国助残日”宣传活动启动仪式，观摩残疾人书法家现场作画，并为残疾人送轮椅，勉励残疾人自强不息。

6月22日 重庆市北碚区柳荫镇西河村乡村医生、肢体残疾人周月华通过重庆市第四次党代表大会选举，当选为出席党的十八大代表。

7月23日 市残联迁至重庆市江北区盘溪路406号附10号（江北石子山体育公园内）办公。

8月25日 中国残疾人福利基金会向重庆市捐赠400台便携式幼儿轮椅。

8月 郝建新任市残联副巡视员。

8月 重庆市残疾人综合服务中心承办全国听力语言康复教师轮训（第六期），来自中国西部省市一百余名学员参加培训。

9月5—10日 市委常委、秘书长张鸣欢迎参加伦敦残奥会的残奥健儿回渝。中国硬地滚球队长、重庆籍选手严治强率队在伦敦残奥会摘得硬地滚球团体和个人两枚银牌。

9月7日 永川区被确定为全国“十二五”残疾儿童随报及早期康复工作试点城市。

10月12日 重庆市残疾人福利基金会召开第二届理事会第一次全体大会，会议选举任能君任市残疾人福利基金会理事长。

10月24日 市残联印发《重庆市残疾人托养机构建设和服务规范(试行)》和《重庆市残疾人居家托养服务工作规范(试行)》。加强对残疾人托养服务机构的管理,促进全市残疾人托养服务健康发展。

10月26日 市人社局等五部门印发《关于将部分医疗康复项目纳入医疗保险基金支付范围的通知》。

11月1—20日 市残疾人状况监测办公室派业务骨干分2组到24个区县督导。

11月15日 重庆残疾人企业家毛建军、刘松获第三届全国残疾人“自强创业奖”。

11月15日 2012年全市民政残疾人老龄工作会议隆重召开。市委常委、常务副市长马正其讲话。

12月31日 重庆市成立残疾儿童康复救助“七彩梦行动计划”贫困肢体残疾儿童矫治手术项目专家组。

是年 重庆市全面启动残疾儿童康复救助“七彩梦行动计划”,落实残疾儿童康复救助“七彩梦行动计划”项目筛查、评估、训练、手术等工作。

是年 “重庆市雨露助残行动”被中国残疾人福利基金会评为全国优秀公益项目。

2013年

1月5日 中共中央政治局常委、国务院总理李克强在北京接见来参加“全国医改领导小组第十二次全体会议”的重庆市残疾人、最美乡村医生周月华。

1月23日 市政府办公厅印发《〈重庆市农村残疾人扶贫开发规划(2011—2020年)〉的通知》。

2月19日 北碚区柳荫镇西河村乡村医生、肢体残疾人周月华当选“感动中国2012年度人物”。

2月26日 副市长刘强调研残疾人事业工作及视察文体中心建设。

5月27日 在全国残疾人羽毛球锦标赛中,重庆籍运动员文余、向永红获女子双打第一名,文余获女子单打第一名。

6月4日 巴南区运动员张建辉在全国残疾人举重锦标赛中荣获90kg级第一名,渝中区籍运动员廖克力在全国残疾人乒乓球锦标赛中荣获男子单打第一名。

7月29日 重庆市第五届残疾人文艺会演颁奖晚会在市文化宫大剧院举行。市人大常委会副主任、秘书长周旬,市政府副市长刘强,市政协副主席姜平,市政府副秘书长艾扬观看演出。

7月29—30日 召开重庆市残疾人联合会第四次代表大会。市委、市人大常委会、市政府、市政协以及中国残联高度重视。中国残疾人联合会主席团副主席、中国残疾人福利基金会理事长汤小泉,市委副书记、市长黄奇帆,市人大常委会主任张轩,市政协主席徐敬业,市领导周旬、刘强、姜平等出席开幕式。

7月30日 市残联第四届主席团召开第一次全体会议。大会推举周鸣担任市残联第四届执行理事会理事长。

7月 周鸣任市残联党组书记、理事长；张青莉任市残联党组成员、副理事长。

是月 相继召开重庆市残疾人5个专门协会第四次代表大会。

8月24日 第八届全国残疾人艺术会演（甘肃赛区）在兰州市落下帷幕，重庆代表团选送的小品《我也有个梦》获一等奖，舞蹈、小品、器乐类共4件作品获二等奖，1件声乐类作品获三等奖。

9月15日 举行重庆市出席中国残联第六次代表大会代表欢送会，市委副书记张国清、副市长刘强、市委副秘书长姜伯奎、市政府副秘书长艾扬出席欢送会。

10月16日 第二届重庆华岩奇人奇才文化艺术节在华岩寺开幕。市残联党组成员、副理事长张青莉，九龙坡区副区长马超出席开幕式。

10月 孙连尚任市残联党组成员、副巡视员。

11月8日 重庆市首个硬地滚球训练基地在北碚缙云文化体育中心正式揭牌。

11月29日 由市残工委主办，市残联、市文化广播电视局承办的“追逐梦想——重庆市残疾人特殊艺术巡演”走进四川外国语大学，60余名残疾人演员和20余名四川外国语大学学生共同呈现了一台精彩的艺术盛宴。市残联领导周鸣、任能君、彭美云、张青莉、孙连尚、郝建新观看演出。

11月 市残联、市财政局、市人社局、市卫生局联合出台《重庆市盲人按摩行业扶持办法（试行）》，自2014年1月1日起施行。

12月20日 重庆市肢残人协会正式注册为独立法人机构，并召开重庆市肢残人协会第一次会员代表大会。

12月30日 中共重庆市委组织部等7部门印发《关于促进残疾人按比例就业的实施意见》。

2014年

1月1日起 重庆市减免持有C2及C5驾驶执照的下肢残疾人所驾车辆的重庆境内路桥通行费。

1月1—2016年12月31日 暂不征收微型企业残疾人就业保障金。

1月22日 副市长刘强，市残联党组书记、理事长周鸣等到涪陵区慰问困难残疾人家庭。

2月7日 国家体育总局授予市残联“2009—2012年度全国群众体育先进单位”称号。

2月10日 市残联、市市政管理委员会联合印发《关于减免下肢残疾人车辆路桥通行费的通知》。

3月26日 《重庆市法律援助条例》经重庆市第四届人民代表大会常务委员会第八次会议通过,自2014年5月1日起施行。

4月21日 中国残疾人福利基金会理事长汤小泉一行到重庆出席“集善如新蜜儿餐重庆项目”捐赠仪式。

4月28日 “特奥融合计划——重庆融合滚球赛”在市文化宫举行,这是重庆市举行的首届融合滚球比赛。市残联领导周鸣、张青莉、郝建新,国际奥林匹克东亚区相关负责人参加开幕式并观看比赛。

4月 启动重庆市残疾人状况监测工作,在承担有监测任务的24个区县、48个监测小区开展,按照工作方案和工作流程,共对1179名残疾人进行动态监测。

5月14日 市委副书记张国清、副市长刘强、市委副秘书长薛竹,市政府副秘书长艾扬代表市委市政府,到市残联欢送重庆市14位残疾人代表赴京参加全国第五次残疾人自强模范和助残先进表彰大会。

5月17日 由市残联组织的“追逐梦想·携梦飞翔——2014年重庆市残疾人文艺演出”在重庆市群众艺术馆群星剧院举行。市人大常委会副主任周旬,市残联党组书记、理事长周鸣,市委宣传部副部长马岱良等领导观看演出。

5月20日 市政协副主席何事忠、姜平一行看望云阳县康复医院接受康复训练的聋儿、脑瘫儿并参观残疾人辅助器具展示厅。

5月30日 市委副书记、市长黄奇帆,副市长吴刚,市政府秘书长欧顺清一行到渝中区培智学校,与孩子们一起庆祝“六一”国际儿童节,给残障儿童带去节日的慰问和祝福。

6月12—13日 中国残联党组书记、理事长鲁勇一行在市残联党组书记、理事长周鸣的陪同下,视察渝中区残疾人综合服务中心、阳光职业康复训练中心。

7月18日 市残联党组书记、理事长周鸣,党组成员、副理事长彭美云一行7人到武隆县仙女山镇白果村养殖大户王洪涛养殖基地、龙堡塘村种植大户秦朝林种植基地调研。

9月15日 成立重庆市残疾人文化体育训练活动管理中心。

9月25日 中共中央政治局常委、国务院总理李克强接见重庆市优秀肢残人代表周月华。

10月13日 在北碚区举行重庆市第五届残疾人运动会开幕式,残疾人运动员、裁判员、志愿者等1800余人参加开幕式。中国残联常务副理事长孙先德,市领导周旬、刘强、姜平出席开幕式。是日,中国残联党组副书记、副理事长孙先德,在市残联党组书记、理事长周鸣陪同下查看重庆市残联机关文化建设。

10月18—24日 2014仁川亚残会上代表中国参赛的重庆运动员收获2金2银1铜。

11月12日 在重庆市广场宾馆召开重庆市残疾人企业家协会第二次会员大会。

11月23日 重庆市残疾人心理健康与咨询学会召开第二次会员大会。

12月12日 市残联、市人社局共同举办2014年全市残疾人职业技能竞赛活动。市20个区县45名选手分别参加4大类5个项目的竞赛,孔令清、高友平、郑红军等16名选手获奖。

12月15日 市残联印发《关于进一步加强残疾人信访稳定工作的实施办法》,明确在全市残联系统建立"大维权、大接访、大稳定"工作机制。

2015年

1月19日 市残联开展第三期残疾人专项调查专题培训班。中国残联专项调查办公室综合组组长、中国残联组联部主任曹跃进对重庆市培训工作进行督导检查。市残联党组书记、理事长周鸣出席培训会并做动员讲话,市残联党组成员、副理事长彭美云全程跟班培训。

2月6日 市残联举行机关党委换届选举大会,选举产生新一届机关党的委员会和机关纪律检查委员会。

2月15日 市政协主席徐敬业一行看望慰问残疾人。

3月12日 副市长谭家玲一行在市残联党组书记、理事长周鸣,党组成员、副理事长任能君的陪同下,先后到民政直属福利机构市第一社会福利院和市儿童福利院看望慰问。

4月2日 中国残联组织四川省、云南省、贵州省、广东省、重庆市残联,在重庆市残联举行全国残疾人基本服务状况和需求工作开展情况专项调查专题研讨会,就专项调查动态更新及常态机制建立进行研讨。中国残联党组成员、副主席吕世明出席研讨会。

4月12日 成立重庆市残疾人文化体育训练活动管理中心,挂靠市残联信息中心。

4月24—30日 中国康复研究中心在重庆市举办全国智力残疾儿童在职康复专业技术人员培训班。

4月28日 成立市残联保密工作领导小组。

4月 市残联出台《重庆市残疾儿童康复救助项目定点机构分级管理和退出制度(试行)》,自2015年5月1日起实施。

5月4日 市财政局、市残联等5部门联合制定《重庆市政府购买残疾人服务暂行办法》。

5月17日 "让书动起来,我为残疾学生捐书活动暨讲重庆残疾人的故事活动"在重庆市特殊教育中心举行启动仪式。市人大常委会副主任沈金强,中国盲文出版社副总编辑沃淑萍出席活动。

5月29日 市政府副市长、市妇儿工委主任谭家玲一行到重庆市聋哑学校,为孩子们送上节日的祝福。

5月 重庆市残疾人体育馆正式交馆投入使用。

6月5日 中国残联党组书记、理事长鲁勇一行到重庆调研残疾人集中就业企业及残疾人街道社区服务。

6月4—8日 袁洪相代表重庆市残疾人射击运动员在第九届全国残运会射击比赛中,获得5金3银4铜。

6月26—29日 市残联、市卫计委联合举办重庆市首届残疾儿童康复项目定点机构康复技能大赛。

6月　重庆市残疾人“人人享有康复服务”38个区县全部通过市级审评。

7月7日　中国残联副理事长贾勇到重庆市第九人民医院重庆市儿童孤独症康复治疗中心进行调研。市残联领导周鸣、任能君、彭美云、张青莉,中国残联国际部、市残联康复部相关负责人陪同调研。

7月28日　市残联、市体育局印发《重庆市残疾人体育运动教练员运动员管理暂行办法》《重庆市残疾人体育运动训练基地管理暂行办法》。

7月31日　市民政局、市残联、市老龄工作委员会办公室、市财政局联合印发《重庆市贫困残疾人生活补贴实施办法》《重庆市重度残疾人护理补贴实施办法》。

8月　召开重庆市残疾人事业新闻宣传促进会第四届理事会代表大会。

9月16日　市政府印发《加快推进残疾人小康进程的实施意见》。

9月10—19日　重庆代表团46名残疾人运动员参加在成都举行的全国第九届残疾人运动会暨第六届残奥会,获得13金12银11铜。副市长谭家玲出席出征仪式,并慰问运动健儿。

10月12日　市残联批复同意成立重庆梦翔残疾人艺术团。

11月9日　全国政协副主席齐续春带领全国政协委员视察团到重庆视察重庆市特殊教育工作。

11月10日　市政协副主席姜平带领市政协委员年终视察第七分团视察《重庆市残疾人保障条例》的贯彻实施情况,包括残疾人康复、就业、文化体育和文化产业孵化等工作情况。

11月13日　市残联、市教委、市财政局等7部门联合转发中国残联、教育部、民政部、财政部、人社部、住建部、卫计委《关于加强残疾人社会救助工作的意见》,保障和改善困难残疾人基本生活,促进残疾人平等参与和全面发展。

是日　市残联、市体育局联合在重庆市万盛经开区建立“重庆市残疾人羽毛球训练基地”。

11月23—27日　在万盛经开区举行2015年重庆市残疾人羽毛球锦标赛。

11月27日　重庆心连心残疾人艺术团、梦翔残疾人艺术团成立。市人大常委会副主任沈金强出席授牌仪式并授牌。

12月3日　在渝州宾馆召开全市自强模范暨残疾人工作先进集体和先进个人表彰大会。市委副书记、市长黄奇帆等领导在渝州宾馆接见残疾人工作先进集体和先进个人代表。

12月4日　中国残联副主席吕世明到渝北区看望慰问残疾人。

12月10日　市残联副主席、市肢残人协会主席傅强当选为“全国民族团结十大感动人物”,并受到表彰。

2016年

1月19日 召开市残联第四届主席团第四次全体会议。副市长谭家玲出席会议并讲话。

4月20日 中国残疾人福利基金会副秘书长沈伟俊及13省市残疾人福利基金会秘书长一行16人到璧山区考察集善爱心书屋建设工作。

4月22日 市残联群团改革工作会召开。市残联党组书记、理事长周鸣,党组成员、副理事长彭美云,市残联群团改革办成员,市级残疾人五大专门协会、各区县残联负责人等100余人参加会议。

6月28日 国家通用盲文方案(试行)试点工作培训班在市特殊教育中心开班。

7月 重庆市残疾人周娟被中共中央授予“全国优秀共产党员”称号;陈冰、郑璇被中共重庆市委授予“重庆市优秀共产党员”称号。

9月13日 学习贯彻《“十三五”加快残疾人小康进程规划纲要》培训班暨省级“十三五”规划现场调度会在重庆市残疾人文体中心召开。中国残联党组成员、副理事长程凯及中西部16省市区残联负责人共50余人参会。

10月 市委副书记张国清会见重庆市参加第15届夏季残疾人奥林匹克运动会的运动员、教练员和领队。

12月1日 市委副书记、市长黄奇帆主持召开市政府第149次常务会议。会议审议通过《关于进一步加强困境儿童保障工作的实施意见》,提出要加快建立健全与重庆市经济社会发展水平相适应的困境儿童分类保障制度,为困境儿童健康成长营造良好环境。

2017年

1月 重庆城市管理职业学院、重庆医药高等专科学校临床医学院、重庆市残疾人综合服务中心、重庆师范大学儿童智能发展研究中心被中国残联、教育部联合确定为职业院校残疾人康复人才培养改革试点单位。

2月10日 市委常委、宣传部部长燕平一行视察重庆北站南广场“梦想驿站”总站现场活动开展情况。

3月21—22日 市残疾人事业工作会暨市残联第四届主席团第五次全体会议召开。副市长谭家玲出席并讲话。

4月20日 中国残联党组成员、副主席吕世明率住房城乡建设部、民政部等部门有关领导和专家,到重庆检查《无障碍环境建设条例》贯彻落实情况。

6月13—16日 中国残联党组成员、副理事长程凯率调研组一行到重庆市,对丰都、秀山和奉节县开展贫困残疾人脱贫工作专项调研。

7月14日 召开全市残联系统换届工作暨落实“十三五”规划实施机制建设工作会。市残联领导周鸣、任能君、彭美云、张青莉、孙连尚、刘明亮及各区县(自治县)残联理事长100余人参加会议。

2018年

3月24日 市残联召开干部大会,副市长潘毅琴出席会议并讲话。市委组织部副部长康骞宣布市委决定:黎德龙任中共重庆市残疾人联合会党组书记,提名为市残联理事长候选人。

5月20日 “全面小康·与你同行”重庆市全国第二十八次助残日暨“校园芬芳助残”活动在重庆市经贸中等专业学校(永川区)举行。副市长潘毅琴、市政府副秘书长王余果、市政府残工委成员单位负责人、市残联领导班子成员、永川区党政领导班子成员参加活动。

8月6日 重庆市残疾人联合会第五次代表大会开幕。市委书记陈敏尔,市委副书记、市长唐良智,市人大常委会主任张轩,市政协主席王炯出席,中国残联党组书记周长奎出席并讲话。市领导王赋、刘学普、潘毅琴、徐代银出席。市委常委、组织部部长胡文容主持大会开幕式。重庆市残联党组书记、理事长黎德龙受市残联第四届主席团委托向大会做主题为“以残疾人对美好生活的向往为目标,奋力开创新时代全市残疾人事业发展新局面”的报告。会议选举产生了市残联第五届主席团委员、市残联第五届执行理事会班子和出席中国残联第七次代表大会的代表。

10月9日 市残联召开第三代残疾人证(智能化)试点工作座谈会。中国残联信息中心副主任戴连君,中国残联信息中心智能卡组组长韩鹏,中国残联信息中心工程师史阔,市残联党组书记、理事长黎德龙,市残联党组成员、副理事长张青莉,市残联相关部门负责人,市公安局、市民政局等相关部门及8个试点区县残联理事长参加座谈会。

10月24—26日 中国残联办公厅副主任杨平山一行调研重庆市残疾人工作。

2018年11月14—16日 中国残联残疾预防评估调研组一行,对重庆市开展《国家残疾预防行动计划(2016—2020年)》落实情况和全国残疾预防综合试验区创建试点工作进行中期评估调研。市残联党组成员、副理事长雷建平出席评估调研总结会。

12月18日 重庆市残疾人福利基金会第二届换届大会在重庆财政学校举行。市残联党组书记、理事长黎德龙出席会议并讲话。

第一篇　残疾人状况

第一章　残疾分类与分级

第一节　残疾分类

残疾：身体结构、功能的损害及个体活动受限与参与的局限性。残疾人：在精神、生理、人体结构上，某种组织、功能丧失或障碍，全部或部分丧失从事某种活动能力的人。中国按不同残疾类型分为视力残疾、听力残疾、言语残疾、肢体残疾、智力残疾、精神残疾和多重残疾。

2005年，经国务院批准，在全国范围内进行第二次残疾人抽样调查。11月4日，国务院批准的第二次全国残疾人抽样调查残疾人分类标准为：

视力残疾：是指由于各种原因导致双眼视力低下并且不能矫正或视野缩小，以致影响其日常生活和社会参与。

听力残疾：各种原因导致双耳不同程度的永久性听力障碍，听不到或听不清周围环境声及言语声，以致影响其日常生活和社会参与。

言语残疾：是指由于各种原因导致的不同程度的言语障碍，经治疗一年以上不愈或病程超过两年者，仍不能或难以进行正常的言语交往活动，以致影响其日常生活和社会参与（三岁以下不定残）。包括失语、运动性构音障碍、器官结构异常所致的构音障碍、发声障碍（嗓音障碍）、儿童言语发育迟滞、听力障碍所致的语言障碍、口吃共七类。

失语：是指由于大脑言语区域以及相关部位损伤所导致的获得性言语功能丧失或受损。

运动性构音障碍：是指由于神经肌肉病变导致构音器官的运动障碍，主要表现为不会说话、说话费力、发声和发音不清等。

器官结构异常所致的构音障碍：是指构音器官形态结构异常所致的构音障碍。其代表为腭裂以及舌或颌面部术后造成的构音障碍。主要表现为不能说话、鼻音过重、发音不清。

发声障碍(嗓音障碍):是指由于呼吸及喉存在器质性病变导致的失声、发音困难、声音嘶哑等。

儿童言语发育迟滞:是指儿童在生长发育过程中其言语发育落后于实际年龄的状态。主要表现为不会说话、说话晚、发音不清等。

听力障碍所致的语言障碍:是指由于听觉障碍所致的言语障碍。主要表现为不会说话或者发音不清。

口吃:是指言语的流畅性障碍。常表现为在说话的过程中拖长音、重复、语塞并伴有面部及其他行为变化等。

肢体残疾:是指人体运动系统的结构、功能损伤,四肢残缺或四肢、躯干麻痹(瘫痪)、畸形等而致人体运动功能不同程度丧失以及活动受限或参与的局限。包括上肢或下肢因伤、病或者发育异常所致的缺失、畸形或功能障碍;脊柱因伤、病或者发育异常所致的畸形或功能障碍;中枢、周围神经因伤、病或发育异常造成躯干或四肢的功能障碍。

智力残疾:是指智力显著低于一般人水平,并伴有适应行为的障碍。此类残疾是由于神经系统结构、功能障碍,使个体活动和参与受到限制,需要环境提供全面、广泛、有限和间歇性的支持。包括在智力发育期间(18岁之前),由于各种有害因素导致的精神发育不全或智力迟滞;或者智力发育成熟以后,由于各种有害因素导致智力损害或者智力明显衰退。

精神残疾:是指各类精神障碍持续一年以上未痊愈,由于存在认知、情感和行为障碍,以致影响其日常生活和社会参与。

多重残疾:同时存在视力残疾、听力残疾、言语残疾、肢体残疾、智力残疾、精神残疾中的两种或两种以上残疾。

2011年4月28日,国家标准化管理委员会、民政部、中国残疾人联合会在京联合举行《残疾人残疾分类和分级》国家标准(GB/T26341—2010)新闻发布会。该标准将于2011年5月1日起正式实施。该标准是残疾人领域关于残疾种类和等级划分的首个国家标准,是坚持以人为本、构建和谐社会的具体举措,对于加快推进残疾人社会保障体系和服务体系建设具有重要意义。它规定了残疾人残疾分类和分级的术语和定义、残疾分类和分级及代码等,适用于与残疾人有关的信息、统计、管理以及对残疾人的服务、保障等方面。该标准按不同残疾分为视力残疾、听力残疾、言语残疾、肢体残疾、智力残疾、精神残疾和多重残疾。

视力残疾:各种原因导致双眼视力低下并且不能矫正或双眼视野缩小,以致影响其日常生活和社会参与。视力残疾包括盲及低视力。

听力残疾:各种原因导致双耳不同程度的永久性听力障碍,听不到或听不清周围环境声及言语声,以致影响其日常生活和社会参与。

言语残疾:各种原因导致的不同程度的言语障碍,经治疗一年以上不愈或病程超过两年,而不能或难以进行正常的言语交流活动,以致影响其日常生活和社会参与。包括:失语、运动性构音障碍、器质性构音障碍、发声障碍、儿童言语发育迟滞、听力障碍所致的言语障碍、口吃等。(注:3岁以下不定残)

肢体残疾：人体运动系统的结构、功能损伤造成的四肢残缺或四肢、躯干麻痹（瘫痪），畸形等导致人体运动功能不同程度丧失以及活动受限或参与的局限。肢体残疾主要包括：上肢或下肢因伤、病或发育异常所致的缺失，畸形或功能障碍；脊柱因伤、病或发育异常所致的畸形或功能障碍；中枢、周围神经因伤，病或发育异常造成躯干或四肢的功能障碍。

智力残疾：智力显著低于一般人水平，并伴有适应行为的障碍。此类残疾是由于神经系统结构、功能障碍，使个体活动和参与受到限制，需要环境提供全面、广泛、有限和间歇的支持。智力残疾包括在智力发育期间（18岁之前），由于各种有害因素导致的精神发育不全或智力迟滞；或者智力发育成熟以后，由于各种有害因素导致智力损害或智力明显衰退。

精神残疾：各类精神障碍持续一年以上未痊愈，由于存在认知、情感和行为障碍，以致影响其日常生活和社会参与。

多重残疾：同时存在视力残疾、听力残疾、言语残疾、肢体残疾、智力残疾、精神残疾中的两种或两种以上残疾。

第二节 残疾分级

2011年5月1日，实施《残疾人残疾分类和分级》国家标准（GB/T26341—2010）后，《第二次全国残疾人抽样调查残疾标准》不再作为残疾评定标准。

残疾分级原则：各类残疾按残疾程度分为四级，残疾一级、残疾二级、残疾三级和残疾四级。残疾一级为极重度，残疾二级为重度，残疾三级为中度，残疾四级为轻度。

视力残疾分级：按视力和视野状态分级，其中盲为视力残疾一级和二级，低视力为视力残疾三级和四级。视力残疾均指双眼而言，若双眼视力不同，则以视力较好的一眼为准。如仅有单眼为视力残疾，而另一眼的视力达到或优于0.3，则不属于视力残疾范畴。视野以注视点为中心，视野半径小于10度者，不论其视力如何均属于盲。

表1-1 视力残疾分级

级别	视力、视野
一级	无光感~＜0.02；或视野半径＜5度
二级	0.02~0.05；或视野半径＜10度
三级	0.05~＜0.1
四级	0.1~＜0.3

听力残疾分级：听力残疾分级原则，按平均听力损失及听觉系统的结构、功能，活动和参与，环境和支持等因素分级（不佩戴助听放大装置）。（注：3岁以内儿童，残疾程度一、二、三级的定为残疾人）。

听力残疾一级：听觉系统的结构和功能极重度损伤，较好耳平均听力损失大于90 dB

HL,不能依靠听觉进行言语交流,在理解、交流等活动上极重度受限,在参与社会生活方面存在极严重障碍。

听力残疾二级:听觉系统的结构和功能重度损伤,较好耳平均听力损失在81~90 dB HL之间,在理解和交流等活动上重度受限,在参与社会生活方面存在严重障碍。

听力残疾三级:听觉系统的结构和功能中重度损伤,较好耳平均听力损失在61~80 dB HL之间,在理解和交流等活动上中度受限,在参与社会生活方面存在中度障碍。

听力残疾四级:听觉系统的结构和功能中度损伤,较好耳平均听力损失在41~60 dB HL之间,在理解和交流等活动上轻度受限,在参与社会生活方面存在轻度障碍。

言语残疾分级:言语残疾分级原则为,按各种言语残疾不同类型的口语表现和程度,脑和发音器官的结构、功能,活动和参与,环境和支持等因素分级。

言语残疾一级:脑和/或发音器官的结构、功能极重度损伤,无任何言语功能或语音清晰度小于等于10%,言语表达能力等级测试未达到一级测试水平,在参与社会生活方面存在极严重障碍。

言语残疾二级:脑和/或发音器官的结构、功能重度损伤,具有一定的发声及言语能力。语音清晰度在11%~25%之间,言语表达能力等级测试未达到二级测试水平,在参与社会生活方面存在严重障碍。

言语残疾三级:脑和/或发音器官的结构、功能中度损伤,可以进行部分言语交流。语音清晰度在26%~45%之间,言语表达能力等级测试未达到三级测试水平,在参与社会生活方面存在中度障碍。

言语残疾四级:脑和/或发音器官的结构、功能轻度损伤,能进行简单会话,但用较长句表达困难。语音清晰度在46%~65%之间,言语表达能力等级测试未达到四级测试水平,在参与社会生活方面存在轻度障碍。

肢体残疾分级:肢体残疾分级原则为,按人体运动功能丧失、活动受限、参与局限的程度分级(不佩戴假肢、矫形器及其他辅助器具)。肢体部位说明如下。全上肢:包括肩关节、肩胛骨;上臂:肘关节和肩关节之间,不包括肩关节,含肘关节;前臂:肘关节和腕关节之间,不包括肘关节,含腕关节;全下肢:包括髋关节、半骨盆;大腿:髋关节和膝关节之间,不包括髋关节,含膝关节;小腿:膝关节和踝关节之间,不包括膝关节,含踝关节;手指全缺失:掌指关节;足趾全缺失:跖趾关节。

肢体残疾一级:不能独立实现日常生活活动,并具备下列状况之一。

四肢瘫:四肢运动功能重度丧失;

截瘫:双下肢运动功能完全丧失;

偏瘫:一侧肢体运动功能完全丧失;

单全上肢和双小腿缺失;

单全下肢和双前臂缺失;

双上臂和单大腿(或单小腿)缺失;

双全上肢或双全下肢缺失；

四肢在手指掌指关节(含)和足跗跖关节(含)以上不同部位缺失；

双上肢功能极重度障碍或三肢功能重度障碍。

肢体残疾二级：基本上不能独立实现日常生活活动，并具备下列状况之一。

偏瘫或截瘫，残肢保留少许功能(不能独立行走)；

双上臂或双前臂缺失；

双大腿缺失；

单全上肢和单大腿缺失；

单全下肢和单上臂缺失；

三肢在手指掌指关节(含)和足跗跖关节(含)以上不同部位缺失(一级中的情况除外)；

二肢功能重度障碍或三肢功能中度障碍。

肢体残疾三级：能部分独立实现日常生活活动，并具备下列状况之一。

双小腿缺失；

单前臂及其以上缺失；

单大腿及其以上缺失；

双手拇指或双手拇指以外其他手指全缺失；

二肢在手指掌指关节(含)和足跗跖关节(含)以上不同部位缺失(二级中的情况除外)；

一肢功能重度障碍或二肢功能中度障碍。

肢体残疾四级：基本上能独立实现日常生活活动，并具备下列状况之一。

单小腿缺失；

双下肢不等长，差距大于等于50毫米；

脊柱强(僵)直；

脊柱畸形，后凸大于70度或侧凸大于45度；

单手拇指以外其他四指全缺失；

单手拇指全缺失；

单足跗跖关节以上缺失；

双足趾完全缺失或失去功能；

侏儒症(身高小于等于1300毫米的成年人)；

一肢功能中度障碍或两肢功能轻度障碍；

类似上述的其他肢体功能障碍。

智力残疾分级：智力残疾分级为，按0～6岁和7岁及以上两个年龄段发育商、智商和适应行为分级。0～6岁儿童发育商小于72的直接按发育商分级，发育商在72～75之间的按适应行为分级。7岁及以上按智商、适应行为分级；当两者的分值不在同一级时，按适应行为分级。WHO—DASⅡ分值反映的是18岁及以上各级智力残疾的活动和参与情况。

表1-2 智力残疾分级

级别	智力发育水平		社会适应能力	
	发展商(DQ)0~6岁	智商(IQ)7岁及以上	适应性行为(AB)	WHO—DASⅡ分值18岁以上
一级	≤25	<20	极重度	≥116分
二级	26~39	20~34	重度	106~115分
三级	40~54	35~49	中度	96~105分
四级	55~75	50~69	轻度	52~95分

适应行为表现:

极重度——不能与人交流、不能自理、不能参与任何活动、身体移动能力很差;需要环境提供全面的支持,全部生活由他人照料。

重度——与人交往能力差、生活方面很难达到自理、运动能力发展较差;需要环境提供广泛的支持,大部分生活由他人照料。

中度——能以简单的方式与人交流、生活能部分自理、能做简单的家务劳动、能参与一些简单的社会活动;需要环境提供有限的支持,部分生活由他人照料。

轻度——能生活自理、能承担一般的家务劳动或工作、对周围环境有较好的辨别能力、能与人交流和交往、能比较正常地参与社会活动;需要环境提供间歇的支持,一般情况下生活不需要由他人照料。

精神残疾分级:精神残疾分级原则为,18岁及以上的精神障碍患者依据WHO—DASⅡ分值和适应行为表现分级,18岁以下精神障碍患者依据适应行为的表现分级。

精神残疾一级:WHO—DASⅡ值大于等于116分,适应行为极重度障碍;生活完全不能自理,忽视自己生理、心理的基本要求。不与人交往,无法从事工作,不能学习新事物。需要环境提供全面、广泛的支持,生活长期、全部需他人监护。

精神残疾二级:WHO—DASⅡ值在106~115分之间,适应行为重度障碍;生活大部分不能自理,基本不与人交往,只与照顾者简单交往,能理解照顾者的简单指令,有一定学习能力。在监护下能从事简单劳动。能表达自己的基本需求,偶尔被动参与社交活动。需要环境提供广泛的支持,大部分生活仍需他人照料。

精神残疾三级:WHO—DASⅡ值在96~105分之间,适应行为中度障碍;生活上不能完全自理,可以与人进行简单交流,能表达自己的情感。能独立从事简单劳动,能学习新事物,但学习能力明显比一般人差。被动参与社交活动,偶尔能主动参与社交活动。需要环境提供部分的支持,即所需要的支持服务是经常性的、短时间的需求,部分生活需由他人照料。

精神残疾四级:WHO—DASⅡ值在52~95分之间,适应行为轻度障碍;生活上基本自理,但自理能力比一般人差,有时忽略个人卫生。能与人交往,能表达自己的情感,体会他人情感的能力较差,能从事一般的工作,学习新事物的能力比一般人稍差。偶尔需要环境提供支持,一般情况下生活不需要由他人照料。

多重残疾分级:按所属残疾中残疾程度最重类别的分级确定其残疾等级。

第三节　残疾人证发放

1992年9月9日，重庆市教委等12个部门联合发出《重庆市关于中华人民共和国残疾人证核发管理使用办法》，明确规定对残疾人的多方面优惠措施。

1995年1月1日起，使用中华人民共和国残疾人证，有关部门凭证给予残疾人优惠减免各种税费等照顾。市残联组织工作人员首先核发中华人民共和国残疾人证的试点区县。制定中华人民共和国残疾人证的管理制度，明确残疾鉴定医疗机构和专职医务人员及职责，市残联理事长委托授权颁证工作责任人，组织颁证工作组逐步统一核发中华人民共和国残疾人证。至1998年，全市共核发中华人民共和国残疾人证44万个。

在组织工作人员逐步核发的同时，安排职工利用节假日，开展核发残疾人证工作的数据、资料清理、登记造册整理、卡片建档装盒，建立颁证专项档案目录归入档案库以便查证。总结核发中华人民共和国残疾人证的经验教训，对遗漏工作进行弥补，制定残疾人遗失残疾人证申请补发的具体操作规程。伤残人员申请办理残疾人证的，必须治愈终止，经过一年的恢复期后，再做鉴定，符合相关规定，才给予办理残疾人证。强化机关办理残疾人证的服务能力，方便残疾人办理残疾人证。

中华人民共和国残疾人证

2004年，重庆市成立残疾人鉴定评审委员会，其成员为：主任任能君（市残联副理事长）；副主任卓大华（市卫生局副局长）；委员郑启淑（市残联组联部主任）、杨莉（市残联康复部主任）、郝建新（市残联教就部主任）。

为进一步做好残疾人证管理工作，更好地实现残疾人共享改革发展成果，中国残联决定2008年起，在全国统一制发第二代残疾人证。第二代残疾人证评定标准为国务院批准的《第二次全国残疾人抽样调查残疾标准》，停止执行1995年原中国残联发布的管理办法和《中国残疾人实用评定标准》。2010年1月1日起残疾人一律使用新一代残疾人证。

2010年，市残联成立第二代中华人民共和国残疾人证核发工作领导小组，做好第二代中华人民共和国残疾人证核发工作。2015年3月，市残联印发《重庆市残疾人联合会转发中国残联关于进一步加强残疾人证管理工作的通知》，明确各区县（自治县）残联理事长对整个发证工作承担领导责任，初审、填发人必须是区县（自治县）残联理事长或分管副理事长。在办证过程中，填写与残疾分类和分级相应的残疾信息和评定结果，医生评定意见须具体、明确。残疾人户口迁移的残疾人证迁移参照中华人民共和国残疾人证管理办法规定执行。残疾人证遗失，应及时报告户口所在地区县（自治县）残联，在区县（自治县）以上单位登报或镇（街）

以上政府网站或公示栏公示声明作废后申请补发,并在第二代残疾人证管理系统中挂失声明一栏注明登报公示情况。各区县(自治县)残联从方便残疾人、减轻残疾人的负担出发,制定出符合本地实际、时间安排合理、办事程序明确、方便残疾人证申领的操作细则;广泛宣传,让广大残疾人及其亲属了解核发证工作基本程序与环节;防止追求办证速度,加大残疾人路途往返、经济负担等现象。至2015年12月31日,全市核发第二代中华人民共和国残疾人证811979个,其中肢体残疾449303人、占55.33%;智力残疾67544人、占8.31%;视力残疾130026人、占16.01%;听力残疾48281人、占5.95%;言语残疾13560人、占1.67%;精神残疾73186人、占9.01%;多重残疾30079人、占3.70%。

第二章　残疾人数量与分布

第一节　残疾人数量

1987年,根据第一次全国残疾人抽样调查测算,四川省重庆市各类残疾人的总数为78.75万人,其中聋哑残疾人28.40万人,视力残疾人9.19万人,智力残疾人19.46万人,肢体残疾人9.55万人,精神残疾人3.27万人,多重残疾人8.88万人。

1997年,重庆市直辖,辖40个区县(自治县、市),辖区面积8.24万平方公里,总人口3022.77万人。根据第一次全国残疾人抽样调查测算,全市(含万县市、涪陵市、黔江地区)有残疾人156万,占总人口的5.2%。贫困残疾人100万余人,占全市贫困人口的27%,其中视力残疾人22.78万,占14.6%;听力言语残疾人53.5万,占34.3%;肢体残疾人22.78万,占14.6%;智力残疾人30.73万,占19.7%;精神残疾人5.93万,占3.8%;多重残疾人20.28万,占13%。残疾人中男性占50.03%,女性占49.97%。

2006年,根据第二次全国残疾人抽样调查结果,全市各类残疾人的总数为169.4万人,占总人口的6.05%。各类残疾人的人数及各占残疾人总人数的比重分别是:视力残疾29.2万人,占17.24%;听力残疾30.8万人,占18.18%;言语残疾3.3万人,占1.95%;肢体残疾57.6万人,占34%;智力残疾13.6万人,占8.03%;精神残疾16.4万人,占9.68%;多重残疾18.5万人,占10.92%。

至2015年12月,全市各类残疾人的总数为169.4万人(仍根据第二次全国残疾人抽样调查结果)，占总人口的6.05%。各类残疾人的人数及各占残疾人总人数的比重分别是:视力残疾29.2万人，占17.24%;听力残疾30.8万人，占18.18%;言语残疾3.3万人，占1.95%;肢体残疾57.6万人，占34%;智力残疾13.6万人，占8.03%;精神残疾16.4万人，占9.68%;多重残疾18.5万人，占10.92%。全市持有第二代残疾人证的残疾人有811979人。

第二节　残疾人分布与构成

2015年12月，全市持证残疾人811979人，其分布分为按地区、年龄、性别，以及残疾人类别、等级分类。

表1-3　2015年12月重庆市持证残疾人按地区(城市列入所属地区)分类统计表

单位:人

地区	户籍总人数	持证残疾人	
		人数	占全市持证残疾人比重(%)
总计	33718367	811979	100.00%
万州区	1754738	47747	5.88%
黔江区	550477	11128	1.37%
涪陵区	1161934	26358	3.25%
渝中区	530722	11006	1.36%
大渡口区	256362	4760	0.59%
江北区	601805	11530	1.42%
沙坪坝区	803716	16426	2.02%
九龙坡区	899964	16409	2.02%
南岸区	681445	15941	1.96%
北碚区	631643	13319	1.64%
渝北区	1210132	20807	2.56%
巴南区	906247	21891	2.70%
长寿区	901665	25501	3.14%
江津区	1495342	53160	6.55%
合川区	1544310	38678	4.76%
永川区	1131463	27136	3.34%
南川区	686925	16414	2.02%
綦江区	938707	24387	3.00%

续表

地区	户籍总人数	持证残疾人	
		人数	占全市持证残疾人比重(%)
大足区	1053875	30152	3.71%
潼南县	952144	14809	1.82%
铜梁区	845254	19044	2.35%
荣昌县	844755	20142	2.48%
璧山区	639470	16090	1.98%
梁平县	925463	22536	2.78%
城口县	250646	8491	1.05%
丰都县	829007	23524	2.90%
垫江县	970519	24903	3.07%
武隆县	414250	12429	1.53%
忠县	1004615	22068	2.72%
开县	1683540	35862	4.42%
云阳县	1346372	28193	3.47%
奉节县	1064136	26935	3.32%
巫山县	638289	16779	2.07%
巫溪县	543880	16982	2.09%
石柱县	546588	16346	2.01%
秀山县	662138	15986	1.97%
酉阳县	849970	14349	1.77%
彭水县	698059	12598	1.55%
北部新区	—	3487	0.43%
万盛经开区	267800	7676	0.95%

注:此表格数据来源于《重庆市残疾人事业数据手册》。

表1-4　2015年12月重庆市持证残疾人按年龄、性别分类表

单位:人

年龄段	合计	男	女
总计	811979	494564	317415
15岁及以下	26838	16089	10749

续表

年龄段	合计	男	女
16~49	305208	189388	115820
50~54	93676	59692	33984
55~59	64775	42088	22687
60~69	178762	107943	70819
70~79	103203	59264	43939
80岁及以上	39517	20100	19417

注:此表格数据来源于《重庆市残疾人事业数据手册》。

表1-5 2015年12月重庆市持证残疾人按类别、等级分类表

单位:人

类别	合计	一级	二级	三级	四级
总计	811979	98844	211126	212961	289048
视力	130026	31251	23567	23228	51980
听力	48281	9543	14780	13512	10446
言语	13560	5787	3644	2144	1985
肢体	449303	19584	81752	138703	209264
智力	67544	6624	30252	20018	10650
精神	73186	7321	49039	13044	3782
多重	30079	18734	8092	2312	941

注:此表格数据来源于《重庆市残疾人事业数据手册》。

第三章　残疾人抽样调查

第一节　第一次全国残疾人抽样调查

1985年2月14日，国务院批准民政部、国家计委、卫生部、教育部、财政部、国务院人口普查领导小组、中国残疾人福利基金会、中国盲人聋哑人协会《关于对全国残疾人进行一次性抽样调查的报告》。1985年3月21日，民政部、国家统计局等9个单位联合印发《关于对全国残疾人进行一次性抽样调查的联合通知》。1986年10月7日，国务院批准《全国残疾人抽样调查方案》和五类《残疾标准》，全国残疾人抽样调查确定调查目的、性质和意义，调查的对象，调查的范围、规模和标准时间，调查的组织领导，调查资料的汇总，调查的后续工作，调查资料的分析和保管、宣传工作，调查经费等。

1986年4月，四川省民政、卫生、教育、公安、财政厅、计经委、统计局、人口普查办公室、省残疾人福利基金会、盲人聋哑人协会联合组成四川省残疾人抽样调查领导小组及其办公室。领导小组组长由省民政厅副厅长卜泰江担任；副组长由省残疾人福利基金会郑扶副理事长、省人口普查办公室张培生副主任担任；成员单位为省民政，公安，卫生，统计，教育等厅、局和省计经委、省残疾人福利基金会、盲人聋哑人协会的负责干部。领导小组下设办公室，省残疾人福利基金会副秘书长张国清担任办公室主任。

1987年4月1日零时为标准时间，进行了一次规模较大的残疾人抽样调查。通过调查，填补了四川省人口统计中有关残疾人状况的空白，为发展残疾人事业提供了可靠依据。此次调查的主要对象是视力、听力语言、智力、肢体和精神病五类残疾人。采取概率比例抽样方法，全省抽样调查28个县、市、区，再逐级抽取164个乡镇(街道)的328个调查单位。平均每个调查单位约440人。全省共调查36131户，145201人，调查总人数占全省人口数的1.4‰。住户调查员见面141345人，占调查总人数的97.34%；按照全国统一的《残疾人筛查表》，筛查出可疑残疾人15644人，占调查总人数的10.77%。眼科、耳鼻喉科、儿科、骨外科和精神科等专业医生对筛出的可疑残疾人分科，进行认真的检查、诊断，并按分类的《残疾标准》确定残疾人数量和划分残疾等级。调查结果为：有残疾人的家庭6925户，占调查总户数的19.17%；确定五类残疾和多重残疾7934人，占调查总人数的54.64‰。各类残疾人数及其占调查总人数的比例分别是：视力残疾927人，占6.38‰；听力言语残疾2860人，占19.70‰；智力残疾1960人，占13.50‰；肢体残疾962人，占6.63‰；精神残疾330人，占2.27‰；多重残疾895人，占6.16‰。

以调查结果推断总体，全省有残疾人家庭492.5万户，五类残疾和多重残疾的总人数约为563.8万人，其中视力残疾约65.8万人，听力言语残疾约203.3万人，智力残疾约139.3万人，肢体残疾约68.4万人，精神残疾约23.4万人，多重残疾约63.6万人。现残率为5.4%，残疾儿童人数为91.536万人。同时，还掌握全省各类残疾人的人数、地区分布、致残年龄、致残原因及其医疗、康复、教育、就业、婚姻、家庭和社会生活等情况，为政府制定和完善各项残疾人政策、有计划地发展残疾人事业提供了可靠依据。

表1-6　1987年四川省残疾人调查统计表

单位：人

残疾类别	残疾人数	构成比(%)
听力言语残疾	2860	36.05
其中：单纯语言障碍	63	0.79
智力残疾	1960	24.70
肢体残疾	962	12.13
视力残疾	927	11.68
精神残疾	330	4.16
多重残疾	895	11.28
合计	7934	100.00

采取概率比例抽样方法，在重庆市区市县中随机抽取九龙坡区、江北县、江津县、大足县、万县市、奉节县、武隆县、黔江土家族苗族自治县8个区市县进行调查。

九龙坡区：全区调查3638人，调查员与被调查对象见面3603人，见面率为99%(全省见面率97.34%)；入户调查员按照全国统一的《残疾人筛查表》筛查出可疑残疾人268人，占调查总人口数的7.37%；各科医生对筛查出来的可疑残疾人进行分科检查诊断，确定残疾人数为153人，占调查总人数的4.21%。分五类残疾类型：其中视力残疾13人，现残率为0.36%；听力言语残疾75人，现残率为2.06%；智力残疾26人，现残率为0.71%；肢体残疾22人，现残率为0.60%；精神残疾7人，现残率为0.19%；多重残疾10人，现残率为0.27%。农村现残率比城市的高。城市现残率3.49%，农村现残率4.16%，农村现残率比城市高0.67个百分点。男女现残率基本一致，男性现残率3.64%；女性现残率3.67%。老年人口现残率最高。0~14岁儿童现残率2.91%；15~59岁成人现残率1.85%；60岁及以上老人现残率18.55%。老年人口现残率是儿童的6.4倍，是成人的10倍。至1986年12月，九龙坡区人口数为459810人，按3.66%推算，全区约有残疾人16800人。

江北县：在全区12个整群里，抽样调查1451户，5522人进行入户登记调查，直接见面人数5325人,见面率为96.43%;筛查出可疑残疾人711人,占调查总人数的12.88%;医生见面诊断711人,定性五类残疾人372人(占调查总人数的6.74%),定性率为52.3%,其中视力残疾42人,占11.29%;听力言语残疾138人,占37.10%;智力残疾67人,占18.01%;肢体残疾52人,占13.98%;精神残疾14人,占3.76%;多重残疾59人,占15.86%。从性别来看,男性192人,占51.61%;女性180人,占48.39%。男性多女性3.22%。年龄分布特征为,0~6岁占1.62%;7~12岁占4.03%;13~18岁占8.06;19~60岁占42.47%;60岁以上占43.82%。至1986年12月,江北区人口数为1001267人,按6.74%推算,全区约有残疾人67485人。

江津县:全县抽取12个村(居),35个村(居)民小组,共调查登记1375户,5186人,占全县人口的3.69%。见面5032人,见面率97.03%;筛出可疑残疾人527人,定性残疾人320人,定性残疾人占登记人数5186人的6.17%。分五类六种残疾类型:视力残疾44人,现残率为0.85%;听力言语残疾120人,现残率为2.31%;智力残疾53人,现残率为1.02%;肢体残疾45人,现残率为0.87%;精神残疾19人,现残率为0.37%;多重残疾39人,现残率为0.75%。从性别来看,男性159人,女性161人。年龄分布特征为:0~14岁有30人,15~59岁有155人,60岁及以上135人。至1986年12月,江津县人口数为140.68万人,按6.17%推算,全区约有残疾人8.68万人。

大足县:全县共抽取6个乡(镇),34个村(居)民小组,共调查登记1255户,5241人。见面5039人,见面率96.15%;筛出可疑残疾人498人,定性残疾人233人,定性残疾人占登记人数5241人的4.45%。分五类六种残疾类型:视力残疾35人,听力言语残疾91人,智力残疾48人,肢体残疾28人,精神残疾7人,多重残疾24人。从性别来看,男性122人,女性111人。至1986年12月,大足县人口数为812504人,按4.45%推算,全区约有残疾人36156人。

万县市:全县抽取6个乡(镇),54个村(居)民小组,共调查登记1410户,5462人。见面5315人,见面率97.31%;筛出可疑残疾人497人,定性残疾人248人,现残率为调查总人口数的4.54%。分五类六种残疾类型:视力残疾20人,现残率为0.37%;听力言语残疾142人,现残率为2.60%;智力残疾31人,现残率为0.57%;肢体残疾33人,现残率为0.60%;精神残疾2人,现残率为0.037%;多重残疾20人,占0.37%。

奉节县:全县抽取6个乡(镇),调查5581人,实际见面5411人,见面率97%;筛出可疑残疾人530人,定性残疾人282人,定残率5.05%。按此推算,全县残疾人数约有44600人。分五类残疾类型:视力残疾39人,定性率为0.70%;听力言语残疾62人,定性率为1.11%;智力残疾115人,定性率为2.06%;肢体残疾36人,定性率为0.65%;精神残疾15人,定性率为0.27%。从性别来看,男性149人,女性133人。年龄分布特征为,0~14岁有118人,占2.11%;15~59岁有110人,占1.97%;60岁及以上54人,占0.97%。

武隆县:全县抽取5个乡(镇),10个村,33个村民小组,1034户,4410人,直接见面4256人,见面率96.51%;筛出可疑残疾人466人,定性残疾人246人,定残率5.58%。分五类残疾类型:视力残疾16人,现残率为0.36%;听力言语残疾17人,现残率为0.39%;智力残疾169人,现残率为3.83%;肢体残疾34人,现残率为0.77%;精神残疾3人,现残率为0.07%。多重残疾7人,现残率为0.16%。

黔江土家族苗族自治县：全县抽取5个乡（镇），10个村，1027户，调查4529人，实际见面4494人，见面率99.23%；定性残疾人248人，定残率5.48%。按此推算，全县残疾人数约有22600人。分五类残疾类型：视力残疾35人，现残率为0.77%；听力言语残疾92人，现残率为2.03%；智力残疾40人，现残率为0.88%；肢体残疾40人，现残率为0.88%；精神残疾14人，现残率为0.31%；多重残疾27人，现残率为0.60%。从性别来看，男性147人，现残率3.25%；女性101人，现残率2.23%。年龄分布特征为，0~14岁有37人，现残率0.82%；15~29岁有40人，现残率0.88%；30~44岁有57人，现残率1.26%；45~59岁有46人，现残率1.02%；60岁及以上68人，占1.50%。

表1-7　1987年第一次全国残疾人抽样调查四川省（重庆片区）统计表

区县	调查乡镇（个）	调查户数（户）	抽查总人数（人）	直接见面人数（人）	定性残疾人（人）	占总比例（%）
九龙坡区	8	963	3638	3603	133	3.66
江北县	12	1451	5522	5325	372	6.74
江津县	12	1375	5186	5032	320	6.17
大足县	6	1255	5241	5039	233	4.45
万县市	6	1410	5462	5315	248	4.54
奉节县	6	—	5581	5411	282	5.05
武隆县	5	1034	4410	4256	246	5.58
黔江县	5	1027	4529	4494	248	5.48
合计	60	—	39569	38475	2082	—

注：奉节县调查户数未进入统计。

根据概率比例抽样方法，在重庆8区（市）县再逐级抽取60个乡（镇），调查8515户（奉节县未核实到数据，未进入统计）、39569人，直接见面38475人，见面率97.24%，见面定性各类残疾人2082人。根据调查结果，按1986年12月重庆人口推算，全市有各类残疾人约为78.75万人。

第二节　第二次全国残疾人抽样调查

2005年，经国务院批准，全国进行第二次全国残疾人抽样调查。在第二次全国残疾人抽样调查领导小组统一领导下，按照全国统一的调查方案，重庆市第二次全国残疾人抽样调查领导小组组织实施重庆市的调查。

2005年3月,成立重庆市第二次全国残疾人抽样调查领导小组。领导小组组长由市委常委、副市长、市残联主席团主席陈国光担任,副组长为市政府副秘书长夏祖相、市残联理事长李光华、市统计局副局长段泽勇、市民政局副局长袁天长、市卫生局副局长周英杰,成员有市级相关部门领导。领导小组下设办公室,市残联副理事长任能君为办公室主任。同时成立专家委员会,由市卫生局调研员刘晓红任专家委员会组长。

全国2006年4月1日0时进行第二次全国残疾人抽样调查,这是1987年第一次全国残疾人抽样调查后进行的又一次全国范围内大规模的残疾人专项调查。重庆市于2006年4月1日起开始全面调查。

重庆市直辖以后,为促进区域经济快速发展,将40个区县市划分为三大经济区,全市残疾人抽样调查的样本设计方案和抽取的样本,以2004年的行政区划和2004年的人口统计数为抽样框。2004年的行政区划,全市有15个市辖区、4个县级市、17个县、4个自治县。共有40个县级单位。据2004年1%人口抽样调查数据,全市常住人口为2770.98万人。居住在城镇的人口为1205.70万人,占总人口的43.51%;居住在乡村的人口为1565.28万人,占总人口数的56.49%。

表1-8 2005年重庆市区市县人口分布统计表

地区	户籍人口(万人)	占总比重(%)
万州区	169.70	5.4
涪陵区	111.57	3.5
渝中区	59.92	1.9
大渡口区	21.3	0.7
江北区	48.87	1.6
沙坪坝区	72.67	2.3
九龙坡区	76.15	2.4
南岸区	52.68	1.7
北碚区	65.05	2.1
万盛区	26.68	0.8
双桥区	4.71	0.1
渝北区	84.78	2.7
巴南区	85.75	2.7
黔江区	50.24	1.6
长寿区	87.49	2.8
綦江县	94.66	3.0
潼南县	90.40	2.9

续表

地区	户籍人口(万人)	占总比重(%)
铜梁县	80.40	2.6
大足县	92.48	2.9
荣昌县	81.36	2.6
璧山县	61.17	1.9
梁平县	88.31	2.8
城口县	23.07	0.7
丰都县	78.67	2.5
垫江县	90.11	2.9
武隆县	39.84	1.3
忠县	92.26	3.1
开县	152.95	4.9
云阳县	128.75	4.1
奉节县	100.20	3.2
巫山县	59.45	1.9
巫溪县	51.96	1.7
石柱县	51.45	1.6
秀山县	61.19	1.9
酉阳县	74.99	2.4
彭水县	62.10	2.0
江津市	145.48	4.6
合川市	149.94	4.8
永川市	107.20	3.4
南川市	64.30	2.0
合计	3140.25	—

按照全国残疾人抽样调查领导小组的分配结果,全市样本量为7.7万人,占全市户籍人口3144万余人的2.45‰。按照样本设计,全市抽取24个县级单位,占全市抽样框架40个单位的60%。二级以下样本的抽取,在每个被抽中的县级单位(县、市、市辖区)中抽取4个乡级单位(乡、镇、街道),在被抽中的乡级单位中抽取2个村级单位(村民委员会或居民委员会),在每个抽中的村级单位根据人口规模,按400人左右划分调查小区,随机抽选一个调查小区。按照以上模式,全市共抽选96个乡级单位,192个村级单位,192个调查小区,样本人数为7.7万人。

按照全国统一的调查方案，重庆市第二次全国残疾人抽样调查领导小组历经9个月完成重庆市的各项调查。调查采取分层、多阶段、整群概率比例抽样方法，在全市抽取24个区县(自治县)，96个乡镇(街道)，共192个调查小区，平均每个调查小区430人左右。调查时间为2006年4月1日—5月31日，在市政府和各抽中区县(自治县)政府直接领导下，组织24个调查队、414名调查员、203名各科医生，26名统计员以及2496名陪调员，逐户进行讯问登记、筛查和残疾评定。共调查26243户、82460人，调查的抽样比为2.95‰。入户调查66519人，占调整总人数的80.67%。按照《第二次全国残疾人抽样调查残疾筛查方法》，7岁以上疑似残疾人筛出率15.65%，疑似残疾人查检查率到99.87%。

表1-9　2006年重庆市第二次全国残疾人抽样调查24个区县调查样本情况表

地区	调查(市)县数(个)	调查乡镇、街道数(个)	调查小区数(个)	调查户数(户)	调查人口(人)			调查残疾人(人)		
					小计	男	女	小计	男	女
渝北区	1	4	8	1182	3432	1747	1685	253	123	130
沙坪坝区	1	4	8	1119	3324	1646	1678	163	83	80
渝中区	1	4	8	1269	3424	1635	1789	144	74	70
大渡口区	1	4	8	1195	3618	1822	1796	226	109	117
合川市	1	4	8	1216	3369	1686	1683	188	108	80
江津市	1	4	8	1209	3478	1780	1698	232	119	113
永川市	1	4	8	1121	3470	1750	1720	190	93	97
南川市	1	4	8	952	3421	1722	1699	243	122	121
万州区	1	4	8	1257	3465	1637	1828	230	114	116
涪陵区	1	4	8	1120	3393	1729	1664	212	115	97
黔江区	1	4	8	992	3532	1823	1709	248	143	105
綦江县	1	4	8	1127	3432	1759	1673	179	92	87
潼南县	1	4	8	1187	3440	1761	1679	212	104	108
荣昌县	1	4	8	1137	3468	1738	1730	170	88	82
璧山县	1	4	8	1278	3569	1826	1743	175	92	83
开县	1	4	8	1002	3228	1652	1576	166	87	79
云阳县	1	4	8	1028	3462	1749	1713	197	105	92
奉节县	1	4	8	823	3333	1745	1588	214	126	88
垫江县	1	4	8	960	3401	1757	1644	218	129	89
梁平县	1	4	8	1127	3428	1700	1728	199	109	90

续表

地区	调查(市)县数(个)	调查乡镇、街道数(个)	调查小区数(个)	调查户数(户)	调查人口(人)			调查残疾人(人)		
					小计	男	女	小计	男	女
巫山县	1	4	8	1077	3476	1830	1646	277	160	117
武隆县	1	4	8	924	3409	1781	1628	210	130	80
秀山县	1	4	8	977	3474	1790	1684	215	129	86
石柱县	1	4	8	964	3414	1735	1679	229	135	94
总计	24	96	192	26243	82460	41800	40660	4990	2689	2301

根据调查结果汇总，被调查户中有残疾人家庭4516户，确定视力、听力、言语、肢体、智力、精神和多重残疾共4990人，其中视力残疾859人、听力残疾908人、言语残疾98人、肢体残疾1696人、智力残疾401人、精神残疾482人、多重残疾546人。这次调查结果显示全市残疾人占总人口的比例为6.05%，据此推算重庆市各类残疾人的总数为169.4万人，占总人口的6.05%。各类残疾人的人数及各占残疾人总人数的比重分别是：视力残疾29.2万人，占17.24%；听力残疾30.8万人，占18.18%；言语残疾3.3万人，占1.95%；肢体残疾57.6万人，占34%；智力残疾13.6万人，占8.03%；精神残疾16.4万人，占9.68%；多重残疾18.5万人占10.92%。

表1-10　2006年重庆市第二次全国残疾人抽样调查社区基本情况统计表

地区	调查社区(个)			社区人口情况		社区残疾人情况(人)			
	合计	居委会	村委会	户数(户)	人口(人)	残疾人	持证残疾人	享受定期救助人数	享受临时救助人数
渝北区	8	1	7	7957	23476	919	320	125	185
沙坪坝区	8	5	3	13319	33323	651	247	61	40
渝中区	8	8	0	18168	53156	506	496	135	41
大渡口区	8	6	2	10676	29408	484	331	137	51
合川市	8	2	6	8846	31922	1156	412	209	258
江津市	8	3	5	15442	42391	2745	1890	785	924
永川市	8	1	7	12964	42305	2109	1790	149	252
南川市	8	3	5	9735	29124	1185	475	126	205
万州区	8	3	5	10859	39542	1715	697	399	62
涪陵区	8	3	5	9958	30840	803	384	148	344
黔江区	8	3	5	9852	33189	1850	820	388	408

续表

地区	调查社区(个)			社区人口情况		社区残疾人情况(人)			
	合计	居委会	村委会	户数(户)	人口(人)	残疾人	持证残疾人	享受定期救助人数	享受临时救助人数
綦江县	8	1	7	7798	25823	1330	452	127	209
潼南县	8	1	7	8603	31030	828	205	12	69
荣昌县	8	1	7	11935	40132	1252	392	96	50
璧山县	8	1	7	9509	28716	879	437	50	170
开县	8	0	8	7462	25957	1138	411	158	357
云阳县	8	2	6	6616	24119	827	560	101	206
奉节县	8	1	7	5645	23525	810	536	82	67
垫江县	8	2	6	13174	41173	1324	638	128	222
梁平县	8	0	8	6672	19108	739	389	40	92
巫山县	8	0	8	4350	15089	836	318	48	197
武隆县	8	1	7	4012	14758	1524	538	424	571
秀山县	8	1	7	5820	23573	976	335	16	141
石柱县	8	1	7	7587	23824	1263	251	74	146
总计	192	50	142	226959	725503	27849	13324	4018	5267

表1-11　2006年重庆市第二次全国残疾人抽样调查各地区按残疾类别的残疾人统计表

单位:人

地区	残疾人	视力残疾	听力残疾	言语残疾	肢体残疾	智力残疾	精神残疾	多重残疾
渝北区	253	45	41	9	66	33	32	27
沙坪坝区	163	22	39	4	45	9	15	29
渝中区	144	21	55	0	36	4	15	13
大渡口区	226	37	74	2	39	16	24	34
合川市	188	20	12	5	102	16	14	19
江津市	232	39	13	7	94	22	30	27
永川市	190	41	27	3	44	24	19	32
南川市	243	24	25	3	139	24	18	10
万州区	230	43	37	3	63	20	21	43
涪陵区	212	29	58	1	79	9	17	19
黔江区	248	41	52	1	93	10	20	31

续表

地区	残疾人	视力残疾	听力残疾	言语残疾	肢体残疾	智力残疾	精神残疾	多重残疾
綦江县	179	37	30	3	44	14	25	26
潼南县	212	14	63	7	59	25	21	23
荣昌县	170	34	22	4	52	24	23	11
璧山县	175	39	16	3	56	17	17	27
开县	166	24	24	3	61	14	20	20
云阳县	197	33	43	4	58	8	31	20
奉节县	214	45	33	11	82	11	23	9
垫江县	218	43	45	6	72	16	18	18
梁平县	199	37	30	1	63	20	13	35
巫山县	277	42	48	3	111	25	32	16
武隆县	210	33	33	9	105	17	6	7
秀山县	215	56	13	3	89	13	22	19
石柱县	229	60	75	3	44	10	6	31
总计	4990	859	908	98	1696	401	482	546

表1-12　2006年重庆市第二次全国残疾人抽样调查各地区分残疾人性别的残疾人统计表

单位:人

地区	视力残疾		听力残疾		言语残疾		肢体残疾		智力残疾		精神残疾		多重残疾	
	男	女	男	女	男	女	男	女	男	女	男	女	男	女
渝北区	18	27	20	21	8	1	36	30	18	15	11	21	12	15
沙坪坝区	7	15	32	7	2	2	18	27	5	4	6	9	13	16
渝中区	4	17	31	24	0	0	22	14	3	1	9	6	5	8
大渡口区	12	25	39	35	2	0	24	15	6	10	12	12	14	20
合川市	12	8	9	3	3	2	56	46	6	10	7	7	15	4
江津市	19	20	8	5	4	3	54	40	13	9	13	17	8	19
永川市	16	25	18	9	1	2	23	21	11	13	11	8	13	19
南川市	9	15	16	9	2	1	75	64	7	17	9	9	4	6
万州区	21	22	16	21	3	0	34	29	8	12	12	9	20	23
涪陵区	11	18	33	25	1	0	49	30	7	2	4	13	10	9
黔江区	20	21	37	15	1	0	50	43	8	2	9	11	18	13

续表

地区	视力残疾		听力残疾		言语残疾		肢体残疾		智力残疾		精神残疾		多重残疾	
	男	女	男	女	男	女	男	女	男	女	男	女	男	女
綦江县	18	19	18	12	1	2	26	18	8	6	12	13	9	17
潼南县	6	8	33	30	4	3	26	33	12	13	8	13	15	8
荣昌县	15	19	15	7	2	2	25	27	12	12	13	10	6	5
璧山县	18	21	8	8	0	3	36	20	11	6	8	9	11	16
开县	9	15	15	9	0	3	41	20	8	6	7	13	7	13
云阳县	16	17	28	15	4	0	32	26	5	3	9	22	11	9
奉节县	29	16	15	18	9	2	52	30	9	2	10	13	2	7
垫江县	30	13	29	16	5	1	39	33	9	7	8	10	9	9
梁平县	17	20	13	17	0	1	43	20	11	9	9	4	16	19
巫山县	21	21	30	18	2	1	71	40	13	12	11	21	12	4
武隆县	17	16	20	13	7	2	64	41	13	4	3	3	6	1
秀山县	28	28	8	5	2	1	56	33	7	6	16	6	12	7
石柱县	31	29	48	27	1	2	24	20	8	2	2	4	21	10
总计	404	455	539	369	64	34	976	720	218	183	219	263	269	277

表1-13　2006年重庆市第二次全国残疾人抽样调查按城乡、性别、残疾类别的残疾人统计表

单位:人

类别	城镇			农村		
	小计	男	女	小计	男	女
视力残疾	198	77	121	661	327	334
听力残疾	264	149	115	644	390	254
言语残疾	17	10	7	81	54	27
肢体残疾	446	265	181	1250	711	539
智力残疾	81	42	39	320	176	144
精神残疾	124	59	65	358	160	198
多重残疾	132	56	76	414	213	201
残疾人	1262	658	604	3728	2031	1697

表1-14　2006年重庆市第二次全国残疾人抽样调查各地区残疾人残疾类别、残疾等级分布

单位:人

地区	视力残疾					听力残疾				
	一级	二级	三级	四级	小计	一级	二级	三级	四级	小计
渝北区	19	14	1	11	45	3	5	27	6	41
沙坪坝区	3	2	1	16	22	1	7	18	13	39
渝中区	4	5	3	9	21	4	14	34	3	55
大渡口区	6	4	5	22	37	20	9	45	0	74
合川市	6	7	3	4	20	1	2	7	2	12
江津市	9	18	5	7	39	6	0	3	4	13
永川市	6	1	4	30	41	0	0	6	21	27
南川市	2	4	7	11	24	1	3	4	17	25
万州区	16	2	0	25	43	4	1	23	9	37
涪陵区	4	4	4	17	29	3	18	31	6	58
黔江区	8	6	3	24	41	2	3	22	25	52
綦江县	17	4	2	14	37	4	0	13	13	30
潼南县	8	1	2	3	14	9	10	26	18	63
荣昌县	10	4	4	16	34	3	6	13	0	22
璧山县	7	3	9	20	39	5	2	4	5	16
开县	7	2	2	13	24	4	0	15	5	24
云阳县	11	2	2	18	33	3	2	12	26	43
奉节县	11	6	8	20	45	16	7	8	2	33
垫江县	12	0	7	24	43	7	4	26	8	45
梁平县	10	3	4	20	37	1	2	16	11	30
巫山县	15	1	11	15	42	14	6	20	8	48
武隆县	8	6	3	16	33	10	5	14	4	33
秀山县	21	7	5	23	56	5	1	5	2	13
石柱县	14	1	6	39	60	13	4	26	32	75
总计	234	107	101	417	859	139	111	418	240	908

续上表：

地区	言语残疾					肢体残疾				
	一级	二级	三级	四级	小计	一级	二级	三级	四级	小计
渝北区	4	1	2	2	9	6	7	5	48	66
沙坪坝区	3	0	0	1	4	2	4	5	34	45
渝中区	0	0	0	0	0	3	3	8	22	36
大渡口区	0	0	1	1	2	6	4	5	24	39
合川市	1	1	1	2	5	2	22	29	49	102
江津市	0	2	0	5	7	10	7	27	50	94
永川市	0	1	0	2	3	2	3	18	21	44
南川市	3	0	0	0	3	3	8	18	110	139
万州区	0	0	3	0	3	0	7	17	39	63
涪陵区	0	0	1	0	1	7	14	27	31	79
黔江区	0	0	0	1	1	4	4	20	65	93
綦江县	1	0	2	0	3	3	7	11	23	44
潼南县	1	1	5	0	7	1	4	11	43	59
荣昌县	1	1	2	0	4	6	10	18	18	52
璧山县	0	0	2	1	3	1	11	16	28	56
开县	2	0	1	0	3	10	11	23	17	61
云阳县	1	1	0	2	4	1	11	19	27	58
奉节县	4	1	1	5	11	0	6	45	31	82
垫江县	0	3	1	2	6	15	17	20	20	72
梁平县	1	0	0	0	1	1	12	18	32	63
巫山县	1	0	0	2	3	4	8	41	58	111
武隆县	1	3	4	1	9	0	6	27	72	105
秀山县	0	1	1	1	3	3	18	8	60	89
石柱县	1	0	1	1	3	5	1	6	32	44
总计	25	16	28	29	98	95	205	442	954	1696

续上表:

地区	智力残疾					精神残疾				
	一级	二级	三级	四级	小计	一级	二级	三级	四级	小计
渝北区	0	3	9	21	33	0	1	6	25	32
沙坪坝区	0	2	3	4	9	1	0	5	9	15
渝中区	0	1	1	2	4	2	1	5	7	15
大渡口区	0	1	5	10	16	13	8	1	2	24
合川市	4	3	6	3	16	3	2	5	4	14
江津市	3	5	9	5	22	5	2	7	16	30
永川市	4	5	5	10	24	2	7	3	7	19
南川市	7	4	8	5	24	3	3	8	4	18
万州区	2	3	7	8	20	4	5	6	6	21
涪陵区	3	3	3	0	9	7	2	3	5	17
黔江区	2	2	2	4	10	6	4	2	8	20
綦江县	4	2	3	5	14	0	1	7	17	25
潼南县	9	8	5	3	25	1	4	6	10	21
荣昌县	1	6	10	7	24	2	5	3	13	23
璧山县	0	4	9	4	17	1	5	1	10	17
开县	1	6	3	4	14	6	1	9	4	20
云阳县	1	0	4	3	8	9	11	1	10	31
奉节县	10	1	0	0	11	8	2	2	11	23
垫江县	6	0	7	3	16	0	11	5	2	18
梁平县	3	7	6	4	20	0	5	7	1	13
巫山县	4	6	3	12	25	2	2	4	24	32
武隆县	1	4	5	7	17	1	3	0	2	6
秀山县	2	3	4	4	13	4	3	4	11	22
石柱县	1	2	6	1	10	1	1	2	2	6
总计	68	81	123	129	401	81	89	102	210	482

续上表:

地区	多重残疾				
	一级	二级	三级	四级	小计
渝北区	17	2	7	1	27
沙坪坝区	18	4	5	2	29
渝中区	5	1	6	1	13
大渡口区	19	4	11	0	34
合川市	11	4	3	1	19
江津市	19	6	2	0	27
永川市	10	5	6	11	32
南川市	7	1	1	1	10
万州区	27	9	6	1	43
涪陵区	6	6	5	2	19
黔江区	18	5	3	5	31
綦江县	13	4	5	4	26
潼南县	14	1	5	3	23
荣昌县	10	1	0	0	11
璧山县	15	9	2	1	27
开县	15	2	3	0	20
云阳县	14	3	3	0	20
奉节县	5	3	1	0	9
垫江县	7	4	7	0	18
梁平县	16	7	9	3	35
巫山县	10	2	3	1	16
武隆县	4	0	2	1	7
秀山县	13	4	1	1	19
石柱县	12	5	11	3	31
总计	305	92	107	42	546

表1-15　2006年重庆市第二次全国残疾人抽样调查各地区城镇残疾人残疾类别、残疾等级分布

单位：人

地区	视力残疾					听力残疾				
	一级	二级	三级	四级	小计	一级	二级	三级	四级	小计
渝北区	2	0	0	2	4	1	1	9	2	13
沙坪坝区	2	2	1	11	16	1	3	13	6	23
渝中区	4	5	3	9	21	4	14	34	3	55
大渡口区	4	1	4	17	26	13	4	39	0	56
合川市	2	7	0	1	10	0	1	2	2	5
江津市	6	7	1	3	17	3	0	2	4	9
永川市	2	0	1	4	7	0	0	0	1	1
南川市	0	2	5	4	11	1	1	2	10	14
万州区	5	0	0	7	12	0	0	7	0	7
涪陵区	0	0	0	3	3	2	9	6	5	22
黔江区	1	4	0	15	20	2	1	9	8	20
綦江县	1	1	0	3	5	0	0	2	7	9
潼南县	0	0	0	0	0	0	1	0	0	1
荣昌县	1	0	0	0	1	0	0	0	0	0
璧山县	1	1	1	2	5	2	0	0	0	2
开县	0	0	0	0	0	0	0	0	0	0
云阳县	1	1	0	4	6	1	1	0	4	6
奉节县	1	0	1	3	5	4	0	1	0	5
垫江县	6	0	2	7	15	2	0	4	0	6
梁平县	0	0	0	0	0	0	0	0	0	0
巫山县	0	0	0	0	0	0	0	0	0	0
武隆县	1	1	1	4	7	0	1	1	1	3
秀山县	0	0	0	0	0	0	0	0	0	0
石柱县	1	0	0	6	7	1	0	2	4	7
总计	41	32	20	105	198	37	37	133	57	264

续上表：

地区	言语残疾					肢体残疾				
	一级	二级	三级	四级	小计	一级	二级	三级	四级	小计
渝北区	1	1	0	1	3	0	2	1	9	12
沙坪坝区	0	0	0	0	0	0	2	2	16	20
渝中区	0	0	0	0	0	3	3	8	22	36
大渡口区	0	0	0	1	1	6	4	3	19	32
合川市	0	1	0	0	1	1	12	12	16	41
江津市	0	1	0	2	3	5	4	16	32	57
永川市	0	0	0	0	0	0	1	4	4	9
南川市	0	0	0	0	0	2	7	10	56	75
万州区	0	0	2	0	2	0	3	4	14	21
涪陵区	0	0	0	0	0	2	6	9	11	28
黔江区	0	0	0	1	1	2	1	4	22	29
綦江县	0	0	1	0	1	0	3	2	8	13
潼南县	0	0	0	0	0	0	1	0	4	5
荣昌县	0	0	1	0	1	0	0	3	1	4
璧山县	0	0	1	0	1	0	2	3	3	8
开县	0	0	0	0	0	0	0	0	0	0
云阳县	0	0	0	0	0	1	4	3	3	11
奉节县	1	0	1	0	2	0	3	3	5	11
垫江县	0	1	0	0	1	1	5	7	3	16
梁平县	0	0	0	0	0	0	0	0	0	0
巫山县	0	0	0	0	0	0	0	0	0	0
武隆县	0	0	0	0	0	0	0	5	10	15
秀山县	0	0	0	0	0	0	0	0	0	0
石柱县	0	0	0	0	0	3	0	0	0	3
总计	2	4	6	5	17	26	63	99	258	446

续上表：

地区	智力残疾					精神残疾				
	一级	二级	三级	四级	小计	一级	二级	三级	四级	小计
渝北区	0	0	4	6	10	0	0	0	8	8
沙坪坝区	0	2	3	0	5	1	0	3	3	7
渝中区	0	1	1	2	4	2	1	5	7	15
大渡口区	0	1	4	4	9	10	4	1	2	17
合川市	1	0	1	2	4	3	1	2	1	7
江津市	2	2	5	3	12	3	0	3	5	11
永川市	0	1	2	2	5	0	2	2	0	4
南川市	3	3	4	2	12	3	2	5	3	13
万州区	0	1	1	0	2	2	0	0	2	4
涪陵区	0	0	1	0	1	3	2	0	1	6
黔江区	1	2	0	1	4	2	1	1	5	9
綦江县	0	1	1	0	2	0	0	0	2	2
潼南县	0	0	0	0	0	0	3	1	2	6
荣昌县	0	1	1	0	2	0	0	0	0	0
璧山县	0	1	2	0	3	0	1	0	2	3
开县	0	0	0	0	0	0	0	0	0	0
云阳县	0	0	1	1	2	3	0	0	1	4
奉节县	0	0	0	0	0	2	0	1	1	4
垫江县	1	0	1	1	3	0	3	1	0	4
梁平县	0	0	0	0	0	0	0	0	0	0
巫山县	0	0	0	0	0	0	0	0	0	0
武隆县	0	0	1	0	1	0	0	0	0	0
秀山县	0	0	0	0	0	0	0	0	0	0
石柱县	0	0	0	0	0	0	0	0	0	0
总计	8	16	33	24	81	34	20	25	45	124

续上表：

地区	多重残疾				
	一级	二级	三级	四级	小计
渝北区	1	1	2	0	4
沙坪坝区	12	2	2	2	18
渝中区	5	1	6	1	13
大渡口区	14	2	8	0	24
合川市	4	1	2	1	8
江津市	6	4	1	0	11
永川市	2	0	0	1	3
南川市	5	1	0	0	6
万州区	7	3	1	0	11
涪陵区	1	2	1	0	4
黔江区	5	1	1	1	8
綦江县	2	0	2	2	6
潼南县	2	0	0	0	2
荣昌县	1	0	0	0	1
璧山县	3	0	0	0	3
开县	0	0	0	0	0
云阳县	1	1	1	0	3
奉节县	0	0	0	0	0
垫江县	1	1	1	0	3
梁平县	0	0	0	0	0
巫山县	0	0	0	0	0
武隆县	1	0	0	0	1
秀山县	0	0	0	0	0
石柱县	0	0	2	0	3
总计	73	20	30	8	132

表1-16　2006年重庆市第二次全国残疾人抽样调查各地区农村残疾人残疾类别、残疾等级分布

单位:人

地区	视力残疾					听力残疾				
	一级	二级	三级	四级	小计	一级	二级	三级	四级	小计
渝北区	17	1	1	9	41	2	4	18	4	28
沙坪坝区	1	0	0	5	6	0	4	5	7	16
渝中区	0	0	0	0	0	0	0	0	0	0
大渡口区	2	1	1	5	11	7	5	6	0	18
合川市	4	3	3	3	10	1	1	5	0	7
江津市	3	4	4	4	22	3	0	1	0	4
永川市	4	3	3	26	34	0	0	6	20	26
南川市	2	2	2	7	13	0	2	2	7	11
万州区	11	0	0	18	31	4	1	16	9	30
涪陵区	4	4	4	14	26	1	9	25	1	36
黔江区	7	3	3	9	21	0	2	13	17	32
綦江县	16	2	2	11	32	4	0	11	6	21
潼南县	8	2	2	3	14	9	9	26	18	62
荣昌县	9	4	4	16	33	3	6	13	0	22
璧山县	6	8	8	18	34	3	2	4	5	14
开县	7	2	2	13	24	4	0	15	5	24
云阳县	10	2	2	14	27	2	1	12	22	37
奉节县	10	7	7	17	40	12	7	7	2	28
垫江县	6	5	5	17	28	5	4	22	8	39
梁平县	10	4	4	20	37	1	2	16	11	30
巫山县	15	11	11	15	42	14	6	20	8	48
武隆县	7	2	2	12	26	10	4	13	3	30
秀山县	21	5	5	23	56	5	1	5	2	13
石柱县	13	6	6	33	53	12	4	24	28	68
总计	193	81	81	312	661	102	74	285	183	644

续上表：

地区	言语残疾					肢体残疾				
	一级	二级	三级	四级	小计	一级	二级	三级	四级	小计
渝北区	3	0	2	1	6	6	5	4	39	54
沙坪坝区	3	0	0	1	4	2	2	3	18	25
渝中区	0	0	0	0	0	0	0	0	0	0
大渡口区	0	0	1	0	1	0	0	2	5	7
合川市	1	0	1	2	4	1	10	17	33	61
江津市	0	1	0	3	4	5	3	11	18	37
永川市	0	1	0	2	3	2	2	14	17	35
南川市	3	0	0	0	3	1	1	8	54	64
万州区	0	0	1	0	1	0	4	13	25	42
涪陵区	0	0	1	0	1	5	8	18	20	51
黔江区	0	0	0	0	0	2	3	16	43	64
綦江县	1	0	1	0	2	3	4	9	15	31
潼南县	1	1	5	0	7	1	3	11	39	54
荣昌县	1	1	1	0	3	6	10	15	17	48
璧山县	0	0	1	1	2	1	9	13	25	48
开县	2	0	1	0	3	10	11	23	17	61
云阳县	1	1	0	2	4	0	7	16	24	47
奉节县	3	1	0	5	9	0	3	42	26	71
垫江县	0	2	1	2	5	14	12	13	17	56
梁平县	1	0	0	0	1	1	12	18	32	63
巫山县	1	0	0	2	3	4	8	41	58	111
武隆县	1	3	4	1	9	0	6	22	62	90
秀山县	0	1	1	1	3	3	18	8	60	89
石柱县	1	0	1	1	3	2	1	6	32	41
总计	23	12	22	24	81	69	142	343	696	1250

续上表：

地区	智力残疾					精神残疾				
	一级	二级	三级	四级	小计	一级	二级	三级	四级	小计
渝北区	0	3	5	15	23	0	1	6	17	24
沙坪坝区	0	0	0	4	4	0	0	2	6	8
渝中区	0	0	0	0	0	0	0	0	0	0
大渡口区	0	0	1	6	7	3	4	0	0	7
合川市	3	3	5	1	12	0	1	3	3	7
江津市	1	3	4	2	10	2	2	4	11	19
永川市	4	4	3	8	19	2	5	1	7	15
南川市	4	1	4	3	12	0	1	3	1	5
万州区	2	2	6	8	18	2	5	6	4	17
涪陵区	3	3	2	0	8	4	0	3	4	11
黔江区	1	0	2	3	6	4	3	1	3	11
綦江县	4	1	2	5	12	0	1	7	15	23
潼南县	9	8	5	3	25	1	1	5	8	15
荣昌县	1	5	9	7	22	2	5	3	13	23
璧山县	0	3	7	4	14	1	4	1	8	14
开县	1	6	3	4	14	6	1	9	4	20
云阳县	1	0	3	2	6	6	11	1	9	27
奉节县	10	1	0	0	11	6	2	1	10	19
垫江县	5	0	6	2	13	0	8	4	2	14
梁平县	3	7	6	4	20	0	5	7	1	13
巫山县	4	6	3	12	25	2	2	4	24	32
武隆县	1	4	4	7	16	1	3	0	2	6
秀山县	2	3	4	4	13	4	3	4	11	22
石柱县	1	2	6	1	10	1	1	2	2	6
总计	60	65	90	105	320	47	69	77	165	358

续上表:

地区	多重残疾				
	一级	二级	三级	四级	小计
渝北区	16	1	5	1	23
沙坪坝区	6	2	3	0	11
渝中区	0	0	0	0	0
大渡口区	5	2	3	0	10
合川市	7	3	1	0	11
江津市	13	2	1	0	16
永川市	8	5	6	10	29
南川市	2	0	1	1	4
万州区	20	6	5	1	32
涪陵区	5	4	4	2	15
黔江区	13	4	2	4	23
綦江县	11	4	3	2	20
潼南县	12	1	5	3	21
荣昌县	9	1	0	0	10
璧山县	12	9	2	1	24
开县	15	2	3	0	20
云阳县	13	2	2	0	17
奉节县	5	3	1	0	9
垫江县	6	3	6	0	15
梁平县	16	7	9	3	35
巫山县	10	2	3	1	16
武隆县	3	0	2	1	6
秀山县	13	4	1	1	19
石柱县	12	5	9	2	28
总计	232	72	77	33	414

表1-17　2006年重庆市第二次全国残疾人抽样调查各地区残疾人分城乡、残疾等级持证情况表

单位：人

地区	持证残疾人			残疾一级		
	合计	城镇	农村	合计	城镇	农村
渝北区	72	17	55	15	2	13
沙坪坝区	41	19	22	11	4	7
渝中区	27	27	0	5	5	0
大渡口区	47	37	10	16	13	3
合川市	61	37	24	9	5	4
江津市	68	37	31	16	5	11
永川市	55	10	45	14	4	10
南川市	99	56	43	11	5	6
万州区	61	22	39	17	7	10
涪陵区	59	21	38	13	5	8
黔江区	56	17	39	19	5	14
綦江县	23	10	13	5	3	2
潼南县	41	8	33	13	2	11
荣昌县	38	4	34	10	0	10
璧山县	83	10	73	11	1	10
开县	45	0	45	18	0	18
云阳县	64	13	51	18	1	17
奉节县	100	13	87	33	6	27
垫江县	68	14	54	22	6	16
梁平县	66	0	66	16	0	16
巫山县	70	0	70	20	0	20
武隆县	72	8	64	11	1	10
秀山县	72	0	72	17	0	17
石柱县	47	4	43	14	3	11
总计	1435	384	1051	354	83	271

续上表:

地区	残疾二级			残疾三级			残疾四级		
	合计	城镇	农村	合计	城镇	农村	合计	城镇	农村
渝北区	12	1	11	12	2	10	33	12	21
沙坪坝区	5	4	1	6	3	3	19	8	11
渝中区	4	4	0	8	8	0	10	10	0
大渡口区	3	3	0	7	5	2	21	16	5
合川市	15	10	5	20	12	8	17	10	7
江津市	13	8	5	18	12	6	21	12	9
永川市	8	2	6	18	3	15	15	1	14
南川市	11	9	2	20	12	8	57	30	27
万州区	10	4	6	14	4	10	20	7	13
涪陵区	12	5	7	20	5	15	14	6	8
黔江区	6	4	2	15	4	11	16	4	12
綦江县	2	2	0	9	2	7	7	3	4
潼南县	3	1	2	7	1	6	18	4	14
荣昌县	8	1	7	12	2	10	8	1	7
璧山县	21	3	18	17	2	15	34	4	30
开县	6	0	6	16	0	16	5	0	5
云阳县	14	4	10	17	2	15	15	6	9
奉节县	21	2	19	31	5	26	15	0	15
垫江县	12	2	10	18	3	15	16	3	13
梁平县	14	0	14	21	0	21	15	0	15
巫山县	11	0	11	23	0	23	16	0	16
武隆县	11	0	11	24	3	21	26	4	22
秀山县	15	0	15	5	0	5	35	0	35
石柱县	4	0	4	10	1	9	19	0	19
总计	241	69	172	368	91	277	472	141	331

表1-18　2006年调查社区残疾人基层建设情况

单位：个

地区	有残疾人协会(小组)的社区	有残疾人专职委员会的社区	有康复站的社区	有社区康复协调员的社区	有无障碍设施的社区(居委会)
渝北区	0	0	0	0	0
沙坪坝区	5	1	1	2	4
渝中区	8	7	3	8	2
大渡口区	8	2	3	3	2
合川市	4	3	0	0	0
江津市	3	3	3	3	3
永川市	8	8	1	1	0
南川市	1	1	2	2	0
万州区	5	3	2	2	0
涪陵区	8	6	0	5	0
黔江区	1	1	0	0	0
綦江县	5	2	0	0	1
潼南县	0	0	0	0	1
荣昌县	1	1	0	0	1
璧山县	4	0	3	3	0
开县	0	2	0	0	0
云阳县	0	2	1	2	0
奉节县	6	4	0	2	0
垫江县	0	0	0	0	0
梁平县	2	0	2	2	0
巫山县	0	0	0	0	0
武隆县	1	4	0	6	0
秀山县	0	0	0	0	0
石柱县	0	0	0	7	1
总计	70	50	21	48	15

根据第二次全国残疾人抽样调查测算,重庆市有各类残疾人的总数为169.4万人,占总人口的6.05%。各类残疾人数占残疾人总人数的比重分别是:视力残疾29.2万人,占17.24%;听力残疾30.8万人,占18.18%;言语残疾3.3万人,占1.95%;肢体残疾57.6万人,占34%;智力残疾13.6万人,占8.03%;精神残疾16.4万人,占9.68%;多重残疾18.5万人,占10.92%。

第三节 残疾人状况监测

2006年,重庆市第二次全国残疾人抽样调查之后,按照中国残联、国家统计局、民政部、卫生部等部门联合下发的《关于开展全国残疾人状况监测工作的通知》要求,以重庆市第二次全国残疾人抽样调查为基础,在全市24个区县(自治县)的48个监测小区中对残疾人状况进行定点跟踪监测,以推动残疾人事业加快发展和推进残疾人"两个体系"建设,这也是宣传残疾人事业的重要载体。是年,成立重庆市残疾人状况监测领导小组和办公室。

2007年5月9—10日,市残疾人状况监测工作和监测员培训会在红楼宾馆召开。市残联党组书记、理事长江绍中,副理事长任能君出席会议,全国第二次残疾人抽样调查重庆24个抽中区县的理事长、监测员共70余人参加培训会议。监测员培训工作根据《全国残疾人状况监测方案》,围绕《全国残疾人状况监测问卷》展开,监测内容包括残疾人及家庭基本情况、社会保障、教育、就业、康复服务、环境、社区服务、家庭支出和收入等八个方面的指标。

2010年3月22—23日,重庆市残联召开残疾人状况监管工作培训会。全市参与监测的24个区县残联和街道的监测员参加会议,市残联副理事长彭美云到会并提出工作要求,中国残联残疾人状况监测专家贾同金、陈润田出席会议。

2011年5月,根据中国残联、国家统计局、民政部、卫生部等部门联合下发的《新一轮全国残疾人状况监测工作的通知》精神,制定《重庆市2011年度新一轮全国残疾人状况监测方案》,开展新一轮全国残疾人状况监测工作。残疾人监测样本的调整补充、工作模式和程序与2006年第二次全国残疾人抽样调查大体相同,是一次小型残疾人口抽样调查。同时,还进行了年度残疾人状况监测工作。重庆市新一轮全国残疾人状况监测办公室主任为市残联副理事长彭美云,成员由市民政局、市卫生局、市统计局、市残联有关人员担任,办公地点设在市残联。是年,市残疾人状况监测工作以重庆市第二次全国残疾人抽样调查评定的残疾人为基础,了解全市具有中华人民共和国国籍、在监测小区内常住的人口、经医师评定为残疾的(含第二次全国残疾人抽样调查评定的残疾人和持第二代残疾人证的残疾人)残疾人及家庭的现状与变化情况,并对残疾人及其家庭进行入户监测。是年9月27日,召开重庆市全国新一轮残疾人状况监测办公室主任会和各类别残疾鉴定医师会议,明确监测办公室及各部门在本次残疾人状况监测工作中的主要职责,落实相关的目标责任。10月17日,召开重庆市新一轮全国残疾人状况监测会议暨监测员骨干、医务组长和各类别残疾鉴定医生培训与综合试点会议。有关区县(自治县)新一轮残疾人状况监测领导小组组长或担任办公室主任的分管会领导各1人、监测骨干各1人、各卫生局医政科派1人、视力残疾评定要求眼科医师1人、听力残疾评定要求听力学基础好的耳鼻喉科医师1人、言语残疾评定要求神经内科医师1人，肢体残疾评定要求有残疾评定、分级经历的骨科医师1人、智力残疾评定要求有心理测验经验的儿保科医师或有心理测验经验的神经内科医师1人、精神残疾评定要求有量表评定基础的精神科医师1人参加培训。

2011年11月1—30日，开展现场入户复查和监测调查工作，48个监测小区，共有户数6650户，总人数2.09万人，入户率100%。筛查了0至6岁儿童964人，检查率100%，定性残疾人7人，定性率0.73%；7岁及以上疑似残疾人1239人，检查员235人，检查率99.68%，定性残疾人168人，定性率13.6%。新增残疾人308人，新增残疾人率1.48%。是年，全市监测残疾人1395人，监测残疾人比例为6.69%。全市残疾人状况监测在24个区县（自治县）开展。2011年度新一轮全国残疾人状况监测沿用2010年度监测的24个区县（自治县）中的48个小区，涉及约6720户，2万余人口。在各区县自查互查的基础上，进行全市集中统一编码工作。统一编码时又分成6个小组，由各区县自己编码自查，然后小组互查；抽调6个骨干再复查，最后由市监测办公室工作人员将5种资料全部进行核查后，上报给全国监测办公室。

2012年10月，全面启动2012年度残疾人状况监测工作。按中国残联《关于开展2012年度全国残疾人状况监测工作的通知》的统一要求，召开重庆市残疾人状况监测工作办公室主任会，出台2012年度重庆市残疾人状况监测工作的方案。成立以分管领导为主任的重庆市2012年度残疾人状况监测办公室，成员由市民政局、市卫生局、市统计局、市残联有关人员担任。有监测任务的区县（自治县）残联应成立以分管领导为主任的残疾人状况监测办公室。各区县（自治县）残联主要领导是保证监测数据质量的责任人，直接负责监测工作的质量。其把监测数据质量作为年度工作考核的重要内容。以数据质量为重点，对各区县（自治县）监测工作进行考核。是年，新一轮全国残疾人状况监测点沿用2011年度监测的24个区县（自治县）中的48个小区，对2011年确定的残疾人监测对象进行连续跟踪。监测时间范围：2011年11月1日0时—2012年10月31日24时。2012年11月1—15日，开展现场监测工作，入户访问、参照监测底册填写监测问卷，对监测全过程进行质量控制。2012年11月1—20日，市残疾人状况监测办派业务骨干分2组到24个区县督导。监测组成员由区残联和监测小区所属的乡镇街道残联工作人员和监测小区所在的社区（村）主任、书记、残疾人专职委员和文书担任，监测员和陪调员都是由文化水平较高和有强烈责任感、事业心的人员组成。全市共有监测队员173人，其中监测员125人，陪调员48人。落实专项经费26万元保证残疾人状况监测工作的开展。2012年10月8—12日，举办重庆市2012年度残疾人状况监测工作会议及监测员培训班。各区县残疾人状况监测员和陪调员进入监测小区实地勘察和逐户走访，完成监测小区2012年全国残疾人状况监测住户底册的核对工作。在全市各区县自查互查的基础上，进行全市集中统一审核。抽调精通业务、工作负责的监测人员分成6个小组，对各区县的调查问卷进行再复查，最后由市监测办公室工作人员再全部逐一进行核查一致后，上报给全国监测办公室。

2013年9月,按照中国残联《关于开展新一轮全国残疾人状况监测工作的通知》和《关于做好2011年度全国残疾人状况监测有关工作的通知》,全市在24个区县(自治县)残联开展2012年度残疾人状况监测工作,中国残联对重庆市残疾人状况监测工作下拨监测经费6.1万元。是年,市残联成立以分管领导为主任的重庆市2013年度残疾人状况监测办公室。各有监测任务的区县(自治县)残联也相应成立以分管领导为主任的残疾人状况监测办公室。各有关区县(自治县)残联主要领导是保证监测数据质量的责任人,直接负责监测工作的质量。其把监测数据质量作为年度工作考核的重要内容。2013年,分组对入户调查问卷进行交叉检查,实现零差错。

召开重庆市全国残疾人基本服务状况和需求专项调查市级培训会

2014年4月,启动重庆市残疾人状况监测工作,在承担有监测任务的24个区县、48个监测小区开展,按照工作方案和工作流程,共对1179名残疾人进行动态监测。2014年11月17—19日、11月20—22日、2015年1月19日,市残联开展共计三期的残疾人专项调查市级培训专题培训班,分别培训80、80、50名学员,其中前两期培训内容为中国残联规定的调查表、工作细则的所有培训科目,第三期为数据处理与录入专题培训。培训工作由市残工委专项调查领导小组牵头,多次召开会议专题研究培训事宜,从人员、经费上给予充分保障。市残联理事长周鸣出席每期培训会并做动员讲话,副理事长彭美云全程跟班培训,现场督促指导,确保培训工作质量。中国残联专项调查办公室综合组组长、中国残联组联部主任曹跃进对重庆市培训工作进行督导检查,从全市40个区县参训的学员现场填写的师资效果评估表统计来看,好评率96%,市级培训基本达到预期的效果,为重庆市残疾人专项调查工作入户调查阶段工作提供了保障。

2015年,开展残疾人基本服务状况和需求专项调查,分层召开专项调查各项业务专题工作会议,开展核查软件操作、入户调查培训,累计培训调查员2万余名,完成对77.8万名残疾人的基础信息核查工作,核查率100%。2015年1月1日,启动专项入户调查工作。至2015年5月,全市残疾人专项调查工作结束。全市38个区县(自治县)以及万盛经济技术开发区、北部新区、1019个乡镇(街道)、11053个村(社区)参与本次专项调查工作。全市完成调查录入持证残疾人及1~15周岁未持证残疾儿童68.96万人,占调查底册总人数的97%,其中入户调查人数65.11万人,电话调查人数38.55万人,入户调查率为94.42%。全市各区县(自治县)共抽样复录人数为70.86万人,抽样比例为10.27%,平均原录错误率为0.034%。2015年4月2日,中国残联组织四川省、云南省、贵州省、广东省、重庆市残联,在重庆市残联举行全国残疾人基本服务状况和需求工作开展情况专项调查专题研讨会,就专项调查动态更新及常态机制建立进行研讨。中国残联党组成员、副主席吕世明出席研讨会。

第二篇　组织沿革

第一章　四川省辖重庆等地市残联

第一节　四川省重庆市残联

一、代表大会

残疾人联合会代表大会是残疾人联合会的最高权力机构。代表大会每五年举行一次，由联合会主席团召集。代表中残疾人及残疾人亲友人数应超过半数。主席团每届任期五年，在代表大会闭会期间，负责贯彻代表大会决议，领导残联工作，主席团可设名誉主席、名誉副主席。主席团由主席一人、副主席若干人、委员若干人组成。主席团委员会中残疾人及残疾人亲友人数应超过半数。

1988年11月14日，市政府办公厅下发《转发民政局关于组建重庆市残疾人联合会的报告的通知》，同意组建市残联。民政局决定成立市残联筹备小组，具体负责市残联的筹备工作。1989年2月28—3月1日，重庆市残疾人联合会第一次代表大会在重庆市军供站礼堂召开。到会代表共219名，其中正式代表203名，特邀代表16名。会议听取并通过市民政局副局长、市残联筹备领导小组组长宋协秋所做的《团结奋斗，深化改革，开创残疾人事业新局面》工作报告，通过《中国残疾人联合会章程重庆市实施细则》；市委副书记周春山、副市长张文彬到会并分别在开幕式上讲话。与会代表经过协商民主选举产生市残联第一届主席团103人，作为重庆市残联最高领导机构。

1993年9月6—7日，重庆市残疾人联合会第二次代表大会召开。到会代表共242名，其中正式代表226名，特邀代表16名。会议听取并通过市残联理事长刘永康所做的《解放思想，团结务实，振奋精神、开拓进取，为重庆市残疾人事业而努力奋斗》工作报告，通过《中国残疾人联合会章程重庆市实施细则》;市委副书记金烈到会并在开幕式上讲话。与会代表经过协商民主选举产生市残联第二届主席团。

二、领导小组

按照《中国残疾人联合会章程》的规定,市残联设主席团、评议委员会、执行理事会。主席团委员由代表大会选举产生,实行民主集中制原则。评议委员会主要由残疾人代表组成,是残疾人联合会的监督、咨询机构。执行理事会是常设执行机构,负责办理日常工作,理事长由主席团推举,政府批准。副理事长、理事由理事长聘任。实行理事长负责制。联合会可设盲人协会、聋哑人协会、肢残人协会等专门协会和福利基金会,其日常工作,由联合会的办事机构统一办理。

第一次代表大会选举产生市残联第一届主席团。主席团聘孙先余、王效才、张文彬为名誉主席。在第一届一次主席团会议上选出主席团主席、主席团副主席;推举第一届执行理事会理事长。会议还推选出市残联第一届评议委员会。会后根据《中国残疾人联合会章程》规定,由理事长聘任副理事长。第一次代表大会的召开,宣告市残联的诞生,标志着重庆市残疾人事业进入一个新阶段,标志着残疾人在全面参与社会生活的道路上又迈出坚定的一步。市残联成立后,各区、县(自治县)本着积极、稳妥、求实的原则,相继召开残疾人联合会代表大会,成立残疾人联合会。

1989年7月13日,成立重庆市残疾人三项康复(简称“三康”)工作领导小组及办公室,各区县建立残疾人“三康”工作机构。市残疾人“三康”工作办公室更名为市残联残疾人康复工作办公室。市残联残疾人康复工作办公室主任于学信(市政府副秘书长);副主任林武春(市民政局副局长)、李祥龙(市卫生局副局长)、蒋国昌(市教委副主任)、王大乾(市财政局副局长)、高京生(第三军医大学教务处长)、吴芙蓉(市残联副理事长);成员胡殿臣(市民政局城福处处长)、张量衡(市计委社会处处长)、邬显华(市卫生局医政处处长)、欧伦章(市教委小教处处长)、高志德(市公安局三处副处长)、李景波(第三军医大学教务部监管组参谋)、刘安仁(市扶贫办公室主任)、杨启伦(市募捐委员会办公室主任)、杜莉容(市妇联妇女儿童事业发展部副部长)、张学科(市残联康复部主任)。

1990年4月11—13日,在市委老干部活动中心礼堂召开第一届主席团第二次全体会议,增补徐雄、刘成义为市残联第一届主席团委员并增选为市残联第一届主席团副主席,调换周志仁、五怀定、李先洪、彭光明为市残联第一届主席团委员。1992年2月,吴芙蓉为市残联第一届执行理事会副理事长。

根据残疾人保障法的规定,1991年四川省政府办公厅批准重庆市残疾人事业领导小组,小组有17个单位21人参加,半年一次工作会议,协调、解决残疾人工作中的重大问题。21个成员中,因离退休、工作调整变动为14人。1994年3月,成立重庆市政府残疾人工作协调委员会,撤销原重庆市残疾人事业领导小组,并参照国务院残疾人工作协调委员会的人员构成(单位33个、成员35个),凡当选市残联第二届主席团成员的单位(部门)的领导即为重庆市残疾人工作协调委员会成员。

三、重庆市残联

市残联成立以前，由重庆市残疾人福利基金会、重庆市盲人聋哑人协会分别负责盲人、聋人哑人、肢残人工作。1985年5月16日，四川省重庆市残疾人福利基金会经市政府批准同意成立。1987年，成立重庆市残疾人福利基金会康复协会，设在大坪医院，福利基金会为康复协会拨款3000元作为筹建费用。1986年，市残疾人福利基金会兴办的重庆康华实业公司经重庆市经委批准成立。重庆康华实业公司是唯一受重庆市残疾人福利基金会委托为增值基金而进行经济活动的经济实体。

根据国务院办公厅《转发民政部关于组建中国残疾人联合会报告的通知》和中国残疾人联合会第一次全国代表大会的精神，1989年3月1日，在重庆市残疾人福利基金会、重庆市盲人聋哑人协会的基础上，经四川省市政府批准同意成立市残联。市残联享受副局级待遇，由市民政局代管，残联独立工作。重庆市计委根据国家计委《关于同意中国残疾人联合会国家计划中单列户头的复函》和重庆市政府有关文件精神，同意对市残联从1989年起实行单列户头，人事编制和事业经费单列，在召开会议、发送文件、安排计划指标等方面作为市一级计划单位对待。市残联内设机构5个，即办公室、群众工作部、宣传教育部、基金管理部、劳动康复部。人员编制暂定25名，其中领导职数（正副理事长）3名、中层干部职数（正副部主任）5名。市残联办公地址由重庆市市中区上清寺市二招待所内暂迁至市中区人和街31号（市建筑科研所内）。根据中组部转发《中国残疾人联合会党组〈关于加强干部管理和党组建设有关问题的意见〉的通知》。1992年，中共重庆市委同意建立中共重庆市残联党组。刘永康、程年珍先后任党组书记。1994年，市残联与市民政局分离，归市政府直管。市残联内设6个部（室）：办公室、康复部、教育就业部、宣传文体部、组织联络部、维权信访部；先后下设3个事业单位：市残疾人综合服务中心、市残疾人劳动就业服务指导中心和市残联信息中心。1996年，迁至人和街74号9楼办公。市残联由各类残疾人的代表和残疾人工作者组成，既是残疾人共同利益的代表，又是为残疾人服务的机构——承担政府委托的任务。重庆市残联下辖市中区（渝中区）、江北区、沙坪坝区、九龙坡区、南岸区、大渡口区、北碚区、南桐矿区（万盛区）、双桥区；巴县（巴南区）、江北县（渝北区）、綦江县、长寿县（长寿区）、江津县（江津区）、合川县（合川区）、潼南县、铜梁县、永川县（永川区）、大足县、荣昌县、璧山县9区12县残联。

第二节　四川省万县地区（市）残联

一、代表大会

1994年12月19—20日，万县市残联召开第一次代表大会。民政局局长李时明做题为《深化改革，人道廉洁，团结务实，努力开创残疾人工作的新局面》的工作报告，选举产生万县市残联第一届主席团与理事会，推举向家才为万县市残联理事长、陈和平为副理事长。

二、领导小组

1994年12月30日,建立万县市人民政府残疾人工作协调委员会。残疾人工作协调委员会的日常工作由残联承担。

三、万县地区(市)残联

1989年4月19日,成立四川省残疾人联合会万县地区办事处,归口地区民政局管理,为副县级单位,编制5人。1989年12月19—20日,召开四川省残疾人联合会万县地区办事处成立大会。向诗全被任命为残联办事处主任。地区残联下辖万县市、万县、开县、梁平、忠县、云阳、奉节、巫山、巫溪、城口九县一市残联。各县、市残联在1990年12月前组建完毕(巫山县残联于1991年10月组建完成)。1992年12月11日,经国务院批准,万县地区撤地设市,四川省残疾人联合会万县地区办事处更名为万县市残疾人联合会。撤地设市的同时,将原万县市、万县撤销,设立龙宝区、天城区、五桥区。同时成立龙宝残联、天城残联、五桥残联,其他县保持不变。

第三节　四川省涪陵地区(市)残联

一、代表大会

1990年10月22—23日,召开涪陵市残疾人联合会第一次代表大会。参会代表共138名,其中残疾人代表79名,占57.25%。吴德学受涪陵市残联筹备委员会的委托,向大会做题为《团结奋斗,携手前进,开创残疾人事业的新局面》的工作报告。大会选举副市长曾绪宜为涪陵市残联第一次代表大会主席团主席,选举吴德学等为副主席,推举吴德学为执行理事会理事长,推举吴勤生为副理事长。涪陵市残联宣告正式成立。1993年3月31—4月1日,召开涪陵市残联第二次代表大会。参会代表156人,其中残疾人代表73人。大会聘请市委副书记钟世昌、市人大常委会副主任高大信、市民政局调研员吴德学为涪陵残联第二次代表大会主席团名誉主席。大会选举副市长吕伟见为涪陵残联第二次代表大会主席团主席,选举姚中吾、徐如恩(肢残)、喻吉贵(盲人)、李顺明、吴清柿为副主席,委员8人。推举姚中吾为执行理事会理事长,张廷中为副理事长。

二、领导小组

1989年1月18日,设立涪陵地区残疾人“三项康复”办公室,负责领导全地区残疾人“三项康复”的全面工作,该项工作由行署聂卫国副专员分管。1991年1月23日,成立涪陵地区残疾人事业领导小组,组长聂卫国(行署副专员),副组长周德才(行署副秘书长)和陶柏群(地区民政局局长),委员8人。1994年3月21日,将四川省涪陵地区残疾人事业领导小组改设为四川省涪陵地区行政公署残疾人工作协调委员会,主任聂卫国(行署副专员),副主任周德才(行署副秘书长)、傅守鹏(地区民政局局长)、伍策禄(地区财政局长)、陈克荣(地委组织部副部长)、孙仕学(地委宣传部副部长)、傅地明(地区教委副主任)、向明成(地区卫生局副局长)、侯小川(地区劳动局副局长)、方学中(地区残联理事长),委员18人,秘书长方学中(兼)。1996年9月15日,成立涪陵市人民政府残疾人工作协调委员会,由副市长余恢毅任主任,苏健健、傅守鹏、李中树、傅地明、伍策禄、陈克荣、侯小川、向明成、方学中9人任副主任,委员19人,方学中兼任秘书长。

三、涪陵地区(市)残联

1989年12月29日,成立涪陵市残疾人联合会筹委会,所需人员在民政系统内自行调剂解决,经费由民政局与财政局商量解决。1990年4月14日,“四川省残疾人联合会涪陵市办事处”改为“四川省残疾人联合会涪陵地区办事处”,机构为副县级,由涪陵地区民政局副局长雷光甫兼任主任,方学中任副主任。1990年10月23日,四川省涪陵地区残疾人联合会正式成立。1993年3月19日,“四川省残疾人联合会涪陵地区办事处”更名为“四川省涪陵地区残疾人联合会”。1995年11月5日,撤销涪陵地区,设立地级涪陵市,四川省涪陵地区残联随行政区划调整而更名为四川省涪陵市残联,下辖垫江县、武隆县、丰都县、南川市3县1市和新设立的枳城、李渡2区残联组织。1996年8月16日,涪陵市残联机构规格为正处级,领导职数2名,其中理事长1名,副理事长1名,内设办公室、康复科、宣教就业科,科级领导职数3名,机关事业编制8名。1996年9月,涪陵市划归重庆市代管。

第四节 四川省黔江地区(县)残联

1991年3月14日,成立黔江土家族苗族自治县残疾人联合会。根据黔江土家族苗族自治县政府《关于成立黔江土家族苗族自治县残疾人联合会的通知》精神,县残联为“半官半民”的残疾人事业团体,列为政府归口管理,属黔江县民政局直属二级局单位,由县民政局代管,编制4人,理事长配备一名,由副区(科)级干部担任,事业编制,其经费由财政单列。主要职能是“代表、管理、服务”,即代表残疾人的共同利益,维护残疾人的合法权益,为残疾人服务。同时,承担政府委托的任务,动员社会力量,推进残疾人事业发展。至1996年,黔江地区辖石柱土家族自治县、彭水苗族土家族自治县、黔江土家苗族自治县、酉阳土家苗族自治县、秀山土家苗族自治县残联组织。

第二章 重庆市残联组织

第一节 代表大会

1998年8月25日,召开市残联第二届主席团第二次全体会议。主席团主席唐情林主持会议。会议决定:1998年9月,召开重庆直辖后市残疾人联合会第一次代表大会。

重庆市残疾人联合会第一次代表大会

1998年9月7—8日,召开重庆市残疾人联合会第一次代表大会,其大会代表由各区县(市)、驻渝部队、武警总队、市级有关单位和团体,根据《中国残疾人联合会章程》规定和重庆残工委《关于召开重庆市残疾人联合会第一次代表大会的通知》中有关第一次代表大会名额分配原则,产生代表343名,其中有各区县(市)代表302名,驻渝部队、武警总队代表4名,市直有关部门、团体代表37名;残疾人代表219名,占代表总数的63.85%,符合《中国残疾人联合会章程》关于代表中残疾人数不少于半数的规定。这次大会代表具有广泛的代表性,有各类残疾人中的先进人物,有智力残疾人、精神残疾人亲友,有各级政府分管残疾人工作的负责人员,有从事残疾人工作的专职干部,还有热心残疾人事业的知名人士。市残联第一届主席团应产生候选人157人,暂缺3名,其中有残疾人89名,占候选人总数的56.69%,符合《中国残疾人联合会章程》关于主席团中残疾人数不少于半数的规定。市委副书记王鸿举代表市委、市人大、市政府、市政协在开幕式上讲话。市人大常委会主任王云龙在闭幕式上讲话。大会通过袁绍华所做的《振奋精神,扎实工作,为把重庆市残疾事业全面推向二十一世纪而努力奋斗》工作报告,以及关于授权第一届主席团全体会议增补主席团委员缺额的决议,关于聘请王云龙、张文彬任重庆市第一次代表大会主席团名誉主席的决议。市残联第一届主席团举行第一次全体会议,选举出第一届主席团主席、副主席,聘请名誉主席、名誉副主席,推举出第一届执行理事会理事长袁绍华,副理事长程年珍、何德元、周鸣。

重庆市残疾人联合会第二次代表大会

2003年7月8—10日，在雾都宾馆召开重庆市残疾人联合会第二次代表大会。市委副书记姜异康代表市委、市人大、市政府、市政协在开幕式上讲话。副市长陈光国在闭幕式上讲话。大会通过李光华所做的《认真贯彻"三个代表"重要思想奋力实施"富民兴渝"发展战略为带领残疾人共赴小康而努力奋斗》工作报告，以及关于授权第二届主席团全体会议增补、调整主席团委员缺额的决议，关于聘请唐情林、陈邦国任重庆市第一次代表大会主席团名誉主席的决议，选举产生出中国残联第六次全国代表大会的代表。根据《中国残疾人联合会章程》规定和《关于召开重庆市残疾人联合会第二次代表大会方案》，市残联第二次代表大会的代表共380名，其中正式代表340名，特邀代表40名。各区县(市)代表(含特邀)325名，驻渝部队、武警总队代表4名，市直有关部门、团体代表44名；从事残疾人工作的市区残联老同志7名。这次代表大会中有代表残疾人代表(含特邀代表238名，占代表总数的63%)，符合《中国残疾人联合会章程》和《中国残联关于地方残疾人联合会召开第四次代表大会的指导意见》，关于代表中残疾人符合《中国残疾人联合会章程》代表中五类残疾人人数比例超过60%。这次大会代表有各类残疾人中的先进人物，有残疾人企业家、有智力残疾人、精神残疾人亲友，有各级政府分管残疾人工作的负责人，有从事残疾人工作的专职干部，还有热心残疾人事业的知名人士。市残联第二届主席团产生候选人108名，其中有残疾人54名，占候选人总数的50%，符合《中国残疾人联合会章程》代表中残疾人数不少于半数的规定。市残联第二届主席团举行全体第一次会议，选举出第二届主席团主席、副主席，聘请名誉主席、名誉副主席，推举出第二届执行会理事长李光华，副理事长程年珍、何德元、周鸣、任能君。

2007年3月13日，市残联第二届主席团第四次全体会议在渝州宾馆召开。市残联第二届主席团委员，各区县残联理事长，高新区和经开区残联办事处负责人，市残联残疾人理事、各部门负责人，市残联信息中心、市残疾人综合服务中心主任参加会议。会议由市残联主席团副主席、市政府副秘书长夏祖相主持。会议听取并审批市残联理事长江绍中代表市残联执行理事会做的工作报告。根据市残联第二次代表大会《关于授权第二届主席团全体会议增补、调整主席团委员的决议》，结合重庆市残疾人事业发展需要，审议通过《关于调整和增补重庆市残联第二届主席团委员的决议》和《关于调整和增实重庆市残联第二届主席团主席、副主席的决议》。决定增补市常委、市政府副市长马正其、市残联理事长江绍中等19人为市残联第二届主席团委员；增补市常委、市政府副市长马正其为市残联第二届主席团主席；增补市残联党组书记、理事长江绍中和重庆市民政局党组书记、副局长谢嘉庆二位为市残联第二届主席团副主席。

2008年3月31日,市委副书记张轩出席重庆市残联第三次代表大会并讲话

2008年3月31—4月2日,在广场宾馆召开重庆市残疾人联合会第三次代表大会。这次代表大会代表共400名,其中正式代表360名,特邀代表40名;代表中有残疾人261人,占代表总数的65.25%。中国残联、市委主要领导发来贺信。市委副书记张轩,市委常委、副市长马正其,市人大常委会副主任余远牧,市政协副主席陈景秋等领导出席大会开幕式。市委副书记张轩在开幕式上做重要讲话。市委常委、副市长马正其当选为市残联第三届主席团主席,谢嘉庆等13名当选为主席团副主席。会议推举谢嘉庆为市残联第三届执行理事长,提名何德元、周鸣、任能君为副理事长,聘请余远牧、陈景秋为主席团名誉主席,审议通过谢嘉庆代表市残联第二届主席团所做的工作报告。

2013年7月29—30日,召开重庆市残疾人联合会第四次代表大会。市委市政府领导出席代表大会并讲话。中国残联副主席、中国残疾人福利基金会理事长汤小泉在大会开幕式上讲话,副市长刘强在闭幕式上讲话。选举产生重庆市残疾人联合会主席团委员,通过关于授权第四届主席团全体会议增补、调整主席团委员缺额的决议,关于聘请周旬、姜平任重庆市残联第四次代表大会主席团名誉主席的决议;选举产生出席中国残联第六次全国代表大会的代表,推举中国残联第六届主席团委员提出《中国残疾人联合会章程》修改意见。重庆市残疾人联合会第四次代表大会的代表共426名,其中各区县(自治县)代表(含特邀)376名,市直机关及相关单位和驻渝部队、武警总队代表(含特邀)50名。本次代表大会代表中残疾人及残疾人亲友代表291人,占代表总数的68.31%。市残联第四届主席团产生候选人119名,其中有残疾人66名,占候选人总数的55.46%,符合《中国残疾人章程》代表中残疾人数不少于半数的规定。市残联第四届主席团举行第一次会议,选举第二届主席团主席、副主席,聘请名誉主席,推举出第四届执行理事会理事长周鸣,副理事长任能君、彭美云、张青莉。

2013年7月29日,理事长周鸣出席市残联第四次代表大会并做工作报告

2018年8月5—7日，召开重庆市残疾人联合会第五次代表大会。本次大会共产生代表412名(含特邀代表40名)，其中残疾人及残疾人亲属代表共284名，占代表总数的68.93%。市委、市人大、市政府、市政协主要领导和分管(联系)领导均出席市残联第五次代表大会开幕式，市委书记陈敏尔在开幕式上做重要讲话，中国残联党组书记周长奎专程到会莅临指导，体现了对重庆市残疾人事业的高度重视。重庆市残疾人联合会第五次代表大会，选举产生重庆市出席中国残联第七次全国代表大会代表15名，重庆市残疾人联合会第五次代表大会主席团委员118名；推举出第五届执行理事会理事长黎德龙，副理事长张青莉、谭正萱、雷建平。

表2-1 重庆市残疾人联合执行理事会历任领导名录表

届次		执行理事会职务	姓名
四川省管辖时期	第一届（1989年2月—1993年9月）	理事长	刘永康
		副理事长	王熹
			徐玉珍
			吴芙蓉
	第二届（1993年9月—1998年9月）	理事长	程年珍
		副理事长	王熹
			吴芙蓉
重庆直辖后（1997年后）	第一届（1998年9月—2003年7月）	理事长	袁绍华
		副理事长	程年珍
			何德元
			周鸣
	第二届（2003年7月—2008年3月）	理事长	李光华
			江绍中
		副理事长	程年珍
			何德元
			周鸣
			任能君
	第三届（2008年3月—2013年7月）	理事长	谢嘉庆
		副理事长	周鸣
			任能君
			彭美云
		副巡视员	郝建新

续表

届次		执行理事会职务	姓名
重庆直辖后(1997年后)	第四届(2013年7月—2018年8月)	理事长	周鸣
		副理事长	任能君
			彭美云
			张青莉
		副巡视员	孙连尚
			郝建新
	第五届(2018年8月—今)	理事长	黎德龙
		副理事长	张青莉
			谭正萱
			雷建平
		副巡视员	孙连尚

第二节　领导小组及工作委员会

一、领导小组

根据中国残疾人联合会第一次全国代表大会通过的《中国残疾人联合会章程》中,“省(自治区、直辖市)残疾联合会,每五年召开一次,设主席团、执行理事会和评议委员会”的规定,市残联执行理事会是重庆市残联的常设机构,由理事长、副理事长、理事组成,代表重庆市残联,负责日常工作。理事长由残联主席团推举,政府任命。副理事长由理事长提名,主席团通过,政府任命。理事由理事长提名,主席团通过。执行理事会实行理事长负责制。

重庆市残疾人联合会第一届主席团名誉主席王云龙、张文彬;主席陈光国;副主席马千真、王邦维、李自治、李德秀、陆汉成、张远林、张国生、卓大华、郑光宇、袁绍华、翁杰明、龚贵华、黄维乾、蒋国昌、傅钟鼎、戴家福。

重庆市残疾人联合会第二届主席团名誉主席唐情林(市人大常委会副主任)、陈邦国(市政协副主席);主席陈光国(市人民政府副市长);副主席王越(市人民政府副秘书长)、张远林(市委组织部副部长)、李光华(市残联理事长)、陈元春(市财政局副局长)、王永武(市民政局副局长)、傅强(市肢残人协会主席、大渡口区残联副理事长)、张治平(市盲人协会主席、市盲人学校教师)、郑光宇(市聋人协会主席、重庆高压开关厂副厂长)、张文京(市智力残疾人亲友会主席、重庆师范大学智能发展研究中心副主任)、张永俐(市精神残疾亲友会主席、市精神卫生中心康复科主任)。

重庆市残疾人联合会第三届主席团名誉主席余远牧(市人大常委会副主任)、陈景秋(市政协副主席)。主席马正其(市委常委、副市长);副主席王军(重庆新南方工程塑料公司工会主席)、王原才(市委组织部部务委员)、卢建辉(市劳动和社会保障局副局长)、何炜(市民政局局长助理)、张永俐(市精神卫生中心主治医师)、陈元春(市财政局副局长)、周庆春(市体育局副局长)、周英杰(市卫生局副局长)、钟燕(市教委副主任)、韩冀忠(重庆海关缉私局侦察处处长)、傅强(大渡口区残联副理事长)、谢嘉庆(市残联理事长)、魏旭川(重庆盲人学校教师)。

重庆市残疾人联合会第四届主席团名誉主席周旬(市人大常委会副主任、秘书长)、姜平(市政协副主席);主席刘强(市人民政府副市长);副主席艾扬(市人民政府副秘书长)、周鸣(市残联理事长)、谢礼国(市委组织部副部长)、万相兰(市委宣传部副部长)、刘大卫(市财政局副局长)、钟燕(市教委副主任)、王永武(市民政局副局长)、黎勇(市人社局副局长)、傅仲学(市卫生局副局长)、张欣(市体育局副局长)、魏旭川(市特殊教育中心教师)、王军(重庆新南方工程塑料公司残联主席)、傅强(大渡口区残联副理事长)、韩冀忠(重庆市海关监管通关处处长)、刘继梅(渝北区残联副调研员)。重庆市残疾人联合会第四次代表大会第四届主席团第一次会议通过:重庆市残联第四届执行会理事长、副理事长,理事长周鸣(重庆市残疾人联合会党组书记、第三届执行理事会副理事长);副理事长任能君(重庆市残联党组成员、第三届执行理事会副理事长)、彭美云(重庆市残联党组成员、第三届执行理事会副理事长)、张青莉(重庆市残联党组成员、办公室主任)。

重庆市残疾人联合会第五届主席团名誉主席刘学普(市人大常委会副主任)、徐代银(市政协副主席);主席潘毅琴(市政府副市长);副主席王余果(市政府副秘书长)、马岱良(市委宣传部副部长、市文明办主任〈兼〉)、黎德龙(市残联党组书记、理事长)、李庆(市财政局副局长)、邓睿(市教委副主任)、谭书凯(市民政局副局长)、周平(市人社局副局长)、傅仲学(市卫生计生委副主任)、张欣(市体育局副局长)、魏旭川(市盲人协会主席)、郑璇(市聋人协会主席)、潘光银(市肢残人协会主席)、何跃(市智力残疾人及亲友协会主席)、刘继梅(市精神残疾人及亲友协会主席)。重庆市残疾人联合会第五次代表大会第五届主席团第一次会议通过第五届执行会理事长、副理事长。理事长黎德龙(重庆市残疾人联合会党组书记、第四届执行理事会副理事长);副理事长张青莉(重庆市残联党组成员、第四届执行理事会副理事长)、谭正萱(重庆市九龙坡区残疾人联合会理事长)、雷建平(重庆市残疾人联合会教育就业部主任)。

重庆市残联评议委员会是重庆市残联的监督、咨询机构。评议委员会主任、副主任、委员由市残联主席团推选,委员中残疾人不少于三分之二。2003年9月,在中国残联第四次代表大会《关于中国残疾人联合会章程(修正案)的说明》中指出:评议委员会不再保留,其监督、评议职能由主席团承担。据此,在市残联第四届主席团就不再设评议委员会。

1989年7月13日,设立重庆市残疾人“三项康复”工作领导小组,“三项康复”工作领导小组成员:副市长窦瑞华任组长,市政府办公厅副秘书长刘成义、市民政局副局长宋协秋、市卫生局副局长陈崇远任副组长。负责全市审定规划、布置任务、协调平衡、检查督促工作。“三项康复”工作领导小组下设“三项康复”工作办公室,由参加领导小组的单位派员组成。由市民政局分管副局长、市残联分管副理事长、卫生局领导分别担任主任、副主任。办公室设在市残联。

为推进重庆市“两个体系”建设,改善残疾人状况和提高为残疾人服务的能力,2010年4月19日,成立重庆市残疾人社会保障体系和服务体系建设领导小组。市残联党组书记、理事长谢嘉庆任组长;市残联副理事长周鸣、任能君、彭美云任副组长;市残联张青莉、姜志勇、祖怀、耿琳、郝建新、马占山、刘明亮、雷建平、成崇登、李清安任成员。领导小组下设办公室,任能君兼任主任,姜志勇兼任副主任,康复部副主任张顶奇、教就部雷光富、宣文部梁珏、组联部郝光灯、办公室李霞、信息中心刘林为领导小组办公室工作人员。

2013年12月30日,调整重庆市农村残疾人扶贫开发工作领导小组成员。调整后的成员为:市残联党组书记、理事长周鸣任组长;市残联党组成员、副理事长彭美云任副组长;易士涌、雷建平、姜志勇、李梦桃为成员。领导小组下设办公室,彭美云兼任主任,易士涌、雷建平任副主任,姜志勇、李梦桃为成员。

2015年4月28日,为加强市残联单位保密工作,根据保密工作规定,成立保密工作领导小组,其组成人员为:周鸣任组长;任能君、彭美云、张青莉任副组长;易士涌、祖怀、耿琳、雷建平、陈登武、罗海波、李清安为小组成员。

二、工作委员会

残疾人工作委员会是政府管理残疾人工作的非常设性机构,其主要职责是:在党委、政府领导下,综合协调有关残疾人事业方针、政策、法规、规划、计划的制定与实施工作,协调解决残疾人工作中的重大问题。市、区县(自治县)均设有残疾人工作委员会。重庆市残疾人工作协调委员会的具体工作由市残联承担。

1998年6月20日,调整后的重庆市人民政府残疾人工作协调委员会情况如下。主任陈国光(市政府副市长);副主任傅钟鼎(市政府副秘书长)、张远林(市委组织部副部长)、翁杰明(市委宣传部副部长)、蒋国昌(市教委副主任)、王邦维(市民政局副局长)、张国生(市劳动局副局长)、卓大华(市卫生局副局长)、袁绍华(市残联理事长);委员戴家福(重庆警备区政治部副主任)、马述林(市计委副主任)、杨光元(市建委副主任)、叶光政(市科委助理巡视员)、段杰(市体委副主任)、潘晓阳(市计生委副主任)、陆汉成(市法制办副主任)、魏司锋(市政府外事办副主任)、赵綦雅(市扶贫办副主任)、杨修战(市农办副主任)、林育均(市公安局副局长)、刘继盛(市司法局副局长)、马千真(市财政局副局长)、王金林(市人事局副局长)、李自治(市文化局副局长)、熊艳华(市广电局副局长)、周余龙(市工商局副局长)、吴希平(市地税局副局长)、陈治平(市统计局副局长)、李永忠(市国税局局长助理)、向东(重庆海关副关长)、杨国中(人民银行重庆市分行副行长)、周晓兴(农行重庆市分行副行长)、刘勇(市总工会副主席)、吴康明(团市委副书记)、余桂芳(市妇联副主席)。市人民政府残疾人工作协调委员会在市残联下设秘书处,负责该委员会的日常工作。秘书长由市残联理事长袁绍华兼任。

2003年，重庆市政府调整重庆市残疾人工作协调委员会组成人员。主任陈国光（市政府副市长）；副主任王越（市政府副秘书长）、张远林（市委组织部副部长）、汪俊（市委宣传部副部长）、李光华（市残联理事长）、刘路明（市教委纪工委书记）、王永武（市民政局副局长）、侯小川（市劳动保障局副局长）、卓大华（市卫生局副局长）；委员张国正（重庆警备区政治部副主任）、陈高山（市外办副主任）、吴刚（市发改委副主任）、蓝富国（市农办副主任）、李秋玉（市科委纪检组长）、严峻（市民宗委副主任）、唐昌勤（市公安局副局长）、陈明辉（市司法局副局长）、陈元春（市财政局副局长）、王金林（市人事局副局长）、杨光元（市建委副主任）、郝明（市信息产业局局长）、陈顺（市文化局副局长）、陈玉军（市人口计生委纪检组长）、李世成（人行重庆营管部副主任）、宋小林（重庆海关副关长）、郑殿林（市国税局总经济师）、吴希平（市地税局副局长）、周余龙（市工商局副局长）、李渝志（市质监局副局长）、刘舜发（市广电局副局长）、李军亚（市新闻出版局党委书记）、段杰（市体育局副局长）、李川渝（市统计局副局长）、陈思聪（市政府法制办副主任）、段来庆（市政府新闻办副主任）、张蜀（农行重庆市分行副行长）、刘元华（市扶贫办副主任）、张建新（市总工会副主席）、徐强（团市委副书记）、余桂芳（市妇联副主席）；秘书长李光华（兼）。

2006年8月2日，为加强全市残疾人工作的领导，适应残疾人工作的开展，将“重庆市人民政府残疾人工作协调委员会”更名为“重庆市人民政府残疾人工作委员会”，该机构的主要职责、工作制度等均不变。因人员变动和工作需要，经有关方面同意，市政府决定对市政府残疾人工作委员会成员单位和人员进行相应调整。调整后的组成人员：主任陈光国（市委常委、市政府副市长）；副主任项玉章（市政府市长助理）、夏祖相（市政府副秘书长）、罗聪（市委组织部部务委员）、王合清（市委宣传部秘书长）、江绍中（市残联理事长）、万力（市教委副厅级督学）、袁天长（市民政局副局长）、卢建辉（市劳动保障局副局长）、周英杰（市卫生局副局长）；委员童幼虎（重庆警备区政治部副主任）、吴刚（市发展改革委副主任）、梁震（市科委副主任）、刘杰峰（市民宗委副主任）、彭长健（市公安局副局长）、陈明辉（市司法局副局长）、陈元春（市财政局副局长）、吕经建（市人事局副局长）、张其悦（市建委主任助理）、艾万忠（市信息产业局局长助理）、肖敏（市文化广电局副局长）、张玉军（市人口计生委纪检组长）、陈高山（市外办副主任）、董泽明（市地税局总经济师）、段杰（市体育局副局长）、段泽勇（市统计局副局长）、郭翔（市工商局副局长）、李军亚（市新闻出版局党委书记）、宋炳宁（市质监局副局长）、蓝富国（市农办副主任）、冉健桥（市扶贫办副主任）、李华强（市政府法制办副主任）、张建新（市总工会副主席）、李卫东（团市委副书记）、余桂芳（市妇联巡视员）、段玲（人行重庆营管部工会主任）、温学宇（农行市分行副行长）、郑殿林（市国税局总经济师）、齐兵（重庆海关纪检组长）、陈修身（市广播电视集团〈总台〉副总编）、段来庆（市外宣办〈市政府新闻办〉副主任）、秘书长江绍中（兼）。

2007年4月24日，2007年市政府残工委全体会议在市政府办公厅四会议室举行。

2013年，重庆市人民政府残疾人工作委员会主任谭家玲（市政府副市长）；副主任艾扬（市政府副秘书长）、谢礼国（市委组织部副部长）、万相兰（市委宣传部副部长）、钟燕（市教委副主任)、刘大卫(市财政局副局长)、王永武(市民政局副局长)、黎勇(市人社局副局长)、傅仲学(市卫生计生委副主任)、周鸣(市残联理事长);委员刘晓年(市网信办专职副主任)、詹成志(市发改委副主任)、李山林(市经济信息委主任助理)、王力军(市科委副主任)、游正焜(市城乡建委副主任)、李方宇(市交委副主任)、郭忠亮(市委农工委副书记)、郭金严(市公安局副局长)、陈明辉(市司法局副局长)、谢宾(市文化委员会副巡视员)、付茶生(市民宗委副巡视员)、郭明远(市政府外事侨务办纪检组长)、余志东(市地税局副局长)、陈文渝(市工商局副局长)、何清泉(市质监局副局长)、张欣(市体育局副局长)、张旭(市统计局纪检组长)、姜祖清(市扶贫办副主任)、罗蔺(市政府法制办副主任)、邢祖元(重庆警备区政治部副主任)、王平(市总工会经审会主任)、施崇刚(团市委副书记)、谢晓曦(市妇联副主席)、唐林(重庆广电集团〈总台〉纪委书记)、支章(农行市分行副行长)、卢自强(市国税局副局长)、王江渝(人行重庆营管部副主任)、许鑫(重庆海关副局长);秘书长由市残联理事长周鸣兼任。

根据机构设置、人员变动情况和工作需要,按照《国务院办公厅关于调整国务院残疾人工作委员会组成人员的通知》(国办发〔2018〕36号)精神,2019年4月,重庆市人民政府残疾人工作委员会组成人员调整为:主任潘毅琴(市政府副市长);副主任凌凡(市政府办公厅副主任),马岱良(市委宣传部副部长、市文明办主任),詹成志(市发改委副主任、能源局局长),邓睿(市教委副主任),徐松强(市民政局副局长),李庆(市财政局副局长),谢辛(市人社局副局长),周林(市卫生健康委副主任),黎德龙(市残联理事长);委员王力军(市科技局巡视员)、刘忠(市经济信息委副主任)、向远道(市民族宗教委副主任)、石宏(市公安局副局长)、陈治元(市司法局副局长)、董勇(市住房城乡建委党组成员)、万雅芬(市交通局副局长)、詹仁明(市农业农村委副主任)、钟前元(市文化旅游委副巡视员)、宁光贤(市退役军人事务局副局长)、昌定勇(市应急局副局长)、王广成(市政府外办副巡视员)、杨光(市市场监管局副局长)、张欣(市体育局副局长)、张炳华(市统计局总统计师)、黄长武(市扶贫办副主任)、仲姝婕(市医保局副局长)、李斌(市大数据发展局副局长)、张军有(重庆警备区政治工作局副主任)、鞠飞(市总工会副主席)、廖传锦(团市委副书记)、谢晓曦(市妇联副主席)、唐林(重庆广电集团〈总台〉纪委书记)、杨波(重庆市税务局总经济师)、王江渝(人行重庆营管部副主任)、柳波(重庆海关政治部主任)、陈凤英(农行市分行副行长);秘书长由市残联理事长黎德龙兼任。市人民政府残疾人工作委员会的具体工作由市残联承担。

第三节　重庆市残疾人联合会

一、机构设置

1997年6月18日,重庆直辖市正式挂牌,直辖后的重庆市残联辖万县市残联、涪陵市残联、黔江地区残联办事处及辖区内各区市县残联。

1998年9月7—8日,召开重庆市直辖后重庆市残疾人联合会第一次代表大会。大会选举产生出第一届重庆直辖市残疾人联合会主席团,第一届执行理事会,第一届评议委员会。市残联是中国残联的地方组织,对残疾人及残疾人事业具有政治代表、公益服务、事业管理等职能。1998年,市委办公厅下发《重庆市残疾人联合会机构设置和人员编制方案的通知》和市委市政府《关于重庆市党政机构设置方案的实施意见》,制定市残联机构设置和人员编制方案:市残联是中国残联的地方组织,是将残疾人自身代表组织、社会福利团体和事业管理机构融为一体的全市性残疾人事业团体。市残联机关设6个职能部(室):办公室(挂市人民政府残疾人工作协调委员会秘书处牌子)、组织联络部、康复部、教育就业部、宣传文体部、计划发展部(挂基金部牌子)。市残联机关行政编制27名,其中理事长1名,副理事长2名;正副处长职数7名。机关后勤服务人员事业编制3名。

重庆直辖

2001年,重庆市委办公厅下发《关于印发市残联机关机构改革方案的通知》,进一步明确市残联的工作任务和职能,完成机构改革,编制29人,领导一正两副,核定市残联内设6个部室,设有组联部、康复部、教就部、宣文部、维权部和办公室。重庆市残联辖40个区县(自治县、市)残联、经开区和高新区残联办事处、市残疾人综合服务中心。

2004年,市残联实有干部24人(肢残人2名),领导一正三副(肢残人1名),处级干部9人(肢残人1名),后勤人员3人。

至2015年12月,市残联内设6个部室,即办公室、组联部、康复部、教就部、宣文部、维权部。市残联机关编制37名,其中行政34名,事业编制3名;班子成员1正3副,副巡视员2名。下设3个公益一类正处级财政全额拨款事业单位,分别是市残疾人综合服务中心、市残疾人劳动就业服务指导中心和市残联信息中心。市残联是重庆市残疾人福利基金会的业务主管部门,下辖万州区、黔江区、涪陵区、渝中区、大渡口区、江北区、沙坪坝区、九龙坡区、南岸区、北碚区、渝北区、巴南区、长寿区、江津区、合川区、永川区、南川区、綦江区、潼南区、铜梁区、大足区、荣昌区、璧山区、万盛、北部新区25个区残联;梁平县、城口县、丰都县、垫江县、武隆县、忠县、开县、云阳县、奉节县、巫山县、巫溪县、石柱土家族自治县、秀山土家族苗族自治县、酉阳土家族苗族自治县、彭水苗族土家族自治县15个县(自治县)残联。

2016年,市残联党组高度重视专项改革工作,成立专项改革工作领导小组。《重庆市残联改革实施方案》已经市委全面深化改革领导小组群团改革专项小组第六次会议暨市委党的群团工作联席会第一次会议审议通过,并报经市委改革办备案。按照市委办公厅和市编办的文件，根据《中国残疾人联合会章程》，市残联设6个内设机构，分别为办公室(市政府残疾人工作委员会秘书处办公室)、组联协会部、康复社会部、教育就业部、宣传文体部、权益保障部，对3个事业单位的宗旨和职责任务进行清理规范。突出“以残疾人为中心，让残疾人说了算”，坚持以五大专门协会为主构建残疾人自我服务体系。

二、党群组织

1988年，市残联机关党员仅6名，行政上又属市民政局代管，因此，在残联机关成立党支部，隶属民政局党委领导。是年6月1日，成立重庆市残疾人联合会机关工会委员会。

1993年，党支部委员会进行换届选举。新一届支部委员会由吴芙蓉、张学科等3人组成。吴芙蓉任支总书记、张学科任宣传委员。中共重庆市残疾人联合会党组经市委批准成立，党组成员由市委任命。中共重庆市残疾人联合会机关支部委员会由中共重庆市直机关工作委员会领导，在中共重庆市残疾人联合会党组指导下开展工作。区、市、县残联已具备条件的可由同级党委批准成立党组，党组成员由同级党组任命。区、市、县残联按照党章规定建立机关党支部的，由区、市、县党的机关工作委员会领导，并在同级残联党组指导下开展工作。

1994年11月，经市民政局党组、市残联党组同意，报市直机关工委批准，市残疾人联合会机关党支部直属市直机关工委管理。

2001年7月，召开直辖后第一次重庆市残疾人事业工作暨“九五”总结表彰会。2002年市残联机关工委经残联批准成立“重庆市残疾人联合会职工技术协会”，是市残联机关工会领导下的群众性组织。理事长由何德元、副理事长由王利，秘书长由郭福林担任。成员为残联机关30名职工组成，办公室设在市残联财务室，主任周勤，主要是组织职工开展群众性技术革新、技术攻关、技术交流、技术推广、技术咨询服务和合理化建议等活动。是年6月10日，中共重庆市直属机关工作委员会同意建立“中共重庆市残疾人联合会总支部委员会”，撤销“中共重庆市残疾人联合会支部委员会”。11月20日，市残工委批复同意成立重庆市残疾人康复工作办公室，办公室主任由市残联副理事长何德元担任，办公室设在市残联康复部。

2003年12月，市残联机关共有女干部数量达37人，占干部总数的50.7%，其中大专以上文化程度27人，占73%。担任厅级干部1人、县处级干部5人，市残联6个部室中，有4个部室有副处级以上的女干部。

2005年，按照市直机关工委要求，成立市残联女职工委员会，人员由康复部主任杨莉、组联部主任郑启淑和教就部副主任王利组成，王利任主任。

2006年7月19日，市直机关工委同意建立市残联机关党委。是年9月25日，成立共青团重庆市残疾人联合会委员会。

2008年10月9日，市残联党组书记谢嘉庆主持召开党组会议。根据市委的安排和部署，市残联机关第一批开展学习实践科学发展观活动，成立市残联机关学习实践科学发展观活动领导小组，组长谢嘉庆；副组长任能君；成员郑启淑、郝建新、姜志勇、李霞、张顶奇。领导小组下设办公室，任能君兼办公室主任。时间从2008年9月—2009年2月，为期半年。

2014年11月15日，经市直属机关妇女工作委员会研究同意，重庆市残疾人联合会机关妇女委员会大会选举结果，免去梁珏妇委会主任职务，同意增补唐敏、陈慧敏、杨倩为妇委会委员，李霞任妇委会主任、李梦桃任副主任。

重庆市残疾人联合会机关党委于2008年3月换届，2013年8月，经研究决定，中共重庆市残疾人联合会机关委员会批复同意：吴芙蓉担任市残联离退休党支部的支部委员、党支部书记；雷建平担任市残机关第一支部书记；耿琳担任市残机关第二支部的支部委员、党支部书记；马占山担任市残疾人劳动就业服务指导中心党支部的支部委员、党支部书记；刘明亮担任市残疾人综合服务中心党支部的支部委员、党支部书记；李清安担任市残联信息中心党支部书记。因市残疾班子换届和机关开展党的群众路线教育实践活动，没有及时召开党员大会进行换届选举。根据党章和基层党组织建设条例的有关规定，经机关党委会研究并报党组同意，于2015年2月6日，召开市残联全体党员大会，进行机关党委换届选举和机关纪委委员选举。是年3月15日，经研究决定，中共重庆市直属机关工作委员会批复，同意任能君、卢涛、雷建平、耿琳、李清安、马占山、刘明亮为机关党委委员，任能君任机关党委书记，卢涛任机关党委专职副书记；同意卢涛、陈登武、陈秀兰任机关纪委委员，卢涛任机关纪委书记。

第四节　直属机构

一、重庆市残疾人综合服务中心

1999年4月15日，经市编委第十次全体会议研究，同意设立重庆市残疾人综合服务中心，是市残联直属全额拨款正处级事业单位。核定编制14名，其中财政全额拨款事业编制9名（含聋儿语训教师编制4名）、自收自支事业编制5名（由市残疾人劳动就业中心划转），处级2名。主要职责是：负责对全市有劳动能力的残疾人进行登记调查、能力评估、技能培训；进行盲人医疗、保健按摩技术培训；开展残疾人康复及用品、用具供应等服务。

重庆市残疾人综合服务中心综合大楼

2000年3月，根据市政府《关于市社会福利中心划转事宜的会议纪要》精神，决定将市民政局所属的事业单位——重庆市社会福利中心全额拨款的事业编制人员30名和现有人员划归市残联，与市残联所属“重庆市残疾人综合服务中心”的14名事业编制人员和现有人员合并组成省级规格的“重庆市残疾人综合服务中心”，直属市残联的正处级机构,合并后的重庆市残疾人综合服务中心编制44名(其中全额拨款39名,自收自支5名,领导职数3名),办公和业务活动地址在南岸区南湖路140号,有工作用房3000余平方米。其主要职责是:开展残疾人各项康复工作、城乡残疾人劳动就业与扶贫、就业保障金的统计与管理、盲人按摩等技能培训、残疾人劳动技能资格评审与发证、残疾人佩戴用品的检测与制作、残疾人用品用具的组织与供应、残联干部业务培训服务、参与配合全市性专项活动的开展。重庆市残疾人综合服务中心领导3人(处级、一正两副),内设机构有办公室、劳动就业部、聋儿训练部、技能培训部、用品用具服务部(均为正科级)。

2003年4月,重庆市残疾人综合服务中心大楼全面建成。6月,市残疾人综合服务中心按照中国残联、劳动和社会保障部《关于做好下岗残疾职工基本生活保障和再就业工作的通知》《重庆市按比例安排残疾人就业规定》文件精神规定,经市残联同意,成立重庆市残疾人职业介绍所。9月,市编委同意重庆市残疾人综合服务中心增加事业编制25名,由44名增至69名,经费渠道为财政全额拨款,原核定的5名自收自支编制由市编委收回。同时,增加处级领导职级1名,即由3名增至4名(1正3副)。是年5月14日,市直机关工委批复同意组成重庆市残疾人综合服务中心工会委员会。

2004年,市残疾人综合服务中心的业务范围由原来的"对有劳动能力的残疾人登记调查、能力评估和技能培训、盲人医疗和保健按摩技术培训相关社会服务",扩展为"开展残疾人康复研究、康复训练和用品用具供应服务;开展残疾人能力评估、职业指导、职业病培训、职业介绍等相关就业服务;开展残疾人婚姻介绍和托养服务"。由于业务发展需要,2004年4月,中心成立"重庆市脑损伤儿童康复中心",主要开展肢体、智力、精神残疾儿童康复训练与研究。是年8月24日,副市长陈光国到中心视察,市残联理事长李光华,副理事长何德元、周鸣、任能君陪同视察。

2006年,根据《重庆市编委办公室关于同意在重庆市残疾人综合服务中心增挂重庆市残疾人联合会信息中心牌子的批复》,增加处级领导职数1名,增加后领导职数为5名。2007年1月24日,经重庆市卫生局研究,同意设置重庆市残疾人综合服务中心康复医院。

2008年7月,重庆市编委文件批复,同意设立重庆市残疾人劳动就业指导中心,将原属综合中心的"帮助残疾人劳动就业"职能一并划转。市残疾人综合服务中心宗旨和职能调整为:为残疾人提供服务,弘扬救助精神。开展残疾人康复训练及用品、用具供应服务,康复工作人员培训,信息采集、加工处理、分析、发布,信息系统建设、维护和管理等相关社会服务。至此,重庆市残疾人综合服务中心(重庆市残疾人联合会信息中心)财政全额拨款事业编制由75名减至60名。9月,市编办批准同意增加重庆市残疾人综合服务中心财政全额拨款事业编制15名,用于加强康复服务工作。至此,重庆市残疾人综合服务中心(重庆市残联信息中心)财政全额拨款事业编制由60名增至75名。

2011年3月16日,市编办同意将重庆市残疾人综合服务中心挂牌的重庆市残疾人联合会信息中心单独设立,为市残联管理的处级事业单位,核定事业编制10名(所需编制从重庆市残疾人综合服务中心调剂),其中单位领导职数2名(主任1名,副主任1名),经费渠道为全额拨款。重庆市残疾人综合服务中心不再挂重庆市残疾人联合会信息中心牌子,不再承担信息服务工作,全额拨款事业编制由75名减至65名。

2013年10月21日,经市编办研究,同意增加市残疾人综合服务中心事业编制1名,用于安置军转干部。至此,重庆市残疾人综合服务中心全额事业编制由65名增加至66名。

2014年,市编办将重庆市残疾人综合服务中心的宗旨、职能和职责任务进行了适当调整,宗旨为:弘扬救助精神,为残疾人提供康复服务。职能为:是一所集"指导、示范、培训"三大职能于一体的综合性省级残疾人康复服务机构。为全市残疾人提供康复医疗、教育、社会等康复服务,承担康复训练与服务、康复技术人才培养、社区康复服务指导、康复信息咨询、康复知识宣传普及、康复研究和残疾预防等工作。主要职责:承担社区指导、康复技术和人才培训、家长培训、信息咨询、康复知识宣传普及、康复研究和残疾预防等工作。为全市残疾人提供医疗康复服务(康复医院);承担脑瘫、智力残疾和自闭症儿童的康复训练。开展听力言语残疾康复服务。开展残疾人辅助器具供应与适配。

至2015年,重庆市残疾人综合服务中心已发展成为集"培训、指导、示范"三大职能于一体的康复机构,场地面积近13000平方米,在编职工和聘用职工近120人,拥有副高以上职称4人,医学专业背景康复人员13人,教育专业人员13人,聘用其他各类专业技术人员29人。2011—2015年,共为754名肢体残疾人装配假肢;为360名残疾患者装配矫形器;为163名儿童装配假肢或矫形器。完成"七彩梦行动计划"脑瘫儿童项目132例、长江新里程项目20例、0~6岁实训30名;智力残疾儿童康复救助彩金项目75例、智力残疾抢救性项目20名、0~6岁实训30名;自闭症儿童救助康复项目50例、0~6岁抢救性项目5名。2012—2015年,完成人工耳蜗项目筛查400人,助听器筛查460人;完成人工耳蜗手术359人,受训抢救性人工耳蜗项目299人。

二、重庆市残疾人劳动就业服务指导中心

1993年,市编办同意成立重庆市残疾人劳动就业服务指导中心,编制5名,经费自收自支。重庆市在1998年前,省级残疾人就业机构的设置与全国其他省市一致。1998年后,民政局社会福利中心移交重庆市残联,撤销重庆市残疾人劳动就业服务指导中心,并与社会福利中心合并,组建市残疾人综合服务中心,在其中设立就业服务部,使原来具有法人资格的机构变成新机构的一个部门。2003年,市残联将盲人按摩机构统一归口为残疾人就业服务机构管理。

2006年,重庆市残疾人就业培训中心立项获市发改委批复,同意实施市残疾人就业培训中心工程,即购置原重庆市军队离退休干部接待站3425.07平方米房屋,总投资1500万元,围绕完善就业培训功能需要,对现有功能和布局进行改造。

2008年7月18日,《重庆市机构编制委员会关于设立重庆市残疾人劳动就业服务指导中心的批复》同意设立重庆市残疾人劳动就业服务指导中心,为市残联管理的处级事业单位。核定编制15名(从市残疾人综合服务中心划转),其中单位领导职数2名(1正1副),经费渠道为财政全额拨款。经市残联党组同意,市残疾人劳动就业服务指导中心内设办公室、就业

科、培训科、盲人按摩管理科4个科室。其主要职责是发布残疾人就业信息;组织开展残疾人职业培训、咨询、评估、指导、介绍等服务工作;依法承担残疾人失业登记、就业与失业统计、职业技能鉴定;具体实施按比例安排残疾人就业工作,收取残疾人就业保障金;开展盲人按摩业务指导和服务等工作。至2015年12月保持不变。

三、重庆市残联信息中心(重庆市残疾人文化体育训练活动管理中心)

2011年3月16日,市编办批复市残联直属事业单位市残疾人综合服务中心挂牌的市残联信息中心单独设立,是市编委批准设立的公益一类事业单位。核定机构规格为正处级,核定事业编制10人。该中心具体岗位设置为领导2人,办公室3人,信息技术科3人,信息宣传科2人,设立管理岗位4个,专业技术岗位6个。开展信息系统建设和维护、管理工作,从事信息采集、分析、处理,为残疾人事业发展提供信息服务的职能。主要任务是承担残疾人事业信息化管理职能,负责制定全市残联系统信息化发展规划和信息化管理制度,统筹、协调、组织和推动残联系统信息化工作的开展;负责残疾人信息系统的建设和管理,负责残疾人人口基础数据库市内分库建设和管理,建立与涉残职能部门间的信息共享机制;承担市残联门户网站和残疾人信息资源建设,开展网上宣传和公共信息服务,负责对基层残联网站监督管理和业务指导;承担残疾人事业统计和管理工作;推进信息无障碍技术示范应用;承担基层残联信息化和统计工作的业务指导和技术培训;负责市残联机关电子政务环境建设,为各级残联和政府部门提供信息和数据服务。为进一步服务残疾人事业,推进全市残联系统信息化建设,机构通过培育、培养各级残联信息化工作队伍,动员区县残联向公众开展网上信息发布、与残疾人开展网上互动服务,开展残疾人基础信息、服务与需求信息的采集与分析,探索与政府涉残部门之间的信息共享与交换,统筹、整合残疾人信息资源,有效地促进信息技术在残疾人服务与管理工作中的推广应用,为残疾人事业发展提供技术保障和信息服务。

重庆市残疾人体育馆

2013年1月29日，重庆市残联信息中心被中共重庆市委宣传思想工作领导小组评为“2012年度宣传思想文化工作先进单位”。是年，重庆市残疾人综合信息管理系统采集录入量达97万余人。开展残疾人事业统计分析与数据处理工作，为科学决策服务。

2014年9月15日，市残联批复同意成立重庆市残疾人文化体育训练活动管理中心。2015年4月12日，重庆市残疾人文化体育训练活动管理中心正式成立，经市编委同意，挂靠市残联信息中心。重庆市残疾人文化体育训练活动管理中心是经重庆市编办批准设立的公益一类事业单位，编制10人。主要职责是开展残疾人群众文化体育活动；承担残疾人运动员的选拔、训练、参赛和管理工作，并组织、承办残疾人竞技体育活动、比赛等工作；负责残疾人特殊艺术人才的选拔、培训、参赛和管理工作，并组团参加国内外各种残疾人文化艺术交流活动，组织全市残疾人大型文艺演出，举办残疾人艺术会演；推动残疾人文化产业发展，搭建残疾人文化创业平台。按照文体中心的职责和功能，先后承担了2015年重庆市残疾人羽毛球锦标赛、2016年重庆市残疾人田径锦标赛、2017年重庆市残疾人乒乓球锦标赛，承办了2017年全国残疾人民间足球争霸赛（西部赛区）比赛等工作；实施了残疾人“康复体育关爱家庭”计划、“一校一品牌、一区一特色”申报、“文体示范点”创建工作；创编了残疾人《活力健身康复操》《激情轮椅操》。2016年以来组织各类残疾人参加国际国内比赛，获得43金40银49铜，并打破了7项全国纪录，1项世界纪录；现有残奥会级别选手3人，先后有11名运动员入选国家队。体育馆内设篮球（羽毛球）多功能运动场、乒乓球馆、健身中心、残疾人棋牌室、残疾人文化产业展厅、文化艺术走廊、文化艺术培训机构、多功能会议厅、茶书吧等。场馆坚持公益为先，全年向残疾人开放。同时，为实现国有资产的增值保值，引入专业团队对场馆进行管理，给残疾人提供更优质的服务。除承接残疾人的日常到馆锻炼，场馆还对残疾人开展一系列文化体育活动，相继开展“心与心愿”慈善盛典晚会、重庆市第六届“肢残人活动日”健身体育比赛、2015重庆市（主城区）特奥运动会暨特奥论坛活动、第九届全国残疾人运动会重庆代表团总结表彰大会等活动。

第五节　专门协会

残疾人专门协会是各类残疾人及其亲友和与残疾人工作有关的社会团体、企事业单位及个人自愿组成的非营利性社会组织，是残联的专门协会。全市、各区县（自治县）均设有5个专门协会：盲人协会、聋人协会、肢残人协会、智力残疾人及亲友协会和精神残疾人及亲友协会。专门协会的主要任务是代表、联系、团结、教育本类别残疾人，反映其特殊愿望及需求，维护合法权益，争取社会帮助，开展适宜活动，参与国际交往。专门协会换届与同级残联代表大会同期举行，并按照各类别协会章程，分别召开各类别残疾人代表会议、各专门协会委员会会议。各专门协会委员会委员由本类别残疾人代表大会选举产生，委员会主席、副主席、秘书长由委员会选举产生，每届任期五年。

一、重庆市盲人协会

重庆市盲人协会是重庆市盲人的群众组织,是市残联的专门协会。协会宗旨:弘扬人道主义思想,发展残疾人事业。代表盲人共同利益,反映盲人特殊需求,为盲人服务,维护盲人合法权益,促进盲人平等、充分参与社会生活,共享社会物质文化成果。

1989年2月,成立重庆市盲人协会。召开重庆市盲人协会第一次代表大会,选举产生主席黄维乾;副主席张治平;委员王开田、王家春、张治平、罗清宏、陈以亮、杨树明、黄维乾、曾凡富、舒仁华、傅天信。

1993年9月,召开重庆市盲人协会第二次代表大会,选举产生主席黄维乾;副主席张治平、杨树明;委员王开田、王家春、张治平、罗清宏、陈以亮、杨树明、黄维乾、曾凡富、舒仁华、傅天信。

市盲协举办移动互联网智能手机操作及知识竞赛活动

1998年9月,召开直辖后重庆市盲人协会第一次代表大会,选举产生主席黄维乾;副主席张治平、杨树明;委员王开田、王家春、张治平、罗清宏、陈以亮、杨树明、黄维乾、曾凡富、舒仁华、傅天信。

2003年7月,召开重庆市盲人协会第二次代表大会,选举产生主席张治平;副主席杨树明、曾凡富、于福军;委员黄维乾、张治平、杨树明、曾凡富、于福军、程克贵、龙贻洪、王祖元、李才文、潘建伟、侯绍荣、罗义泉、林世利、张义雄、桂平勇、张远帆、杨清书、罗洪、李绍吉、谭和春、陈中建、吴晖、张国相、董世奎、李静、李富强、金艳、李祖清、陈长江、吴仕利、刘小华。聘黄维乾为名誉主席。

2008年4月,召开重庆市盲人协会第三次代表大会,选举产生主席魏旭川;副主席李坚、杨树明、周武生;委员王建华、王前进、邓万兵、龙贻洪、任杰、向继伟、刘玉霞、刘德胜、李小舟、李坚、李建飞、李春艳、李道荣、杨廷焕、杨树明、吴仕利、吴定学、何孝军、何明义、张义雄、张远帆、张治平、陈华周、陈忠建、陈渝、罗小林、罗义泉、罗洪、周武生、殷定勇、郭聪颖、黄兵、喻远林、曾凡富、雷登学、谭和春、魏旭川;任杰为秘书长。聘张治平为名誉主席。

2013年7月,召开重庆市盲人协会第四次代表大会,选举产生主席魏旭川;副主席李坚、杨树明、刘玉霞、杨波;委员马武明、王建华、王前进、孔令清、邓雪梅、龙贻洪、田勇、朱时浩、传朝明、任杰、向纪伟、刘玉霞、刘宴、许生奎、李廷海、李坚、李道荣、杨传清、杨波、杨树明、杨紫昂、吴清建、何孝军、何克俭、张义雄、张鹦洋、陆兵、陈渝、罗小林、罗义泉、罗玉茹、罗洪、胡卫平、胡扬、柳前、秦小洪、蒋道均、喻吉贵、雷登学、谭合春、魏旭川;任杰为秘书长。

2018年8月7日，重庆市残疾人联合会第五届主席团第一次全体会议通过：市盲人协会第五届主席为魏旭川；副主席李坚、刘玉霞、郑建伟、杨波；秘书长为任杰。

二、重庆市聋人协会

重庆市聋人协会是重庆市聋人的群众组织，是市残联的专门协会。协会宗旨：弘扬人道主义思想，发展残疾人事业。代表聋人共同利益，反映聋人特殊需求，为聋人服务，维护聋人合法权益，促进聋人平等、充分参与社会生活，共享社会物质文化成果。

重庆市聋人协会组织聋哑人士到浙江省嘉兴南湖中共一大会址参观

1989年，成立重庆市聋人协会。召开重庆市聋人协会第一次代表大会，选举产生主席王敬直；副主席卢世钊、颜淑缓；委员山福元、王元福、王敬直、代先佑、卢世钊、田自惠、何定邦、罗延林、周勇、赵玉立、赵兴全、郑光宇、郑利群、唐嗣文、梁隆金、覃力生、曾祥志、雷渝、颜淑缓。

2003年，召开重庆市聋人协会第二次代表大会，选举产生主席郑光宇；副主席王军、郑毅、雷渝。聘郑利群为名誉主席。2007年8月10日，重庆市聋人协会在巴南区南温泉公园温泉宾馆召开工作交流会。主城九区聋人协会的主席、副主席，主城外部分区县聋人协会负责人及聋人代表共26人进行工作经验交流。通过交流讨论，各区聋协之间相互了解，传递工作信息，交流经验，增强了做好协会工作的信心。

2008年，召开重庆市聋人协会第三次代表大会，选举产生主席王军；副主席雷渝、周娟、敖行琴、刘华。聘郑光宇为名誉主席。

2013年，召开重庆市聋人协会第四次代表大会，选举产生主席王军；副主席雷渝、周娟、敖行琴、雷鸣；秘书长雷鸣。

2018年8月7日，重庆市残疾人联合会第五届主席团第一次全体会议通过：市聋人协会第五届名誉主席为王军；主席郑璇；副主席周娟、田野、汪平、何怡；秘书长雷鸣。

三、重庆市肢残人协会

重庆市肢残人协会是由重庆市肢残人和与肢残人工作有关的社会组织、企事业单位及个人自愿结成的非营利性社会团体，是肢残人的代表组织。协会宗旨：弘扬人道主义思想，发展残疾人事业。代表肢残人共同利益，反映肢残人特殊需求，为肢残人服务，维护肢残人合法权益，促进肢残人平等、充分参与社会生活，共享社会物质文化成果。

重庆市肢残人协会组队参加重庆国际马拉松迷你5公里比赛

1987年1月,重庆市残疾人福利基金会向市民政局党组申请成立重庆市肢残人协会。1989年,成立重庆市肢残人协会。并召开重庆市肢残人协会第一次代表大会,选举产生主席丁小中;副主席陈家瑜、黄志强;委员丁小中、韦宜、傅强、刘作元、孙家双、张小平、张集体、余应禄、陈永用、陈勇、陈春明、陈家瑜、赵世国、侯世毅、唐世华、徐志平、秦克服、黄志强、覃建辉、曾强、彭正军。

1993年,召开重庆市肢残人协会第二次代表大会,委员会选举产生主席傅德岷;副主席傅强、陈家瑜。

1998年,召开重庆市直辖后肢残人协会第一次代表大会,委员会选举产生主席龚贵华;副主席傅强、陈家瑜。

2003年,召开重庆市肢残人协会第二次代表大会,委员会选举产生主席傅强;副主席余应禄、陈家瑜、谭传华。董强为秘书长。

2008年,召开重庆市肢残人协会第三次代表大会,委员会选举产生主席傅强;副主席谭传华、唐毅、陈家瑜、刘仕洪、沈兴荣;董强为秘书长。

2013年,召开重庆市肢残人协会第四次代表大会,委员会选举产生主席傅强;副主席唐毅、陈家瑜、刘松、沈兴荣、易红;苏平为秘书长。是年,经重庆市残联批复同意,进行社团组织法人注册登记。2014年1月,经市民政局批准,进行社团组织法人注册登记,成为独立法人社团组织,傅强为法定代表人。

2018年8月7日,重庆市残疾人联合会第五届主席团第一次全体会议通过。市肢残人协会第五届名誉主席为傅强;主席潘光银;副主席唐毅、陈家瑜、沈兴荣、苏平、周德波、刘林;秘书长杜伟。

四、重庆市智力残疾人及亲友协会

重庆市智力残疾人及亲友协会是重庆市智力残疾人及亲友的群众组织,是市残联的专门协会。协会宗旨:弘扬人道主义思想,发展残疾人事业。代表智力残疾人共同利益,反映智力残疾人特殊需求,为智力残疾人服务,维护智力残疾人合法权益,促进智力残疾人平等、充分参与社会生活,共享社会物质文化成果。

2002年,市残联下发《关于同意成立"重庆市智力残疾亲友会"的批复》,同意成立"重庆市智力残疾亲友会"。是年,由部分智力残疾者亲友自筹资金自发创办重庆市沙坪心语智力残疾者援助中心,这种模式在重庆市是第一次,值得推广。

2003年，召开重庆市智力残疾人亲友会代表大会，选举产生主席张文京，副主席韩冀忠。委员马话实、王元贵、张文京、杨介侯、秦廷明、韩冀忠、廖帝忠。是年，中国残联第四次全国代表大会讨论通过，将中国智力残疾人亲友会正式更名为中国智力残疾人及亲友协会。重庆市智力残疾人亲友会也相应更名为重庆市智力残疾人及亲友协会。

重庆市智力残疾人及亲友协会开展心智障碍者支持性就业基础技能专题研讨会

2008年，召开重庆市智力残疾人及亲友协会第三次代表大会，选举产生主席韩冀忠；副主席朱纯清、张永红、李小红；秘书长马话实。

2013年，召开重庆市智力残疾人及亲友协会第四次代表大会，选举产生主席韩冀忠；副主席唐毅、张永红、晏成方、蒋家强；秘书长唐毅。

2018年8月7日，重庆市残疾人联合会第五届主席团第一次全体会议通过：市智力残疾人及亲友协会第五届名誉主席韩冀忠；主席何跃；副主席唐毅、吴迪、李宗念、何梅奇；秘书长陈超。

五、重庆市精神残疾人及亲友协会

重庆市精神残疾人及亲友协会是重庆市精神残疾人及亲友的群众组织，是市残联的专门协会。协会宗旨：弘扬人道主义思想，发展残疾人事业。代表精神残疾人共同利益，反映精神残疾人特殊需求，为精神残疾人服务，维护精神残疾人合法权益，促进精神残疾人平等、充分参与社会生活，共享社会物质文化成果。

市精协在第二十七次全国助残日举办“推进残疾预防，健康成就小康”暨端午节文艺演出活动

2002年，市残联下发《关于同意成立“重庆市精神残疾亲友会”的批复》，同意成立“重庆市精神残疾亲友会”。

2003年，召开重庆市精神残疾亲友会代表大会，选举产生主席张永俐；副主席刘继梅；委员刘继梅、何清明、张永俐、李中云、夏祥昭。是年，中国残联第四次全国代表大会讨论通过，将中国精神残疾人亲友会正式更名为中国精神残疾人及亲友协会。重庆市精神残疾亲友会也相应更名为重庆市精神残疾人及亲友协会。

2008年,召开重庆市精神残疾人及亲友会协会第三次代表大会,选举产生主席张永俐;副主席何跃、刘继梅、杨代全;秘书长文军。

2013年,召开重庆市精神残疾人及亲友会协会第四次代表大会,选举产生主席刘继梅;副主席何跃、余雪芹、杨代全、杨健;秘书长叶泳梅。

2018年8月7日,重庆市残疾人联合会第五届主席团第一次全体会议通过:市精神残疾人及亲友协会第五届主席刘继梅;副主席杨健、王敏建、张苹、叶泳梅;秘书长叶泳梅(兼)。

第六节　社团组织

一、重庆市残疾人福利基金会

1985年5月16日,四川省重庆市残疾人福利基金会经市政府批准同意成立。1986年6月20日,在重庆渝州宾馆召开重庆市残疾人福利基金会第二次理事会。福利基金会名誉理事长孙先余出席并做重要讲话。是年8月,市福利基金会向市民政局申请成立的重庆康华实业公司获批复。1987年,成立重庆市残疾人福利基金会康复协会。康复协会设在大坪医院。福利基金会为康复协会拨款3000元作为筹建费用。1988年,为加强资金的管理与合理使用,针对制度不健全、管理不完善等问题,就基金的性质与运用目的、使用范围、使用原则和管理制度的内容,拟定《重庆市残疾人福利基金会基金管理、使用试行办法》,并经理事长会议讨论通过执行。

2007年11月,重庆市政府就残疾人福利基金会成立举行新闻发布会

重庆市残疾人福利基金会是由副市长马正其等积极倡议,市残联联合市政府残疾人工作委员会成员单位发起,于2007年5月16日经市政府批准,2007年8月20日,在市民政局注册登记成立的公益性公募组织,具有独立的社团法人。12月17日,举办重庆市残疾人福利基金会“爱心重注梦的翅膀——重庆市残疾人福利基金会成立暨2007爱心助残晚会”。重庆市残疾人福利基金会旨在按照宪法、法律、法规和相关政策,动员全社会,弘扬人道,奉献爱心,发展残疾人事业,全心全意为残疾人服务,促进并鼓励残疾人平等参与社会活动,举办募捐活动,接收捐赠,扶残助残;管理使用基金,创办福利机构,使基金保值增值;开展有利于残疾人的社会公益活动和交流合作。树立残疾人的自尊、自信、自强、自立精神。开通捐赠热线;统一规范重庆市残疾人福利基金会捐赠鸣谢制度,根据捐赠金额多少,设置赠送纪念品、颁

发荣誉证书、授予"爱心助残功德无量"牌匾、授予"爱心助残单位""爱心助残大使"等称号。2007年，向社会募集助残资金618万元和有关物质，并向部分残疾人实施康复等方面的救助。

2007年8月—2012年8月，开展重庆市"雨露助残行动"，举办宣传募捐活动10余次，发出募捐文件5000余份，工作人员进工厂、进单位、进院校、进社区进行倡导动员，指导区县办事处开展募捐工作，办事处募集能力逐年增强，推动福利基金会募集工作向纵深发展。5年共募集资金7459万余元（其中，2007募集421万元，2008年募集1109万元，2009年募集1146万元，2010年募集1195万元，2011年募集1652万元，2012年1—8月已募集1936万元），捐赠收入呈现稳步上升趋势。

2008年，基金会参与"5·12"抗震救灾工作，向灾区运送急需物资，组织赈灾义演等活动，募集赈灾资金500万余元，为地震中因灾致残的120名到重庆接受治疗人员装配假肢119例，配置矫形器376例，援建四川崇州残疾人综合服务中心1个，援建重庆梁平、城口等受灾区县残疾人康复机构3个。参与2009年重庆市抗击水灾和2010年抗击风雹灾害救助行动，参与每年由市政府、市残联组织春节送温暖活动，向贫困残疾人送去党和政府的温暖。参与由政府主导的0~6岁残疾儿童抢救性康复训练项目，连续四年对训练项目补充残疾儿童家长的食宿、交通补贴费用80万元。

2011年龙湖集团向重庆市残疾人福利基金会捐赠资金500万元

2009年3月18日，市残疾人福利基金会在广场宾馆召开第一届理事会第三次全体会议。市政协副主席刘隆铸，市残疾人福利基金会理事长何德元，秘书长杨莉和来自市级部门、事业单位、社会（群众）团体、企业的理事出席会议。会议听取并审议通过《重庆市残疾人福利基金会2008年度工作报告》《重庆市残疾人福利基金会2008年度财务决算与2009年度预算报告》《重庆市残疾人福利基金会关于区县办事处管理办法（试行）》。是年4月14日，市残疾人福利基金会万州区、江津区、永川区、涪陵区、北碚区等11个区县办事处正式成立，开始对外开展募捐、爱心助残等工作。

重庆市残疾人福利基金会先后被市民政局评为重庆市抗震救灾先进单位、全市先进社会组织，2012年1月被市民政局评定为5A级基金会。在实施"龙湖年货温暖万家农村贫困残疾人危房改造"项目中，两年内就募集支出专项资金700万余元，为400余户农村贫困残疾人实施危房改造，涉及11个区县。资金募集成绩突出，该项目于2011年9月被中国残疾人福利基金会评为全国优秀公益项目。

基金会每年初设定一个助残主题,2009年“重视残疾人危重病和康复医疗救助”、2010年“关注残疾人危重病和康复医疗,关心残疾儿童特殊教育”、2011年“关注残疾儿童康复,关爱农村贫困残疾人”、2012年“关心听力残疾学生,关爱农村贫困残疾人”等,明确工作目标,围绕主题开展资金募集和项目实施等工作,开发社会捐赠资源,策划、拟定切实可行的方案,多渠道筹措助残基金,壮大基金会规模。

2012年10月12日,重庆市残疾人福利基金会召开第二届理事会第一次全体大会,产生了第二届理事会,会议选举任能君任市残疾人福利基金会理事长,郝建新任监事长,胡文川任秘书长。制定五年发展战略规划。基金会在万州区、涪陵区、九龙坡区等17个区县设立办事处。全年共筹集资金和物资2450万元,完成年计划的127.8%;公益支出1950万元,完成年计划的121%。以“雨露助残行动”为载体,实施公益项目,开展康复助行、聋人助听、扶残助学、爱心启明、扶贫解困、扶持创业等项目,惠及残疾人1.62万人。是年,“重庆市雨露助残行动”被中国残疾人福利基金会评为全国优秀公益项目。

2016年4月,召开重庆市残疾人福利基金会第二届第八次全体理事会

2013年,全市募集物资、资金3200万元,占当年目标任务的106.7%,比上年增加748万元。实施公益项目32个,惠集残疾人2.88万人次。是年,获得中基会集善工程项目最具执行力奖;2013年、2014年连续两年,获得中基会集善工程自主创新公益项目奖。

至2015年,重庆市残疾人福利基金会在万州区、涪陵区等25个区县设立办事处,向社会开展公益募捐和助残项目。2015年继续以“雨露助残行动”为主题实施公益项目,开展助听、助行、助学、助康、扶贫创业、安居、济困等“七助工程”项目。至10月末,捐赠收入共计3195万元,实施公益项目28个,惠及残疾人3.1万人次。2007—2015年12月,共募集物资资金约1.55亿元。

2011—2015年,使用福彩公益金9130万元,对1.11万户农村贫困残疾人家庭进行危房改造;使用福彩公益金550万元,对5377人次智力、精神和重度肢体残疾人进行护理补贴;使用福彩公益金125万元,资助残疾贫困大学生214人;使用福彩公益金40万元,扶持267户残疾农户增收;使用福彩公益金550万元,为459名贫困残疾儿童提供康复训练;使用福彩公益金650万元,在各区县乡镇卫生院建立残疾人社区康复站442个;使用福彩公益金150万元,在江津、万州、涪陵等15个区县建立残疾人辅助器具展示厅;使用福彩公益金910万元,为965名听力残疾人适配助听器,为13名优秀残疾人及残疾人工作者适配假肢,为1150名贫困精神病患者提供住院救助,开展白内障免费复明手术2000例;使用福彩公益金475万元,为4410户残疾人家庭进行无障碍改造;为儿童福利院拨款150万元,救助孤残儿童。

二、重庆市残疾人体育协会

1987年12月24日，重庆市伤残人体育协会在市棋校成立。1997年，市残疾人体育协会被评为全国群众体育先进单位。

1998年10月20日，市残联下发《关于同意成立"重庆市残疾人体育协会"的批复》，同意成立重庆市残疾人体育协会。1999年10月，重庆市民政局下发《关于同意成立"重庆市残疾人体育协会"成立的批复》，同意成立重庆市残疾人体育协会，并发给其社会团体法人登记证书。重庆市残疾人体育协会宗旨：遵守宪法、法律、法规和国家政策及社会道德风尚，鼓励、帮助各类残疾人参加体育活动，增进健康，提高竞技水平；推动我市残疾人体育事业的发展；改善和增进残疾人平等参与社会生活的能力，为社会主义物质文明和精神文明建设服务；加强同市内外伤残人体协的联系与合作。

2007年，贯彻执行《国务院办公厅关于进一步加强残疾人体育工作的意见》精神，结合重庆市实际，在全国率先拟定具体的贯彻意见，对组织领导、完善措施和提高竞技水平等方面提出了更加明确的标准和要求，对进一步加快和发展重庆市残疾人体育工作将产生重要的作用。

2007年，承担参加第十二届世界特奥运动会中国特奥足球队的集训工作，2007年7月1日—9月30日，中国特奥足球队在重庆市体育训练基地集训。在这届特奥会上，中国特奥足球队获得金牌1枚，银牌3枚，铜牌1枚，其中男子五人制项目金牌是中国特奥足球队首次在该项目上摘取金牌，实现了历史性突破，完成了上级交办的集训参赛任务。2006—2007年，重庆市北碚朝阳新房子社区等18个社区被授予"全国特奥活动示范社区"。

三、重庆市残疾人事业新闻宣传促进会

1998年10月23日，重庆市残疾人事业新闻宣传促进会筹备组(代)名誉会长由市残联理事长袁绍华担任，会长由市残联副理事长周鸣担任，副会长由市残联宣文部副主任耿琳担任。1999年5月19日，重庆市民政局同意成立重庆市残疾人事业新闻宣传促进会筹备组，10月，成立重庆市残疾人事业新闻宣传促进会，是由市残联主管，主流媒体单位、记者及热心残疾人事业的爱心人士自愿组成的地方性非营利性社会组织，是依法注册登记的专业性法人社团。新促会以弘扬爱国主义和人道主义，促进精神文明建设，增进社会公众对残疾人事业的理解，倡导扶残助残的社会风尚为宗旨，通过组织新闻媒体的重点报道和采访，在报刊、电台、电视台开辟残疾人事业专栏和专题节目，开展对外交流、文化联谊等活动，密切残疾人、残疾人工作者与新闻宣传工作者之间的联系，研究残疾人事业新闻宣传理论，交流宣传、采访、报道的经验，拓展途径，加强宣传力度，丰富报道内容，促进残疾人事业新闻宣传工作，为残疾人事业的发展创造良好的舆论环境。

2007年，针对重庆市直辖十周年、第七届全国残运会、第十二届世界特奥会、第十七次"全国助残日"和"国际残疾人日"等重大活动，新促会组织新闻媒体深入区县实地采访，形成

宣传规模,强化宣传意识,提升宣传规模和质量。重庆直辖十周年,在重庆电视台公共频道《新闻直通现场》节目上,制作播出热烈祝贺重庆直辖十周年的贺词;在5月20日《重庆日报》刊发《助残惠残构建和谐》的专版;第七届全国残运会、第十二届世界特奥会,市级主要新闻媒体仅报刊宣传就达50篇(条),特别是重庆晨报10月10日刊发的《重庆女孩特奥会上一日夺5金》的消息,在社会上引起强烈的反响;在"全国助残日""国际残疾人日"期间开展形式多样的宣传,助残日活动当天,开展市政府2007年民心工程"爱心亭"启动仪式、反映重庆市直辖以来残疾人事业风采的《和谐星空》一书的首发仪式、残疾人事业成果展及残疾人才艺表演等。特别是"国际残疾人日",结合重庆市残疾人福利基金会的成立,在解放碑举行残疾人专场文艺演出。全年报刊宣传达700余篇(条),电台、电视台宣传达200余次(条)。

2007年,新促会组织参加全国首届"十大爱心记者"评选和2006年全国残疾人事业好新闻评选,鼓励和倡导广大新闻工作者更加关注残疾人和残疾人事业,写出更多更好的新闻作品。通过参评,《重庆日报》社会新闻部主任刘春帼获全国首届"十大爱心记者"荣誉称号,重庆广电集团(总台)广播新闻频率选送的《盲人猪倌》等7件作品获奖。

2009年12月15—16日,重庆市残疾人事业新闻宣传促进会、市残疾人体育协会召开第三届理事会代表大会。大会审议通过了第二届理事会工作报告,选举产生了新的领导机构。市残联副理事长周鸣出席会议并讲话。

2015年8月,重庆市残疾人事业新闻宣传促进会换届选举会议

2015年8月,召开重庆市残疾人事业新闻宣传促进会第四届理事会代表大会。大会选举蔡敏为重庆市残疾人事业新闻宣传促进会会长,高勇为重庆市残疾人事业新闻宣传促进会秘书长;住所变更为重庆市渝中区大坪龙湖时代天街13号楼12楼20号。按照本会章程,法人由会长或秘书长兼任。

2016年,重庆市残疾人事业新闻宣传促进会有会员75名,其中会长1名、副会长8名、秘书长1名、副秘书长1名、常务理事15名。重庆市残疾人事业新闻宣传促进会由秘书长主持工作,内设综合部、媒体部、外联部、影视部共4个部门。在全面推进残疾人小康进程中,新促会充分发挥桥梁纽带作用,突出"专业性、社会性、公益性"等特色,不断适应残疾人事业发展与媒体生态格局等新常态,着眼于"让残疾人生活更加殷实、精神更加丰富、人格更有尊严"的目标,积极推进残疾人事业宣传向移动互联网化、全媒体化转型,打造重庆残联"两微一端"(微信、微博、客户端)、"重庆残疾人云服务平台"、《你在,真好》定制音频节目等新媒体体系,构建残疾人事业形象重要窗口和互联网信息交互综合服务平台。按照"互联互通、融合传播,构建残疾人事业大宣传工作格局”总体思路，充分整合新华社、《人民日报》、中央电视台、中新网、《重庆日报》、重庆电视台、华龙网等主流媒体资源，与重庆市残联、市残疾人综合服务中心、市残疾人劳动就业服务指导中心、市残疾人文化体育训练活动管理中心等四家残联系统官方网站，共同组建重庆市残疾人事业宣传网络联盟，推行“中央厨房”宣传运作机制，形成“一次采集、多种呈现、全媒传播”的精准融合传播体系，推出“筑梦善行，残健共融”——讲好重庆残疾人故事品牌宣传活动，积极传播人道主义思想，发出好声音、展示好形象、凝聚正能量，为全市残疾人事业发展提供坚强的媒体支撑和良好的舆论环境。

四、重庆市残疾人康复协会

为推动重庆市残疾人康复事业健康发展，经重庆市民政局批准，2008年2月，成立重庆市残疾人康复协会。残疾人康复协会是康复领域内的权威性专业学术机构，旨在团结广大残疾人康复工作者，坚持全面康复理念，推动康复学术研究，开展康复人员培训，加强康复行业管理和行业自律，制定康复行业标准，促进我市残疾人康复事业发展。

1987年4月27日，在重庆第三军医大学大坪医院召开重庆市残疾人福利基金会康复协会成立大会。市顾委副主任王效才出席会议。

2007年1月，由重庆市残疾人综合服务中心、重庆师范大学、第三军医大学新桥医院等10家单位联合发起成立重庆市残疾人康复协会的倡议。2月，经重庆市残联同意，批准成立重庆市残疾人康复协会筹备组，经向登记管理机关递交筹备申请、落实协会开办资金、推选拟任负责人、办理申办手续等资料，经重庆市民政局同意，2008年2月19日，召开重庆市残疾人康复协会第一届会员大会。聘请市残联党组书记、理事长谢嘉庆为重庆市残疾人康复协会第一届理事会名誉会长。经第一届会员大会选举产生市残联副理事长周鸣任重庆市残疾人康复协会第一届理事会会长、第三军医大学附属西南医院教授吴宗耀任常务副会长、市残联康复部副主任王娟娟任秘书长兼法人代表，选举产生8名副会长，19名常务理事，66名理事。第一届理事会期间，因工作岗位调整，经会员大会选举产生市残联副理事长任能君任市残疾人康复协会会长、市残联康复部主任耿琳任常务副会长、市残联康复部副主任张顶奇任秘书长兼法人代表。重庆市残疾人康复协会还先后成立了听力言语残疾康复、视力残疾康复、精神残疾康复、肢体残疾康复、智力残疾康复、儿童脑损伤康复、儿童孤独症康复、康复工程与辅助技术、社区康复9个专业委员会，为全市残疾人康复事业提供咨询、服务和监督。第一届理事会健全康复协

2012年3月23日，召开2012年重庆市残疾人康复协会理事会会议

会组织体系、建立规章制度、规范行业管理、增强服务意识;制定《重庆市残疾人康复协会科研项目评审细则》,筛选出“重庆市残疾人康复现状与对策分析”等4个科研项目立项并实施;加强协调、发挥协会作用,每年召开协会理事会,围绕我市残疾人“人人享有康复服务”目标,创造性地开展工作;搞好各项培训、评估工作,举办社区康复协调员、残疾儿童康复技术人员、助视器验配等项目培训班,开展重庆市级康复定点机构评估工作等;开展行业活动,各专委会积极组织开展学术交流会、技术指导、科学研究和宣传活动等。

2014年11月,为落实《重庆市全面清理规范行业协会工作方案》关于“全面实现行业协会与党政机关脱钩”的要求,市残联改革,将康复协会进行社会化转型。

2015年5月7日,重庆市残疾人康复协会第二届会员大会及第二届理事会第一次会议在江北区巾帼园举行。大会审议并通过了协会第一届理事会工作报告、财务工作报告、财务管理规定、专委会管理规定,讨论修改了协会章程、会员管理办法,并通过民主推荐,选举第三军医大学附属西南医院吴宗耀教授为重庆市残疾人康复协会第二届理事会名誉会长,第三军医大学西南医院康复中心主任刘宏亮教授任重庆市残疾人康复协会第二届理事会会长,重庆市渝西医院院长周新建任秘书长兼法人代表。同时,还选举产生了邵智、赵聪敏等8名副会长、2名副秘书长、19名常务理事、53名理事。各专委会委员246名。协会第二届理事会紧紧围绕“为残疾人服务”的工作大局,坚持全面康复的理念:编制重庆市地方标准——《残疾儿童康复机构等级划分要求》;培训孤独症、智力残疾、脑瘫、辅助技术等方面工作康复工作者810人次,编写残疾儿童家长学校教材《康复知识手册》(6分册),举办行业学术交流活动。

五、重庆市残疾人企业家协会

残疾人企业家协会旨在带动更多的残疾人就业、创业;积极为残疾人失业人员、残疾人进城务工人员等提供再就业的帮助和服务。同时,利用会员单位资源,开展“会员企业牵手重庆高校残疾人毕业生”及“残疾大学生就业见习计划”,帮助残疾大学生见习和实现就业。

2006年12月26日,市残联同意成立重庆市残疾人企业家协会。

重庆市残疾人企业家协会第一次会员大会

2009年7月18日,经重庆市民政局批准,成立重庆市残疾人企业家协会。重庆市残疾人企业家协会第一次会员大会在重庆广场宾馆召开,有53位残疾人企业家加入。会议由市残疾人企业家陈家瑜主持。市残联党组书记、理事长谢嘉庆在会上做重要讲话。选举产生第一届重庆市残疾人企业家协会理事会，理事：刘仕洪、刘亚宁、沈兴荣、宋智洪、陈家瑜、张力夫、张小俊、胡智泉、唐毅、曾凡富、袁学明、蒋朝林。重庆市残疾人企业家协会第一届理事会会长唐毅；副会长刘仕洪；秘书长郑启淑；聘请彭美云、傅强为名誉会长。

2014年11月12日，在重庆市广场宾馆召开重庆市残疾人企业家协会第二次会员大会，会议由市残疾人企业家协会理事陈家瑜主持。重庆市残疾人企业家协会第二届理事会理事：刘松、刘仕洪、刘亚宁、沈兴荣、苏平、陈家瑜、张力夫、张小俊、周刚、胡智泉、唐毅、袁学明、蒋朝林。会长唐毅；副会长刘仕洪、刘松；秘书长由郑启淑担任。

六、重庆市盲人按摩学会

重庆市盲人按摩学会是由从事盲人按摩的医务工作者，按摩医院（诊所）的管理人员、院、校从事推拿教学人员自愿结成的地方性、非营利性社会组织，是依法注册登记的学术性法人社团。学会接受业务主管单位重庆市残联、登记管理机关重庆市民政局的业务指导和监督管理。学会宗旨：根据重庆市残联章程精神，团结广大按摩工作者，推动按摩学术研究，提高按摩技术水平，发扬社会传统医药学，促进按摩事业的发展，遵守国家的宪法、法律、法规和国家政策，遵守社会道德风尚。

重庆市盲人按摩学会举办学术研讨会

2000年1月20日，市残联同意成立重庆市盲人按摩学会。2001年5月14日，重庆市民政局核准同意成立重庆市盲人按摩学会，发给社会团体法人登记证书。重庆市盲人按摩学会设理事会，领导学会工作。理事会下设秘书处，负责学会的日常事务性工作。是年9月，第一次会员代表大会在邮电大学宾馆召开。通过选举产生会长黄维乾，副会长杨树明、喻吉贵、唐国利，秘书长何廷开。

2006年11月9—10日，重庆市盲人按摩学会第二次会员代表大会在市残疾人综合服务中心召开，来自19个区县（自治县、市）的120名代表参加会议，选举产生会长黄维乾，副会长郝建新、杨树明、喻吉贵、曾凡富，秘书长李清安。

2011年11月23—24日，重庆市盲人按摩学会第三次会员代表大会暨第二次换届大会在燕山酒店召开，共107名单位会员代表和个人会员代表参加会议。大会听取并审议通过上一届理事会工作报告和财务工作报告，选举产生会长黄维乾，常务副会长李坚，副会长杨树明、喻吉贵、魏旭川、郝建新、成崇登，秘书长成崇登，副秘书长连韶华、魏旭川。2013年9月，增补马占山为副会长。

2016年8月29—30日,重庆市盲人按摩学会第四次会员代表大会暨第三次换届大会在皇侨大酒店召开,来自25个区县共125名单位会员代表和个人会员代表参加会议。大会听取并审议通过了上一届理事会工作报告和财务工作报告,听取关于《重庆市盲人按摩学会章程》修改情况的说明,审议通过了《重庆市盲人按摩学会章程》(修订稿),选举产生会长李坚,副会长毛建军、杨树明、喻吉贵、雷光富、魏旭川,秘书长雷光富,副秘书长连韶华、魏旭川。

七、重庆市残疾人心理健康与咨询学会

2009年5月20日,经市民政局批准,重庆市残疾人心理健康与咨询学会召开第一次会员大会,会议由学会筹备组副组长陈永进主持。大会选举产生了重庆市残疾人心理健康与咨询学会的第一届理事会理事、理事长、副理事长、秘书长。重庆市残疾人心理健康与咨询学会第一届理事会理事:张永红、张潜、李祚山、陈小异、陈永进、范丰慧、金泽勤、郑启淑、胡朝兵、贺红、廖全明。理事长李祚山;副理事长张永红、陈永进;秘书长郑启淑。重庆市残疾人心理健康与咨询学会是由重庆市热心残疾人事业的心理学工作者组成的公益性、学术性社会团体,是重庆市现有的全市性残疾人心理学研究和学术组织之一。其宗旨是团结全市广大心理学工作者,开展残疾人心理健康学术活动,加强残疾人心理健康学术研究,促进残疾人心理健康,为构建和谐重庆建设做出贡献。学会现有全市性个人和集体会员100余个,其中研究生会员70余人。是年12月,召开中国·重庆第一届国际残疾人心理健康论坛的学术会议。

2014年11月23日,重庆市残疾人心理健康与咨询学会召开第二次会员大会,会议由市残疾人心理健康与咨询学会第一届理事会副理事长张永红主持。大会选举通过重庆市残疾人心理健康与咨询学会的第二届理事会理事:印向阳、牟映雪、张永红、李祚山、陈永进、范丰慧、郑启淑、胡朝兵、廖全明、梁莉萍、杨惠林、张少春、陈晓科、徐继燕、魏旭川。理事长李祚山;副理事长张永红、陈永进;秘书长郑启淑;副秘书长陈晓科。

第七节 区县与基层残联组织

一、区县(自治县)残联

1989年以前,各区县残疾人工作由福利基金会或盲哑人协会等组织联络,隶属民政局,性质为社团组织。市残联成立后,把组建区县残联工作摆在首位,先后召开区县残联组建工作座谈会,经验交流会等,1989年7月,各区县都向政府做了请示报告。至1989年12月,全市已建立区县残联12个,占应建数的57%。至1990年7月,全市21个区县残联全部建立。配备专职残疾人工作干部120余人,兼职工作人员1000余名,基本形成了残联组织体系和工作体系。为尽快开展残疾人工作,区、县残联成立后,进行乡镇、村(社区)基层组织建设工作。

1992年,成立了市残疾人事业领导小组,21个县(区)也相应成立了残疾人事业领导小

组，领导和组织残疾人事业工作健康发展。

1993年12月，全市各级残联进行换届，选举产生新的领导班子。全市各区市县残联定编129人，实际上岗121人，占总编制数的94%。按照国务院和省残疾人工作协调委员会的要求，全市有19个区市县人民政府都成立残疾人工作协调委员会，永川市、巴县（巴南区）残联也正在报批中。

1997年，重庆市直辖后，原万县、涪陵、黔江残联组织划归重庆管辖。全市共有县（市、区）级残疾人联合会40个，残联机关实有在职人员共181人。

1998年5月，为切实加强对全市各区、市、县残联基层建设、扶贫解困、按比例就业、综合服务设施建设等重点工作的指导，经市残联党组研究，成立重庆市残疾人基层工作办公室。是年9月，市编委发文，明确全市区县残联机构单列，为区县正局级，确定机关和事业单位的行政和事业编制人数。至2000年，12个市（地）级，22个县级残联调整机构规格，分别占总数的100%和78.6%。

2001年，全市各区县残联机构在机构改革中得到进一步充实与完善，机构建设得到全面推进。区县残联主席团主席、副主席一般为兼职，不占编制。主席应由本级政府主管领导担任，副主席由与残联工作关系密切的县有关部门领导和有威望、有领导才能的残疾人以及残联理事长担任。主席团每届任期5年，其职责是选举残联主席、副主席；检查代表大会决议执行情况；审议年度工作报告和工作计划；检查执行理事会的工作，调换和增补主席团委员，决定其他重大事项。执行理事会为县残联常设执行机构，负责县残联日常工作，执行理事会实行理事长负责制，每年向主席团报告工作。执行理事会成员均为专职人员。

2003年，全市40个区县残联按照市残联的统一要求，召开换届大会，选举产生新一届区县残联领导班子。区县残联机构全部单设，编制、预算单列，规格为当地正局级，理事长专职。

2004年，渝中区、江北区、南岸区被命名为"全国示范社区"。全市999个社区建立残疾人协会。定期召开专门协会联席会议。

2006年，区县残联机构全部单列并升格为当地正局级单位，理事长专职，编制和预算单列。

2007年6月28日，市残联组织召开重庆市残联系统换届工作和基层组织建设工作会。市残联党组书记、理事长江绍中，党组成员、副理事长何德元，周鸣，任能君，副巡视员王熹以及全市40个区县（自治县）残联理事长

2007年6月28日，市残联组织召开重庆市残联系统换届工作和基层组织建设工作会

参加会议。

2012年,建立全市残疾人组织建设“强基育人”工程评估制度,推行残疾人专职委员网上实名和持证上岗。做好残联系统换届工作,协调各地组织部和编办,配备乡镇(街道)残联专职理事长,并推动落实相关待遇。加强基层残联干部队伍建设,举办新任理事长专题培训班。

至2015年12月,全市共有县(市、区)级残联40个,行政编制324人,实有人员343人;事业单位43个,编制209人,实有208人。省市县乡残联实有人数1932人,其中残疾职工数55人,残疾职工占2.85%。

二、乡镇(街道)残联

1989—1991年,在各区县残联成立后,各乡镇(街道)相继成立残疾人工作机构,隶属乡镇(街道)管辖,业务受区县残联指导。至1991年8月,全市1051个街道、区(镇)、乡(镇)和残疾人集中的厂矿、企事业单位,已建立基层组织1041个,占应建数的99%,基本形成残联组织体系和工作体系。至1992年10月,全市1020个乡镇(含67个街道),已建残联1017个。

1993年12月,全市各级残联进行换届,选举产生新的领导班子,在各县撤区并乡建镇工作相继开展的同时,基层残联组织进行改选、充实和调整。至1994年12月,全市应建619个乡、镇(街道)残联组织,已建598个,占97%,全市2549个村委会和1642个居委会,都已建立残联或残疾人工作小组,各级残联还邀请残疾人志愿工作者12人,兼职残疾人工作者43人。残疾人基层组织网络基本形成。

1996年,全市应建555个乡、镇(街道)残联,已建534个,实有在职人员544人。1997年,全市已建乡、镇(街道)残联1482个,在职人员1492人(部分工作人员兼职)。1998年5月,全市1149个乡镇(街道)建立残联,达应建数的73%,配备专干1458名,其中在编专干92%,已建志愿者助残联络站1203个。

2013年9月3日,举办重庆市乡镇(街道)残联专职理事长骨干企业培训

2001年,全市已有34个县、322个乡镇建立残疾人服务社。2003年,全市有1343个乡镇(街道)建立残联组织1200个。基本形成以区县残联为指导,乡镇(街道)残联为基础的工作网络。

2006年,乡镇(街道)成立残联、配备专职干部。部分乡镇(街道)聘请残疾人联络员,全市残疾人工作组织基本上“纵向到底、横向到边”,残疾人工作有人负责,残疾人的疾苦有地方诉说。

2012年7月,重庆市残联召开换

届工作会，部署全市各区县残联换届工作。2013年，全市1011个乡镇（街道）残联全部配备专（兼）职理事长，其中专职理事长847名，落实乡镇街道残联专职理事长职级待遇。举办全市乡镇街道专职理事长示范培训班。

至2015年12月，建立健全市、区（县）、乡镇（街道）、村（社区）四级残疾人工作组织网络，全市乡镇（街道）已建残联机构1022个，占应建数的100%。乡镇（街道）残联机关行政编制584人，事业编制131人；实有人员1191人；专职残联理事长401人，兼职理事长453人，残疾人专职委员1048人。助残志愿者32276人。

三、村（社区）残协

1989—1994年，随着各乡镇（街道）残联、协会的成立，各村（社区）也相应组织成立残疾人工作机构。至1992年10月，全市有81669个村（居委），已建残协1709个。1995年，大部分村（社区）成立残疾人工作小组或残协，三年换届一次，残协主席由社区（村）居（村）民委员会主任担任，副主席由残疾人专职委员担任，委员中半数以上是残疾人或亲友。是年，全市2549个村委会和1642个居委会，都已建立残联或残疾人工作小组。

2003年，市残联下发《关于成立社区残疾人工作领导小组的通知》，为将社区残疾人组织建设、教育、就业、康复、文化生活、无障碍环境建设、残疾人维权工作更好地融入社区，经市残联理事会研究决定成立重庆市残联社区残疾人工作领导小组。其职责是：协调有关部门，将社区残疾人工作纳入计划生育，部署、实施、加强对社区残疾人工作的支持力度；研究、协调、解决社区残疾人工作面临的困难和问题；指导和推进社区残协的组织建设和各项工作的落实；督促各部门切实将所负责人的业务纳入社区建设。是年，有4234个村（居）委会建立残疾人协会，基本形成以区县残联为指导，乡镇（街道）残联为基础，社区残协为依托，残疾人小组为纽带的工作网络。

2006年，村（社区）成立残联工作小组和残疾人协会，配备残联工作小组、残协专职委员或助残员。

2012年，全区县上下形成区级、镇（街）、村（居）三级残疾人组织网络。

2014年，全市共建立10595个村（社区）残协，均由社区书记或主任兼任残协主席，全部配备残疾人专职委员11689人。建立完善社区残协工作制度，统一制作上墙，明确相关职能职责，社区残协公共条件得到改善，有活动室、办公桌、档案、招牌、上墙图板等，实行"八簿八册"工作模式。市残联在各区县残联中推行社区专职委员网上实名和持证上岗，实行社区残疾人专职委员资质考评和年度目标考核，采取一年一考核一年一聘任，进行动态管理，优化人员队伍，建立优胜劣汰能进能出的管理机制。新建100个康复示范社区。选择部分有条件的社区，建立一批不同形式、不同特点的残疾人文化进社区示范点；新建11个区县盲人视障阅览室，保障盲人读者的阅读需求。区县残联之间、区县残联与市残联之间通过OA系统进行数据横向、纵向通信已常态化。全市1019个镇（街道）不同程度地启动残疾人数据库数据维护工作。

至2015年12月，全市村（社区）已建残协10400个，占应建数的99.78%，其中村（含农村社区)已建8474个,城市社区已建1926个。已建残疾人活动室7317个。选聘乡(社区)残疾人专职委员10565人。助残志愿者33197人,受助残疾人44.72万人。

第八节 管理体制

一、领导体制

1998年,市委组织部下发《关于重庆市各级残疾人联合会干部管理办法和党组织管理关系的通知》,根据中央组织部《关于残疾人联合会党组〈关于残疾人联合会干部管理办法和党组织管理关系的意见〉的通知》精神,落实管理体制,制定管理办法。

市残联干部管理:市残联执行理事会理事长、副理事长,党组书记、副书记、成员,由市委管理。市残联主席团主席、副主席为兼职干部,不占编制,不定级别,按残联章程选举产生。候选人由市委审批。市残联执行理事会理事长、副理事长,由市委征求中国残联意见后提名,市政府任免。市残联执行理事会理事、内设机构正副处级干部由市残联任免,报市委组织部备案。市残联的其他干部由市残联管理。

区市县残联干部的管理:以当地党委为主,上一级残联协助。具体管理工作按照中央组织部《关于干部双重管理工作若干问题的通知》的规定办理。区市县残联加强对残联干部的培养、教育、选拔、配备;上一级残联对下一级残联领导班子成员负有培养、教育、了解、考察及提出使用建议的责任。区市县党委在配备、调整残联领导班子时,应事先征求上一级残联的意见。区、市、县残联执行理事会领导班子及内设机构干部的任免管理办法,由当地单位参照市委对残联干部管理办法确定。市和区、市、县残联机关中除公勤人员之外的工作人员,参照《国家公务员暂行条例》进行管理。

2001年,根据市委办规定,市残联机关和直属事业单位的干部人事、劳动工资管理和机关离退休人员的管理和服务工作从组联部工作职能归位为办公室工作职能。是年6月,根据《中共重庆市委办公厅关于印发〈重庆市13个群众团体机关机构改革意见〉的通知》精神,对市残联内设机构进行调整:内设机构8个(办公室、组织联络处、康复处、教育就业处、宣传文体处、维权信访处、计财基金处、组织人劳处);机关行政编制33名,其中理事长1名、副理事长3名,正副处长职数15名,市政残工委秘书处行政编制2名,处级领导职数1名。机关后勤服务人员事业编制5名。

2002年3月22日,根据市残联党组会议决定,市残联领导分工:理事长李光华主持市残联全面工作,负责市政府残工委秘书处工作。副理事长程年珍协助理事长分管组联工作、维权信访工作、机关人事工作、基金会清理兑付工作;副理事长何元德协助理事长分管康复工作、宣文工作、机关工会工作、市残疾人综合服务中心工作。副理事长周鸣协助理事长分管机关工作、教就工作、区县残疾人综合服务设施建设工作。助理巡视员王熹协助分管残疾人综合服务中心的基础设施建设工作。

2003年,党组书记、理事长李光华主持市残联全面工作,负责市政府残工秘书处工作。党组成员、副理事长何元德分管教就工作、宣文工作、机关工会工作、秘书处工作。党组成员、副理事长周鸣分管康复工作、区县残疾人综合服务设施建设工作、信息工作、机关党总支工作、机关行政工作。党组成员、副理事长任能君分管组联工作、维权信访工作、干部人事工作、纪检监察工作、残疾人福利基金会工作。巡视员程年珍负责调查研究工作。助理巡视员王熹具体负责市残疾人综合服务中心大楼的建设工作(工程建设3人小组不变)、市残疾人福利基金会工作。

2006年12月30日,市残联党组会议研究决定,对市残联领导分工做调整:理事长江绍中主持残联全面工作;副理事长何德元分管办公室、教就部、市残疾人就业培训中心;副理事长周鸣分管康复部、宣文部、市残疾人综合服务中心、市残疾人福利基金会;副理事长任能君分管组联部、维权部;助理巡视员王熹协助周鸣抓基金会工作,具体负责基金会换届筹备、外来捐赠项目实施工作。

2009年,市残联下发《重庆市残疾人联合会关于加强基层残疾人组织建设的通知》,要求各区县(自治县)、乡镇(街道)残联按照《中国残疾人联合会章程》实行代表大会制度,代表大会选举产生主席团,主席团选举产生主席、副主席,主席由政府分管领导兼任;区县(自治县)残联副主席由残联理事长、专门协会主席等担任。乡镇(街道)残联主席团主席由乡镇(街道)分管领导担任,副主席由残联理事长担任。区县(自治县)、乡镇(街道)残联理事长由主席团推举,政府任命;区县(自治县)残联副理事长由理事长提名,主席团通过,政府任命。党组书记、理事长谢嘉庆主持市残联全面工作,分管办公室工作。党组成员、副理事长周鸣分管教育就业工作,宣传文体工作,市残疾人劳动就业服务指导中心,联系市残疾人福利基金会。党组成员、副理事长任能君分管康复工作和信息化工作,市残疾人综合服务中心,协助理事长分管办公室工作。党组成员、副理事长彭美云分管组织联络工作,维权信访工作,基本建设工作。巡视员、市残疾人福利基金会理事长何德元负责市残疾人福利基金会工作。

2015年1月9日,市残联党组会议研究决定,市残联领导分工调整。党组书记、理事长周鸣主持市残联全面工作。党组成员、副理事长任能君分管康复部、机关党委、工会、团委、妇委会工作,分管市残疾人综合服务中心,负责市残疾人福利基金会工作。党组成员、副理事长彭美云分管干部人事、组织联络部、教育就业部工作,分管市残疾人劳动就业服务指导中心。党组成员、副理事长张青莉分管办公室文秘、财务、行政后勤等及老干部、基础设施建设、宣传文体部工作。党组成员、副巡视员孙连尚因身体原因,暂不安排分管工作。副巡视员郝建新分管维权信访部、信息中心工作。

为规范市残联采购工作、推动市残疾人康复托养中心建设有关工作,经市残联党组会议研究,成立有关工作领导小组。市残联采购工作领导小组,党组书记、理事长周鸣任组长,副组长为党组成员、副理事长张青莉,成员为办公室主任易士涌、机关党委专职副书记、宣文部主任陈登武、办公室财务人员龚清殿。领导小组下设办公室:主任由易士涌兼任。根据每次采购任务由相关部室派选2人为临时成员参与采购工作。市残疾人康复托养中心建设工作领导小组由党组成员、副理事长任能君任组长,党组成员、副理事长张青莉为副组长,成员为办公室主任易士涌、康复部主任耿琳、教就部主任雷建平,领导小组下设办公室,主任由易士涌兼任。

二、工作机制

区县(自治县)残联要配备适应事业发展需要的人员编制,按照中组部《关于转发中国残联党组〈关于选拔残疾人干部充实地方残疾人联合会领导班子和干部队伍的报告〉的通知》的有关规定,选配残疾人干部。区县(自治县)残联成立专门协会,各专门协会委员按残疾类别由本级主席团委员中的残疾人、残疾人亲友和乡镇(街道)、村(社区)残疾人工作骨干组成。

乡镇(街道)残联要明确专(兼)职残联理事长和适应工作开展的残联工作人员,要从主席团委员中选聘残疾人委员作为残疾人助残志愿者(专职委员、联络员)协助理事长开展工作。

村(社区)成立残协,残协是村(社区)民间组织,要按照民主程序选举成立残疾人协会。村(社区)残协主席由村民委员会、社区居民委员会主任或副主任兼任;村残协副主席、委员中要有优秀残疾人或残疾人亲友;社区残协副主席、委员由优秀残疾人和残疾人亲友担任。村(社区)残协要从残协委员中选聘残疾人委员作为残疾人助残志愿者(专职委员、联络员),协助村(社区)残协主席开展工作。村(社区)残协要在村民委员会、社区居民委员会指导下开展工作,有条件的地方可以依托当地公共服务设施设立残疾人之家,为村(社区)残疾人做好服务。

各区县(自治县)残联结合当地实际,在乡镇(街道)残联、村(社区)残疾人协会,积极开展助残志愿者(残疾人专职委员、联络员)的配备,对1个村不足30名残疾人的可采用邻近的2个村选聘一名残疾人助残志愿者(专职委员、联络员)的方法配备。同时,积极协调当地民政、人事劳动部门争取将残疾人助残志愿者(专职委员、联络员)的岗位设置为公益岗位,符合条件的村(社区)残疾人协会和残疾人助残志愿者(专职委员、联络员)优先纳入“低保”救助。

三、教育培训

1996年9月,市残联在綦江县南州宾馆举办重庆市残联康复培训班,全市各区(市、县)残联理事长和负责康复的工作人名参加为期3天的培训。

2003年换届后,市残联根据全市新调进各级残联担任领导职务较多的实际情况,举办区县残联理事长培训班、残联干部培训班,市和区县两级举办各种培训班41期,共培训残联干部2808人次。全面提高全市残疾人工作者的政策法规和业务水平。

2004年7月,对各区县(自治县、市)残联分配理事长和康复干部各1名,市残联综合服务中心正、副主任,各相关部门正、副主任进行残联系统管理工作培训。11月18—28日,举办全市第一期乡镇残疾人工作者业务员培训班。学习残疾人工作基本业务和残疾人工作理论,以及残疾人康复、就业、扶贫、社区建设等方面的知识。

2006年9月13日，市残联教就部在市综合服务中心举办全市残疾人就业服务机构工作人员培训班，有48人参加培训。

重庆市区县残联理事长暨优秀残疾人干部培训班开班式

2007年8月10日，2007年度重庆市残联系统领导干部培训班在广场宾馆举行。全市42个区县（自治县）残联领导和市残联各部室领导参加此次培训。培训班由市残联党组书记、理事长江绍中授课。讲课结束后，大家围绕着如何顺应重庆市建设全国统筹城乡综合配套改革试验区的新形势，统筹残疾人事业发展的问题，深入讨论。

2008年4月2日，市残联召开2008年工作会议。各区县（自治县）残联理事长、市残联各直属单位负责人和市残联机关全体干部职工参加会议。市残联党组书记、理事长谢嘉庆就学习贯彻中央政治局关于发展残疾人事业会议精神以及贯彻落实市残联第三次代表大会精神做安排部署，并就解放思想，理清思路，扎实推进残疾人事业又快又好发展开展讨论。6月4日，市残联举办学习贯彻中央7号文件领导干部培训班。市残联各部室主任、副主任，市残疾人综合服务中心主任，各区县（自治县）残联理事长，共50余人参加培训。10月13日，市残联召开深入学习实践科学发展观活动动员大会，市残联机关全体职工、离退休党员，市残疾人综合服务中心、市残疾人劳动就业服务指导中心领导参加会议。市委深入学习实践科学发展观第八指导检查组人员到会指导。

2009年1月20日，市残联召开深入学习实践科学发展观活动整改落实阶段动员大会。市残联党组书记、理事长谢嘉庆对分析检查阶段进行回顾总结，对整改落实阶段工作进行全面部署。6月9—12日，中国第一期全国农村社区残疾人工作暨重庆市区县残联理事长培训班在雾都宾馆举办。

2010年4月6—16日，市残联连续举办3起残疾人专职委员（骨干）培训班，全市40个区县（自治县）的500余名乡镇（街道）、村（社区）残疾人专职委员参加培训。市残联副理事长任能君、彭美云为残疾人专职委员授课。

2011年10月8—12日，组织全市各区县（自治县）理事长和市残联部室负责人到清华大学进行培训。

至2015年12月，全市已建成比较系统的市、区县、乡镇（街道）和村（社区）残疾人工作组织网络。是年，举办省级残疾人干部培训班1期，80人参加培训。举办协会法制教育培训班。参与在线学习的残疾人专职委员3813人，其中2671人顺利通过测试。2011—2015年，全市举办各类培训班166期，培训残联干部1.2万人次，其中市残联举办各类培训班46期，培训残联干部3600人次。各区县残联举办培训班120期，培训基层残疾人工作者8620人次。

第三篇　康复与预防

康复指采用医学的、工程的、心理的、社会的和教育的各种手段，使康复对象的功能恢复到尽可能好的水平，以便其在身体精神、社会活动、教育就业等方面的能力得到最大程度的发挥，从而最大程度地回归社会。

1984年，重庆市开始抓残疾人康复工作，当时由民政部门搭台，有关部门积极配合，分别由市盲聋哑人协会和市残疾人福利基金会具体承办，首先开展盲聋哑人盲症、聋症的普查。1986—1987年，开展有计划、有组织的盲症康复治疗和小儿麻痹矫治手术。根据《全国残疾人“三项康复”实施方案》和四川省《关于开展残疾人“三项康复”工作》通知的精神和要求，重庆市在1989年3月成立市残联后，4月开始进行各项准备工作。1989年7月13日，设立重庆市残疾人“三项康复”工作领导小组。“三项康复”工作领导小组成员：副市长窦瑞华任组长，市政府办公厅副秘书长刘成义、市民政局副局长宋协秋、市卫生局副局长陈崇远任副组长。负责全市审定规划、布置任务、协调平衡、检查督促工作。“三项康复”工作领导小组下设“三项康复”工作办公室，由参加领导小组的单位派员组成。市民政局分管副局长、市残联分管副理事长、卫生局正处领导分别担任主任、副主任。办公室设在市残联。1989年9月，市“三康”会议之后，全市21个区县有13个陆续成立了“三康”工作领导小组及办公室。

1989年，实施以白内障康复服务、小儿麻痹后遗症矫治康复、聋儿语言训练“三项康复”服务的“三项康复”工作。1994年后，残疾人康复工作由“三项康复”服务延伸至白内障、小儿麻痹、耳聋、智力残疾、视力、肢体、精神等全面康复服务。

1993年，各级政府统一将“‘三项康复’工作办公室”更名为同级政府的“康复工作办公室”，主任均由政府办公厅(室)的领导担任，进一步加强和完善各级康复机构。2002年11月，成立重庆市残疾人康复工作办公室，办公室主任由市残联分管康复的副理事长何德元担任，主要负责全市残疾人康复工作的组织管理、制定规划、筹措经费、协调实施、检查评估。

第一章 视力残疾人康复

第一节 白内障复明

1986年，治疗475名盲症患者，有效率85.8%，其中全复明的占55.39%，半复明的占44.61%。通过治疗，使失明长达30余年的患者，重见光明。

1989年，九龙坡区、北碚区、江津等11个区县已建立"三康"领导机构及办公室，江北区、沙坪坝区、合川县等7个区县正在报批。是年，对全市残疾人基本情况和"三康"康复人数进行摸底调查。全年白内障手术复明508例，脱盲、脱残492人。

1990年2月，成立重庆市白内障手术复明技术指导组，并在全市21个区县开展"三康"工作，共完成白内障复明手术4883例。1991年，市和区县均建立了以政府分管领导为组长的"三康"领导小组，并设立办公室。制定全市"三康"规划，组织3000余人对"三康"对象进行普查，培训100余名医疗骨干，批准设立11个"三康"医疗点。1992年，对全市27家白内障复明手术后疗效定点医疗机构进行检查，总检查面占全市定点医院数的87%。复查术后患者见面人数497人。脱盲494人，脱盲率99.4%；脱残人数460名，脱盲率92.56%；眼部复查合格率为94.9%；配镜率为72.8%，并发病13人。1993年，全市完成白内障复明手术1131例，手术有效率98%以上，脱盲率100%。1988—1994年12月，全市共完成白内障复明手术12309例，占任务总数的90.98%；完成低视力配镜康复训练234名，占任务总数的93.6%。1995年12月，全市共完成白内障手术9227例，占任务数8630例的107%。1996年，完成白内障复明手术1137例，其中城市487例、农村650例。配用助视器86人。随后实施白内障复明手术项目。

一、"视觉第一中国行动"项目

1997年，中国国务院残疾人工作协调委员会与国际狮子会签订的"视觉第一中国行动"大型国际合作项目，是全球最大规模的防治失明行动，该项目第一期是1997年7月1日—2002年6月30日。该项目同时也在重庆各地实施，市政府残疾人工作协调委员会高度重视，召开市级有关单位协调会和全市工作会议进行动员和部署。成立领导小组、专家指导小组，明确部门职责，落实配套经费。各区县制定实施方案，逐级逐项落实任务。是年，完成白内

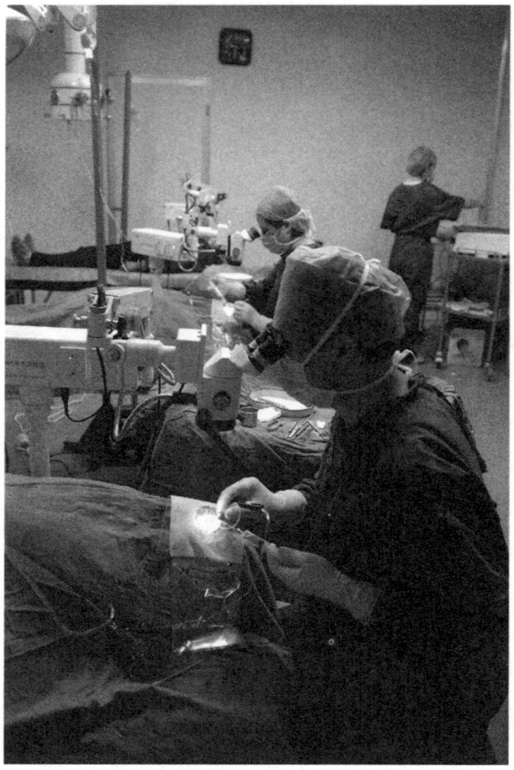

医疗队正在为贫困白内障患者实施手术

障复明手术5188例，其中城市2210例、农村2978例。配用助视器299人。1997—2002年，重庆市组织实施“视觉第一中国行动”第一期项目，共完成白内障手术复明26851例，完成任务数100%，其中脱盲率95%、脱残率90%、人工晶体植入率60%。共组派医疗队11批，其中省级医疗队8批、参加国家医疗队支援西藏2批、支援海南1批。医疗队共做手术8000例、人工晶体植入率80%、脱盲率98%、脱残率93%。举办医生培训班2期、护士培训班9期，共培训158名县级医院眼科医生和310名眼科辅助人员。建立县级医院眼科5个。

1999年5月11日，重庆西南医院、市残联在重庆西南医院联合成立重庆市残疾人联合会复明中心。2000年，组派1批医疗队，对口支援海南省“视觉第一中国行动”工作。组派省市级医疗队2批，赴潼南、綦江、合川、长寿、渝北等7个区县(市)开展白内障复明手术。全市共为5500名白内障患者实施复明手术。其中年龄最大的91岁，最小的只有4个月，脱残率96%、脱盲率90%；人工晶体植入3850例，人工晶体植入率93%。

2001年12月，市卫生局、市残联联合印发《重庆市白内障“十五”实施方案》的通知。在“十五”期间完成2.65万例白内障复明手术，人工晶体植入率60%。全年共完成白内障手术复明1372例。

2002年7月1日—2007年6月30日，中国与国际狮子会开展第二期合作项目。是年，组织市级“视觉第一中国行动”医疗队2批，赴8个区县，为2444名贫困白内障患者实施复明手术。是年，共完成白内障复明手术6609例，脱盲率95%、脱残率87%、人工晶体植入率80%。

2003年，继续开展“视觉第一中国行动”，全市完成白内障复明手术6600例，脱盲率90%、脱残率85%、人工晶体植入率80%。

2004年，两次组派医疗队赴11个区县，历时两个多月，为3225名白内障患者实施复明手术，其中为贫困白内障患者实施免费手术1342例。在实施手术的患者中年龄最大的100岁，最小的只有1岁，脱残率98%、脱

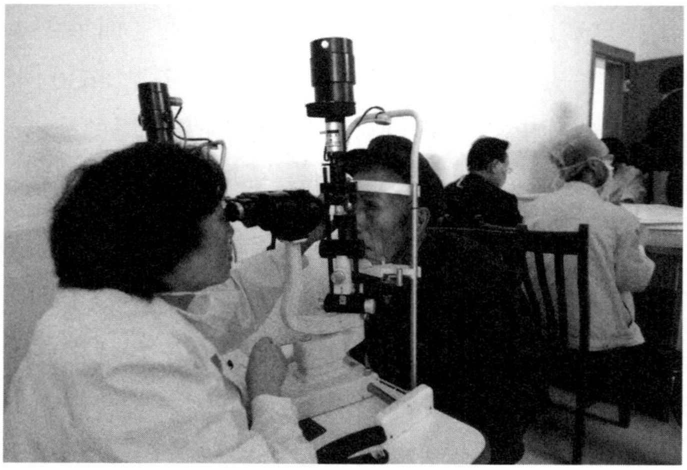

为白内障患者进行检查

盲率88%、人工晶体植入率93%，是历年来开展“视觉第一中国行动”区域最广，手术人数最多、安装人工晶体植入率最高、效果最好、培训区县医生最多、影响最大的一年。

2005年9月25日—10月26日，实施“视觉第一中国行动”，组派4批16人，分赴南川市、璧山县等14个区县为1727名白内障患者实施复明手术，其中接受实施手术年龄最大的96岁，年龄最小的3岁。白内障患者脱残率92.4%，脱盲率97.93%，人工晶体植入率93%。为贫困白内障患者实施免费手术1014例，占手术总量的80%。

2001—2005年，全市共完成白内障复明手术3.6万例，其中免费为贫困白内障患者手术4500例，人工晶体植入率90%，脱盲率95%，脱残率87%。

2006年，全市共完成白内障复明手术8000例。开展“视觉第一中国行动”贫困白内障复明手术工作，共组织5个市级医疗小分队下区县，为主城区最低生活保障户、下岗职工和边远地区农村贫困白内障患者实施2385例复明手术，其中免费手术782例。活动期间，市残联理事长江绍中，副理事长何德元、周鸣、任能君都随队看望手术患者和医务工作者。

2007年5月10日，在市残联会议室召开2007年重庆市贫困白内障复明手术工作会议，布置2007年贫困白内障复明手术医疗队工作。是年6月，由中国残联、中国残疾人福利基金会共同组织实施，深圳总商会捐赠资金200万元，为万州三峡库区2000名贫困白内障患者免费实施手术的“爱心永恒，启明行动——让亲人重见光明”启动仪式在万州区高笋塘广场举行。中国残疾人福利基金会理事长江上舟，市委常委、副市长马正其，市残联理事长江绍中等领导出席启动仪式。全年全市共完成白内障复明手术8847例（其中为3505名贫困白内障患者实施免费手术）。

2008年，市委市政府“民心工程”助残惠残项目包括实施贫困白内障患者免费手术3000例；全市共实施贫困白内障患者免费手术8285例。

2009年，全面推进“白内障无障碍区”县创建工作，沙坪坝、渝北区等12个区县创建为“全国白内障无障碍区县”。全市实际实施贫困白内障患者复明手术1.73万例，其中免费手术9330例。

二、“百万贫困白内障患者复明工程”项目

“百万贫困白内障患者复明工程”项目，是由卫生部、财政部和中国残联共同牵头，列入国家医改的重大公共卫生的服务项目，旨在让更多的贫困白内障患者接受复明手术，解决其因病致盲的问题并减轻其就医负担。项目的内容是：2009—2011年，对全国贫困白内障患者进行筛查，并为100万例贫困白内障患者进行复明手术，对手术费用给予补助，每救治1例贫困白内障患者，中央财政将对其补助手术费用800元。2009年，对20万例贫困白内障患者进行手术。项目实施所需经费由中央和地方政府共同承担。中央财政对贫困白内障患者手术费用给予补助。2009年中央财政为每例患者补助手术费用800元，预算总额1.6亿元。

重庆市卫生局、财政局、人事资源和社会保障局、民政局、残联共同下发的《重庆市关于实施2010“百万贫困白内障患者复明工程”项目的通知》，市财政局对重庆市开展的8000例复

明手术任务配套200元/例的筛查组织和工作经费。残联负责贫困白内障患者的筛查和组织输送,工作经费为100元/例,主要用于贫困白内障患者的组织筛查、登记、审定和输送等;卫生部门负责组织实施复明手术、病员术前后登记等工作,经费为100元/例,主要用于组织手术定点医院对贫困白内障患者手术、术后信息录入上报和患者术后随访,组织市级技术指导医院到手术定点医院指导、督查等。各区县(自治县)残联和卫生部门要密切配合,共同完成项目任务。残联组织手术定点医院的医生,开展贫困白内障患者的筛查,做好登记,并对其贫困身份进行审核,分期分批组织贫困白内障患者到定点医院进行手术,确保地区贫困白内障患者能够及时得到手术;手术定点医院要以高度负责的态度和精湛的技术做好每一例复明手术。同时,要进行术后疗效跟踪,真实、准确、及时上报手术信息。各手术定点医院在复明手术中遇到问题和疑难病症时,要及时与市级技术指导医院取得联系,使其得到妥善解决,确保复明。

表3-1　2010年重庆市“贫困百万白内障患者复明工程”项目统计表

区县	完成数(例)	残联(万元)	卫生局(万元)	合计(万元)
万州区	800	8	8	16
涪陵区	300	3	3	6
黔江区	200	2	2	4
渝中区	100	1	1	2
江北区	300	3	3	6
沙坪坝区	50	0.5	0.5	1
九龙坡区	150	1.5	1.5	3
南岸区	300	3	3	6
大渡口区	50	0.5	0.5	1
北碚区	50	0.5	0.5	1
万盛区	50	0.5	0.5	1
双桥区	60	0.6	0.6	1.2
渝北区	300	3	3	6
长寿区	100	1	1	2
巴南区	80	0.8	0.8	1.6
綦江县	300	3	3	6
合川区	100	1	1	2
永川区	200	2	2	4
江津区	300	3	3	6
大足县	300	3	3	6

续表

区县	完成数(例)	残联(万元)	卫生局(万元)	合计(万元)
荣昌县	80	0.8	0.8	1.6
铜梁县	70	0.7	0.7	1.4
潼南县	400	4	4	8
璧山县	20	0.2	0.2	0.4
忠县	300	3	3	6
云阳县	400	4	4	8
奉节县	150	1.5	1.5	3
巫山县	250	2.5	2.5	5
梁平县	300	3	3	6
开县	200	2	2	4
巫溪县	200	2	2	4
城口县	100	1	1	2
丰都县	400	4	4	8
垫江县	350	3.5	3.5	7
南川区	50	0.5	0.5	1
武隆县	100	1	1	2
石柱县	250	2.5	2.5	5
彭水县	110	1.1	1.1	2.2
酉阳县	80	0.8	0.8	1.6
秀山县	100	1	1	2
北部新区	0	0	0	0
合计	8000	80	80	160

2010年，对1.13万名视力残疾人实施康复救助，其中贫困白内障患者免费手术6588例。为166名低视力患者配用助视器，培训低视力儿童家长69名，对88名盲人进行定向行走训练。自2008年创建全国白内障无障碍市工作启动以来，至2011年，全市累计共实施白内障复明手术4.9万例，其中免费实施贫困白内障患者2.9万例。2012年，巩固“白内障无障碍市”创建成果，落实白内障无障碍长效机制。全年完成白内障复明手术1.68万例，其中为贫困白内障患者免费手术8188例。2013年，落实国家卫生和计划生育委员会办公厅、中国残联办公厅《关于开展2013年“百万贫困白内障患者复明工程”项目的通知》文件要求，根据《财政部、卫生计生委关于下达2013年重大公共卫生服务项目补助资金的通知》，国家卫生计生委和中国残联在2013年继续实施“百万贫困白内障复明工程”项目，对贫困白内障患者实施复明手

术,由中央财政对手术费用进行补助。重庆市手术任务为5000例,由市卫生局、市残联、市财政局、市人社局、市民政局等部门联合成立重庆市"百万贫困白内障患者复明工程"领导小组。市财政局负责地方配套经费安排,监督项目资金的使用;市残联负责贫困白内障患者筛查工作;市卫生局负责确定手术定点医院,组织实施复明手术。各区县(自治县)按要求成立项目领导小组,加强组织领导和部门协调,严格各项工作的监督管理,规范工作制度。全年实施白内障复明手术1.74万例,其中为贫困白内障患者免费手术7320例。2014—2015年,全市共实施残疾人复明手术3.95万例,其中免费实施贫困白内障患者复明手术1.61万例。

三、"白内障无障碍市"创建

重庆市从2008年开始启动创建白内障无障碍市工作,同时在各区县开展创建"白内障无障碍区县"活动。市政府残工委下发《重庆市创建白内障无障碍市实施方案》,用五年时间为全市存积的2.5万名贫困白内障患者免费实施复明手术,建立白内障防治工作长效机制,将全市建成"白内障无障碍市"。在市政府残工委的领导下,成立由市残联、市卫生局、市民政局、市财政局等部门和单位参加的创建工作办公室,办公室设在市残联,具体负责落实全市白内障无障碍创建工作。市残联党组、理事会按照市政府残工委总体部署,制定创建年度工作目标,明确各区县(自治县)创建时间,在工作上进行专题研究,在资金上进行重点倾斜,在年度考核中对白内障无障碍创建工作进行专项考核,以调动各区县(自治县)的积极性、主动性,创建工作落实到位。各区县政府均出台创建白内障无障碍工作实施意见和方案,建立由区县政府分管领导为组长,相关职能部门为成员单位的创建"白内障无障碍区县"工作领导小组,明确工作职责,各司其职,建立白内障无障碍专题工作例会制度,每年召开白内障无障碍工作会议,部署和协调相关工作。各乡镇(街道)、医疗单位也制定白内障无障碍工作计划,有专人负责。

2008年4月24日,为创建白内障无障碍市,市政府残工委下发《重庆市创建白内障无障碍市实施方案》。市残联与市卫生局组成检查组,每年下区县指导基层开展防盲工作和初级眼保健工作。各区县残联组织残疾人专干和志愿者,卫生系统利用社区服务中心(站)和乡镇卫生院的医生自下而上建立县(区)、乡镇(街道)、村(居委会)三级初级眼保健,使每个乡镇(街道)和村(居委会)都有专人负责白内障无障碍市创建工作。各区县建立由卫生医疗单位和残联组成的筛查队伍,下到每一个乡镇(街道)开展白内障筛查工作,对贫困的不方便出行的贫困白内障患者还上门进行检查,基本做到没有遗漏。对适合白内障手术治疗的贫困白内障患者进行登记造册。各区县残联还认真制定了贫困白内障患者手术输送工作计划,分期分批将贫困白内障患者组织到定点医院进行手术。万盛区、万州区、巴南区等乡镇还组织车辆送贫困白内障患者到定点医院进行手术。对疑难和其他有康复要求的,各区县医院将白内障患者及时向上级手术指导医院进行转诊。2008年,首批启动了渝中区、江北区、南岸区、大渡口区、巴南区、万州区、北部新区7个"白内障无障碍区"的创建工作,7个区域均成立专门机构,落实配套经费,开展筛查登记、建立档案、抽查回访、选好定点医院的工作,手术复明率98%。

各区县残联与卫生部门密切合作,选择当地条件较好的医院建立白内障复明手术定点医院。各区县卫生行政管理部门加强医院的软、硬件建设,配齐白内障手术的各种设备、设施和手术器械,指定有经验的手术医生开展白内障手术。市级管理部门为帮助各区县定点医院提高手术质量,2009年、2010年连续两年,每年举办白内障手术医生培训班。培训班从白内障手术的理论到实际操作,系统地对手术医生进行培训,提高医生的手术水平和质量,每个区县有1至2所医院能独立开展白内障手术。另外市残联还与市卫生局共同发文,选出11个市级大医院分片,作为40个区县的技术指导医院。各区县在技术上遇到疑难问题时,可以直接向市级技术指导医院请教,保证白内障手术后没有出现严重的并发症。全市白内障人工晶体植入率高于95%以上。万州、涪陵、黔江、垫江、江北、永川等15个区县还可以开展超声乳化手术。各手术医院还制定了白内障术后随访制度,定期通过电话、走访和复查对手术患者进行回访,及时了解手术情况。

2008年,全市各区县将白内障手术纳入公费医疗、医疗保险、新农合、新城合医疗援助范围,使白内障患者的手术费用得到医疗报销。从2008年起,重庆市委市政府每年都将贫困白内障复明手术纳入民心工程,并下拨专款。各区县政府也出台文件,对符合贫困标准和手术适应症的贫困白内障患者全部免费施行手术,对有一定困难的白内障患者,给予减免部分手术费用,做到有一例,免费手术一例。各手术定点医院还采取优质、便民、降低手术费用等措施,方便白内障患者诊断和治疗。各区县民政局和残联还对贫困白内障患者给予生活补助。如渝中区残联还专门为每位贫困白内障患者发放200元,用于交通费和营养费。加大白内障知识的普及和宣传力度,充分利用新闻媒体进行宣传。在市、区县报纸上刊登白内障知识及白内障无障碍的相关知识,在电视屏幕上打出滚动字幕,组织各乡镇(街道)实行流动宣传。各区县还专门印制白内障知识宣传年画、手术指南、知识手册等宣传资料,渝中区、江北区、垫江县等区县还下发了白内障知识调查问卷,对60岁以上老人进行问卷调查,使白内障防治知晓率达到85%以上,白内障无障碍知晓率达到80%以上。12月24日—2009年1月8日,市残联副理事长周鸣带领重庆市创建“白内障无障碍区县”检查验收组,对渝中区、江北区、南岸区、大渡口区、巴南区创建“白内障无障碍区”工作进行检查验收,经验收合格。2月25日,市政府残工委授予该5区“重庆市白内障无障碍区”称号。全年完成贫困白内障患者实施复明手术1.73万例(其中免费9330例),并与市卫生局组织白内障手术医疗队为5个县1533名贫困白内障患者进行免费手术,为低视力患者配发助视器725件,培训低视力儿童家长60人,占任务的100%。对160名视力残疾人进行定向行走训练,占任务的106%。

2009年4月16—17日,住房和城乡建设部、民政部、中国残联、全国老龄委等四部委组成检查组,到市奥体中心、重医附一院、市残疾人综合服务中心、市第一社会福利院等地,对重庆市创建全国无障碍建设城市工作“十一五”中期执行情况进行检查,并提出要求。

2010年1月9日,市政府残工委授予江津区、渝北区、沙坪坝区、永川区、南川区、綦江县、潼南县、铜梁县、荣昌县、开县、北碚区、九龙坡区12区县“重庆市白内障无障碍区(县)”称号。

至2010年11月,共有32个区县完成“白内障无障碍区”县的创建工作。是年,完成手术达3万余例(其中百万贫困白内障手术复明工程1万例、市委市府民心工程3000例,非贫困手术近2万例)。

2011年,全市为2000例贫困白内障患者实施免费复明手术。向开展创建“白内障无障碍区”县工作的7个区县(自治县)下达贫困白内障患者免费手术任务指标2000例,每例手术1000元,其中900元主要用于区县开展贫困白内障患者筛查和组织、手术费(含手术耗材费用)和保险费、建立数据库等,100元由市统筹,主要用于宣传、培训、技术指导和检查。凡参加新农合和城乡居民医疗保险的贫困白内障患者,应按规定给予报销。是年10月17—20日,全国残疾人康复工作办公室由眼科专家和康复管理人员组成检查组,对重庆市创建“白内障无障碍市”工作进行检查验收。2011年11月,全国残疾人康复工作办公室授予重庆市“全国白内障无障碍市”称号。重庆市是获得“全国白内障无障碍市”省市的第4个省市,西部第1个省市。

重庆市被授予“先进城市”称号

第二节 低视力康复

1992年,完成低视力康复25名,其中配助视器7名、配各种眼镜和放大镜18名。对25名低视力患者进行集中或分散的康复训练。1993年6月,在市中区、江北区、南岸区、沙坪坝、九龙坡、大渡口和北碚区、江津市、璧山县等地开展2期培训,共80余人参加。全年完成低视力康复76名,为低视力配用助视器87人。1995年,建立低视力康复点1个,完成低视力配镜训练231名。1999年2月,经中国残联批复,重庆市在永川成立县级低视力康复部。2月2日,重庆市残联低视力康复部现场办公会在永川市举行。2000年,组建开县低视力康复部1个,组织供应助视器80件,为80名低视力者配用助视器。

2001年12月,市卫生局、市经济委、市教委、市残联联合印发《重庆市低视力康复“十五”实施方案》的通知,目标是在“十五”期间为1000名低视力者配用助视器,开展视功能训练;培训200名低视力儿童家长,开展家庭康复训练等。全年低视力康复及配助视器202人。2002年,完成低视力配助视器203人,培训视觉障碍儿童家长53名。2003年,完成低视力患者配助视器218人,培训视觉障碍儿童家长53名。2004年,为205名低视力患者配用助视器。2005年,完成低视力患者配助视器250人,培训视觉障碍儿童家长83名。分别完成任务的125%和166%。在彩票公益金项目中为贫困低视力患者免费配发助视器75个。

2006年,完成低视力患者配助视器294人,低视力儿童家长培训100名。2007年,完成低视力患者配助视器207人,低视力儿童家长培训60人。2008年,为363名低视力患者配发助视器和进行康复训练,完成低视力儿童家长培训60名。2009年,完成低视力患者配助视器229人。2010年,为166名低视力患者配用助视器,培训低视力儿童家长69名,对88名盲人进行定向行走训练。

2011年,完成低视力患者配助视器708人,培训低视力儿童家长161名。2012年,完成低视力患者配助视器2789人,培训低视力儿童家长382名。2013年,为2611名低视力患者配发助视器,完成低视力儿童家长培训381名。2014年,完成低视力者助视器适配2193人、占任务数的109.65%。低视力儿童家长培训546人,占任务数的136.5%。2015年,完成低视力患者配助视器2468人,培训低视力儿童家长515名。

第三节　盲人定向行走

定向行走是视力残疾人实现独立行动、参与社会的先决条件。但大多数视力残疾人缺乏规范指导,不了解定向行走的基本知识,不能正确掌握定向行走的方法,活动范围受限,难以融入社会。他们迫切需要学习正确定向、有效行走、安全保护、求助随行、乘坐交通工具等方法,真正走出家庭,回归社会。

定向行走训练是指训练视力残疾者依靠听觉等感觉器官、借助盲杖等辅助工具,学会安全、独立、有效地行走。定向行走训练内容包括:行走前训练、定向训练、行走训练和盲杖使用训练等四个方面。行走前训练指进行心理素质、步态、平衡、避险等训练,帮助盲人消除恐惧胆怯,树立正确的心态和姿态;定向训练指进行听觉、触觉、嗅觉等训练,提高感受性,达到在环境中确定自己的方位和与周围物体位置关系的认知目的;行走训练指进行随行技巧、独行技巧训练,达到从一个方位走到另一个方位的目的;盲杖使用训练指进行盲杖技巧训练,达到熟练运用,辅助盲人安全、独立行走。

第四节　视力康复机构

1989年,全市建立白内障手术复明市级康复点11个、县级13个,进行手术508例。1990年,以重庆市第三人民医院为依托,建立市白内障复明手术指导站,负责各区县白内障复明手术医师的培训工作和技术指导。

在"十二五"期间,国家加大防盲治盲工作力度,增加低视力助视器适配任务,重庆市任务量从"十一五"期间的1000人增加为"十二五"期间的12500人。2013年新增重庆医科大学附属第一医院、重庆医科大学附属第二医院、重庆市渝西职工医院、重庆普瑞眼科医院、重庆泰恒眼科医院、重庆市垫江县中医院6家医院为重庆市低视力康复部。

1997年,新建低视力康复部1个。1999年5月11日,建立重庆西南医院重庆市残联复明中心,该中心设在重庆西南医院,对就诊的白内障患者不植入晶体的每例价格最高控制在1300元;植入晶体的每例价格最高控制在1500元内。

2001年12月,在市聋儿培训中心建立听力监听室和听力单训室。2002年,在重庆医科大学附属第二医院眼科成立重庆市低视力康复部,在市残疾人综合服务中心设立低视力门诊部。2003年2月,在重庆医科大学附属第二医院眼科挂牌成立重庆市低视力康复部。2004年,成立重庆亮点视力康复研究中心,为民办非企业单位。

2006年,建立市级低视力康复中心和2个县级低视力康复门诊。为规范全市听力障碍儿童康复机构和其他听力语言康复机构建设,加大行业管理,促进听力语言康复事业可持续发展,2007年8月21日,市残联印发《重庆市听力残疾儿童康复机构建设规范(试行)》的通知。

2011年,有视力残疾康复机构36个,其中,省级机构1个,县级机构35个。视力残疾康复机构在岗人员240人,其中专业技术人员147人、管理人员57人、其他人员36人。2012年,全市有视力残疾康复机构31个,新建6个。2013年,全市有视力残疾康复机构35个,新建5个、注销2个。2014年,全市有视力残疾康复机构41个,新建46个,全部为县级机构。视力残疾康复机构在岗人员674人。至2015年,全市有视力残疾康复机构45个,新建4个,全部为县级机构。视力残疾康复机构在岗人员939人,其中专业技术人员485人、管理人员137人、其他人员317人。

第二章　听力言语残疾康复

第一节　聋儿听力言语训练

聋儿听力言语训练是交流意识的培养:言语训练的最终目的是交流,因此培养交流意识非常重要。人生来就有交流的愿望,即使是不会听也不会说的聋儿,也会用面部表情、动作、手势等非言语方式表达意愿。一定不要盲目制止聋儿的非言语表达,要保护和鼓励聋儿的交流积极性。平时要培养聋儿积累基本词汇:词汇是语言的建筑材料,基本词汇又是生活中最常见的、语言中使用最频繁、能够构造新词和词组的部分。因此帮助聋儿理解、掌握基本词汇是言语训练的基础内容,也是最先进行的内容。积累基本词汇将为以后的词汇扩充、语言能力的发展奠定基础。对话能力的培养:对话是人们日常生活最基本、最常用的交往形式,缺乏对话能力,其词汇的丰富与扩充、语法的理解与掌握以及思维的发展都将受到限制。因此要帮助聋儿逐步听懂、理解别人的提问,组织语言正确回答;逐步对自己感兴趣的事物提出问题,听懂、理解别人的解释;逐步学会与人进行交谈、交涉及讨论等。阅读能力的培养:阅读是扩大知识面、丰富语言、发展思维、想象力及培养儿童社会性的重要途径。聋儿的听觉、言语发育落后于健听儿童,接收信息的途径也较健听儿童窄,因此帮助、督促聋儿大量阅读是帮助其学习语言的较好方法,而且培养阅读能力也会为聋儿以后的继续学习打下良好基础。

1985年,在经济改革中,各级协会组织盲人聋哑人学习《中共中央关于经济体制改革的决定》和有关文件,向盲人聋哑人讲解经济体制改革的意义、目的、个人与集体的关系等。是年,各级协会为盲人聋哑人解决工作、生活、入学等240件实际困难。是年,有242名盲聋哑残疾人被评为先进生产者。

1989年,建立听力语训班3个,收训聋儿52名,参加全国培训班语训教师3名,有语训教师5名。

1990年7月12—14日,市残联与市少年宫举办重庆市首届聋哑儿童夏令营——“爱心夏令营”活动,六个区县聋哑校(班)的45名学生参加活动。是年,全市21个区县开展“三康”工作,共完成聋儿语训110人。

1991年10月,重庆市聋儿康复中心成立,位于南坪,该中心承担全市聋儿康复训练、师资培训、测听、助听器验配、耳膜制作等工作。该中心在训聋儿20名,教职员工9名。是年10月28日—12月29日,在市聋哑学校举办第七期聋哑人手语培训班,共有15名学员参加学习。1992年12月,“三康”办做好全市聋儿康复后继续教育的跟踪随访工作,关心和帮助他们学习文化知识,巩固和发展聋儿康复成果。全市共建语训班17个(含中心3个班),完成679名聋儿语训,其中53名已输送到幼儿园、小学就读。1993年,全市23.3万听力残疾人中,14岁以下聋儿约1.53万人,其中7岁以下聋儿约1177人。累计完成聋儿语训679人。1988年—1994年12月,全市共完成聋儿语训521名;占任务总数的94.72%,其中54名已进入普小就读。1995年,市残疾人康复工作办公室对渝北区、永川市、市聋儿康复中心等机构的档案、环境、专业人员、教学质量进行检查。全市共完成聋儿语训618名,占任务数440名的140.5%;其中70名已进入普小、普幼就读,占任务数的12%;聋儿语训班7个(中心3个),在训聋儿50名。

1996年,完成听力训练94名,其中机构训练71名、家庭训练23名。是年9月3日,市残联制定《重庆市聋儿康复中心管理工作的暂行规定》,加强重庆市聋儿康复中心的管理,调动中心工作人员的积极性。1997年,听力训练287名,其中机构训练168名、家庭训练119名。培训聋儿家长124人。1998年9月,重庆市贯彻执行《语训部注册登记管理办法》,促进全市聋儿康复事业稳定健康发展及各语训部的建设与管理。2000年,建立语训部4个,收训聋儿281名,培训家长107名。

2001年,全市共完成聋儿语训47名,为180名听力障碍者配戴助听器。2002年,重庆市有7岁以下聋儿约2万名,每年增加聋儿500余名,70%生活在边远农村,受经济和社会条件影响,不能配戴助听器、不能接受康复训练,根据《国家救助贫困聋儿康复训练项目实施方案》,结合重庆实际,制定了《重庆市救助贫困聋儿康复训练项目实施方案》。面向全市贫困家庭聋儿进行资助。2002—2004年共资助贫困聋儿317名,并由重庆市残联康复部、聋儿康复中心、残疾人福利基金会组成项目办。项目办负责调查、审查、确定受助儿童名单,落实机构、落实年内配套经费、建立受助儿童档案、为中国聋儿康复研究中心提供受助儿童资料。

聋儿言语训练

2002年完成聋儿语训267名,为贫困聋儿配戴助听器180台。2003年,完成聋儿康复训练265名,为贫困聋儿配戴助听器134台。2004年,重庆市残疾人康复工作办公室、市教委、市人口和计生委、市卫生局、市残联联合印发《重庆市聋儿康复工作管理意见》,加强和完善市聋儿康复中心、聋儿语训部、聋儿语训班(点)的建设,发挥其工作职能。市聋儿康复中心提出对聋儿要接收一个康复一个的目标,以提高聋儿康复质量、聋儿康复成功率为目的,进行教学改革。采取多种形式,提高语训质量,进行公开课、示范教学课、专题课等。调整班级结构,将原有的班级按照听力补偿、年龄结构、语言程度调整为大、中班,基础班、春芽班(特困班)、实验班和人工耳蜗班共6个,针对聋儿不同特点开展康复训练,形成特色教学。春芽班(特困班)招收来自贫困县的贫困聋儿10名,免收一切费用,为他们进行听力检查和耳膜制作,配戴合适的助听器,对他们实行言语康复训练。在市残联的努力下,重庆市政府和澳大利亚政府各出资50万元,共同建立100万元的澳大利亚人工耳蜗基金,为重庆市家庭较贫困的重度聋儿植入人工耳蜗给予部分补助。全市已有10名儿童接受了澳大利亚人工耳蜗基金的补助,549名聋儿配戴了318DP助听器。2005年3月,开展第六次"全国爱耳日"宣传活动,市残联前往市第一福利院,看望院中的80余位老人,向他们宣传防聋知识,并向16名老人捐赠助听器。据不完全统计,此次"爱耳日"活动期间,全市共举办宣传活动40余场、专题讲座124场、发放资料9.6万份、张贴宣传画210幅、媒体报道80余次、咨询群众8.47万人次,为1.4万名老人和群众测试听力。是年,开展"听力助残"和彩票公益金聋儿康复项目,为贫困聋儿免费实施康复训练547人,免费配戴助听器300台,向各区县派出聋儿康复小分队32次,为聋儿免费测试听力348次,免费制作耳膜716人,训练聋儿268人。

2006年,开展"爱耳日"宣传教育活动。聋儿康复训练322人,配发助听器150例。2007年11月12日,由中国聋儿康复研究中心主办、市残联协办、市残疾人综合服务中心承办的残疾人事业专项彩票公益金贫困聋儿康复项目培训班(西部区)在重庆市开班。中国聋儿康复研究中心主任助理梁巍、全国工作处处长朱美华、人工耳蜗办主任周丽君,市残联副理事长周鸣、康复部副主任王娟娟,市残疾人综合服务中心主任马占山等领导,以及重庆、四川、云南、贵州、西藏、新疆、甘肃、宁夏等12个省市(自治区)残联及基层定点服务机构的管理人员、专业技术人员220余人参加培训班开班仪式。在开班仪式上,重庆市聋儿康复中心还对聋儿康复成果做了汇报。全年聋儿康复训练337人,向贫困聋儿配发助听器211例。

2008年,聋儿康复训练230人。2009年3月3日,市残联、市教委、市民政局等单位在南岸区联合举行重庆市第十次全国"爱耳日"大型宣传教育活动,市残联副理事长周鸣参加活动并致辞。全年聋儿康复训练290人。

2010年,对233名听力残疾人实施康复救助。2011年,全市新收训聋儿277人,在训聋儿349人。2012年,全市新收训聋儿206人,在训聋儿403人。2013年6月,市残联做好听力残疾儿童康复救助项目,实施国家残疾儿童康复救助"七彩梦行动计划"项目聋儿(人工耳蜗、助听器)康复救助项目。实施"特教学校学生听力无障碍"项目。为全市20余所聋校500余名听力障碍学生免费佩戴助听器并进行康复训练,实现"特教学校学生听力无障碍"。切实组织好助听器的验配及救助对象的筛查、审批、公示等工作。从2014年起,每年为全市成年听力残疾人捐赠一批助听器。在条件成熟区县开展全年龄段听力康复救助工作,试点区县实现听力障碍者"发现一例,救助一例",并逐步推广到全市所有区县。以聋儿康复机构为骨干,建立成年听力残疾康复工作体系、服务网络;通过定点服务、流动服务等形式,因地制宜探索成年听力康复工作经验;加强成年听力康复技术方案的研究、制定,做好技术培训,确保康复质量、成效。建立听力语言康复机构、加强机构的标准化建设、加强队伍建设,增强服务能力、建立保障制度,加大救助力度。到2015年,市听力语言康复中心总体达到《残联系统康复机构建设规范(试行)》规定的二级及以上机构标准;60%以上的区和有条件的县建成残联所属的听力语言康复机构;到2020年,市听力语言康复中心、90%的区和有条件的县全部建成残联所属的听力语言康复机构,机构专业化服务能力达到较高水平。到2015年,出台0~6岁听力残疾儿童康复救助政策,启动并逐步推广全年龄段听力语言康复服务;到2020年,建立0~6岁听力残疾儿童康复救助制度,相关保障政策全面覆盖各年龄段听力残疾人,听力语言康复保障水平得到较大提升。全年新收训聋儿334人,在训聋儿443人。

2014年3月3日,在重医附属儿童医院举行第十六次全国"爱耳日"活动,市人社局、市卫计委、市妇联、市老龄办等相关部门领导参加活动。全年全市新收训聋儿349人,在训聋儿571人。

2015年,全市新收训聋儿396人,其中,机构训练329人,家庭训练67人。全市共在训聋儿517人。

第二节 师资与家长培训

聋儿家长学校是以聋儿康复中心或有条件的语训部为依托建立的,有经验的康复训练教师可兼任家长学校的教学工作。主要承担聋儿家长进行定期培训,接待家长来访咨询,定期组织家长相互交流家庭康复方法和经验等联谊活动,编写聋儿家长函授资料。

1990—1993年,共举办5期聋儿语训师资培训班,以弥补师资不足和提高教师的业务素质,更好地为聋儿服务。

1996年,完成培训聋儿家长55人。1997年,完成培训聋儿家长124人。

1998年,重庆市第十二期《中国手语》培训班结业,22个区县(市)残联理事长、机关工作人员共54人参加培训。是年10月16日,举办重庆市首期聋儿家长培训班,30余位家长参加培训。

2000年,培训家长107名。2001年,完成培训聋儿家长231名。2002年,完成培训聋儿家长289名。2003年,完成培训聋儿家长315名。

2004年,市聋儿康复中心配合市残联举办聋儿康复新教材培训、家长培训,社区指导员培训和保育员培训共计38期。通过培训,让家长、社区指导员、语训教师了解康复知识的新理念和新方法,有利于家长更好地配合教师搞好康复工作,发挥社区指导员的指导作用。市聋儿康复中心语训部教师由2000年前的3名增加至13名,有医技人员5人、管理人员3人。市残联对社区康复指导员和家长培训提出要求,各区县残联和各级聋儿康复机构要做好家长培训工作。家长集中培训每年不得少于3次,培训时间不少于40学时。各区县残联选择2名有一定文化程度、有爱心的社区康复指导员参加聋儿康复培训,掌握聋儿康复训练的基本方法,并签订工作协议,使其定期定时对聋儿家长进行康复培训、监督、指导家长开展家庭训练。社区康复指导员每年指导家长和对聋儿的康复训练不得少于三次,每次不得少于2小时。在推广使用聋儿康复教育新教材中,市聋儿康复中心骨干教师和技术人员参加全国新教材培训。培训班结束后,及时举办全市二级培训班,培训全市40个区县的聋儿语训机构教师、社区指导员等71人。市聋儿康复中心专门针对聋儿家长和社区指导员编写康复教材,举办聋儿康复知识讲座,培训聋儿家长552名。

2005年,培训聋儿家长500余人,市残疾人福利基金会免费培训贫困地区聋儿10人,并通过国家聋儿建设评估验收小组等级达标验收。

2012年8月,重庆市残疾人综合服务中心承办全国听力语言康复教师轮训(第六期),来自中国西部省市一百余名学员参加培训。

2014年5月20日,市政协副主席何事忠、姜平一行看望云阳县康复医院接受康复训练的聋儿、脑瘫儿并参观残疾人辅助器具展示厅。

2015年,规范聋儿家长学校,开展家庭训练,共培训聋儿家长1192名。是年9月20—25日,市残联举办2015年国家(重庆)听力儿童康复定点机构专业技术人员培训班,搞高从业人员业务水平。全年开展各级各类听力康复专业技术人员培训班,共培训专业人员201人。

表3-2 2006—2015年重庆市聋儿家长学校师资与家长培训统计表

单位:人

年度	教师人员	医技人员	管理人员	培训聋儿家长
2006年	71	11	30	259
2007年	60	12	25	484
2008年	45	7	14	344
2009年	45	7	16	626
2010年	45	6	12	233
2011年	30	32	34	599
2012年	104	13	25	686
2013年	135	11	28	714
2014年	135	30	43	1079
2015年	79	17	20	1192

第三节 听力康复机构

市聋儿康复中心是市聋儿康复工作的技术资源中心,具备医学康复、言语训练、社区指导三项业务职能。承担聋儿听力筛查、听力检测、助听器验配和功能评估、耳膜制作、助听器维修服务、言语矫治等;进行聋儿言语康复训练;开展聋儿康复机构教师及专业人员培训,负责《重庆市聋儿通讯》编印,承担市聋儿家长学校教学工作;指导语训部、语训班和社区开展聋儿康复工作;参与制定全市聋儿康复工作并组织实施。市聋儿康复中心的基础建设和设备按照全国省级聋儿康复中心的建设标准完成。

1989年,由市政府拨款125万元,在南坪建设重庆市残疾人培训中心。同时,在中心建立重庆市聋儿语训康复中心,占地500平方米,可设床位30~50张,用于聋儿语训工作。是年,重庆市开设有5个聋儿语训班,分别是:重庆市康复中心重点聋儿语训班1个、重庆市聋哑学校2个、北碚区聋哑学校聋儿听力语言康复训练试点班1个、江津县聋哑学校语训班1个。共有语训教师11人,受训聋儿65人。

1992年1月,中国香港明爱慈善机构向重庆市聋儿听力言语康复中心捐赠测听系统、手提纯音测听计、手提式助听器分析仪、言语训练仪器各1台、耳背式助听器35个、助听器维修工具一套。1994年,市聋儿康复中心担负着全市听力检测、助听器验配、耳膜制作,听觉言语训练、师资培训,家长咨询、函授培训等三大任务。中心招收3~7岁聋儿18名,语训教师4名,保育员2名,保健医生1名,测听员1名。是年,开办重庆市聋儿听觉言语康复训练中心。至1995年初,市聋儿康复中心培训84名聋儿,其中有9名聋儿已进入普通小学,培训区(市)县聋儿教师和管理人员100余人,培训聋儿家长80余名。

1996年,全市开设有25个盲人特教学校(班),建设低视力康复部1个。1997年,重庆市残联在市盲聋哑人培训中心划地建立市聋儿语训康复中心,承担全市听力检测和进行科研、语训、师资培训,并对全市的工作进行规划和指导,完成聋儿培训280名。1998年,重庆市聋儿康复中心开办已经10年,共收训7岁聋儿115人,其中有18人达到三级康复水平。1999年12月1日,在市图书馆开设盲人有声读物之角。

聋儿语训部是区县聋儿康复训练的常设机构,主要承担地区及周边地区聋儿听力语言康复训练任务和社区聋儿康复的指导工作。2000年,建语训部4个。2001年,在市聋儿语训中心建立听力监听室和听力单训室。2002年3月21日,市残联批复同意成立重庆市聋儿家长学校,设在市聋儿语训部内。是年,市残疾人综合服务大楼建成后,投入1600平方米用于市聋儿康复中心业务用房。2003年,成立重庆市听力语言康复技术指导组。

2004年,重庆市残疾人康复工作办公室、市教委、市人口和计生委、市卫生局、市残联印发《重庆市聋儿康复工作管理意见》,语训部具备聋儿听觉言语训练、康复评估、家长培训、社区家庭指导等业务功能。有稳定的教师和专业技术人员队伍、固定的康复训练场所,并能满足收训16名以上的聋儿。基础建设及设备要求参照《聋儿康复机构(语训部)建设标准》完成。聋儿语训班(点)是聋儿康复训练的基层机构,具有康复训练、家长培训、家庭训练指导、康复评估等功能。有固定的训练场所、有专职的听力语言教师,语训班中聋儿人数不少于8人,聋儿语训班(点)的设立按照《聋儿康复机构(语训班〈点〉)建设标准》完成。社区康复指导站承担社区聋儿的调查、建档立卡等工作,对年龄小于3岁的聋儿或暂不能进入康复训练机构的聋儿,指导家长制定家庭训练计划并对聋儿进行言语听力训练,开展耳聋的预防工作,宣传普及聋儿康复知识。档案是记录聋儿康复过程中的资料,档案工作是可以提高聋儿康复训练的重要工作,档案工作主要包括五个方面:耳聋诊断;助听器选配处方;听力训练及语言学习计划;聋儿康复效果阶段性评估及市康复机构评估;后续教育,并由专人负责管理。是年,市聋儿康复中心对1600平方米的语训场地和250平方米的听力门诊场地按省级聋儿康复中心的规范标准进行设计和装修。市残联康复部向市政府争取到200万元的专项设备资金,按照一类省级聋儿康复中心的设备要求购置配齐聋儿听力检查、诊断、助听器验配、听力言语训练、教学等设备。加大聋儿康复中心软件建设力度:加强教师队伍建设;加强听力门诊建设,开创医教结合的新路子。成立博爱听觉言语康复研究中心。与第三军医大学西南医院、澳大利亚科利尔公司等建立合作伙伴关系,建立澳大利亚人工耳蜗(西南)培训基地和西南听觉言语康复培训基地。6月挂牌成立西门子听力集团(中国)听力康复研究中心和西门子听力集团(中国)听力语言康复研究中心,使聋儿康复从技术上和手段上实现一次跨越。市聋儿康复中心成立专门的班子完善制度、规范管理,11月经达标验收工作小组验收,市聋儿康复中心晋升为“二级幼儿园”。全市新增加2个聋儿语训部和1个语训班。至2004年12月,全市语训部达到5个,语训班达到4个。是年,市聋儿康复中心“春芽班”免费为8名贫困区县的聋儿进行听力言语康复训练,落实彩票公益金救助配套经费132万元,免费为549名聋儿配戴318DP助听器。

2006年,重庆市聋儿康复中心接受国家民政部、卫生部、教育部和中国残联的联合检查,达到省级一类聋儿中心标准。

2010年11月1日,中国聋儿康复中心主任胡向阳一行5人代表全国残疾人康复工作办公室聋儿康复协调组对重庆市听力语言康复中心工作进行全面督导检查。胡向阳主任对重庆市听力言语康复工作给予肯定。

2011年4月25日,重庆市听力语言康复中心获“十一五”全国听力语言康复工作先进集体。是年,在12个区县建立聋儿语训机构。

2015年4月,市残联制定下发《重庆市残疾儿童康复救助项目定点机构分级管理和退出制度(试行)》的通知。对重庆市听力残疾儿童康复训练机构分级标准做出明确规定。听力语言康复机构规范化管理,完善基层服务网络。全市建立市级听力语言康复机构1个,基层听力语言康复机构8个。

表3-3　2006—2015年重庆市听力语言康复机构统计表

单位:个

年度	听力语言康复机构(累计)	其中省级机构	其中县级机构	备注
2007年	16	—	—	本年新建2个
2008年	13	—	—	本年注销3个
2009年	13	—	—	本年新建1个,注销1个
2010年	13	—	—	—
2011年	11	1	—	本年新建1个,注销3个
2012年	12	1	11	—
2013年	13	1	12	—
2014年	14	1	13	—
2015年	9	1	8	—

第三章　肢体残疾康复

第一节　肢体残疾矫治

1988—1994年,全市共完成小儿麻痹矫治手术4403人次,占任务总数的98.23%。

1996年,完成肢体残疾者系统训练200名,其他矫治手术189例。1997年,完成肢体残疾者系统训练540名,其他矫治手术371例。2000年,制定下发矫治手术工作要求,下发贫困残疾者装配矫形器补助登记表,探索“手术—矫形器装配—康复训练一体化”的模式。完成肢体矫治手术370例,完成肢体残疾系统康复训练553名。

2001年,完成肢体残疾功能训练847人。2002年,完成肢体残疾人康复训练265人。2004年,为肢体残疾人安装假肢280条,矫形器1600件。2005年,为310名肢体残疾人开展康复训练,完成任务的117%。

2006年,肢体残疾人社区康复训练2390人,肢体残疾儿童机构康复训练137人。

2007年8月8日,市残联在重庆医科大学附属儿童医院举行“重庆市国家彩票公益金肢体残疾儿童矫治手术启动仪式”。市政府残工委副主任、市残联理事长江绍中、副理事长周鸣,市卫生局副局长周英杰,中国残联社会服务指导中心训练处主任古娟,儿童医院副院长符州等领导,以及首批接受手术的6名肢体残疾儿童及其家长参加启动仪式。全年,完成成年肢体残疾人康复训练725人,肢体残疾儿童康复训练232人。实施矫治手术131例。

2008年,完成肢体残疾人社区康复训练680人,完成肢体残疾儿童机构康复训练157人,举办脑瘫儿童康复训练营2期,培训儿童及家长60人次。积极开展抗震救灾工作,组派医疗队为“5·12”四川汶川地震伤员开展康复服务,为截肢伤员装配假肢100余条,安装矫形器441件,配发辅助器具500余件。

2010年,完成630名肢体残疾人康复训练,其中有72%以上采用社区、家庭康复训练方式实现,有172名肢体残疾儿童进行机构康复训练。

2012年12月31日,重庆市成立残疾儿童康复救助“七彩梦行动计划”贫困肢体残疾儿童矫治手术项目专家组。组长:耿琳(市残联康复部主任);副组长:李映良(重医附属儿童医院医务处处长、神经外科主任医师)、刘自贵(垫江县中医院骨伤科主任医师)、郭小惠(涪陵区

2013年12月22日，重庆肢协组织首批接受免费手术的12名肢残儿童赴北京治疗

郭昌毕骨伤科医院院长、主治医师）；成员：李明（重医附属儿童医院骨一科主任、主任医师）、覃佳强（重医附属儿童医院骨二科主任、主任医师）、汪飞（垫江县中医院骨伤一科主任、副主任医师）、田继发（垫江县中医院脑外科主任、副主任医师）、张健（涪陵区郭昌毕骨伤科医院骨科主任、副主任医师）、王凤梅（涪陵区郭昌毕骨伤科医院麻醉科主任、主治医师）；专家组联络员由重庆市残联康复部干部刘林担任。项目专家组主要职责：项目实施过程中的技术咨询、指导与培训，项目实施效果的评估、质量监控和督导，疑难病例的会诊并提出指导意见，项目相关的科研指导工作，配合残联进行督导检查。

2014年，全市有肢体残疾康复训练服务机构37个，对5987名肢体残疾者实施康复训练；实施救助项目资助374名脑瘫儿童进行康复训练，资助325名贫困肢体残疾儿童实施矫治手术。

2015年，全市42个残疾人康复训练机构开展肢体残疾人康复训练服务；培训各级各类肢体残疾康复人员813人次；对6056名肢体残疾者实施康复训练；资助291名贫困肢体残疾儿童实施矫治手术。

第二节　麻风病人康复

小儿麻痹矫治是“三康”工作的重点工作。早期的小儿麻痹矫治工作可以上溯到20世纪70年代以前，主要是针对小儿麻痹后遗症进行矫治，但都是在医院作为一种诊治手段进行。“文化大革命”期间，社会上赤脚医生一度兴起针灸穴位疗法，也对小儿麻痹后遗症进行过尝试治疗，但效果不明显。中共十一届三中全会后，小儿麻痹的康复治疗主要在部队和地方大医院开展，重庆第三军医大学设立过小儿麻痹后遗畸形矫形手术专门床位，从事小儿麻痹矫治手术。小儿麻痹矫治手术改善了患者的功能，不少患者从小爬行，生活不能自理，经过手术能站立起来。重庆市的麻风病人康复以小儿麻痹矫治手术、麻风畸残患者实施矫形手术及为麻风畸残者配备防护用品、辅助用具、进行康复训练等为主。

1959年9月,成立南川县慢性病生产疗养院(即麻风病院),位于马嘴乡(现三泉镇),接收麻风病患者30人,其中男21人、女9人,由民政部门安排工作人员进行行政管理,由卫生部门安排医务人员负责治疗和医药经费,该院先后接收病员139人。

1987年,重庆市为全国治疗小儿麻痹后遗症的重点地区,第一个小儿麻痹后遗症手术矫治点在大坪医院。5月20日,重庆市进行有组织的小儿麻痹手术矫治工作以来,已诊治200余人,并为52名患者进行手术。

1990年2月,成立重庆市小儿麻痹后遗症矫治手术技术指导组。全年21个区县开展“三康”工作,共完成小儿麻痹矫治手术791人。

1991年,重庆市“三康”办举办的小儿麻痹矫治技术提高班在第三军医大学大坪医院和新桥医院举行,从各区县来的小儿麻痹矫治工作者通过学习,提高了小儿麻痹矫治的能力。1993年,累计完成小儿麻痹矫治手术4304人次,手术有效率99%,显效率96%。1997年,完成小儿麻痹矫治手术35例。

2001年11月,来自全市90名麻风防治专业技术人员参加在巴南区举办的“全市麻风畸残康复需求调查技术骨干培训班”。全市有麻风治愈存活者2025例,其中畸残者600余例。是年12月,市卫生局、市民政局、市残联印发《重庆市麻风畸残康复“十五”实施方案》的通知。在“十五”期间为100例麻风畸残者配备防护用品、辅助用具,进行康复训练270例。

2002年1月27日,是第49届“世界防治麻风病日”,主题是“防治麻风病、社会献爱心”,市残联将首批防护品送到巴南区皮肤病医院麻风畸残者手中。是年,第一次与澳大利亚救济慈善医疗队合作,对麻风畸残患者实施矫形手术,并获得成功。组织澳大利亚救济慈善服务医疗队赴巴南区、南川市、巫溪县等免费为麻风畸残患者实施矫形手术104例,培训医务人员200余人,培训麻风畸残患者70人,发放辅助用具540件。

2003年,完成麻风畸残患者实施矫形手术110例,发放辅助用具1057件。2004年,向麻风畸残患者发放辅助用品70件。2001—2005年,免费为麻风畸残者进行矫治手术214例,送防护用品4100件。

2006年,为29名麻风畸残者进行矫治手术。2007年,残联未组织麻风畸残者进行矫治手术。

2008年1月26日,在“世界防治麻风病日”期间,市残联、市卫生局、市残疾人福利基金会、市红十字会等部门分别到南川区、巴南区走访慰问麻风畸残患者,为麻风畸残患者们赠送轮椅、皮衣、大米、鲜猪肉、食用油和慰问金。

2013年1月25日,以“加速行动,消除麻风危害”为主题的第60届“世界防治麻风病日”暨第26届“中国麻风节”座谈会在巴南区桥口坝召开。市残联党组成员、副理事长任能君,市卫生局疾控处、市红十字会赈济部、市食品药品监督局巴南分局等单位负责人分别代表市、区部门在会上发言,就全区麻风病防治工作和该院的建设及发展提出有关建议和意见。

2015年,在社区(村)居委会开展摸底筛查、建档立卡、宣传康复知识、指导家庭康复训练、提供转介服务。为有训练需求的偏瘫、脑瘫、截肢、小儿麻痹后遗症、骨关节伤病等运动功能障碍者开展运动功能、生活自理和社会适应能力的训练。在二级以上综合医院普遍建立康复医学科，城乡基层卫生机构普遍开展肢体残疾康复训练，对肢体残疾人进行社区、家庭康复训练指导。在卫生医疗机构、残疾人康复机构、社会康复服务机构为脑瘫和其他肢体残疾儿童提供运动功能、姿势矫正、言语交往、生活自理方面的康复训练和引导式教育，适时选配辅助器具，并对康复效果进行阶段评估，提高康复训练质量。

第三节　假肢及矫形器装配

通过民政、卫生和残联等部门密切协作，加强指导，对肢体残疾康复工作注重矫治手术、假肢及矫形器装配、功能训练三者之间的有机结合、系统服务；重庆从20世纪80年代末开展假肢及矫形器装配工作，实施矫治手术的医疗部门，在进行手术时充分考虑假肢矫形器装配和功能训练；从事假肢矫形器装配的机构和人员，认真掌握必要的医学工程知识，开发、生产、供应实用的器具，并提供装配、使用、维修服务。各级财政对贫困残疾人配矫形器实行补贴。

1996年，装配矫形器49人。1997年，装配矫形器647人，其中贫困补助74人。

2001年，市残联根据国务院残疾人工作协调委员会转发中国残联《关于实施〈长江新里程计划〉的意见》的通知，组织开展长江普及型假肢的普查上报和假肢装配工作。2002年8月，世界轮椅基金会主席贝宁先生访问重庆，与市残联签署合作协议并捐赠轮椅。全年安装普及型假肢150例，安装矫形器1431件，向贫困下肢重度残疾人捐赠轮椅500辆。2003年，安装普及型假肢150例。是年，世界轮椅基金会向重庆市贫困残疾人捐赠轮椅480辆，并与重庆签订继续捐赠4000辆轮椅的协议。2004年，为肢体残疾者发放矫形器具1600余件。2005年，向全市残疾人捐赠轮椅2000台，为社区配发残疾人康复训练器具28套。

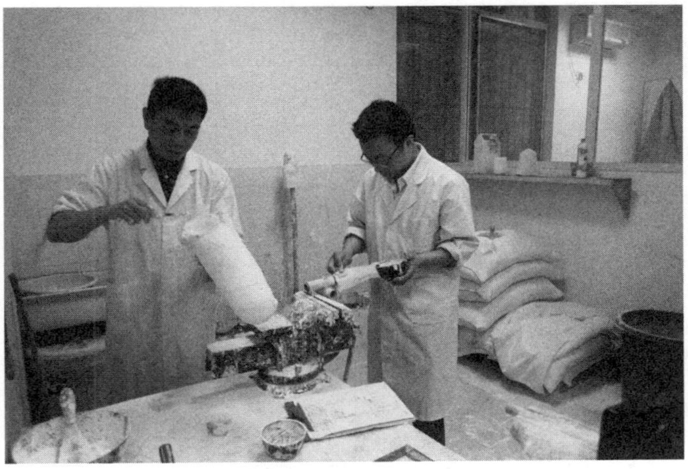

制作、安装假肢

2012年8月25日，中国残疾人福利基金会向重庆市捐赠400台便携式幼儿轮椅。2014年，根据各区县大、小腿需求较大的实际，为合理安排装配工作，结合各区县2013年上报的筛查数据和安装情况，对2014年大、小腿假肢任务区县进行安排，市残疾人综合服务中心、万州假肢站、黔江假肢站主动与相关区县联系，按照就近就便的原则，组织完成特殊假肢、矫形器、装饰性上肢装配任务。同时,市残联将长江新里程大、小腿项目经费50万元拨付给市残疾人综合服务中心用于2013年实施此项目超额经费部分。

2015年9月,市残联专门配套了大、小腿假肢适配项目。此项目参照《"十二五"残疾人事业专项彩票公益金各辅助器具项目重庆市实施细则》文件要求的工作流程、进度实施,项目数据由机构所在地残联负责将救助对象相关信息录入中国残疾人事业统计管理系统及重庆市残疾人综合信息系统。此项目装配服务费参照国家项目要求,按总经费40%比例(即:大腿每例3200元,小腿每例2000元)下拨,其费用包括:筛查、评估、制作、训练(根据实际需要)、随访等工作。

表3-4 2006—2015年重庆市假肢及矫形器装配统计表

单位:个/件

年度	假肢装配	矫形器装配
2006年	28	510
2007年	919	517
2008年	814	696
2009年	286	209
2010年	253	86
2011年	371	70
2012年	300	199
2013年	232	104
2014年	240	378
2015年	806	310

第四节 肢体康复机构

1990年,小儿麻痹矫治手术以重庆市外科医院、重庆医学院、第三军医大学大坪医院为依托,建立重庆市小儿麻痹矫治中心,设置16张床位,组织开展小儿麻痹矫治手术。以重庆市假肢厂为依托,筹建假肢装修和残疾人用品用具服务部,组织生产配套的肢具,为小儿麻痹矫治提供服务。

2000—2005年,"长江新里程计划"长江普及型假肢装配服务项目建立3所普及型假肢装配站,培训6名假肢装配技师,为1041名缺肢者装配长江普及型小腿假肢。

2002年,成立重庆市肢体残疾人康复训练技术指导中心,中心设在西南医院康复整形中心。中心主要职责是承担全市肢体残疾人的康复训练技术指导工作,开展肢体残疾人的康复训练工作,为各区县(自治县、市)培训康复人员,定期开展检查评估工作,完成重庆市矫形器和假肢的安装任务,对肢体残疾人的康复训练、安装矫形器和假肢应给予优惠。

2006年,市残联与第三军医大学西南医院康复整形中心、重庆师范大学、重庆儿童医院合作,建立市肢残人、智力残疾人、脑瘫儿童康复训练技术中心,成立市儿童脑瘫康复研究基地、特殊儿童教育研究基地,开展脑瘫、智力残疾、自闭症儿童的系统康复。

为确保重庆市2015年残疾人"人人享有康复服务"任务目标的实现,根据"两个体系"建设工作要求,为促进各级康复机构建设,2010年,贫困肢体残疾儿童(脑瘫儿童)抢救性康复项目定点机构基本要求:应设有PT、OT训练室、引导式教育训练室、生活辅导室等,有适当的室外活动场地。配备基本的康复训练设备、器具、玩具教具等。至少配置2名康复人员(PT、OT),1名教师。能够对脑瘫儿童进行功能评估和能力评估,制定康复计划,开展运动功能、姿势矫正、日常生活活动、语言交往训练和引导式教育。月平均在训脑瘫儿童不少于20名,日训练脑瘫儿童不少于5名。

表3-5　2006—2015年重庆市肢体残疾康复训练服务机构统计表

单位:个

年度	合计	其中省级机构	其中县级机构	备注
2006年	102	1	56	其中地级市4个;县级以下41个
2007年	93	1	92	—
2008年	40	—	33	其中地级市7个
2009年	48	—	48	—
2010年	75	1	74	—
2011年	20	1	19	—
2012年	30	1	29	—
2013年	33	1	32	—
2014年	37	1	36	—
2015年	42	1	41	—

第四章　智力残疾康复

第一节　智力残疾儿童康复与训练

智力残疾儿童早期康复训练的内容主要包括六个方面。感知能力:主要是训练视、听、嗅、味、触觉和平衡感觉等。认知能力主要是学习认识常见的物体、分辨常见的关系、形成简单的事物概念。运动能力主要是指全身运动,包括翻身、坐、爬、步行、跑等粗大运动以及抓握、捏取、折叠等手眼协调的精细运动。语言交往能力包括语言理解能力(听和读)以及语言表达能力(说和写)。基本的生活自理能力主要是进食、洗漱、穿着、排便、睡眠等基本能力。基本的社会适应能力包括学会适应生活环境、学会与人相处,从参与日常生活活动逐步过渡到参与社会活动,直至适应社会。

脑损伤儿童正在接受康复治疗

1993年11月19日,重庆市残疾人康复办公室在市中区捍卫路小学举办重庆市第一期智残儿童家长康复知识培训,共50余名智残儿童家长参加。

1988—1994年,全市共培训智残儿童家长353名,占任务总数的128.83%;1995年,培训智残儿童家长353名,占任务数274名的128.8%;训练智残儿童90名,完成任务数的100%。1996年,完成智残儿童系统康复训练180人。

1997年,开展智残儿童系统训练108人。2000年,完成智残儿童系统康复训练606人,一部分残疾人得到康复治疗。

2001年,完成智残儿童系统康复训练237人。2002年,完成智残儿童康复训练210名,脑瘫儿童康复训练58名。2003年,完成智残儿童康复训练245名,脑瘫儿童康复训练68名。2004年,系统康复训练智残儿童255名,培训智残儿童家长65名。2005年,为210名智残儿童开展康复训练,完成任务的101%;为62名脑瘫儿童开展康复训练,完成任务的119%。

2006年,完成贫困智力残疾儿童康复训练380名,培训智残儿童家长261名。2007年,完成智残儿童康复训练267名,培训智力残疾儿童家长183名。2008年,完成智力残疾儿童康复训练297名,智力残疾儿童家长培训215名。2009年,完成智力残疾儿童康复训练267名,其中机构康复训练135人,社区、家庭康复训练132人。智力残疾儿童家长培训201名,占任务数的100%。举办市级智力、听力残疾康复教师和管理人员培训班,培训智力残疾康复教师和管理人员2248人。2010年,实施智力残疾救助687名。智力残疾儿童康复324人,其中机构康复训练190人,社区、家庭康复训练134人。

2011年,全市智力残疾儿童康复406人,其中机构康复训练201人,社区、家庭康复训练205人。康复管理、技术人员培训628人次。2012年,全市智力残疾康复3334人,其中智力残疾儿童机构康复训练310人;智力残疾儿童社区、家庭康复3024人;成年智力残疾人社区、家庭康复131人。2013年,全市智力残疾康复2554人,其中智力残疾儿童机构康复训练285人;智力残疾儿童社区、家庭康复1906人;成年智力残疾人社区、家庭康复363人。康复管理、技术人员培训192人。2014年,全市智力残疾康复2921人。康复管理、技术人员培训471人。2015年,全市智力残疾康复3769人,其中智力残疾儿童机构康复训练1268人;智力残疾儿童社区、家庭康复1993人;成年智力残疾人社区、家庭康复508人。康复管理、技术人员培训416人。

第二节 智力康复机构

建立智力残疾康复社会化工作体系,协调有关部门实施智力残疾康复工作计划,开展需求调查和人员培训,提供康复服务。依托特殊教育学校、社区服务机构、福利企事业单位等,开展智力残疾综合康复服务。以特殊教育学校、普通小学特教班、各级残疾人康复机构为龙头,以社区为基础,家庭为依托,对智力残疾儿童开展运动、感知、认知、言语交往、生活自理和社会适应六方面的能力训练,指导其家长进行家庭康复。

1988—1994年,全市共建立智力残疾儿童康复站2个,分别是铜梁县、江津市。

1995年,建立智残儿童康复站2个(江津市学龄智力残疾儿童康复站、铜梁学龄智力残疾儿童康复站),完成任务的200%。1996年,建立智力残疾特教学校1所。

2002年,成立重庆市智力残疾儿童康复训练技术指导中心,中心设在重庆师范学院儿童智能发展研究所。中心的职责是:开展智力残疾儿童康复训练工作,承担全市智力残疾儿童康复训练技术指导工作,对各区县(自治县、市)智力儿童康复人员和家长进行培训,开展智力残疾儿童康复训练科研工作及检查评估工作。2003年,成立重庆市儿童脑瘫康复研究培训基地,在第三军医大学新桥医院和重庆市残疾人综合服务中心共同挂牌。

2006年,全市智力残疾康复训练服务机构共102个(含肢体残疾康复训练机构)。2007

年,全市智力残疾康复训练服务机构共26个,其中省级1个(市残联开办);县级25个(区县残联开办9个,其他开办16个)。2008年,支持社会力量开办智力残疾康复机构,采用民办公助的形式新建3家智力残疾康复机构。2009年,为推动重庆市智力残疾儿童康复机构的建设,促进智力残疾康复事业科学、规范、可持续发展,市残疾人康复工作办公室将对全市智力残疾儿童康复机构进行规范和指导,并制定《重庆市智力残疾儿童康复机构建设标准(试行)》,市残疾人康复工作办公室将对符合建设标准的机构予以一定支持。全市智力残疾康复训练服务机构共36个,其中省级1个(市残联开办);县级35个(区县残联开办20个,其他开办15个)。2010年,市残联同意成立重庆市智力残疾康复专委会。全市智力残疾康复训练服务机构共26个。

2011年,全市智力残疾康复训练服务机构共28个,康复管理、技术人员培训628人次。2012年,全市智力残疾康复训练服务机构共32个。2013年,全市智力残疾康复训练服务机构共36个,其中省级1个(市残联开办);县级35个(区县残联开办6个,其他开办29个)。2014年,市残联转发中国残联康复部印发的《残疾人事业专项彩票公益金贫困智力残疾儿童康复救助项目定点康复训练机构服务规范(试行)》。全市智力残疾康复训练服务机构共41个,其中省级1个(市残联开办);县级40个(区县残联开办6个,其他开办34个)。2015年,全市智力残疾康复训练服务机构共48个。

第五章 精神残疾防治康复

第一节 综合防治康复

1997年,精神病防治康复覆盖146万人,精神病人监护数为8760人。

2002年,根据《中国残疾人事业“十五”计划纲要与配套实施方案》和《精神病防治康复“十五”实施方案》要求,经重庆市政府研究,决定成立重庆市精神病防治康复工作领导小组和技术指导小组。精神病防治康复工作领导小组和技术指导小组由副市长程贻举任组长,副秘书长王越任副组长。领导小组下设办公室于市残联,负责领导小组和技术指导小组的日常工作,由何德元兼任办公室主任。

2002—2003年,在覆盖1152万人口的13个区县(市)开展精神病患者摸底调查工作。2003年12月,已为6.92万名精神病患者建档立卡,同时开展“社会化、综合性、开放式”的精神病防治康复工作，对5.74万名精神病患者进行有效监护，监护率83%，显好病人3.73万人，显好率64%，参与社会总人数3.2万人，社会参与率56%。各级政府救助贫困精神病患者4381人，救助款125万元，举办各类培训班，培训精神病防治管理人员、医生、康复员、精神病人家属共计2.59万人。

2004年，全市有重症精神病患者20.8万人，精神病患病率呈增长趋势，且青壮年患病比例较高，患者家庭普遍比较贫困，患者肇事肇祸对社会危害严重。当年在覆盖1100万人口的15个区县(市)开展"社会化、综合性、开放式"的精神病防治康复工作，共有6.9万精神病患者得到医治和康复，检出率6‰，监护率83%，显好率65%，社会参与率5%。市委市政府将救助1000名贫困精神病患者列入"民心工程"，市精神病防治康复工作领导小组办公室在南山举办重庆市精神病防治康复培训班，13个区县的精神病防治技术指导成员和残联康复干部30人参加培训。

2005年，在15个区县(自治县、市)的1200万人口中开展精神病防治康复工作，全市建档立卡的精神病患者7.5万人，检出率6.3%。未开展精神病防治康复工作的25个区县(市)进行试点工作。全市培训精神病防治康复工作人员100余人次，建立市、区县(自治县、市)和乡镇三级精神病防治康复工作管理、技术指导和服务网络体系及工作体系。

2006年，监护病人11万人，显好病人7.69万人。有31个县(市、区)开展精神病防治康复工作。2007年10月10日是主题为"提倡心理咨询，促进精神健康"的第16个世界精神卫生日，市残联、市精神卫生中心联合在位于大学城的重庆大学校园内举办"心的和谐"系列宣传活动。在重庆大学科技学院多媒体教室进行"心的和谐——世界精神卫生日知识讲座"，由市精神卫生中心主任医师宁洁主讲，200余名学生到现场参加讲座。活动当天共展出科普知识展板18块，接受学生进行心理咨询100余人，发放科普知识宣传单及手册1000余份，回收精神卫生知识调查问卷340份。全年监护精神病人12.64万人，救助贫困精神病患者1.82万人，其中免费服药救助1.76万人，免费住院救助575人；收训孤独症儿童46人。

2008年，为完成《精神病防治康复"十一五"实施方案》和"国家彩票公益金残疾人康复项目贫困精神病患者医疗救助项目"，做好重庆市的精神病防治康复工作，政府办公厅主持召开重庆市精神病防治康复工作领导小组会议。市委常委、副市长、市精神病防治康复领导小组组长马正其出席会议，并做重要指示。

2009年，在32个区县(自治县、市)开展精神病综合防治康复工作，对贫困精神病患者服药救助5200名，占任务数的124%，住院救助550名，占任务数的122%。召开全市工农疗站建设工作会，探讨工(农)疗站发展的新模式。

2010年，为加强精神残疾患者的诊断、治疗、康复与管理服务，维护精神残疾患者的合法权益，营造和谐的社会氛围，共享社会主义发展成果，市政府办公厅下发《关于加强肇事肇祸精神病人长效管理工作的意见》，更好保障了精神病人的合法权益。

2013年，重庆市制定《贫困精神病患者服药救助项目重庆市实施办法》和《贫困精神病患者住院医疗救助项目重庆市实施办法》，让更多的精神病患者受益。中央财政按每人每年

900元的标准,连续五年,对2100名不能进行城乡医保报销的贫困精神病患者提供购买基本治疗药品的补贴。中央财政按每人每年500元的标准,对2100名能够进行城乡医保报销的贫困精神病患者提供购买基本治疗药品的补贴。

2015年,为3550名贫困精神病患者(其中不能进行城乡医保报销的贫困精神病患者1550名)提供门诊服药的补贴,对不能进行城乡医保报销的贫困精神病患者提供最高800元购买基本治疗药品的补贴。对能够进行城乡医保报销的贫困精神病患者提供高450元购买基本治疗药品的补贴。为1500名贫困精神病患者提供住院医疗救助。

表3-6 2008—2015年重庆市精神病防治康复统计表

指标名称	单位	2008年	2009年	2010年	2011年	2012年	2013年	2014年	2015年
开展康复工作县(市、区)	个	34	32	32	33	40	40	40	40
覆盖总人口	人	24963305	25772475	25892849	27197700	31938252	32055586	32306844	31504481
精神病人数	人	156608	156063	162278	158413	179889	180395	180559	182737
监护病人数	人	132186	132579	135086	133019	144429	146342	145653	153969
显好病人数	人	94574	94638	99791	107005	114340	120515	118727	126253
参与社会总人数	人	74301	75061	80714	83602	90081	95821	94314	105212
肇事人次	人次	479	367	375	396	358	284	218	226
接受治疗的精神病患者	人	79277	80012	76411	73583	81572	88253	99539	110473
接受康复训练	人	41584	41259	43945	48053	51343	55117	52006	61867

第二节 孤独症儿童康复

2012年,成立贫困孤独症儿童康复救助项目专家组。主要负责组织人员培训,指导定点康复机构开展工作,配合残联进行督导检查,并顺利实施残疾儿童康复救助“七彩梦行动计划”贫困孤独症儿童康复救助项目。是年,重庆市财政局下拨残疾儿童康复救助“七彩梦行动计划”贫困孤独症儿童康复救助补助资金48万元,用于北碚区30名、万州区10名孤独症儿童救助,每人1.2万元。

2015年,开展重庆市残疾儿童康复救助项目定点机构规范化建设工作,建立项目定点机构监督评价体系,形成有效的激励约束机制,提高各项目定点机构管理水平和服务能力。4月2日,重庆市第八个“世界自闭症日——壹基金·蓝色骑行”社会倡导活动在南滨路举行。6月,市残联、市卫计委联合举办重庆市首届残疾儿童康复项目定点机构康复技能大赛。8月

10—14日，市残联举办2015年国家(重庆)孤独症、智力残疾儿童康复定点机构专业技术人员培训班，来自全市17个孤独症康复定点机构和27个智力残疾康复定点机构的81人参加培训。12月21—27日，第二期全国孤独症儿童康复教育省级师资(专业人员)培训班在重庆市北碚区举办，此次培训班由中国残疾人康复协会主办，重庆市残疾人康复协会和重庆市儿童孤独症康复治疗中心承办，来自10个省市(自治区)的70余名学员参加了培训。

表3-7 2006—2015年重庆市孤独症儿童康复统计表

单位：人

指标名称		2006年	2007年	2008年	2009年	2010年	2011年	2012年	2013年	2014年	2015年
机构内教师(指机构内从事孤独症儿童康复训练的教师)		8	8	6	42	14	16	75	166	197	213
其中：省级机构内教师		—	—	—	6	6	6	1	3	3	3
地市级及以下其他机构内教师		—	—	—	36	8	10	74	163	194	210
机构内在训儿童		20	13	15	73	61	71	222	329	392	424
其中：省级机构在训儿童		—	—	—	4	5	5	5	15	55	74
地市级及以下其他机构在训儿童		—	—	—	69	56	66	217	314	337	350
贫困孤独症儿童康复救助		—	—	—	11	23	71	180	360	360	365
省级机构儿童训练后走向	其中：普幼及普小	—	—	—	0	0	0	0	0	27	27
	特殊教育学校	—	—	—	1	0	2	2	0	0	0
	其他	—	—	—	3	0	0	0	11	2	21
地市级及以下其他机构儿童训练后走向	其中：普幼及普小	—	—	—	0	2	3	2	7	20	22
	特殊教育学校	—	—	—	0	0	0	2	0	1	0
	其他	—	—	—	0	18	0	26	3	11	11

第三节 贫困精神病患者医疗救助

“九五”期间，建立1个精神病防治康复试点，监护病人7967名，总监护率90%，显好率65%，参与率54%，肇事率0.45%。

2001年12月25日，市卫生局、市民政局、市公安局、市劳动和社保局、市教委、市残联联合印发《重庆市精神病防治康复“十五”实施方案》，在13个区县（市），对6万名精神病患者开展社会化、综合化、开放式精神病防治康复工作。

2008年，全市贫困精神病患者医疗救助经费共400万元，各区县（自治县）完成救助对象的筛查、上报和审批及发放救助药品工作。2010年，是“十一五”彩票公益金贫困精神病患者医疗救助项目实施的最后一年，为确保项目工作的顺利推进，中国残联组织专家对部分省市的项目实施情况进行终期检查，针对检查中发现的问题和不足，下发《关于做好残疾人事业专项彩票公益金贫困精神病患者医疗救助项目工作的指导意见》，指导各地开展项目工作。

“十二五”期间，中央财政继续安排专项彩票公益金，支持各地实施“残疾人事业专项彩票公益金康复项目”，其中投入7.5亿元为贫困精神病患者提供医疗救助。根据中国残联和卫生部共同制定的《贫困精神病患者服药救助项目实施办法》和《贫困精神病患者住院医疗救助项目实施办法》的相关要求，为确保残疾人事业专项彩票公益金贫困精神病患者医疗救助项目的顺利实施，2013年2月，重庆市卫生局、市残联联合制定《贫困精神病患者服药救助项目重庆市实施办法》和《贫困精神病患者住院医疗救助项目重庆市实施办法》，让更多的精神病患者受益。

2015年，救助贫困精神病患者68455人次，其中接受医疗救助的贫困患者19158人次。接受国家专项彩金服药、住院救助项目医疗救助的贫困患者分别是4847人次、669人次。接受其他项目医疗救助的贫困患者13642人次。

表3-8　2006—2015年重庆市贫困精神病患者医疗救助统计表

单位：人次

指标名称	2006年	2007年	2008年	2009年	2010年	2011年	2012年	2013年	2014年	2015年
贫困患者	46665	72946	89836	96623	86849	81318	80436	80102	68766	68455
其中：接受医疗救助的贫困患者	10853	16347	19514	23086	15922	10810	11187	11610	14446	19158
接受国家专项彩金服药救助项目医疗救助的贫困患者	800	7003	7789	4200	4200	4200	4233	4307	4540	4847
接受国家专项彩金住院救助项目医疗救助的贫困患者	—	529	812	450	300	530	654	656	604	669
接受其他项目医疗救助的贫困患者	—	8815	10913	18436	11422	6080	6300	6647	9302	13642

第四节　精神康复与孤独症儿童康复训练机构

开展社会化、综合性、开放式精神病防治康复工作。开展多种形式的康复服务，在社区康复站开展心理疏导、生活自理及社会适应能力训练、家属培训等康复活动。开展贫困精神病患者医疗救助。新开展精神病防治康复工作的区县(自治县)成立精神病防治康复领导小组和精神病防治康复专家技术指导小组，根据本地实际情况，制定实施方案，培训管理技术人员，摸底调查，建档立卡，落实治疗与康复措施，精神病人检出率6‰、精神病患者监护率90%、显好率60%、社会参与率50%、肇事率下降到0.5%以下。已开展精神病防治康复工作的区县(自治县)进一步完善精神病防治康复工作体系，掌握精神病患者的动态情况和分析，完善档案的建立，采取了有效措施开展精神病患者的治疗和康复救助，建立街道(乡镇)精神病康复机构，精神病患者监护率95%、显好率65%、社会参与率55%、肇事率下降到0.2%以下。

南川区智力精神残疾托养院

巴南区精神病康复托养中心开业典礼

1988年，重庆市有精神病院3个，收养精神病患者456人。

2002年，重庆医科大学附属儿童医院神经内科承担脑瘫儿童康复工作。

2005年，在未开展精神防治康复工作的25个区县(市)进行试点工作。全年全市培训精神病防治康复工作人员100余人次，建立市、区县(自治县、市)和乡镇三级精神病防治康复工作管理、技术指导和服务网络体系及工作体系。

至2015年，全市建有精神康复机构43个。孤独症儿童康复训练机构21个，其中省级机构1个，地市级及以下其他机构20个。

表3-9 2006—2015年重庆市精神康复、孤独症儿童康复训练机构统计表

单位:个

年度	精神康复机构	孤独症儿童康复训练机构		
		合计	其中省级机构	其中地市级及以下其他机构
2006年	102	1	—	—
2007年	157	1	—	—
2008年	99	1	—	—
2009年	63	5	1	4
2010年	70	7	1	6
2011年	68	8	1	7
2012年	40	15	1	14
2013年	41	18	1	17
2014年	41	20	1	19
2015年	43	21	1	20

第六章　社区康复

第一节　社区康复站(室)建设

1988年,重庆市有敬老院72个,收养1019人,其中残疾人363人;综合福利院1个,收养263人,其中残疾人203人。

1994年,建立社区康复站12个(含全国社区康复示范区1个),占任务总数的57.14%。

1995年,全市已建县级康复站21个、乡(镇)级86个、村(居委会)级1268个。建站地区充分发挥社区内康复网络作用,通过医疗指导、术后功能锻炼、家庭训练及跟踪随访、咨询等方式,为社区内有需求的各级残疾人提供综合性康复服务,残疾人受益覆盖率60%。

1997年,新建市(含地县级市)级康复服务指导部3个,县级康复服务指导站4个。

2002年,利用市级医院、大专院校的先进技术及场地等资源优势,为残疾人提供康复服

务。是年，市残联与西南医院、重庆师范学院、重庆儿童医院、第三军医大学、西门子集团公司等单位合作开展康复工作。

2004年，市残联下发《关于印发中国残联〈社区残疾人协会工作规则(暂行)〉的通知》。

江北区社会服务中心设立了残疾人服务专柜

2006年，在14个区县(自治县、市)全面开展残疾人康复社区建设工作，建设示范社区99个。在渝中区、江北区等开展创建全国残疾人社区康复示范区培育工作。是年12月，全市已建社区康复站362个。

2009年6月4日，市残联副理事长任能君到北碚区歇马镇、北温泉街道、澄江镇等地调研残疾人康复示范社区创建工作。是年，大渡口、荣昌县等7个区县开展创建国家级残疾人社区康复示范区县工作，江津区、南川区等5个区县开展创建市级残疾人社区康复示范区县工作。通过残疾人社区康复平台，全年全市有10万名残疾人享受到康复服务，1.93万名贫困残疾人得到康复救助。

2010年3月21日，市残联党组书记、理事长谢嘉庆一行到云阳县调研指导残疾人工作并视察县残疾人康复(托养)中心建设进度。县委书记李洪义、副县长赖建彬陪同调研。是年，市残联康复部对26个区县(自治县)残联申报的医疗机构康复室场地设施、软件建设、康复人员配置等情况进行抽查。经研究，批准130个社区的医疗机构为残疾人康复示范社区。

表3-10　2010年重庆市社区医疗机构为残疾人康复示范社区统计表

单位：个

区县	数量	残疾人康复示范社区
万州区	5	高梁中心卫生院、福安医院、响水中心卫生院、甘宁中心卫生院、龙沙中心卫生院
涪陵区	5	青羊镇中心卫生院、珍溪镇中心卫生院、蔺市镇中心卫生院、荔枝街道社区卫生服务中心、崇义街道社区卫生服务中心
黔江区	4	冯家街道社区卫生服务中心、正阳街道社区卫生服务中心、石会镇中心卫生院、马喇镇中心卫生院
九龙坡区	5	铁马社区卫生服务中心、杨家坪街道社区卫生服务中心、走马镇社区卫生服务中心、石坪桥黄杨新城社区卫生服务中心、谢家湾街道卫生服务中心
渝北区	8	双龙湖街道社区卫生服务中心(龙顺)、龙溪街道社区卫生服务中心、木耳镇中心卫生院、洛碛镇中心卫生院、统景镇中心卫生院、两路街道社区卫生服务中心、古路镇中心卫生院、玉峰山中心卫生院

续表

区县	数量	残疾人康复示范社区
巴南区	7	鱼洞街道鱼轻路社区卫生服务中心、东温泉镇卫生院、接龙中心卫生院、界石中心医院、石龙卫生院、木洞中心医院、惠民卫生院
长寿区	1	新市镇卫生院
双桥区	1	双路镇卫生服务中心
江津区	7	龙华中心卫生院、蔡家中心卫生院、油溪中心卫生院、中山镇卫生院、嘉平镇卫生院、柏林中心卫生院、残联残疾人就业康复中心
合川区	3	天府矿务局三江职工医院、双凤镇卫生院、二郎镇分院
永川区	7	何埂中心卫生院、红炉镇卫生院、双石中心卫生院、陈食中心卫生院、松溉镇卫生院、仙龙中心卫生院、五间镇卫生院
綦江县	10	永城中心卫生院、永新镇中心卫生院、隆盛中心卫生院、横山镇中心卫生院、石角镇中心卫生院、东溪镇中心卫生院、安稳镇中心卫生院、古南街道社区卫生服务中心、石壕街道社区卫生服务中心、郭扶街道社区卫生服务中心
铜梁县	10	旧县中心卫生院、二坪镇卫生院、少云中心卫生院、蒲吕中心卫生院、永嘉中心卫生院、维新镇卫生院、太平镇卫生院、侣俸中心卫生院、平滩中心卫生院、华兴镇卫生院
荣昌县	10	盘龙镇中心卫生院、清江镇卫生院、直升镇卫生院、峰高中心卫生院、河包镇卫生院、龙集镇卫生院、吴家中心卫生院、远觉镇卫生院、荣隆中心卫生院、广顺街道社区卫生服务中心
大足县	10	西街社区服务中心、龙石镇卫生院、邮亭镇卫生院、龙岗卫生院、珠溪镇卫生院、普安卫生服务中心(智凤)、回龙镇卫生院、玉龙卫生院、石马卫生院、龙水卫生院
璧山县	10	八塘镇卫生院、七塘镇卫生院、六塘卫生院、璧城街道卫生院、大兴中心卫生院、正兴中心卫生院、马坊卫生院、丁家中心卫生院、来凤中心卫生院、龙江卫生院
梁平县	4	袁驿镇中心卫生院、福禄镇中心卫生院、云龙镇中心卫生院、明达镇中心卫生院
城口县	2	高观镇卫生院、明通镇卫生院
南川区	7	庆元乡卫生院、乾丰乡卫生院、民主乡卫生院、中桥乡卫生院、神童镇卫生院、古花乡卫生院、石溪乡卫生院
垫江县	2	普顺镇卫生院、县中医院
开县	3	临江中心卫生院、中和中心卫生院、汉丰街道中心卫生院
云阳县	2	青龙街道社区卫生服务中心、黄石镇卫生院
奉节县	2	永安镇中心医院、县中医院
巫山县	2	县人民医院门诊部、双龙镇中心医院
巫溪县	1	城厢镇社区卫生服务中心(新城)
秀山县	2	清溪中心卫生院、溶溪中心卫生院

2010年,为建好"民心工程"残疾人康复示范社区康复室,市残联与市卫生局联合下发《关于进一步加强残疾人社区康复工作的通知》,明确职责分工,落实人员经费,市残联、区县(自治县)人民政府、区县(自治县)残联、街乡镇人民政府、康复室所在的社区居委会层层签订责任书,区县(自治县)人民政府将残疾人社区康复工作纳入当地经济社会发展规划、社区建设规划、区域卫生规划及政府年度工作计划,列入政府及相关部门工作考核目标。

市残联为每个残疾人康复示范社区康复室配备1.5万元的康复训练器材器具,区县(自治县)为示范社区培训康复医生和社区康复协调员各1名。区县(自治县)人民政府按照示范社区辖区覆盖人口每人每年不少于0.30元安排社区康复工作经费,用于残疾人康复需求调查、建档立卡、人员培训、组织宣传、康复室建设及社区康复员工作补贴;区县(自治县)残联负责落实示范社区康复室训练器材器具管理和使用,监督免费为持证残疾人进行康复服务,使其正常运行。街乡镇设专人分管残疾人康复工作,建立规章制度,制定工作计划。示范社区依托街道乡镇医疗机构康复室,为辖区内的残疾人提供免费康复服务,康复室有面积30平方米以上的室内训练场,有无障碍设施、残疾人辅助用具展示柜、康复普及读物等。社区康复协调员负责调查残疾人的康复需求,筛出率不低于60%;建立康复需求与服务档案,康复建档率90%。街乡镇医疗机构有1名康复医生指导残疾人康复训练,建立残疾人的康复训练档案。残疾人社区康复室为有需求的残疾人提供各类康复服务,残疾人及其亲友对康复服务满意率不低于85%。各区县(自治县)5类残疾康复技术指导中心和辅助器具供应服务站经市残联培训的师资,承担残疾人康复示范社区康复员的培训任务,各残疾人康复示范社区康复员培训后全部持资格证书上岗。

2010年,大渡口区等7个创建全国残疾人社区康复示范区县已通过市级验收,巴南区等4个区创建为市级残疾人社区康复示范区。新建残疾人康复示范社区130个。

2011年,重庆市新建残疾人康复示范社区有:双桥区(1个),双桥区黄桷家园社区残疾人综合服务中心;巫山县(6个),骡坪镇中心卫生院、庙宇镇中心卫生院、龙井乡卫生院、官渡中心卫生院、抱龙镇中心卫生院、大溪乡卫生院;万州区(12个),武陵镇中心卫生院、龙都社区卫生服务中心、龙驹镇中心卫生院、长滩镇卫生院、小周镇卫生院、李河镇卫生院、白羊中心卫生院、分水中心卫生院、余家中心卫生院、长坪乡卫生院、柱山乡卫生院、新乡镇卫生院;云阳县(3个),益康医院、云阳县精神卫生保健院、栖霞镇卫生院;长寿区(4个),长寿区中医院、云集镇华中卫生院、新市镇卫生院、葛兰镇卫生院;城口县(2个),巴山中心卫生院、蓼子乡卫生院;巫溪县(2个),文峰中心卫生院、凤凰中心卫生院;垫江县(2个),砚台镇卫生院、五洞中心卫生院;奉节县(7个),永安社区卫生服务中心、朱衣镇中心卫生院、兴隆镇三角坝中心卫生院、竹园镇中心卫生院、新民镇中心卫生院、公平镇中心卫生院、甲高镇中心卫生院;涪陵区(8个),江东中心卫生院、龙潭镇中心卫生院、增福乡卫生院、武陵山卫生院、马武镇惠民卫生院、和镇宏义居委镇中心卫生院、龙桥街道社区卫生服务中心、白涛山窝卫生院;合川区(15个),涞滩镇卫生院、清平中心卫生院、双槐中心卫生院、狮滩镇卫生院、大石中心卫生院、土场镇卫生院、燕窝中心卫生院、小沔中心卫生院、官渡中心卫生院、肖家镇卫生院、钱塘中心卫生院、香龙镇卫生院、云门中心卫生院、草街镇卫生院、三庙中心卫生院；九龙坡区(6个)，陶家镇卫生院、九龙坡区第五人民医院、谢家湾街道社区卫生服务中心、西彭镇卫生院、含谷镇卫生院、金凤镇卫生院；秀山县(3个)，石耶镇中心卫生院、洪安镇中心卫生院、龙池镇中心卫生院；开县(7个)，麻柳乡卫生院、天和镇卫生院、镇东街道社区卫生服务中心、城乡福利院、渠口镇卫生院、文峰街道社区卫生服务中心、汉丰医院；梁平县(5个)，梁山中心卫生院、柏家中心卫生院、大观镇卫生院、合兴中心卫生院、仁贸中心卫生院；黔江区(9个)，舟白街道社区卫生服务中心、邻鄂镇卫生院、阿蓬江镇卫生院、太极乡卫生院、黄溪镇卫生院、沙坝乡卫生院、黑溪镇卫生院、金溪镇卫生院、黔江中医院；潼南县(15个)，潼南县中医院、双江中心卫生院、古溪中心卫生院、玉溪中心卫生院、卧佛中心卫生院、塘坝中心卫生院、太安镇卫生院、柏梓中心卫生院、五桂镇卫生院、龙形镇卫生院、小渡中心卫生院、田家乡卫生院、别口乡卫生院、花岩镇卫生院、寿桥乡卫生院；丰都县(3个)，十直镇卫生院、三建乡卫生院、兴义镇卫生院；武隆县(10个)，羊角镇中心卫生院、武隆县福康医院、仙女山镇卫生院、土坎镇卫生院、平桥镇中心卫生院、江口镇卫生院、白马镇中心卫生院、鸭江镇卫生院、石桥乡卫生院、庙垭乡卫生院；酉阳县(1个)，丁市镇中心卫生院；彭水县(7个)，郁山镇中心卫生院、桑柘镇中心卫生院、保家镇中心卫生院、高谷镇中心卫生院、鹿角镇中心卫生院、万足镇卫生院、鞍子乡卫生院；万盛区(1个)，南桐镇卫生院；北部新区(1个)，人和社区卫生服务中心。

2012年，重庆市新建残疾人康复示范社区有：万州区(5个)，太龙镇中心卫生院、大周镇卫生院、后山镇卫生院、走马镇中心卫生院、特殊教育中心医务室；黔江区(8个)，水田乡卫生院、杉岭乡卫生院、城南街道社区卫生服务中心、石家镇卫生院、蓬东卫生院、中塘乡卫生院、小南海镇卫生院、五里乡卫生院；合川区(2个)，沙鱼镇卫生院、古楼镇卫生院；梁平县(11个)，双桂街道社区卫生服务中心、城北乡卫生院、复平乡卫生院、金带镇卫生院、礼让镇中心卫生院、龙门镇卫生院、新盛镇中心卫生院、回龙镇卫生院、荫平镇卫生院、虎城镇卫生院、石安镇卫生院；城口县(2个)，修齐中心卫生院、北屏乡卫生院；丰都县(10个)，董家镇卫生院、三元镇卫生院、树人镇卫生院、包鸾镇卫生院、仁沙镇卫生院、江池镇卫生院、南天湖卫生院、兴龙镇卫生院、双龙场乡卫生院、栗子乡卫生院；垫江县(4个)，新民中心卫生院、田坝社区卫生服务站、澄溪镇卫生院、高安中心卫生院；武隆县(4个)，长坝中心卫生院、火炉中心卫生院、黄莺乡卫生院、凤来乡卫生院；忠县(5个)，东溪中心卫生院、三汇中心卫生院、拔山中心卫生院、花桥镇卫生院、磨子土家族乡卫生院；开县(10个)，高桥镇卫生院、敦好镇中心卫生院、巫山镇卫生院、白鹤街道卫生院、河堰镇中心卫生院、白泉乡卫生院、温泉镇中心卫生院、关面乡卫生院、九龙山镇中心卫生院、镇安镇卫生院；云阳县(2个)，云阳镇卫生院、凤鸣中心卫生院；奉节县(4个)，吐祥镇中心卫生院、白帝城风景区中心卫生院、安坪镇中心卫生院、云雾土家族乡卫生院；巫山县(4个)，笃坪乡中心卫生院、铜鼓镇卫生院、当阳乡卫生院、平河乡卫生院；巫溪县(6个)，上磺镇中心卫生院、徐家镇中心卫生院、白鹿镇卫生院、古路镇卫生院、宁厂镇中心卫生院、田坝镇卫生院；石柱县(7个)，南宾镇卫生院、西沱镇中心卫生院、下路镇中心卫生院、沙子镇卫生院、悦崃镇中心卫生院、三河镇卫生院、沿溪镇卫生院；秀山县

(4个),石堤镇中心卫生院、梅江镇中心卫生院、秀山县中医医院、平凯街道社区卫生服务中心;酉阳县(8个),钟多中心卫生院、麻旺中心卫生院、板溪镇卫生院、车田乡卫生院、酉水河镇卫生院、李溪镇中心卫生院、泔溪镇卫生院、酉酬中心卫生院;彭水县(4个),龙射镇卫生院、连湖镇中心卫生院、普子镇中心卫生院、汉葭镇中心卫生院下岩西门诊。是年,对7个区县创建市级残疾人康复社区康复示范区县进行市级检查验收,累计完成20个区县的市级验收。

2013年,市残联印发《重庆市社区康复站建设管理规范的通知》等政策文件,促进全市社区康复站的规范化建设与管理。2014年,新建100个残疾人康复示范社区,21个区县提交创建申报资料,市残联康复部按照《关于申报2014年度残疾人康复示范社区的通知》要求对创建申报资料进行审查。经研究批准,全市有100个社区为2014年残疾人康复示范社区。

2015年,深化社区及居家康复服务工作,在巫山、巫溪、奉节等21个区县的100个乡镇卫生院、街道卫生服务中心建立残疾人康复示范社区康复站。2011—2015年,市和区县新建残疾人康复示范社区康复站1200余个,配备1.5万元的康复训练器材、康复知识读物,基本实现了全市乡镇街道康复站全覆盖。

表3-11 2006—2015年重庆市社区康复站统计表

单位:个

年度	已开展社区康复服务社区累计数	已建社区康复站社区累计数	本年度新建社区康复站社区数
2006年	983	362	99
2007年	1145	503	248
2008年	1359	702	179
2009年	2663	948	234
2010年	4409	1875	927
2011年	5150	2449	574
2012年	5926	3039	593
2013年	6126	3172	133
2014年	7662	3313	141
2015年	7791	3379	66

第二节 社区康复服务

建立社会化的残疾人康复服务体系,提高服务能力,因地制宜开展与经济社会发展相适应的社区康复工作。采取机构训练服务和家庭训练服务相结合的方式,城市以社区、农村以乡镇为平台,针对各类残疾人的基本康复需求,提供康复医疗、训练指导、心理疏导、知识普及、残疾人亲友培训、简易训练器具制作、辅助器具服务、咨询服务和转介服务等多种康复服务。同时,大力开展健康促进活动,预防各种残疾的发生。

2004年,有9个区县(市)全面开展残疾人社区康复服务,其余区县开展残疾人社区康复服务工作试点工作。

2007年4月9日,“2007年重庆市委市政府‘民心工程’残疾人康复示范社区康复员培训班开班仪式”在市残疾人综合服务中心举行。市残工委副主任、市残联理事长江绍中,副理事长周鸣,市卫生局副局长龚智,市卫生局妇社处副处长董蜀荣,市残疾人综合服务中心主任马占山出席开班仪式。来自渝中区、南岸区和江北区近60名社区康复员和社区卫生服务站的全科医生参加了开班仪式。

2011年,在沙坪坝、渝北、荣昌、九龙坡等区县进行残疾人居家康复试点。2013年,在10个区县开展居家康复服务试点。2015年8月10日,在江北区华新街街道观府国际社区召开社区残疾人康复托养服务平台建设及工作情况现场会,市残联理事长周鸣、副理事长彭美云出席。是年,建立社区康复服务档案人数86.6万人,接受社区康复服务人数66.3万人次。

表3-12 2006—2015年重庆市社区康复服务统计表

单位:人

年度	已建社区康复服务档案人数	接受社区康复服务累计人数	本年度新增接受社区康复服务人数
2006年	109923	79719	23779
2007年	141349	111529	31810
2008年	111775	151835	40306
2009年	232544	196629	45825
2010年	396170	329887	133258
2011年	469700	125107	125107
2012年	584589	311702	186795
2013年	679068	387845	76143
2014年	822954	592515	204670
2015年	865953	662926	70411

第三节 残疾人社区康复示范区县创建

2002年,为推进社区残疾人工作,探索适合重庆残疾人社区工作的模式,渝中区、南岸区、江北区被批准为全国社区康复建设示范区,各区县(自治县、市)残联协助政府在规划和部署社区建设工作时,将残疾人社区康复工作列入总体规划。

2003年11月，全国社区残疾人工作会明确表示，各级残联组织要重视残疾人社区康复工作。市残联党组书记、理事长李光华任社区残疾人工作领导小组组长，领导社区残疾人工作领导小组，具体工作由市残联组织联络部负责。2004年第二届主席团会议和全市残疾人工作会议要求加快社区残联的组织建设，将残疾人各项工作落实到基层。渝中区、江北区、南岸区社区残疾人工作开展情况良好，已被中国残联命名为“全国残疾人工作示范区”，余下的区县力争在2005年达标。按中国残联社区建设的工作要求和评定标准，争创“市级社区残疾人工作示范区”。9月，万州区、沙坪坝区、永川市达到全市社区残疾人工作示范区标准，被命名为“全市社区残疾人工作示范区”。

2006年，市民政局、市卫生局、市残联共同组成全国残疾人社区康复示范培育活动领导小组，下设办公室。是年，渝中区、江北区、南岸区作为全国的候选区，开展示范培育活动。

2007年1月12日，重庆市创建全国残疾人社区康复示范区培育活动工作会议在市残联召开。市残联、市卫生局、市民政局、市财政局负责人，渝中区、南岸区、江北区分管区长，区创建社区康复示范区培育工作领导小组成员，市残疾人综合服务中心社区指导部主任等25人参加会议。会议由市残联副理事长周鸣主持。2006年年初，重庆市渝中区、江北区、南岸区作为全国的候选区，开展示范区的培育活动。经过近两年的努力，3个候选区共设立18个各类的区级残疾人康复技术指导中心，建立190个残疾人康复站，在29个社区卫生服务中心（站）设立康复科（室），配备社区康复协调员190名，为7.7万名残疾人提供了社区康复服务。2007年7月和9月，全国残疾人社区康复示范区培育活动领导小组分别对全市3个候选区进行检查，全部达标。同年11月，国家民政部、卫生部、中国残联授予渝中区、江北区、南岸区为“全国残疾人社区康复示范区”的称号。

2008年，大渡口等3个区启动市级残疾人社区康复示范区培育活动。

2009年，开展全国残疾人社区康复示范县（市）和第二批全国残疾人社区康复示范区培育活动。重庆有沙坪坝区、荣昌县等7个区县启动并开展了全国残疾人社区康复示范区县创建工作；巴南区、南川区等5个区启动并开展市级残疾人社区康复示范区创建工作，有大渡口区等3个市级残疾人社区康复示范区验收达标。依托街道社区卫生服务中心、乡镇卫生院新建120个残疾人康复示范社区，配备康复器材和康复训练资料。

2009年9月29日，召开社区康复工作会，加强创建全国康复示范区县培育工作

全国残疾人社区康复示范县（市）和第二批全国残疾人社区康复示范区培育活动为期2年。截至2010年，重庆市有2个全国残疾人社区康复示范区和5个全国残疾人社区康复示范县（市）。

2011年,重庆市启动第二批重庆市残疾人社区康复示范区县培育活动。重庆市残疾人社区康复示范区县培育活动领导小组负责制定重庆市残疾人社区康复示范区县工作标准、实施及验收方案,做好有关组织工作。各创建区县由政府牵头,成立分管区县长为组长,民政、卫生、财政、残联、宣传等部门为残疾人社区康复示范区县培育活动领导小组,负责制定创建工作计划,组织培育活动,2013年完成。2011年启动的合川区、万州区、潼南县培育活动,2011年底检查验收;2011年启动的黔江区、梁平县、垫江县、武隆县、开县、丰都县培育活动,2012年底检查验收;2012年启动的城口县、忠县、奉节县、巫山县、巫溪县、彭水县、秀山县、石柱县、酉阳县培育活动,2013年底检查验收。根据重庆市民政局、市卫生局和市残联下发的《关于启动第二批重庆市残疾人社区康复示范区县培育活动的通知》,万州区、潼南县经过自我创建、自我检查,市残疾人社区康复示范区培育活动领导小组检查验收组进行实地验收、专家评议和社会公示等程序,万州区、潼南县达到重庆市残疾人社区康复示范区工作标准,决定命名万州区为"重庆市残疾人社区康复示范区",潼南县为"重庆市残疾人社区康复示范县"。

2012年,对7个区县创建市级残疾人社区康复示范区县进行市级检查验收,累计完成20个区县的市级残疾人康复示范区县的验收。

2013年,城口县、忠县、云阳县、奉节县、巫山县、巫溪县、石柱县、秀山县、酉阳县、彭水县创建市级残疾人社区康复示范区工作启动,2014年验收。全年新建残疾人康复示范社区100个、区县辅具展示厅5个。

2014年,由市公安局、市财政局、市卫生局、市民政局、市教委、市残联组成的评审小组继续对忠县、奉节县等9个区县进行市级审评。9个区县达到"人人享有康复服务"的市级审评标准,为实现残疾人"人人享有康复服务"的目标奠定了坚实的基础。

至2015年,重庆市辖区已开展康复服务区25个,县(市)15个,辖区内社区(村)10837个、其中已开展社区康复服务社区(村)7791个,已建社区康复站的社区3379个,其中新建66个。

第七章 康复人才培养

第一节 人才培养

1994年7月11—15日,在北碚区开办重庆市残联康复工作培训班,全市21个区、市、县的残联理事长和分管康复工作的人员共计40余人参加。

1996年9月17—20日,举办重庆市残联康复工作培训班,各区、市、县90人参加。

2000年,建立优秀残疾人人才库。2001年11月,在全市开展全市麻风畸残康复需求调查,举办全市麻风畸残康复需求调查技术骨干培训班。

2002年,重庆市政府残工委秘书处决定成立重庆市残疾人康复训练与服务技术指导组,负责全市智力残疾儿童康复训练、脑瘫儿童康复训练、肢体残疾人康复训练的技术指导、人员培训、康复知识普及、实用技术推广、检查评估和验收工作。指导组设3个小组。是年,开展残疾人工作业务培训10次,培训区县(自治县、市)残联理事长37名,残联干部150名。是年9月,建立"重庆市优秀残疾人人才库"。

2004年8月,重庆市康复工作办公室举办聋儿康复教育新教材培训,对全市各聋儿语训部、语训班教师和区县聋儿社区康复指导员进行培训。培训由聋儿语训康复中心承办。

2006年6月25—30日,市残联康复部在市残疾人综合服务中心举办第二期市残疾人康复示范社区康复员培训班。9月3—8日,举办2006年第三期社区康复员培训班,共培训100余名社区康复员,完成培训200名社区康复员的任务。

2007年3月8日,日本驻中国大使馆官员西川隆九和中国康复研究中心外事办干部陈小梅(受中国残联委托)一行,针对"JICA中国中西部地区康复人才培养项目"这一中国残联与日本政府的合作项目,对重庆市进行实地考察。中日"JICA中国中西部地区康复人才培养项目"的实施,对改善康复人才匮乏的现状,推动残疾人康复事业的进程发挥积极作用。

2008年7月21日,重庆市残疾人康复示范社区全科康复医生培训班在市残疾人综合服务中心正式开班。来自万州、北碚等29个区县的103名社区康复医生参加培训。

2010年,市残联推进全市残疾人康复人才培养工作,提高为残疾人提供康复服务的能力,市残联在"十二五"期间,实施重庆市残联"康复人才培养百千万工程",依托全国康复机构及相关高等院校,培养100名残疾人康复方向的研究生和本科生,每年培训20~25名,指导基层社区康复服务。培训时间为4年以上,培训对象为相关机构在职人员、在校学生、招聘人员和残联系统康复医生等,培训方式为出国及国内进修培训、访问、学历教育。是年8月23日,市残联召开"JICA康复人才培养项目"中期评估汇报会。开展培养中级康复人才1000余名,依托专业院校(重庆城市管理职业学院、重庆师范大学特教学院、重庆市女子职业中学等)培养康复专业的大中专生500~600名,培训时间为2~3年;依托康复机构及市残联、卫生、人社局举办的资格、学历及上岗培训(含进修)培养400~500名在岗残疾人康复专业技术(含社区全科医生)与管理人员。各区县依托市级培训的康复师资及骨干,培训10000余名社区康复协调员,实施持证上岗。

举办重庆市首届残疾儿童康复项目康复技能大赛

2010年8月23日,重庆市残联召开"JICA康复人才培养项目"中期评估汇报会

2011年,制定《重庆市康复人才培养百千万工程实施方案》,每年投入100万元用于康复人才培训。依托高等院校、职业学校建立康复人才培养基地,探索残疾人康复人才学历教育与短期培训相结合的新模式。举办残疾人康复技术骨干师资培训班,首届重庆市残联系统心理咨询师培训班、JICA中国西部康复人才培养计划项目脑瘫儿童培训班等。全年培养各类各级康复专业人员2000余人次。

为落实《重庆市残联"十二五"康复人才培养规划》精神,市残联分别与重庆师范大学、重庆城市管理职业学院、重庆三峡医药高等专科学校、重庆市女子职业高级中学等4所院校签订联合培养康复人才协议,委托培养康复相关专业学生。

2012年,开展康复人才培训,分层累计培训技术骨干2300余人。举办区县残联通讯员培训班,培训200余人。根据中国残联康复人才培养百千万工程和市残联年度工作安排,经市残联领导同意,决定举办社区康复协调员师资培训班。各区县(自治县)肢体、智力、视力、听力言语、精神5类残疾人康复技术指导中心专业技术骨干各1人,残联康复干部各1人,市残疾人综合服务中心相应专业人员各1~2人参加培训。根据JICA中国中西部康复人才培养项目和市残联年度工作安排,市残联举办JICA中国中西部康复人才培养项目2012年重庆市(残疾儿童康复—筛查与训练)培训班。各区县(自治县)2个街乡镇的卫生服务机构全科医生(或儿保医生)各1人、2个街镇所辖社区的全科医生(或康复协调员)各1人,每区县(自治县)4人,参加为期4天的培训。

随着各区县(自治县)康复机构建设日益加强,为做好康复人才储备,改善康复人才紧缺现状,推进全市残疾人康复人才培养工作,提高为残疾人康复服务的能力,市残联2013年在全市开展康复人才需求调查工作。2013年,培训康复人才2500人次。2011—2013年,全市区县残联共举办社区康复协调员培训班202期,培训社区康复协调员2.02万人。

2015年4月24—30日,中国康复研究中心在重庆市举办"全国智力残疾儿童在职康复专业技术人员培训班",来自全国29个省、自治区、直辖市的90名智力残疾康复主管和业务骨干参加培训。4月27—30日,市残联在蓝箭宾馆举办"2015年重庆市康复干部及康复协调员骨干培训班",40个区县残联康复干部及社区康复协调员骨干共128人参训。市残联党组成员、副理事长任能君就"残疾人心理健康"做专题讲座。市精神卫生中心、市残疾人综合服务中心专家和相关业务部门领导为参训学员授课,培训内容包括5类残疾康复知识、辅助器具服务、无障碍环境、康复需求调查等方面。所有参训学员在培训后接受测试,92%的学员通过测试并登记培训学分。是年,市残联、市卫计委联合举办"2015年重庆市0~6岁儿童残疾筛查工作"培训班。培训班邀请市妇幼保健院保健部、儿保科,重庆医科大学附属儿童医院耳鼻喉科,市九院儿保中心的多位知名专家,对0~6岁儿童残疾筛查、信息报送流程进行全面、系统讲解,对0~6岁智力、听力、肢体、视力、孤独症儿童残疾筛查技术进行详细培训。

表3-13 2011—2015年重庆市康复人才与培训统计表

指标名称		单位	2011年	2012年	2013年	2014年	2015年
康复人才概况	康复机构在岗人员总数	人	5588	5673	5668	5987	6100
	省级康复机构在岗人员数	人	65	65	66	61	44
	其中:业务人员数	人	24	24	23	22	31
	管理人员数	人	38	38	36	31	8
	其他人员数	人	3	3	7	8	5
	县级康复机构在岗人员总数	人	5523	5608	5602	5926	6056
	其中:业务人员数	人	3910	3968	3805	4020	4143
	管理人员数	人	915	839	855	934	707
	其他人员数	人	698	801	942	972	1206
	本年度举办康复管理人员培训班期数	期	26	41	48	58	56
	培训康复管理人员人数	人	240	444	606	724	861
	本年度举办康复业务人员培训班期数	期	39	55	59	71	105
	培训康复业务人员人数	人	584	1069	1805	2013	2721
	本年度举办社区康复协调员培训班期数	期	50	76	76	89	79
	培训社区康复协调员人数	人	6145	7192	6882	10684	10736

第二节 外派培训

根据《残疾人康复人才建设“十二五”实施方案》和全国残疾人康复工作办公室《关于开展2010—2011年康复人才培训百千万工程社区康复协调员及地级师资培训工作的通知》精神,为改善康复人才短缺现状,推进全市残疾人康复人才培养工作,不断提高为残疾人康复服务的能力,推进全市残疾人社区康复示范区县的建设和实现残疾人“人人享有康复服务”的目标,全市加快了各级康复人才培训。

2009年,重庆市先后派出方静、江洪芬、陈刚、阿来尔哈、代礼军、唐金红、雷鸿琳、刘灏、陈梦丽、王红兵、刘昊等10余人,到郑州、北京等地参加听觉口语、全国省级社区康复协调员师资、脑瘫儿童康复技术、助听器验配师国家职业师资试验性鉴定(四级)考前培训班。

2010年4—12月,先后派出耿琳(康复部)、邓小玲(中心)、刘昊(中心)、刘莉(中心)、任能君(残联)、马应华、霍家其(綦江)、陈慧敏(残联)、刘灏(中心)、张顶奇(康复部)等参加中国残联康复协会、中国残联康复部组织的全国听力语言康复工作会暨专业技术培训班、全国脑瘫儿童康复技术培训班、康复人才培养百千万工程项目康复技术培训班、中国残联/CBM合作项目2010年全国盲人定向行走训练指导师、康复管理人员培训班等。

2011年3—12月,中国精协孤独症委员会、中国康复研究中心、中国残联社会服务指导中心等单位举办中国孤独症服务机构负责人培训班、全国脑瘫儿童康复技术培训班、全国智力残疾儿童康复技术培训班。重庆市派出李泽平(中心)、陈慧敏(康复部)、余霜梅(涪陵)、吴江梅(万州)、池梅(中心)、刘扬(中心)、陈新钊(中心)、陈刚(中心)、蒋露(中心)、吴峰(万州)等参加培训。

2012年,先后派出残联系统、相关医院的李泽平、耿琳、陈秀兰、邓小玲、董兴霞、陈鹏、陈友银,翁刘其、梁长华、陈新钊、任能君、郑学均、江洪芬、刘晓熹、崔永弘、莫家兵、阿来尔哈、秦毽、王官俊、陈红、李彬、孙晖、杨强等人到中国残联及相关协会组织的“十二五”聋儿康复救助项目管理培训、全国残联系统辅助器具培训、初级辅助技术工程师(肢体方向)岗位能力认证考前培训、视觉康复骨干培训等项目参加培训。

2013年,重庆市先后派出80余人到北京、江苏、湖北等地参加中国康复研究中心、中国残联康复部、全康办聋儿康复协调组、中残康协组织举办的“十二五”康复专业第二期学科带头人、孤独症儿童康复专业技术人员、“七彩梦行动计划”项目聋儿项目管理及网上服务人员、国家级继续医学教育项目“小儿脑瘫专业辅助器具及应用”等培训。

2014年,按照《重庆市残联“十二五”康复人才培养规划》要求,先后派出残疾系统、事业单位及康复医院等50余人,到北京、广州、湖北等地参加由中国残联康复部、中康协、中国残疾人康复协会等举办的15次高技术、学科带头人等培训。

表3-14 2015年重庆市康复人才外派培养统计表

培训项目	组织单位	参加人员	时间	地点
应用行为分析之语言行为评估(VB—MAPP)培训班	中国残疾人康复协会	佟传姣、江瑶、麦凤洁、韩俊、王明蕊、刘晓莉、王晓燕	4月14—18日	湖北武汉
关键性技能训练(PRT)高级培训班	中国残疾人康复协会	刘田田、伍文雯、毛晓琳、石惠利	4月20—26日	湖北武汉
儿童重大公共卫生服务项目工作推进会	国家卫计委、全国妇联、中国残联	刘林	4月8—10日	—
2015年年轻干部区域建设专题培训班	市委组织部	陈洪宇	4月13—24日	重庆北碚
2015年全国听力言语康复专业技术培训班	中国聋儿康复研究中心	梁俊	4月15—17日	甘肃兰州
国家级继续医学教育项目中国残联“十二五”第四期康复治疗(PT、OT)培训班	中国康复研究中心	秦济兰、黄平	6月9—17日	北京
关键性技能训练(PRT)第二轮处级培训班	中国残疾人康复协会	王明蕊、郭英、朱晓璐、任敏、周丽、陈梦莉、蒋金芮、韩俊、毛晓琳	6月8—13日	湖北武汉
全人发展观下的PT治疗技术培训班	中国残疾人康复协会	余秀旭、李莲鸿、邹秀英	6月28日—7月4日	辽宁省残疾人康复中心
应用行为分析之言语行为评估VB—MAPP第二轮第一阶段培训班	中国残疾人康复协会	王莽、李洁	6月23—29日	湖北武汉
第四期全国孤独症儿童康复学科带头人研修班	中国残联康复部	韩俊、贺小燕	6月23日—7月6日	北京
2015年视觉康复骨干培训班和视觉康复专业人员培训班第一期	中国残疾人康复协会	崔永弘、王杰、联黄华	7月5—18日	北京
2015年度第一期社区康复协调员省级师资培训班	中国残疾人康复协会	陈洪宇、刘菊华	7月5—11日	宁夏银川
社会保障和服务体系高级培训班	中国残疾人福利基金会	耿琳、李一冰	8月22日—9月4日	德国柏林
肢体残疾儿童康复学科带头人培训班	中国残联	彭利双	9月9—23日	北京洋桥大厦
全国盲人定向行走专业技术人员培训班	中国残联康复部	梁俊	9月14—16日	北京

续表

培训项目	组织单位	参加人员	时间	地点
应用行为分析之语言行为评估(VB—MAPP)第二轮第二阶段培训班	中康协	徐燕、李洁、王莽	10月8—13日	湖北武汉
关键性技能训练(PRT)第二轮中级培训班	中康协	王明蕊、朱晓璐、任敏、韩俊、蒋金芮、王秋秋	10月14—17日	湖北武汉
2015年假肢矫形器实用技术培训班	中国残疾人康复协会	戴雨利、刘道福、李磊、周宇、王道华	10月16—22日	北京民政部培训中心
亚欧会议框架下残疾人合作暨全球辅助器具产业发展大会	中国残联办公厅	任能君、李一冰	10月28—31日	人民大会堂金色大厅
社区康复管理人员培训班	中国残联康复部	陈洪宇、唐祯	11月2—5日	江西南昌

第八章　康复重点项目

第一节　人人享有康复服务

2001年12月25日，市卫生局、市民政局、市教委、市计生委、市妇联、市残联共同印发《重庆市康复训练与服务"十五"实施方案》的通知，为全市城市和有条件的农村建立社会化康复训练服务体系，为各类残疾人提供康复服务，康复服务工作实施面在区达到70%、县(市)达到50%。

2002年，市残联党组理事会召开专题会，研究部署2015年残疾人"人人享有康复服务"的工作目标。

2007年11月，市卫生局、民政局等六部门转发《关于印发〈中国残疾人"人人享有康复服务"审评方案〉的通知》，对全市残疾人"人人享有康复服务"工作进行部署。

2009年5月19日，市残联召开残疾人"人人享有康复服务"工作会，部署残疾人"人人享有康复服务"评审工作。40个区县(自治县)残联领导与康复干部、市残疾人综合服务中心负责人共90余人参加会议。会议传达了全国康复工作会议精神，布置了“人人享有康复服务”相关工作，市残联党组书记、理事长谢嘉庆出席会议并做重要讲话。市残联党组将2015年“人人享有康复服务”作为残疾人康复工作的目标，5月15日，市残联与市卫生局、市民政局、市财政局、市公安局联合出台《关于成立重庆市残疾人“人人享有康复服务”达标审评工作领导小组和专家库的通知》，讨论通过《重庆市残疾人“人人享有康复服务”评审表、指标目录、评分细则》，正式启动重庆市“人人享有康复服务”达标评审工作。评审工作领导小组下设办公室，办公室设在市残联康复部，负责日常工作；评审工作专家库专家协同办公室对各区县（自治县）进行人员培训、技术指导和达标评审等工作。

重庆市残联“人人享有康复服务”评审工作座谈会

2010年，市残联会同市卫生局等六部门出台《关于印发重庆市残疾人“人人享有康复服务”审评工作方案和审评方案工作用表的通知》，对审评工作进行细化。同时，召开“人人享有康复服务”评审中期工作会，听取2010年审评的8个区县的工作汇报，解决存在的困难和问题。是年，渝中区等8个区完成“人人享有康复服务”自查评审。合川区、万州区、潼南县培育活动正式启动。

2011年，市残联会同市卫生局等相关部门对申报的区县进行达标审核。沙坪坝区通过评选和表彰残疾人“康复之星”活动，为评选出来的10名“康复明星”、22名“康复积极分子”颁发证书和奖金，用典型事例带动更多的残疾人加入社区康复中，推进残疾人康复服务进社区（村）到家庭，促进残疾人“人人享有康复服务”的实现。是年，启动黔江区、梁平县、垫江县、武隆县、开县、丰都县培育活动。

2011年11月22日，市残联党组成员、副理事长任能君（左二）到璧山检查残疾人“人人享有康复服务”工作

2012年，围绕残疾人“人人享有康复服务”目标，加强残疾人社区康复示范区县创建工作。完成4个区县“人人享有康复服务”和7个区县创建市级残疾人社区康复示范区县的市级检查验收，累计完成20个区县的市级验收。

2010—2013年,由市公安局、市财政局、市卫生局、市民政局、市教委、市残联组成的评审小组,采取实地考察、查阅资料、召开座谈会、问卷调查、听取汇报等方式,对沙坪坝区、大渡口区、江北区、南岸区、北部新区、北碚区、渝北区、渝中区、永川区、璧山县、江津区、九龙坡区、长寿区、涪陵区、南川区、巴南区、荣昌县、潼南县、铜梁县、大足区、万州区、武隆县、垫江县、梁平县、合川区、黔江区、綦江区等27个区县(自治县)进行市级审评。27个区县(自治县)达到"人人享有康复服务"市级审评标准。

2014年,评审小组对忠县、丰都县、万盛经开区、巫山县、巫溪县、奉节县、云阳县、开县、城口县9个区县进行市级审评。经过审评,9个区县达到"人人享有康复服务"市级审评标准。全市康复救助残疾人15060人,培训康复人才4200人次。

2015年6月,重庆市残疾人"人人享有康复服务"38个区县全部通过市级审评,重庆市基本实现残疾人"人人享有康复服务"的目标。

第二节 残疾儿童康复救助"七彩梦行动计划"康复救助项目

2011—2015年,中央财政安排专项补助资金,支持各地实施残疾儿童康复救助"七彩梦行动计划"。中国残联办公厅和财政部办公室联合下发《残疾儿童康复救助"七彩梦行动计划"实施方案》。结合重庆市实际,制定《残疾儿童康复救助"七彩梦行动计划"重庆市实施办法》,在全市开展贫困残疾儿童抢救性治疗和康复工作。

2011年,制定《重庆市"十二五"贫困聋儿抢救性康复项目七彩梦行动计划筛查工作方案》,组织成立贫困聋儿抢救性康复项目筛查工作领导小组、项目专家委员会和项目办公室,负责项目的组织、管理、指导、监督、检查、资料审核等工作。12月初,市残联开展筛查定点机构摸底调查,各区县填写定点筛查机构申请表。12月中旬,市残联组织开展定点机构筛查培训工作。12月底,为定点筛查机构配置筛查相关设备。

2012年8月24日,召开"七彩梦行动计划"专家评审会

2012年4月20日,市残联、市财政局印发《残疾儿童康复救助七彩梦行动计划实施办法》,全面启动残疾儿童康复救助"七彩梦行动计划",落实残疾儿童康复救助"七彩梦行动计划"项目筛查、评估、训练、手术等工作,各区县累计完成筛查残疾儿童2257人。市残联成立残疾儿童康复救助"七彩梦行动计划"聋儿康复救助项目工作组和贫困孤独症儿童康复救助项目专家组。8月,残疾儿童康复救助"七彩

梦行动计划”聋儿(人工耳蜗)项目第一批53人初筛审核通过。2011—2012年,共为全市935名贫困残疾儿童配置各类辅助器具,其中装配假肢、矫形器共148例,适配轮椅、坐姿椅、站立架、助行器共787例。

2013年,全市残疾儿童康复救助项目拨发经费1848.17万元,其中中央经费1539.72万元,市级经费308.45万元,完成残疾儿童康复救助1325人次。

2014年7月1日,市残联下发《关于转发“七彩梦行动计划”贫困脑瘫儿童康复救助项目定点康复机构服务规范的通知》,进一步做好残疾儿童康复救助“七彩梦行动计划”贫困脑瘫儿童康复救助项目。是年,救助贫困残疾儿童2735人。

2011—2015年,开展残疾儿童康复救助“七彩梦行动计划”,实施肢体残疾儿童矫治手术370例,为术后儿童装配矫形器,进行康复训练。为520名贫困聋儿免费配戴助听器,并给予康复训练补助;对666名贫困脑瘫儿童进行系统康复训练,提高儿童的运动功能、生活自理、社会适应和学习能力;为1260名贫困孤独症儿童提供康复训练服务。

第三节　彩票公益金康复项目

实施残疾人事业专项彩票公益金康复项目,是国家进一步加大残疾人救助力度,推动初步实现残疾人“人人享有康复服务”目标的重要举措。

2004年,市残联把“彩票公益金聋儿康复项目”和“听力助残”项目结合起来共同实施。落实救助贫困聋儿康复项目市级配套经费42万元,为聋儿免费配戴助听器、电池和制作耳膜。组派由教师、助听器验配师、耳膜制作员组成的市聋儿康复中心技术小分队。9—11月,市聋儿康复中心技术小分队奔赴重庆市32个边远区县,免费为441名贫困聋儿验配助听器,免费制作耳膜444个;举办聋儿康复知识讲座32次,培训聋儿家长552名,训练聋儿546名;印制适合聋儿家人和社区指导员使用的培训教材,举办40个区县聋儿社区指导员和康复干部培训班。为800名贫困精神病患者实施医疗救助,共计经费28.8万元。

2005年,为贫困聋儿免费配发助听器531台(其中国家配发89台、重庆市配发442台);制作耳膜547个(其中国家118个、重庆市429个);发放电池7452颗(其中国家配发5664颗、重庆市配发1788颗);康复训练6800名;社区配发康复训练器具8个;培训社区、家庭康复人员24名;为贫困残疾人安装普及型大腿假肢200例;为贫困残疾人配发用品用具4245件。

2007年6月25日,为倡导、动员社会开展康复工作,鼓励残疾人工作者敬业奉献,更好地完成国务院批转的《中国残疾人事业“十一五”发展纲要》和《残疾人事业专项彩票公益金康复项目实施方案》提出的任务目标,进一步发展残疾人康复事业。8月8日,举行重庆市实施国家彩票公益金贫困肢体残疾儿童矫治手术启动仪式,现场还为下肢残疾儿童捐赠轮椅。是年,江津区残联、市聋儿康复中心被授予“中国残联专项彩票公益金残疾人康复项目先进集体”称号;市残联杨莉、市残疾人综合服务中心陈新钊、巴南区残联陈卫东、万州区残联王

2007年8月8日,重庆市实施国家彩票公益金贫困肢体残疾儿童矫治手术启动仪式

承伦4人被授予“中国残联专项彩票公益金残疾人康复项目先进个人”称号。

2008年,实施彩票公益金项目,免费为残疾人发放辅助器具2200件;新救助贫困聋儿140名,配发助听器280台。实施“彩票公益金贫困聋儿康复项目”和“慈善1+1——爱要让你听见项目”,为266名聋儿配戴助听器,并进行康复训练;举办2期彩票公益金贫困聋儿康复项目康复机构教师培训班,培训教师40名、聋儿家长266名,8名聋儿享受全免费捐赠人工耳蜗。是年,成立重庆奥地利人工耳蜗基金。

2009年,实施彩票公益金聋儿康复项目,完成聋儿训练266名、培训聋儿家长266名。开展彩票公益金救助项目,新救助140名聋儿在机构接受训练,并配发助听器280台。举办聋儿教师及助听器验配培训班,培训聋儿教师及助听器验配专业人员20人。为贫困聋儿安装人工耳蜗,其中“听力重建·启聪行动”安装5个,待审12个,奥利地人工耳蜗基金安装9个。开展“庆祝祖国六十华诞·助老同听建设乐章”助听器捐赠活动,为254名老干部、老党员、老工人、城乡贫困听障人士捐赠价值50万余元的助听器。完成贫困肢体残疾儿童矫治手术100例。

2010年,实施彩票公益金项目,为2.14万名贫困残疾人提供康复救助,其中视力残疾11256名,听力残疾785名,精神残疾4633名,智力残疾687名,肢体残疾737名,辅助器具3256名,配发各类低视力助视器375台(件)。

2011年,根据国家《残疾人事业专项彩票公益金康复项目实施方案》,制定重庆市“十二五”期间的任务:贫困残疾人免费配发用品用具1万件;为1000名贫困低视力者免费配用助视器;为1.22万名贫困精神病患者免费提供精神病治疗药品,为1500名贫困精神病患者提供免费住院医疗;为280名贫困聋儿购置配发助听器、电池、制作耳膜,并补贴康复训练经费;为200名贫困肢体残疾儿童实施矫治手术,配置辅助器具,实施术后康复训练。是年9月14日,中国残联到重庆调研“十一五”残疾人事业彩票公益金项目开展情况。

2012年,制定《残疾人事业专项彩票公益金康复项目重庆市实施方案》,为城乡有康复需求的贫困残疾人提供康复救助,其中优先资助城乡“低保”家庭的贫困残疾人。为贫困精神病患者实施医疗救助;为贫困残疾人配发和适配辅助器具;培训辅助器具适配人员;为贫困听力残疾人免费配戴助听器;为智力残疾儿童提供康复救助;等等。是年,依托残疾人综合服务中心、重庆师范大学、儿童福利院等单位,为205名贫困智力残疾儿童实施抢救性康复。

2013年,市残联下发《关于2013年中央专项彩票公益金支持残疾人康复补助资金说明的通知》,明确中央专项彩票公益金支持残疾人康复补助资金各项目经费的使用,划拨到区县的资金用于贫困精神病患者服药救助项目和住院医疗救助项目。医疗服药救助项目中不能进行城乡医保报销的贫困精神病患者900元/年·人,能够进行城乡医保报销的贫困精神病患者500元/年·人。贫困精神病患者住院医疗救助项目4000元/人·次,住院周期为3个月,划拨到市残疾人综合服务中心的资金用于假肢、矫形器装配项目和贫困成年听力残疾人(助听器)康复项目。假肢、矫形器装配项目中普及型大腿假肢1200元/例、小腿假肢480元/例,膝离断或髋离断假肢2000元/例,上肢假肢1800元/例,矫形器600元/例。贫困成年听力残疾人(助听器)康复项目300元/人,用于耳膜制作及验配服务。划拨的国家智力残疾儿童康复救助项目资金2000元/人,用于受助儿童康复训练补贴。

2011—2015年,为2100名没有享受医疗保险报销的贫困精神病患者提供基本治疗药品补贴,为2650名贫困精神病患者提供住院医疗救助。为贫困残疾人免费配发辅助器具1.5万件,为1.25万名贫困低视力者免费配发助视器,为缺肢者装配普及型下肢假肢1350例(小腿假肢675例、大腿假肢675例),装配膝离断、髋离断假肢250例,为贫困肢体残疾人装配矫形器800例;培训200名辅助器具适配人员;培训10名假肢矫形器技术人员。为1235名贫困听力残疾人免费配戴助听器,包括提供助听器、电池、首次耳膜制作及验配。2012—2015年,对820名贫困智力残疾儿童进行系统康复训练。

2014—2015年,中央财政加大智力残疾儿童康复救助项目力度,增加项目救助任务,并采取两种方式实施,其中部分继续按照正在执行的彩票公益金智力残疾儿童康复项目方式进行;另外部分根据《国务院办公厅关于政府向社会力量购买服务的指导意见》《财政部〈关于做好政府购买残疾人服务试点工作的意见〉的通知》《中国残联关于政府购买残疾人服务试点工作实施方案》精神,开展政府购买残疾人服务试点工作,采取政府购买智力残疾儿童康复服务的方式进行。2014年,资助1055名智力残疾儿童在项目机构内接受系统康复训练。财政为每名受助儿童提供每年12000元的康复训练补贴。

第九章　辅助器具

第一节　辅助器具供应

辅助器具服务是残疾人补偿和改善功能、提高生存质量、增强社会参与能力的最直接最有效的手段之一，在残疾人康复、教育、就业和日常生活等方面具有不可替代的作用，全市有169.4万残疾人，60%以上需要辅助器具服务。

1995年，建立县级残疾人用品用具供应服务站1个，全市供应用品用具1.08万件。1996年，供应用品用具2420件。1997年，供应用品用具5651件。1998年，市残疾人用品用具供应服务站成立。服务站设在市残疾人培训中心，市残联康复部主任唐国利为法人代表兼站长。2000年，供应残疾人用品用具6000件，完成任务数120%。

爱心企业为残疾人捐赠轮椅

2001年，市残联发放西门子HLR218PP耳背式助听器180台。全市共发放用品用具3931件/套。2002年，市残联在万州区、江北区、沙坪坝区、万盛区、渝北区、黔江区、綦江区、大足县、璧山县、梁平县、开县、秀山县、城口县建立残疾人用品用具服务机构。是年，供应残疾人用品用具4989例。2003年，供应残疾人用品用具1.4万件，发放轮椅480辆。2004年，经市残联康复工作办公室研究决定，市残疾人用品用具供应站增加假肢及矫形器制作两个项目，为205名低视力患者配用助视器，为肢体残疾人安装矫形器1600件，为麻风畸残者发放辅助用品70件，为残疾人提供用品用具90余个品种1.3万件。2005年，完成残疾人用品用具供应1.8万件，捐赠轮椅2000辆。

2006年，供应残疾人用品用具2.57万件。2007年，供应残疾人辅助器具2.8万件，其中向贫困残疾人免费发放3748件。2008年11月19日，市残联副理事长周鸣陪同中国残疾人辅助器具中心主任许晓明检查和指导残疾人用品用具供应站工作，全年供应辅助器具2.15万件。2009年，重庆市各区县（自治县）成立适应辅助器具需要的独立编制的区县（自治县）辅助器具中心，建立市、区县、街镇三级辅助器具服务网络。各级辅助器具服务机构开展肢体残疾人辅助器具适配、假肢和矫形器装配、低视力残疾人助视器验配、成年听力残疾人助听器验配和残疾人家居无障碍改造等服务，组织技术人员参加上级的系统培训，学习外省市的先进技术，不断增强为残疾人提供辅助器具服务的能力。

2011年7月，市残联研究同意黔江区、涪陵区、永川区、秀山县、奉节县、潼南县、綦江县残联各申报一台残疾人辅助器具流动服务车。

2012年3月20—21日，在燕山宾馆召开2012年辅助器具工作培训会，各区县（自治县）残联康复干部和残联系统辅助器具工作人员及市残疾人综合服务中心分管负责人及相关业务部门负责人、技术骨干参加培训会。会议部署“十二五”全市残疾人辅助器具工作，辅助器具选择和适配方法及救助项目筛查和流程。全年共供应各类辅助器具1.43万件。

2014年，中国残联辅助器具中心分配给重庆市辅助器具1700件，为年初下达任务数2000件的85%，结合重庆市实际，配发给12个区县。全年实际共供应各类辅助器具1.67万件。

2015年，加强残疾人辅助器具服务体系建设，开展辅助器具供应服务，全年共供应各类辅助器具1.85万件，其中装配假肢806例、矫形器310例，验配助视器4847件。

第二节　辅助器具适配

2001年，市民政局、市工商局、市质监局、市残联联合印发《重庆市残疾人用品用具供应服务“十五”实施方案》的通知。2001—2005年，建立三个假肢装配站，完成假肢装配800例，其中小腿假肢500例，大腿假肢300例。

2008年，配发辅助器具1.4万件。2009年，免费发放辅助器具5140件，完成长江新里程项目普及型大、小腿假肢装配252例（大、小腿各126例），并进行适应性训练，完成矫形器装配52例。

2011年9月27日，市残联巡视员、基金会理事长何德元参加残疾人轮椅捐赠仪式

2013年，市残联下发《重庆市残疾人联合会关于做好2013年度国家贫困残疾儿童康复救助项目辅助器具产品适配工作的通知》。市残联通过政府采购贫困残疾儿童康复救助项目

辅助器具产品(轮椅、坐姿椅、站立架、助行器)。为加强辅具适配工作,更好地为残疾儿童服务,各相关区县(自治县)残联、市残疾人综合服务中心、相关单位也做好了儿童辅具产品的验收、适配及档案资料整理、上报、宣传等工作。是年,重庆市新建江津区、巫溪县、开县、武隆县、潼南县5个残疾人辅助器具展示厅。

2014—2015年,实施国家贫困残疾儿童康复救助项目辅助器具产品适配,相关区县残联、项目定点机构广泛开展辅具适配项目宣传工作,让群众特别是残疾儿童家长知晓该项目救助的条件、程序,让政府和社会更加关注和支持残疾儿童辅助器具服务工作。两年共为贫困残疾儿童适配辅助器具1674件。

表3-15 2006—2015年重庆市辅助器具供应与辅助器具适配统计表

指标名称	单位	2006年	2007年	2008年	2009年	2010年	2011年	2012年	2013年	2014年	2015年
各类辅助器具供应件数	件	26178	30064	28267	71007	68280	7498	14313	14500	16675	18547
辅助器具供应品种	种	400	110	29	110	490	490	400	546	1116	120
假肢装配	例	28	919	814	286	253	282	300	232	240	806
国家彩金项目残疾人假肢装配	例	—	—	—	—	—	—	294	221	179	245
其中:大腿	例		410	398	148	126	147	156	96	66	84
小腿	例	28	509	416	138	127	135	129	94	49	77
膝离断	例	—	—	—	—	—	—	7	26	47	51
髋离断	例	—	—	—	—	—	—	2	5	13	9
功能性上肢	例	—	—	—	—	—	—	—	—	—	—
装饰假手	例	—	—	—	—	—	—	—	—	4	24
矫形器装配	例			696	209	86	70	199	104	378	310
国家彩金项目残疾人矫形器装配	例	—	—	—	—	—	—	109	77	173	306
其中:上肢矫形器	例	—	—	—	—	—	—	1	—	3	1
脊柱矫形器	例	—	—	—	—	—	—	3	1	2	2
下肢矫形器	例							105	76	168	303
其他辅助器具供应	件	—	—	—	—	—	7057	13814	14164	16057	17431
国家彩金项目残疾人免费发放	件	—	—	—	—	—	3545	7793	6998	5196	6681
其中:助视器	件	—	—	—	—	—	431	5399	4501	2720	4847
基本型辅助器具	件	—	—	—	—	—	—	2394	2497	2476	1834

续表

指标名称	单位	2006年	2007年	2008年	2009年	2010年	2011年	2012年	2013年	2014年	2015年
重度残疾人适配	件	—	—	—	—	—	277	—	—	—	—
就学、就业适配	件	—	—	—	—	—	—	—	—	—	—
贫困残疾儿童辅助器具适配	—	—	—	—	—	—	—	—	—	424	1250
其中：假肢、矫形器装配	例	—	—	—	—	—	44	—	—	251	498
（轮椅、站立架、坐姿椅、助行器）适配	件	—	—	—	—	—	—	—	—	173	752

第三节　辅助器具机构

建立和完善残疾人辅助器具供应服务机构，在市残疾人辅助器具供应站开展假肢和矫形器装配、辅助器具供应、辅助器具适配评估及产品展示等服务，在区县（自治县）残疾人辅助器具供应服务站开展辅助器具知识宣传、产品展示、信息咨询、配送、延伸等服务。为视力、听力、智力、肢体残疾人等各类残疾人提供辅助器具配置服务，并针对残疾人的身体条件、居住环境要求，开展辅助器具需求调查，状况评估、使用指导、适应性训练、个性化改造、使用效果回访等服务。

1992年，成立重庆市残疾人用品用具供应服务站，属市残联领导的事业单位，主要开展对残疾人生产自助器、功能补偿器械、特殊教育用具、生产辅助器具、文化体育用品、康复器材等辅助用具和特殊用品的供需调查。

2000年4月10—14日，中国残联主席邓朴方到重庆调研残疾人工作时与市残联理事长袁绍华合影

2000年4月10—14日，中国残联主席邓朴方一行到重庆调研残疾人工作。其间，安排两项活动，一是召开座谈会，市委副书记、市长包叙定，市委副书记、市人大常委会主任王云龙，市政协主席张文彬，副市长陈光国等领导参加座谈会。市残联理事长袁绍华向中国残联主席邓朴方一行和到会市领导做工作汇报。市委副书记、市长包叙定当场决定：市政府拨款1500万元，用于新建市、县级残疾人培训中心及部分区县残联办公用房。中国残联

重庆市残疾人辅助器具中心

主席邓朴方也决定拨款100万元,用于市级残疾人培训中心建设。二是中国残联主席邓朴方一行到渝中区调研残疾人工作。是年,建立基层供应站15个。2002年4月,市残联批复同意在万州区、江北区、沙坪坝区、万盛区、渝北区、黔江区、綦江县、大足县、璧山县、梁平县、垫江县、开县、秀山县、城口县建立残疾人用品服务机构。

2006年,建立市残疾人用品用具供应总站和27个区县供应站。2008年,在36个区县建立辅助器具供应站。

2011年,市残联转发《中国残联关于加强残疾人辅助器具服务机构规范化建设意见》,规范重庆残疾人辅助器具服务机构的建设。2013年,在江津、潼南、武隆、巫溪、开县建立5个残疾人辅具展示厅。2015年,全市有29个县级辅助器具供应站。

表3-16　2006—2015年重庆市辅助器具供应服务机构统计表

单位:个

指标名称	2006年	2007年	2008年	2009年	2010年	2011年	2012年	2013年	2014年	2015年
地市级机构	20	21	20	—	—	—	—	—	—	—
本年度新建	3	1	—	—	—	—	—	—	—	—
县级机构	17	23	25	38	39	25	26	27	30	29
本年度新建	1	6	3	—	1	3	4	3	4	1
本年度注销	—	—	—	—	—	2	—	—	1	2

第十章 残疾预防

第一节 出生缺陷预防与监测

为实现李鹏总理在世界儿童问题首脑会议上代表中国政府做出的承诺——中国实现2000年消除碘缺乏病目标，1995年，完成特需人群补碘15.75万人，1996年完成特需人群补碘17万人（其中新婚育龄妇女3万人、孕妇7万人、婴幼儿7万人）。1997年，市残联、市卫生局、市民政局根据全国特需人群补碘工作会议的要求，实施重庆市特需人群补碘工作。“九五”期间，特需人群补碘数89.51万人，其中新婚20.9万人、孕妇35.61万人、0~2岁婴幼儿33万人。

2003年，市残联、市卫生局、市教委、市人口和计生委联合印发《重庆市聋儿早期干预及后续教育工作实施办法》的通知，对聋儿的筛查发现、早期干预、机构建设职能、康复评估、后续教育贫困聋儿的救助等提出具体要求。各级医院妇产科及妇幼保健机构要做好聋幼儿的早期发现工作，把听力筛查作为新生儿常规检查项目，把婴幼儿的听力筛查作为儿童保健的日常工作。社区康复指导站承担社区聋儿的调查、建档立卡等工作，对年龄小于3岁的聋儿或暂时不能进入康复训练机构的聋儿，指导家长制定家庭训练计划，对其聋儿进行听力语言训练，开展耳聋的预防工作，宣传普及聋儿康复知识。对确诊出有听力障碍的婴幼儿，要组织家长到听力康复中心和有条件的医疗康复机构进行助听器验配和功能评估、耳膜制作，使其早戴助听器、早训练、早康复。

建立儿童残疾预防政府主导、相关部门各尽其职、协调运作的工作机制。在政府统一领导下，财政、卫生、民政、人口计生、残联等部门共同制定地区儿童残疾预防工作方案，并组织实施。为加强新生儿疾病筛查工作，提高出生人口素质，减少出生缺陷，依据卫生部《新生儿疾病筛查管理办法》和《新生儿疾病筛查技术规范》，结合重庆市实际情况，2011年9月1日，市卫生局制定《重庆市新生儿遗传代谢病筛查管理实施细则》。

2012年，重庆开展残疾儿童随报及早期康复试点工作，探索建立早预防、早筛查、早转介、早治疗、早康复的工作机制，经批准，确定永川区为全国“十二五”残疾儿童随报及早期康复工作试点城市。

2013年，结合国家对0~6岁残疾儿童抢救性康复救助，开展全市儿童残疾预防和筛查工作。区县残联、卫生局组织各乡镇(街道)残联,卫生院(社区卫生服务中心)做好儿童残疾预防、康复和筛查工作,将儿童残疾预防、筛查和康复工作与新生儿遗传代谢病筛查、儿童保健和残疾儿童康复救助工作紧密结合,本着"发现一例,报告一例,康复一例"的原则,及时、准确掌握儿童新发残疾信息,特别是0~6岁聋儿、脑瘫儿、智力残疾儿童、孤独症儿童的基本信息,做到早发现、早干预、早康复。

2014年9月12日,巫山县开展预防出生缺陷宣传活动

2014年5—12月,全市"三项目"(新生儿遗传代谢病筛查、儿童保健和残疾儿童康复救助)筛查数为1.23万人,共筛查苯丙酮尿症(PKU)和先天性甲状腺功能减低症(CH)11409人,其中PKU确诊数为0人,CH确诊数为23人,PKU和CH筛查率为93.01%;听力筛查数为1.01万人,听力初筛未通过数为522人,听力障碍数为3人,听力筛查率为82.59%。项目地区新生儿疾病筛查知晓率分别为,巫山县96%、巫溪县82%、奉节县73%(项目目标60%)。是年10月28—31日,在市卫生计生委妇幼健康服务处的组织带领下,由市项目管理办公室、重庆医科大学附属儿童医院听力筛查中心组成的市级调研小组,对巫山县、巫溪县、奉节县"三项目"工作进行调研,通过县级汇报、现场考察与听力筛查技术培训,对项目启动后的实施流程,新生儿听力筛查技能以及项目过程中存有的问题进行了解与培训,为促进项目的顺利开展提出了有效的改进措施。全面推进全市出生缺陷综合防治工作,宣传普及优生科学知识,营造重视和关注出生缺陷防治工作的良好氛围。2014年9月12—18日,在全市范围内开展以"预防出生缺陷从孕前开始"为主题的出生缺陷预防宣传周活动。2009—2014年,奉节、巫山、巫溪、黔江、秀山5个项目区县实施残疾儿童康复救助共371人,其中人工耳蜗38人、助听器62人、脑瘫109人、智力残疾43人、孤独症31人、矫治手术88人。

2015年,国家继续加大贫困地区新生儿疾病筛查项目推进力度,包括听力障碍儿童在内的0~6岁残疾儿童筛查。1月21日,市残联、市卫生计生委联合下发《关于进一步加强0~6岁儿童残疾筛查工作的通知》,进一步规范筛查流程,明确职能职责,推进儿童残疾筛查、诊断和康复等工作。是年,全市新诊断0~6岁残疾儿童1685人。

表3-17 2012—2015年重庆市残疾儿童筛查与新诊断0~6岁残疾儿童统计表

指标名称	单位	2012年	2013年	2014年	2015年
开展残疾儿童筛查工作县(市、区)	个	38	40	40	40
开展残疾儿童筛查工作的医疗卫生机构	个	76	125	123	108

续表

指标名称	单位	2012年	2013年	2014年	2015年
省级	个	0	—	—	1
地市级	个	0	—	—	—
县级	个	76	125	123	107
本年度新诊断0~6岁残疾儿童	人	3159	2777	2086	1685
视力残疾儿童	人	603	140	65	63
听力残疾儿童	人	334	362	214	193
言语残疾儿童	人	203	193	116	88
肢体残疾儿童	人	1265	1000	850	615
智力残疾儿童	人	603	708	525	446
精神残疾儿童	人	100	205	151	120
多重残疾儿童	人	51	169	165	160

第二节 预防措施与宣传教育

1984年9月，市卫生局发出《免费为盲人聋哑人检查疾患》的通知，市民政、聋哑人协会组织安排盲人聋哑人接受检查。参加普查防治工作的医务人员不计时间、不计报酬地为盲人聋哑人检查，300余名医务人员为全市20个区、县的1.17万人检查盲症聋症。对各地可治疗的盲人聋哑人进行安排，有65人经过治疗恢复视力。

特需人群补碘是“八五”计划纲要规定、国务院及四川省下达给重庆市的指令性任务。1995年，市卫生局、市财政局、市残联等联合印发《关于重庆市开展新婚育龄妇女、孕妇、婴幼儿补用碘油工作安排意见的通知》，做好补碘工作的组织管理、宣传教育、登记汇总等工作。

1996年5月，举办“重庆市残疾预防和康复知识竞赛”活动。1997年，市残联发文要求各地残联对补碘工作进行检查和清理，做好确定需要特需补碘人群的油丸发放工作。

2001年12月，市卫生局、市民政局、市计生委、市残联联合印发《重庆市特需人群补碘宣传教育“十五”工作计划》的通知。在全市开展补碘宣传教育，使特需人群普遍增强科学补碘意识，自觉补碘，预防智力残疾发生。

2008年3月1日，在解放碑CBD中心广场举行重庆市第九次全国“爱耳日——聆听2008奥运之声”听力助残宣传募捐及万人签名迎奥运、专家咨询等活动。2009年3月3日，第十个全国“爱耳日”在南岸区商业步行街举行，这次活动为10名聋儿和20名老年人代表免费捐赠助听器。

2014年9月,市残联、市卫生计生委联合召开全市0~6岁儿童残疾筛查技术规范培训班会议,并联合下发《关于印发0~6岁儿童残疾筛查工作规范(试行)的通知》,依托公共卫生服务体系和残疾人康复服务体系建设,做好重庆市0~6岁儿童残疾筛查、康复工作,推进儿童残疾筛查、诊断和康复衔接机制的建立,使重庆市0~6岁残疾儿童能够得到及时发现并得到康复救助。2012—2015年,共发放儿童残疾预防宣传材料83.28万份;举办儿童残疾预防宣传活动560场/次。

第四篇　残疾人社会保障

社会保障制度是现代国家文明的重要标志之一。残疾人是一个数量众多、特性突出、特别困难的社会群体，是社会保障和公共服务的重点人群。推进残疾人社会保障和服务建设是帮助残疾人改善基本生活条件、促进残疾人全面发展、实现残疾人共享改革发展成果的根本举措。

第一章　残疾人救助

第一节　残疾人低保

20世纪90年代，重庆市残疾人保障通过各级有关部门救济、扶助、供养、最低生活保障等形式，解决残疾人温饱问题，改善残疾人生活状况。

2001年，解决近5万名困难残疾人温饱，城镇困难残疾人得到最低生活保障，仅2001年11月，就有2.82万名困难残疾人享受“低保”，约占城镇残疾人的10%，占当月全市享受“低保”总人数的5.5%。2004年，4.67万名困难残疾人享受“低保”。

2006年，具有城镇户口的残疾人家庭人均收入低于当地城市居民最低生活保障标准，纳入最低生活保障范围4.79万人，城镇“三无”残疾人员在社会福利院等社会福利机构集中供养1058人；在建立农村最低生活保障制度的地区，具有农业户口的残疾人家庭人均收入低于当地农村最低生活保障标准，纳入最低生活保障范围2.75万人。

2007年，具有城镇户口的残疾人家庭人均收入低于当地城市居民最低生活保障标准，纳入最低生活保障范围5.71万人；在建立农村最低生活保障制度的地区，具有农业户口的残疾

2008年7月,残疾人工作者为残疾人办理低保、医保登记

人家庭人均收入低于当地农村最低生活保障标准,纳入最低生活保障范围8.93万人。

2008年7月25日,经重庆市第三届人民代表大会常务委员会第五次会议通过,重庆市在全国率先制定城乡统筹的《重庆市城乡居民最低生活保障条例》,实现城乡"低保"地方立法、城乡最低生活保障工作体制、城乡生活标准制定机制的三个统一。市残联、市民政局、市财政局联合印发《关于提高"低保"户残疾人救助标准的通知》,规定从2008年12月1日起,凡享受"低保"待遇的残疾人,"低保"标准每人每月增加20元,其中一、二级重度残疾人每人每月再增加20元。在"低保"申请条件上,规定家庭生活确有困难、已成年且丧失劳动能力的残疾人可与其他家庭成员分户计算,进一步加大残疾人最低生活保障力度。是年12月,已经纳入"低保"的残疾人17.06万人,其中5.8万城镇残疾人享受城市居民最低生活保障,平均保障标准为303元/人·月,月平均补差每人233元;11.26万农村残疾人享受农村居民最低生活保障,平均保障标准为162元/人·月,月平均补差每人102元。同时对享受城乡"低保"的贫困残疾人实施分类重点救助,享受城市和农村"低保"的重度残疾人在享受"低保"补差的基础上,每人每月增加55元和40元的重点救助金;对其他享受"低保"的残疾人在享受"低保"补差的基础上,每人每月增加20元的重点救助金。

2009年,重庆市发布"低保"政策,全市"三无"人员、残疾人员、患重大疾病人员、70岁及以上老年人、学龄前儿童和在校学生6类"低保"对象获重点救助金,城市每人每月35元、农村每人每月20元。这一政策惠及包括残疾人在内的近60万困难群众。全年城镇、农村残疾人纳入最低生活保障范围共计20.19万人。

2010年,为完善社会救助和保障体系,保障低收入群体的生活质量不因物价上涨而降低,重庆市物价局牵头,市民政局、市财政局、市人社局、国家统计局重庆调查总队共同起草《重庆市建立社会救助和保障标准与物价上涨挂钩的联动机制的实施意见》建议,上报市政府研究同意后以市政府的名义下发《实施意见》,建立联动机制的保障对象主要包括城乡"低保"对象、领取国家抚恤补助的优抚对象、城市"三无"人员、农村"五保"对象以及领取失业保险金人员。全市享受"低保"的城市残疾人4.85万人,农村残疾人11.69万人。

2011年,全市21.94万名残疾人享受最低生活保障。2012年,全市19.95万名残疾人享受城乡居民最低生活保障。2013年,19.06万名残疾人享受城乡居民最低生活保障。2014年,全市19.52万名残疾人享受城乡居民最低生活保障。2015年,全市17.87万名城乡残疾人享受城乡居民最低生活保障。

第二节　救助救济

1994年，利用残疾人纪念日看望慰问残疾人3.32万人，发放各种慰问品7.7万元。为1300余名生活贫困的残疾人捐款2.48万元，捐物8149件，发放救济金22.77万元。为1720名残疾人助耕1.05万亩。

2001年，在市民政局、市社保局、市老龄委、市残联的支持下，重庆市中医研究所、重庆市中医院面向重庆市内下岗职工、残疾人、低生活保障收入者、70岁及以上老人发放10万份“扶贫优诊卡”，开展为期一年的“扶贫优诊”服务活动，其中市残联向残疾人发放4万份“扶贫优诊卡”。持卡人在重庆市中医研究所、重庆市中医院就诊，可免收挂号费，检验费、治疗费，手术费优惠20%。2006年，全市有13.5万名残疾人接受社会救助。

2010年12月31日，市政府下发《关于加快推进残疾人社会保障体系和服务体系建设的实施意见的通知》。2011年，针对贫困残疾人，特别是一户多残、老残一体等困难残疾人，采取发放重点救助金、节日慰问、改善住房条件等方式，着力解决其基本生活保障问题。向10.28万名贫困残疾人累计发放重点救助金和慰问金1000万余元。全年有13.68万残疾人得到临时救助和重点帮扶。

2012年，2.1万名残疾人得到城镇集中供养或农村“五保”供养，8.17万名城乡残疾人获得其他救助救济；3个区出台重度残疾人护理补贴制度，受益残疾人达2572人。

2015年11月13日，市残联、市教委、市民政局、市财政局、市人力社保局、市城乡建委、市卫计委等7部门联合转发中国残联等部门《关于加强残疾人社会救助工作的意见》，保障和改善困难残疾人基本生活，促进残疾人平等参与和全面发展，实现残疾人与全市人民共奔小康。2013—2015年，在困难残疾人中，分别有3696人、3626人、4184人得到城镇集中供养；1.81万人、2.08万人、2.17万人享受农村“五保”供养；8.47万人、8.48万人、9.84万人获得其他救助救济（含城镇、农村）。

第二章 残疾人社会保险

第一节 医疗保险

2005年,在17个已经开展新型农村合作医疗试点的区县,将残联纳入新型农村合作医疗领导机构。全年有30万余名残疾人被纳入新型农村合作医疗范围,贫困残疾人报销医疗费用得到减免,缓解贫困残疾人"看病难"的问题。

2009年,出台《重庆市残疾人基本医疗保障办法(试行)》,制定一系列残疾人参加医疗保险制度方面的优惠政策。对自愿参保的一、二级残疾人给予特殊补助;按照当地城乡居民合作医疗个人缴费标准,对贫困户残疾人个人出资部分给予补助;将白内障复明手术、精神病患者治疗、肢残儿童矫治手术、残疾儿童抢救性治疗等病种纳入城乡居民医疗报销范围,促使残疾人进一步纳入城乡医疗保障体系。是年,实现城乡居民医保制度全覆盖,比国家要求提前1年。全市符合参加城乡居民医保条件的残疾人42.9万人,实际参保人数41万人,参保率95.8%,其中,城镇重度残疾人参保数1.78万人、农村重度残疾人参保数11.37万人,共13.15万人。对残疾人参保实行不同程度的补贴和救助,一、二级重度残疾人参保个人缴费部分2012年按一档每人每年50元、二档每人每年60元给予全额补贴,三、四级残疾人减半补贴,2012年全市共支出补贴1228万元。同时将唇腭裂、精神分裂、心理障碍、偏执性精神障碍纳入城乡居民医保特殊疾病病种范围,并将白内障患者复明手术、精神病患者治疗、肢残儿童矫治手术、残疾儿童抢救性治疗等4个病种纳入城乡居民医疗报销范围,在相同条件下适当提高报销比例。将精神病纳入城乡居民医疗慢性疾病补偿范畴后,按照当地慢性疾病补偿标准补偿,对贫困精神病患者实施服药救助和住院医疗救助,服药救助每人每年360~850元基本药物费用,住院救助每人每次3600~5000元。

2010年,重庆市城乡基本医疗保障制度已经实现全覆盖,全市城乡居民参保人数达2990.9万人,医保覆盖率92.5%,全市所有残疾人都纳入基本医疗保障。

2012年,全市有63.3万名残疾人参加新型城乡居民合作医疗,其中30.31万名获得不同程度的补贴,补贴金额1159.9万元。5万余名残疾人参加城镇职工医疗保险。

2013年,65.2万名残疾人参加医疗保险。2014年,8.59万名残疾人参加职工医疗保险。2015年,61万名残疾人参加城乡居民医疗保险,其中城镇残疾职工参加医疗保险8.96万人。

第二节　养老保险

2001年，全市残疾人参加养老保险的有20.3万人（其中重度残疾人6.78万人），全市城镇残疾职工参加劳动保障部门的社会保险人数为4.85万人。

2006年，全市城镇残疾职工参加劳动保障部门的社会保险5.16万人，其中在福利企业、工疗机构、盲人按摩机构等集中就业单位就业的城镇残疾职工参加社会保险的人数为1.94万人，分散在机关、团体、企事业单位及各种经济组织等单位就业的城镇残疾职工参加社会保险1.5万人，城镇残疾人个体就业参加社会保险（不含商业保险）1.72万人。

2007年，重庆市在全国率先建立全市统筹、城乡一体化的居民养老保险制度，在15个区县进行试点，并于2011年实现全覆盖，提前一年实现国家目标，使城乡残疾人享受同样的养老保险待遇。

2008年，全市城镇集中就业参加养老保险1.91万人，按比例就业参加养老保险1.88万人，个体就业参加养老保险1.74万人。

2009年7月1日，重庆市开始实施城乡居民社会养老保险（简称居民养老保险）试点工作。选择万州区、黔江区、大渡口区、九龙坡区、南岸区、北碚区、合川区、永川区、南川区、潼南县、梁平县、垫江县、武隆县、巫山县、酉阳县开展试点，到2012年覆盖全部区县（自治县）。政府在参保人缴费的基础上，每人每年补贴30元。对重度残疾人，政府对其缴纳最低标准的保险费再补贴40元。是年7月，市政府出台《重庆市关于开展城乡居民社会养老保险试点工作的通知》文件，该政策对残疾人入口和出口都给予补贴。入口政策中，对一、二级重度残疾人参保人员，在所有残疾人享受每人每年30元补贴普惠的基础上，再给予40元的特惠补贴。在出口政策中，国家规定的基础养老金是55元，而重庆市残疾人享受80元的基础养老金优惠政策。同时，重庆市经济条件较好的区县出台城镇残疾个体工商户参加养老保险补助政策。如渝中区出台《渝中区残疾人个人参加基本养老保险补贴实施办法》，对个人逐月参保的残疾人，每人每年补贴300元；对超龄趸缴参保的残疾人，一次性每人补贴1000元。

2011年，全市共有20.3万名残疾人参加养老保险。

2012年，全市共有33.7万名残疾人参加养老保险，其中10.12万名获得不同程度的补贴，补贴金额824.2万元。共有34.8万名残疾人参加城乡居民社会养老保险，共有6.1万名残疾人参加城镇职工养老保险。

2013年，48.7万名残疾人参加城乡居民养老保险。对一、二级重度残疾人参保最低档实行财政全额资助。

2014年，出台《关于提高参加城乡居民社会养老保险重度残疾人员政府代缴标准的通知》，对参加城乡居民社会养老保险的一、二级重度残疾人员，将政府代缴的养老保险费标准由每人每年40元提高到100元。45.1万名残疾人参加城乡居民养老保险。

2015年,47.83万名残疾人参加城乡居民养老保险,参保率76.8%,在60岁以下的参保残疾人中有10.71万名重度残疾人得到政府的参保扶助,代缴补贴比例达到100%。有10.98万名非重度残疾人也享受全额或部分代缴的优惠政策。领取养老金待遇的残疾人数达到18.29万人。

第三章　残疾人福利

第一节　两项补贴

2015年,市民政局、市残联、市老龄工作委员会办公室、市财政局联合印发《重庆市经济困难的高龄失能老年人养老服务补贴实施办法》《重庆市贫困残疾人生活补贴实施办法》《重庆市重度残疾人护理补贴实施办法》的通知。

对具有重庆市户籍的城乡"低保"对象中持有中华人民共和国残疾人证(第二代)的残疾人,贫困残疾人生活补贴标准为每人每月50元。贫困残疾人生活补贴制度自2015年7月1日起执行。

对具有重庆市户籍,持有中华人民共和国残疾人证(第二代)的一级、二级残疾人,一级残疾人护理补贴标准为每人每月60元;二级残疾人护理补贴标准为每人每月50元。重度残疾人护理补贴制度自2015年7月1日起执行。

对具有重庆市户籍的城乡"低保"对象、城市"三无"人员和农村"五保"对象中年满60周岁且生活不能自理的老年人,具体包括肢体、智力、精神、视力四类一、二级重度残疾失能老年人和因病瘫痪卧床不起6个月及以上的重病失能老年人;具有重庆市户籍的城乡"低保"对象、城市"三无"人员和农村"五保"对象中的年满80周岁的高龄老年人(不含前述失能老年人),符合重度残疾人护理补贴政策条件的,按照就高不就低原则享受补贴。经济困难的失能老年人和高龄老年人养老服务补贴标准均为每人每月200元。经济困难的高龄失能老年人养老服务补贴制度自2015年7月1日起执行。

至2015年12月,重庆市全面开展残疾人"两项补贴"制度。全市共有18.35万人次享受生活补贴;27.88万人次享受护理补贴。

第二节　其他福利

1992年，市人事局、市劳动局、市公安局、市民政局、市残联联合转发《对做出显著成绩的残疾人实行优待的暂行办法》，对获得全国，国家部、委及省政府授予的“先进”“模范”等荣誉称号者；获得国际（包括区域性）大赛金、银、铜牌者，全国比赛金、银、铜牌者，打破或创造世界、亚洲、全国纪录者；文艺方面有特别专长，获得文化部或文化部批准举办的全国性比赛二等奖以上者；科技方面取得重大成果，获得国家、部、省级科技三等奖以上者，在安置年龄内，有劳动力原则上由父母所在单位系统安排力所能及的岗位就业；父母无工作单位的，由所在地残联协助劳动、人事部门介绍到当地企事业单位就业；家居农村的，当地政府应将其安排在农村扶贫厂或乡镇企业务工。国家机关、事业单位在职职工，在规定范围内，可提前转正、晋职或晋级。本人是农村户口，已在国营、集体企事业单位工作一年以上，或配偶、父母、直接供养者系非农业户口的，所在地公安局部门应准予办理“农转非”。

2011年，根据《重庆市残疾人保障条例》，落实重庆市残疾人优惠乘坐公共交通工具。在重庆市并持有残疾人证等相关有效证件的一级、二级、三级、四级残疾人，优惠乘坐重庆市范围内的轨道交通、公共汽车、过江索道和公共扶梯。盲人和其他一、二级残疾人，凭残疾证办理免费乘坐卡，并凭卡免费乘坐所在地城市公交；三、四级残疾人残疾证办理优惠乘坐卡，并凭卡半价优惠乘坐所在地城市公交。

第四章　残疾人托养

残疾人托养服务，是指为符合条件的智力、精神和重度肢体残疾人，提供基本生活照料和护理、生活自理能力训练、社会适应能力辅导、职业康复和劳动技能训练、运动功能训练等方面的社会服务。

第一节 机构托养

托养中心配有专人照料残疾人进餐

2009年,市残联提出托养工作以政府主导、民办公助、社会参与、市场运作的指导思想和家庭供养向实现“养护、日间照料、社区寄养”,到“集中托养”的工作思路,逐步解决残疾人特殊人群的社会保障问题。是年,据不完全统计,全市有各种托养服务机构22个,其中渝中区3个(事业单位1个,民办单位2个),托养人数70人。沙坪坝区2个(从社区租用),托养人数31人。南岸区4个(事业单位1个,其他单位3个),托养人数约300人。北碚区1个(事业单位),托养人数55人。双桥区1个(事业单位),托养人数10人。长寿区1个(民办单位),托养人数16人。綦江县1个(民办单位),托养人数6人。铜梁县1个(民办单位),托养人数8人。垫江县1个(租用),托养人数16个。奉节县1个(民办单位),托养人数7个。巫溪县5个(民办单位),托养人数11人。

2010年4月28—29日,市残联举办残疾人扶贫和托养工作培训班。40个区县(自治县)残联的80余名分管教就工作的负责人和业务工作人员参加培训。市残联副理事长周鸣到会指导并讲话。

2011年,全市有各类残疾人托养服务机构35个,接收托养服务对象4683人。

残疾人在南川区托养中心学习生活

2012年4月25日,市委常委、常务副市长马正其考察调研大渡口区九宫庙街道残疾人托养中心。10月24日,市残联印发《重庆市残疾人托养机构建设和服务规范(试行)》《重庆市残疾人居家托养服务工作规范(试行)》,加强对残疾人托养服务机构的管理,促进全市残疾人托养服务健康发展。

2013年,市残联对各区县(自治县)残联已建成投入使用和2013年即将投入使用的区县级残疾人康复机构和残疾人托养机构上报中国残联,申请补助。全市残疾人机构托养残疾人1907人。

2015年，全市残疾人机构托养残疾人1504名。实施“阳光家园”计划，中央和市级投入资金1853万元，为2.42万名残疾人提供托养服务，其中通过政府购买服务的方式，为430名残疾人提供寄宿托养服务。举办全市残疾人托养能力建设培训班，培训服务和管理人员205名。全年各种机构托养残疾人2.84万人。

表4-1　2010—2015年重庆市残疾人托养情况统计表

单位：人

指标名称	2010年	2011年	2012年	2013年	2014年	2015年
托养残疾人总数	—	—	—	16590	21316	28445
寄宿制机构中托养残疾人	1862	1866	1199	591	559	990
其中：智力残疾人	491	455	204	68	94	102
精神残疾人	1029	1078	653	338	292	695
重度肢体残疾人	169	250	291	102	133	142
实现辅助性就业的人数	—	—	—	—	1	1
实现支持性就业的人数	—	—	—	—	—	—
日间照料机构中托养残疾人	—	388	848	466	467	415
其中：智力残疾人	—	171	247	106	184	175
精神残疾人	—	118	304	78	83	68
重度肢体残疾人	—	68	176	162	160	127
实现辅助性就业的人数	—	—	—	—	3	5
实现支持性就业的人数	—	—	—	—	5	14
综合托养服务机构中托养残疾人	—	—	—	977	548	401
其中：以寄宿制方式托养的残疾人	—	—	—	840	417	239
其中：智力残疾人	—	—	—	91	79	60
精神残疾人	—	—	—	665	251	145
重度肢体残疾人	—	—	—	47	7	6
实现辅助性就业的人数	—	—	—	—	15	15
实现支持性就业的人数	—	—	—	—	—	—
以日间照料方式托养的残疾人	—	—	—	137	131	162
其中：智力残疾人	—	—	—	50	88	102
精神残疾人	—	—	—	25	23	29
重度肢体残疾人	—	—	—	6		10
实现辅助性就业的人数	—	—	—	—	7	7
实现支持性就业的人数	—	—	—	—	—	1
享受居家托养服务残疾人	5492	6644	10689	14556	19742	26639

第二节 居家托养

2010年,重庆市开始实施残疾人居家托养项目,2012年,市残联下发关于印发《重庆市残疾人居家托养服务工作规范(试行)》的通知,居家托养对象为:处于就业年龄段(男性16~59岁,女性16~54岁)、长期需要人照料、享受"低保"且无业的智力、精神残疾和重度残疾人。服务内容主要有保持托养对象个人清洁,协助其定期洗澡、理发、修剪指甲、换衣等;整理清洁居住环境,帮助托养对象洗衣、煮饭、保洁、如厕等;带托养对象到户外活动,在正常天气条件下,保证服务对象每周有1~2小时的户外活动时间;陪伴并协助托养对象完成必要的外出活动,如就医看病、参加社区活动等;督促托养对象按时作息、服药、就诊等;在康复指导员的指导下对托养对象进行康复训练;与托养对象交流,对其心理问题及时疏导。是年,市残联印发《重庆市残疾人托养机构建设和服务规范(试行)》,进一步加强对残疾人托养服务机构的管理,促进全市残疾人托养服务健康发展,保障残疾人合法权益。

2012—2015年,分别有1.07万人次、1.46万人次、1.97万人次、2.66万人次残疾人享受居家托养服务。

第三节 阳光家园计划

2009年8月,中国残联与财政部开始共同组织实施"阳光家园计划——智力、精神和重度残疾人托养服务项目"。为贯彻落实《中共重庆市委、重庆市人民政府关于促进残疾人事业发展的意见》,推动开展智力、精神和重度残疾人托养服务工作,促进残疾人社会保障体系和服务体系建设,市残联、市财政局根据中国残联与财政部共同提出的有关实施阳光家园计划——智力、精神和重度残疾人托养服务的要求,实施2009—2011年"重庆市阳光家园计划",接收托养对象3850人,提供1.16万人次的托养服务。通过高水平、广覆盖、先行试点、逐步推广的方式,2011年在全市全面铺开。同时,按计划完成寄宿型托养机构、日间照料站的建设工作。

对于居家托养的残疾人,每人每年补贴不低于500元;日间照料对象每人每年补贴1200元;寄宿型全托对象每人每年补贴3600元。

2009年,按照《关于印发"阳光家园计划"的通知》和《关于认真做好"阳光家园计划"实施工作的通知》要求,市残联召开专题会议,全面部署开展"阳光家园计划"工作。市残联组织6个区县残联理事长,由党组成员、副理事长周鸣带队,到江苏、上海、广州等地学习考察残疾人托养服务工作,提出"政府主导、民办公助、社会参与、市场运作、资源共享"的托养服务工作指导思想。

2010年,市残联和市财政局共同制定下发《关于印发“阳光家园计划”实施方案的通知》,市残联下发《关于认真做好“阳光家园计划”实施工作的通知》,结合重庆市的实际特点对托养服务工作提出进一步的要求,并对“阳光家园计划”项目管理系统进行软件使用等业务培训。同年,市政府下发《关于加快推进残疾人社会保障体系和服务体系建设的实施意见的通知》,要求在2015年前,市级要建成1个残疾人托养服务中心,各区县(自治县)至少要建立1个残疾人托养服务机构,并依托社区、社会民间机构建立500个日间照料站。是年,市残联转发《中国残联关于开展阳光家园示范创建活动通知》的通知,要求各区县(自治县)按照中国残联的要求,根据本地创建“阳光家园计划”的实际情况,对照“阳光家园”示范创建活动的标准,向市残联提出“阳光家园”示范创建活动的申请,并经市残联验收认定后,向中国残联推荐。

市委将残疾人托养服务的机构建设纳入重庆市民生工程,经市政府批示同意修建重庆市残疾人托养服务中心。各区县(自治县)党委政府也高度重视,将残疾人托养服务用地纳入政府建设的规划大局。至2011年,有18个区县(自治县)以残疾人托养中心或残疾人康复中心的名义进行立项。已有8个区县(自治县)开工建设,10个区县(自治县)正在多方筹集资金准备开工。有7个区县(自治县)以民办公助的形式开展残疾人托养服务工作。

2009—2011年,中央财政拨款1514万元,重庆市投入资金1072.07万元,其中政府财政投入55.92万元,残保金投入1007.24万元,其他资金投入8.91万元。总投入资金2578.99万元(对民间自投资金未做统计)。资金中有122.72万元用于补助8个区县的残疾人托养服务机构添置有关康复器材。其余资金全部用于托养服务残疾人。对资金的使用下发专门文件作为明确要求,严格专款专用。三年共完成托养服务计划任务17628人。

2011年,市残联、市财政局下发《关于印发重庆市阳光家园计划——智力精神和重度残疾人托养服务项目(2012—2015年)实施办法的通知》。重点解决就业年龄段的智力、精神和重度残疾人托养;探索托养服务的长效机制;坚持政府主导,社会参与,明确各级政府的责任,加大财政投入,鼓励引导社会力量广泛开展残疾人托养服务;坚持资源共享,依托现有公共服务资源搭建残疾人托养服务网络;坚持健全规章,严格监管,确保项目实施公开公正、资金使用安全有效。2012—2015年,资助3.6万人次智力、精神和重度残疾人接受各种形式的托养服务。探索建立适合重庆市实际的残疾人居家托养模式。帮助残疾人增强生活信心,提升社会参与能力,提高生活质量,减轻家庭负担,以促进社会和谐。托养对象主要是指处于就业年龄段(男性16~59岁,女性16~54岁)无业的智力、精神和重度残疾人。对居家托养对象的资助标准为600元/人·年,对日间照料对象的资助标准为1200元/人·年,对寄宿型服务机构的资助标准为3600元/人·年。各区县(自治县)残疾人托养服务所需资金,通过区县(自治县)财政安排一般预算资金和残保金、社会捐赠、个人自筹、托养服务机构适当收费和庇护工场收入等多渠道筹集解决。市级将整合中央专项补助、市级残保金等资金,对区县(自治县)给予适当补助。2009—2011年,共发放托养补贴资金2691万元。

2012年,全市有各种类型的寄宿制托养机构1359个,共供养和托养残疾人2.47万名(其中残疾人托养机构56个,托养残疾人1866名);日间照料站28个,托养残疾人388名;居家托养残疾人6644名。是年,实施阳光家园计划,为9000名残疾人提供托养服务,资助资金813万元。根据《中国残联关于开展第二批“阳光家园”示范创建活动的通知》要求,结合重庆市实际情况,按照自愿申报、统一审核的原则,申报渝中区为全国“阳光家园”示范区,申报大足区残疾人安养家园、南川区精神智力残疾人康复托养院为全国“阳光家园”示范机构。

2013年,落实专人实施“阳光家园计划”项目的信息管理工作,在11月底完成数据库录入。全年投入资金896万元,为1.66万名残疾人提供康复托养服务,占任务数的128.3%。

2014年,重庆市“阳光家园计划”项目投入资金1088.6万元,为1.5万名残疾人提供寄宿型、日间照料、居家托养等服务。

2015年,实施“阳光家园计划”,以购买服务等方式,为近2万名残疾人提供寄宿制、日间照料、居家等形式的托养服务。

第四节　残疾人托养机构

为加强对残疾人托养服务机构的管理,促进全市残疾人托养服务健康发展,保障残疾人合法权益,2012年10月,市残联印发《重庆市残疾人托养机构建设和服务规范(试行)》《重庆市残疾人居家托养服务工作规范(试行)》。

大渡口区九宫庙街道残疾人托养中心落成

为贯彻落实《中共中央国务院关于促进残疾人事业发展的意见》《关于加快推进残疾人社会保障体系和服务体系建设指导意见的通知》、中国残联办公厅《关于印发〈地方残疾人康复、托养机构设备补助项目实施方案〉的通知》等文件精神,满足残疾人最关心、最直接、最现实的康复和托养服务需求,逐步形成覆盖全市的残疾人康复和托养服务网络,促进残疾人事业与经济社会协调发展,“十二五”期间,市残联组织实施中国残联地方残疾人康复、托养机构设备补助项目,以推动各区县(自治县)残疾人康复、托养机构和市残疾人综合服务中心服务水平进一步提高。

2013年,市残联向中国残联申请补助市残疾人综合服务中心、万州区残疾人综合服务中心、云阳县残疾人康复中心、江津区残疾人联合会康复医院、綦江区残疾人综合服务中心、巫溪县残疾人康复服务中心、大渡口区残疾人康复中心、开县残疾人服务中心、荣昌县残疾人服务总社9家机构设备补助资金2492.63万元。

至2015年,全市残疾人托养服务工作规范推进,残疾人托养服务机构达到77个,其中寄宿制托养服务机构26个,日间照料机构37个,综合性托养服务机构14个。在以上机构中,有28名残疾人实现辅助性就业,15名残疾人实现支持性就业。机构之外接受居家托养服务的残疾人达到2.66万人。全年共有1540名托养服务管理和服务人员接受各级各类专业培训。

大足县残疾人托养中心

表4-2 2010—2015年重庆市残疾人托养机构统计表

单位:个

指标名称	2010年	2011年	2012年	2013年	2014年	2015年
托养服务机构	63	57	—	97	87	77
其中:寄宿制托养服务机构	—	—	36	19	22	26
日间照料托养服务机构	—	28	83	52	40	37
综合托养服务机构	—	—	—	26	25	14

第五篇　残疾人教育

第一章　学前教育与义务教育

20世纪80年代,全市特殊教育机构少,教学形式和内容单一,教育质量较低。1989年,国务院办公厅转发了国家教委等八部委《关于发展特殊教育若干意见》,确立了发展特殊教育的基本方针。1990年,重庆市教委、市残联印发《重庆市1990—2000年特殊教育规划》,为全市特殊教育发展提出目标、任务和要求。1991年,全市有盲、聋、智力残疾学校22所、85个班,在校生950人,盲童入学率为12%,聋生入学率为27.68%。1994年,国务院颁布《残疾人教育条例》,从学前教育、义务教育、职业教育、高等教育及成人教育等方面做出规定,开启了残疾人教育事业发展新篇章。1995年,盲、聋、智力残疾儿童学校发展到28所,教学班138个,加上随班就读的在校生发展到共1.31万人,智力残疾儿童的入学率分别上升到70.81%、74.84%、97.16%。

2005—2015年,按照重庆区域和残疾儿童少年就学情况,规划布局市、区县两级特殊教育学校,保障广大残疾儿童少年就近入学。至2015年12月,全市30万人口以上的区县已建立特殊教育学校,建成市特殊教育中心和市聋哑学校,区县特殊教育学校达到36所(培智学校1所、盲校1所、聋校8所、综合类学校26所),形成区域布局合理、城乡统筹发展的特殊教育公共服务体系,适应残疾儿童少年就学需求。

第一节　学前教育

1986年10月9日，重庆市第一家由个体兴办的专门招收残疾儿童的幼儿园“重庆绍综残疾儿童幼儿园”诞生。幼儿园位于重庆市火车站附近，二层楼房，园内设有42张床位，备有彩色电视机、录像机及各种图书、玩具。

1987年，市儿童福利院收养的80%的儿童为残疾儿童，其中智力残疾48人，肢体残疾6人。是年，在捍卫路小学智力残疾班收有儿童12人，年龄8~16岁。

1990年7月12—14日，市残联与市少年宫联合举办重庆市首届聋哑儿童夏令营活动，45名残疾儿童和带队教师参加此次活动。

1994年，召开全市特教工作会议，制定了特教工作10年规划，部署全市残疾儿童受教育计划。至1994年，全市有795名残疾儿童，分别在23个智力残疾班，48个聋哑校（班）就读。1997年，学龄残疾儿童少年入学人数为1.55万人（其中盲儿童少年1443人、聋儿童少年2930人、智力残疾儿童少年1.11万人），入学率分别为54%、70.7%、81.2%。

1999年6月，市残联开展了未入学适龄残疾儿童少年的专项调查。至1999年12月，全市还有未入学适龄残疾儿童9107人。2003年，市残联配合做好适龄儿童入学工作，“三残”儿童入学率不断提升。至2005年，全市“三残”儿童平均入学率为84.6%。

2007年，全市有特殊教育学校45所。在校残疾学生1.6万余人。在校残疾学生中盲、聋、智力残疾“三残”儿童入学率为92%。

残疾儿童认真学习

2012年4月12日，市残联、市教委联合印发《重庆市“十二五”残疾人事业专项彩票公益金助学项目（学前教育）实施方案》。市残联、市教委组成市级项目领导小组，市残联副理事长周鸣任组长，市教委基础教育处副处长吴薇、市残联教育就业部主任郝建新任副组长。下设办公室于市残联教就部，具体负责协调教育部门，开展日常工作。加大对重庆市贫困残疾儿童学前教育资助力度，提高残疾儿童学前教育入园率、巩固率，加快推进全市学前特殊教育发展。

2013年，市残联和市教委适时对受助对象的受助情况进行检查评估后，利用重庆市残疾人事业专项彩票公益金助学项目资助残疾儿童200名，资助标准3000元/年·人，其中残疾人事业专项彩票公益金助学项目资助新入园52人，其他残疾儿童学前教育助学项目资助64人。

2014年,市残联对“十二五”残疾人事业专项彩票公益金助学项目(学前教育)执行情况进行检查。同时,明确助学机构的受助对象已连续被资助3年的不再享受资助。

2015年,市残联和市教委根据《重庆市“十二五”残疾人事业专项彩票公益金助学项目(学前教育)实施方案》精神,做好受助残疾儿童的相关资料建档立卡工作,以接受中国残联将在年底对资助项目情况的考核检查,按要求高质量圆满完成彩票公益金助学任务。是年,专项彩票公益金助学项目资助儿童200名,资助标准3000元/年·人,其中残疾人事业专项彩票公益金助学项目资助新入园111人,其他残疾儿童学前教育助学项目资助51人。至2015年12月,共有1308名学龄残疾儿童未入学。

第二节　义务教育

一、随班就读

按照残疾人义务教育“九五”实施方案,落实《中华人民共和国义务教育法》等法规,配合市教委制定出台《贫困地区发展残疾儿童少年义务教育的意见》,为全面推进残疾儿童少年接受义务教育提供保证。

1992年,全市有1664名残疾儿童少年随班就读。1993年,重庆市近郊六区智力残疾儿童随班就读1070人。1995年,全市近百个学校开展智力残疾、低视力儿童随班就读。全市聋生入学率64.7%,盲童入学率68.1%,城乡智力残疾儿童在校率100%。

1996年,全市特殊教育学校发展到29所(其中盲校1所、聋校25所、智力残疾学校1所、特殊教育中心学校2所),开设36个教学班。普通学校随班就读学生5315人(其中盲生55人、聋生415人、智力残疾生4845人);在特教学校、特教班就读学生1744名(其中盲生31人、聋生730人、智力残疾生983人)。

残疾学生体育活动丰富多彩

1997年,全市特殊教育学校发展到38所(其中盲校1所、聋校37所),开设35个教学班。普通学校随班就读学生4749人(其中盲生184人、聋生330人、智力残疾生4235人)。盲童入学率82.12%;聋儿入学率81%;智力残疾生入学率98%,贫困失学的残疾儿童少年纳入“希望工程”。

1999年,全市盲、聋、智力残疾三类残疾儿童入学率分别达到71.4%、74.1%、88.2%。全市有近百个学校开展智力残疾、低视力儿童的随班就读，盲、聋、智力残疾儿童入学均超过规定的指标。是年，开展未入学适龄残疾儿童少年调查。2000年，全市有残疾少年儿童随班就读9332人。

2004年，市教委、市人口和计生委、市卫生局、市残联等单位联合印发《重庆市聋儿康复工作管理意见》，要求持有残疾人康复工作办公室颁发的康复等级证书的聋儿可进入当地普通小学或普通幼儿园学习，各小学或幼儿园要按规定接受本校服务范围内已达到康复等级的聋儿随班就读，不得以任何理由拒收。各普通小学、幼儿园要根据聋儿特点，对聋儿进行听力言语的后续训练，巩固康复效果。是年，在校残疾学生1.72万人，“三残”儿童入学率84.6%，比全国平均水平高出4.6个百分点。2005年，在校残疾学生1.59万人，随班就读学生1.34万人。

2006年，重庆市残疾人福利基金会向重庆市地产集团募集资金30万元用于救助残疾失学儿童接受义务教育。是年，普通学校随班就读学生11699人，其中男生6746人、女生4953人。2008年，义务教育普校附设特教班共计24个（全为智力残疾班），就读学生12116人。2009年，义务教育普校附设特教班共计23个（其中：聋生班1个、智力残疾班22个），普通学校随班就读学生11212人。2010年，义务教育普校附设特教班共计25个（其中聋生班1个、智力残疾班24个）。在普通学校随班就读学生9093人（其中盲生1368人、聋生2121人、智力残疾生5604人）。

2011年，未入学学龄残疾儿童少年2031人。2012年，未入学学龄残疾儿童少年1523人。2013年，未入学学龄残疾儿童少年943人（其中视力残疾儿童少年59人、听力残疾儿童少年47人、言语残疾儿童少年56人、肢体残疾儿童少年312人、智力残疾儿童少年389人、精神残疾儿童少年33人、多重残疾儿童少年47人）。2014年，未入学学龄残疾儿童少年1671人。

至2015年，推进特殊儿童少年有机衔接和协调发展，形成以随班就读为主体、以特殊教育学校为骨干、以特殊教育资源中心（教室）为支撑、以送教上门和社区教育为补充的特殊教育格局，扩大了特殊教育规模。全市有附设特教班小学17个，普通初中18个，有1320所小学、236所普通（职业）中学开展随班就读，随班就读人数13250人，未入学学龄残疾儿童少年1308人（其中视力残疾儿童少年62人、听力残疾儿童少年35人、言语残疾儿童少年66人、肢体残疾儿童少年381人、智力残疾儿童少年601人、精神残疾儿童少年53人、多重残疾儿童少年110人）。

二、特教学校与特教班就读

1960年，市民政局创办的聋哑学校开设18个班，入学者345人，创办聋哑人文化学习班和扫盲班，招收164人，一年级试行手语教学，二年级采取口语教学，高年级增设政治课程。

1961年，重庆市沙坪坝区社会福利机修厂聋哑工人江成功，经过刻苦努力学习文化知识和生产技能，在工作人员的帮助下，为该厂写出一本10万余字的《车工基本操作规程》。该厂参加文化培训的聋哑工人61人中，达到初小程度30人，高小程度27人，初中程度4人。参加文化培训的38名盲人中，达到初小程度的20人，高小程度的16人，初中程度的2人。

1985年，江津县民政局协调配合教育部门在杜市乡成立重庆市第一所农村聋哑学校(县杜市聋哑学校)。

特校学生乐团排练

1988年，重庆市辖21个区县，有小学8443所，在校小学生128万人。初中919所、学生53万人。全市有盲童学校1所，学生46人；聋哑学校1所，学生174人；聋哑班17个，学生229人；智力残疾班10个，学生106人。全市从事特殊教育工作的教职工123人，其中专任教师97名。1989年，市残联通过走访调查，配合教委草拟1990—2000年的十年特教规划，提出重庆市近、中、长期目标。推广江津县乡办聋哑校和入学、教育、安置就业一条龙的经验，促进各区县创办聋哑学校。1990年，全市有特教学校22所60余个班，在校残疾学生700余名。

至1991年12月，全市19个区县办起盲聋哑学校25所，在校学生586名；智力残疾班28个，在校学生298名。特殊教育的发展，使更多的残疾儿童有入学的机会。1992年，办有低视力分类教学班1个，收低视力学生12名。全市共有特教学校22所，特教班85个。1993年，全市有盲校1所，开设8个班，有52名学生；聋哑学校22所48个班，593名学生。1994年，召开全市特教工作会议，制定了特教工作10年规划，在原有11个区县办特教的基础上实现了每个区县都办有特教学校或特教班。全市开设特教学校26所。普校附设特教班108个，共有1432名学生在校就读。1995年，全市特教学校增至29所，智力残疾儿童特教学校2所。在市残联的努力下，重庆市盲

全国模范教师、全国中小学德育先进工作者、“宝钢杯”全国杰出中小学中青年教师金奖、全国三八红旗手、全国自强模范、全国师德标兵和全国师德楷模周娟给残疾孩子们上课

校与日本广岛盲校结为友好学校，为全市更多视力残疾者受到更好的科学教育提供条件。

1996年，全市特殊教育学校发展到29所（其中盲校1所、聋校25所、智力残疾学校1所、特殊教育中心学校2所），开设36个教学班。在特教学校、特教班就读学生1744名（其中盲生31人、聋生730人、智力残疾生983人）。1997年，全市特殊教育学校发展到38所（其中盲校1所、聋校37所），开设35个教学班。在特教学校、特教班就读学生共计1323人（其中盲生100人、聋生887人、智力残疾生336人）。2000年，全市有特殊学校43所，盲、聋、智力残疾教学班250个，特教班61个，在校就读残疾学生19369名，残疾儿童入学率为78.43%。是年，重庆市聋哑学校一至九年级11个班116名学生，面向原重庆6个区、县招生。有教职工35名，专职教师23名。学校占地面积3874平方米，建筑面积5429平方米。

2001年，普校设特教班35个，特教班就读学生2.12万名。残疾少年儿童入学1.72万名，残疾人入学率比上年提高20%。2003年，重庆市有特殊教育学校38所，盲、聋、智力残疾教学班36个，在校就读残疾学生1.72万名，盲、聋、智力残疾"三残"儿童入学率84.6%。2004年，重庆市残疾人康复工作办公室、市教委、市人口和计生委、市卫生局、市残联印发《重庆市聋儿康复工作管理意见》的通知，要求对没有达到康复标准、暂不能进入普通小学或普通幼儿园学习的聋儿，要让他们到当地特殊教育学校或聋哑学校学习，特殊教育学校或聋哑学校要开展双语教学，让其既能学习文化知识又能巩固康复效果。2005年，全市有特殊教育学校34所，有特教班40个，在校残疾学生1.59万人，其中特殊教育学校学生2475人，随班就读学生1.34万人。

2006年，全市有义务教育特教学校共42所，义务教育普校附设特教班47个。在特教学校、特教班就读学生3063人。2007年，全市有特殊教育学校45所，义务教育普校附设特教班37个。在特教学校、特教班就读学生共计2729人。2008年，全市有特殊教育学校38所，在校残疾学生1.7万人。2009年，市政府转发市教委、市发改委、市财政局、市民政局、市人社局、市卫生局、市编办、市残联《关于进一步加快特殊教育事业发展的意见》，明确基本任务及工作重点，制定切实可行的保障措施。是年，全市有特殊教育学校39所，义务教育普校附设特教班23个。在特教学校、特教班就读学生3627人。2010年，全市有特殊教育学校39所，在校残疾学生1.31万人，"三残"儿童入学率94%。

2011年，市残联与教育部门协调，主动配合做好残疾学生的入学工作，确保残疾儿童少年接受义务教育。2014年，市政府制定《重庆市特殊教育提升计划实施方案》，明确2014—2016年特殊教育发展总体目标、重点任务，完善特殊教育发展的政策制度，推动特殊教育进入全面、快速发展的新阶段，全市特殊教育学校共36所，残疾儿童少年入学人数1.69万人。是年，重庆市龙门浩职业中学成立，成为重庆市首个残疾人职业能力评估工作室、国家级残疾人职业技能培训基地。至2015年，全市有特殊教育学校共36所，在校就读残疾儿童少年3600余人。

第二章　职业教育

第一节　普通职业教育

残疾人职业教育的发展，对于提高残疾人文化素质，掌握劳动技能，帮助残疾人自强自立，参加社会劳动，解决残疾人就业，减轻社会、家庭负担，起到了极好的推动作用。

1992年，江津成立江津县残疾人职业学校，开设财会、中医、文秘三个专业。

2000年，第一次以省级规格组队参加全国残疾人职业技能选拔赛。参赛项目有组装个人电脑、机械装配与测试、电子装配、服装裁剪、广告牌制作、海报设计等项目。选手在经过25天集训后参加比赛，获得第二名、第三名各1人。

2001—2005年，市聋校、盲校开办职业教育，对666名在校生进行职业教育，通过职业技能培训，毕业后就业率100%。江津市、万州区残疾人职业学校开办大专、中专班和短期培训班，对1830名各类残疾人进行会计、文秘、中医学、电脑等职业教育和培训，就业率100%。

江津区特殊教育学校

2015年，文化教育与职业教育紧密结合，发展残疾人职业技能，让残疾学生通过职业教育培训掌握必要的实用技能和生活能力。全市36所特殊教育学校中有20余所开设职业教育。市特殊教育中心的推拿按摩职业教育，历届毕业学生全部达到中级保健按摩师水平，就业率100%。2013—2015年，对全市2.25万名城市残疾人、5.6万名农村残疾人进行全部免费的职业培训，提高残疾人就业率。

表5-1　2006—2015年重庆市特殊教育普通高中教育阶段统计表

指标名称		单位	2006年	2007年	2008年	2009年	2010年	2011年	2012年	2013年	2014年	2015年
特殊教育普通高中学校（班）	机构	个	5	7	2	2	2	2	2	2	2	1
	其中:盲普通高中	个	0	0	1	1	1	1	1	1	1	1
	聋普通高中	个	0	2	1	1	1	1	1	1	1	—
	其他	个	5	5	—	—	—	0	0	0	0	—
学生	招生	人	110	99	72	85	87	91	84	74	89	84
	其中:盲	人	22	45	60	70	75	75	70	72	87	84
	聋	人	88	54	12	15	12	16	14	2	2	—
	在校生	人	120	330	231	235	232	234	202	201	194	260
	其中:盲	人	22	45	178	188	188	188	188	193	192	260
	聋	人	98	285	53	47	44	46	14	8	2	—
	毕业生	人	3102	3115	17	17	29	32	24	24	27	75
	其中:盲	人	930	930	0	0	13	18	20	22	25	75
	聋	人	0	15	17	17	16	14	4	2	2	—
	肢残	人	2172	2170	—	—	—	—	—	—	—	—

第二节　特殊职业教育

1995年，重庆市残疾人职业教育开始起步，市盲校、市聋哑校都有开设残疾人职业培训班。江津市残联率先开拓残疾人中等、高等职业技术教育之路，创办一所残疾人高等职业学校，设有中医大专班1个，设有文秘、财会、人口与医学、文化艺术4个中专班。

1996年，江津市在原开设的财会、文秘、法律等七个专业基础上，针对农村残疾人实用性强的项目新开设种植、养殖、编织等技术培训，有中专班学生107名，大专班学生56名，全年开展短期技术培训2950人，拓宽残疾人劳动就业的机会和路子。

2001—2005年，各级残联根据社会对各类人员的需求和残疾人的特点，有针对性地对残疾人进行电脑、编织、美容、按摩、理发、保险等培训，培训后的残疾人就业率90%。

2012年，残疾人中等职业教育机构有4个，在校生250人，毕业生3135人，其中获得职业资格证书3038人。2014年，在校学生261人，毕业学生3144人。2015年，重庆市有残疾人中等职业学校（班）3个，其中教育部门办2个、其他办学1个。招收学生76人；在校学生105人。

表5-2 2006—2015年重庆市残疾人中等职业教育统计表

指标名称	单位	2006年	2007年	2008年	2009年	2010年	2011年	2012年	2013年	2014年	2015年
机构	个	5	7	8	6	6	4	4	5	5	3
其中:教育部门办	个	0	0	1	1	—	3	3	4	3	2
残联系统办	个	0	2	1	1	—	—	0	0	0	—
其他	个	5	5	6	4	—	1	1	1	2	1
招生	人	110	187	139	150	157	150	165	165	178	76
其中:盲	人	22	45	37	47	57	57	52	47	56	
聋	人	0	54	12	15	12	5	25	30	34	46
肢残	人	88	88	90	88	88	88	88	88	88	30
其他	人	120	330	—	—	—	—	—	—	—	—
在校学生	人	120	330	214	217	242	236	250	247	261	105
其中:盲	人	22	45	40	50	60	60	50	42	51	
聋	人	2	92	53	47	52	48	79	81	84	85
肢残	人	96	193	121	120	130	128	121	124	126	20
其他	人	3102	3115	—	—	—	—	—	—	—	—
毕业生	人	3102	3115	3136	3144	3141	3131	3135	3147	3144	2244
其中:盲	人	930	930	945	955	950	950	950	951	947	350
聋	人	0	15	17	17	19	11	15	26	27	34
肢残	人	2172	2170	2174	2172	2172	2170	2170	2170	2170	1860
其中:获得职业资格证书	人	3053	3038	3057	3056	3058	3049	3038	3038	3065	2220
盲	人	910	910	910	910	910	910	910	910	910	350
聋	人	15	0	17	17	19	11	0	0	27	10
肢残	人	2128	2128	2130	2129	2129	2128	2128	2128	2128	1860

第三章　普通高级中等以上教育及继续教育

第一节　高级中等教育

1989年，全市中等专业学校仅1名残疾人入学。1993年，普通中专录取成绩考上12人。1994年，为普通中专、高等院校输送残疾学生30人。

1996年，残疾考生达到中等教育录取分数线的39人，实际录取32人。2000年，重庆市高考上线残疾考生35名，经市残联与市招办和有关学校协调，有29名被四川大学、重庆商学院、重庆邮电学院、渝州大学等院校录取，录取率为82.8%。

2001年，高等院校录取残疾考生28名。2004年，启动实施“爱心双百工程”。该工程由重庆大学网络教育学院赞助100万元，在5年内资助100名优秀残疾学生进入普通高校接受教育。

2012年，全市共开办特殊教育普通高中2所，在校生202人；其中聋高中1所，在校生14人；盲高中1所，在校生188人。至2015年，重庆市有特殊教育普通高中学校1个，招收学生84人，在校学生260人，毕业学生75人。

表5-3　2006—2015年重庆市残疾人普通高等教育统计表

单位：人

指标名称	2006年	2007年	2008年	2009年	2010年	2011年	2012年	2013年	2014年	2015年
残疾考生达到录取分数线	70	116	117	128	218	230	182	197	168	242
录取残疾考生	69	113	107	124	206	208	179	194	166	240
本科	39	64	51	65	98	123	105	107	94	145
其中：盲	4	12	6	11	4	10	14	15	8	35
聋	5	10	4	4	4	4	6	13	11	11
肢残	30	42	41	50	90	109	85	79	64	88
其他	30	49	—	—	—	—	—	—	11	11

续表

指标名称	2006年	2007年	2008年	2009年	2010年	2011年	2012年	2013年	2014年	2015年
专科(高职)	30	49	56	59	108	85	74	87	72	95
其中:盲	5	6	6	2	3	9	9	8	9	24
聋	3	16	2	4	4	3	8	20	13	7
肢残	22	27	48	53	101	73	57	59	40	49
其他	—	—	—	—	—	—	—	—	10	15

第二节　高等教育

1989年,普通高等院校录取残疾考生5人。1993年,普通高等院校录取残疾考生20人。1996年,残疾考生达到高等教育录取分数线的有15人,实际录取15人。1998年,市残联主动与市招办取得联系,在录取工作中,各高校对残疾考生与健全考生一视同仁。全市共有27名残疾考生上最低录取控制分数线,有21名考生分别被四川联大等16所高校录取。

2000年,全市高考上线残疾考生35名,经协调、沟通,有29名被四川大学、重庆商学院、重庆邮电学院、渝州大学等院校录取,录取率为82.8%。2002年,有23名残疾考生上高考录取线,高等院校录取残疾考生21名,录取率为91.3%。有8名盲、聋哑考生分别被北京联大特教学院、长春大学特教学院、天津理工大学特教学院录取。2003年,市残联与重庆大学协商,重庆大学赞助100万元,在全市5年资助100名以上优秀残疾人进入重庆大学网络教育学院学习,满足他们接受高等教育的需求,提高参与社会的能力。全市有30名残疾考生上全国高考录取线,被录取21人,录取率为70%;另有4名聋哑考生被北京联大特教学院和天津理工大学特教学院录取。是年,已有20名残疾人进入重庆大学网络学院学习。2004年,全市共有22名残疾考生高考上线,录取16名,录取率为73%,另有6名聋哑和盲人考生分别被北京联大、天津理工大学、长春大学特教学院录取。是年,副市长陈光国出席在重庆大学举行的"爱心双百工程"首期"爱心自强班"开学典礼。2005年,市残联与市教委印发《关于做好2005年普通大中专院校残疾考生招录工作的通知》,从政策上确保残疾考生的招收录取工作。全年全市高考上线的残疾考生69人,其中被录取58人,录取率为84%。

2006年,高考上线的残疾考生64人,其中被录取55人,录取率为85.9%。2007年,协调配合招生部门做好残疾人高等和中等教育工作,97名残疾考生被录取。2008年,参加高考的残疾学生231人,上线208人,实际参加录取193人,被录取166人,录取率为86%;有5名聋哑学生考入重庆师范大学特殊教育学院。2009年,参加高考残疾学生被录取共120人。2010年,全市参加高考的残疾学生有263人,上线218人,有203名残疾大学生被各普通大学及特殊教育学院录取,录取率93.1%。

2011年,积极与教育部门协调,主动配合做好残疾学生的入学工作,提高残疾学生各层次入学率。完成残疾考生招录工作,上线残疾考生203人,录取率93.5%。2012年,市残联要求各区县残联加强对残疾考生录取工作的领导,指定专人分管,专门科室负责,专人承办,确保工作落到实处,做好残疾考生体检工作。向社会做好《普通高等院校体检工作指导意见》的宣传,向残疾考生及其亲友做好解释工作,确保残疾考生了解国家招生政策的变化。进一步加强与招生部门的联系,主动做好协调工作。做好残疾考生的摸底调查工作,确保符合相关要求的残疾考生能够入学。建立和完善贫困残疾大学生的资助机制,并广泛发动社会开展各种扶残助学活动,资助被录取的贫困残疾大学生顺利入学。是年,有高等特殊教育学院1所,179名残疾人被普通高等院校录取,9名残疾人进入特殊教育学院学习。全市参加考试的残疾考生287人,上线226人,实际录取211人,录取率93.4%。资助重庆师范大学特教学院60万元。2013年,印发《重庆市贫困残疾大学生入学和生活救助暂行办法》的通知,建立贫困残疾大学生救助长效机制。全市共救助贫困大学生551人,发放救助资金230.83万元。

2015年5月10日,市残联转发《教育部、中国残联联合印发关于〈残疾人参加普通高等学校招生全国统一考试管理规定(暂行)〉的通知》。完善和落实地方高校招收残疾考生的政策,扩大残疾人接受高等教育的机会。市特殊教育中心有70余名视力残疾学生考入长春大学特殊教育学院和北京联合大学特殊教育学院,市聋哑学校有40名听障学生升入高等学府。是年,全市在高等教育机构学习的残疾学生1000余人。是年,报考人数约360人,录取约300人。

表5-4 2006—2015年重庆市高等特殊教育统计表

指标名称	单位	2006年	2007年	2008年	2009年	2010年	2011年	2012年	2013年	2014年	2015年
机构	所	—	—	—		—	1	1	1	1	1
录取残疾考生	人	48	7	10	18	24	24	9	20	20	25
本科	人	23	4	10	14	24	24	9	20	20	25
其中:盲	人	20	1	9	13	14	18	7	—	—	—
聋	人	3	3	1	1	10	6	2	20	20	25
专科(高职)	人	25	3	0	4	0	0	0	—	—	—
其中:盲	人	25	0	0	2	0	0	0	—	—	—
聋	人	0	3	0	2	0	0	0	—	—	—

第三节 继续教育

1991—1993年,重庆市26名残疾人获全国、省自学成才奖,1人获得全国自学成才优秀奖。

1995年,中国残联设立"德敏学习成才奖",在广大残疾人中掀起学习科学文化知识的热潮,更多的残疾人脱颖而出,为社会多做贡献。1998年,市残联与重庆高等教育自学考试委员会联合印发《关于进一步做好残疾人自学考试工作的通知》,激励残疾人自强不息、顽强拼搏、奋发成才,学习科学文化知识,让更多的残疾人参加自学考试。

1999年6月,市聋哑学校张一同学,经中国残联批准,于1999年6月4日,由柴建明带队前往瑞士进行交流访问。

2015年,市残联联合市教委、市文化委组织开展首届全市特殊教育学校骨干教师培训,100余人参加培训。

第四章 盲文与手语推广

第一节 盲文推广

根据国家部署,为加强汉语双拼盲文的普及与推广,1996年,市分管残疾人工作的政府领导组织召开有残联、教委、民政等有关单位负责人参加的会议,并成立汉语双拼盲文推广领导小组,负责当地汉语双拼盲文工作的组织领导。领导小组下设办公室,办公室设在各地残联,主要承担推广日常工作。同时,各区、县将这项工作作为区、县残联理事长年度目标任务进行考核。各区、县对社会识字盲人进行摸底调查,针对盲人文化水平参差不齐、年龄悬殊、居住分散的特点,制定切实可行的实施方案和措施,采取"集中与分散、集中与个别辅导相结合",并以自学为主的办法进行培训。各区、县利用广播、电视、报刊等媒体,向社会广泛宣传推广汉语双拼盲文的好处和必要性。部分区、县残联深入盲人家里对他们进行培训。为解决推广汉语双拼盲文工作的经费问题,部分区、县残联采取"财政拿一点,社会募集一点”的办法，争取社会各界的理解和支持。通过培训，盲人掌握了汉语双拼盲文字形结构和拼读法，为进一步学习科学文化知识，增强社会适应能力起到极大的作用。

1997年10月22—27日，按照中国残疾人事业“九五”计划纲要实施方案要求，市残联在篮箭宾馆举办汉语双拼盲文骨干培训班，50余人参加，市残联理事长程年珍、副理事长吴芙蓉等领导出席培训会。1998年，为推广新盲文，对30名区县(市)残联干部和盲人进行汉语双拼盲文培训，考试合格率98%。“九五”期间，市财政投入盲文、手语培训经费50万元，对全市123名盲人进行汉语双拼盲文培训，对35名成绩好且有一定语言表达能力的盲人作为汉语双拼盲文教员进行重点培训，合格率90%。

至2015年，全市已有38个区县(自治县)的图书馆建立视障阅览室，提前1年完成中国残联确定的目标任务。重庆图书馆开展自制盲文绘本、有声读物、无障碍电脑培训、无障碍模拟行走及免费为盲人朋友打印资料等一系列有针对性的活动，受到社会各界一致好评。重庆图书馆“重庆市视障人群志愿服务关爱行动”项目荣获首届中国青年志愿项目大赛金奖。是年5月17日，在重庆市残疾人文体中心组织开展“我为残疾学生捐书暨励志故事大讲堂活动”启动仪式。

第二节　手语推广

手语是由聋人交际的需要而产生的，是聋人表达思想、进行交际的主要工具。手语包括手势语和手指语，手势语用手或其他肢体动作和表情表达思想，手指语用手指的指式变化代表字母。中国手语是建立在汉语言基础上，结合原有手势语发展和以《汉语拼音手指字母方案》为依据的手指语的使用，按汉语语法顺序拼打、编订而成的规范统一的通用手语，经国家主管部门公布并在全国推行。

2011年6月8日，重庆市第30期中国手语培训班举行开班仪式

1991年10月28日—11月29日，市残联在市聋哑学校举办第七期聋哑人手语培训班。来自2区8县和市残联机关的15名学员参加培训。

1992年1月21日，重庆市召开首次聋哑人手语工作会议。会议围绕推广中国手语进行讨论。根据市残联《关于重新确定“特教津贴”考试与审批单位的联合通知》，聋哑人手语翻译干部可享受特教津贴。1994年8月1日—9月1日，举办第十期中国手语培训班。1995年，与重庆人民广播电台联合开办《残疾人之声》专题节目。1998年,市残联举办2期中国手语培训班,对各级残联的152名工作人员进行手语培训,经考核全部合格。

手语培训

1998年10月5日—11月5日,举办残联机关工作人员手语培训。是年,市残联与重庆市电视台共同开办《有线周刊》电视手语栏目,新开播的手语新闻将汇集一周以来重庆市民关注的新闻事件,并配上手语翻译,于每周五17:00在重庆卫视《有线周刊》首播,每周六16:40在重庆有线台综合频道、23:15在重庆有线台都市频道中重播。

1999年1月,市残联与重庆有线电视台共同主办开播电视手语新闻节目《有线周刊》(后改为《都市传真》《整点新闻》),每周播出2次,每次20分钟。是年9月,举办第十五期手语培训班。

“九五”期间,为提高残疾人工作者与聋哑人进行交流的能力,举办了7期中国手语培训班和一期特教师资培训班,有391人参加培训。市残联联合市人事局、市教委、市民政局、市财政局印发《关于调整特殊津贴有关问题的通知》,明确特殊教育和盲文、手语翻译人员享受特殊津贴。

刘一手火锅员工用手语交流

2001年8月,市残联举办为期一个月的第十八期中国手语培训。2002年3月,市残联举办第十九期手语培训班。2003年,在办好电视台开播的电视手语新闻栏目“有线周刊”的同时,提出在各区县(市)推广电视手语节目,永川、涪陵在第十三次“全国助残日”前开播手语电视节目,中国残联对重庆在基层电视台推广手语节目给予肯定,纳入2003年5月19日《人民日报》刊发的《非常关爱——第十三次全国助残日活动纪实》文章中。举办中国手语培训班,21个区县的45名教育工作者参加培训。2004年7月12—16日,市残联在岚苑宾馆举办为期5天的第一期重庆市电视手语新闻节目手语翻译人员培训班,38个区县(市)近100名人员参加培训。有7个区县开办电视手语新闻。2001—2005年,举办了5期中国手语培训。

2006年7月21日—8月15日,市残联教就部在南山文高楼举办第二十五期中国手语培训班，共有30人参加培训。2007年3月26日—4月26日，举行重庆市第二十六期中国手语培训班。全市已有11个区县开办电视手语新闻节目。2009年5月6日，调整重庆市聋人手语考试小组成员。组长为周鸣，副组长为郝建新，成员为唐敏、王军、汪毅、申业智、余本忠、彭静。是年8月20日，为期1个月的重庆市第28期中国手语培训班顺利结业，参加此次培训的28名区县残联理事长、残疾人工作者、特教学校领导和教师，全部通过测评考试。2010年5月18日—6月9日，市残联举办第二十九期中国手语培训班，来自21个区县残联系统的工作人员和特教学校教师参加培训。

2012年，在重庆卫视《午间新闻》栏目制作电视手语节目，在重庆广播电台开办《残疾人之声》广播。2013年9月，举办重庆市电视节目手语翻译培训班，40余人参加培训。2014年7月14日，市残联手语培训班开班，来自全市各区县残联的理事长等46人参训。2015年，市残联督促各区县开播电视手语栏目，全市35个区县电视台已开办手语节目。同时，市残联出文催促未开办的区县支持电视台开办手语节目，得到广大残疾人尤其是听力言语残疾人的欢迎。

第五章　救助与师资

第一节　教育救助

1996年，根据中国香港德敏集团提供的“德敏残疾人教育奖励基金”，在重庆设立“德敏学习成才奖”，一等奖2000元、二等奖1500元、三等奖1000元。1997年10月5日，重庆市残疾人福利基金会出文，鼓励残疾学生自强自立，积极进取，从1998年起，凡当年被重庆地区的大专院校授予“优秀学生”称号的残疾学生，由基金会每人每月奖励50元。

2002年，重庆市实施“扶残助学”项目，对家庭贫困、热爱学习、生活能自理的残疾儿童进行调查，使每一个符合救助条件的残疾儿童少年都能得到救助。将“扶残助学”项目分别集中安排在重庆市盲校、重庆市聋哑校及22个贫困区县。中国残联下达重庆市“扶残助学”救助指标200名，其中住读100名，每人每年1200元；随班就读100名，每人每年800元。鉴于重庆市的特殊情况，为让更多贫困儿童得到救助，市教委决定，将中国残联的规定标准降低，从而扩大救助面。住读每人每年800元，随班就每人每年400元。是年，全市有366名贫困儿童得到救助。受助对象中,盲生153人、聋生111人、智力残疾生23人、肢残生79人;在特教学校或特教班就读的157人、随班就读209人。受助残疾儿童男生233人、女生133人。2003年,开展“扶残助学春雨行动”,保证全市400名受助儿童全部入学。2004年,全市筹集资金141万元,对2270名残疾儿童进行入学救助。是年,通过实施中国残联专项公益助学项目,对黔江、秀山等22个国定和市定贫困区县的800名贫困残疾儿童少年进行入学救助。2005年,实施扶残助学,全年共救助2440人,其中“长江新里程——中西部地区盲童项目”救助贫困视力残疾学生980人,扶残助学项目救助贫困残疾儿童350人,“扶残助学春雨行动”救助贫困残疾儿童150人,“中国残联专项彩票公益金助学项目”救助贫困残疾儿童800人,“重庆市爱心明信片春雨行动”救助贫困残疾儿童160人。

2014年8月7日,市残联党组书记、理事长周鸣看望残疾大学生,为她送去入学救助金

2007年5月18日,“重庆市电力公司助残助学捐赠仪式”在雾都宾馆举行。重庆市电力公司分别向市残疾人福利基金会和市希望工程希望促进会捐赠人民币150万元,为助残助学奉献一片爱心。市委常委、副市长马正其,市电力公司总经理张春城,市残联和市希望工程促进会的领导出席此次捐赠仪式。是年,重庆市将1910名贫困残疾学生纳入专项彩票公益金助学、春雨助学行动等项目进行专项救助,发放救助金155.67万元,对83名应届贫困残疾大学生和122名贫困残疾人子女上大学实行一次性资助。

2008年10月20日,市残联和各区县残联安排资金138.6万元,对全国各高校新录取的497名家庭贫困的残疾大学生和贫困残疾人子女实行一次性入学救助,其中本科生295名、专科生202名。是年,继续开展彩票公益金助学、春雨助学行动等活动,分别发放救助金82万元和52万元,资助1650名贫困残疾少年和98名贫困残疾大学生入学。是年,为加快残疾人教育事业的发展,扶持家庭经济困难的残疾青少年接受教育,促进残疾人平等参与社会生活,交通银行与中国残联共同实施“通向明天——交通银行残疾青少年助学计划”,重庆市获得残疾高中生和大学新生助学专款15万元。该项目的实施,促进了重庆市残疾人教育事业的发展,改善了非义务教育阶段贫困残疾学生因贫困失学的状况,进一步提高了残疾人的综合素质和生活质量。

2009年,市残联对入学前系重庆市户籍,学生本人持有中华人民共和国残疾人证,遵纪守法,品德良好,无违法违纪行为的,家庭经济困难,家庭人均收入低于当地居民最低生活保障线或领取农村社会救济金,持有最低生活保障证的,通过国家统一考试,升入普通高等院校或特殊教育学院接受正规国民教育的贫困残疾大学生予以一次性入学资助,本科每人

5000元,专科和高职每人3000元。全市共发放救助金149.3万元。是年,实施“通向明天——交通银行残疾青少年助学计划”救助项目,资助69名贫困残疾高中生及118名残疾大学生,解决他们因家庭贫困面临辍学的实际困难。

2010年,中国残联办公厅、教育部办公厅下发《关于开展〈交通银行特教园丁奖〉评选推荐工作的通知》,市残联、市教委组织各区县(自治县)残联、教委共同组织评选推荐在特教学校、残疾人中等职业学校、高校从事特教工作、在普通学校承担随班就读工作5年及以上的教师,优先评选推荐农村艰苦地区和少数民族地区特教教师。“通向明天——交通银行残疾青少年助学计划”2010年残疾高中学生救助所在学校共有三所(重庆市盲人学校、重庆市聋哑学校、重庆市江津特殊教育职业学校),救助在校学生138人,救助经费13.8万元。同时,救助江津区、武隆县、荣昌县、梁平县、大足县共21名残疾大学生,发放救助金4.2万元。是年,市残联对全市各区县(自治县)考入各普通高等院校的贫困残疾大学生予以一次性入学救助。本科每人3000~5000元,专科和高职每人2000~3000元。

2011年,对138名贫困残疾高中生及139名贫困残疾大学生进行资助。市残联开展贫困残疾大学生入学资助工作,对本年度考入各普通高等院校或特殊教育学院的贫困残疾大学生予以一次性入学救助。本科每人3000~5000元,专科和高职每人2000~3000元。是年,“通向明天——交通银行残疾青少年助学计划”对重庆市盲人学校、重庆市聋哑学校共98名在校贫困残疾高中生进行救助,每人1000元。是年,“通向明天——交通银行残疾青少年助学计划”救助项目,对重庆市盲人学校、重庆市聋哑学校2011年在校贫困残疾高中生98人进行救助,发放救助金9.8万元。

2012年,在大足区、南川区、武隆县、垫江县残联,教委,重庆师范大学开展2012年度“交通银行特教园丁奖”评选工作。评选范围在特教学校、残疾人中等职业学校、高等特教学院(专业)、中央电大残疾人教育学院和普通学校附设特教班从事特教工作的教师,在普通学校承担随班就读工作的教师。全市共表彰5名优秀特教教师。是年,对家庭经济困难的全日制残疾人高中(含普通教育、职业教育)在校生和大学(含中央电大残疾人教育学院,下同)新生进行资助,资助标准为高中新生每人1000元,大学新生每人2000元。是年,对174名贫困残疾大学生进行资助,其中本科生116人、专科生58人,共资助金额75.4万元。

2013年,市残联和市教委印发《重庆市“十二五”残疾人事业专项彩票公益金助学项目实施方案》。中国残联下达专项彩票公益金100万元,其中用于重庆师范大学特教学院办学补贴20万元,残疾学生实习训练基地补贴20万元。市残联资助学前残疾儿童200人,每人3000元,共60万元。是年4月,市残联制定《重庆市贫困残疾大学生入学和生活救助暂行办法》,对重庆市户籍,持有中华人民共和国残疾人证(第二代),家庭经济贫困,在全国普通高等院校接受教育的,2012年及以后入学的全日制高校的重庆籍贫困残疾高职生、专科生、本科生及研究生(含硕士生、博士生)进行救助,对当年新入学的贫困残疾大学生实施一次性入学救助,本科生和研究生每人5000元,专科生和高职生每人3000元;对在读的2012年及以后入学的贫困残疾大学生(当年已实施一次性入学救助的除外)实施生活救助,每人每学年2000元。

市残联于每年10月将救助金下拨到区县(自治县),由各区县(自治县)残联及时足额发放给受助学生或其家长。是年,制定《第五期"通向明天——交通银行残疾青少年助学计划"重庆市实施方案》,资助市内残疾人高中(含普通教育、职业教育)在校生和大学新生,主要资助学生在校学习、生活费用,资助标准为高中生每人1000元,大学新生每人2000元。是年,实施第五期"通向明天——交通银行残疾青少年助学计划",资助重庆市特教中心、市聋哑学校、荣昌县特教学校共161名贫困家庭残疾高中学生,资助金额16.1万元。根据中国残联办公厅和教育部办公厅《关于开展2013年度"交通银行特教园丁奖"评选推荐工作的通知》和中国残联教育就业部及共青团中央学校部《关于开展2013年"交通银行残疾大学生励志奖"评选活动的通知》要求,市残联与市教委、团市委在相关区县特教学校和普通高校推荐的基础上进行评选推荐,报中国残联、教育部、团中央的相关部门进行评审,黔江区特教学校教师冉启明,长寿区特教学校教师陈兴武,北碚区特教学校教师陈群,市特教中心教师周建勋被授予"交通银行特教园丁奖"。重庆城市管理职业学院工商管理学院的残疾大学生廖克力,被授予"交通银行残疾大学生励志奖"。

2014年,实施第六期"通向明天——交通银行残疾青少年助学计划",资助183名贫困家庭残疾高中生,每人1000元。是年,开展"交通银行特教园丁奖"评选推荐工作,涪陵区特教学校教师陈明英、綦江区特教学校教师周菊、荣昌县特教学校教师周代君、市聋哑学校教师彭劲被授予"交通银行特教园丁奖";重庆师范大学的残疾大学生李卫,被授予"交通银行残疾大学生励志奖",中国残联、教育部授予获奖人员证书。是年,市人社局、市财政局、市教委、市残联等6部门联合发出通知,将普通高校残疾毕业生纳入求职补贴发放范围,对重庆高校残疾学生和离校未就业并到公共就业服务机构进行实名登记的普通高等学校应届残疾毕业生,在校求职每人一次性补贴800元、离校未就业求职每人一次性补贴500元。是年,中央彩票公益金助学项目对重庆200名学龄前贫困残疾儿童进行入园救助,对183名贫困家庭残疾高中生实施救助。开展残疾大学生入学和生活救助,对176名当年新入学的残疾大学生进行入学救助,对334名2012—2013年在校残疾大学生进行生活救助。开展"特教园丁奖"和"残疾大学生励志奖"评选推荐活动。

2015年,经中国残联、教育部、团中央的相关部门评审,万州区特教学校教师晏成方、渝北区特教学校教师叶其琼、江津区特教学校教师邓君、开县特教学校教师韦苏娅被授予"交通银行特教园丁奖";重庆工业职业技术学院的残疾大学生向宾霖,被授予"交通银行残疾大学生励志奖提名奖"。是年,继续开展中央彩票公益金助学项目,对200名学龄前贫困残疾儿童进行入园救助,每人3000元。开展残疾大学生入学和生活救助,救助当年新入学的残疾大学生194人,发放救助金70.5万元,救助在校大学生574人,发放救助金114.8万元,救助残疾人子女1005人,发放救助金211.34万元。

第二节　特殊教育师资

2011年，开展交通银行“特教园丁奖”和“残疾大学生励志奖”“推荐评选活动，20名特教教师、3名残疾大学生获中国残联、教育部、团中央“特教园丁奖”、全国十佳“残疾大学生励志奖”，并分别获得荣誉证书和5000元、10000元奖金。

2013—2015年，西南大学和重庆师范大学开设特殊教育专业，招收特殊教育本科、研究生，为特殊教育学校补充大批教师。根据特殊教育学校学生少、班额小、寄宿生多、教师需求量大的特点，为特殊教育学校提供教师编制保障。为全市特殊教育学校调剂增加事业编制219名，增幅达25.58%。至2015年12月，全市特殊教育学校编制总数为1075名，每班配备教职工3~4人。实行特殊教育校长和教师持证上岗制度，规定主城区特殊教育教师学历要求本科或同等学力，区县达到大学专科或同等学力，特殊教育转岗教师年龄不得超过40岁。全市特殊教育学校专任教师中，专科以上学历人数占教师总数的86%。是年，市残联联合市教委、市文化委组织开展首届全市特殊教育学校艺术骨干教师培训，100余人参加培训。

第六篇　残疾人就业

《残疾人就业条例》明确规定:残疾人就业是指符合法定就业年龄、有就业需求的残疾人从事有报酬的劳动。我国一般规定年满16周岁为法定就业年龄。《中华人民共和国劳动法》第十五条规定禁止招用未满16周岁的未成年人。有就业要求是指对残疾人劳动者自身需求的限定,如果自身没有就业愿望和需求,就不属于条例调整的范围。从事有报酬的劳动是对残疾人劳动者参加社会劳动形式的规定,即只要劳动者通过一定的途径,实现同生产资料相结合,从事一种合法的社会劳动,取得一定的报酬或劳动收入就是就业。因此,无论是在国家机关、事业单位、国有企业、集体企业、外资企业、私营企业、民办非企业单位、个体企业谋求职业,还是自主创业、自谋职业,只要是合法的、能够取得报酬和收入,就属于本条例权利义务关系调整的范围。

第一章　就业需求与职业培训

第一节　就业需求

1987年,城镇有劳动能力的残疾人1.2万人,就业率91.9%。有福利工厂332个,福利工厂职工9155人,其中残疾人3793人,占职工总数41.43%。

1988年,重庆市有城镇残疾人1.8万人,其中有劳动能力需要安置就业的残疾人1.2万人,历年来已安置1.03万人。

1992年,全市31.76万有劳动能力的残疾人(占68万残疾人的46.7%)中,有3.95万残疾人已安置在城镇就业。

1997年，城镇残疾人未安排就业6.2万人，农村残疾人未安排就业15万人。

2000年，全市有城镇残疾人29.4万人，已就业10.08万人，还有14.2万人适合参加劳动的城镇残疾人未就业，就业率为34.3%；其中视力残疾人2.4万人、听力残疾人1.96万人、肢体残疾人9.84万人。

2012年，多渠道开展就业帮扶活动，开展就业援助月活动，帮助残疾登记失业人员实现就业1983人。全市新增9600名残疾人就业。

表6-1　2006—2015年重庆市城镇残疾人就业统计表

单位：人

指标名称	2006年	2007年	2008年	2009年	2010年	2011年	2012年	2013年	2014年	2015年
在业人数	120873	123212	126100	138840	133263	140063	142695	137604	140316	138412
集中就业	31674	35179	39702	42084	45326	50157	52085	52319	51971	50071
本年度新增	35929	41988	46496	51098	2298	2850	3253	2659	1327	943
按比例就业	1919	2019	1955	2190	37750	38651	39572	31352	30728	29820
本年度新增	38221	35320	33126	38063	1694	1492	1062	1391	1151	942
个体及其他形式就业	1666	2226	827	1143	50187	50429	47345	49034	52465	53038
本年度新增	46723	45904	46478	49679	1898	1892	2513	2354	2004	2144
公益性岗位就业	1925	2049	1778	1613	—	826	3608	1312	1339	1391
本年度新增	—	—	—	—	—	414	221	157	95	68
辅助性就业	—	—	—	—	—	—	85	3587	3813	4092
本年度新增	—	—	—	—	—	—	85	376	291	270
未就业	22354	19456	17244	18188	19121	15458	13161	24638	—	—

表6-2　2006—2015年重庆市农村残疾人就业统计表

单位：人

指标名称	2006年	2007年	2008年	2009年	2010年	2011年	2012年	2013年	2014年	2015年
实际就业	380174	537013	528079	547964	536118	541881	500714	500722	462629	466340
从事农业生产劳动	320139	384746	416840	434019	424329	442693	403153	405317	368812	371306
其他形式就业	60035	152267	111239	113945	111789	99188	97561	95405	93817	95034
未就业	104468	94446	117585	96868	101773	70291	60229	73248	—	—

第二节 职业培训

一、职业技能培训

1997年,共完成残疾人就业培训1200人,其中城镇300人,农村实用技术培训900人。1999年,举办重庆市残疾人摄影培训班,共90人参加。2000年,共培训残疾人588人,以提高残疾人就业能力。

2002年,共培训残疾人8220人,其中城镇就业培训3180人,农村实用技术培训5040人。

技术专业人员向残疾人进行实用技术专项培训

残疾人正在学做各种手工艺作品

2003年,市残联开展初、中级保健按摩师,初级电脑办公应用,中级专业美发师培训。培训的培训费、技能鉴定费、资料费由市残联提供。培训考试合格颁发技能等级证书。对5962名残疾人进行职业培训。

2001—2005年,各区县建立残疾人就业服务机构,开展职业介绍、职业指导、职业培训等工作,共对2.05万名城镇残疾人进行职业技能培训,扶持6000名贫困残疾人自谋职业。

2006年6月20日—7月27日,市残联分别在北碚区、永川市、奉节县、黔江区召开主城片区、渝西片区、三峡库区、渝东南片区残疾人就业工作会。来自各区县(自治县、市)残联的理事长或分管就业工作的副理事长、就业服务机构负责人出席会议,相关区、市、县的党政领导、财政、地税的负责人应邀参加会议。市残联党组书记、理事长江绍中到会并做重要讲话。全年对9280名残疾人进行职业技能培训,其中安置就业5720人。启动长江高科技助残就业项目,对110名残疾人进行高、中、低端科技培训,其中66人与用人单位签订就业合同。

2007年7月2日,市残联组织举办的“2007年重庆市委市政府‘民心工程’残疾人职业技能市级培训班”，在南岸区龙门浩职业中学举行隆重的开班仪式。市残联党组成员、副理事长何德元，教就部主任郝建新、副主任王利，龙门浩职业中学校长以及来自39个区县的300名残疾人学员参加开班仪式。与龙门浩职业中学同时开班的还有重庆长城烹饪学院举办的残疾人烹饪培训、重庆太阳风美容美发培训学校举办的残疾人美发培训。

2009年，与市财政局联合制定《促进残疾人就业培训补助暂行办法》，规范和完善残疾人就业培训工作。完成培训6000名，其中城镇残疾人技能培训2000名，农村残疾人实用技术培训4000名。是年4月，市残联制定《重庆市残疾人职业技能培训实施方案》，推进残疾人事业城乡统筹发展，最大限度拓展残疾人就业渠道，提高残疾人职业技能，促进残疾人就业。2006—2009年期间，全市共组织2.67万名城镇残疾人参加职业技能培训，安置城镇残疾人就业2.1万人。扶持7470名残疾人个体就业。盲人按摩培训1700余名。对5.5万名残疾人进行农村实用技术培训；建立5个市级和42个区县（自治县）级农村残疾人扶贫基地，实现残疾人就业5582名。

扶贫创业培训刺绣班

2010年，全市共培训2.08万名残疾人，其中城镇7143人，农村13620人。开展残疾人就业服务工作，召开现场招聘会13次，推荐录用374名残疾人就业。城镇残疾人就业率88.5%。市残联下发《关于下达2010年度农村残疾人实用技术培训任务的通知》，将2010年重庆市农村残疾人实用技术培训任务下达给各有关区县（自治县）残联。

2011年，开展就业培训1.51万人次，走访困难残疾人家庭7036户。2012年，举办市级残疾人专场招聘会12次。开展残疾人职业技能培训，对3824名残疾人开展职业技能培训。根据重庆市政府《关于批转重庆市残疾人事业“十二五”发展规划（2011—2015年）的通知》要求，结合全市农村贫困残疾人实用技术培训工作实际，市残联制定《2012—2013年度重庆市农村贫困残疾人实用技术培训项目实施方案》。2012—2013年，对家庭年

残疾人农村实用技术培训

人均纯收入低于当地贫困标准的农村贫困残疾人(须持有第二代中华人民共和国残疾人证),处于就业年龄段(男16~59岁、女16~54岁),有劳动意愿且具备接受培训条件和能力的,开展实用技术培训,帮助2.4万名农村贫困残疾人掌握1~2项农村实用技能,切实提高自我发展和增收能力。

2013年,广泛开展残疾人技能培训,4732名残疾人参加培训。开展农村贫困残疾人实用技术培训,共培训1.34万人。按照"城乡统筹、就业导向、技能为本、终身培训"的原则,提升重庆市残疾人职业培训力度,"十二五"期间对90%以上有就业愿望和就业能力及培训需求的残疾人实施技能培训,优化残疾人就业服务,扩大、稳定残疾人就业,确保"十二五"期间重庆市残疾人就业率显著提高。2013年2月,市残联、市人社局、市财政局制定《重庆市加强残疾人职业培训促进就业工作实施方案》,促进全市残疾人就业。

2014年,加大残疾人职业技能培训力度,全市接受职业培训的残疾人5092人。组织专场招聘会134次,帮助残疾登记失业人员实现就业942人。推进残疾人就业和培训实名制录入工作。全市已录入就业状况人数为41.35万人,录入率为96.63%;录入残疾人就业服务机构(残联)信息41个。

2015年,市残联通过政府购买服务的方式,与中标的7家培训机构签订培训合同。至11月2日,有547名残疾人参加盲人保健初级按摩培训、肢残人电脑、盲人电脑、园林设计、车工、焊工及服装裁剪等项目培训。全年完成城镇职业培训6050人,农村实用技术培训2.29万人次。

表6-3 2006—2015年重庆市残疾人职业技能与实用技术培训统计表

单位:人/次

指标名称	2006年	2007年	2008年	2009年	2010年	2011年	2012年	2013年	2014年	2015年
城镇职业培训	6573	4996	4892	7143	6195	4073	3184	4762	5092	6050
农村实用技术培训人数	10860	8396	10949	13620	14599	13040	18538	13387	21354	22863

二、职业技能培训基地

1998年8月,市编委批准成立重庆市残疾人就业服务中心,后改为重庆市残疾人综合服务中心就业部。全市40个区县(市)中,已有33个区县(市)建立就业服务机构,占应建机构总数的82.5%。

2006年,全市有残疾人职业培训基地26个。完成市盲人按摩学会换届选举工作。全年培训盲人医疗按摩人员24人。

2012年,全市有职业培训基地26个,全年培训城镇残疾人3184人。2013年,根据中国残联《关于申报首批残疾人职业培训基地的通知》,经过2011年、2012年两年的发展,重庆市各区县(自治县)在建设残疾人职业培训基地方面取得很大成效,为开展残疾人职业培训,提升残疾人就业能力,促进和稳定残疾人就业发挥了积极作用。

2015年,全市共有39个职业培训基地,其中10家被评为国家级残疾人职业培训基地。开展残疾人就业服务机构规范化建设工作,通过中国残联“残疾人就业服务机构规范化建设考核工作组”对市级残疾人就业服务机构规范化建设进行考核评估,22个区县申请规范化工作验收。2013—2015年,分三批开展全国“残疾人职业培训基地”申报和认定工作。

表6-4　2006—2015年重庆市职业技能培训基地统计表

单位:个

指标名称	2006年	2007年	2008年	2009年	2010年	2011年	2012年	2013年	2014年	2015年
职业培训基地数	38	38	—	39	—	13	26	32	34	39
其中:残联兴办	—	—	—	—	—	5	5	5	5	6
依托社会机构兴办	—	—	—	—	—	8	21	27	29	33

三、职业技能竞赛

1989年1月,四川省第一届残疾人职业技能竞赛在成都举行。重庆市对各区、县上报的82名选手统一集中进行分项测试,共选拔出14名选手参加四川省第一届残疾人职业技能竞赛。

1991—1993年,在全国、省残疾人技能竞赛中,重庆选手在机械制图、车工技巧、微机操作、电器技能比赛中获3个第二名,1个第三名,在国际展能节机械制图表演赛中,参加代表1名,获得1枚银牌。

2000年,重庆市第一次组队参加全国残疾人职业技能选拔赛,获得机械装配与测试第二名,组装个人计算机第三名。

2002年,对各地区各行业残疾人职业技能选手进行一次摸底调查,并对各地参加第二届全国残疾人职业技能选手进行预选工作。

2006年10月,举办重庆市第三届残疾人职业技能竞赛。为推荐选手参加2007年第三届全国残疾人职业技能竞赛打下基础。

2007年,重庆市组队参加全国第三届残疾人职业技能竞赛,大渡口区选手王勇获得女服制作项目竞赛第六名,梁平县选手廖常平获得计算机组装项目竞赛第八名,九龙坡区选手戴海波获得网页设计项目竞赛拼搏奖。

2014年12月12日,市残联、市人社局共同举办2014年全市残疾人职业技能竞赛活动,此次竞赛项目分为5个大项8个小项。竞赛设理论知识和实际操作两部分,均为百分制。理论知识和实际操作成绩分别占总成绩

第五届全国残疾人职业技能竞赛重庆代表团合影

的20%和80%。参赛选手为重庆市户籍、持有第二代中华人民共和国残疾人证、在就业年龄内(男18~59岁、女18~54岁)的残疾人。竞赛各单项设一等奖1名、二等奖2名、三等奖3名，由组委会颁发荣誉证书，并分别对一等奖、二等奖、三等奖选手奖励2000元/人、1000元/人、500元/人奖金。对于符合国家职业标准要求的项目，单项获得一等奖且理论和操作成绩分别达到60分以上的选手，由市人社局颁发高级工国家职业资格等级证书。单项获得二等奖且理论和操作成绩分别达到60分以上的选手，由市人社局颁发中级工国家职业资格等级证书。一、二、三等奖获奖选手中已获得相应项目国家职业资格等级证书者不再重复获证，由市残联颁发“残疾人技术能手”荣誉证书。全市20个区县45名选手分别参加四大类5个项目的竞赛，分别评选一、二、三等奖。有孔令清、明福建、袁波、袁科玲(保健按摩师)；高友平、刘朝华、王勇(服装制作工)；郑红军、任有为、许世友(电子计算机维修工)；易红、胡代军、王智(计算机操作员)；唐道川、李广元、黄国其(摄影师)等16名选手获奖。

2015年7月，第五届全国残疾人职业技能竞赛在湖北省武汉市举行。重庆市代表团共选派20名选手参加5大项11个小项的竞赛，渝中区熊小芸在海报设计比赛中获得二等奖，奉节县石胜兰、永川区许长富荣获拼搏奖，开县龚举芬、巫溪县童春梅、永川区唐道川荣获优秀技能奖。

第二章　职业介绍与就业形式

第一节　职业介绍

2003年6月11日，市残联批复同意成立重庆市残疾人职业介绍所。全市共建立市、区县级残疾人就业服务机构37个，完成应建机构数的92%。全年通过就业服务机构推荐的残疾人1826人。

2005年4月，市残联举办残疾人就业招聘会。

2006年，举办残疾人就业招聘会132场，安排4905名城镇残疾人就业，就业率85%。

2008年，举办市级残疾人专场招聘会8场，签订就业意向性协议1203人，正式用工1028人。

2009年，举办市残疾人专场招聘会8场，签订意向性协议1203人，正式用工1028人，其中应届大专毕业生2名，中专生1名。

2010年，举行残疾人现场招聘会13场，推荐录用374名残疾人就业。

2013年，新增残疾人就业6937人。开展就业帮扶活动，举办残疾人专场招聘会88场。开展全市就业援助月活动，举办2013年应届残疾大学生双选招聘会，同步开展网上招聘，对100余名应届毕业的残疾大学生进行专场招聘。选聘农村贫困残疾人担任农家书屋管理员工作，全年共安置132名残疾人。

2014年，开展以“就业帮扶、真情相助”为主题的就业援助月活动，组织专场招聘会134场，帮助残疾登记失业人员实现就业942人。全年新增残疾人就业4089人。

2015年，市级举办残疾人专场招聘会6场，进行就业指导122人次。至2015年12月，全市城镇残疾人就业13.84万人；农村残疾人实际就业46.63万人，其中从事农业生产劳动37.13万人，其他形式就业9.5万人。

举办残疾人专场就业招聘会，招聘人员与残疾人亲切交谈

残疾人专场招聘会

第二节　就业形式

一、集中就业

1985年，市属福利厂共安置残疾人就业658人。区县属18个福利厂共安置残疾人就业1150人。北碚、九龙坡和江津等16个区县兴办福利厂、组、店116个，安置盲人聋哑人566人。

1988年，通过市、区县民政部门开办的福利工厂安置残疾人2050人，原生产自救单位接收安置的5300人已随单位交给有关工业部门，街镇办的福利企业安置1585人，大型厂矿企业办的福利工厂安置560人，个体开业800人。

1992年，全市有残疾人办的企业12个，职工165人，其中残疾人79人，占47.9%。1994

年,各级残联为解决残疾人就业,共兴办福利企业109个,共安置3066名残疾人在其中就业。1995年12月,市残联批复同意成立重庆残疾人投资有限责任公司,公司系南岸区残联直属单位。

2007年6月,全国残疾人就业工作电视电话会议召开,出台相关举措,帮助更多残疾人就业

1996年10月,市残联批复同意成立重庆远南残疾人投资有限责任公司,在经济发展中扶持残疾人就业环境的健康发展。全市安排残疾人集中就业累计13052人,新增就业1176人。1997年,全市安排城镇残疾人集中就业累计达22960人,新增就业200人。1999年6月,市残联组织就业培训,上半年集中就业共555人。

2002年,全市城镇残疾人就业人数10.45万人,其中集中就业2.93万人,城镇就业率为69%。2003年,全市城镇残疾人就业人数9.04万人,其中集中就业2.17万人。2004年,全市城镇残疾人集中就业累计达3.94万人。2005年,全市城镇残疾人实现就业达12.26万名,就业率由“九五”末的63.4%提高到85%。

2007年5月31日,市政府残工委在市委电视电话会议厅召开重庆市残疾人就业工作电视电话会议。市委常委、副市长马正其及市政府残工委各成员单位领导参加会议。

根据中国残联《关于印发〈盲人按摩机构工疗机构及其他集中安置残疾人就业单位资格认证办法〉的通知》规定,集中安置残疾人就业单位的资格认定由重庆市残疾人就业服务指导中心负责,实行实地审核。凡具备申办条件的单位,可向所在区县(自治县)残联提出申请,经区县(自治县)残联初审提出意见后,报重庆市残疾人就业服务指导中心认定。经审核,符合条件的由重庆市残疾人就业服务指导中心颁发集中安置残疾人就业单位证书,单位凭集中安置残疾人就业单位证书到税务部门办理登记手续。

集中安置残疾人就业单位的年检工作由各区县(自治县)残联负责。每年市级有关部门将联合成立年检小组,对全市集中安置残疾人就业单位进行抽查。为贯彻落实国家及市政府对福利企业、集中安置残疾人就业单位出台的优惠政策,市残疾人就业服务指导中心于2011年10月31日前对全市集中安置残疾人就业单位进行一次清理,对符合集中安置残疾人就业条件的单位由市残疾人就业服务指导中心重新换发集中安置残疾人就业单位证书,未换发证书的单位将取消集中安置残疾人就业单位资格。

主管税务机关和区县(自治县)集中安置残疾人就业单位管理部门都建立专门的台账,对集中安置残疾人就业单位年度减、退税限额及残疾职工变化等情况实行动态管理。从2011年8月1日起,各区县(自治县)残联每月对辖区内集中安置残疾人就业单位享受税收优惠政策的资格条件进行审核，并将审核结果报送主管税务机关。各地税务部门严格按照财税和国税文件要求，加强与集中安置残疾人就业单位资质审验部门的信息沟通。对资质不合格、弄虚作假、骗取国家税收优惠的集中安置残疾人就业单位，一经查实，及时追缴骗取的税款，并取消其3年内申请享受税收优惠政策的资格。

2012年，全市安排城镇残疾人集中就业3253人。2013年1月9日，全市“就业援助月”活动启动仪式暨现场招聘会在北部新区康庄美地公租房小区举行，由市人社局、市残联和北部新区管委会主办，市残联党组成员、副理事长周鸣出席活动。北部新区100家企业携3500余个岗位参加招聘会，设公益性岗位和残疾人岗位招聘专区，并提供劳动就业、社会保险、劳动监察、劳动仲裁、工商、税务等政策咨询服务。活动吸引5000余名求职者前来咨询应聘，1670余人与用人单位达成意向性协议，其中残疾人35名。2014年12月31日，全市已录入残疾人状况人数为41.35万人，录入率为96.63%；录入残疾人就业服务机构（残联）信息41个。城镇残疾人集中就业在业5.2万人，全年新增1327人。至2015年，全市城镇残疾人集中就业在业5.01万人，新增943人。

二、分散按比例就业

按比例安排残疾人就业，是指依据国家法律规定，用人单位（包括机关、团体、企业、事业单位和民办非企业单位）按照单位职工人数的一定比例安排残疾人就业。《中华人民共和国残疾人保障法》规定，机关、团体、企业、事业组织、城乡集体经济组织，应当按一定比例安排残疾人就业，并为其选择适当的工种和岗位。省、自治区、直辖市可以根据实际情况规定具体比例。《重庆市按比例安排残疾人就业规定》（1998年30号政府令）规定重庆各单位（福利企业除外）都应按照不少于本单位上年度末在职职工总数1.5%的比例安排残疾人就业。安排一名盲人或重度肢体残疾人就业的，按2名残疾人计算。

1995年，市残联正式起草《重庆市分散按比例就业办法》及起草说明。各区、市、县残联按市残联部署陆续开展残疾人劳动力资源的普查、建档、发证工作，以及残疾人就业状况和社会单位用工状况的摸底调查。

1996年6月，市残联向市法制局申请将重庆市按比例安置就业规章纳入立法计划。全年城镇按比例就业3606人。1997年，城镇按比例就业累计达2万人。

1998年6月1日，市政府第22次常务会议通过《重庆市按比例安排残疾人就业规定》，1998年10月1日起施行。

1999年1月28日，为贯彻落实全国残疾人就业工作会议精神，推进《重庆市按比例安排残疾人就业规定》的落实，市残联在重庆工业管理学院培训中心召开工作会议，有17个区县的残联理事长参加，市残联理事长袁绍华、副理事长周鸣出席并做重要讲话。6月14—18日，在重庆工学院培训中心举办首期重庆市按比例就业业务知识暨执法培训班。全市41个区县（自治县、市）相关人员参加培训。同年，推广使用残疾人按比例就业信息管理系统应用软件。

2000年，是重庆市按比例安排残疾人就业工作年。针对重庆市残疾人按比例就业工作难度大的实际情况，市政府办公厅转发《市残联关于进一步做好残疾人劳动就业工作意见的通知》。31个区县(市)政府制定当地实施按比例就业工作文件，25个区县(市)实施按比例就业工作，实施面为62.5%。在各级党委、政府领导下，通过各级残联的努力，按比例安排残疾人就业工作取得突破性进展，按比例安排残疾人就业657人。

2001年，全市安置城镇6.66万残疾人就业，其中有31个区县(自治县、市)按比例安置4582人，城镇适合参加劳动的残疾人就业率为63%，收取残疾人就业保障金560万元。

2002年，全市城镇残疾人就业人数10.45万人，其中分散按比例就业3.54万人，城镇就业率为69%。收取残疾人就业保障金805万元。

2003年，全市城镇残疾人就业人数9.04万人，其中分散按比例就业3.09万人，收取残疾人就业保障金1878万元。

2007年9月28日，市残联举行残疾人就业保障金征收工作会，确保残疾人就业有保障

2004年，市残联、市财政局、市地税局和中国人民银行重庆营业管理部联合制定《重庆市残疾人就业保障金征收使用管理暂行办法》。全市40个区县(市)实施按比例安排残疾人就业，实施面为100%，安置残疾人就业8822人，收取残疾人就业保障金8300万元，培训残疾人4724名。城镇残疾人就业人数11.2万人，其中分散按比例就业3.27万人。

2005年，全市城镇残疾人实现就业达12.26万名，就业率由“九五”末的63.4%提高到85%。

2006年，全面贯彻落实《重庆市按比例安排残疾人就业规定》，加强残疾人就业保障金征收和管理。全市收取残疾人就业保障金1.26亿元。

2007年，对拒缴残疾人就业保障金的个别单位采取强制追缴措施。全市收取残疾人就业保障金1.4亿元，其中征收市级残疾人就业保障金4000万元。

2008年11月20日，市残联印发《关于进一步加强和规范残疾人就业保障金管理使用的通知》，对残疾人就业保障金的征收范围、管理办法、使用范围和审批程序等进行再次明确，要求各区县(自治县)残联对残疾人就业保障金的使用管理情况进行自查和整改。全年全市共征收残疾人就业保障金1.65亿元，安置4817名残疾人就业。

2011年，贯彻实施《残疾人就业条例》，规范和完善残疾人就业保障金征收、使用、管理工作。全市残疾人就业累计达68.68万人，其中城镇就业13.88万人，农村就业54.8万人。

2012年，全市新增9600名残疾人就业，帮助残疾人登记失业人员实现就业1983人。按比例安排残疾人就业1062人。

2013年12月30日，市委组织部、市编办、市财政局、市人社局、市国资委、市公务员局、市残联共同印发《关于促进残疾人按比例就业的实施意见》，促进全市残疾人按比例就业。全年共征收残疾人就业保障金3.77亿元。

2015年，在涪陵区开展残疾人按比例就业公示试点工作。万州区、大足区、云阳县等在机关事业单位中安排残疾人按比例就业。全年新增残疾人就业942人，城镇残疾人按比例就业在业2.98万人。

三、其他多种形式就业

鼓励残疾人自谋职业，也是一条不可缺少的就业渠道。1986年，全市有750名残疾人发挥自身特长，自谋职业。

1996年，残疾人个体就业累计2.22万人，新增城镇残疾人就业2354人。1997年，全市残疾人个体就业人数累计达4万人。1999年上半年个体就业1388人。

“全国三八红旗手”重庆市联谊印务有限公司董事长陈家瑜与技术人员沟通生产事宜

2002年，全市城镇残疾人就业人数10.45万人，其中个体和自愿组织起来就业4.52万人，城镇就业率为69%。2003年，全市城镇残疾人就业人数9.04万人，其中个体和自愿组织起来就业3.78万人，城镇就业率为70.4%。2004年，全市城镇残疾人个体和自愿组织起来就业3.99万人。

2006年，全市有56.61万名农村残疾人实现就业。

2012年，公益性岗位残疾人就业221人，个体及其他形式就业2513人。

2015年，全年城镇残疾人个体及其他形式就业5.3万人，新增2144人，其中公益性岗位就业1391人，新增68人。农村残疾人实际就业46.63万人，其中从事农业生产劳动37.13万人，其他形式就业9.5万人。

2007年9月，全市举办的残疾人就业软件和高科技助残项目业务培训会

四、辅助性就业

2012年，辅助性就业新增85人。2013年，城镇残疾人辅助性就业在业3587人，新增376人。

2014年，城镇残疾人辅助性就业

在业3813人,新增291人。2015年12月,市残联草拟《关于发展残疾人辅助性就业的实施意见(征求意见稿)》,分送市发改委、市民政局、市财政局、市人社局、市国土房管局、中国人民银行重庆营管部、市国税局、市地税局提出书面修改意见。是年,城镇残疾人辅助性就业在业4092人,新增270人。

五、盲人按摩

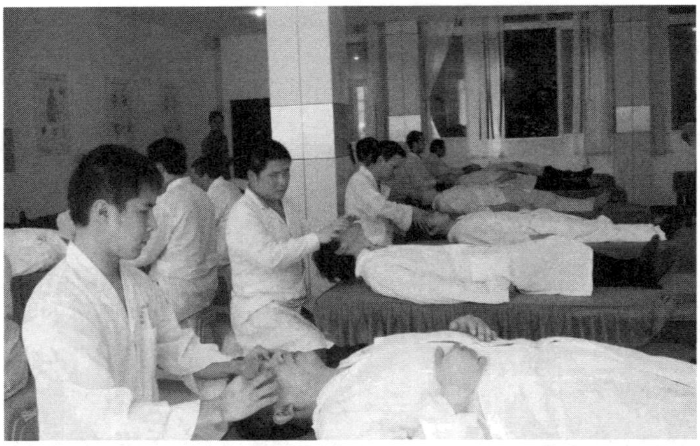

2010年5月,重庆市举办盲人初级保健按摩培训班

2010年10月14日,市盲人按摩学会组织按摩师义务给老人按摩

1996年,开展保健按摩人员培训14人,医疗按摩人员培训51人。开设按摩室27个、按摩诊所16个、按摩门诊部11个、按摩医院4个。

1997年,开展保健按摩人员培训39人,医疗按摩人员培训11人。建设省级按摩指导中心1个。开设按摩中心2个、按摩诊所54个、按摩医院6个。

1998年,市残联、市人社局等部门联合制定《重庆市盲人医疗按摩人员专业技术职务评聘实施意见》,推动盲人医疗按摩事业发展,提高盲人按摩人员素质。组建重庆市盲人按摩师职业技能鉴定委员会。开展全市盲人保健按摩职业技能培训、鉴定及就业等工作。

1999年,举办两期初级保健按摩师培训班。是年5月,推荐学员参加成人高等教育盲人按摩专业证书班学习。

2001年9月,市残联机关进行机构改革,重庆市盲人按摩指导中心设在市残疾人综合服务中心,对全市的盲人按摩工作进行指导和管理,并对15个盲人按摩站(点)补助经费1万元。是年,成立重庆市盲人医疗按摩技术职称评审工作小组,下设办公室。

2002年,市残联与市人事局职改办、卫生局合作,第一次开展盲人医疗按摩职称评审工作,解决13年遗留下来的盲人医疗按摩职称评审问题。4月,中国盲人按摩协会在重庆市举办西部地区盲人保健按摩骨干培训班。5月,举办2002年第一期贫困盲人初级保健按摩培训班。9月,举办2002年第二期贫困盲人初级保健按摩培训班。全年完成盲人按摩培训106人,其中免费培训贫困盲人103人,有98人获得保健按摩师资格证书,就业率90%。

2004年，举办盲人医疗按摩初、中级培训班和盲人保健按摩初、中级培训班，128名盲人取得合格证。

2001—2005年，全市有549名盲人接受按摩培训，其中保健按摩培训323人，医疗按摩培训226人，就业率98%。同时，开展盲人医疗按摩职称评审工作，有101人取得初级职称，69人取得中级职称，全市盲人医疗职称评审工作已规范化，走在全国的前列。

2006年3—7月，市残联在重庆市残疾人综合服务中心、江津市特殊教育学校、万州区残疾人服务中心、涪陵区残疾人康复服务中心，分4个片区举办第9期盲人初级按摩师培训班。来自全市各区县的518名盲人参加了培训，其中年龄最大的58岁，最小的16岁，考试合格者500名，合格率为97%。此次培训为完成全年“民心工程”，帮助盲人自谋职业打下了扎实的基础。是年9—11月，重庆市盲人医疗按摩评审委员会开展换届、培训、评审工作，选举产生新一届评审委员会。

2007年4月2日，市残疾人综合服务中心举行“2007年市委市政府‘民心工程’残疾人职业技能培训启动仪式”。同时，启动2007年首批盲人初级保健按摩师培训工作，市委市政府“民心工程”免费培训3000名贫困残疾人，并指导、帮助其自谋职业。4月，开始对3000名贫困残疾人进行盲人按摩、盲文培训、盲人电脑、聋人电脑、“爱心亭”岗前培训，农村实用技术培训、服装裁剪等18个项目的培训。分61个班次进行，9月底前全面完成培训工作。

2008年4月3日，市委市政府2008年“民心工程”扶残项目盲人保健按摩初级培训班开班仪式在涪陵区残疾人职业技能培训中心举行，来自涪陵、黔江、梁平等9个区县的55名盲人接受了为期1个月的专业技能培训。4月8日，渝东片区盲人按摩初级培训班在万州区残联正式开班。是年10—11月，根据重庆市人事局、市卫生局、市民政局、市残联《关于做好我市盲人医疗按摩人员专业技术职务评聘工作的通知》和市残联2008年度盲人按摩工作安排，经市人事局职改办同意，在全市进行盲人医疗按摩人员专业技术初、中级职务评审。

2009年，为进一步规范全市盲人医疗按摩人员考试工作，经市卫生局、市人社局、市残联研究，成立重庆市盲人医疗按摩人员考试领导小组。领导小组下设办公室具体负责日常事务工作。

2010年，为加强盲人按摩管理工作，市残联与市卫生局、市人社局、市中医管理局共同转发《关于贯彻实施〈盲人按摩医疗按摩管理办法〉的意见》，对盲人按摩行业进行规范管理。

2006—2010年，经过培养、培训的盲人按摩人员就业率在95%以上。盲人医疗按摩管理制度已经初步建立，经审核合格的盲人医疗按摩人员可在医疗机构中从业。为进一步做好盲人按摩工作，做好盲人教育、培训、就业等工作，市人社局、市中医药管理局、市教委、市公安局、市财政局、市国税局、市工商总局、市残联制定《重庆市盲人按摩工作“十二五”实施方案》。方案要求，完善盲人保健按摩管理相关政策规定，加强行业管理，规范盲人保健按摩市场，完善盲人保健按摩培训鉴定体系；实现盲人医疗按摩行业的规范管理；促进发展盲人医疗按摩中的高等专业教育，建立盲人医疗按摩继续教育制度；制定落实促进盲人按摩人员培训、就业、创业的保护政策；培训盲人保健、医疗按摩人员1260名，扶持800名贫困盲人按摩人员就业。市残疾人劳动就业服务指导中心会同有关部门对区县盲人按摩指导服务网络建设,年度任务完成,盲人医疗按摩人员从医资格审核,继续教育,职业技能鉴定,专业技术职务评审等工作进行督导、检查、评估验收。各区县残联按照实施方案要求,认真做好盲人保健按摩和医疗按摩建档、统计、总结、报表等工作。

2011年5月,市残联、市卫生局联合转发卫生部、国家中药管理局、中国残联关于印发《盲人医疗按摩人员从事医疗按摩资格证书管理办法》的通知。是年,全市有医疗按摩机构9个、保健按摩机构223个。培训保健按摩人员221人、医疗按摩人员7人。

2012年5月7日,成立重庆市盲人医疗按摩人员从事医疗按摩资格认定及证书管理领导小组,市残联、市卫生局联合制定《重庆市盲人医疗按摩人员从事医疗按摩资格证书管理实施办法》,完成盲人医疗按摩人员专业技术中级职务评审委员会调整换届工作和盲人按摩学会年检工作,以及学会挂牌经营场所的年审工作。成功举办2012年重庆市盲人按摩学会学术研讨会。是年,培训盲人保健按摩人员581人;医疗按摩人员75人,保健按摩机构达到610个,医疗按摩机构达到29个。

2013年11月,市残联、市财政局、市人社局、市卫生局联合出台《重庆市盲人按摩行业扶持办法(试行)》。2014年1月1日起,重庆市凡符合有关政策的盲人按摩机构,均可获得扶持资金。全市有盲人医疗按摩机构9个、保健按摩机构703个。培训盲人保健按摩人员298人、医疗按摩人员143人。盲人就业人员425人。

2014年6月,市残联、市卫计委共同转发《关于盲人医疗按摩人员执业备案有关问题的通知》,进一步规范盲人医疗按摩人员执业备案工作。是年,全市开展盲人医疗按摩人员专业技术初、中级职务评审工作,对重庆市范围内个体、集体和全民所有制盲人按摩医疗机构中从业的医疗按摩人员,其他医疗机构中从业的盲人按摩人员进行评审。

2014年,全市有医疗按摩机构12个、保健按摩机构735个。培训保健按摩人员798人、医疗按摩人员85人。扶持机构84所(家),扶持人数182人,扶持金额20.6万元。

2015年,推进实施《重庆市盲人按摩行业扶持办法》,有190名盲人按摩从业人员通过审核,共发放扶持资金38万元。培训保健按摩人员768人、医疗按摩人员127人。共有836家盲人按摩机构,盲人保健按摩人员就业534人,盲人医疗按摩人员就业88人,扶持盲人按摩师就业176人。

第三章　就业扶持与服务

第一节　就业扶持

2001—2005年，扶持6000名贫困残疾人自谋职业，从政策、融资和税收等方面给予支持。

2010年6月21日，市政府下发《关于大力发展微型企业的若干意见》，确定大力发展微型企业的指导思想、基本原则和总体目标，明确将残疾人等“九类人群”纳入扶持对象。市政府成立微型企业发展领导小组，市残联领导小组成员单位负责全市符合条件的残疾人创办微型企业相关的协调工作。

按照《重庆市微型企业发展工作领导小组办公室关于建立微型企业创业指导站的通知》要求，为更好地指导和服务残疾人创业，在各区县(自治县)残联、北部新区残联办事处，市残疾人就业服务指导中心建立残疾人微型企业创业指导站。站长由区县(自治县)残联、北部新区残联办事处的理事长或分管教育就业的副理事长担任，具体业务由残疾人就业服务机构负责承办，负责人任指导员。市残疾人就业服务指导中心主任任站长，分管就业的负责人任副站长，具体业务由就业科负责承办，负责人任指导员。各单位将站长、副站长、指导员名单报市残疾人就业服务指导中心，由市残联和市微企办备案。

2011年，指导扶持1439名残疾人成功创立微型企业，安置残疾人就业2647名。帮扶8500名残疾人实现增收。2012年，进一步加大残疾人创办微企扶持力度，累计扶持残疾人创办微型企业1998家，安置残疾人就业2947人。2013年，引导鼓励扶持残疾人创办微型企业，全年扶持残疾人创办微型企业2551户，从业人员约2万人。为加大对全市微型企业的扶持力度，降低微型企业的运营成本，从2014年1月1日—2016年12月31日，暂不征收微型企业残疾人就业保障金。

第二节 就业服务机构规范化建设

残疾人就业服务机构是公共就业服务机构的重要组成部分，是同级残联所属独立法人事业单位，有编制有职责。机构内部分工明确，职责明晰，有就业失业管理、按比例就业审核、职业培训、盲人按摩管理等职责分工。

市级残疾人就业服务机构为重庆市残疾人劳动就业服务指导中心，区县级残疾人就业服务机构名称为“××区(县)残疾人就业服务中心”“××区(县)残疾人就业服务所”；统一标识按中国残联《关于残疾人就业服务机构使用统一标识的通知》执行。

2013年，市残联印发《重庆市残疾人就业服务机构规范化建设实施方案》。

2014年，全市各级残疾人就业服务机构具备开展服务必需的服务场所，经费人员到位，设备设施齐全，标识统一规范，制度较为健全，功能相对完善，其中，市级残疾人就业服务机构达到中国残联《省级残疾人就业服务机构规范化建设考核评估标准(试行)》要求。渝中区、北碚区、江津区、涪陵区、荣昌县等5个区县级残疾人就业服务示范机构达到《重庆市区县级残疾人就业服务机构规范化建设考核评估标准》的要求。

2015年，开展残疾人就业服务机构规范化建设工作，市本级残疾人就业服务机构通过中国残联规范化建设考核评估。所有区县(自治县)残疾人就业服务机构达到《重庆市区县级残疾人就业服务机构规范化建设考核评估标准》要求。至是年12月，全市有残疾人职业培训基地39个。

第七篇　残疾人扶贫

第一章　残疾人扶贫规划

第一节　残疾人扶贫攻坚计划

据1995年统计，全市有贫困残疾人100万余人，通过“八七”扶贫攻坚计划的实施，已有30万余有劳动能力的残疾人脱贫，有效解决了温饱问题。在剩余的70万余贫困残疾人中，有55万人能参加生产劳动，具备劳动能力，可以通过扶贫开发，技能和实用技术培训，支持发展生产，解决温饱。

1993—1994年，以县(市)为单位开展调查工作，掌握残疾人的基本状况，完成对贫困残疾人的建档建卡工作。在江津市、綦江县、渝北区三个扶贫地区，先后接受中央投放的康复扶贫专项贴息贷款75万元，地方财政匹配的资金42万元。三个地区在当地政府及有关部门的配合下，共扶持和新办残疾人福利企业、扶贫企业18个。1995年，产值达470万元，新安置804名残疾人就业；扶持2300余名贫困残疾人从事多种形式的生产劳动，收入明显增加，1.22万名残疾人达到或超过温饱线，其中109名残疾人走上致富道路。

1998年5月12日，召开全市残疾人扶贫攻坚电视电话会议

1997年，重庆根据《全国残疾人扶贫攻坚计划》，制定了《重庆市残疾人扶贫攻坚计划

(1998—2000年)》。在中国残联争取到的1000万元康复扶贫贷款,用于10余个县的残疾人扶贫。区县(市)残联在调查摸底、确定对象、建档立卡、选定项目、培训技术、贷出资金、加强管理等环节,对残疾人的扶贫做了大量深入细致的工作。在实施过程中,市残联领导带领干部职工到有关区县、乡(镇)两级服务社落实贷款问题,全市有5202名残疾人和部分扶贫经济实体使用康复扶贫贷款。

1998年1月10日,据各区市县入村入户调查统计,全市有残疾人贫困户29万户,贫困残疾人41.94万人,其中可扶持残疾人15.88万户、23.33万人,应救济残疾人13.11万户、18.62万人。有的地区还有近3%的残疾人依旧处于衣不遮体、食不果腹、房不避风的困难境地。残疾人分布在城镇的有3.47万户、5.42万人;在农村的有25.52万户、36.52万人;贫困地区的有2.18万户、3.27万人,非贫困地区7.18万户、9.25万人。

2008年春节前夕,市委常委、副市长马正其慰问残疾人贫困户

1999年,建立最低生活保障制度的县(市/区)40个;城镇设立专项补助的县(市/区)40个;农村实施统筹扶助的县(市/区)39个;建立扶残解困基金的县(市/区)2个。"九五"方案实施以来,累计保障人数15.5万人。是年,完成25万残疾人扶贫工作。

1998—2000年,重庆市接受国家补助资金的共有13个县,共计55万贫困残疾人,累计投入资金250万元,以直接扶贫为主,扶持农村贫困残疾人从事有助于直接解决温饱的种植业、养殖业、手工业和家庭副业。推进小额信贷扶贫到户。发挥扶贫实体、基地的作用,辐射到户、带动到户。倡导机关、单位、城乡组织及党员、干部和各界人士"帮、包、带、扶"到户到人,做到不脱贫不脱钩。优惠政策落实到户、科技推广到户、技术培训到户、生产服务到户。城市落实最低生活保障制度,加大促进残疾人按比例就业、集中从业和个体就业工作力度,农村落实供养制度、推广最低生活保障制度,广泛开展社会扶助。

第二节 农村残疾人扶贫开发计划

重庆市是大城市带大农村,二元结构突出。农村残疾人的扶贫纳入政府的大扶贫,广泛开展"帮、包、带、扶"活动,2001—2005年,共有13.1万名残疾人摆脱贫困。同时对1480户贫困残疾人危房进行改造。2002年,市残联、市扶贫办、市财政局、市人行营业部、市农行联合出台《重庆市农村残疾人扶贫开发实施计划(2001—2010年)》,市残联、市财政局、市农行联合出台《关于印发〈使用扶贫贴息履行扶贫义务管理暂行规定〉的通知》，市委制定《关于促进残疾人事业发展的意见》，市残联制定出台《关于印发重庆市康复扶贫贷款管理体制改革实施意见的通知》《关于印发重庆市残疾人扶贫示范基地建设标准（试行）的通知》《关于印发重庆市残疾人康复扶贫贷款管理暂行办法的通知》《关于印发重庆市农村贫困残疾人危房改造实施方案的通知》《关于印发重庆市农村残疾人实用技术培训实施方案的通知》等扶贫开发文件。2001—2009年，中央财政共投入扶贫工作（农村实用技术培训）补助经费136万元，市财政安排残保金用于农村残疾人就业培训455万元。中央财政安排康复扶贫贴息贷款24767万元。2004—2009年，国家彩票公益金安排农村贫困残疾人危房改造资金1630万元，市财政配套投入残保金3966万元。

根据农村实际，立足发展种植业、养殖业、手工业和加工业，开展农村实用技术培训，增强贫困残疾人掌握实用技术的能力。2001—2010年，中央、重庆市及各区县共投入培训经费3620.93万元，各区县举办农村种植、养殖业及加工业实用技术培训班807期，并给予培训人员一定的扶持资金或物资。各地残联结合区县产业发展的需要和残疾人的实际，开展有针对性的农村残疾人实用技术培训项目。开县在开展农村残疾人实用技术培训的过程中，积极鼓励农村残疾人发展养兔行业，并与县政府业务部门进行联系，负责培训，负责提供种兔，负责在喂养过程中免费提供技术指导，负责上门收购。既让残疾人真正地掌握一技之长，又免除残疾人养兔后的销售之忧，使当年贫困残疾人的脱贫率在90%以上。通过“以培带扶”，使部分农村贫困残疾人走出困境，有的甚至成了种植、养殖或加工业大户，在自己脱贫后，帮助带动其他贫困残疾人脱贫。

残疾人扶贫种植示范基地

市残联与区县联合建立有一定规模、有特色、有带动能力的残疾人扶贫示范基地，依托发展特色产业，以产业促基地，以基地促扶贫，取得了显著效果。作为培训、辐射、带动农村贫困残疾人脱贫致富奔小康的示范窗口，已建成5个市级、10个市和区县共创基地、72个区县级残疾人扶贫开发科技示范基地。在基地就业的残疾人有5582人，人均月收入在1200元以上。

组织实施“国家彩票公益金——农村贫困残疾人危房改造项目”。从2004年开始，在中国残联的指导与资助下，重庆市启动残疾人危房改造项目，中央国家彩票公益金补助1650万元，分配到8675户；市级财政投入残保金3966万元，在全市36个区县（自治县）分期分批改造农村贫困残疾人危房，完成1.18万户。该项目在2004—2009年被列为市委市政府“民心工程”。

根据市残联、市财政局、市农行联合出台《关于印发〈使用扶贫贴息履行扶贫义务管理暂行规定〉的通知》《关于印发重庆市康复扶贫贷款管理体制改革实施意见的通知》《关于印发重庆市残疾人康复扶贫贷款管理暂行办法的通知》要求,以及中国残联关于残疾人康复扶贫贷款的规定,2001—2010年,中央贴息397.7万元,共完成残疾人康复扶贫贷款额17072万元,其中完成项目贷款14942万元。通过残疾人康复扶贫贷款,扶持带动残疾人8752人。

开展"帮、包、带、扶"活动,加快残疾人脱贫解困的步伐。2001—2010年,享受优惠政策的贫困残疾人134万人次,结对帮扶单位1.2万个,结对帮扶个人15.3万人,帮扶物资折款及资金投入9936万元。由于全市农村残疾人量大面广,情况千差万别,市残联根据实际情况,突出重点进行扶持。在涪陵区集中人力、物力和财力对一部分有劳动能力的特困残疾人实行挂牌重点扶持,以点带面,逐年推开。

第三节 农村残疾人扶贫开发纲要

市残联副理事长彭美云在残疾人扶贫基地调研

云阳县残联给农村贫困残疾人发放鸡苗

2011年,重庆市有农村贫困残疾人共23.50万户,25.86万人。

2012年,编制《重庆市农村残疾人扶贫开发规划(2011—2020年)》。中央、市级共投入资金3400万元,改造、新建4960户农村贫困残疾人危房、无房户,惠及5500名残疾人。帮扶渝东北、渝东南地区3650户残疾农户实现增收,帮助1.2万名农村贫困残疾人接受实用技术培训。重庆市创新农村贫困残疾人扶贫举措在第27次全国残疾人工作会上得到肯定。

2012年,根据中组部、中国残联《关于印发〈"农村基层党组织助残扶贫工程"实施方案〉的通知》精神,市委组织部和市残联制定《重庆市农村基层党组织助残扶贫工程实施办法》。制定2012—2015年重庆市农村基层党组织助残扶贫工程帮扶任务,全市农村基层党组织帮扶2800户农村贫困残疾人家庭稳定脱贫。

2013年1月23日,市政府办公厅印发《〈重庆市农村残疾人扶贫开发规划(2011—2020年)〉的通知》。调整重庆市农村残疾人扶贫开发工作领导小组成员,市残联党组书记、理事长周鸣任组长，市残联党组成员、副理事长彭美云任副组长。领导小组下设办公室，彭美云兼任主任。是年，扶持44234名贫困残疾人，脱贫2.21万人，新增农村残疾人扶贫基地73个。实施农村贫困残疾人危房改造“阳光安居工程”项目，共投入资金2050万元，改造农村贫困残疾人危房2935户。开展农村贫困残疾人实用技术培训1.41万人。完成康复扶贫贷款3000万元，贴息资金175万元，扶持贫困残疾人1286人。全年共投入资金300万元，扶持96户残疾人种养业大户，安置1060名残疾人就业，扶持带动1261名残疾人脱贫。扎实开展社会扶贫工作，选聘农村贫困残疾人担任农家书屋管理员工作，全年共安置132名残疾人。实施农村基层党组织助残扶贫工程，全年扶持700户。

2014年，扶持4.25万户贫困残疾人，脱贫2.33万人。

2015年，残疾人扶贫开发工作进一步推进，贫困残疾人生产生活状况得到进一步改善。全年开展残疾人实用技术培训2.29万人次；扶持贫困残疾人4.63万户、5.18万人，其中3.63万人通过扶贫开发实现脱贫。开展农村残疾人贫困户建档立卡工作，核准农村残疾人贫困户信息，已纳入建档立卡数据库的残疾人有5.91万人。

第二章　残疾人危房改造

危房是指依据国务院城建部公布的《农村危险房屋鉴定技术导则（试行）》鉴定，属于整栋危房（D级）或局部危险（C级）的房屋。

第一节　危房改造的对象

危房改造对象必须持有中华人民共和国残疾人证（第二代），具有本地农村户口，残疾人无房户或现住房为D级危房的农村“低保”残疾人户、建档立卡贫困残疾人户、家庭人均纯收入低于当地贫困标准的农村贫困残疾人户。

第二节　危房改造的标准

贫困残疾人的危房改造应根据残疾人的实际情况量力而行,每户面积不得低于60平方米,残疾人集中改造户的人均居住面积不得低于20平方米。建设的规模及样式可参照重庆市建委发布的《重庆市巴渝新农村民居通用图集》中的经济型民居。新建、改建的住房应为砖混结构,铺水泥地面,粉刷内外墙,安全实用。市残联对主城区每户资助2500元,匹配资金每户不得低于4000元。其他区县(自治县)每户资助5000元,匹配资金不得低于1500元。有经济能力的乡镇可视情况匹配部分经费。残疾人家庭应根据实际情况,合理承担部分费用。各级政府通过制定优惠政策,对农村贫困残疾人危房改造实行规费减免。危房改造的工作经费(拍摄照片、做标识牌等)由各区县残联根据实际情况进行安排,可以从区县残疾人就业保障金中列支,但每户最高不得超过500元。

第三节　危房改造成果

2001年,中国残联下发通知实施残疾人危房改造项目,市残联按照中国残联通知要求,印发了《重庆市农村贫困残疾人危房改造实施方案》,在全市分期分批改造、新建农村贫困残疾人危房户和无房户。

贫困残疾人危房改造前后对比照片

2004年，全市危房改造450户，其中中国残联专项彩票公益金补助250户。按照中国残联提出的以西部地区为主兼顾东部地区原则，危房改造的区县有涪陵70户、丰都55户、云阳65户、奉节55户、石柱50户、秀山50户、开县55户、潼南50户、永川50户。同时，财政按1:1的比例匹配125万元改造经费，共计250万元对500户贫困残疾人家庭进行危房改造（每户5000元），736名残疾人直接受益。2001—2005年，全市共对1480户贫困残疾人危房进行改造。

2006年，重庆市财政从残疾人就业保障金中安排750万元，下达残疾人危房改造任务1500户，实际完成1912户。

2007年，中国残联下达重庆市2006—2007年国家专项彩票公益金农村残疾人危房改造项目经费750万元，市财政从残疾人就业保障金中安排825万元，下达危房改造任务3000户，实际完成3079户。

2008年，利用中国残疾人事业专项彩票公益金375万元，市财政从残疾人就业保障金中安排1000万元，下达危房改造任务2910户，实际完成2983户。

2009年，市委市政府将农村贫困残疾人危房改造项目纳入“民心工程”予以实施。8月15—16日，市残联副理事长周鸣到城口县检查指导残疾人危房改造等工作。是年，中国残联下达重庆市国家专项彩票公益金农村残疾人危房改造项目经费300万元，市财政从残疾人就业保障金中安排1000万元，下达危房改造任务2720户，实际完成2920户。

南川市贫困残疾人危房改造

2010年，市残联制定《重庆市农村贫困残疾人危房改造实施方案》，全年投入资金3399万元，改造农村贫困残疾人危房4150户。

2011年，实施民生工程惠残助残项目，改造、新建3351户农村贫困残疾人危房和无房户，一大批残疾人生产生活质量显著提高。依据国家残疾人事业专项彩票公益金农村残疾人危房改造“阳光安居工程”项目实施方案，结合市政府《关于批转重庆市残疾人事业“十二五”发展规划（2011—2015年）的通知》中关于“推进残疾人安居工程，基本实现残疾人人人享有安全住房”的要求，市残联、市城乡建委决定联合实施重庆市农村贫困残疾人危房改造“阳光安居工程”项目。2011—2015年，完成农村贫困残疾人危房改造“阳光安居工程”项目10000户。重庆市农村贫困残疾人危房改造“阳光安居工程”项目分配重点向渝东北、渝东南及渝西地区倾斜，其他地区根据实际酌情安排。支持有条件的区县当年集中消除贫困残疾人无房户和D级危房户。农村贫困残疾人危房改造首先改造最贫困残疾人的房屋和最危险的房屋。切实消除安全隐患，保障农村贫困残疾人的基本居住安全。

2012年,细化农村贫困残疾人危房改造“阳光安居工程”项目实施方案,提高中央、市级彩金补助标准,统筹各相关部门下达的农村危房改造、安居工程等资金,打捆使用。对部分改造对象实行“一户一议”,严格资金管理责任。全年共投入资金5722万元,改造、新建4847户农村贫困残疾人危房、无房户,惠及5295名残疾人。2013年,共投入资金5773万元,改造农村贫困残疾人危房3355户。2014年,实施农村贫困残疾人危房改造“阳光安居”工程,推行“一户一策”,全年共投入资金6454.15万元,完成农村贫困残疾人危房改造3607户。2015年,实施农村贫困残疾人危房改造“阳光安居”工程,全市投入危房改造资金6820.71万元,对4096户农村贫困残疾人施行了危房改造,4375名残疾人受益。

第三章　种养业大户和扶贫基地建设

第一节　残疾人种养业大户培育

残疾人畜禽养殖基地

2002年,通过“选对象、择项目、扶大户、帮贫困”等方法,把残疾人扶贫工作与当前农村产业结构调整结合起来,把种植业与养殖业结合起来,以培代扶,开展帮助残疾人寻求一条致富门路,传授一门实用技术,给予一定资金扶持等3项工作,变过去单一的扶贫为扶贫先扶知(识)、扶贫先扶技(术),以增强残疾人脱贫致富的自身能力。

2004年5月10日,市财政局、市扶贫办、市残联领导及有关人员在合川市合隆镇郎山村谢大成果园举行重庆市渝西残疾人科技扶贫基地揭牌仪式。该基地是残疾人谢大成自筹资金100万余元,于2000年秋创建,有优质水果基地670亩,栽植优质水果13.4万余株,年产值40万余元。该基地是全市第三个残疾人科技扶贫示范基地,市及区县有关部门加大扶持力度,投入一定资金,扩大规模,使其成为重庆培训基地。

2012年4月，大足区高升镇旭光村残疾人杨载荣在检查自家种的大棚枇杷

2005年，举办种植业、养殖业、加工业实用技术培训34期，培训残疾人5052人，通过培训增强其致富本领，脱贫率90%。

2006—2008年，举办农村贫困残疾人种植业、养殖业、加工业等实用技术培训123期，培训残疾人2.91万人。

2009年，对1.2万名农村残疾人开展实用技术培训，带动农村残疾人发展种植业、养殖业和加工业。

2010年，对4520名农村残疾人开展实用技术培训，带动农村残疾人发展种植业、养殖业和加工业。

2011年，培训农村残疾人实用技术3217人次，带动1793名残疾人就业。是年7月，市残联下发《关于印发重庆市农村残疾人种养业大户创业就业扶持补助暂行办法的通知》。办法规定，自2011年8月1日起，对持有中华人民共和国残疾人证且户籍在本地的农村残疾人，经市和区县（自治县）残联认定的农村残疾人种养业大户给予扶持补助。根据种养业大户规模，给予一次性5~20万元的扶持补助。全年，投入扶持资金300万元。

2012年，市残联印发《重庆市农村残疾人种养业大户创业就业扶持补助暂行办法》，全市重点扶持100户农村残疾人种养业大户，对符合条件、并在当地残疾人创业就业中发挥典型示范作用的，给予一次性扶持补助2~5万元/户。帮助更多残疾人创业就业，辐射和带动更多残疾人脱贫致富。

2013年，根据《重庆市农村残疾人种养业大户创业就业扶持补助暂行办法》，全年共扶持96户残疾人种养业大户，安置1060名残疾人就业。

2014年，市残联依据《重庆市农村残疾人种养业大户创业就业扶持补助暂行办法》和《关于申报2014年度农村残疾人种养业大户有关工作的通知》要求，扶持残疾人种养业大户1387户，投入扶持资金300万元。

2015年，扶持254户农村残疾人种养业大户。

第二节　残疾人扶贫基地建设

从2003年开始，市残联与区县（自治县）联合建立有一定规模、有特色、有带动能力的残疾人扶贫示范基地。基地作为培训、辐射、安置、带动农村贫困残疾人脱贫致富奔小康的示范窗口。是年,在涪陵区和渝北区建成2个市级残疾人扶贫示范基地。2004年,在合川建立市级农村残疾人扶贫开发科技示范基地。2005年,在永川市建立市级残疾人扶贫开发基地,发挥辐射带动作用。

2007年,市残联将奉节县肉牛养殖场确定为重庆市第五个农村残疾人扶贫基地。万州区、北碚区、巴南区、江津区、万盛区、大足县、垫江县、云阳县、荣昌县、秀山县等10个区县残联,与市残联共同创建残疾人扶贫基地。2006—2008年,新建市级残疾人扶贫开发基地1个,新建区县(自治县)级农村残疾人扶贫示范基地9个。

2009年,市残联制定《重庆市残疾人扶贫基地建设标准(试行)》。种植业的种植规模一般在500亩以上,资产规模达到100万元以上,具有良好的发展前景,经济效益显著,是在当地具有较大影响力的经济实体。标准规定养殖业的养殖规模一般年养种禽5000羽以上,或年养种畜40头以上;年养肉禽20000羽以上,或年养肉畜400头以上;水产养殖规模一般在100亩池塘以上。标准规定农产品加工业年利润在50万元以上,区县(自治县)级残疾人扶贫基地可参照以上规模,根据区县(自治县)具体情况,拟定建设标准。是年,对已建成的5个市级基地进行规范。

建设安置型基地,长期安置残疾人就业20人以上,并提供合适的劳动岗位,或季节性安置残疾人就业50人以上且每年工作半年以上。长期就业的残疾人,月收入不少于当地政府规定的职工最低工资标准,并有基地用工工资发放表;季节性就业的残疾人,年收入不少于当地政府规定的六个月职工最低工资总额,并有基地用工工资发放表。建设辐射型基地,辐射残疾人50户以上。为辐射户提供技术培训,技术支持和指导,信息咨询,资金帮助和产、供、销服务等功能。制定优先收购、优惠收购等多项优惠政策,并与扶持户签订扶持协议书。基地辐射带动的残疾人,年收入高于当地政府规定的脱贫标准,并有基地辐射扶持服务活动登记册。市残联每年10月对市级残疾人扶贫示范基地进行一次考核,根据完成扶贫任务的情况列出考评等次。市残联根据当年完成任务的考核等次进行补贴,每个基地补贴金额原则上最高不得超过20万元,所需资金从市级残疾人就业保障金中列支。

至2015年12月,全市共已建立91个残疾人扶贫基地,累计辐射带动残疾人家庭8073户,在基地就业的残疾人达4.55万人次,人均月收入1200元以上。

表7-1 2006—2015年重庆市残疾人扶贫基地统计表

指标名称	单位	2006年	2007年	2008年	2009年	2010年	2011年	2012年	2013年	2014年	2015年
残疾人扶贫基地	个	24	29	35	44	64	45	56	100	91	91
安置残疾人就业	人	20859	11564	1999	2269	3518	813	933	1378	1130	1038
辐射带动残疾人户	户	—	—	—	—	—	1274	1771	2097	1611	1320

第四章　社会扶贫与康复扶贫贷款贴息

第一节　社会扶贫

2012年，根据中国残联、国家新闻出版总署联合下发的《关于选聘农村贫困残疾人担任农家书屋管理员的通知》要求，结合重庆市实际，决定选聘符合国家法定就业年龄且具备一定工作能力，有工作愿望和要求，持有中华人民共和国残疾人证（第二代），家庭年人均纯收入低于当地贫困标准，具备初中以上文化程度，热心公益事业，有爱心和责任心，受村民信赖，能胜任农家书屋日常管理服务的，重庆市农村户籍的贫困残疾人、村（社区）残疾人助残志愿者、重度残疾人家庭亲属担任农家书屋管理员。至2012年，共建成农家书屋9699个、书刊外借点2.9万个，缓解了包括残疾人在内的广大农民群众买书难、借书难、看书难问题。

2013年，按照中国残联《关于下达2013年度"万村千乡市场工程"助残扶贫项目任务的通知》，市残联印发《重庆市"十二五"万村千乡市场工程助残扶贫项目实施方案的通知》。全年万州区、黔江区、涪陵区、江津区、合川区、永川区、长寿区、綦江区、潼南县、铜梁县、大足区、荣昌县、璧山县、梁平县、城口县、南川县、丰都县、垫江县、武隆县、忠县、开县、云阳县、奉节县、巫山县、巫溪县、石柱县、秀山县、酉阳县、彭水县、北部新区共30个区县利用"万村千乡市场工程"助残扶贫项目，各安置1名残疾人或残疾人家庭成员，共计30人。

2015年，开展社会扶贫，联合开展"农村基层党组织助残扶贫工程""万村千乡市场工程助残扶贫项目"和"选聘农村贫困残疾人担任农家书屋管理员工作"，扶持、安置1536名残疾人或残疾人家庭成员就业。

第二节　康复扶贫贷款贴息

康复扶贫贷款是国家专项用于残疾人扶贫开发工作的信贷资金。为建立健全符合市场经济要求的信贷扶贫管理体制和运行机制，提高康复扶贫资金的运行效率和扶贫效益，根据中国残联、国务院扶贫办、财政部、中国人民银行《关于康复扶贫贷款管理体制改革的通知》

精神,制定《重庆市康复扶贫贷款管理体制改革实施意见》。康复扶贫到户贷款及贴息资金的管理、使用和效益统一由区县(自治县)负责。“八五”期间,重庆市发放扶贫贷款120万元,扶贫残疾人3378人,其中2178人脱贫。

1993年3月,中国农业银行、财政部、中国残联下发《关于康复扶贫贷款结息办法的通知》,中央财政承担贴息金。1993—1994年,重庆市共接受中央财政残疾人康复扶贫贷款150万元,贷款期限为五年,贷款利率为月息7厘,由中央财政贴息1.8厘、市财政贴息2.3厘、中国残联贴息2.9厘。

1996年,全市有康复扶贫县3个,地方匹配贷款108万元。是年,逾期扶贫贷款30万元。扶持培训5835人,扶贫经济实体25个,贷款扶持脱贫人数1.2万人。1997年,全市有康复扶贫县15个,地方匹配贷款570万元。是年,逾期扶贫贷款45万元。扶持培训900人,扶贫经济实体15个,贷款扶持脱贫人数3499人,政府社会帮扶脱贫人数4.44万人。制定《重庆市残疾人扶贫攻坚实施计划(1998—2000年)》,并与市扶贫办联合下发《关于印发各区县(市)残疾人扶贫开发任务表的通知》。“八五”以来,国家共拨康复扶贫贷款5770万元。1998年7月,市残联召开重庆市残疾人小额信贷到户工作会议,部署全市小额信贷扶贫到户工作。市残联理事长袁绍华、副理事长何德元到会讲话。1999年,全市有南岸区、江北区、沙坪坝区等12个区安排康复扶贫贷款。国家下拨康复扶贫贷款2100万元,地方匹配690.06万元,大部分地区用于小额信贷的比例超过50%。

2000年,完成康复扶贫贷款2100万元。1997—2000年,利用康复扶贫贷款贴息项目,已解决11.92万名贫困残疾人温饱问题。按照《关于建立和推行扶贫资金项目公告公示制的通知》有关要求,对扶贫贴息贷款项目实行公告、公示。2002年,全市落实到区县(自治县、市)的康复扶贫贷款2500万元,完成了中国残联下达的目标任务。2003年,落实残疾人康复扶贫贷款2500万元,共扶持3000多名贫困残疾人。2004年,市财政局、市残联、农行重庆市分行联合印发《使用扶贫贴息贷款履行义务管理暂行规定》的通知,促进扶贫贴息贷款安全实施。全年完成康复扶贫贷款3000万元,康复扶贫贷款和资金回收率100%。2005年,落实康复扶贫贷款3000万元,康复扶贫贷款和资金回收率100%。落实“助残金”24万元,扶助贫困残疾人3.6万人。

2006年,落实康复扶贫贷款3000万元。落实“助残金”24万元以扶助贫困残疾人。2007年,全市发放残疾人康复扶贫贴息贷款2600万元,落实“助残金”20.8万元,用于农村残疾人扶贫开发基地建设及残疾人实用技术培训。2008年,实施残疾人康复扶贫贷款管理体制改革,全年全市发放康复扶贫贴息贷款3100万元。2009年10月19日,市残联制定《重庆市残疾人康复扶贫贷款管理暂行办法》,10月1日起执行。与市农行发放康复扶贫贴息贷款2667万元。全年全市多渠道、多层次扶持6.1万名农村贫困残疾人脱贫。2010年,落实康复扶贫贴息贷款1833万元,项目贷款中央贴息55万元,到户贷款实际落实1100万元,到户贷款扶持残疾人232人。

2011年,落实2100万元康复扶贫贴息贷款,实际发放1200万元。2012年,市残联联合市扶贫办、市财政局和人民银行重庆营管部等部门,完成康复扶贫贷款3000万元,贴息资金175万元,扶持残疾人633人,更多残疾人企业和残疾人受益,扶贫成效明显。2013年,全市实际落实残疾人康复扶贫贴息贷款3000万元,贴息资金175万元;扶持1044名残疾人,到户贷款扶持残疾人308人。2014年,全市实际落实残疾人康复扶贫贴息贷款2075万元,贴息资金175万元;扶持661名残疾人,到户贷款扶持残疾人109人。2015年,完成残疾人康复贷款3637万元,扶持1649名农村残疾人,残疾人扶贫基地达到91个,安置1038名残疾人就业,扶持带动1320户残疾人。

第八篇　残疾人宣传文化体育

第一章　残疾人宣传工作

残疾人事业的发展,需要全社会的共同关注和支持,残疾人宣传文化工作是推动残疾人事业发展的重要手段。市残联领导高度重视残疾人事业新闻宣传工作,注重全市残疾人事业宣传工作的领导和总体策划。

第一节　残疾人事业宣传

1989年5月14日,重庆市首次“残疾人活动日”在解放碑举行。300余名残疾人及工作者参加活动,市委副书记陈宽金,副市长肖祖修,市人大常委会副主任李凤清,市政协副主席韦思琪,市民政局局长、残联主席肖希纯,市民政局副局长、残联副主席宋协秋,市残联执行理事会理事长刘永康出席活动。是年,残疾人事业工作在电视台宣传报道55条、广播电台宣传报道34条,在社会报纸杂志刊载91篇,工作通讯、简报报道21期。开展残疾人活动2场,参加人数315人;盲人节活动3场,参加人数90人;聋人节活动2场,参加人数1500人。

1990年9月23日,为庆祝第三十三届国际聋人节,市残联、市聋人协会在沙坪坝区残疾人俱乐部举行“庆亚运、爱重庆”知识竞赛。市委副秘书长徐雄,市民政局局长、市残联主席团主席肖希纯,市民政局副局长、市残联主席团副主席宋协秋,市残联理事长刘永康,市聋人协会主席王敬直等领导出席活动。

根据《中华人民共和国残疾人保障法》第48条规定,每年5月的第三个星期日为“全国助残日”。1991年,在全国第一个助残日中,重庆市党、政、军主要领导与残疾人先进代表座谈,会上残疾人展示了不屈意志和真才实学。3月10日，市残联与重庆广播电台开辟《重庆市残疾人之声》，固定在每周星期日22:00时播出。是年10月14日，市残联、市盲人协会组织近郊6区盲人代表和残疾人工作者100人，在歌乐山烈士陵园举行"国际盲人节"。1990—1991年，各级报刊、广播、电视发稿、播放残疾人工作有关新闻2400余条（篇）。印发《残疾人保障法》单行本17万册。

1992年，联合国第47届大会确定12月3日为首次"国际残疾人日"。围绕"走进每一个残疾人家庭"的主题，创造全社会理解、关心、帮助残疾人的良好氛围。重庆在雾都宾馆举行"国际残疾人日"活动，市顾委主任王效才、老同志孙先余、市政府办公厅副秘书长贾培基等领导出席活动。是年，重庆市开展第二次"全国助残日"活动。

1993年5月14日，重庆市在解放碑地区首次举行"残疾人活动日"，活动由市残联组织实施，300多名残疾人及工作人员参加。活动分残疾人文艺演出和残疾人为民服务。重庆电视台、重庆人民广播电台、《重庆日报》《重庆晚报》《重庆工人报》对这次活动进行了宣传报道。

1994年5月15日，是第四次"全国助残日"，围绕第六届远东及南太平洋地区运动会（简称"远南"）献爱心为主题，重庆市开展"全国助残日"活动，组织走访慰问组有739个，参加慰问走访领导有8164人，看望残疾人48463人，送慰问金（慰问品折价）21.67万元，解决困难3149个，为残疾人捐款30.88万元，捐物24876件，帮助103797户残疾人助耕16234亩。各级党、政领导人发表广播电视讲话798次，播放电视专题节目970次，散发"远南"宣传资料5万余份。

1995年11月，中宣部、团中央、中国残联联合组织的"热爱祖国、自强不息"巡回报告演出团到重庆市进行了两场报告演出，起到良好的宣传教育效果。是年，与重庆人民广播电台联合开办《残疾人之声》专题节目。

1996年，第六次"全国助残日"活动，以"预防残疾，增进健康"为主题，重庆市开展报刊宣传152篇（次），广播专题143档（次）。电视专栏（含手语节目）19个。

1997年5月，第七次法定"全国助残日"。市残联组织学习"第二次全国自强模范暨扶残助残先进集体和个人表彰大会"精神，开展走访慰问活动。

1998年1月，重庆有线电视台开办每周四次的手语新闻栏目，填补了重庆市残疾人宣传工作电视手语的空白。是年5月，开展第八次"全国助残日"，主题为扶贫解困。是年，分发到机关，基层街、乡、镇《情系六千万》展览画册1180套。

1999年4—5月，重庆市利用"助残周"活动，开展工作会议、复明中心挂牌、走访慰问、办实事、无障碍设施检查、中国香港狮子会到重庆、咨询宣传等活动。

2000年，重庆市残疾人事业宣传工作，以备战全国残疾人五运会、邓朴方主席到重庆调研、"助残日"等活动和工作为契机，多角度、多方位、重实效、重感染地宣传残疾人事业。是年，围绕"就业年"工作重点，在《重庆日报》刊登按比例安排残疾人就业有关问题答记者问。在2000年发行量居重庆第一的重庆市晚报开辟系列专栏，系统宣传按比例安排残疾人就业工作的法律法规及工作进展情况。12月3日，举办"国际残疾人日"纪念活动大型综合性节目，在电视台播放1小时55分钟。全年市级电视台、报刊、电台刊登播放残疾人事业的文章、消息、专题、专栏共1500余篇(条)。在全国第五届残运会上,发动各类新闻媒体深入运动员住地、训练场、比赛现场进行采访报道。在以“志愿者助残”为主题的第十次“全国助残日”活动中,全市各级电视、电台播放有关残疾人事业的消息800余条,报纸、杂志刊发消息、专题500余篇。

2001年,制作反映“九五”期间残疾人事业成果的展板30余块,发放宣传资料6万余份(册)。

2003年12月,为大力宣传扶弱助残的先进典型,营造关心、帮助残疾人的良好氛围,市残联、重庆商报共同举办重庆市首届“十佳爱心使者”评选活动。在第四次全国“爱耳日”,围绕“提高人口素质,减少出生人口缺陷”的主题,市残联制定《重庆市聋儿早期干预及后续教育工作实施办法》,与市卫生局共同协调医院张贴宣传图片,开展门诊、义诊、宣传咨询等活动。与重庆电视台合作拍摄听力助残专题片共6集,在《重庆晨报》连续专题报道《开启无声的世界》,各大有影响的报刊也进行“爱耳日”专题报道,在“爱耳日”当天开设热线电话,解答聋儿家长提出的问题。开展第十三次“全国助残日”活动,5月开始以发行纪念明信片的方式在全市开展“扶残助学春雨行动”,这一活动的方式在全国实属首例。

2004年,在中央电视台、重庆市委宣传部组织的“感受重庆——全国电视异地采访活动”中,拍摄的专题片《黑暗中燃烧的音符》,被评为创作三等奖。组织参加中国残联和全国摄影家协会主办的第三届“残疾人在祖国怀抱中”摄影大赛,重庆残疾摄影家有100余组(幅)作品入选,30余组(幅)得到大家的肯定。3月3日,在全国第五次爱耳宣传日,围绕“防聋走进社区”的主题,重庆开展了一系列的宣传教育活动。中国聋儿研究中心主任孙金忠一行考察璧山县新堰村、江北区大庆社区的防聋宣传工作。12月3日,在重庆市人民大会堂举办重庆市“和平联谊杯”第二届助残十佳爱心使者颁奖仪式暨庆祝“国际残疾人日”爱心助残文艺晚会,并进行电视转播,加强扶残助残宣传力度。

2005年5月,开展第十五次“全国助残日”活动。结合重庆市实际,在全市检查按比例安排残疾人就业政策落实情况,开展残疾人就业培训,举办有针对性的残疾人供需招聘会、社会帮扶和走访慰问系列活动。

重庆市扶残助残爱心活动

2006年,结合第二次全国残疾人抽样调查活动及“八荣八耻”教育活动,在全市范围开展走访慰问、康复求助、募捐等活动,为残疾人做好事、办实事、解难事6794件。募捐资金123.1万元,走访慰问残疾人2192户,结成帮扶对子1060个。为残疾人捐物300余件,化肥30余吨。

2007年3月3日，市残联、市卫生局、市民政局、市教委、市人口与计划生育委员会、市残疾人康复工作办公室6家市级单位在沙坪坝区三峡绿色广场共同举办“重庆市第八次‘全国爱耳日’宣传周暨扶残助残活动启动仪式”。活动围绕“城乡联动，共同关注青少年听力健康——珍爱听力，快乐成长”主题，开展爱心捐赠、表彰康复小明星、爱心义演、专家现场咨询和义诊等活动。是年5月20日，重庆市庆祝第十七次“全国助残日”暨重庆市扶残助残爱心活动仪式在人民广场举行。中国残疾人福利基金会副理事长邢建绪，市委常委、副市长、市残工委主任马正其，市人大常委会副主任、市残联名誉主席唐情林，市残工委副主任、市残联理事长江绍中，市残工委成员单位领导，市残疾人专门协会领导和残疾人代表，以及自发参加活动的社会各界人士共2000余人参加活动。活动围绕“保障残疾人权益，共建和谐社会”主题，为重庆残疾人朋友打造热烈而丰富的节日盛宴。

2008年5月18日，市残联在奥体中心举行“全国助残日”活动暨“残疾朋友心系灾区，奉献爱心情暖人间”赈灾捐赠活动。市委常委、副市长马正其，市人大常委会副主任余远牧，市政协副主席陈景秋等出席活动。参加活动人员及企业共为地震灾区捐款达1671万余元。12月3日，市残联在解放碑举办以“我和你”为主题的活动，庆祝“国际残疾人日”。邀请市四大家领导，渝中、大渡口、江北、沙坪坝、南岸、渝北区等残联、残疾人代表参加庆祝活动。

爱心活动仪式

“全国助残日”现场活动

2009年12月3日，庆祝“国际残疾人日”暨重庆市残疾人特殊艺术展演，市委常委、副市长马正其，市人大常委会副主任王洪华，市政协副主席陈景秋等领导出席并观看演出。

2010年5月14日，市残工委在荣昌县举办第二十次“全国助残日”重庆市现场宣传活动启动仪式。市残联党组书记、理事长谢嘉庆，市政府办公厅副主任凌凡以及市级相关部门主要负责人和荣昌县政府领导出席启动仪式。

2011年，市残联下发《重庆市残疾人联合会关于进一步加强残疾人事业宣传工作的通知》，要求各区县加强和改进残疾人事业宣传工作。10月31日，全国残疾人康复工作办公室

现场宣传活动

活动启动仪式

活动启动仪式

下发《关于授予重庆市"全国白内障无障碍省(市)"称号的通知》,标志着重庆市"全国白内障无障碍省(市)"创建工作取得圆满成功,并提前两年实现了市残工委提出的创建"全国白内障无障碍省(市)"目标任务,成为创建"全国白内障无障碍省(市)"的第4个省市。11月启动"光明之行惠万家"活动和重庆市成功创建"全国白内障无障碍省(市)"宣传月活动。同时,市残联下发《关于认真组织开展国际残疾人日活动的通知》,要求各区县(自治县)残联认真组织开展"国际残疾人日"活动。

2012年,在《重庆日报》、重庆电视台、重庆广播电台、《重庆晨报》、人民网、新华网、华龙网等媒体刊发残疾人事业原创新闻稿件(专题)360余篇(条),刊播《残疾人之声》广播18期。以"感动重庆十大人物"评选活动为主题,积极开展残疾人自强不息先进事迹的挖掘和宣传,被誉为"万州的张海迪"的苏相宜被评选为"2012年度感动重庆十大人物"。根据中国残联等11个部委《关于加强残疾人文化建设的意见》精神,结合实际制定《重庆市关于加强残疾人文化建设的实施意见》,组织开展第22次"全国助残日"活动。市委副书记张轩出席活动并讲话。市残联向九龙坡区政府捐赠价值50万余元的残疾人康复辅助器具,九龙坡区政府向残疾人赠送75台轮椅,解决了部分贫困残疾人出行难的问题,并为九龙坡区18个助残志愿服务队授旗。举行残疾人文艺表演,举办重庆市和九龙坡区残疾人事业"十一五"成就图片展及残疾人才艺展示。开展第三届全国"残疾人文化周"活动。举办"人道之美"——重庆市残疾人题材摄影大赛及获奖作品展,共收到参赛作品1200余幅,评选出128幅获奖作品,并于2012年8月14日在重庆图书馆展出作品

117幅，展览时间半个月。举办2012年“爱心日”活动，渝中、江北、沙坪坝、九龙坡4个区的残疾人代表共200余人免费参观《古典与唯美——西蒙基金会收藏雕塑、绘画展》《壮丽三峡》《城市之路》等展览。7月20日，在北碚区特殊教育学校举办以“关注残障人士健康，推动特奥运动发展”为主题的第六次“全国特奥日”现场活动，来自市、区领导，特教学校、街道、社区130余人出席和参加活动。

活动现场

2013年3月，市残联印发残疾人事业宣传工作要点，集中宣传党的十八大和市第四次党代会精神，宣传各级残联换届工作会议精神。在第二十三次“全国助残日”及“国际残疾人日”等重大活动、重要节点，对残疾人康复、扶贫、就业、教育、维权、无障碍建设等重点工作进行专题策划，备足宣传素材，扩大残疾人事业宣传的覆盖面和影响力。各区县残联在中央媒体、《重庆日报》、重庆卫视、《残疾人之声》专题广播等媒体刊发有关残疾人新闻各不少于1条，在其他市属媒体刊登有关残疾人新闻稿件不少于6条，在本地电视台刊播“残疾人”专题片不少于1期、电视新闻不少于4条，本地报社刊登残疾人专题1篇（整版）、动态新闻稿件不少于8篇。提升《重庆残联通讯》的影响力，加强网站政务信息公开力度，各区县残联每月向市残联信息中心报送工作信息不少于6条，网站、刊物每月采用不少于3条，每月向《重庆残联工作简报》报送信息2条。提升残疾人手语节目和残疾人专题广播质量，切实将电视手语节目、残疾人专题广播节目开办情况和新闻栏目加配字幕等工作纳入年终残疾人事业宣传工作考核范畴，逐步普及区（县）电视台、广播电台相关手语节目、广播节目的开办。充分运用新兴网络媒体，逐步推广残疾人官方微博，加强与媒体广告部门联系，将残疾人题材公益广告纳入2013年度“讲文明树新风”公益广告刊播活动。按照相关要求积极参与“感动重庆人物”等活动评选。

2014年4月2日，在第七个世界自闭症日，市残联在北碚区组织开展主题为“传递爱心·放飞梦想”的“世界自闭症日”公益宣传活动。市残联党组成员、副理事长任能君，北碚区政府相关领导参加活动。是年5月17日，重庆市在观音桥步行街举行第二十四次“全国助残日”暨助残“阳光行动”启动仪式。市人大常委会副主任周旬，市政府副市长刘强，市政协副主席姜平出席启动仪式。

活动启动仪式

市政府副秘书长艾扬主持仪式。本次“全国助残日”的主题是“关心帮助残疾人,实现美好中国梦”。启动仪式上,市残联向垫江、奉节、云阳在内的11个远郊县发放流动服务车。全年,在主流媒体刊发残疾人事业原创新闻稿件600余条,其中新华社、《人民日报》、中央电视台等中央级媒体刊发20余条;《重庆日报》刊发“残疾人创业故事”专题24期、动态新闻100余条,重庆新闻联播刊发40余条,《残疾人之声》专题广播48期,制作电视手语新闻节目48期。在市委办公厅《每日要情》刊载信息4条,在中国残联《残疾人工作要情》刊载信息8条。出刊《同伴》6期,编发《重庆残联工作简报》54期、《各地动态》12期。在黔江区、沙坪坝区、巴南区、永川区、忠县开展第五次全国自强模范暨助残先进事迹报告会5场次。

活动启动仪式

2015年3月3日,在重医附属儿童医院举行第16次全国“爱耳日”宣传教育活动启动仪式,市残联党组成员、副理事长任能君,市人社局、市卫计委、市妇联、市老龄办等相关部门领导参加活动。市听力言语康复中心、重医附属儿童医院和妇幼保健院的专家、教授在现场为听力障碍残疾人和市民提供免费义诊、咨询、听力测试及健康教育、妇幼保健等知识宣传。市残疾人聋儿中心还派专业技术人员为儿童家长讲解初级耳科保健知识、听力残疾预防、常见耳病防治及听力筛查等方面的知识。为配合宣传教育,市残联印制2万份《第16次全国“爱耳日”宣传教育活动科普宣传单》和1万份《国家残疾儿童康复救助“七彩梦行动计划”项目家长告知》发至各区县、专业听力康复机构以及相关职能部门。《重庆晨报》《重庆日报》、重庆电视台、华龙网等新闻媒体对重庆市“爱耳日”系列活动进行宣传报道,让社会各界更多地关注听力残疾预防、了解爱耳护耳相关知识。4月2日,在第八个国际自闭症日来临之际,重庆市智力残疾人及亲友协会在南岸区举行关注自闭症儿童“蓝色骑行”倡导活动。市残联党组成员、副理事长任能君参加活动。参加宣传活动的领导、志愿者、工作人员,纷纷在横幅上签名,300余人的宣传队伍戴着印有“人人都是笨小孩”的蓝色丝带,向南岸区洋人街骑行,并沿途向市民发放宣传资料。5月17日,在第二十五个“全国助残日”,举办“一颗爱心一个愿望”——2015重庆“感恩之夜”助残慈善晚会暨“心与心愿”助残公益项目,共1000余人参加。通过“爱心众筹”的形式,帮助残疾人实现自己的愿望和梦想,探索建立扶残助残新常态。至2015年年底,全市有市级残疾人专题广播节目1个,电视手语新闻栏目1个,播出公益广告3个;区级残疾人专题广播节目7个,电视手语新闻栏目20个,播出公益广告16个。

第二节　残疾人典型人物宣传

1988年，根据《民政部和四川省民政厅关于编纂〈中国残疾人名人辞典〉通知》精神，在重庆市民政局的领导下，由重庆市盲、聋哑人协会，市残疾人福利基金会联合成立重庆市残疾名人辞典编辑小组，开展收录残疾名人编纂工作。

1997年，在第四届“中国残疾人事业好新闻奖”评选中，重庆青年报选送的《全市中考状元竟落榜，谁来圆他的读书梦》获二等奖，作者郭琳。

2007年2月25日，由中华全国新闻工作者协会、中国残联主办，中国残疾人事业新闻宣传促进会、人民网承办的全国首届“十大爱心记者”评选活动中，重庆市记协、市残联选报的重庆日报社会新闻部主任、高级记者刘春帼榜上有名，与中央电视台鞠萍、中央人民广播电台王淑娟、新华社钟晓敏等一道荣获了全国首届“十大爱心记者”称号，为重庆市争得荣誉，进一步调动了广大新闻工作者的积极性，营造了和谐社会的良好氛围，促进残疾人事业健康发展。

2013年，《人民日报》以《林梅为残疾人撑起一片晴空》为题，宣传报道重庆市残疾人工作者事迹。联合中央媒体和市属媒体，集中报道重庆市获得“2012感动中国人物”的周月华夫妇、获得“2013中国最美乡村教师称号”的巫溪独腿教师刘坤贤先进事迹。

2015年，围绕“十二五”全市残疾人自强模范、先进个人、先进集体表彰活动，在华龙网开设网络专题，刊发152期残疾人自强模范故事、先进个人和先进集体故事；开展网民“点赞”活动。《重庆日报》开设“讲好重庆残疾人故事”专栏，每周刊发2期。为全国五届道德模范候选人蔡美岐颁发“讲好重庆残疾人故事”志愿者服务旗，让讲故事活动走进区县、走进社区。

第三节　残疾人好新闻评选

1995年10月，重庆市选送《欺人难欺法》《银牌比金牌更重更亮》两篇作品，参加全国举办的“第三届中国残疾人事业好新闻”评选，分别获得全国报刊类一等奖和四川省报刊类二等奖。“九五”期间，市残疾人新闻宣传促进会组织建立，宣传一大批残疾人自强典型事迹。在第五届中国残疾人事业好新闻评选活动中，重庆市选送14件作品，有8件获奖。

2001年，在第六届“中国残疾人事业好新闻”评选中，重庆市共推荐选送作品（节目）20件，其中重庆市有线电视台专题片《心曲的节拍》获二等奖、垫江电视台新闻《情写人生路》获三等奖、永川人民广播电台专题节目《倒包助残见成效》获三等奖、江津人民广播电台专题节目《播撒特殊的爱》获优秀奖、重庆教育周报《追求卓越》获三等奖、重庆市晨报图片新闻《共产党好、人民政府好》《独臂冠军甘静林》获三等奖。

2002年,组织参加第五届各地人民广播电台《残疾人专题节目》展播、第三届全国“奋发文明进步奖”评选及“新世纪杯”全国残疾人书法、绘画、摄影作品大赛活动,推荐选送广播、电视、文艺节目9个和书法、绘画、摄影作品40余件参赛,获“奋发文明进步奖”电视类1个,获提名奖电视类1个,文艺类1个,获第五届各地人民广播电台残疾人节目展播优秀奖2个,获“新世纪杯”首届全国残疾人书法、绘画、摄影大赛优秀奖书法类1个、绘画类2个。

2003年,组织参加第七届中国残疾人事业好新闻奖评选活动,市残联推荐选送的《尊严无价》《重庆晚报》、《久违的解放碑》(《重庆商报》)和《用爱说话》分别获一等奖、二等奖和优秀奖。

2005年,参加全国残疾人事业好新闻评选活动,重庆市共选送作品7件,其中电视类作品5件,广播类作品1件,报刊类作品1件。江津电视台选送的电视类作品《盲而不闲的何大辉》获一等奖、《爱心献给特殊教育》获二等奖。

2006年,组织参加第六届全国残疾人艺术会演。全市有59人组成代表队,演出13个节目,获全国二等奖2个、三等奖2个、优秀奖4个、辅导奖4个、赛区优秀奖1个。是年,重庆市参加中电视类评选活动,共选送作品7件,其中电视类作品《盲而不闲的何大辉》获一等奖、《爱心献给特殊教育》获二等奖。

2007年,组织参加全国残疾人事业好新闻评选活动,获特等奖1件,一等奖50件,二等奖70件,三等奖100件。在第八届各地人民广播电台残疾人节目展播评选活动中,获一等奖5个,二等奖10个,三等奖20个,优秀奖27个。重庆市选送的好新闻评选作品文字类通讯《放弃“低保”自主创业——盲人移民周五生》、消息《残疾人相亲用玫瑰“传话”五对男女配对成功》、电视《花开的声音》和广播电台节目展播作品《盲人猪倌》《折翼的天使》及《哀其不幸,敬其不弃》分别获二、三等奖及优秀奖,为重庆市争得荣誉。

2008年,在中国残联等部门主办的残疾人事业好新闻评选中,重庆市选送的文字类作品《来!为残奥会干杯》《沙坪坝区强力推进“惠残工程”》,电视类作品《残疾农妇周安会替夫还贷守信用》以及文字类作品《残疾人的期待》《残联为我撑起一片蓝天》《情牵残障养女十三载好心夫妇不离不弃》获得三等奖及优秀奖。2009年,选送9件作品参加全国残疾人事业好新闻评选。

2012年,市残联组织各区县(自治县)残联推荐本地区有关残疾人及残疾人事业的优秀新闻作品,参与中国残联与中国残疾人事业新闻宣传促进会举办的2010—2011年度残疾人事业好新闻评选活动。

2013年,市内外广播电视、报刊、网络等主流媒体共刊发残疾人事业原创新闻稿件(专题)220篇(条),播出《残疾人之声》广播36期。是年,市残联开展在市级媒体、《重庆残联通讯》、市残联官方网站等刊发的涉及重庆市残疾人题材的新闻稿件及工作信息中,好新闻好信息评选。由市残联信息中心、市残疾人事业新闻宣传促进会组建评审委员会。信息中心负责收集参评新闻稿件及工作信息。评选好新闻20篇(条),网站好信息15条,《重庆残联通讯》15条。对获奖作品颁发荣誉证书。好新闻每篇(条)奖800元,市残联网站好信息每条奖300元,《重庆残联通讯》及工作简报每条奖500元。

表8-1　2013年重庆市残疾人事业宣传好新闻好信息获奖名单新闻媒体类

姓名	单位	作品	获奖类别
彭瑜	重庆日报	揭开我的伤疤，助你飞过绝望	好新闻
彭瑜	重庆日报	一个城市女人的乡村坚守	好新闻
张莎	重庆日报	水表龙头挂满惊喜	好新闻
颜若雯	重庆日报	他是全市169.4万名残疾人的楷模	好新闻
何清平	重庆日报	我听到春天的脚步	好新闻
富治平	重庆电视台	让全市残疾人有尊严的生活	好新闻
刘畅	重庆电视台	市残联：让残疾朋友生活就业有保障	好新闻
聂莹	重庆电视台	无声的世界	好新闻
张婷婷	重庆电台	爱让我站起来	好新闻
欧阳玉姝	重庆晨报	摸到英国的盲小伙你遇见梦想吗？	好新闻
罗永攀	重庆商报	重庆未婚“大众妈妈”25年抚养6名孤儿	好新闻
杨康平	重庆商报	来，与聋哑人足球队“励志对话”	好新闻
冉化	重庆晚报	妈妈给你一对翅膀飞翔	好新闻
陶昆	重庆时报	林梅：压不弯的脊梁	好新闻
白润嘉	华龙网	身残也能助人，帮“亲人”付出再多都不为过	好新闻
胡宗颜	大渝网	残疾“女汉子”林梅助数百残疾人圆梦	好新闻
唐文龙	巫溪外宣办	刘坤贤：最美乡村教师	好新闻
范永松	重庆晨报	失去右臂，我一样能破案	好新闻
任明勇	重庆晨报	38区县将建100个托养服务机构	好新闻
王寒露	重庆晨报	坚持30年，他跪着种下万棵树	好新闻

重庆市残联官方网站　　**续上表：**

姓名	单位	作品	获奖类别
宋晓容	大足区	大足区独臂创业自强模范——李奉安	好信息
易斌	万州区	万州区扶残助残氛围日益浓厚区妇联为残疾人送去温暖	好信息
邹江	垫江县	垫江县残联积极推行残疾人信访代理制	好信息
梁林强	九龙坡区	九龙坡区：为困难残疾人群体服好务	好信息
彭亮	沙坪坝区	沙坪坝区：保障政策如春风情暖残疾一家人	好信息
田蜜	渝北区	双湖赞歌人间大爱	好信息
刘成功	江北区	江北区残联为困难残疾人家庭送温暖	好信息
崔学彬	永川区	我是人民的勤务员	好信息

续表

姓名	单位	作品	获奖类别
陈中巧	潼南县	因为有梦,即使折断翅膀也要飞翔	好信息
李祖芳	江津区	送爱心、送技术、送岗位江津区三张“王牌”让每年1600多名残疾人脱贫致富	好信息
李春梅	荣昌县	荣昌县各镇街全面建立残疾人文化进社区活动点	好信息
邓雅煊	奉节县	奉节县:用爱心托起脑瘫儿童的蓝天	好信息
谭春燕	大渡口区	残疾人33年执着收藏中国女排珍贵档案资料在大渡口区开展	好信息
陈佳	渝中区	社会携手齐努力帮扶贫困残疾人——渝中区开展第二十三次“全国助残日”系列活动	好信息
吕大燕	石柱县	卡在手中,政策在心中——石柱县为残疾人制作残疾人优惠政策明白卡	好信息

续上表: **《重庆残联通讯》及工作简报**

姓名	单位	作品	获奖类别
唐萍	璧山县	璧山县残疾人小品《我也有个梦》获全国一等奖	优秀稿件
周品高	巫溪县	巫溪县102名成年听力障碍者获赠助听器	优秀稿件
罗海波	市残联	如何引导劝解残疾人主动退出非法营运市场	优秀稿件
钟尧	渝中区	他们的十年	优秀稿件
朱玲	江北区	向着幸福出发	优秀稿件
陈秀英	大渡口区	落魄的绅士和“骑士”情怀	优秀稿件
秦绍强	潼南县	深入群众贴近基层真情关怀主动作为	优秀稿件
罗成	武隆县	扫出一片有情天	优秀稿件
吴平	垫江县	一个盲人的音乐梦想	优秀稿件
全光美	开县	开县试行残疾人免费乘城区公交	优秀稿件
郑绍凡	梁平县	梁平县179万资金补贴残疾人创办微型企业	优秀稿件
谢倩	酉阳县	酉阳残疾人发展订单农业	优秀稿件
李秀英	忠县	忠县71名残疾人成功创办微型企业	优秀稿件
张永红	铜梁县	铜梁县建成残疾人视障阅览室	优秀稿件
唐敏	市残联	村外桃花	优秀稿件

2015年,省级、中央级媒体采用稿件55件、主要新闻媒体刊播稿件695件、报纸专版26个、广播电台残疾人专题节目1个、电视手语栏目1个、电视公益广告片3个、新促会1个、官方微信1个、网络客户端1个。地市级主要新闻媒体刊播稿件1184件、报纸专版63个、广播电台残疾人专题节目7个、电视手语栏目20个、电视公益广告片13个、报纸公益广告3个、新促会3个、官方微博5个、官方微信3个。

第四节　残疾人信息宣传

2001年，重庆市各区县（自治县、市）残联的统计数据全部采用中国残疾人事业统计软件，通过计算机进行数据的采集、汇总和管理，取消纸制统计报表。举办各区县（自治县、市）残联统计人员培训班。

2010年，对市残联公众信息网站从完善功能、更新程序方面进行改版和升级，新开辟党建之窗等8个栏目，进一步规范网站发挥服务、宣传、窗口的作用，全年采集、编辑和发布各类动态信息1190条，受理残疾人网上信访75件，累计访问人数达15万余人。规范网络资源运用与管理，预防网络安全事故。开展统计工作人员培训，按要求完成年度统计年报、业务台账的统计工作。协助抽调办在全市22个区县开展残疾人生活状态动态监测，按月完成数据收集、统计整理和传递工作。

2011年，专职委员全部录入信息档案，在全国率先开展残疾人基础数据采集。举办全市残疾系统理事长清华大学培训班。市级报刊、电台新闻报道200余条，《重庆日报》刊发专版36版。开展统计工作人员培训。

2012年，开展残疾人工作理论和实践课题调研，完成调研报告22篇。在《重庆日报》、重庆电台、人民网、新华网等媒体刊发残疾人事业新闻稿件280篇（条）。在重庆卫视《午间新闻》栏目开办电视手语节目，在重庆广播电台开办《残疾人之声》广播。出刊《重庆残联通讯》6期。启用残疾人综合信息管理系统，市残联OA办公系统，完善残疾人门户网站管理，规范信息编辑与发布。市残联从提高信息编辑水平和强化发布审核程序入手，网站管理进一步规范。至2012年12月，市残联门户网站已采集、编辑和发布各类信息1041条。

2013年，刊发《重庆残联工作简报》25期，全年共发布各类消息1253条。

2015年，围绕“十二五”全市残疾人自强模范暨先进集体和个人表彰活动，在华龙网开设网络专题，刊发152期先进典型事迹。《重庆日报》开设“讲好重庆残疾人故事”专栏，每周刊发2期。开展“筑梦善行”重庆市残疾人公益片大赛，大赛共收集视频作品110部，摄影作品400余幅。举办“心与心愿”重庆助残众筹慈善晚会。做好重大赛事活动暨重要工作、典型人物新闻宣传。新华网刊发残疾人题材深度报道24期。《重庆之声》刊播《残疾人之声》专题广播40期。重庆电视台《直播重庆》配发手语新闻40期。开通《重庆残联》微信公众号。《重庆残联工作简报》共刊发43期，编辑《各地动态》10期。市残联内刊《同伴》被市文化委评为2014年优秀内刊。充分发挥互联网媒体优势，联合华龙网、残联系统官网共同组建重庆市残疾人事业宣传“网络联盟”。积极运用电视公益片、公益广播等形式，开展残疾人事业公益宣传。

第五节　残联机关刊物

《中国残疾人》《三月风》杂志是弘扬人道主义思想、推动残疾人事业发展的重要舆论阵地，是宣传社会、倡导扶残、助残社会风尚的重要媒介，是连接社会与残疾人的桥梁和纽带，是各地展开工作、交流经验的平台，是广大残疾人倾诉心声、相互交流的窗口。“两刊”是残疾人事业的“党报党刊”，是各级残联领导、残联工作人员必读刊物。

残联刊物

2006年8月10日，《重庆残联通讯》创刊。刊物致力于宣传残疾人工作的法规政策，记录残疾人事业的发展历程，反映各级残联的工作业绩，推介残疾人自强奋进的先进典型，弘扬社会扶残助残的良好风尚，为残疾人康复、就业、学习、生活提供信息服务。该刊物为双月刊，大16开(28.5厘米×21厘米)，52页，每页1600~2000字，每期印量3000册。免费赠阅中国残联，各省、自治区、直辖市残联，市政府残工委成员单位，市残联、区县(残联、残工委、残疾人服务中心)，经开区、高新区残联办事处等单位。2012年，完成《重庆残联通讯》改版，本着理论性、新颖性、实用性的原则，将版面版式、栏面设置做新的调整，扩大杂志容量，提升办刊质量。2014年初更名为《同伴》，并进行改版，《同伴》定位于传递正能量、展示新面貌、传播文化、服务社会，做残疾人群体的情感知音、生活挚友。《同伴》为双月刊，大16开，60页，每期印10000册。《同伴》赠阅中国残联主要领导及机关，市委、市人大、市政府、市政协主要领导，市政府残工委。《同伴》2014、2015年连续两年获评为市优秀连续性内部资料。

市残联四代会后，根据市残联领导的要求，2013年9月，开始编辑《重庆残联工作简报》，每周一期，及时反映残疾人工作动态，经过几个月的运行，反响良好。为及时掌握国际国内各地残疾人工作的新情况，2013年9月，按照市残联领导的部署，创办《各地动态》，每月不定时出刊1~2期。创刊后，通过搜索大量网络资源，从中精挑细选，进行编辑。至2015年12月，共编辑出刊6期。由于选编及时，内容新颖，《各地动态》为领导提供了较好的参考服务。

第二章　残疾人文化工作

残疾人文化活动，是残疾人在社会生活中开展的文化、体育、娱乐等活动的总称，是残疾人热爱生活、追求艺术的生动体现，是社会群众文化活动的一部分。1986—2015年，残疾人通过参与社会文化活动，增添生活情趣，陶冶高雅情操，促进身心健康，扩大生活领域。同时展示了残疾人不畏艰难、百折不挠、乐观进取、顽强拼搏的精神。他们所表达的人性与艺术之美令人陶醉，所展现的人的尊严、生命的价值、意志的力量令人钦佩。

第一节　残疾人文化活动

1987年12月21日，重庆市伤残人1987年中国象棋比赛在市棋校举行，来自13个区县的几十名中国象棋伤残运动员进行了比赛。南岸区的陈道常、市中区的苏世元、合川县的肖远雷分别获得肢残组、盲人组、聋哑组的第一名。

1988年3月1日，重庆市第一个残疾人活动中心"江北区残疾人活动中心"成立。该活动中心是由江北区群众、社会单位捐助，区民政工业公司投资，江北区人民政府补助修建的。活动中心建筑面积850平方米，设有阅览室、棋牌室、乒乓球室、台球室、克郎球室、文艺大厅。1989年，开展各种文艺演出9场，共有221人参加文艺演出。

1990年，重庆大学、重庆师范大学等9所学校的学生和残疾人演员组成队伍，在市中区、沙坪坝区、江北县等10余个地区和厂矿进行募捐义演13场。2月5日，在市劳动人民文化宫举办90年代第一个春节游园联欢会，1000余名残疾人参加游园活动。是年7月12—14日，市残联与市少年宫联合举办重庆市首届聋哑儿夏令营"爱心夏令营"，来自重庆市6个区县聋哑校（班）的45名学生和教师参加夏令营。8月，由《中国残疾人》杂志社、武汉市残联、重庆市残联联合举办的"90·长江笔会"在重庆闭幕。

1991年3月10日，市残联在重庆市人民广播电台开辟《重庆残疾人之声》，播出时间为每周星期日22时。1992年10月，市民政局、市体委、市残联联合举办重庆市伤残人中国象棋比赛。1993年，重庆市开展文艺演出9场，丰富了残疾人的精神文化生活，展现了残疾人自强不息、积极向上的精神风貌。

1996年，开展青年志愿者助残2.72万人次。红领巾助残7.81万人次。1997年，开展青年志愿者助残5000人次。红领巾助残9.8万人次。1999年6月10日,举行重庆市第一届残疾人文艺会演,全市40个区县(自治县、市)残联有33个代表队,55个节目,近400人,分两个片区、3个场次会演,设置奖项29个,获奖面占52.7%。市残联成立10年来,先后组织举办形式不同的调演、会演,向中国残联和四川省残联推荐和选送一批优秀节目和优秀演员。2000年,重庆选送7名残疾人歌手参加第三届"剑南春杯"全国残疾人歌手大赛,谢晶演唱的《珠穆朗玛》获得民族唱法金奖;周小渝自己作词、作曲、演唱的《为你写一首歌》获得通俗唱法银奖;张宏演唱的《长江之歌》获得美声唱法铜奖。

2001年5月,市文化局、市民政局、市教委、市广电局和市残联在市劳动人民文化宫共同举办重庆市第二届残疾人文艺会演,并从中选拔优秀节目代表重庆市参加第五届全国残疾人艺术会演。在第五届全国残疾人艺术会演中重庆市选送的9个节目全部获奖,其中获表演一等奖1个、二等奖4个、三等奖1个、优秀奖3个、创作奖5个。重庆市表队荣获组织奖。

2002年,在中央人民广播电台、中国残联、中国残疾人事业新闻宣传促进会联合举办的第五届各地人民广播电台残疾人节目展播,文化部、国家广电总局、新闻出版总署和中国残联共同主办的第三届"奋发文明进步奖",中国书法家协会、中国美术家协会、中国摄影家协会和中国残联共同主办、《中国残疾人》杂志社承办的"新世界杯"首届全国残疾人书法、绘画、摄影大赛暨展览评选活动中,重庆市选送的《生命因奉献而精彩》《撑起自强的脊梁》获得第五届各地人民广播电台残疾人节目展播优秀奖;电视类专题片《母亲——汤妈妈》获得第三届"奋发文明进步奖";书法《默默无闻》、绘画《一条大路》《五虎图》获得"新世界杯"首届全国残疾人书法、绘画、摄影大赛暨展览评选优秀奖。10月市政府办公厅、市残联共同主办中国残疾人艺术团"我的梦",来自机关、学校、企业的7000余人观看演出。

2003年6月,举办重庆市首届残疾人书法、绘画、摄影、工艺品大赛。全市15个区县(市)共选送作品110件,其中书法类35件、绘画类50件、摄影类13件、工艺品类12件。由重庆市美术家协会副总主席钟纪明、市摄影家协会副主席梁隆新、市书法家协会秘书长漆刚、市民间文艺家协会秘书长蔡启君等5位专家、教授和专门协会负责人组成评委团。书法《对联》、绘画《更起丘壑情》、摄影《成功》、工艺品《一代伟人》等5件作品获得一等奖;《郑板桥联语》等8件作品分获书法、绘画、工艺品类二等奖;《快乐星期天》等12件作品获三等奖;《退耕还林好风光》等24件作品获优秀奖。

2004年,市残联组织市5个残疾人专门协会与重庆日报报业集团广告公司共同承办重庆市第二届"十佳爱心使者"评选活动,历时半年从328名候选人中评选出2004年"十佳爱心使者",在重庆人民大礼堂以爱心助残晚会的形式进行颁奖仪式。3000余人参加颁奖仪式,太极集团等10余个企业积极捐款。

2001—2005年,两次邀请中国残疾人艺术团到重庆。组织开展全市残疾人文艺会演,参加全国残疾人艺术会演,全国盲、聋、培智学校学生艺术会演,全国盲人歌手大赛。共获得各类奖项25个。2005年6月,举行第三届重庆市残疾人文艺会演。

2009年6月,举行第四届重庆市残疾人文艺会演。

2010年8月12—16日，在上海世博会生命阳光馆举办重庆活动周，涪陵区油画家黄燕云、九龙坡区无臂书法家黄国富、万州区痴心“三峡石画”三十年的油画师周华、渝中区巴渝十大民间艺术家康玲等残疾人现场展示了绘画、刺绣、剪纸等富有重庆特色的才艺项目。是年8月23日，首届全国残疾人文化活动周暨重庆市残疾人书法绘画手工艺品展在重庆三峡博物馆举行。

2010年8月23日，首届全国残疾人文化活动周暨重庆市残疾人书法绘画手工艺品展在重庆三峡博物馆举行

2011年6—7月，根据中国残联、文化部《关于组织开展第二届全国残疾人文化周活动的通知》精神，重庆市组织开展第二届残疾人文化周活动。有近500万名残疾人走出家门，走向社会，参加各种文化活动。在纪念中国共产党建党90周年之际，由市政府残工委主办，市残联承办的重庆市第二届“全国残疾人文化周”暨重庆市残疾人事业“十一五”工作成就展启动仪式，于2011年6月24日在重庆市人民广场隆重举行。市政府残工委部分成员单位领导，主城8区残疾人和残疾人工作者代表等，共300余人参加活动。是年开展“全国助残日”暨“党的阳光暖我心”活动。选送21篇作品参加“生命中的太阳”——喜迎建党90周年征文活动，其中3篇获奖。

2012年，根据中国残联等11个部委《关于加强残疾人文化建设的意见》精神，结合实际，制定《重庆市关于加强残疾人文化建设的实施意见》，对推动重庆市残疾人文化大发展大繁荣提供了有力的政策保障。同时，市残联还结合残疾人自身实际，组织谋划，开展残疾人“五大”文化系列活动，丰富和发展残疾人文化事业。组织开展第22次“全国助残日”活动。市残联向九龙坡区政府捐赠价值50万余元的残疾人康复辅助器具、并为九龙坡区18个助残志愿服务队授旗。九龙坡区政府向残疾人赠送75台轮椅解决部分贫困残疾人出行难问题，举行残疾人文艺表演，举办重庆市和九龙坡区残疾人事业“十一五”成就图片展及残疾人才艺展示活动。组织开展第三届全国“残疾人文化周”活动。举办“人道之美”——重庆市残疾人题材摄影大赛及获奖作品展。组委会共收到参赛作品1200余幅，评选出128幅获奖作品，并于2012年8月14日在重庆图书馆举办“人

2012年9月29日，举办重庆聋人摄影、集邮展

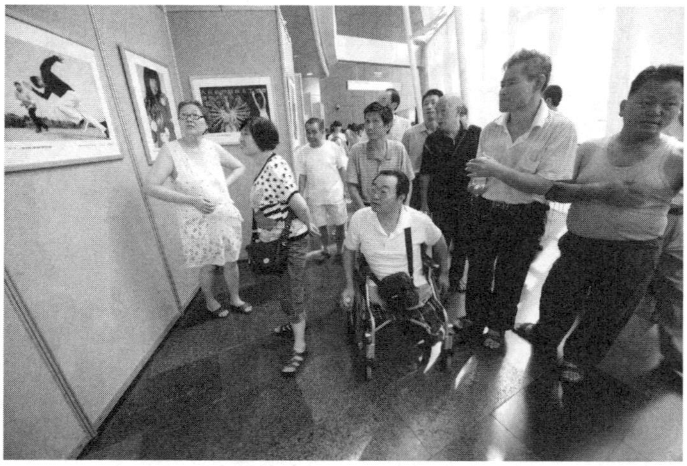

举办“人道之美”摄影赛获奖作品展

市残联党组成员、副理事长张青莉参观残疾人口足书画展

残疾人文化艺术作品展

道之美”——重庆市残疾人题材摄影大赛获奖作品展开幕式，展出作品117幅，展览时间半个月。组织举办2012年“爱心日”活动。渝中、江北、沙坪坝、九龙坡4个区的残疾人代表共200余人免费参观《古典与唯美——西蒙基金会收藏雕塑、绘画展》《壮丽三峡》《城市之路》等展览，博物馆讲解员现场为残障人士进行了精彩的讲解。组织开展第六次“全国特奥日”活动。7月20日，在北碚区特殊教育学校举办以“关注残障人士健康，推动特奥运动发展”为主题的第六次“全国特奥日”现场活动，来自市、区领导，特教学校、街道、社区共130余人参加活动，丰富多彩的文化活动和表演给智力残疾人士和家长带来了快乐和幸福。组织开展“残疾人健身周”活动。全市各地在“全民健身周”期间，与当地体育部门衔接，开展形式多样的符合残疾人自身特点的健身周活动，为残疾人做健康指导、咨询服务。同时也开展了一些残健相融的体育活动，让残疾人感受到党和政府的温暖，感受到参与体育活动对身体、心理康复的乐趣，也进一步提升了社会对残疾人健身重要性的认识和关注力度，营造“扶残助残”的良好社会氛围。是年，组织开展第22次“全国助残日”“爱心日”，第六次“全国特奥日”，举办“残疾人健身周”等活动。举办“残疾人文化周”活动，举办残疾人题材摄影大赛获奖作品展，展出作品117幅。在10个区县图书馆建立视障阅览室。

2013年，开展“全国助残日”“国际残疾人日”、残疾人文化周等活动。组织参加第八届全国残疾人文艺会演并取得好成绩。开展追逐梦想——残疾人特殊艺术巡演活动。2013年7

月29日，由重庆市教委、市民政局、市文化广播电视局、市残联在市文化宫大剧院共同举办重庆市第五届残疾人文艺会演，市人大常委会副主任、秘书长周旬，市政府副市长刘强，市政协副主席姜平，市政府副秘书长艾扬观看演出。由著名艺术家、专家和有关部门负责人组成的评委会对全市38个区县选送的72个节目(其中舞蹈28个，戏剧小品12个，声乐19个，器乐13个)进行了严肃、认真、公正的评选，共评出特等奖1个，一等奖5个，二等奖9个，三等奖12个，创作奖8个。同时评选出组织奖10个。

2014—2015年，全市共举办残疾人文化周活动548场次，7.45万名残疾人参加各类文化活动，举办残疾人文化艺术类比赛及展览97次。

第二节　残疾人艺术团

1986年12月25日，重庆市第一个残疾人业余艺术团成立。1989年残疾人艺术团演出4场，180人参加演出。

1996年，建立残疾人艺术团队3个，开办残疾人事业展览4场次。

1997年，建立残疾人艺术团队1个。

2010年，重庆市有公共图书馆、盲文及盲人有声读物图书室10个，开展残疾人文化艺术类的比赛及展览17次，残疾人艺术团队3个。

2011年，全市有公共图书馆盲文及盲人有声读物图书室11个，开展残疾人文化艺术类的比赛及展览13次，残疾人艺术团队8个。

2014年，全市举办残疾人文化周271场次，3.72万人参加。残疾人文化艺术类的比赛及展览49次。共有残疾人艺术团队9个。

2015年9月，重庆市梦翔残疾人艺术团经市民政局注册登记成立。是年，全市共举办残疾人文化周277场次，3.76万人参加。残疾人文化艺术类的比赛及展览48次。

2015年，梦翔残疾人艺术团成立

第三节　残疾人文艺演出

1985年12月，市民政局、文化局、广播电视局、聋哑人协会联合举办重庆市聋哑人表演艺术比赛。参加比赛的有11个区县，32个节目，演出三场，观众3000余人，评出一等奖3个、二等奖五个、三等奖8个、组织奖2个、创作奖2个，共计20个奖项。

1990年10月15日，市残联、市盲人协会庆祝“国际盲人节”，21个区县的120余名盲人和残疾人工作者参加，市残联理事长刘永康等领导到会祝贺。同时，双桥区、市中区、大渡口区、北碚区、江北区、綦江县、璧山县、大足县、南岸区、沙坪坝区残联也开展了各式各样的庆祝活动。1992—1994年，全市开展各种文艺演出活动100场次，观众达5万余人，部分节目先后获得全国、西南地区、省市奖励。

1998年10月，重庆市直辖以后，第一次组团参加全国第四届残疾人艺术会演。选送的声乐节目《三峡情》、器乐节目《盲校的早晨》、舞蹈节目《春讯》《雪山少年》获得全国表演优秀奖。

1999年，第三届全国盲、聋、培智学校学生艺术会演，重庆市入选节目有《北碚板凳龙》(北碚区)、《吆蝗虫》(璧山县)、《风雨中》(南川市)、《好日子》(渝中区)、《我爱光明》(南岸区)、《妹家门前一条河》(南岸区)、《小木鼓》(南岸区)、《扬鞭催马运粮忙》(南岸区)、《盲人驾驶碰碰车》(南岸区)。是年6月28日，举办重庆市第一届残疾人文艺会演。

2001年5月，重庆市第二届残疾人文艺会演在市劳动人民文化宫举行。

2002年10月，中国残疾人艺术团在重庆市人民大礼堂演出大型歌舞晚会《我的梦》。市委书记黄镇东、市长王鸿举等领导亲切看望演职人员并观看演出。

2004年5月，第四届全国盲、聋、培智学校学生艺术会演评选工作结束。重庆市选送的10个节目，获表演奖三等奖3个、优秀奖2个、鼓励奖1个、辅导奖3个。

2005年6月，举办第三届重庆市残疾人文艺会演，26个区县(市)共报送节目48件，其中舞蹈类26件、声乐类11件、器乐类5件、戏剧小品(曲艺)类6件。《翠竹青青》等5件作品获一等奖、《闹春莲宵》等8件作品获二等奖、《赶太阳》等11件作品获三等奖、《我有一个冠军梦》等24件作品获优秀奖。同时，还评选创作奖6个、辅导奖4个、组织奖5个。

2006年，市残联组织开展残疾人文艺调演，残疾人民间艺术调查统计等活动。

2007年12月17日，中国残联理事长汤小泉到重庆检查指导重庆市残疾人康复工作，并出席重庆市“2007爱心重铸梦的翅膀”大型助残晚会。市委常委、副市长马正其，中国残联副理事长吕世明在晚会上致辞。

残疾人文艺会演

2008年，组织优秀节目参加18次“全国助残日”活动等专场文艺演出，市人大常委会副主任陈雅棠，市政协副主席于学信出席活动；举办“我和你——庆祝国际残疾人日”大型文艺演出；组织参加全国残疾人书画作品展、第四届“残疾人在祖国怀抱中”全国摄影展和首届盲人诗歌、散文朗诵大赛等活动。

2009年，在由教育部、民政部、文化局、广电总局和中国残联共同举办的第七届全国残疾人艺术会演中，重庆市选送的《川江幺妹子》获得声乐类银奖、《树生命阳光》获得舞蹈类银奖、《G小调钢琴前奏曲》获得器乐类铜奖。《川江幺妹》《树生命阳光》获得创作奖。是年6月，举办第四届重庆市残疾人文艺会演，全市近1000名演员参演，评选出一等奖6个、二等奖9个、三等奖16个、创作奖12个、组织奖14个。

2010年，举办首届全国残疾人文化周重庆市残疾人书法、绘画、手工艺品展，200余件作品参展，1万余人次参观。在20个社区开展全国"文化进社区"试点活动。

2011年，参加第六届全国特教学校学生艺术会演，获一等奖1个、二等奖2个、三等奖2个、优秀奖9个。

2012年，中国社会福利基金会、中国科学与艺术学会主办，市残联承办的第八届"爱我中华·全国青少年科学与艺术大会文艺晚会"在重庆人民大会堂隆重举行，云阳县特教学校残疾学生表演的舞蹈《折耳根》特邀参演，喜获国家级金奖。是年3月18日，重庆市残联组织参加第六届全国特教学校学生艺术会演，获一等奖1个，二等奖2个，三等奖2个。

2013年，教育部、民政部、文化部和中国残联举办第八届全国残疾人艺术会演。全国分为北京赛区、福建赛区、甘肃赛区、湖南赛区4个赛区，共设有声乐、器乐、舞蹈、戏剧小品4个参演类别。市残联组织，筛选编排6个节目参加第八届全国残疾人艺术会演（甘肃赛区），其中戏剧小品类2个、舞蹈类2个、器乐类1个、声乐类1个。重庆代表团近40名残疾人演员参加会演。选送的小品《我也有个梦》获一等奖，《大山之子》《绿水仙》《给我一双温暖的手》《牧民新歌》4件舞蹈、小品、器乐类作品获二等奖，声乐类《山里的女人喊太阳》获三等奖。2013年7月29日，重庆市第五届残疾人文艺会演颁奖晚会在市文化宫大剧院举行。市人大常委会副主任、秘书长周旬，市政府副市长刘强，市政协副主席姜平，市政府副秘书长艾扬参加。是年10月16日，第二届重庆华岩奇人奇才文化艺术节在华岩寺开幕。市残联党组成员、副理事长张青莉，九龙坡区副区长马超出席开幕式，市肢协、九龙坡区旅游局、区残联、华岩风景管理处的负责人参加开幕式。艺术节历时4天，8位肢残人口足书画艺术家现场联合书写10米长卷。本届艺术节还开展现场作画、艺术家笔会、作品义卖等系列活动。是年11月29日，由市残工委主办，市残联、市文化广播电视局承办的"追逐梦想——重庆市残疾人

举办第五届重庆市残疾人文艺会演

特殊艺术巡演”走进四川外国语大学,60余名残疾人演员和20余名四川外国语大学学生共同呈现了一台精彩的艺术盛宴。市残联领导周鸣、任能君、彭美云、张青莉、孙连尚、郝建新观看演出。12月2—3日,市残联、市广电集团移动电视频道联合组织1600余名残疾人士,在解放碑日月光中心广场免费参观3D魔幻艺术画展,以庆祝第22个“国际残疾人日”。

2014年5月17日晚,由市残联组织的“追逐梦想携梦飞翔——2014年重庆市残疾人文艺演出”在重庆市群众艺术馆群星剧院精彩上演。市人大常委会副主任周旬,市残联党组书记、理事长周鸣,市委宣传部副部长马岱良,观看演出并和演员们亲切握手、合影留念。是年11—12月,市残联组织开展重庆市残疾人艺术巡演,分别在涪陵区、荣昌县、重庆巴蜀中学、重庆市西南政法大学演出。

小品《我也有个梦》获得全国第八届残疾人艺术会演一等奖

残疾人艺术巡演

2015年12月3日,在市群众艺术馆举行“携梦飞翔——2015年重庆市残疾人艺术巡演”晚会,参加整个活动的市委、市人大、市政府、市政协领导以及受表彰者、其他参会人员等共计200余人。2016年5月,举办重庆市残疾人才艺大赛。2017年,举办第九届中西部地区残疾人艺术会演。

第四节　残疾人文化艺术基地与人才

2007年,重庆市在渝中、北碚、大足、永川、奉节、涪陵、巴南共7个区县建立了第一批重庆市残疾人特殊艺术人才培养基地。市残联对每个基地下拨人民币5万元作为启动补助资金。

2009年2月24日,市残联选送的大足县14岁盲人王一木入选中国残疾人艺术团,是重庆市第一位入选该团的器乐演员。

2011年,建立市级盲文及盲人有声读物阅览室示范点,在20个社区开展市级“文化进社区”试点活动。

2015年，为做好中国残联文联及所属各文学艺术专业协会成立准备，重庆市分别在残疾人作家、残疾人书法家、残疾人美术家、残疾人摄影家、残疾人民间文艺家、残疾人舞蹈家、残疾人音乐家等7类文学艺术人才中，分别推选残疾人作家高铭、残疾人书法家游文中、残疾人美术家周华、残疾人摄影家兰英、残疾人民间艺术家彭茂琳、残疾人舞蹈家廖金、残疾人音乐家陈薇等一批在本领域文学艺术造诣深、影响大，并具有一定组织和领导能力的残疾人文学艺术家，作为中国残联文联和所属文学艺术专业协会代表人选。8月，重庆市文化委员会举办重庆市首期非遗传承人群培训班(蜀绣、烙画)。是年，市残联对全市残疾人文化艺术人才进行摸底调查，有大渡口区31人、荣昌区2人、南川区4人、长寿区3人、南岸区3人、忠县3人、合川8人。10月12日，市残联批复同意成立重庆梦翔残疾人艺术团。

2015年12月，重庆市自强模范暨残疾人工作先进集体和先进个人表彰大会召开

重庆市第五次全国自强模范暨助残先进事迹报告会

第三章　残疾人体育工作

残疾人体育是指个体的人在生理、肢体等方面有功能障碍，通过参加体育锻炼改善身体机能的运动。残疾人体育运动是一种特殊体育运动，残疾人体育包含群众性体育和竞技体育两大组成部分。群众性体育以帮助残疾人融入社会、增强体质、康复健身为目的；竞技体育以挖掘残疾人体育运动潜力，表现其自强不息体育精神，创造优异成绩为国争光为目的。

残疾人体育工作是残疾人事业的重要组成部分，残疾人参加体育活动是残疾人走出家门、融入社会的重要途径,残疾人参与体育活动是残疾人的重要权利。《中华人民共和国残疾人保障法》《中华人民共和国体育法》《全民健身计划纲要》都对残疾人体育做出明确的规定。

第一节　残疾人运动员的选拔与培养

选拔残疾人体育运动人才工作事关残疾人事业和残疾人体育未来的发展。成立由残联负责残疾人体育工作的理事长为组长的领导小组。组织体育专业人员对本区县残疾人采取拉网式选拔,确保符合条件的所有残疾人都能参与选拔。先期要做好选拔的宣传准备工作,以属地管理为原则,通知街道、乡镇、学校、企业厂矿,开展推荐运动员选拔工作,真正做到不漏选一个有运动潜质和发展前途的残疾人。对选拔出来的残疾人体育人才,要做好残疾人运动员后备人才登记造册工作,建立健全残疾人运动员人才个人档案。组织和指导他们开展经常性的体育训练。

1995年,在四川省第四届残疾人运动会上发现了一批有培养前途的优秀运动员,有7名重庆籍运动员被四川省初选定参加1996年大连市举行的全国运动会。

1997年4月8—9日,21个区(市)县、市哑校、市盲校以及涪陵市共24支代表队近300人,在重庆市体育场(馆)举行参加全国残疾人青少年乒乓球、田径锦标赛选拔赛。共选出8名运动员,乒乓球、田径各4名。经过20天的集中训练,参加全国残疾人青少年乒乓球、田径锦标赛。

1999年11月—2000年1月,组织残疾人运动员集训,迎接2000年在上海举行的第五届全国残疾人运动会,共计61名运动员参加集训。

2003年2月,在第六届全国残疾人运动会前对全市运动员进行集中选拔测试。

2004年,为迎接2008年残奥会,重庆市对首批入选的青少年二线运动员进行集训。并在全市年龄10~20岁,身体素质好且无其他疾病的男、女残疾人中开展选拔残疾人体育人才活动。本着选拔、培养青少年的目标,参加2004年全国残疾人锦标赛暨残奥会选拔赛集训的射击、田径、举重、游泳、乒乓球、盲人门球、聋人篮球、脑瘫(聋人)足球,特奥乒乓球等10个项目的比赛。2004年12月28日—2005年1月28日,对足球、女子聋人篮球、射击、游泳、乒乓球项目的青少年国家二级队员进行冬训。

2005年3月,举办首届重庆市青少年残疾人运动员选拔赛。是年,为国家培养和选送优秀残疾人运动员。至12月,全市参加国家级正式训练残疾人运动员7人,被确定为国家级试训残疾人运动员3人,国家二线队残疾人运动员50人。

2006—2010年,重庆市有18个社区被中国残联命名为全国特奥活动示范社区,特奥比赛活动普遍开展,特奥运动员每年增长10%。2006年2月23—28日,市残联承办全国特殊奥运会高级讲师培训班和全国特殊奥运会手球裁判员、教练员培训班,25个省市的残联干部、特殊奥运会专家60余人参加培训。2007年12月5—9日,受中国特奥会与国际特奥东亚区委托，重庆市承办2007年特奥家庭支持联络网培训班。渝中、江北、沙坪坝等13个区县残联社区干部及重庆慧灵智力残疾援助中心、重庆特教学院儿童实验学校教师、家长100余人参加培训。国际特奥东亚区，中国特奥会派专家、教师亲自授课。家庭支持联络网工作在重庆市首次开展培训，全市有50人获得国际特奥会认证资格的培训证书。渝中、江北、南岸、沙坪坝、九龙坡、巴南共6个区还分别选出一名特奥家庭领袖，为以后组织、联系和推广特奥活动打下基础。

全国第九届残疾人运动会暨第六届特奥会重庆代表团总结表彰大会

2012年，根据中国残联下达的重庆市“十二五”期间发展特奥运动员任务，市残联要求各区、县（自治县）残联于每年年底填报当年特奥运动员发展数上报至市残联。是年6月18—24日，市残联根据中国残联分配给重庆市的5名健身指导员培训指标，组织万州区、黔江区、涪陵区、南岸区派员参加2012年中国残联在北京体育大学举办的第三期国家残疾人体育健身指导员师资培训班。

为及时发现、选拔、训练和提高重庆市残疾人运动员的竞技水平，根据市残联年度重点工作安排和《关于举办重庆市第五届残疾人运动会的通知》，建立市级优秀残疾人运动员资料库。纳入资料库的残疾人需持有中华人民共和国残疾人证，并且是具有所在地户口的肢体、听力、视力残疾人。年龄15~35岁，特别优秀的可以适当放宽1~2岁，有一定体育训练基础。身体能适应所选体育项目的训练和比赛，经残联和相关部门鉴定，有培养前途。纳入的对象包括：（1）参加残疾人奥林匹克运动会（残奥会）的人员；（2）参加亚洲残疾人运动会（亚残运会）、全国残疾人运动会、全国残疾人锦标赛的人员；（3）参加市残疾人运动会，并取得奖牌的人员；（4）已经列入重庆市残疾人后备运动员队伍，在训的人员。区县报送市级优秀残疾人运动员资料库的人数控制在10~25人，多出人员成为本级资料库后备队员。

2013年，市残联组织北碚区、渝北区、江津区、綦江区、璧山县的残疾人体育健身指导员，参加中国残联于2013年5月在北京举办的第五期国家残疾人体育健身指导员师资培训班。

开展全民健身挑战日融合关爱跑活动

根据市残联《关于做好残疾人后备运动员训练工作的通知》和中国残联关于对残疾人运动员注册的规定,决定对全市2013年确定的29名后备残疾人运动员进行考核测评,对参加2014年重庆市第五届残疾人运动会的优秀运动员进行注册登记。

2015年11月,为推动重庆市残疾人体育训练基地建设,不断满足残疾人运动员训练和参加体育活动的需要,市残联、市体育局经过核查和评估,命名重庆市万盛经开区为重庆市残疾人羽毛球训练基地。11月23—27日,在万盛经开区举行2015年重庆市残疾人羽毛球锦标赛。

第二节　残疾人群众体育活动

1996年,建有残疾人文化体育活动场所36处,3125人次参加体育健身活动。开发残疾人康复健身项目5个。1997年,建有残疾文化人体育活动场所24处,25500人次参加体育健身活动。"九五"期间,重庆市贯彻《全民健身计划纲要》,成立了市残疾人体育协会,抓好残疾人群众性体育活动、竞技体育。

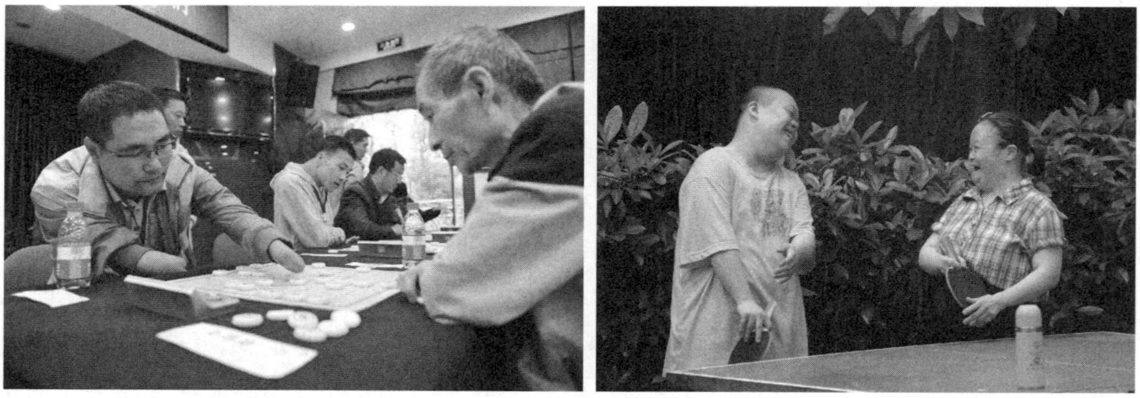

开展群众文体活动

2015年11月,举行"全民健身挑战日·好体育人在沙区"活动。全年组织开展残疾人群众体育健身活动5次,2300人次参加。

8-2　2011—2015年重庆市残疾人群众体育健身活动统计表

指标名称		单位	2011年	2012年	2013年	2014年	2015年
省级	残疾人群众体育健身活动	次	2	2	3	5	5
	残疾人群众体育健身活动参加人次	人次	1500	1800	1780	1600	2300
	残疾人群众体育活动示范点	个	—	10	10	13	40
地市级残疾人群众体育活动示范点		个	18	74	104	129	148

第三节　残疾人体育竞赛

1985年7月,重庆市选派伤残人运动员14名参加四川省第一届伤残人运动会,获得金牌23枚、银牌8枚、铜牌6枚。"八五"期间每年举办一次单项体育比赛,举办两届大型残疾人体育运动会,两届运动会共决出金牌224枚,银牌103枚,铜牌9枚。

1987年,刘作元代表四川队参加全国第二届伤残人运动会,以1.03分的成绩和52.02秒的成绩一举打破了A1级50米蛙泳、50米仰泳的全国纪录,获得金牌2枚。

1990年10月,重庆市10名运动员参加四川省第三届伤残人体育运动会,获金牌14枚、银牌2枚、铜牌1枚,并荣获团体道德风尚奖。

精彩瞬间

1992年11月,举行市伤残人田径比赛,选拔一批年轻有培养前途的伤残运动员参加省级、国家级比赛。1992—1994年,全市3000余人参加选拔赛和市区县运动会。组团参加省第二届运动会和全国射击、田径、游泳等比赛,获得省级金牌17枚,全国金牌7枚。

1993年,市残联、市体委、市民政局、市伤残人体协举办重庆市聋人游泳比赛,重庆市21个区(市)县、市聋人学校的聋人运动员参加比赛。

1995年12月,举行四川省第四届残疾人运动会,来自21个区、县和市聋校的22支代表团268名运动员代表全市68万名残疾人参加比赛,在田径、游泳、乒乓球、射击、象棋五大项目中,共决出金牌69枚,银牌65枚、铜牌50枚。

1996年,参加省级残疾人体育比赛3次,33名残疾人运动员参赛。

1997年,参加省级残疾人体育比赛2次,120名残疾人运动员参赛。

2000年12月,根据中国残联安排,重庆市派出6名智力残疾人士参加有10余个国家和省、区及1500余名运动员参加的第二十五届中国香港特奥赛,获得9枚金牌、2枚银牌。

2001年,国内残疾人体育竞赛制度、医学分级制度正式与奥运接轨,指导方针也由重在参与的普及型转移到以竞技体育为龙头和促进群众普及的发展方向。北京申奥成功以后，国内残疾人体育赛事更加频繁，竞技体育项目发展迅猛，由原来的11个项目增加到24个项目。重庆市加强自身硬件建设，为残疾人运动员集训创造条件，搞高残疾人体育参与能力、竞技体育水平，为2008年奥运输送人才。市残联、市体育局实地考察后，在重庆市南岸区峡口镇广阳南正街1号重庆市体育训练基地附近征地30亩，修建了重庆市残疾人体育训练基地。该基地修建综合训练馆1幢(2400平方米)，综合宿舍楼1幢(1200平方米)，室内游泳馆1个(1891平方米)，运动员餐厅1个(900平方米)，共投入经费2519.37万元(所有建筑物均有无障碍设施)。是年11月1—6日，全国盲人门球锦标赛在重庆举行。

2002年，为备战2008年北京残奥会，市残联同市体育局联合制定《关于进一步加强重庆市残疾人体育工作的意见》。成功举办的第二届重庆市残疾人运动会，全市40个区县组团参加，运动员、教练员、裁判员、工作人员近900人，其规模和人数都超过第一届。运动会设六个大项，产生金牌88枚、银牌62枚、铜牌55枚。北碚区、渝中区、合川市、沙坪坝区、綦江县、大渡口区、开县、南川市获团体总分前八名，江北区、涪陵区、大足县、永川市、梁平县、云阳县、武隆县、江津市等8个区县和157名运动员获体育道德风尚奖，实现了竞技体育和精神文明的双丰收。通过运动会，建立了残疾人运动员医学分级档案，为与国际残疾人体育事业接轨奠定基础。是年，组织参加2002年全国残疾人体育锦标赛暨“远南”运动会选拔赛和第三届全国特奥会，获金牌14枚、银牌17枚、铜牌11枚，打破世界纪录和全国纪录各1项。

2004年，组织100余名残疾人运动员参加2004年全国残疾人体育锦标赛，参加射击、田径、足球、乒乓球、游泳和盲人门球、聋人篮球等项目比赛，获得银牌和铜牌各10枚。

2001—2005年，承办盲人门球、坐式排球、脑瘫(聋人)足球、田径等全国比赛，举办重庆市第二届残疾人运动会。组织全市运动员参加国内外赛事，获得金牌68枚、银牌56枚、铜牌55枚。

2009年，组织残疾人运动员参加全国残疾人举重、乒乓球、游泳、田径、盲人足球等体育比赛，共获金牌1枚、银牌4枚、铜牌3枚。黄海丰获得2009年全国残疾人(18周岁以下)游泳锦标赛S5级100米男子自由泳冠军。

2014年4月28日，承办“特奥融合计划——重庆融合滚球赛”

2011年，组织参加第8届全国残运会，获金牌3枚、银牌6枚、铜牌13枚，破2项全国纪录。

2013年，参加全国残疾人锦标赛，获得8个第1名、7个第2名，9个第3名、3个第5名。

2014年4月28日，“特奥融合计划——重庆融合滚球赛”在市文化宫举行，这是重庆市举行的首届融合滚球比赛。市残联领导周鸣、张青莉、郝建新，国际奥林匹克东亚区和赞助单位DQ冰雪皇后相关负责人参加开幕式并观看比赛。由阳光职业康复训练基地、培智学校、慧灵职业康复训练基地的80名特奥运动员和DQ冰雪皇后的55名融合志愿者组成的12支队伍进行角逐。经过一天的比拼，阳光职业康复训练基地代表队包揽男女团体第一名。

2015年11月，举办重庆市残疾人羽毛球锦标赛。全年共组织残疾人体育比赛、活动317次，2.83万人次参加。已建成省级残疾人体育训练基地3个，在编人员10人，聘任主教练员3人。

举办重庆市残疾人羽毛球锦标赛

第四节　市级残疾人运动会

1985年6月18日，市民政局、市体委、市残疾人福利基金会、盲聋哑人协会等9个单位联合举办了重庆市第一届伤残人运动会。重庆14个区县的盲人、聋哑人、截肢人运动员共200余人参加。竞赛项目有田径赛、男女乒乓球、男女游泳、聋哑人男子篮球等。

1990年9月18—19日，举办重庆市第三届伤残人体育运动会，全市21个区县及聋哑学校的300余名伤残运动员及工作人员参加，竞赛项目有田径赛、游泳、乒乓球、射击四大项目。超过一项全国射击项目的纪录，超过五项省田径项目的纪录。市顾委主任王效才、副市长肖祖修、市委副秘书长徐雄、重庆警备区副司令员曾凡永、市民政局副局长宋协秋、市体委调研员朱家臣、市残联理事长刘永康等领导出席19日下午举行的闭幕式。

1992年，举办重庆市第四届伤残人体育运动会。238名残疾人参加各项比赛。

1995年3月，四川省第三届残疾人运动会，重庆代表队共获金牌11枚、银牌6枚、铜牌6枚；团体总分前三名。是年12月15日，举行重庆市第四届残疾人运动会开幕式。出席开幕式的有裁判员、运动员，市残疾人工作协调委员会全体成员，各区、市、县领导，市级机关干部，市和区市县残联干部，残疾人工作者，残疾人及亲属，新闻记者等共2500余人。此届运动会历时两天半，全市21个区市县及聋哑学校共派出268名运动员，参加游泳、象棋、射击、乒乓球、田径5个项目，170余个级别的比赛。

1996年，举办地、县(市)级残疾人体育比赛20次，643名残疾人运动员参赛。1997年，举办地、县(市)残疾人体育比赛17次，2016名残疾人运动员参赛。1999年9月6—8日，重庆市举办重庆直辖后首届残疾人运动会，中国残联副理事长王智均到会祝贺并讲话。并邀请中国残疾人艺术团参加运动会闭幕式演出，市委书记贺国强等领导为运动会获奖单位和个人颁奖。

2002年7月4—6日，在大田湾体育场举行第二届重庆市残疾人运动会，全市40个区县(市)全部组团参加，共有运动员、教练员、裁判员、工作人员近900名。所设6个大项共产生金牌88枚，银牌62枚，铜牌55枚。是年，市残联向中国残联体育处、体协申请成立重庆国家残疾人脑瘫足球训练基地，将基地设在重庆。

第三届重庆市残疾人运动会开幕式

重庆市第四届残疾人运动会

2004年10月15—21日，市残联、市体育局、市残疾人体育协会共同承办，在重庆举行“2004年全国残疾人(脑瘫残疾人、聋人)足球锦标赛”，18个省市的23支代表队共450余名运动员参加比赛，重庆市脑瘫残疾人队获亚军。

2006年5月25日—6月6日，举办第三届重庆市残疾人运动会。举行田径、游泳、乒乓球、射击、举重、聋人篮球等比赛。共获得金牌103枚、银牌77枚、铜牌79枚，30个区县和127名残疾人运动员获体育道德风尚奖。

2009年6月14日，在重庆师范大学老校区举办重庆市少年儿童特奥运动会。

2010年7月14—16日，重庆市第四届残疾人运动会在重庆医科大学举行。全市41个区县代表团、760名残疾人运动员参加田径、射击等12个项目的比赛，产生金牌127枚、银牌93枚、铜牌88枚，实现了重庆市残疾人体育运动成绩的新突破。市人大常委会副主任胡健康、市政府副市长刘学普、市政协副主席刘隆铸、市政府副秘书长丁先军等市领导出席运动会开幕式。

2013年11月8日，重庆市首个硬地滚球训练基地在北碚缙云文化体育中心正式揭牌。市残联党组成员、副理事长张青莉，北碚区副区长刘永，北碚区残联、北碚区体育局负责人参加揭牌仪式。重庆市硬地滚球训练基地是100平方米的室内标准训练基地，由北碚区残联、区体育局从区级体育彩票留存资金等多方面筹措资金建成，市残联、市体育局投入训练经费进行支持。该基地的正式建成，标志着重庆市硬地滚球项目进入一个新的发展阶段。

2014年10月13日，在北碚区重庆市第五届残疾人运动会开幕式上，中国残联常务副理事长孙先德，市领导周旬、刘强、姜平出席开幕式。此届残运会历时20天，有40个代表团参赛，719名运动员在13个大项的比赛中展开激烈角逐，产生金牌130枚，银牌107枚，铜牌106枚。参与服务的志愿者130余人。此届运动会实现了科学创新、文明节俭、高效务实办会的服务管理目标，为重庆市开展大型残疾人体育运动活动积累经验，营造更加浓厚的关心支持残疾人体育事业发展的社会氛围。

重庆市第五届残疾人运动会

2015年11月23—27日，在万盛经开区举行2015年重庆市残疾人羽毛球锦标赛。是年，全市组织市级残疾人体育比赛4次，参赛运动员374人次。

第五节　国际国内赛事

1987年，第二届全国伤残人运动会在唐山举行，重庆市5名伤残人运动员参加比赛，共获得金牌3枚、银牌3枚、铜牌2枚，打破四项全国纪录。荣昌县运动员刘作元，获得男子A1级50米蛙泳、50米仰泳的金牌和掷铅球的银牌，打破了这三个项目的全国纪录。大渡口区运动员何庆在男子短跑项目中，以11.8秒的成绩打破了这项运动的全国纪录。同年重庆市体委、民政局、市残疾人福利基金会、市盲人聋哑人协会联合举办重庆市伤残人中国象棋比赛。来自13个区县的选手参加比赛。南岸区的陈道常、市中区的苏世元、合川县的肖远富分别摘取肢残组、盲人组、聋哑组第一名的桂冠。

组织参加中国重庆国际马拉松赛

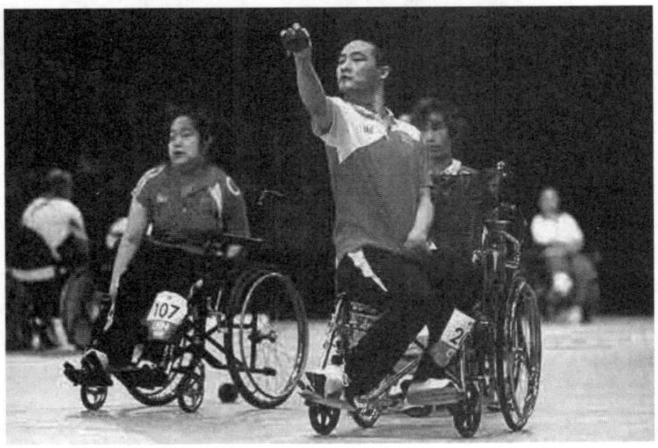
比赛现场

1990年5月，由重庆代表四川省组队，参加全国首届伤残人射击锦标赛，分别获得第一名、第四名、第五名和体育道德风尚奖。高位截肢伤残人士刘作元在昆明全国伤残人田径游泳锦标赛上，获铅球第二名、铁饼第三名、自由泳第四名、仰泳第六名。

1996年,重庆市组团参加全国残疾人田径、乒乓球选拔赛,获得全国男子A6级三级跳远银牌和铜牌,男子聋人组1500米跑、3000米跑两个第六名。是年5月,重庆市7名运动员作为四川省代表团成员参加第四届全国残疾人运动会。

1997年6月3—7日,全国残疾人田径锦标赛在山东济南举行,北碚运动员甘静林获得男子三级跳远第二名,跳高第三名。

2000年5月,重庆市首次以直辖市身份组团参加在上海举办的第五届全国残疾人运动会,运动员、教练员、护理人员共81人,参加比赛的项目有田径、游泳、乒乓球、羽毛球、射击、举重、盲人门球共七项。在比赛中获得金牌2枚、银牌6枚、铜牌9枚,同时2人3次打破全国纪录,1人打破世界纪录,22名运动员获得体育道德风尚奖,取得竞技水平和精神文明双丰收,圆满完成首次组团参赛任务。12月,重庆市组织残疾人体育运动代表队参加第二十五届中国香港特殊奥运会,参加运动会的有中国重庆、山东、河北、台北、中国香港、中国澳门及韩国、日本、新加坡、巴尔等国家和地区的运动员1500余名,重庆市6名运动员获得金牌9枚,银牌2枚,为重庆市赢得荣誉。

2001年11月,重庆市在市体育馆首次承办全国盲人门球比赛。参加2002年全国残疾人体育锦标赛暨"远南"运动会选拔赛和第三届全国特奥会,共获得金牌14枚,银牌17枚,铜牌1枚,破世界纪录1项、全国纪录1项,两名运动员首次入选参加在韩国举行的第八届"远南"运动会,获得银牌1枚,实现了重庆市残疾人运动员参加国际大赛获得奖牌零的突破。

田径比赛

2002年9月,第三届特殊奥林匹克运动会在西安举行,中共中央政治局常委、全国政协主席、此届运动会名誉主任李瑞环,国务委员、此届运动会名誉副主任司马义·艾买提出席开幕式,李瑞环主席亲自宣布运动会开幕。重庆代表团参加田径、游泳、乒乓球三个项目的比赛。获得金牌11枚,银牌15枚,铜牌11枚。运动员戴丽、余明强、邓唯、吴达均获得个人道德体育风尚奖,重庆代表团被大会组委会授予团体体育道德体育风尚奖。

2003年，承办全国第六届残疾人运动会坐式排球预赛暨2003年锦标赛。在全国第六届残疾人运动会上，获得7枚金牌、4枚银牌、7枚铜牌的优异成绩。在全国的位次由上届的第26位上升到第19位。

2004年，市残联会同重庆市体育局、重庆市残疾人体育协会承办在重庆大田湾体育场举行的2004年全国残疾人（脑瘫、聋人）足球锦标赛。有18个省市、23支代表队、500余名运动员、教练员和工作人员参加了此次锦标赛。2004年全国残疾人（脑瘫、聋人）足球锦标赛是继2004年第十二届雅典残奥会之后国内举办的又一次规模较大的全国残疾人单项体育比赛。中国残联、国家体育总局和重庆市委市政府对锦标赛非常重视。中国残奥主席、原中国残联理事长郭建模专程到重庆出席欢迎酒会，并观看首日比赛；重庆市委副总书记邢元敏、市政协副主席陈邦国、市长助理项玉章、市政府副秘书长夏祖相等相关领导分别出席欢迎欢送酒会，并分别观看首场比赛及冠亚军决赛。为获奖代表队颁发奖杯、奖牌。

2005年3月，重庆市射击队获得“2005年全国残疾人射击锦标赛”冠军。4月22—27日，“2005年全国残疾人田径锦标赛”在重庆市奥林匹克体育中心成功举行。来自全国31个省、市、自治区、直辖市共1000余人参加比赛。中国残联理事长汤小泉，市委常委、副市长、市残工委主任陈光国，市残联理事长李光华出席相关活动。

2006年7月12—22日，在瑞士举行的世界射击锦标赛中，梁平县残疾健儿袁洪相在50米60发卧射比赛中获得金牌。是年11月，在马来西亚举行的第九届“远南”残疾人运动会上，重庆市有4名运动员入选国家队参赛，获得2金、1银、2铜的佳绩。是年7月29日—8月4日，第四届全国特奥运动会在哈尔滨市举行，重庆代表团共派出运动员、教练员和工作人员51人。获得金牌10枚、银牌22枚、铜牌14枚的佳绩。

2007年5月12—20日，由中国残联、国家体育总局、中国残疾人体协主办，云南省人民政府承办的中华人民共和国第七届全国残疾人运动会在云南举行，这是全国每四年一届的综合性残疾人体育竞技大赛。重庆作为直辖市第三次单独组团参赛，组成以市委常委、副市长马正其为团长，有运动员、教练员和工作人员共100人的重庆市残疾人代表团，参加田径、游泳、举重、乒乓球、射击、硬地滚球、羽毛球、脑瘫足球、盲人足球共9个大项、66个小项的比赛，获得金牌7枚、银牌7枚、铜牌13枚，合计奖牌数27枚（上届18枚），团体总分258分（上届227分），1人3次破1项世界纪录，1人超1项世锦赛纪录，1人破全国纪录。是年，重庆市运动员入选中国代表团参

2007年5月，市委常委、副市长马正其看望参加第七届全国残运会运动员

加第十二届世界夏季特奥会获得佳绩。重庆市入选中国特奥代表团参加特奥会的运动员、教练员和工作人员共28人,其中运动员22人,教练员2人,领队1人,工作人员3人,参加田径、游泳、乒乓球、体操和足球等5个项目的比赛,获得金牌20枚,银牌7枚,铜牌8枚,10人被评为优秀运动员。体操运动员冯桥行个人一天包揽球操、圈操、带操、徒手操和全能5项金牌,成为特奥会上引人注目的焦点人物,为特奥运动员创造奇迹,更为重庆争光。

2008年北京残奥会重庆残疾人运动员、教练员合影

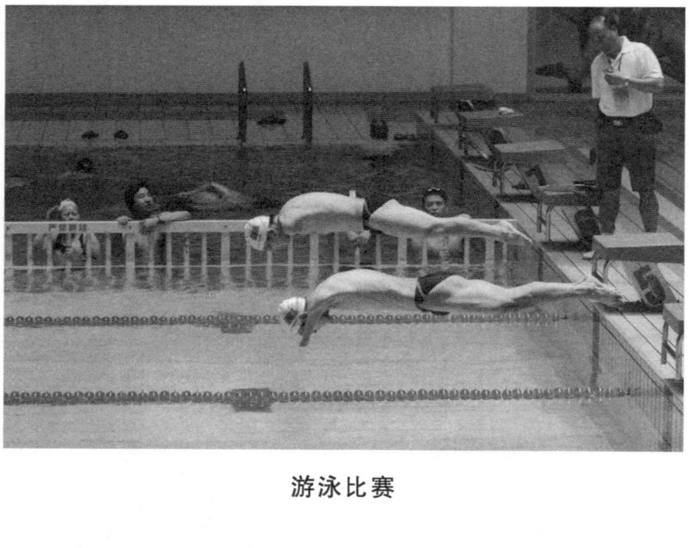

游泳比赛

2008年,组织100余名残疾人运动员参加北京残疾人奥运会,国际残疾人田径、脑瘫足球、硬地滚球、射击和全国残疾人第2届“聋奥会”田径、篮球、羽毛球、足球、垒球选拔赛等国内外体育比赛,共获金牌2枚、银牌6枚、铜牌8枚。残疾人李兵以225公斤的成绩获得北京残奥会男子举重100公斤以上级铜牌。

2010年4月11—13日,重庆市代表队在2010年全国残疾人游泳锦标赛中获5金2银3铜,总排名第13位。梁平县黄海丰分别获得男子S5级50米自由泳、50米蝶泳、100米自由泳以及200米个人混合泳金牌;江津区梅中全获男子S5级50米自由泳银牌、50米蝶泳铜牌、100米蛙泳铜牌;沙坪坝区胡羽获女子S7级100米仰泳金牌、50米自由泳银牌、100米自由泳铜牌。是年6月,重庆市北碚区残疾人严治强在葡萄牙里斯本举行的2010年硬地滚球世界锦标赛上战胜同级别的65名对手,获得BC2级个人赛金牌。9月25日,第五届全国特奥会在福州市落下帷幕。重庆代表团共54人,其中38名运动员分别参加了田径、游泳、乒乓球、轮滑、足球共5个项目的比赛,共获得奖牌79枚,其中金牌30枚、银牌31枚、铜牌18枚。重庆代表团获得特奥会体育道德风尚奖集体称号,王鑫等15名运动员获得体育道德风尚奖个人称号,足球运动队获得体育道德风尚奖运动队称号。这是重庆市参加全国特奥会以来获得奖牌最多的一次,取得了比赛成绩和精神文明的双丰收。

2011年,重庆市代表队参加第八届全国残运会,获金牌3枚、银牌6枚、铜牌13枚,打破两项全国纪录;参加射击、乒乓球、硬币滚球等国际比赛,获金牌1枚、银牌3枚、铜牌2枚。是年

5月17日，重庆市残疾姑娘田小焱代表中国征战2011年西班牙射击世界杯获金奖。12月，亚洲残疾人运动会在广州举行，6名重庆籍残疾人运动员参加比赛，共获1金2银，其中重庆籍残疾人运动员廖克力获乒乓球TT7级单打金牌。

2012年，全市有3名运动员入选残奥会中国代表团。在残奥会上获得银牌2枚、第5名2个、第10名1个的成绩。

2013年5月27日，在全国残疾人羽毛球锦标赛中运动员文余、向永红获女子双打第一名，文余获女子单打第一名。是年6月4日，巴南区运动员张建辉在全国残疾人举重锦标赛中荣获90kg级第一名，渝中区运动员廖克力在全国残疾人乒乓球锦标赛中荣获男子单打第一名。

由中国残联、国家体育总局、中国特奥会主办的2014年全国特奥足球比赛在南昌落幕，渝中区培智学校特奥足球队代表重庆参赛，从26支代表队中脱颖而出，在五人制足球决赛中获得第四名，在低智力个人技术比赛中获12~16年龄组个人第一名和第三名，并摘得“体育道德风尚奖”。10月18—24日，2014年仁川亚残会上代表中国参赛的重庆运动员收获2金2银1铜。

2015年9月10—19日，全国第九届残疾人运动会暨第六届特殊奥林匹克运动会在四川省遂宁市大英县开赛。副市长谭家玲出席出征仪式，并慰问运动健儿。重庆代表团参加8个

市委常委、秘书长张鸣等领导与参加2012年伦敦残奥会的健儿合影

袁洪相在2015年澳大利亚残疾人射击世界杯上获得冠军

重庆代表团亮相全国第九届残疾人运动会暨第六届特奥会开幕式

项目的比赛,参赛运动员共计66人,获得13金12银11铜的优异成绩,袁洪相在射击比赛中斩获5金3银4铜。2015年澳大利亚残疾人射击世界杯在悉尼举行,梁平县运动员袁洪相勇夺SH2级50米小口径步枪卧射金牌。10月,国际乒联残疾人乒乓球公开赛、亚锦赛在约旦首都安曼举行,我市运动员廖克力获得2金2银。

第六节　残疾人体育人才

北碚区残疾人甘静林当选奥运火炬手

1987年,在全国第二届伤残人运动会上,重庆市大渡口区振兴金属厂聋哑运动员何庆,以11.8秒的成绩打破了100米短跑聋哑男子全国纪录,获得金牌,成为全国跑得最快的“聋哑飞人”。何庆出生于工人家庭,一岁时因病双耳失聪,1973年进入市聋哑学校读书,被选入篮球队,多次作为主力队员参加比赛。1980年走上工作岗位后,利用业余时间坚持训练。1982年在四川省盲聋哑人运动会上,获得100米跑、跳高、跳远3枚金牌。1987年省伤残人体育选拔赛上又获得100米跑、跳高、跳远3项冠军。何庆在全国、省、市伤残人体育比赛中,共获得金牌18枚、银牌9枚、铜牌7枚,破省纪录4次,平全国纪录1次,破全国纪录1次。

2004年12月30日,经市残联、市体育局、市教委、市民政局研究决定,成立重庆市特奥会,以加强和改进特奥工作,改善智力残疾人的状况,鼓励更多的智力残疾人参加特奥运动。2004年雅典残奥会上,重庆市首次参加残奥会的残疾人运动员李兵,获得100公斤级举重铜牌,他成为重庆市第一个在会上获得奖牌的运动员,实现了奥运奖牌零的突破。市政府为李兵记二等功1次。

射击健将袁洪相在特奥会领奖台上

2005年,重庆市有国家级正式在训运动员7名,另有3名为国家级试训运动员。同时,经中国残联检查验收,核定重庆市国家二线队残疾人运动员50名。

2007年,体操运动员冯桥行在第十二届世界夏季特奥会上,个人一天包揽球操、圈操、带操、徒手操和全能

5项金牌，成为特奥会上引人注目的焦点人物，为特奥运动员创造奇迹，更为重庆争光。

2012年，伦敦残奥会中国代表团名单中，重庆3名选手参加伦敦残奥会，3人分别是袁洪相（射击）、严治强（硬地滚球）、廖克力（乒乓球男队）。作为一名青年残疾人射击运动员，袁洪相曾多次代表国家队和重庆队在国际国内射击场上披金斩银，为国家、为重庆增光添彩。他先后代表中国参加了在瑞士、马来西亚、德国、斯洛伐克、土耳其、克罗地亚举行的残疾人射击比赛以及2008年北京残奥会。2011年，袁洪相为重庆代表团在浙江杭州举行的第八届全国残疾人运动会上收获首枚金牌。严治强，中国著名残疾人硬地滚球运动员，曾代表中国参加2008年北京残奥会及其他多个大型硬地滚球赛事，获得不错的成绩。重庆籍残疾学生廖克力，就读于重庆城市管理职业学院2010级营销与策划专业，代表中国队参加了2010年广州残疾人亚运会，获得乒乓球金牌。

乒乓球运动员廖克力

举重运动员李兵

2014年3月22日，重庆国际马拉松赛暨全国马拉松锦标赛（第二站）在南滨路开赛。来自重庆各区县的34名重度肢残人组成的轮椅车队，参加5公里的比赛，成为赛场上一支最具特色的参赛队伍，一道最亮丽的风景线。是年6月19日，全国残疾人射击锦标赛在陕西省宝鸡市开赛，梁平县运动员袁洪相代表重庆参赛，勇夺SH2级10米气步枪立射个人项目第一名、SH2级50米小口径步枪卧射个人项目第二名、SH2级50米小口径步枪卧射团体项目第二名、SH2级10米气步枪卧射个人项目第四名。

表8-3　2014年重庆市残疾人优秀运动员统计表

姓名	性别	残疾类别	运动项目	全国残运会成绩	本人所在区县
徐瀛	男	听力	田径	1银1铜	长寿区
刘小庆	男	听力	田径	—	万州区
黄佳维	男	肢残（双下肢）	田径	—	渝中区

续表

姓名	性别	残疾类别	运动项目	全国残运会成绩	本人所在区县
袁熊	男	肢残	田径	第四名2个	江津区
程良华	男	肢残(单下肢)	田径	第六名1个	渝中区
徐东	男	肢残	田径	—	渝北区
张应恩	男	肢残	田径	第五名1个	涪陵区
韩依	女	肢残	田径	第四、六名各1个	南岸区
周子菊	女	肢残(单下肢)	田径	第四、五名各1个	渝北区
向宾霖	女	肢残(单下肢)	田径	2铜	沙坪坝区
黄海丰	男	肢残(双上肢)	游泳	第五名1个	梁平县
梅忠全	男	肢残(双上肢)	游泳	1金1银2铜	江津区
陈乐桢	男	脑瘫	游泳	第四名1个	沙坪坝区
胡羽	女	脑瘫	游泳	1铜、第六名3个	沙坪坝区
朱姿颖	女	脑瘫	游泳	第四名1个	沙坪坝区
丁长燕	女	听力	游泳	1铜,第四、五、六名各1个	渝中区
张建辉	男	肢残(双下肢)	举重	1铜	巴南区
吴维军	男	肢残(双下肢)	举重	第六名1个	城口县
李兵	男	肢残(双下肢)	举重	1银	巴南区
唐长亚	女	肢残(单下肢)	举重	第四名1个	江津区
杜秋红	女	肢残(单下肢)	举重	第四名1个	江北区
袁洪相	男	肢残(单上肢)	射击	2金1铜	梁平县
廖波	男	肢残(单上肢)	射击	1银1铜,第五、六名各1个	江北区
田小焱	女	肢残(单下肢)	射击	第六名4个	大渡口区
文联琼	女	肢残(单下肢)	射击	1银1铜	綦江区
周小露	女	肢残(单下肢)	射击	2银1铜	江北区
段友兰	女	肢残(单上肢)	射击	1铜、第五名1个	城口县
廖克力	男	肢残(单上肢)	乒乓球	1银1铜	渝中区
魏吉	男	肢残(下肢)	乒乓球	1银	江北区
彭忠	男	肢残(下肢)	乒乓球	第四名1个	沙坪坝区
杨茂良	男	肢残	乒乓球	第四、五名各1个	万州区

续表

姓名	性别	残疾类别	运动项目	全国残运会成绩	本人所在区县
何晓东	男	听力	乒乓球	第六名1个	荣昌县
刘杰	男	肢残	羽毛球	—	江津区
文余	女	肢残(单大腿)	羽毛球	1铜	巴南区
刘梅	女	肢残	羽毛球	—	江津区
严治强	男	脑瘫	硬地滚球	—	北碚区
余海	男	脑瘫	硬地滚球	—	南岸区
钟林	女	肢残(双下肢)	飞镖	—	沙坪坝区
刘明辉	男	视力	象棋	—	涪陵区
王烈	男	视力	盲人足球	第八名	綦江区
胡智利	男	视力	盲人足球	第八名	南岸区
胡国伟	男	视力	盲人足球	第八名	南岸区
张江林	男	视力	盲人足球	第八名	渝北区
唐治华	男	视力	盲人足球	第八名	南岸区
代超林	男	视力	盲人足球	第八名	南岸区
李凯	男	视力	盲人足球	第八名	南岸区
刘伟	男	视力	盲人足球	第八名	北碚区
蒲跃	男	脑瘫	脑瘫足球	第五名	渝中区
杜杰	男	脑瘫	脑瘫足球	第五名	北碚区
王秋宁	男	脑瘫	脑瘫足球	第五名	渝中区
向伟	男	脑瘫	脑瘫足球	第五名	北碚区
王豪	男	脑瘫	脑瘫足球	第五名	渝中区
王志	男	脑瘫	脑瘫足球	第五名	渝中区
李雪峰	男	脑瘫	脑瘫足球	第五名	万盛区
张磊	男	脑瘫	脑瘫足球	第五名	渝中区
姜华	男	脑瘫	脑瘫足球	第五名	永川区
缪鹏飞	男	脑瘫	脑瘫足球	第五名	北碚区
陆岳辉	男	脑瘫	脑瘫足球	第五名	合川区
陈冬智	男	脑瘫	脑瘫足球	第五名	九龙坡区

注:共计60人(其中男45人,女15人)。

至2015年,全市有残疾人体育健身指导员614人,省级聘任教练员15人。

第四章　残疾人文化体育进社区进家庭

第一节　残疾人文化进社区活动点建设

残疾人文化进社区活动点建设,依托当地农家书屋和社区图书室建立活动点,设有明显的标志,让每个活动点都具有为残疾人文化服务的内容。活动点有供残疾人使用的图书专柜,柜中有供残疾人阅读的书籍、音像制品和读书辅助器具等。可配备残疾人专用轮椅、盲杖等。配备必要的体育健身器材和文化娱乐活动器材。所在社区残疾人协会组织健全,社区残疾人基本情况清晰,登记造册,全年社区残疾人阅览和参加相关文化活动有记录或图片资料。

1997年,残疾人文化活动场所32个,盲人有声读物图书室(角)23个。

2008年5月20日,重庆市残疾人文体中心被市政府列为十大公益性项目。

2011年,残疾人精神文化生活不断得到满足。建立市级盲文及盲人有声读物阅览室示范点,在20个社区开展市级文化进社区试点工作。

2012年,重庆市残疾人工作计划安排,根据各区县(自治县)城乡社区(村)数和残疾人数,安排区级新建15个、县级新建10个残疾人文化进社区活动点。北部新区新建5个残疾人文化进社区活动点的工作全面展开。鼓励有条件的区县(自治县),自拟计划多建残疾人文化进社区活动点,并将此项工作纳入2012年全市残疾人工作目标考评内容。全市共建成残疾人文化进社区活动点480个。市残联选择10个区县在当地公共图书馆建立视障阅览室,并通过检查、验收。

残疾人图书馆、视障阅览室

2013年2月,市残联下发《关于继续建立残疾人文化进社区活动点的通知》。要求各区县在往年建立残疾人

“文化进社区”示范点或活动点的基础上，扩大覆盖面和受益面。从2013—2015年，每年区级新建15个、县级新建10个，北部新区和万盛经开区分别新建5个残疾人文化进社区活动点，鼓励有条件的区县自拟计划，多建残疾人文化进社区活动点。重庆市建成文化进社区残疾人活动点490个、残疾人视障阅览室15个。

2014年，结合重庆市残疾人工作计划安排，根据各区县（自治县）城乡社区（村）数和残疾人数，安排区级新建15个、县级新建10个残疾人文化进社区活动点。鼓励有条件的区县（自治县），自拟计划多建残疾人文化进社区活动点。依托当地农家书屋和社区图书室建立活动点，并挂重庆市残疾人文化进社区活动点标志（牌匾由区县残联统一制作下发），每个活动点要求有管理制度、图书借阅制度。活动点有供残疾人使用的图书专柜。要求社区图书室藏书量达到1000册及以上，报纸杂志种类不少于50种，音像制品至少15盒。社区要建立供残疾人使用的活动室。残疾人健身器材、室外体育活动场所、残疾人工作宣传栏等所有设施，全年免费向残疾人开放。社区按照无障碍设施标准进行建设，有一定绿化面积。依托社区康复室，根据实际情况，配备残疾人专用轮椅。

至2015年，全市建有公共图书馆盲文及盲人有声读物图书室43个，其中省级1个。残疾人艺术团队10个。是年举办残疾人文化艺术类比赛及展览48次。开展残疾人文化周活动277场次，3.73万人参加。

第二节　残疾人文化体育示范社区建设标准

文化进社区试点工作，由市残联支持一定的资金，区县残联匹配一定的资金，用于试点社区购买书籍、音像制品、电脑及盲人有声读物器具，在社区的文化活动中心设立残疾人书架，为社区内的残疾人及居民阅读和使用服务。社区建有一定规模的文化活动中心（站），教育、文化等各种活动开展较为普遍。建有一定规模的文化活动中心（站），教育、文化等各种活动开展较为普遍。残疾人基本情况清晰，登记造册。2012年，全市建成残疾人“文化进社区”活动点480个，新建30个“文化进社区”活动点。

2013年11月，渝中区成功创建全国残疾人文化体育建设示范区。

为强化残疾人基本服务设施建设，切实保障残疾人的基本文化权益，整合社区（单位）资源，到2020年基本建成覆盖城乡、便捷高效、保基本、促公平的现代公共文化服务体系，市文化委、市体育局决定开展重庆市残疾人文化体育示范社区、单位创建工作。

2015年，市残联办公室制定重庆市残疾人文化体育示范社区（单位）建设标准，示范社区（单位）可以是老年服务、全民健身场所、居民（市民）广场、阳光家园、康复训练室和托养庇护机构以及集中安置残疾人就业的企业，其他各类自愿组织开展残疾人群众文体活动的社会机构、学校进行申报。可跨区域设立，残疾人常住人口总数不少于80人。示范社区（单位）至少有1名经专业培训合格的文体活动指导员（可聘请辖区内文化体育专业人才），能常年免费为残疾人开展相关指导服务工作。至少有1名残疾人志愿者定期组织开展适合残疾人的文化体育活动。每月至少组织1次活动,活动参与的残疾人数至少占社区(单位)残疾人总数的20%;每年至少组织开展12次活动,覆盖辖区残疾人50%以上。2015年11月13日,市残联、市体育局联合命名重庆市万盛经开区为"重庆市残疾人羽毛球训练基地",满足了残疾人运动员训练和参加体育活动的需要。

第三节 残疾人文化体育示范社区建设工作

按照中国残联2009年和2010年在全国各省市开展"文化进社区"试点社区工作安排,2010年,全市完成20个全国"文化进社区"试点社区的选定和图书音像制品的配送。"十一五"期间,重庆市共有18个社区被中国残联命名为全国特奥活动示范区,特奥比赛活动普遍开展,特奥运动员每年增长10%。

2011年,在20个社区开展市级文化进社区试点工作。是年全市已有40个社区被中国残联确定为全国文化进社区试点社区,有8000余册图书、期刊和有声读物走进城市社区,走进残疾人家庭,丰富了社区基层残疾人的文化生活。

残疾人朋友在图书馆、视障阅览室阅读书籍,查阅资料

2015年,为加强残疾人文化和体育服务体系建设,规范基层残疾人文体活动示范点创建工作,切实保障残疾人享有均等化的公共文化体育服务,根据《重庆市人民政府加快推进残疾人小康进程的实施意见》《中共重庆市委办公厅市政府办公厅印发〈关于加快构建现代公共文化服务体系的实施意见〉的通知》《中国残联办公厅关于印发〈残疾人自强健身示范点建设办法(暂行)〉的通知》精神,结合重庆市实际,制定《重庆市残疾人文化体育示范点创建管理办法(试行)》。此办法自颁布之日起施行,原颁发的《重庆市残疾人文化体育示范社区(单位)建设标准》即行废止。创造性地开展全市残疾人文化体育示范社区建设工作,共打造残疾人文化体育示范区40个,在全市打造30个残疾人文化进社区活动点。

第九篇　残疾人权益维护

第一章　法制建设

第一节　法规规章

1990年12月28日，颁布《中华人民共和国残疾人保障法》，1991年5月15日实施。2008年《中华人民共和国残疾人保障法》重新修订，4月24日经第十一届全国人大第二次会议审议通过，2008年7月1日施行。

1991年5月，《中华人民共和国残疾人保障法》颁布实施后，四川省人大常委会于1994年5月，根据《中华人民共和国残疾人保障法》附则第五十三条制定《四川省实施〈中华人民共和国残疾人保障法〉办法》，至2000年，重庆市一直按四川省保障法实施。

1996年6月，市残联向市法制局申请将重庆市按比例安置就业规章纳入立法计划。1997年，市残联会同市教委、市公安局等12个部门下发《重庆市关于〈中华人民共和国残疾人证核发管理使用办法〉》和《优惠残疾人进园(馆)参观的实施办法》。1999年，市人大常委会将《重庆市实施〈中华人民共和国残疾人保障法〉办法》纳入立法计划。

重庆市直辖后，按《中华人民共和国残疾人保障法》规定，在四川省保障法的基础上，结合重庆实际情况，制定《重庆市〈中华人民共和国残疾人保障法〉实施办法》。2000年3月23日，市人大常委会第一届第二十三次会议通过《重庆市实施〈中华人民共和国残疾人保障法〉办法》，同年5月1日起施行。实施办法收集和吸纳其他省、市的经验，在残疾人事业经费、无障碍设施建设、法律服务和法律援助、盲人按摩培训及就业工作等方面有所完善，具有可操作性。《实施办法》的颁布为维护残疾人的合法权益，发展重庆残疾人事业提供了重要的法律保证。3月16日，市政府印发《关于进一步做好残疾人工作的通知》，改善残疾人工作、生活条件，促进经济发展和社会进步。是年，为落实保障法，将残疾人事业法制建设纳入依法治理轨道,市司法局、市残联联合发出《关于进一步加强残疾人事业法制建设的通知》,对重庆市各级司法部门和残联在残疾人法律援助、法律服务、法律、法规和规章的宣传,机构设置和运作及基础资料的整理、积累和统计等方面进行规范。至1999年12月,全市有28个区县(市),444个乡镇(街道)制定了扶助残疾人的规定,分别占区县(市)、乡镇(街道)总数的68%、39%。扶助残疾人规定的施行,对生活确有困难的残疾人免除义务工、农业税和各种提留、统筹、附加费等,优先提供生产、生活、救济、医疗等服务,给残疾人带来了实实在在的利益。

2006年8月31日,市政府转发《重庆市残疾人事业"十一五"发展规划(2006—2010)》。该规划明确了"十一五"期间,重庆残疾人康复、教育、扶贫、就业、社会保障、权益保护、法规建设、无障碍建设、组织建设、宣传文体、扶残助残等业务工作发展目标。同时,将残疾人事业的主要业务指标纳入重庆国民经济和社会发展规划及全面建设小康社会的规划之中。加大了残疾人工作力度,加快了残疾人社会保障体系和服务体系建设,推动了残疾人事业持续发展。

2007年,市残联与有关部门联合制定了《重庆市残疾人事业法制建设"十一五"实施方案》《重庆市无障碍建设"十一五"实施方案》《重庆市残疾人法律救助"十一五"实施方案》,并推动区县(自治县)出台或修订残疾人优惠政策,加大对残疾考生上大学的资助、残疾人参加新型农村合作医疗等方面的政策优惠力度。

2008年8月28日,市残联举行康复立法座谈会

2008年10月,市委市政府根据中央7号文件,出台了《中共重庆市委、市政府关于促进残疾人事业发展的意见》(渝委发〔2008〕27号),使广大残疾人得到更多实惠,感受到党和政府的温暖,实现了"党政满意、社会满意、残疾人满意"的目标。

2010年,根据《中华人民共和国残疾人保障法》和重庆残疾人事业发展、残疾人权益保障的实际,市残联经过调查研究,在总结《重庆市实施〈中华人民共和国残疾人保障法〉办法》的基础上,起草《重庆市残疾人保障条例》(修订草案),并征求市高级人民法院、检察院、公安局、民政局、人力资源和社会保障局、城乡建委等28个部门以及40个区县残联、5个专门协会的意见,经反复修改,形成《重庆市残疾人保障条例》(修订草案)。根据重庆市法制办《重庆市人民政府法制办公室行政立法审查程序规定(试行)》的通知,地方人大立法可以是实施办法,也可以是条例,因此将《重庆市实施〈中华人民共和国残疾人保障法〉办法》修改为《重庆市残疾人保障条例》。

2011年11月25日,重庆市第三届人民代表大会常务委员会第二十八次会议通过《重庆市残疾人保障条例》,自2012年1月1日起施行。是年,市交委、市财政局、市残联制定《关于我市残疾人优惠乘坐公共交通的通告》,以实际行动贯彻落实条例。条例的出台,在多项政策上实现新突破,对于促进残疾人民主法治建设产生了深远影响。

2012年1月1日,《重庆市残疾人保障条例》颁布施行。该条例共9章52条,对残疾人康复、教育、劳动就业、文化生活、社会保障、无障碍建设等权益以立法形式予以"硬性"保障。同时,2000年3月23日重庆市第一届人民代表大会常务委员会第二十三次会议通过的《重庆市实施〈中华人民共和国残疾人保障法〉办法》同时废止。各区县和相关市级部门按照条例规定,按其职责范围出台相应的贯彻配套政策45个,全市残疾人法制保障机制得以迅速完善。

2013年,市残联根据市委法治建设领导小组《关于印发〈2013年重庆市法制建设工作要点〉的通知》和《关于印发2013年全市法制建设重点任务分工的通知》精神,2013年市残联成立以理事长为组长,副理事长为副组长,各部室负责人和直属事业单位负责人为成员的法制建设工作领导小组,领导小组下设办公室,负责具体事务性工作。坚持把推进法制建设工作摆上重要议事日程,纳入2013年年度残疾人工作目标考核管理。结合"六五"普法内容,多次组织职工学习《行政许可法》《中华人民共和国残疾人保障法》《残疾人就业条例》《重庆市残疾人保障条例》等法律法规,积极参加全市组织的各种法制理论考试。运用各类残疾人节日,组织开展法律咨询、法制宣传活动,强化广大残疾人的法律意识,提高残疾人的自我维权能力。将《中华人民共和国残疾人保障法》《重庆市残疾人保障条例》贯彻落实情况纳入"六五"普法督查内容。2013年1—6月,全市开展针对残疾人法律法规贯彻落实的人大执法检查16次、政协视察或调研19次,制定或修改保障残疾人权益的规范性文件10个。开展残疾人法律救助站点建设,在区县建立残疾人法律救助站,乡镇(街道)建立救助岗,村(社区)建立救助点,完善残疾人法律救助机构体系。全市共建立残疾人法律救助服务站40个,设立维权示范岗613个、法律救助点4695个。

2014年,市财政局、市残联在开展调研和方案测算的基础上,经市委常委会同意,出台《重庆市贫困残疾人生活补贴实施办法》《重庆市重度残疾人护理补贴实施办法》,两项补贴制度自2015年7月1日起实施。贫困残疾人生活补贴标准为城乡贫困残疾人每人每月50元;重度残疾人护理补贴标准为城乡一级残疾人每人每月60元、二级残疾人每人每月50元。

2015年,市财政局、市残联等5部门联合制定《重庆市政府购买残疾人服务暂行办法》,下发《关于进一步加强残疾人信访稳定工作的实施办法》,出台"两项补贴"制度等。是年,制定和修改保障残疾人权益的规范性文件11件,其中省级1件、县级10件。

第二节 法律宣传与执法检查

《中华人民共和国残疾人保障法》公布后,市残联采用印制保障法单行本17万册和保障法的宣传资料1500余套,订购下发各种录像(音)带490盒、挂图5000余套,举办各种学习班等形式宣传《中华人民共和国残疾人保障法》。1991年,市人大常委会召集市新闻单位50余人召开座谈会、发表电视讲话、新闻发布会,召开大会等形式学习残疾人保障法;组织相关单位在人口集中点开展保障法咨询等活动。掀起学习、宣传、实施残疾人保障法的热潮,为推动全市残疾人事业发展奠定基础。

市残联党组成员、副巡视员孙连尚入户宣传法律知识

1996年,贯彻《中华人民共和国残疾人保障法》,全市各区(市)县人大执法检查14次。1999年5月16日,市人大常委会内务司法委、市法制办、市建委、市规划局、市残联等部门领导对重庆市无障碍设施建设进行检查。是年,市及区县(市)、乡镇三级开展人大执法检查和政府专项检查,市级1次、区县(市)69次。

2000年,市残联印制6万册《重庆市〈中华人民共和国残疾人保障法〉实施办法》,发给区县(市)和有关单位,在全市开展宣传保障法实施办法活动。在全国“助残日”期间,组织律师事务所为残疾人代表讲授保障法。是年5月,抽查江北区政府、江北区残联执行《重庆市〈中华人民共和国残疾人保障法〉实施办法》执行情况,重点检查按比例就业有关法律、法规的执行情况。此次抽查,推动了江北区及重庆市按比例就业工作的开展。“九五”期间,结合全国“助残日”“视觉第一中国行动”等重大活动,开展多种形式的《中华人民共和国残疾人保障法》、政府规章等法律法规宣传、教育、咨询活动,获得了较好的社会效果。

2001年,市委宣传部、市人大常委会内务司法委员会、市残联、市残疾人福利基金会、市司法局、市文化局、市广播电视局、共青团重庆市委等部门联合举办的活动包括:残疾人保障法实施十周年座谈会、残疾人保障法执行情况检查、残疾人保障法颁布实施十周年成就展,以“宣传残疾人保障法”为主题的“全国助残日”活动,为贫困残疾人建立法律援助基金等系列纪念活动。

2002年,市残联制发《重庆市残联系统法制宣传教育第4个五年计划》,围绕有关政策法规的出台,协调新闻媒体宣讲保障残疾人合法权益法律法规以及对违法行为处理的案例,组织普法专题报道。在“助残日”期间,市政府残工委有关职能部门对残疾人保障法等法律法规执行情况进行专项检查,特别是检查城镇残疾人基本生活保障做到应保尽保的实施情况。此外,市残联聘请常年法律顾问,依法开展残疾人工作。

2003年,根据中国残联文件精神,在全市开展残疾人“扶残维权行动”工作。从发动宣传、落实法律服务机构、法律工作到承办残疾人案件,确定41个法律服务机构为残疾人提供帮助。全市帮助残疾人案件66起,案件补助金额3.08万元,其中刑事诉讼案件2件,民事诉讼案件54件，行政诉讼案件7件，其他非诉讼案件3件。全市共有40个区县(市)、388个乡镇(街道)、1780个村(居)委会制定扶助残疾人的规定，对低保城镇残疾人实行应保尽保，对生活确有困难的残疾人减免义务工、农业税和各种提留、统筹、附加费等，优先提供生产、生活、救济、医疗服务，对残疾人个体经营实行税费减免，每年为残疾人减免各种税费1000万余元。开展宣传保障法、实施办法等活动，印制实施办法6万余册，市、区县(市)、乡镇(街道)三级开展执法检查和政府专项检查70余次。

2005年，《中华人民共和国残疾人保障法》颁布实施13年，在全市城市街道、社区和农村乡镇张贴由司法部、中央文明办、全国普法办、中国残联和中国残疾人福利基金会联合印制的残疾人权益保障知识宣传挂图。

2006年6月27—30日，市残联在万盛区举办全市残联系统维权干部法律维权培训班，全市各区县残联维权干部42人参加。制定全市残联系统“五五”普法规划，开展执法检查。是年10月，成立重庆市普法宣传教育工作领导小组，下设办公室于市残联维权部。

为营造残疾人事业发展和维护残疾人合法权益的良好环境，市残联成立以市残联党组书记、理事长为组长的市残联系统法制宣传教育领导小组，下设办公室，具体负责法制宣传教育工作。根据重庆市“五五”普法规划和《全国残疾人联合会关于开展法制宣传教育的第五个五年规划》，结合重庆市残疾人法制宣传工作实际，制定市残联系统“五五”普法规划，把残疾人法制宣传教育纳入“十一五”普法宣传教育计划之中。

2007年7月6日，市残联在江北区举办全市残联系统维权信访干部培训班。全市残联系统的30余名残疾人维权信访干部参加此次培训。

开展残疾人社区普法宣讲活动

2008年7月8日，市残联举办维权干部培训班，全市40个区县(自治县)主管维权的理事长和维权信访干部80余人参加培训。市残联党组成员、副理事长任能君出席开班仪式并讲话，市残联维权部主任刘明亮对新修订的《中华人民共和国残疾人保障法》进行系统讲解。

2009年3月18日，市人大常委会副主任余远牧带领市人大常委会内司委调研市残疾人权益保障工作。7月23日，市残联在黔江区召开渝东南地区立法工作座谈会，广泛征求《重庆市实施〈中华人民共和国残疾人保障法〉办法》修订意见。市残联副理事长彭美云出席会议。

2006—2010年，市残联开展法律进机关、进企事业单位、进学校、进社区等多种形式的法制宣传工作。市残联组织区县残联负责法制宣传教育的干部进行培训，区县残联组织乡镇(街道)负责残疾人法制宣传教育的干部进行培训。同时部署残疾人的法制宣传教育工作，全市举办法制宣传教育培训74期，有2.8万人次参加。在残疾人法制宣传工作中，利用残疾人的重大节日广泛开展街头宣传。五年来，共开展街头宣传1000余次；翻印新修订的《中华人民共和国残疾人保障法》10万余册，印制法制宣传资料23.68万份。组建保障法宣讲，全市

24个区县组建保障法宣讲队，到机关、企业、社区宣讲保障法。出台《重庆市委、重庆市人民政府关于促进残疾人事业发展的意见》，40个区县出台残疾人优惠政策，建立残疾人法律援助服务站40个，设立维权示范岗613个，发放法律援助服务卡15.6万份。参与制定、修订法规2件，制定、修改扶助残疾人的规定34个，制定残疾人权益保障政策文件31件，开展人大执法检查46次，政协视察和专题调研55次，残工委专项检查83次，改善残疾人事业发展的社会环境。

2011年11月11日，市政协副主席王孝询到市残联开展“建立特殊人群帮扶机制”专题调研。11月25日，根据《中华人民共和国残疾人保障法》的相关规定，重庆市人大常委会通过《重庆市残疾人保障条例》，进一步促进残疾人权益保障，切实维护残疾人合法权益。

重庆市人大常委会对全市《中华人民共和国残疾人保障法》《重庆市残疾人保障条例》贯彻落实情况进行执法检查

2015年市政协委员年终视察第七分团座谈会

2012年4月，全国人大常委会办公厅下发《关于委托检查残疾人保障法贯彻实施情况的通知》文件，委托市人大常委会对重庆市贯彻落实残疾人保障法的有关情况进行执法检查，2012年5月，市人大常委会在全市范围开展《中华人民共和国残疾人保障法》和《重庆市残疾人保障条例》执法检查。市人大常委会办公厅向市级有关部门和有关区县(自治县)人大常委会下发检查通知。成立执法检查组，由市人大常委会党组副书记、副主任余远牧担任组长，市人大常委会委员、内司委主任委员杨颖嘉和市人大常委会委员、内司委副主任委员李玉琴为副组长，部分市人大常委会组成人员、全国人大代表、市人大代表、市人大常委会有关专门委员会和常委会有关工作部门负责人为成员。此次执法检查采取分阶段自查和集中检查的方式进行。先由市发改委、市教委、市民政局、市财政局、市人社局、市建委、市规划局、市市政委、市交委、市卫生局、市体育局、市残联等12个市级部门自查，并委托万州区、黔江区、涪陵区、沙坪坝区、南川区、潼南县、丰都县、忠县、开县、彭水自治县等10个区县(自治县)人大常委会检查。5月14日，市人大常委会执法检查组听取了市政府及市残联等12个市级自查部门的汇报。5月15—18日，执法检查组分成两个小组，到南岸、江北、垫江、秀山等4个区县(自治县)，听取区县(自治县)政府和有关部门的汇报以及相关人员的意见和建议,实地察访残疾人康复医疗机构、孤残儿童收养机构、残疾人扶贫基地、福利企业、特殊教育学校、社区日间照料站和残疾人家庭,对全市落实残疾人保障法情况进行集中检查。7月23—26日,市人大常委会第三十三次会议听取并审议《重庆市人大常委会执法检查组关于检查我市实施残疾人保障法律法规情况的报告》,指出在贯彻实施残疾人保障法律法规方面存在的11条主要问题,提出整改建议意见。各市级相关责任部门按照各自职责,采取具体措施分别落实整改意见。为落实市人大常委会的整改意见,市委常委、副市长马正其及时做出批示。8月14日,市政府副秘书长屈增国召集财政、民政、人社、残联等15个相关市级部门,就市人大常委会执法检查中指出的11条主要问题研究讨论具体的整改落实意见,及时将整改意见与市人大常委会进行沟通,并进一步与相关部门研究整改措施。8月30日市政府出台《关于贯彻实施残疾人保障法律法规存在问题整改措施的纪要》,市级相关责任部门按照市人大常委会审议的意见和市政府会议纪要精神,结合各自职责进行整改落实。市残联及时与相关部门联系沟通,并于12月10日前汇总各市级相关部门整改落实情况。2012年,全市制定或修改保障残疾人权益的规范性文件36个,其中省级1个,区县35个。各级人大执法检查或专题调研28次,政协视察和专题调研30次。

2015年11月10日,市政协委员视察团第七分团视察《重庆市残疾人保障条例》贯彻实施情况,包括残疾人康复、就业、文化体育和文化产业孵化等工作情况。全年,县级以上人大常委会进行《中华人民共和国残疾人保障法》执法检查和专题调研13次,政协进行视察和专题调研22次。开展普法宣传教育活动168次,4.12万人参加。举办法律培训班55个,3929人参加。

第三节　法律援助机构

1996年,完成法制体系建设,31个县(市、区)、192个乡镇、1344个村纳入扶助残疾人的规定。指定或委托集中为残疾人服务的律师事务所4个。2000年,市司法局、市残联联合发文,要求逐步建立起以专门的法律援助机构、律师事务所、公证处、法律服务所为主体,以委托或指定的律师事务所为骨干,以志愿者服务机构为补充的残疾人法律援助、法律服务网络。

“九五”期间,市司法局、市残联联合印发《关于进一步加强残疾人事业法制建设的通知》,对重庆市各级司法部门和残联在残疾人法律援助、法律服务、法规宣传、机构设置等方面进行规范,形成以律师事务所、公证处、法律服务所为基础的残疾人法律服务网络。

2001年,全市建有法律援助机构61个。2003年,市司法局、市残联决定,重庆市法律援助中心、万州区法律援助中心、奉节县法律援助中心、元炳律师事务所、立太律师事务所5个法律服务机构为全市第一批“残疾人维权示范岗”。是年,建立司法部、中国残联命名的“残疾人维权示范岗”20个;市司法局、市残联命名的“残疾人维权示范岗”5个;区县残疾人维权机构41个,形成残疾人法律服务网络。接受法律援助和服务的残疾人1万人次,调解涉及残

九龙坡区法律援助中心

疾人的纠纷2万余件,解答有关残疾人法律咨询4万余人次。全市40个区县(自治县、市)残联建立残疾人法律援助工作联络站,乡镇(街道)残联逐步建立法律援助工作点,向中国残联申请扶残维权行动工作经费10万元,按1:1的比例配套用于全市40个区县的扶残维权行动工作,为400名残疾人提供法律援助。

2004年,根据《司法部、中国残联关于做好残疾人法律援助工作的通知》,成立重庆市法律援助中心残疾人法律援助工作部。该部设在市残联维权部内,工作职责是为全市残疾人提供法律咨询、代书、受理诉讼申请、非诉讼调解等法律服务。全市确定了41个法律援助机构为残疾人提供法律帮助,维护了残疾人的合法权益。

2006年,为加强全市残联系统"十一五"普法宣传教育工作,成立了重庆市残疾人联合普法宣传教育工作领导小组,领导小组下设办公室。2008年,市残联推动落实残疾人法律救助"十一五"实施方案,各区县(自治县)残联建立残疾人法律援助服务站,开展残疾人法律服务和法律扶助工作。2009年,设立全国残疾人法律救助站2个,40个区县(自治县)均建立残疾人法律援助服务工作站。2010年,全市建有残疾人法律扶助工作站39个,乡镇(街道)法律扶助和服务点613个。

2011年,投入100万元,开展残疾人法律救助,设有残疾人法律援助服务站41个、维权示范岗234个。率先在全国启动公交车盲人语音导向系统。2012年,有省级残疾人法律救助中心1个,区县残疾人法律救助工作协调机构40个,残疾人法律救助站14个,残疾人法律援助中心(工作站)40个;乡镇(街道)救助岗1026个,村(社区)救助点11131个。2013年,区县建有残疾人法律救助工作协调机构40个,救助站15个,残疾人法律援助中心(工作站)41个。2014年,残疾人法律救助工作站和法律援助中心(工作站)共办理案件1113件。

至2015年,全市建有残疾人法律救助工作协调机构27个,残疾人法律救助工作站27个,残疾人法律救助工作站办理案件221件。建有残疾人法律援助中心(工作站)41个,残疾人法律援助中心(工作站)办理案件709件,有力地推动了法律救助和法律援助工作。

第四节　法律服务与法律援助

法律援助主要形式有解答法律咨询,代拟法律文书,提供法律意见;刑事辩护和刑事代理;民事、行政诉讼代理;非诉讼法律事务代理。

2004年,全市为残疾人办理法律案件144件,案件补贴金额5.32万元。全市开展"扶残维权行动",残疾人获得赔偿或补偿351.82万元。

2007年,市残联与司法部门密切协作,开展法律援助工作,全年为3588名残疾人提供法律咨询和服务。

2010年,全面开展无障碍法律援助和法律服务工作,对建立法律援助工作站的区县每年给予不低于5000元的工作补贴。是年,建有残疾人法律援助服务站41个,设立维权示范岗234个,乡镇(街道)法律援助和服务岗共613个,发放法律援助服务卡15.6万张,为7194名残疾人提供法律服务。

市残联党组成员、副理事长彭美云接过残疾人送来的锦旗

涪陵区开展残疾人维权信访暨法律援助工作座谈会

2011年,为6876名残疾人提供法律服务,发放法律援助服务卡12万余张。2012年,全市已建成残疾人法律援助服务站41个,维权示范岗234个。发放法律援助服务卡11万余张,先后为4241名残疾人提供法律服务,及时维护残疾人的合法权益。是年1月1日起施行《重庆市残疾人保障条例》。配合市人大常委会对全市贯彻落实《中华人民共和国残疾人保障法》和《重庆市残疾人保障条例》情况开展执法检查,市政府出台《关于贯彻实施残疾人保障法律法规存在问题整改措施的纪要》,配套落实加快残疾人事业发展的相关政策措施。

2013年,发放残疾人法律援助服务卡1.5万余张,方便残疾人在合法权益受到侵害时就近申请法律援助。对残疾人申请的法律援助案件,启动调查核实程序。对经核实符合法律援助条件的,依法依规提供法律援助服务,为1125名残疾人提供法律援助。

2014年3月26日,《重庆市法律援助条例》经重庆市第四届人民代表大会常务委员会第八次会议通过,2014年5月1日起施行。是年,残疾人法律救助工作站和法律援助中心(工作站)共办理案件1113件。

2015年9月,市残联对《〈重庆市关于完善法律援助制度的实施意见〉(征求意见稿)》第二大部分"扩大法律援助覆盖面"中的第五条"完善经济困难证明制度"进行修改。2015年12月,残疾人法律救助工作站和法律援助中心(工作站)共办理案件930件。

第二章 参政议政

第一节 人大政协任职

2011年,市残联下发《关于在地方人大和政协换届中做好优秀残疾人及其亲属和残疾人工作者推荐工作的通知》,各级残联提高对残疾人参政议政工作的重视,做好优秀残疾人、残疾人亲友和残疾人工作者的推荐工作。争取党委政府支持,加强与当地组织部、统战部联系,争取他们的支持,配合当地人大、政协切实做好残疾人、残疾人亲友和残疾人工作者的推荐工作;争取使人大、政协中残疾人、残疾人亲友和残疾人工作者的数量比上届有较大突破,努力使推荐的人员整体素质有明显提升,在国家政治层面真正发挥应有的作用。

2014年,在福州召开的中国残联肢残人协会六届二次全委会上,重庆市肢残人傅强再次当选中国残联肢协脊髓损伤委员会副主任、中国残联肢协口足书画联谊会副会长。傅强是市残联主席团副主席、市肢残人协会主席、市残疾人企业家协会名誉会长、大渡口区残联副理事长。

表9-1 2013年换届后地方人大代表(残疾人或残疾事业工作者)统计表

姓名	级别(省、市、县人大代表)	人大职务	党派	类别	工作单位及职务	备注
易科	重庆市人大代表	无	中共	肢体	重庆市垫江县宇鹏林业开发有限公司	
熊昕	重庆市南川区人大代表	无	中共	工作者	南川区残联理事长	
杨明星	重庆市开县人大代表	无	中共	工作者	开县残联副理事长	
谭小红	重庆市渝北区人大代表	无	中共	肢体	渝北区统景镇政府副调研员	
袁成佑	重庆市潼南县人大代表	主席团成员	中共	工作者	潼南县残联党组书记	
全洪萍	重庆市潼南县人大代表	无	群众	肢体	潼南县双江街道居民	
杜贤利	重庆市渝中区人大代表	无	中共	工作者	渝中区双钢路社区党委书记、居委会主任	社区残协理事长

续表

姓名	级别（省、市、县人大代表）	人大职务	党派	类别	工作单位及职务	备注
鲜毅	重庆市渝中区人大代表	无	中共	工作者	渝中区人民村社区党委书记、居委会主任	社区残协理事长
邓显才	重庆市渝中区人大代表	无	中共	肢体	重庆三润才印刷设备制造有限公司总裁董事长	
王刚	重庆市渝中区人大代表	渝中区人大朝天门小组副组长	群众	听亲	渝中区新感觉服饰有限公司董事长	
胡显权	重庆市忠县人大代表	无	中共	工作者	忠县残联理事长	
唐遂良	重庆市大足区人大代表	无	群众	肢体	大足区顺华蔬菜基地	
赵锰	重庆市云阳县人大代表	无	中共	工作者	云阳县残联理事长	
黄晓静	重庆市长寿区人大代表	常委	中共	肢体	长寿区统计局副调研员	
湛广兵	重庆市长寿区人大代表	常委	中共	智亲	长寿区云集镇人大主席	
邹小平	重庆市长寿区人大代表	无	群众	肢体	长寿区长凤机械制造有限公司总经理	
张伶运	重庆市巫溪县人大代表	常委会副主任	中共	工作者	巫溪县人大常委会副主任兼残联理事长	
段贤彬	重庆市万州区人大代表	无	中共	工作者	万州区残联理事长	
易红	重庆市万州区人大代表	无	中共	肢体	万州区钟鼓楼街道玉安社区助残志愿者	
邓万虎	重庆市荣昌县人大代表	无	中共	精亲	荣昌县铜鼓镇万福桥社区支部书记	
姚武国	重庆市荣昌县人大代表	无	中共	肢体	荣昌县铜鼓镇刘骥村村委会主任	
诸成财	重庆市荣昌县人大代表	无	中共	肢体	荣昌县双河街道高丰村支部书记	
晏升富	重庆市荣昌县人大代表	无	中共	肢体	荣昌县双河街道大石堡社区支部书记	
林仕文	重庆市荣昌县人大代表	无	中共	智亲	荣昌县交委主任	
郭汝英	重庆市荣昌县人大代表	无	中共	精亲	荣昌县昌元街道许溪社区计生专干	
雷敏	重庆市荣昌县人大代表	无	中共	精亲	荣昌县昌元街道桂花社区居委主任	
黄平	重庆市武隆县人大代表	常委	中共	工作者	武隆县残联理事长	

续表

姓名	级别 (省、市、县人大代表)	人大职务	党派	类别	工作单位及职务	备注
周德波	重庆市武隆县人大代表	无	群众	肢体	自由职业者	
赖长明	重庆市江北区人大代表	常委	民革	工作者	江北区残联副理事长	
王仁海	重庆市璧山县人大代表	无	中共	视力	璧山县正兴镇团结村支部书记	
甘遐明	重庆市璧山县人大代表	无	中共	智亲	璧山县正兴塆塘村副主任	
吴德福	重庆市璧山县人大代表	无	中共	精亲	璧山县正兴镇太和社区支部书记	
唐毅	重庆市合川区人大代表	无	中共	肢体	合川区三汇唐家湾煤矿董事长	
刘劲	重庆市合川区人大代表	无	中共	工作者	合川区精神病医院副院长	
余恩来	重庆市涪陵区人大代表	常委	中共	工作者	涪陵区残联党组书记、理事长	
徐成礼	重庆市涪陵区人大代表	无	中共	肢体	涪陵区李渡街道垭口村支书记	
李玉兰	重庆市涪陵区人大代表	无	中共	肢亲	涪陵区敦仁街道太平街社区党委书记、主任	
张洪兵	重庆市垫江县人大代表	无	中共	肢体	垫江县白家镇鸿鹤社区党总支书记	
胡建英	重庆市垫江县人大代表	无	中共	工作者	垫江县周嘉镇残联理事长	
李国元	重庆市綦江区人大代表	无	中共	工作者	綦江区古南街道新山村主任	志愿者
陶荣霞	重庆市綦江区人大代表	无	中共	工作者	綦江区古南街道百步梯居委主任	志愿者
王敏	重庆市綦江区人大代表	无	中共	工作者	綦江区古南街道沱湾居委主任	志愿者
李雪珂	重庆市綦江区人大代表	无	中共	工作者	綦江区古南街道双桥居委书记	志愿者
陈燕华	重庆市綦江县人大代表	无	中共	工作者	綦江区东溪镇竹园村主任	志愿者
张厚明	重庆市綦江区人大代表	无	中共	工作者	綦江区东溪镇长堰村主任	志愿者
李明素	重庆市綦江区人大代表	无	中共	工作者	綦江区东溪镇第二社区主任	志愿者
张开中	重庆市綦江区人大代表	无	中共	工作者	綦江区东溪镇农建村书记	志愿者
张贞伦	重庆市綦江区人大代表	无	群众	工作者	綦江区石角镇石河村主任	志愿者
程碧开	重庆市綦江区人大代表	无	中共	工作者	綦江区石角镇福禄村会计	志愿者
岳子旭	重庆市綦江区人大代表	无	中共	工作者	綦江区永新镇保觉村计生干部	志愿者

续表

姓名	级别（省、市、县人大代表）	人大职务	党派	类别	工作单位及职务	备注
杨光辉	重庆市江津区人大代表	无	中共	肢体	江津区贾嗣镇民福村党委书记	
段亭艮	重庆市江津区人大代表	无	中共	聋亲	江津区德感篆山社区书记	
王礼	重庆市江津区人大代表	无	中共	智亲	江津区滨江新城指挥部主任	
袁焕芬	重庆市江津区人大代表	常委	中共	工作者	江津区残联理事长	
周玉华	重庆市江津区人大代表	无	中共	肢体	江津区永兴镇大塝村书记	
徐元祥	重庆市江津区人大代表	无	中共	肢体	江津区蔡家镇凤仪村书记	
梁昌金	重庆市江津区人大代表	无	群众	肢亲	江津区西湖镇百燕村村主任	
叶贻军	重庆市梁平县人大代表	无	中共	精亲	重庆市圣华建筑劳务公司董事长、总经理	
邓海燕	重庆市梁平县人大代表	无	中共	精亲	梁平县城北乡人大主席	
白兰新	重庆市梁平县人大代表	无	中共	肢体	梁平县人大退休干部	
石思学	重庆市梁平县人大代表	无	中共	肢体	梁平县虎城镇波漩村村主任	
向淑德	重庆市丰都县人大代表	无	群众	工作者	丰都县包鸾镇残联干部	
陈道河	重庆市石柱县人大代表	无	中共	智力	石柱县黎场乡天湾村支书	
彭广华	重庆市石柱县人大代表	无	中共	视力	石柱县六塘乡六塘村监理会监督员	
杜大惠	重庆市石柱县人大代表	无	中共	精亲	石柱县龙池村支部书记	
秦淑平	重庆市石柱县人大代表	无	群众	精亲	石柱县南宾镇横街社区居委委员	
黄晓荣	重庆市石柱县人大代表	无	群众	工作者	石柱县南宾镇灯盏村民委员	
冉从坤	重庆市石柱县人大代表	无	中共	肢亲	石柱县鱼池镇金竹村支部书记	
谭奇河	重庆市石柱县人大代表	无	中共	肢亲	石柱县鱼池镇团结村支部书记	
马培义	重庆市石柱县人大代表	无	中共	肢亲	石柱县鱼池镇山娇村支部书记	
彭贤俊	重庆市永川区人大代表	无	民建	肢体	重庆市昊天建材有限公司董事长	
林梅	重庆市永川区人大代表	无	中共	肢体、工作者	永川区残疾人联合会副理事长	
方炳超	重庆市永川区人大代表	无	中共	肢体	永川区朱沱镇大河村两泥坝村村支书	
刘维红	重庆市彭水县人大代表	无	中共	肢体	彭水县档案局副局长	

续表

姓名	级别 (省、市、县人大代表)	人大职务	党派	类别	工作单位及职务	备注
罗启辉	重庆市奉节县人大代表	无	中共	肢体	奉节县委常委、县委办公室主任	
吴云江	重庆市奉节县人大代表	法工委主任	中共	视亲	奉节县人大常委会法制工委主任	
孙术荣	重庆市奉节县人大代表	无	中共	精亲	奉节县公平镇居民	
曾凌文	重庆市奉节县人大代表	无	群众	肢亲	奉节县中医院副院长	
杨毅	重庆市奉节县人大代表	无	中共	肢亲	奉节县大树中心卫生院院长	

注:(1)换届后全市残疾人,残疾人亲友,残疾人工作者中市、区县人大代表共79名,其中市人大代表1名,区县人大代表78名;残疾人28名,残疾人亲友23名,残疾人工作者29名(其中永川区残联副理事长林梅既为残疾人又为工作者,分别重复进行统计)。(2)此表中的肢亲、视亲、听亲、智亲、聋亲、精亲是指相应的亲友协会。

至2015年,全市有残疾人、残疾人亲友、残疾人工作者中区县人大代表共62名;全市有残疾人,残疾人亲友,残疾人工作者中市、区县政协委员共95名,其中市政协委员1名,区县政协委员94名。

第二节　议提案提交及办理

2006年,办理人大代表,政协委员关于残疾人工作的议案、建议、提案5件。2007年,加强与人大代表、政协委员的沟通联系,回复办理关于残疾人事业发展的议案、建议和提案8件。2009年,办理人大代表,政协委员有关残疾人的建议、提案3件。2010年,收到“两会”代表建议5件,主办3件(其中1件已申请改办),协办2件;政协提案7件,主办3件(其中1件已申请改办),协办4件。涉及内容主要是:残疾人法制建议2件(相同内容,代表建议、政协提案各1件)、盲人就业1件,出行乘车1件,残疾人特殊教育4件;残疾人社会保障2件;残疾人康复1件。

2014年,市残联协助市人大常委会代表提出议案、建议2件,协助政协委员提出提案5件;办理人大、政协的意见和提案共11件。区县残联协助区县人大代表提出议案、建议17件,协助政协委员提出提案39件;办理人大、政协的意见和提案共38件。

2015年,全年重庆市、区(县)两级残联共协助人大代表,政协委员提出建议、提案63件;办理议案、建议、提案42件。

第三章 无障碍环境建设

第一节 设施无障碍

1999年5月16日，市人大常委会内务司法委、市法制办、市建委、市规划局、市残联等部门领导对重庆市无障碍设施建设进行检查。发现重庆市普遍对无障碍设施建设意识不强、重视不够、监督不严，许多新建改建的城市道路和公共建筑物没有按照规范要求进行无障碍设施建设设计与施工。

2000年，按照《方便残疾人使用城市道路和建筑物设计规范》，梁平县在县城新建双桂路、石马路和改建的梁山路人行道实行无障碍设计和建设。两条长1500米、宽0.5米、面积1500平方米的米黄色盲道竣工并投入使用，这条盲道的建成结束了重庆市没有盲道的历史。

2001年，市建委、市残联向市政府请示，将《重庆市无障碍设施建设管理规定》纳入2001年市政府立法计划。2002年，完成《重庆市无障碍设施管理规定》规章草案的拟定和立法申报工作，市政府已将《重庆市无障碍设施管理规定》列入年度法规立法计划。市残联制定下发《重庆市残联系统法制宣传教育第四个五年计划》，围绕有关政策法规的出台，协调报社、电台媒体宣传或讲解有关保障残疾人合法权益法规、规章的内容和事例以及对违法行为处理的案例，组织普法专题报道。

2004年，全市建成盲道近12万米，盲人坡道717个。在公交车车站、人行天桥和人行横道安装过街音响30处。

家庭无障碍设施建设

2005年,无障碍设施建设取得新进展,南岸区全面开展无障碍设施建设工作,成立以分管区长为组长,建设、市政、民政、老龄、残联等区级部门负责人为成员的无障碍设施建设和管理领导小组,制定《南岸区城市无障碍设施建设和使用管理办法》《南岸区城市无障碍设施建设(2005—2010)》和《关于加强城市道路和建筑物无障碍设施建设的通知》,将无障碍设施建设纳入依法、依政管理,在全市率先开展无障碍设施建设。是年,重庆市举办首届"创建无障碍医院"国际论坛,美、日、俄等国的专家学者及中华医院管理学会、北京大学医学部及部分省市医院、重庆社会各界代表参加会议,学习交流创建无障碍医院的先进理念。

在公共交通无障碍建设与改造方面,重庆江北国际机场经过两年的无障碍建设及改造,拥有包括室外坡道、室内电梯、盲道、扶手等较完备的无障碍设施,其中无障碍登机桥18部、无障碍卫生间18个、无障碍候机室2间、无障碍电梯6部、低位电话13部、无障碍停车位6个、无障碍售票和值机柜台各1个、无障碍服务轮椅45个。轨道交通2号线在有条件的车站设置残疾人电梯等无障碍设施。1、3、6号线均按照技术标准设置盲道、无障碍电梯、无障碍专用公共卫生间、楼梯台阶及扶手等无障碍设施。2006年10月,启用的重庆龙头寺火车北站无障碍设施主要包括4个站台上均设有盲道,售票厅设有重点旅客购票窗口、残疾人无障碍通道,站台为高站台与列车车门平行,出站地道设置有无障碍坡道。1952年正式运营的重庆菜园坝火车站经过无障碍改造,无障碍设施主要包括4个站台上均设有盲道,售票厅设有重点旅客购票窗口,4个站台出口与广场平行,重点旅客候车室设在与站台、广场平行的底层。已投入使用的6个公交站场、7个班线汽车站中,新建无障碍设施22处、改建无障碍设施10处,主要包括无障碍专用购票窗口22个、语音服务器77个、专用扶梯6部、残疾人通道10个、安全扶手7个、指示牌89块、无障碍厕位4个、残疾旅客休息室4间、轮椅4把、车站售票厅出口与停车场平行。新投入运营的5447台公交客车均设置"语音服务"和"老弱病残孕专椅",残疾军人、70岁及以上老人等优待群体免费乘坐公交车的政策已落实到位。朝天门客运码头无障碍设施改造主要增设了无障碍厕位、低位售票口、电动缆车、公共场所语音服务及重点旅客专项服务,"凯蒂""凯娜""世纪辉煌""世纪天子"和"世纪钻石"5艘豪华游船均单独配置一个残疾人专用房间及无障碍专用电梯。

无障碍环境建设

在公共服务无障碍建设与改造方面，医疗机构中实施无障碍改造的项目共42项，总建筑面积达23.1万平方米，资金投入共2702.6万元，改造设置无障碍坡道、专用电梯、安全扶手、残疾人专用卫生间等。全市大部分新建门诊部、住院部等主要建筑及部分既有医院建筑配置电梯、无障碍通道、安全扶手、残疾人厕所等无障碍设施。重庆市第三人民医院于2002年在国内率先将“无障碍”理念引入医院建筑和卫生服务中，在通行、沟通、心理、行为、管理等方面创建“无障碍医院”。重庆图书馆、重庆三峡博物馆、歌乐山陈列馆、红岩革命纪念馆、红岩魂广场、南岸艺术中心、重庆大剧院、国泰艺术中心、重庆自然博物馆、川剧艺术中心以及部分区县图书馆和文化馆无障碍建设率达到100%。改造杂技团排演厅、曲艺场排演厅、话剧团排演厅、川剧院排演厅、歌剧院排演厅、沙坪坝剧场、重庆市少儿图书馆以及部分区县图书馆和文化馆15余个项目，无障碍建设率达60%，综合无障碍设施率达83%。高校及主城区中小学在新建或改扩建教学楼、图书馆等过程中，新建或改扩建轮椅坡道96条，安装直升电梯29部，修建无障碍厕所205个，部分场所增设无障碍警示标志、修建盲道等。特别是入驻大学城的高校严格按照无障碍建设标准进行建设。9家五星级饭店、43家四星级饭店、107家三星级饭店均在门厅及主要公共区域设有残疾人坡道，配备轮椅，设置残疾人专用卫生间或厕位，能为残疾人提供必要的服务，其中全部五星级饭店及三分之一的四星级饭店设置“残疾人客房”和“电梯内有方便残疾人使用的按键”。银行营业机构对建筑物出入口坡化处理的机构42个，无障碍卫生间的机构13个，停车场设置无障碍停车位的机构13个，显著醒目位置设有无障碍标志的机构16个，设有低位服务台276个，设有0.8米的低位窗口425个。通过对13处公园入口无障碍坡化改造，配置28个无障碍卫生间等措施，23座室外公共厕所设置坡道、残疾人厕位、低位洗手盆等无障碍设施，主城区公园景点残疾人无障碍率在70%以上。

在老年人福利设施和残疾人综合服务设施无障碍建设与改造方面，全市有城镇老年福利机构180个，无障碍通道8万余米，扶手25万余米，80%以上的老年福利服务和残疾人福利服务机构安装无障碍卫生间，部分老年福利机构设有无障碍专用电梯或升降平台，60%以上设有无障碍通道。建成残疾人综合服务设施43个，设置坡道、无障碍厕所、无障碍电梯、盲道、电子显示屏等。有条件的残疾人家庭开始进行无障碍改造。

在居住小区和城市道路无障碍建设与改造方面，加大居住小区和城市道路无障碍建设与改造力度。全市危旧房改造面积达1149万平方米，改扩建城市道路约783.96千米，增设无障碍盲道约1332.73千米，改造过街系统超过60处，改造缘石坡道超过1000处，设置过街音响信号装置的城市道路共18条，共76套。

2007年，中国残疾人福利基金会、中国互联网协会等机构在重庆举办信息无障碍论坛会议，中国联通、中国移动等单位开通聋人手机短信平台，中国电信、联通、移动重庆公司把江北观音桥，渝中区上清寺中国电信营业厅，大渡口区中国香港城中国移动营业厅，高新区中国联通营业厅建成无障碍示范营业厅。是年12月17日—18日，第四届中国信息无障碍论坛在重庆举办。联合国教科文组织信息传播助理总干事可汗，18个国家、地区的代表，国内相关部委、部分省市残联和重庆市有关领导共294人出席论坛。

2008年,推动全国无障碍设施城市创建工作,逐步完善无障碍设施建设。2009年12月,为让残疾人、老年人与全市人民一道共享重庆建设成果,市政府在即将增加的1350辆出租车指标中,解决了200辆无障碍出租车指标,由市残疾人福利基金会牵头,动员爱心企业筹集资金,组建无障碍出租车公司,重庆市残疾人福利基金会依法以部分原始基金参股,项目按照相关法律法规进行市场运作。市残疾人福利基金会参股部分的收益全部用于残疾人福利事业。无障碍出租车公司的管理和服务人员以残疾人为主,优先招聘有意愿及有资质驾驶出租车的残疾人或残疾人的直系亲属,帮助残疾人就业,解决他们的家庭生活问题。是年,举办"创建无障碍医院"国际论坛。

信息无障碍工程研发中心在重庆邮电大学挂牌成立

2010年6月11—13日,全国政协副主席、中国残联名誉主席邓朴方在重庆视察时强调城市建设和发展要加强无障碍建设。由市建委、市民政局、市老龄办、残联等部门成立全市城市无障碍建设联席会议协调领导小组,办公室设在市建委。初步形成建设、规划、市政、民政、交通、铁道、发展改革、民航、公安、教育、宣传、信息、文化广电、旅游、商业、卫生、银监、残联、老龄等部门各司其职、密切协作、全社会参与的工作机制,主城各区政府也成立相应的领导机构。由建筑、结构等10个专委会共513名成员组成建设工程勘察设计咨询专家委员会。全市新建、改建和扩建工程无障碍建设,须严格执行《城市道路和建筑物无障碍设计规范》(JGJ50—2001)和《老年人建筑设计规范》(JGJ122—99)、《特殊教育学校建筑设计规范》《民用机场旅客航站区无障碍设施配置标准》等规范,不得人为降低无障碍建设标准。开展专业技术培训,将无障碍建设纳入注册建筑师执业继续教育内容之中,对设计、施工图审查、质量监督等相关人员进行专业技术培训。是年10月27日,全国首个"信息无障碍工程研发中心"在重庆邮电大学挂牌成立。由中国残联与工业信息化部联合支持设立,这是重庆邮电大学充分发挥信息科学优势,拓展科学研究领域,切实履行社会服务职能的又一具体举措。中国残联副理事长吕世明等领导出席仪式。

2011年,重庆市被住建部、民政部、全国老龄办、中国残联评为全国无障碍建设先进城市。市委市政府《关于促进残疾人事业发展的意见》明确要求加快推进与残疾人日常生活密切相关的住宅、社区、学校、福利机构、公共交通、公共服务场所等无障碍设施的建设和改造。有条件的地方要对贫困残疾人家庭住宅无障碍改造提供资助。根据国务院批转的《中国残疾人事业"十二五"发展纲要》,2011—2015年,中央财政安排专项彩票公益金,支持各地实施贫困残疾人家庭无障碍改造项目,每年为省(区、市)1.6万户贫困残疾人家庭无障碍改造提供补助。每户无障碍改造标准不低于6000元，其中中央补助资金3500元，地方匹配资金不低于2500元。2011年市残联下发《重庆市贫困残疾人家庭无障碍改造项目实施方案》的通知计划，2011—2015年对全市5000户贫困残疾人家庭实施无障碍改造。贫困残疾人家庭无障碍改造对象为城乡有重庆市户籍的持有中华人民共和国残疾人证、急需改造的贫困残疾人家庭。残疾人居家康复托养户(点、站)，实施前需单独向市残联申报。改造要求包括室内地面平整防滑及坡化处理、呼叫器、门铃等；厨房低位灶台、盲人家庭灶台安装煤气泄漏报警装置、房门改造等；卫生间房门改造、坐便器改造等；卧室沿墙及床头扶手、卫生间扶手或抓杆(洗手池扶手、坐便器扶手、淋浴扶手)、浴凳及改善残疾人卫生条件的其他设施等。市残联按每户平均1000元的标准下拨经费，区县(自治县)每户匹配资金不低于1000元，每户经费中包括工作经费100元，用于筛查、建立数据库。是年，在公共交通车321线路启动25台车的盲人语音导向系统，开公交无障碍建设工作之先河。创建渝中区、大渡口区、永川区23个视障阅览室示范点。

2012年6月28日，国务院总理温家宝签署国务院令，颁布《无障碍环境建设条例》，自2012年8月1日起施行。条例在无障碍设施建设、无障碍信息交流、无障碍社区服务、法律责任等方面做出规定。是年6月，重庆市建委发出通知，要求认真执行无障碍设计规范。全市无障碍设施建设开始起步。在新建、改建和扩建的公共建筑、住宅小区、城市道路中建设一些无障碍设施。"十一五"市建委、规划局等十三部门制定《重庆市无障碍建设"十一五"实施方案》。是年，市残联下发《关于实施2012年贫困残疾人家庭无障碍改造项目的通知》，要求实施项目区县在2012年3月30日前完成摸底调查；4月底前确定实施残疾人家庭无障碍改造户数。5—6月底前完成改造任务的50%，8月底前完成改造任务，9月初提交项目实施总结，9月中旬市残联组织检查验收。全市完成残疾人家庭无障碍改造4927户。是年，市残联下发《关于在公共图书馆建立视障阅览室的通知》，选择10个区县在当地公共图书馆建立视障阅览室，通过检查，全部验收合格。2012—2015年，全市共建立公共图书馆视障阅览室36个。

2013年，启动《重庆市无障碍环境建设和管理规定》，纳入全市行政立法项目，完成2500户残疾人家庭无障碍改造工程。各区县均已落实残疾人优惠乘车规定。

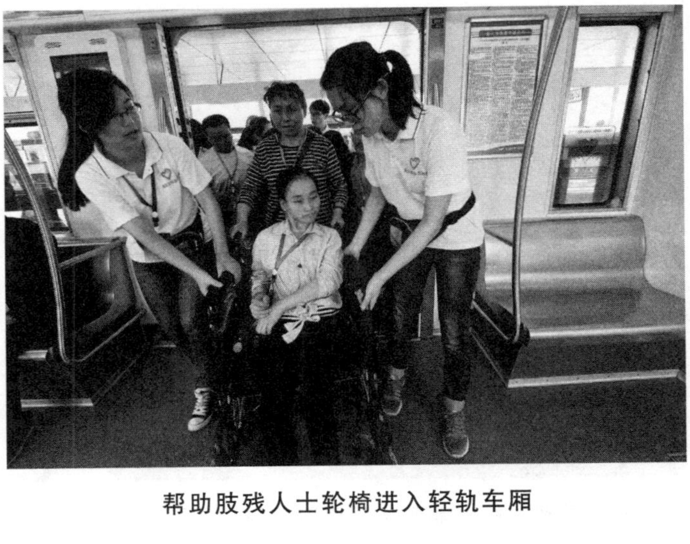
帮助肢残人士轮椅进入轻轨车厢

2014年，将《重庆市无障碍环境建设和管理规定》纳入全市行政立法项目，启动立法程序。是年10月，市残联下发《重庆市残疾人联合会关于加强和完善残联系统无障碍环境建设的通知》。市残联党组研究，决定对全市残联系统为残疾人服务的有关机构进行梳理检查,推进无障碍建设工作。各区县残联要加大对机关办公大楼、残疾人服务机构等场所无障碍环境建设进行检查和完善,为残疾人创造良好的无障碍环境。全市新建、扩建、改建的残联机关及残疾人服务机构等场所应实现无障碍化,符合建设部、民政部、中国残联联合颁发的《城市道路和建筑物障碍涉及规范》(JGJ50—2001)、《残疾人综合服务设施无障碍标准》等技术要求。已建的残联办公机关、残疾人服务机构等场所,应对现有的无障碍环境建设加以规范和完善,道路应满足坐轮椅者、拄拐杖者通行和方便视力残疾人通行,建筑物应考虑出入口、地面、电梯、扶手、厕所、房间、柜台等方便残疾人可使用的相应设施和方便残疾人通行等。信息和交流的无障碍主要有盲文、手语、语音提示、文字提示和其他辅助设备,视力残疾人和听力残疾人无障碍获得信息,方便交流,保障残疾人走出家门,参与社会生活的权益。各区县残联按照通知要求开展自查。对自查出的无障碍环境不符合标准的进行整改和完善。各区县残联统计无障碍改造情况及所用资金,上报市残联,以便市残联向社会公布,接受社会和媒体的监督。全年,为2600户贫困残疾人家庭进行无障碍改造。

2015年,全市已建立有效的社会监督及技术服务机制,为2600户残疾人家庭实施无障碍改造,贫困残疾人家庭实施无障碍改造1.43万户。“十二五”期间,对城市道路及人行横道各种路口改造率为75%,中心区域改造达85%;道路人行天桥和人行地道安全梯道、轮椅坡道或无障碍电梯改造率超过55%;无障碍标志牌设置改造率为75%;对医院、公园、高速公路服务区等场所的无障碍改造率为60%;饭店、电信、展览馆、高等院校等地改造率为55%;文化馆、展览馆、体育场等公共场所改造率为65%;中小学、托幼建筑无障碍改造率为30%。共投入资金3500万元,为1.5万户残疾人家庭实施无障碍改造。

第二节　信息和交流无障碍

市残联副巡视员郝建新调研基层残疾人信息化工作

2003年,为进一步推进残疾人信息交流无障碍工作,在办好电视台开播的电视手语新闻栏目“有线周刊”的同时,在各区县(市)推广电视手语节目,永川、涪陵在第十三次“全国助残日”前开播手语电视节目,中国残联对重庆在基层电视台推广手语节目给予肯定,纳入2003年5月19日《人民日报》刊发的“非常关爱——第十三次全国助残日活动纪实”文章中。

2008年5月14日,围绕世界电信

和信息社会日“让信息通信技术惠及残疾人”的主题，重庆通信管理局和市残联在中国电信江北观音桥营业厅外的广场上举行了信息无障碍示范营业厅启动授牌仪式。为开展方便残疾人服务的中国电信观音桥无障碍示范营业厅、渝中区上清寺中国电信营业厅、大渡口区中国香港城中国移动营业厅、高新区中国联通营业厅授牌。同时中国电信、中国移动和中国联通还向市残疾人捐赠录音电话、手机等，促进了信息通信行业关注和支持残疾人事业，让残疾人共享信息通信技术发展的成果。

至2010年，全市40个区县残联网站均设置盲文版，盲人可以方便获取信息。重庆市拍摄制作的影视剧画面中均配有字幕。重庆电视台在英语新闻中设有手语节目。在重庆图书馆等公共场所专门开辟视障阅览空间，提供盲文教材、医学、文学等书籍及盲人有声读物，同时配备专业服务人员和设备器材，为盲人朋友提供一个学习交流的场所。在重庆市少年儿童图书馆等地开展残疾儿童服务活动，通过阅览、讲解、游戏等手段，引导残疾儿童健康成长。

2011年，为加大各地盲文及盲人有声读物阅览室建立的力度，普及和提高对盲人文化需求的服务，市残联决定建立3个市级盲文及盲人有声读物阅览室（即视障阅览室）示范点，以点带面，以后逐年扩大建设范围，促进实现各区县（自治县）公共图书馆设立盲文及盲人有声读物阅览室的目标。根据中共中央政治局常委李长春关于“要依托全国各级公共图书馆建立完善盲人阅览室”的指示精神，各地盲文及盲人有声读物阅览室应设立于区县级公共图书馆内。视障阅览室日常管理由区县公共图书馆负责，区县残联负责指导协调。服务方式可采取残疾人直接到阅览室阅读或借阅，同时开展送书上门（志愿者服务）和在阅览室开展文化活动等。盲文及盲人有声读物阅览室面积在30平方米以上，配有书架、桌椅、饮水机、盲文手写工具（盲文专用纸和笔）等。主要设备有盲人应用软件的电脑、收录机、电视机、CD机或VCD机、耳机、低视力放大阅读器、盲文电子摸读机、普通或盲文打印机等。储备多种读物，包括磁带、光盘、盲文书籍、杂志和大字本图书等。在盲文及盲人有声读物阅览室应该设有无障碍设施。2012年，市残联研究决定在全市各区县（自治县）残联及北部新区残联办事处开办盲人“空中课堂”，并配送一台专用电脑，供盲人朋友“空中课堂”学习使用。市残联2013年创建15个视障阅览室。2014年，在11个区县创建视障阅览室，实现全覆盖。

至2015年12月，重庆市、区县（自治县）两级有无障碍建设领导协调组织32个。颁布无障碍建设与管理法规、政府令9个。开展无障碍建设市、县有38个。开展贫困残疾人家庭无障碍改造4562户，无障碍建设检查141次，无障碍培训1834人次。

第四章　残疾人驾驶

第一节　机动轮椅车燃油补贴

残疾人机动轮椅车燃油补贴是国家燃油税改革后,针对残疾人这一特殊群体出台的一项优惠政策,是完善残疾人社会保障、改善残疾人民生、维护残疾人权益的一项重要举措。

残疾人代步车

2010年,市残联、市财政局联合转发财政部、中国残联《关于残疾人机动轮椅车燃油补贴》通知。明确残疾人机动轮椅车燃油补贴对象为城乡残疾人机动轮椅车车主。车主必须持有中华人民共和国残疾人证(第二代)和购买机动轮椅车发票复印件、符合驾驶机动轮椅车身体条件的下肢残疾人。重庆启动该项工作。

残疾人机动轮椅车燃油补贴工作由各级财政部门和残疾人联合会共同负责。市财政局,市残联负责统计、核实、汇总、上报全市残疾人机动轮椅车数量。市残联提出补贴资金的分配建议,市财政局负责审核下达补贴资金。各区县(自治县)财政局和残疾人联合会负责制定本辖区燃油补贴的具体实施方案,负责本辖区补贴对象的审核,并组织开展数据统计、汇总、上报、归档以及补贴资金核拨、发放、管理工作。

市财政局、市残联下发《关于残疾人机动轮椅车燃油补贴的补充通知》,完善申请审核登记表,启用《重庆市残疾人机动轮椅车燃油补贴申请审核登记表》。原《重庆市残疾人联合会关于转发〈财政部、中国残疾人联合会关于残疾人机动轮椅车燃油补贴的通知〉的通知》不再使用。区县(自治县)残联要建立残疾人机动轮椅车燃油补贴工作档案。内容包括燃油补贴申请审批登记表、身份证复印件、残疾人证复印件、机动轮椅车照片(5寸)、购车凭证复印件、补贴发放记录等。2009—2010年度分别填写《重庆市残疾人机动轮椅车燃油补贴申请审核登记表》。区县残联要免费为符合条件的残疾人开设银行账户，在收到补贴资金申请后30日内，通过银行一次性发放补贴款。可选择区（县）残联开户行或愿意为残疾人提供便利的金融机构，发放燃油补贴。各级残联不得向申请燃油补贴的残疾人收取任何费用，并免费为贫困残疾人提供复印等服务。下肢残疾人确有机动轮椅车，但购买机动轮椅车发票、收据遗失，由下肢残疾人所在乡镇（街道）残联调查核实后，为其出具证明，报所在区县残联核准。防止冒领补贴，一旦发现将取消冒领人补贴资格，并且以后不再对冒领人员进行补贴。

2012年，根据中国残联《关于报送2011年残疾人机动轮椅车燃油补贴发放情况及2012年补贴申报的通知》的精神，按照财政部、中国残联《关于残疾人机动轮椅车燃油补贴的通知》和《关于下达2011年残疾人事业补助资金的通知》的要求，市财政局和市残联多次会商和摸底调查，制定机动轮椅车燃油补贴工作的实施方案。全市2011年残疾人机动轮椅车燃油领取补贴3723人；2012年申报补贴预计人数4000人，实际发放3988人，补贴金额103.69万元。

2015年，重庆市残疾人机动轮椅车燃油补贴标准为每车每年260元，全年共补贴机动轮椅车4269辆，补贴经费110.99万元。2011—2015年，为2.05万人次发放残疾人机动轮椅车燃油补贴，累计补贴金额533.05万元。

表9-2　2011—2015年重庆残疾人机动轮椅车燃油补贴统计表

年份	车辆数	补贴标准 260元/辆	补贴金额 （万元）
2011年	3723	260	96.80
2012年	3988	260	103.69
2013年	4258	260	110.71
2014年	4264	260	110.86
2015年	4269	260	110.99

第二节　C5驾照申领补贴

1997年，市公安交通管理局、市残联联合发文，对残疾人专用车入户和办理残疾人驾驶证进行规范管理，并免收牌证费。

2001年，重庆市启用、换发新的残疾人专用驾驶证及代步专用车牌证。新的残疾人代步专用车号牌大小与摩托车号牌相同，颜色为白底红字，号牌实行分区域管理。

规范残疾人合法驾驶汽车，公安部下发《机动车驾驶证申领和使用规定》，允许右下肢、双下肢残疾人申领C5驾驶执照。中国残联、工业和信息化部、公安部、交通运输部、卫生部、国家工商总局、国家质检总局联合转发《关于切实做好残疾人驾驶汽车相关工作的通知》,市残联、市公安局、市交委等部门《转发关于切实做好残疾人驾驶汽车相关工作的通知》,对残疾人参加驾驶汽车培训提出具体实施意见。为切实做好残疾人驾驶汽车工作,经市残联研究,就残疾人参加驾驶汽车培训,并取得C5驾驶证的残疾人给予培训补贴。

2010年5月14日,市残联、市经信委、市公安局、市交委、市卫生局、市工商行政管理局、市质监局联合印发《关于切实做好残疾人驾驶汽车相关工作的通知》。9月7日,重庆首个残疾人机动车培训(C5)开班仪式在重庆景通驾校训练基地举行。对参加驾驶汽车培训,并取得C5驾驶执照的残疾人,给予一次性培训补贴1000元。补贴时间从2010年4月1日—2018年12月31日。补贴标准经区县残联审查核准的残疾人补贴为1000元/人,由区县残联直接发放。

残疾人学习驾驶汽车培训的补贴经费,由市残联和各区县(自治县)残联共同承担。市残联承担30%,区县残联承担70%。补贴经费在残保金中列支。市残联每年年底对区县上报残疾人驾驶汽车培训取得C5驾驶证的人数、补贴金额审核后,分别拨付各区县。落实专人负责,坚持原则,严格把关。任何组织、个人不得以任何形式虚报、冒领。违者将追究有关负责人和当事人责任。市残联将会同有关部门对此项工作进行随机和年度检查,重点检查审核程序、资料收集、经费发放和驾驶工作开展情况。

2011年,市级残保金安排"残疾人C5驾驶培训补贴项目"共计21万元。全市共需补贴319人,市残联应补贴95700元。因拨付补贴资金规定,实际拨付补贴资金113000元,多拨付补贴资金17300元。

2012年,重庆市残疾人C5驾驶培训补贴294人,补贴金额9.4万元。

2013年,市级残保金共安排"残疾人C5驾驶培训补贴项目"12万元。经各区县残联核审、汇总上报,全市共补贴188人,补贴资金5.64万元。

2014—2015年,继续做好燃油补贴发放工作,全市两年分别为4264名、4269名残疾人发放燃油补贴款。2015年,为1245名取得C5驾驶证的残疾人发放培训补贴资金124.5万元。

第三节　路桥费减免

为维护和保障残疾人的出行权益,帮助残疾人参与社会生活、融入社会,共享社会物质文明发展成果,重庆市从2014年1月1日开始,减免持有C2及C5驾驶执照的下肢残疾人所驾车辆的重庆境内路桥通行费。

减免范围为具有重庆市户籍,持有中华人民共和国残疾人证(第二代),经汽车驾驶培训取得中华人民共和国C2或C5驾驶证的下肢残疾人所购买的车辆(行驶证与驾驶证上所载姓名必须一致)。路桥通行费减免手续从2014年1月1日起开始办理,车主可在每年机动车辆年审月份之前申请。

落实残疾人乘坐公共交通工具优惠政策

符合申请对象的下肢残疾人，根据本人车辆路桥通行费年审月份，至少提前1个月申报，每个残疾证仅限办理一辆免费车。对于新上户的车辆，车主应在选定车牌号码后，持本人身份证、残疾证、驾驶证、受理凭证于当日到区残联申报，市、区残联在当日完成审核，并设立专门的办理地点。

2014年2月10日，市残联、市市政管理委员会联合印发《关于减免下肢残疾人车辆路桥通行费的通知》。推出专门针对残疾人的“爱心通”优惠套餐，已有500余名残疾人得到实惠。开展下肢残疾人路桥费的减免工作，享受路桥费减免的残疾人共有867人。

2015年，实施残疾人路桥费减免政策，共新办281名、续办383名残疾人的路桥费减免手续。下肢残疾人减免路桥年费政策得到突破，累计为2407台(次)残疾人代步小汽车减免路桥通行年费，减免金额554万元。

第五章　信访稳定

维护残疾人合法权益是残疾人事业的核心工作之一。信访工作作为残疾人维权工作的重要组成部分，是直面接触残疾人，听取残疾人呼声，了解残疾人疾苦的重要渠道；是帮助解决残疾人实际困难，引导教育残疾人的重要手段；是残联组织履行“代表、服务、管理”职能的具体体现；是密切残联组织和广大残疾人之间血肉联系的重要窗口。做好残疾人信访工作，对于推动残疾人事业持续健康发展，保障残疾人合法权益，维护社会稳定大局具有重要意义。

第一节　信访工作

残疾人信访工作是政府和残联接近群众、了解情况的重要窗口，配备专职干部，建立受理、登记、承办、督办和分类统计、归档等信访工作制度。在信访工作中，本着为政府分忧、为残疾人排忧解难的原则,把经济发展、社会稳定和为残疾人服务统一起来,做到突发事件的防范和及时处理。

1985年,全市共处理来信8322件,接待来访722人次,共计9044件(次)。1986年,处理来信1.05万件,接待来访1138人次,共计1.16万件(次)。1989年,残联就信访工作建立部门负责和专人管理工作制度。处理信访268件(次),其中来信162件,来访106人次,信访处理率为100%。在残疾青年入学难的问题上,本着维护残疾人合法权益的精神,向市委市政府及新闻部门反映,同时,向教育部门呼吁,重庆市五名高考上线残疾考生均被录取。1989—1991年6月,共受理来信来访1236件(次),其中来信508件,来访728人次。做到件件有交代,事事有回信,不留空白点。此举赢得了广大残疾人的信赖。1993年,处理来信来访3323件,其中市残联办理305件,协调处理残疾人与政府部门之间的矛盾,为三个稳定做出贡献。

1994年,全市共接待上访4318人次,处理来信709件。1995年,共接待上访和处理来信3680人(次、件),其中市残联直接处理来信13件,来访106人次,参与处理重大突发事件4次。

1993—1997年,全市共处理来访2127人次,来信9127件。43个区(市)县及有关部门依照《中华人民共和国残疾人保障法》,制定减免义务工、劳动积累工、农业税、统筹费、集体提留等优惠政策。1998年,共接待来访来信360人(次、件),其中来信236件,来访124人次。

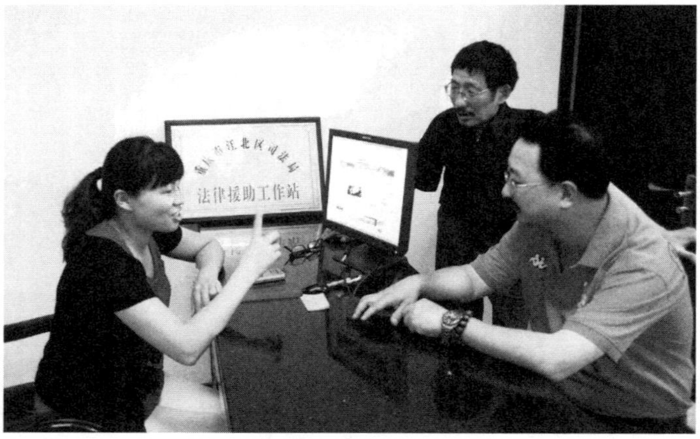

为残疾人提供法律援助,帮助残疾人解决法律难题

2001年,共接待残疾人来访2043人次,处理来信214件。2002年,处理来信132件,接待残疾人来访235人次,处置集体上访17次797人次,处置率100%,会同有关部门妥善处理"9·9"南岸区残疾人集体上访事件。2003年,市残联处理来信143件,接待残疾人来访167次,处置集体上访8次、269人。2004年,实行理事长接待日制度、领导阅批来信制度、定期召开残疾人座谈会制度、信访登记分析制度和维权信息互通制度,注重综合治理,坚持归口管理。市残联全年共处理来信89件,接待来访280余人次。处置集体上访1次(涉及70人)。2005年,市残联处理来信63件,接待来访85人次,解答政策咨询1920人次。

2006年,全市接受来信4707件;个人来访16371人次,集体来访34批次、376人次。2007年,全市接受来信862件;个人来访4929人次,集体来访2批次、68人次。2008年,市残联受理残疾人来信42件次,来访62人次。2009年,市残联处理来信来访共101人次。受理残疾人网上信访案件190件。2010年,市残联贯彻落实《市委市政府关于推动干部下访群众制度化的决定》《市残联关于印发深化干部下访为民办实事解难题相关制度的通知》文件精神和党的群众路线教育实践活动要求,创新残疾人工作服务方式和残疾人维权模式,在全市残联系统试行残疾人信访代理制度。建立信访代理机构和信息员、代理员队伍是做好信访代理工作的基础和保障。各区县残联建立代理工作机构，组建代理人员队伍，确保代理工作有人办事、有机构理事。依托残联系统组织架构，区县建立残疾人信访代理服务中心，由残联理事长任主任，分管理事长任副主任，有关业务科室负责人为成员；乡镇（街道）建立残疾人信访代理服务站，由乡镇（街道）理事长任站长。争取党委政府支持，将残疾人信访代理机构和人员纳入同级综治工作、群众工作、信访工作机构和人员之中，推荐残联干部进入各级人民调解委员会，推动残疾人维权融入维稳工作、群众工作大局，共同做好残疾人信访稳定工作。

以区县残联干部、乡镇（街道）残联理事长、乡镇（街道）优秀助残志愿者为主体，建立区县、乡镇（街道）残疾人信访代理员队伍，分级履行代理职责。同时，为更好更全面地收集残疾人诉求，畅通和拓宽残疾人诉求反映渠道，在村（社区）以残协成员、康复示范社区协调员、残疾人大户和基地负责人、助残志愿者、专职委员等骨干为主体，建立信访信息员队伍，负责基层残疾人诉求的日常收集工作。原则上农村以社（组）或院落为单元、城市以小区、楼宇（单元）配备信息员，实现信息员联系住户全覆盖。信息员的工作职责是定期走访群众，收集了解残疾人信访动态和信访诉求；建立健全信访信息台账，及时向代理员反映信访信息和残疾人信访诉求；调处涉残矛盾纠纷，努力化解影响稳定的苗头隐患；配合协助信访代理员处理代办事项；参与宣传解释、思想疏导、教育批评和稳控工作。代理员的工作职责是掌握工作范围内的残疾人信访动态；判定并接受代理的信访事项，代替或陪同残疾人向信访事项处理责任部门咨询、反映和了解问题的处理和解决进展情况；向残疾人诉求主管职能部门反映信访人情况，提出工作建议和要求；做好宣传解释、教育批评、思想疏导和稳控工作。

助残志愿者为残障朋友解说

代理工作的重点是及时了解民情，调解矛盾纠纷；宣传法律政策，给予人文关怀；畅通诉求渠道，督促事项办理；引导依法上访，代办合理诉求。各地要结合实际，积极探索和完善各类行之有效的代理工作方式。全年市残联处理来信来访121人件（次）。信访转办结案率100%，自办结案率97%。

2011年，按照市委8号文件要求，市残联开展干部下访群众工作成立群众工作联席会议，由党组成员、副理事长彭美云任第一召集人，各部室主任为联席会议成员。联席会议下设办公室在维权信访部，负责干部下访群众的日常性工作。各区县设置信访维权室，负责本地区的干部下访群众工作。市残联群众工作办公室明确3名专职人员，各区县残联均配备1~2名专职人员负责干部下访群众工作，并落实工作经费，自上而下地实现“有机构理事、有人办事”的工作目标。坚持公开接访制度,按照访前公示、定点接访的要求,理事会领导坚持轮流到信访接待室公开“坐诊”接待上访残疾人群众,现场处理上访问题,保证上访残疾人问题有人听、诉求有人管。坚持定期走访制度,市残联党组、理事会班子成员结合分管业务工作,不定期到区县残联、各残疾人专门协会和残疾人家庭,带案下访残疾人群众,解决残疾人群众生产生活中的实际困难。全年市残联每名领导班子成员下访均达6次及以上。组织干部职工深入基层、深入群众,开展好各种便民为民活动。5月9—22日,组织22名机关干部分两批到市级贫困村——永川区宝峰镇杨大口村开展扶贫活动。共结对帮扶困难群众16户,捐助钱物4.8万元,解决具体困难和问题11件,制定脱贫致富项目34个、解决村级公路建设资金80万元,帮助6名残疾人实现就业梦想。通过设立残联公开电话、在市残联网站开设理事长信箱、开通网上信访等方式,畅通残疾人民意表达渠道。机关各部室结合日常工作,收集、整理、分析残疾人群众反映诉求,送群众工作室汇总。逐件按诉求、诱因、时间、地点、单位、涉及人数、重点人员、事态发展预测等要素进行登记,建立明细台账,实行网格化管理,做到总量清、缘由明、依据实。是年,市残联领导共接访62件次、156人次,现场处理信访诉求21件,投入解决资金1.5万元。全年共排查矛盾纠纷28件,矛盾纠纷已成功化解26件,化解率92.86%。

2012年3月,市残联下发《市残联2012年深化干部下访群众工作贯彻实施方案的通知》。深化干部下访群众工作采取市残联主要领导带头、其他领导和各部室负责人员共同参与的方式,着力解决突出问题,加强基层基础工作,教育引导残疾人以理性合法的形式表达利益诉求、解决利益矛盾,依法及时合理处理残疾人反映的问题。活动从3月上旬开始至年底结束,分动员部署阶段、组织实施阶段、检查总结阶段三个阶段进行。市残联成立深化干部下访群众工作领导小组,由党组书记、理事长谢嘉庆任组长,周鸣、任能君、彭美云副理事长任副组长,各部室主任任成员。领导小组下设办公室在维权部,具体负责统筹协调、督导检查、综合研判、信息反馈等日常工作。办公室主任由维权部主任刘明亮兼任。市残联党组、理事会每月定期集中研究1次干部下访群众工作。拨款40万元到各区县,作为区县残联深化干部下访群众工作专项经费,并列出10万元专项经费保障市残联机关干部下访群众工作的正常运转。下访中坚持做到“五个必去”(群体信访问题重点牵头人家庭必去,长年上访不断的残疾人家庭必去,重大矛盾纠纷当事人家庭必去,特殊困难残疾人家庭必去,残疾人群体致富增收带头人家庭必去)。是年,残联系统干部下访群众工作无进京上访、无在市内制造影响社会和谐稳定的群体性事件,残疾人到市上访率下降,年底前化解80%以上疑难信访案件。全年办理群众来信29件次,接待群众来访195人次,排查化解矛盾纠纷645件,化解率95%以上;来信来访总量同比下降12%,矛盾纠纷化解率同比上升6%,未发生残疾人到市进京非正常上访和重大群体性事件,实现了非正常上访和群体性事件的“零目标”。

2013年11月,为加快全市残联系统群众工作的制度化、规范化、法制化建设,市残联结合残疾人工作实际,梳理汇总《深化干部下访为民办实事解难题相关制度》。全年,市残联共处理残疾人来信来访84件。是年,垫江县通过建立残疾人信访代理机构、代理保障制度、组建信息员代理员队伍、落实信息员代理员责任,采取主导代理、疏导代理、规范考核的方式,变群众上访为干部下访。25个乡镇已经建立残疾人信访代理工作站，招募信访代理员39名，信息员398名。

2014年12月15日，市残联印发《关于进一步加强残疾人信访稳定工作的实施办法》，进一步贯彻落实市委市政府对群众信访工作的要求，切实做好残疾人诉求处理工作，维护好残疾人的合法权益，保持全市残疾人群体的和谐稳定。推行信访代理制度，共发放法律救助卡1.68万余张，先后为1022名残疾人提供法律服务。探索建立“大维权、大接访、大稳定”工作机制，全市各级残联共办理群众来信568件次，接待群众来访4102人次。

2015年，下发《关于进一步加强残疾人信访稳定工作的实施办法》。全年市残联共办理群众来信57件，接待群众75件次、305人次。协调市政协开展《重庆市残疾人保障条例》贯彻落实情况专项视察。开展残疾人法律援助工作，为600余名残疾人提供法律援助。区县共办理残疾群众来信465件次，接待群众来访4025人次。

2016年，抓好“大维权、大接访、大稳定”机制的贯彻落实，做好全市涉残矛盾纠纷排查和化解工作，累计受理、办理来信62件，接待来访人数313人次。市人大开展残疾人权益保障的专项视察工作，共办理议提案9件，其中主办4件(含1件重点提案)，协办5件。2017年，全力做好信访稳定工作，全市残疾人群体总体稳定。注重发挥12385残疾人服务热线作用，残疾人满意率90%。是年，共收到市政协第四届五次会议提案9件，其中主办件1件，协办件8件，办理满意率100%。2018年，采取“院坝办公”，开展“面对面”接访活动。全年为536名残疾人提供法律救助。2019年，市残联接听残疾人来电1.5万人次，其中：12385残疾人服务热线接听10258人次，满意率达到99.53%。受理残疾人来信比上年度下降35%；残疾人上访人数比上年度下降55%；残疾人集访批次和人数分别比上年度下降87.5%、97%。全年无一名残疾人到市委、市政府和中国残联缠访闹访。通过深入开展“德法相伴”活动，实施首问负责、包案化解、上门走访等措施，切实帮助残疾人解决实际困难，残疾人服务满意度显著提升。

第二节 信访维权案例

1995年5月，残疾人董强，重庆某装饰材料公司经理，在装饰新世纪百货公司工程中，因振华建筑装饰设计工程有限公司因拖欠董强工程款70万余元，二者发生纠纷，董强扬言要召集100名残疾人强拆新世纪百货公司，事态形势非常严峻。市残联接到董强信访后，立即与董强谈话做工作，制止他的过激行为，同时将情况及时向市政府有关部门和领导反映，经政府出面召集有关方面协调，使董强反映的问题得到迅速圆满的解决，此举维护了残疾人的合法权益，维护了社会的稳定。

2010年9月20日，市残联收悉胡瑛璇《关于重庆市中药研究院招录胡瑛璇的情况说明》的维权信访函件。沙坪坝区胡瑛璇，三级肢体残疾人。该人员于2010年5月25日在重庆市人力资源和社会保障公众信息网上报名参加重庆市市属事业单位2010年第二季度公招考试,报考重庆市科委下属中药研究院会计岗;6月19日参加笔试的综合考试和专业考试,并以第一名的成绩进入面试;7月25日参加面试,以笔试、面试总成绩第一名进入体检;7月29日参加体检,8月1日出体检报告,并通过体检。应重庆市中药研究院要求,本人在没有完善人事任用程序的情况下于8月3日匆忙入职。在工作中,单位领导认为该人员左手做事不太灵活,走路姿态不太美观。按照重庆市中药研究院人事处要求,对该人员的肢体进行复检,如果不参加复检,就视作放弃本岗位,并要求她本人写一份所谓的《自动放弃说明》文字材料,该人员于2010年8月31日到武警重庆医院复检。就在回重庆市中药研究院不到1个小时的时间内,收到一份内容为"据调查,胡瑛璇因自身身体条件原因不能胜任本职工作,不予录用"的信息,并有中药研究院院长签字的《通知》,该《通知》没有交予其本人;此外,要求她填一张"领8月工资"的领款单,结算一个月432元的工资。重庆市中药研究院人事处通知她从9月1日起不用再上班。经过调查了解和查阅相关法规资料,认为该人员符合报考的所有条件,并以优异的成绩通过笔试及面试,虽然左肢有轻微残疾,但并不影响工作,而且该人员从2006年1月至2010年7月,具有4年多在沙坪坝区回龙坝菜根香酒楼、重庆明鑫泵业有限公司及重庆大学汽车维修中心任会计的工作经历。根据《中华人民共和国残疾人保障法》第三十一、三十二、三十三和三十八条相关规定,以及《残疾人就业条例》第二条、第三条有关规定和要求,建议重庆市科委下属中药研究院优先录用该残疾人,在职工的招工等方面,不得歧视残疾人;并请市人社局协调相关单位,妥善解决此事。

第十篇　区县(自治县)残疾人事业

第一章　区残疾人事业

第一节　万州区残疾人事业

一、组织机构

1989年4月19日,成立四川省残疾人联合会万县地区办事处,归口地区民政局管理,为副县级单位,编制5人。1989年12月19—20日,四川省残疾人联合会万县地区办事处召开成立大会,向诗全被任命为残联办事处主任。办事处下辖万县市、万县、开县、梁平、忠县、云阳、奉节、巫山、巫溪、城口等九县一市残联。各县、市残联也相继在次年年底以前组建完毕(巫山县残联于1991年10月组建完成)。1992年12月11日,经国务院批准,万县地区撤地设市,四川省残疾人联合会万县地区办事处更名为万县市残疾人联合会。撤地设市的同时,将原万县市、万县撤销,设立龙宝区、天城区、五桥区,同时成立龙宝残联、天城残联、五桥残联,其他县保持不变。

1997年,重庆市直辖。万县市残联更名为重庆市万州区残联,归入重庆市残联管辖。龙宝、天城、五桥撤区设立移民开发区,分别设立残联办事处,作为万州区残联的派出机构。1998年6月20日,万州区残联升格为正处级单位,廖百书为重庆市万州区残联理事长(兼)。2001年开展机构改革,设置重庆市万州区残疾人联合会。2005年4月,撤销龙宝、天城、五桥移民开发区,龙宝、天城、五桥残联办事处同时撤销,其机构和人员并入万州区残联。

2003年,52个乡镇街道残联进行换届工作,配备专(兼)职理事长,各社区、村也成立残协,84个城市社区配备残疾人专职委员。成立重庆市万州区盲人协会、肢残人协会和聋哑人协会。将“重庆市万州区残疾人劳动就业服务中心”更名为“重庆市万州区残疾人综合服务中心”并正式开展工作,为残疾人提供各种服务。2013年10月,万州区残疾人综合服务中心被中国残联评为“国家级残疾人职业培训基地”。

2003年5月28日，万州区残联召开第一次代表大会。选举产生新一届主席团和理事会，李维亚当选为理事长，赵运琼当选为副理事长。2007年11月26日，召开第二次代表大会。段贤彬当选为万州区残联理事长，吴小浦、王承伦当选为副理事长，同时建立5个专门协会。2012年9月，召开第三次代表大会。段贤彬当选为理事长，王承伦、廖铭当选为副理事长。

二、残疾人口

至2015年12月，万州区总人口170万余人，有各类残疾人11.3万人，持证残疾人47328人，其中视力残疾7934人、听力残疾4144人、言语残疾614人、肢体残疾25150人、精神残疾3275人、智力残疾4295人、多重残疾1916人。

三、残疾人康复

1989年7月31日，成立万县地区残疾人“三项康复”工作办公室。1988—1992年，累计完成白内障复明手术3762例，小儿麻痹矫治手术1580例，聋儿语训342人，分别完成五年任务的130.22%、100.32%、174.49%。经四川省残联组织的专家验收组检查，白内障脱盲率100%，脱残率95.24%；小儿麻痹矫治手术有效率95.24%，显效率83.3%，综合评估得92.94分，达到国家规定的标准和要求。区康复办、中心医院、开县康复办和6名个人被评为四川省康复工作先进单位和先进个人。1993—1995年，完成白内障复明手术2327例，小儿麻痹矫治手术548例，聋儿语训167人。1996—2000年，全区完成白内障复明手术1498例，低视力康复34名，为15名患者配助视器，肢残矫形手术71例，矫形器装配140例，肢残康复训练110名，聋儿语训72名，聋儿家长培训28名，智残儿童训练27名，智残儿童家长培训27名，特需人群补碘16.26万人次，用品用具供应15种670件。假肢装配200名，其中10名免费安装假肢。

2001—2005年，完成白内障复明手术1147例，聋儿语训64名，聋儿家长培训51名，肢残康复训练100名，智残儿童训练和家长培训90名，特需人群补碘12.35万人次，假肢装配75名，矫形器安装57例。

2006—2015年，万州区实施“复明工程”，共为17202名贫困白内障患者免费手术。2007年6月，中国残疾人福利基金会首次在库区开展“爱心永恒、启明行动——让亲人重见光明”启动仪式，由深圳总商会出资200万元为万州区贫困白内障患者实施免费手术2000例。2010年11月，成功创建“全国白内障无障碍区”。2006—2015年，筛查符合救助条件的各类残疾儿童3630名，接受聋儿语训231名，脑瘫儿童康复训练487名，智力残疾儿童训练373名。开展聋儿听力言语训练231名，开展成人肢体残疾康复训练150名，依托医院、学校、民政社会福利机构以及社区和家庭等开展功能训练近万名。开展国家彩票公益金项目智力残疾儿童康复训练373名；救助精神病贫困患者16916名，住院救助2116名。“七彩梦行动计划”项目完成人工耳蜗项目32名、助听器项目88名、孤独症儿童康复训练120名。残疾人“人人享有康复服务”共为全区有康复需求的39256名残疾人提供各种形式的康复服务。2013年11月13日，万州区残疾人“人人享有康复服务”工作通过市级评审验收。“十五”期间，万州区残联被中国残联评为全国残疾人康复工作先进单位。

四、残疾人就业

至1990年，据万县市、万县、忠县、开县、巫溪、城口6个县(市)的统计，残疾人就业人数达3065人，其中城镇2072人，农村993人。全区96个城乡福利企业，安置残疾人达到960余人。这些单位在工资待遇上，对残疾人实行“下要保底，上不封顶”的政策，月收入最低的60~70元，最高的达到200余元。在生产不景气的情况下，万县市还安排了10名残疾人到福利生产企业工作。

1991年，安置到福利企事业单位工作的54人，有5名从事个体经营，2名被安置到农村扶贫福利企业，农村个体经营14人。1992年，首次开展残疾人职业技能培训，对30名残疾人进行无线电技术培训。有20名残疾人被保温材料厂等单位录用，有1名到深圳，有9人回到场镇修理收音机、电视机。1993年，龙宝区和梁平、巫溪等县残联共兴办经济实体18个，安置残疾人140人，年产值300万余元。

1994—1997年，全(地)区民政、残联兴办扶贫福利企业、各类经济实体达128个，安置残疾人1100余名。

1999年，是万州区盲人按摩事业发展最快的一年，全区已有13家盲人按摩院挂牌营业，从业人员30人，其中有12人通过四川省、重庆市的培训。

1999年，根据《重庆市按比例安排残疾人就业规定》，对万州区的3890个行政机关、事业、企业单位按比例安排残疾人就业进行核查，残疾人按比例就业人数达到598人，对未按比例安排残疾人就业的单位依法征收残保金，残保金征收每年达到2000万元。

2003—2015年，以万州区残疾人综合服务中心为平台，开展厨师、保健按摩、盲人电脑、淘宝网开店、互联网+、农业信息化及PPT公文处理等残疾人职业技能培训，共培训本辖区及渝东北片区残疾人13058名。经培训的残疾人90%走上工作岗位。对残疾人就业和职业培训进行实名制录入，对就业年龄段内的残疾人就业状况做到应录尽录，录入率100%。

五、残疾人教育

贯彻落实《残疾人教育条例》，适龄残疾儿童少年的入学率稳步提高。万州区特殊教育中心常年在校学生300人左右。轻度智力、听力、视力和肢体残疾学生实行普通学校随班就读。开展贫困残疾大学生入学资助和生活救助工作。至2015年，安排专项资金190.9万元，对59名在读贫困残疾大学生实施生活救助，对800名新入学贫困残疾大学生和贫困残疾人家庭大学生进行入学资助。

六、残疾人文化体育

2004年10月，举办万州区第一届残疾人文艺会演，来自乡镇街道、聋哑学校、培智班、重庆谭木匠工艺品公司的100余名残疾人表演独唱、舞蹈、器乐、小品、方言、快板等25个节目。聋哑学校的《感恩的心》还选送到重庆市，参加12月3日的残疾人文艺会演，获得好评。2005年5月，选送的《感动》获得重庆市第三届残疾人文艺会演小品一等奖、《感恩的心》获得舞蹈二等奖,《天堂》代表重庆市参加全国残疾人文艺会演西安赛区舞蹈赛,获三等奖。2009年8月26日晚,在万州大会堂隆重举行“情系残疾兄弟姐妹,共享一片蓝天”为主题的万州区第二届残疾人文艺会演暨重庆市残疾人福利基金会万州办事处授牌仪式。重庆市委常委、万州区委书记吴政隆,市残联党组书记、理事长、市残疾人福利基金会会长谢嘉庆,万州区区长李世奎,区人大常委会主任梁先玉,区政协主席饶才邦,市残联副理事长周鸣、彭美云,市残联巡视员、残疾人福利基金会理事长何德元,万州区委常委、宣传部部长张正海,区委常委、秘书长蒲彬彬,区人大常委会副主任曾荣南,区政协副主席廖华出席授牌仪式并观看演出。万州区级各部门、各乡镇街道、民主党派、中央和重庆驻万部分单位、企业、兄弟区县残联以及各界爱心人士共1200余人参加活动。该活动共收到爱心助残捐款130万元。

1990年10月20—22日,万县地区10名残疾人运动员组队参加四川省第二届伤残人运动会。在游泳、乒乓球、田径3个大项目比赛中获得4枚金牌、1枚银牌、1枚铜牌。1995年,万县市8名残疾人运动员组队参加四川省第三届残疾人运动会。在田径、游泳、乒乓球、举重4个大项目的比赛中,获得7枚金牌、5枚银牌、1枚铜牌。2010年7月,13名残疾人运动员组团参加重庆市第四届残疾人运动会,获得7枚金牌、8枚银牌、2枚铜牌,金牌和奖牌总数均居第4位,团体总分在全市排名第5位(比上届提升20位)。2014年,在重庆市第五届残疾人运动会上,在田径、聋人篮球、聋人足球、脑瘫足球、乒乓球、举重、游泳等7个大项15个小项的比赛中,共获得7枚金牌、11枚银牌、4枚铜牌,团体总分列全市第二名,奖牌总数和团体总分均超过上届,取得历史最好成绩。第四至第九届全国残疾人运动会均有万州区运动员参赛。2006年,聋人刘小庆在第七届全国残疾人田径比赛上,获得5个项目的第二名。2013年,陈勇获得全国残疾人举重锦标赛67.5公斤级第3名,杨茂良获得全国残疾人乒乓球锦标赛男子单打第5名。2015年,万州区残联、文化委、重庆三峡银行万州分行主办,万州区乒乓球协会承办的“三峡银行杯”万州区残疾人乒乓球比赛,60余名残疾人乒乓球爱好者参加比赛。是年9月,万州区残联被中国残联、国家体育总局评为“2011—2014年全国残疾人体育先进单位”。

七、残疾人维权

以“大信访、大接访、大稳定”工作机制为基础,推进残疾人信访代理制度。明确专人负责残疾人维权信访工作,有效化解各类矛盾。管理好网上信访信息系统,实行残疾人信访登记录入制度。依托全国、重庆市信访信息系统和重庆市服务群众工作信息管理系统、重庆市干部下访群众管理系统、群众工作信息管理系统、区长信箱、“阳光万州”“市民直通车”共8个信访渠道,形成“八网”并行的多元化网上信访服务平台,从受理办理、交办转移、处理回复、督察督办等各个环节予以规范。每年受理的信访案件,处理率100%。开辟专线,畅通残疾人电话信访、咨询热线电话,本地“三风热线”、114阳光政务专线接受残疾人咨询,仅2015年电话咨询量达到6145条。2009年,万州区被国家信访局和中国残联授予“全国信访工作先进集体”。2012—2016年,连续5年残疾人稳定工作荣获全市单项工作考核先进单位。

第二节　黔江区残疾人事业

一、组织机构

1991年3月14日，成立黔江土家族苗族自治县残疾人联合会。县残联为“半官半民”的残疾人事业单位，列为政府归口管理，属黔江土家族苗族自治县民政局直属二级局单位，拟定事业编制4人，其经费由财政单列，开办经费由县财政拨给。业务上，受四川省残联黔江地区办事处指导。理事长配备一名副科级干部担任。1998年，黔江开发区民政局内设黔江开发区残疾人办事处，正处级，与民政局为两块牌子一套班子。2000年6月，撤销重庆市黔江开发区、黔江土家族苗族自治县，设立重庆市黔江区。2000年9月，区县合并建制，于2001年8月组建成立黔江区残疾人联合会，属处级人民团体机构，设3个职能部室(办公室、康复部、宣教就业部)。人员编制(含领导职数)行政编制6名，其中理事长1名，副理事长1名，正副部长(主任)3名，机关后勤服务人员事业编制1名。2011年5月，成立黔江区残疾人联合会党组。

2012年，全区6个街道办事处、12个镇、12个乡残联换届，成立乡残联30个，各乡镇(街道)社会事务办公室增核残联理事长职数1名(按乡镇、街道中层干部正职的职级配备)，区委组织部任职专职理事长18人。218个村(居)选齐配全了残疾人专职联络员，形成了残疾人工作“事事有人抓，处处有人管”的格局。

2001年4月26—27日，召开重庆市黔江区残疾人联合会第一次代表大会，共有代表106名，其中残疾人53名，选举产生第一届主席团委员12人。2007年11月12—13日，召开重庆市黔江区残疾人联合会第二次代表大会，共有正式代表120名，其中残疾人(含智力和精神残疾人亲友)72人，选举产生第二届主席团委员15人。2012年8月23—24日，召开重庆市黔江区残疾人联合会第三次代表大会，共有正式代表199名，其中残疾人(含智力和精神残疾人亲友)119人，选举产生第三届主席团委员35人。先后有李晓鸿、简朝恩任理事长，陈永周、李正红任副理事长。

全面完成1987年、2006年全国残疾人抽样调查，根据2006年第二次全国残疾人抽样调查，推算出全区残疾人比例为7.02%，开展残疾人状况监测69名。2009年3月，第二代残疾人证换发，集中新办和换发残疾人证12241人。

二、残疾人康复

以“人人享有康复服务”为目标，建立五类残疾人康复技术指导中心，建立康复定点机构4个、低视力康复门诊1个、康复示范社区33个。通过实施“视觉第一中国行动”“白内障无障碍区”创建、“微笑列车”唇腭裂矫治、“国家彩票公益金康复项目”“长江新里程计划”等重点项目，2010年10月，成功创建“白内障无障碍区”，形成“发现一例、复明一例”的长效机制。2013年12月，残疾人“人人享有基本康复服务”通过市级评审验收。实施白内障免费复明手术4289例;低视力验配助视器524人866件;盲人定向行走训练140人。收训聋儿63人,培训聋儿家长126人,验配听力残疾人助听器355台,为596人提供咨询等服务。实施成人肢体康复治疗、手术98人;肢体残疾人社区、家庭康复训练646人,提供残疾人各类辅助器具供应1567件(人)。智力残疾儿童社区、家庭康复训练247人。社区、家庭监护精神病人1246人,救助补贴住院、服药精神病人180人。

至2015年,7424名残疾人享受护理补贴、生活补贴,残疾人医保自费补贴落实。白内障复明手术、精神病治疗、脑瘫康复治疗、残疾人肢体矫治等纳入城乡居民医疗报销范畴,康复救助标准最高达3.3万元。30个乡镇(街道),218个社区(村)全面开展残疾人康复服务工作,建立残疾人社区康复室33个,实现乡镇(街道)全覆盖,建立社区残疾人康复站196个。将冯家、濯水、石会等7个残疾人康复示范社区纳入标准化残疾人康复示范社区建设。通过"七彩梦行动计划"项目,开展脑瘫儿童训练39人,孤独症儿童康复训练10人,6名聋儿植入人工耳蜗6台。肢体残疾儿童康复治疗手术139人,儿童大、小腿矫形器91例48人,适配肢体、脑瘫儿童轮椅、坐姿椅等辅助器具123件98人。通过彩票公益金项目,实施智力残疾儿童机构康复训练40人,救助补贴住院、服药精神病人175人,验配听力残疾人助听器50台50人,贫困残疾人大、小腿假肢装配366例,特殊假肢装配26例,上肢假肢装配6例;免费发放残疾人辅助器具765件。

2006年1月,黔江区残疾人综合服务中心投入使用,建筑面积289.5平方米。2015年,列为区委区政府25件民生实事项目之一的黔江区残疾人康复服务中心项目开工建设,总投资2990万元,建设规模12108平方米,2016年主体完工,2017年投入使用。

三、残疾人就业

"十二五"期间,为贯彻落实《残疾人就业条例》及市政府162号令、《重庆市残疾人保障条例》等,区残联坚持集中与分散相结合的方针,多渠道、多形式促进残疾人就业,激发全社会的理解和支持,创造有利于残疾人就业的良好社会氛围,残疾人就业率达60%。推行财政代扣、地税代征、残联上门征收等办法,依法征收残疾人就业保障金4296万元,每年增幅30%以上,促进区内所有用人单位依法履行帮助残疾人就业的义务。依托旅游学院、金海职校和蓝天职校到乡镇开展农村残疾人实用技术培训42期(次),对5200名残疾人进行生猪养殖、烤烟、蔬菜种植、果树栽培等实用技术培训;对238名残疾人进行缝纫技能、盲人按摩和计算机培训,切实提升残疾人创收能力。开展产业扶持和创业补助,扶持残疾人养猪、养牛、养羊、种植蔬菜等产业大户17户,补贴创业经商38户,实施残疾人脱贫增收工程220户,救助残疾老年人40人,建立农村残疾人产业基地4个,带动残疾人家庭增收1.5万人。

四、残疾人教育

1997年11月,建立特殊教育学校原黔江土家族苗族聋哑学校,2007年8月,更名为黔江区特殊教育学校,是黔江区唯一的九年一贯制公立特殊教育机构。校园占地面积8534平方米,建筑面积3400平方米。2015年,学校有1至9年级共12个教学班,学生111人(其中听障班5个,学生42人;智力残疾班7个,学生69人)。有教职工43人,在编教师31人,特殊教育专业毕业的教师26人。

“十二五”期间,实施“扶残助学”春雨行动及长江新里程计划,救助125名残疾适龄儿童随班就读。各街道、镇、乡小学普遍推广残疾儿童随班就读,全区“三残”儿童入学率96%以上;关注残疾学生中、高等教育,跟踪了解残疾学生中考、高考情况,落实资金70万元,对110名贫困残疾人家庭大学生和残疾大学生进行入学和生活救助。

五、残疾人体育

2006年6月,组织参加第三届重庆市残疾人运动会,获金牌5枚,铜牌2枚,一个第四名,一个第五名,集体及2人获道德风尚奖,金牌总数位列全市第九名,实现了黔江区残疾人体育奖牌零的突破。2010年10月,组队参加重庆市第四届残疾人运动会,获2金1银1铜(张宗于获男子S8100米蛙泳、50米自由泳第一名,100米仰泳第二名,陈坤获男子组F60标枪第三名)。2014年8—10月,组队参加重庆市第五届残疾人运动会,获金牌3枚、银牌7枚、铜牌5枚,团体总分排全市第九位、渝东南第一位。

六、残疾人维权

黔江区在残疾人维权方面,坚持“首问首办”“一把手下访”等工作责任制,对所有来信来访及时受理、解答,做到“件件有结果、事事有着落”,及时正确处理残疾人越级上访苗头性事件。至2015年12月,累计接待残疾人来信来访1227件次。配合民政、医疗卫生、公安、交通运输等部门开展残疾人“低保”、医疗、代步车管理等相关工作。一二级残疾人免费、三四级残疾人半价乘坐市内公交车政策全面兑现,残疾人办残疾证全免费。实施信访代理制,共计代理720余件次。加强残疾人法律援助工作,成立残疾人法律援助工作站1个,发放残疾人法律援助卡1000余张,残疾人法律援助达到应援尽援。举办残疾人法律培训班5期/次,受教育残疾人500余人。区人大开展残疾人法规执法检查3次,区政协视察调研残疾人工作2次。实现无残疾人越级上访、无重大突发事件和群体性事件发生,促进全区社会的和谐与稳定。

第三节　涪陵区残疾人事业

一、组织机构

1990年10月23日,四川省涪陵地区残疾人联合会成立。1997年12月20日,经中共中央办公厅和国务院办公厅批准,撤销原地级涪陵市和涪陵市枳城区、李渡区,设立重庆市涪陵区,辖原枳城区、李渡区的行政区域。1998年6月28日,将原涪陵市残联方学中、枳城区残联姚中吾、李渡区残联田维芳等15名人员归并到新组建的涪陵区残联。是年8月10日,涪陵市残联与涪陵市枳城区残联、李渡区残联“三机关”归并成立重庆市涪陵区残联,规格为正县(处)级,归口涪陵区政府直接管理,计划单列,不再由民政局代管。内设办公室(挂区政府残疾人协调委员会秘书处牌子)、教育就业科、康复科。核定事业编制8名,正职1名,副职2名,中层3名。2004年12月29日,新增区残联机关行政编制3名,机关后勤服务人员事业编制2名。至2015年12月,区残联机构无变化。

1999年3月25日,设立涪陵区残疾人就业服务所、涪陵区康复服务指导站和涪陵区康复扶贫服务社三个直属差额拨款事业单位。2005年5月,成立涪陵区残疾人康复中心。2013年,成立残疾儿童家长学校,为残疾儿童家长提供康复指导和康复服务。2005年6月,成立涪陵区肢体残疾人协会、盲人协会、聋人协会、智力精神残疾人及亲友协会。2006年7月13日,成立涪陵残疾人职业技能培训中心,2014年2月10日,中心被定为全国首批国家级残疾人培训基地。2009年3月3日,成立重庆市残疾人福利基金会涪陵区办事处。至2015年12月,全区共设有27个乡镇(街道)残联,308个村委会,111个社区居民委员会。所有行政村、社区居委会都设有残协。

1999年6月20—22日,召开涪陵区残联第一次代表大会,参会正式代表200名,其中残疾人代表101名。会议推举杨成安为区残联第一次代表大会执行理事会理事长,方学中、廖振淑为副理事长。2004年6月12—14日,召开区残联第二次代表大会,参会代表197名,其中残疾人代表及亲属101名,特邀代表43名。大会推举廖振淑(女)为理事长,方学中为副理事长。2008年1月18日,召开区残联第三次代表大会,200余名代表出席大会。大会推举余恩来为区残联第三次代表大会执行理事会理事长,胡文川、卢海燕为区残联第三次代表大会执行理事会副理事长。2012年12月3—4日,召开区残联第四次代表大会。大会推举余恩来为区残联第四次代表大会执行理事会理事长,推举胡文川、李润田、马义为副理事长。

二、残疾人口

根据2006年全国残疾人第二次抽样调查结果统计,涪陵区有残疾人6.10万人,占全区常住人口总数的6.12%。至2015年12月,持有第二代残疾人证的残疾人61076人,其中视力残疾8357人,听力残疾16714人,言语残疾305人,肢体残疾22753人,智力残疾2562人,精神残疾4892人,多重残疾5493人。

三、残疾人康复

从1991年起,地区残联和所属各县(市)残联,开展聋儿听力言语训练及聋儿家长培训,“八五”期间,上级给涪陵地区的收训任务数是125名,实际完成316名。1997年,全地区聋儿言语训练新收训41名。1998年,区残联成立后,设置康复科专门司职包括听力言语残疾康复在内的康复工作。2001—2008年,完成聋儿康复训练及家长培训80人,聋儿配助听器94件。1989—1993年,完成小儿麻痹矫治手术661人。1997年进行肢体残疾康复训练83人。1998年进行肢体残疾康复训练48人。2001—2015年,完成肢体残疾康复训练657人。1998年,为28名肢体残疾人安装假肢,2003—2015年,装配假肢176人,安装矫形器111件。从1989年开始,全地区对19.62万名新婚育龄妇女、孕妇、0~2岁婴幼儿开展碘油丸服用工作,仅1997年,全涪陵市(地级)就完成服碘11.2万人。此项工作于2000年停止,之后,智力残疾康复工作主要转向对智力残疾儿童的训练。2001—2015年,完成智力残疾儿童训练334人。涪陵区从2004年开展贫困精神病医疗救助工作。至2015年12月,共完成服药救助6347人次,住院治疗257人次,药物救助每人每年救助药费360元,住院补助每人每年3600元。2011—2012年,完成农村卫生院(室)设立残疾人康复室,共设立机构41家。2010年,涪陵区成功创建为"全国白内障无障碍区"。

四、残疾人教育

1995年,全地区普通小学附设特教班5个,智力残疾儿童少年随班就读583个班,在校残疾儿童766人。1996年,全地区招收残疾儿童660人,其中智力残疾儿童620人。1997年,各县(区)特教学校收训智残儿童98名。1999年,全区未入学适龄残疾儿童少年共有175人。全区有特教学校1所,普校设智力残疾特教班2个,在校就读的残疾学生356人(包括随班就读的残疾学生),占适龄残疾儿童少年的73.9%。2001—2005年,全区适龄残疾儿童入学接受义务教育的有1163人,入学率保持在98%。开展"长江新里程——中西部地区盲童救助计划""春雨计划""国家彩票公益金"等项目,提供16.71万元对369名贫困残疾儿童或残疾人子女实施资助。对8名残疾大学生分别资助2000~10000元,使分数上线的残疾学生顺利入学。2006年,为142名贫困适龄残疾儿童少年和180名贫困残疾人子女提供27.5万元的入学救助。2007年,共为1226名残疾人子女和残疾学生减免学杂费14.7万元。通过"扶残助学"项目,筹资4.28万元,对28名残疾人子女应届大学生和15名残疾中学生进行资助。2008年,通过国家彩票公益金项目,为75名聋哑学校的贫困残疾学生提供每人每年700元的入学救助。2009年,筹集资金15.58万元,对136名残疾学生和残疾人家庭学生进行入学扶助。是年8月,区残联为当年考入大学的23名贫困残疾学生、贫困残疾人子女每人发放2000元助学金。9月,为10名贫困残疾大学生和贫困残疾人子女争取到5000元的扶残助学金并协调5名上线残疾学生顺利入学。2010年,全年对128名残疾学生及残疾人子女进行11.52万元的入学扶助。2011—2012年,区残联利用"扶残助学"助学金,为127人次贫困涉残大学生提供2000~5000元不等的入学救助。2013年,区残联筹资29.8万元"扶残助学金",对考入大学的99名涉残大学生进行入学资助。2014年,区残联发放24.7万元"扶残助学金",对考入大学的91名涉残大学生进行入学资助。2015年,区残联发放26.2万元"扶残助学金",向98名涉残贫困大学生每人发放2000~5000元不等,其中,残疾人子女74名,应届残疾大学生6名,往届残疾在校大学生18名。区委常委、副区长刘康中参加发放仪式。

五、残疾人就业

区残联自1998年8月成立以来,贯彻实施《中华人民共和国残疾人保障法》《残疾人就业条例》及《重庆市按比例安排残疾人就业规定》,推动全区残疾人就业工作不断向前发展。2000年3月,区政府印发《关于做好按比例安排残疾人就业工作的方案》,就安置范围、对象、比例、形式、时间以及残疾人就业保障金的收取、使用、管理等问题做了详细规定,为按比例安排残疾人就业工作提供保证。

2001—2005年,开办盲人按摩、服装裁剪、微机应用、家电维修及农村种植、养殖等实用技术培训,共有2170人次残疾人参加培训。2006—2015年,开展残疾人劳动技能和实用技术培训78期,共有4537人次参加。经过培训,就业率提高,有30人开店。其他项目培训的学员就业率在70%以上。已成为养猪、养鸡、养牛、养羊、蔬菜专业大户的有180余户,有113名残疾人进入微型企业,共享受国家财政资金补贴270万余元,以创业带动就业600余人。

1999年,全区城镇有劳动能力的残疾人2641人,已就业的748人,占28.3%,其中,行政、事业单位的有105人,国有和国有股份企业260人,集体企业319人,个体企业60人。2000—2005年,全区通过各种渠道累计按比例安排残疾人就业393人,集中就业434人,个体从业1140人。2010—2015年,全区共有157名残疾人成功创办微型企业,获得财政资金补助达到500万余元,带动周边400多名残疾人及其家属子女实现就业。2000—2015年,通过地税代征、财政代扣、残联征收,共征收残疾人就业保障金9910.60万元。

表10-1 2006—2015年涪陵区残疾人就业统计表

单位:人

年度	新增总数	其中		
		按比例就业	集中就业	个体从业
2006年	240	50	105	85
2007年	138	28	100	10
2008年	152	32	100	20
2009年	90	10	70	10
2010年	162	35	72	55
2011年	170	42	103	25
2012年	126	28	53	45
2013年	126	26	68	32
2014年	126	45	54	27
2015年	111	62	15	34

六、残疾人宣传文化体育

残疾人事业宣传,以《中华人民共和国残疾人保障法》《残疾人就业条例》的贯彻、学习、宣传和进行"全国助残日"活动及典型人物宣传为主。通过新闻报道,新闻稿件,放电影,印制、送发宣传资料,张贴标语,办板报、专栏等形式,大力开展残疾人事业宣传。1991年,全地区各种宣传《中华人民共和国残疾人保障法》、残疾人自强不息事迹、"全国助残日"活动等新闻报道稿件308篇、放电影前宣传300余次,印制、发放宣传《中华人民共和国残疾人保障法》宣传资料1.16万余份、张贴标语700余幅,办板报、专栏430版。2006—2015年,在《巴渝都市报》刊发新闻及专题708篇,涪陵电视台播放新闻1459余次、录制专题片7部,播报市及中央新闻媒体稿件407篇。

涪陵区组织选派节目参加全国艺术会演及重庆市第五届残疾人文艺会演，舞蹈《无声世界》《七月火把节》《移民娃娃闹元宵》《看春》，独唱《懂你》《红旗飘飘》，小品《玻璃皮肤》《那一双温暖的手》《太阳出来》等节目获得较好成绩。先后三次组织残疾人运动员参加四川省举办的第一、二届残运会，获得乒乓球第一名1个（并被选送参加全国伤残运动会）、100米蛙泳第一名、100米自由泳第二名。四川省第三届残运会上获得5枚金牌、1枚银牌、2枚铜牌，两个第5名。重庆自1997年直辖以来，连续举办五届残运会，区残联都组团参加。在第一届市残运会中，涪陵区12名残疾人运动员和教练员，在田径、游泳、举重、乒乓球、射击五个项目的角逐中获得2枚金牌、1枚银牌、5枚铜牌。在第二届市残运会中，涪陵区参加游泳、举重、田径、羽毛球、乒乓球和射击等项目的6个大项比赛，获得2枚金牌、4枚银牌、3枚铜牌。在第三届市残运会中，涪陵区6名残疾人运动员参加田径、乒乓球两个项目的角逐，获得1枚金牌、2枚银牌、3枚铜牌。在第四届市残运会中，涪陵区43名健儿参加聋人男子足球、聋人男子篮球、田径、游泳、举重、乒乓球、象棋等7个大项、23个小项的角逐，摘得5个单项的4枚金牌、4枚银牌、3枚铜牌。在第五届市残运会中，涪陵区40名残疾人运动员在两个月的顽强拼搏中，获2枚金牌、2枚银牌、体育道德风尚奖，获得了运动成绩和精神文明的双丰收。

七、残疾人维权

1998年，区残联成立以来，把信访稳定作为一项重要工作来抓。2002—2003年，共接待残疾人来信来访76人次，结办案率都达100%。2004年，区残联变被动为主动，采取上访与下访相结合的形式，开展社会矛盾纠纷预测和调查。2005—2015年，信访维权工作实现制度化、规范化、科学化、常态化运行。共收到来信42件、接待来访394人次、政策咨询10107人次。2009年，开展干部大走访、大接访活动，及时排查矛盾纠纷，有效扼制非正常上访。

区残联按照市财政局、市残联的通知要求，对辖区内残疾人机动轮椅车进行燃油补贴，2009—2015年，全区共补贴435人次、10.9万元。由于区驾校新组建残疾人培训项目，区残联在2012年4月首批学员结业后才启动补贴。2012—2015年，共发放补贴资金11.5万元，享受补贴人数115人。

第四节　渝中区残疾人事业

一、组织机构

渝中区残联前身为1959年成立的市中区盲人、聋哑人协会。该机构隶属于区政府民政科，性质为社团组织，主要职能是为残疾人提供生产自救服务。1980年，该协会更名为市中区盲聋哑人协会，隶属于区民政局，性质仍为社团组织，主要职能是管理残疾人，并为残疾人提供文化、社会活动等简单服务。1989年12月，协会撤销，成立重庆市市中区残疾人联合会，仍由区民政局代管，属副处级单位，有事业编制5人，其主要职能是为残疾人服务，加强残疾人组织建设,对残疾人进行政治、文化教育,开展残疾人康复治疗、特殊教育,兴办社会福利企业、扶残助残,开展文艺体育活动和社会募捐。1995年3月,更名为渝中区残疾人联合会,职能职责不变。1998年7月,区残联从区民政局独立出来,并升格为正处级单位,纳入党群序列,由区政府领导,人员编制不变,职能为“代表、服务、管理”。2001年11月,机构改革,明确区残联内设职能机构1个(即综合科);人员编制为机关事业4名,其中,领导职数为理事长或副理事长1名,科长1名,机关后勤服务人员事业编制1名。2007年1月15日,区残联事业编制全部转为行政编制。2015年,渝中区部分街道行政区划调整,撤销望龙门街道。调整后,设街道残联11个,全区共77个社区残协。设有渝中区聋人、盲人、肢残人协会、智力残疾人及亲友协会、精神残疾人及亲友协会等5个协会,除区肢残人协会设委员5名,其他协会均设协会委员3名,各协会均设正、副主席各1人。直属机构1个,即渝中区残疾人综合服务中心。

1989年12月20日,召开第一次残疾人代表大会,151名代表出席会议,其中残疾人92名,占61%。会议推举涂太碧为执行理事会理事长、何显光为副理事长。1993年6月15日,召开第二次残疾人代表大会,160名代表和4名特邀嘉宾出席会议,其中残疾人93名,占58%。大会推举涂太碧为执行理事会理事长、戴宗龙为副理事长。1998年8月5日,召开第三次残疾人代表大会,180名代表和30名特邀嘉宾出席会议,其中残疾人及亲友97名,占54%。大会推举涂太碧为执行理事会理事长、王力军为副理事长。2003年6月25日,召开第四次残疾人代表大会,180名正式代表和30名特邀嘉宾出席会议,其中残疾人及亲友105人,占58.3%。大会推举涂太碧为执行理事会理事长、叶梅为副理事长。2007年12月21日,召开第五次残疾人代表大会,195名正式代表和30名特邀嘉宾出席会议,其中残疾人及亲友117人,占60%。大会推举叶梅为执行理事会理事长。2009年6月,增配副理事长顾勇。2011年12月,叶梅调任区总工会任副主席,王力军接任理事长。2012年11月29日,召开第六次残疾人代表大会,175名正式代表和27名特邀嘉宾出席会议,其中残疾人及亲友105人,占60%。大会推举王力军为执行理事会理事长、顾勇为副理事长。

二、残疾人口

至2015年12月,辖区有各类残疾人11310人,其中,听力残疾1086人,视力残疾2346人,言语残疾105人,肢体残疾5137人,智力残疾810人,精神残疾1537人,多重残疾289人。

三、残疾人康复

1990年2月,区成立市中区残疾人“三项康复”工作领导小组,1994年8月,更名为“市中区残疾人康复工作办公室”,1995年3月,更名为“渝中区残疾人康复工作办公室”。1997年,成立重庆市渝中区康复服务指导站。2004年,各街道成立社区残疾人康复指导站,辖区残疾人康复预防工作全面开展。

1994年8月前,主要实施白内障复明、小儿麻痹矫治、聋儿语训等三项残疾人康复预防工作。此后,延伸至白内障、小儿麻痹、耳聋、智力残疾、视力、肢体、精神病等残疾人全面康复治疗训练。1997—2000年,依托定点康复医院完成白内障复明、低视力康复、肢体矫形、聋儿语训、智残儿童训练、肢体矫形术后功能训练等940例;培训保健按摩人员11人。2001—2004年,全区社区康复需求人数达7200人,5900人得到康复服务,占82%,其中,肢体残疾、脑瘫儿童、智残儿童4170名,占58%,3420人得到康复服务。2005—2010年,实施白内障复明手术938例,肢体残疾人训练79人,智残儿童机构与家庭相结合训练102人。2005—2006年,脑瘫儿童康复训练2人,用品用具配置908件,配普及型假肢3例,配矫形器48例。2007年,完成社区康复员、盲人及家属训练80人,低视力配助视器8人,家长培训3例,肢残儿筛查2例,假肢装配6例,矫形器装配1例,辅助器具供应430件。2008年,救助精神病患者400名,入院治疗10名,为1名聋儿捐赠助听器、补贴训练经费,儿童肢体训练1人,为残疾人免费配发辅助器具255件,安装小腿假肢1例。2009年,资助411名贫困精神病患者服药、住院,为2名聋儿捐赠助听器、补贴训练费,成人肢体训练12人,辅助器具供应430件(免费180件),安装大小腿假肢各1例;为区城市医疗救助项目注入资金50万元,800名二级以上残疾人享受每年600元的医疗补助;为9600名有康复需求的残疾人提供个性化康复服务;资助残疾人参加城市居民医保,帮助1361名残疾人解决医疗康复困难。2010年,聋儿训练2人;辅助器具供应430件,安装大小腿假肢各1例;为8200名有康复需求的残疾人提供个性化康复服务。

2011—2015年,辖区残疾人康复治疗服务工作持续加强。2011年,建立"渝中区残联丹佛残疾儿童康复训练中心",为13名0~6岁贫困残疾儿童实施免费抢救性康复训练。为1100名智力、精神和一、二级肢体残疾人提供居家托养、日间照料、寄宿型托养等服务。2012年,完成白内障复明手术100例(脱盲率100%),贫困精神病患者救助400名,智残儿童康复救助训练69例,为社区康复室增配训练器械280件,成人肢体残疾康复训练234例,0~7岁儿童筛查225例,儿童康复训练35例,残疾人辅助器具适配450件,盲人定向行走训练25例。2013年,为169名残疾人开展社区康复训练,有康复需求的残疾人95%以上得到治疗和康复服务。为400名精神残疾人免费提供服药和体检,为322名白内障患者免费实施复明手术(脱盲率100%),为17名未享受国家项目的残疾儿童给予康复训练补贴。争取国家项目资金110万元,对293名(其中,脑瘫45名、孤独症142名、肢残68名、智残38名)儿童少年(其中国家项目0~7岁儿童抢救性康复训练110名)实施免费康复筛查、训练、验配康复器具。2014年,共筛查1200人次,其中"七彩梦行动计划"筛查344人次、有训练需求的120人;白内障患者筛查300人次、有手术指征的230人;视力残疾人150人次、有低视力助视器适配需求的68人;听力患者235人次、有适配助听器需求的78人;残疾人辅助器具需求筛查297件(个)。完成白内障免费复明手术400例(人工晶体植入),投入资金45万元,脱盲率100%;贫困精神病患者免费服药救助400名,投入资金25.33万元;脑瘫儿童矫形器装配65例;智残儿童康复救助训练35例;孤独症儿童康复训练85例(机构);新收训聋儿10名;成人肢体残疾人康复训练100例;盲人定向行走训练20例;辅助器具适配327件。2015年,筛查人员达4650人次;争取市级经费365万元,对210名智力残疾、自闭症、听力残疾和脑瘫儿童实施国家项目免费训练;对7名未享受国家项目的残疾儿童发放训练补贴3.2万元;对200名白内障患者实施免费手术,金额达30万元;为100名低视力患者发放助视器;对13名听力残疾人适配助听器,补贴资金8.1万元;投入12万元采购辅助器具248件;对5名残疾人自行购置的辅具给予补助1.9万元;对1名残疾人安装大小腿假肢、矫形器,并给予补助2.6万元;投入资金26万元,为400名精神残疾人开展免费服药和体检。加强示范康复站建设,将中西医结合医院、莲花池社区卫生中心、区妇幼保健院等6个康复站作为示范康复站,投入9.3万元采购康复训练和部分医疗器械,制度上墙,档案规范;对3120名残疾人开展社区居家康复工作。

四、残疾人就业

对男性16~49岁、女性16~44岁、生活能自理、有一定劳动能力、本人有求职要求的残疾人,安排专人负责介绍就业和服务。1996年,成立区残疾人劳动就业介绍所。1999年,更名为重庆市渝中区残疾人就业服务所,并在区残联增挂其机构牌子。2014年,根据市残联关于残疾人就业服务机构规范化建设要求,按照《重庆市区县级残疾人就业服务机构规范化建设标准》,完成渝中区残疾人就业服务机构规范化建设。1989—2015年,贯彻实施《重庆市按比例安排残疾人就业规定》《重庆市按比例安排残疾人就业实施细则》《残疾人就业条例》,动员社会各界通过集中、分散、个体、按比例等就业方式,安排有就业能力的各类残疾人就业。1991—1992年,工商部门安置大量残疾人从事个体经营,给予105个黄金口岸摊位安置无业残疾人。至1994年安置就业残疾人达1700余人,占全区有就业能力残疾人的95%以上。1997—2015年,共安置3593人就业,收取残疾人就业保障金23782万元。其间,对残疾人进行医疗按摩、保健按摩、电脑操作、物业管理等技能培训。2008年,实施长江新里程高科技助残项目,对24名残疾人开展IT、机械制图和动漫设计等培训。2011年举办渝中区第一届残疾人就业专场招聘会,推荐残疾人到企业就业。至2015年,已连续举办五届残疾人就业专场招聘会,共166家企业进场招聘,提供岗位2950余个,2807名残疾人应聘,现场达成就业意向704人。

五、残疾人教育

1991年,成立渝中区特殊教育领导小组,制定特教发展计划,把残疾儿童少年教育纳入义务教育轨道。至1994年12月,全区基本形成以聋哑学校、智力残疾辅读班为骨干,随班就读为主体的特教网络,经医院确诊具有就读能力的600余名盲、聋、低视力、智残儿童少年全部入学。至2000年12月,通过调整校点布局,强化随班就读教育管理,在全区形成以聋哑校为中心,以学区4个辅读班为重点,随班就读为主体的特教网络。1999—2004年,76名残疾考生被电子、中医、文秘、计算机等大学专科及本科院校录取。2005—2015年,安排专项经费621.06万元,协助区教委改善特教学校(班)教学设施,资助残疾学生及贫困残疾人子女就学。其中2005—2006年,安排90万元专款,为重庆市聋哑学校、滨江职中、两路口小学、中山小学、东升楼小学建设资源教室,改善教学设施;完成“长江新里程——中西部地区盲童入学救助”4人。2007年,安排50万元专款帮助聋哑学校、滨江职中和两路口小学等4个特教班改善教学设施。2008年,投入50万元经费,帮助聋哑学校、滨江职中两所特教学校和两路口小学等4个特教辅读班及大坪小学等10个随班就读班的学生改善教学设施。2009年成立渝中区特殊教育研究会。区政府加大特殊教育经费投入,促进特殊教育事业稳步发展。2010年,拨付30万元专款资助市聋哑校、滨江职中等2个特教学校、中山小学等4个特教班改善教学设施。2011年,支持渝中区培智学校开展可行性论证和建设。2014年,为市聋哑学校、渝中区培智学校改善教学设施提供资助30万元。2015年,对16名残疾儿童和5名残疾大学生发放助学金6.3万元;投入资金15万元,配合总工会开展"金秋助学"工程;全年共投入资金25.26万元,对371名贫困残疾人子女和残疾学生从幼儿园到研究生整个教育阶段实施帮扶和救助;投入资金30万元,帮助市哑校、培智学校改善教育环境和购置教学设施。历年"三残"儿童入学率均保持在100%。

六、残疾人扶贫

1997—2006年,处理残疾人房屋拆迁及摊、亭、棚拆除,残疾人专用车等纠纷120起;免费为914名残疾人提供残疾等级鉴定;办理下肢残疾人专用车牌照、驾驶证753份;免费为各类残疾人提供助视器、助听器、试路杖、轮椅等用品用具2850件;法律援助中心为残疾人提供法律咨询272人次;办理中华人民共和国残疾人证5944个;免费发放"助残双优医疗服务卡"2140人。2000—2006年,资助特困残疾学生及残疾人子女就学482人;资助困难残疾人个体从业186名;补助贫困康复对象医疗费820名。2007—2012年,投入1228万余元,对辖区内贫困残疾人、市聋哑学校、区盲人按摩医院及区聋人、盲人、肢残人协会、智力精神残疾人亲友会、肢残人代步车安全组等进行走访慰问、发放过节补贴;同时,投入专项经费扶助残疾人个体从业126人,免费培训有就业愿望和就业能力的残疾人724人,资助大中专院校残疾新生和中小学残疾学生及贫困残疾人子女上学2782人,免费为贫困精神病患者提供药物和体检2372人。2008年,以民办公助的方式建立渝中区智力残疾人士职业训练基地。2010年开始实施"阳光家园计划"。2011年,建立"渝中区残联丹佛残疾儿童康复训练中心",并为13名0~6岁贫困残疾儿童实施免费抢救性康复训练。2011—2015年,投入经费60万余元,实施残疾人居家无障碍改造,为655户残疾人家庭免费改造无障碍设施、设备。2013—2015年,投入3507.52万元专项经费发展残疾人事业,改善残疾人民生。主要为以个人身份参加城镇企业职工基本养老保险的残疾人实施补助,为智力、精神等残疾人开展居家、日间照料和机构托养服务,肢残人代步车燃油补贴及C5驾照残疾人培训补贴发放,为区特教学校(班)改善教学设施,为白内障患者实施免费复明手术,为贫困残疾人免费配发康复辅助器具,为贫困残疾人发放节日补贴、给予节日慰问,免费办理残疾人领取第二代残疾人证等工作。2014年,出台《渝中区贫困残疾人生活困难补贴暂行办法》《渝中区重度残疾人护理补贴暂行办法》等5项帮扶政策。

七、残疾人文化体育

1990年9月,区残联组织参加市"迎亚运"第三届伤残人运动会;在枇杷山公园举行"迎亚运"聋哑人登山活动,120名聋哑人参加。1992年11月,组织12名残疾人参加市伤残人田径比赛。1994年12月,组织参加重庆市第四届残疾人运动会。1999年5月,举行渝中区首届残疾人运动会。2003年,王丽娜、廖克力、丁长燕参加全国第六届残运会。2006年,参加第三届重庆市残疾人运动会,获团体第二名和体育道德风尚奖。2007年,冯桥行等在世界夏季特奥会上获奖;4月,在中山小学举行“全国特奥活动示范社区”挂牌仪式。2009年6月,组队参加重庆市少年儿童特殊奥林匹克运动会。2010年4月,渝中区盲协与重庆巴渝棋社渝中分社,在南岸阳光度假村举行盲人象棋赛;5月,在中山小学举行首届特殊奥林匹克运动会,12个街道及阳光、慧灵、滨江职业中学共15支代表队169名特奥运动员参赛;6月,参加重庆市第四届残运会聋哑人足球决赛并获冠军;7月,在市第四届残运会上,区代表团65名运动员参赛,获得214分,位居金牌榜首,获“体育道德风尚先进集体”称号,谷粤等10名运动员获“体育道德风尚运动员”称号;9月,第五届全国特奥会上,区16名运动员参赛,获16金13银5铜。2011年4月,在42中举办渝中区第二届特奥会,150名特奥运动员参加。2012年10月,区残联、区体育局在红岩小学举行重庆市第二届“进城务工青年亲子趣味运动会”,30名智力残疾儿童、青少年及家长参加。2013年6月,廖克力在石家庄举行的全国残疾人乒乓球锦标赛中获男子单打第一名。是年7月,区智协、阳光职业康复园以“携手共建·融合共享”为主题,开展第七个全国特奥日活动。12个街道、区阳光职业康复园、区惠灵智力残疾人士康复训练中心、区特校学生的150名智力残疾人士和融合伙伴参加比赛。是年10月,区残疾人脑瘫足球队与玉带山小学足球队在江南体育馆足球场举行联谊赛,渝中区脑瘫足球队以6:4的比分获胜;同月,残疾人运动员廖克力在残疾人乒乓球亚洲锦标赛上获得金牌。11月2日,团区委、区残联、区市政管理局、区教委、区体育局主办的渝中区首届共青团市民学校城乡青年亲子趣味运动会在红岩小学举行,来自12个街道和慧灵职业康复训练中心的140个家庭参加比赛,区残联代表队获道德风尚奖。2014年10月,渝中区代表团在重庆市2014年残疾人运动会上获金牌榜第三,团体总分第四,并被大赛组委会评选为体育道德风尚奖;10月,廖克力在仁川亚残会上获得乒乓球TT6—7级男子单打及团体冠军,获2枚金牌。2015年7月,第九次全国特奥日活动暨2015年渝中区特奥运动会在渝中区化龙桥“重庆天地足球公园”举行;10月,廖克力获得2015国际乒联残疾人乒乓球公开赛、亚锦赛TT7级男子单打冠军、TT6—7级团体亚军和约旦亚洲锦标赛TT7级男子单打亚军、TT6—7级团体冠军。

区残联除组织开展历年“国际聋人节”“国际盲人节”“世界精神卫生日”等残疾人重大节日庆祝活动外,还举行其他残疾人文艺活动。1991年7月,在区政府小礼堂召开庆祝建党70周年残疾人事业汇报会。1992年11月,庆祝首届“国际残疾人日”,组织200名残疾人、残疾人工作者与十三军通信团歌手、渝都大酒店职工在九重天旋转厅举行联欢会。1994年4月,残疾人刘树森兴办市中区星星社区文化娱乐站。1995年3月,召开“热爱渝中、自强不息”残疾人演讲会。1999年6月,组团参加重庆市首届残疾人文艺会演,获组织奖。2001年8月,区残疾人文艺宣传队,分别参加重庆市第二届和全国第五届残疾人艺术会演:舞蹈《小河淌水》《黄水谣》分别获市特等奖、二等奖,同时获全国表演优秀奖;声乐《那支山歌我还在唱》获全国表演二等奖。9月,区聋人协会举行周年庆祝活动,举办摄影、书画、集邮作品展。2003年2月,区残疾人骆丽君赴土耳其、波兰访问演出。2004年6月,组织参加第四届“全国盲、聋、培智学校学生艺术会演”。2008年8月,组织参加第五届全国盲、聋、培智学校学生艺术会演;在实验二小举办“阳光总在风雨后”大型文艺晚会。2011年1月,举办“心手相牵、感恩相伴”新春团拜会,卢勇、吕椿、王勇等区领导和200名残疾人代表及工作者参加,并表演《学习雷锋好榜样》《欢乐的跳吧》等舞蹈、小品、手语诗、独唱等节目。2012年8月,辖区听力残疾人康宁被中国工艺美术学会授予“首届中国刺绣艺术大师”称号。2013年7月,廖金表演的独舞《待》在市第五届残疾人文艺会演中获二等奖。2015年7月,第五届全国残疾人职业技能竞赛暨第二届全国残疾人展能节在武汉举行,区聋哑人熊小芸创作的海报《勾手》,获公益美术类项目第二名,被评为全国特殊职业“能工巧匠”,创造了重庆市残疾人在全国残疾人技能竞赛的最好成绩。

八、残疾人维权

1989—2015年,区残联配合全区旧城改造、拆迁、创卫等工作,针对少数残疾人法纪观念淡薄,经常制造纠纷、闹事等问题,通过举办残疾人骨干培训班,对残疾人进行法纪教育,开展警民座谈会、联欢会、庆祝会等各种活动,鼓励残疾人发扬乐观进取精神,自尊、自信、自强、自立,为社会主义建设贡献力量。在处理残疾人信访工作中,坚持“预防为主、教育疏导、依法处理、防止激化”的原则,发现苗头不对和不稳定因素时,及时衔接,畅通渠道,把矛盾控制在萌芽状态,残疾人纠纷和不稳定因素逐年减少。1997—2015年,接待残疾人康复、就业、教育、优惠政策、代步车、住房拆迁等方面的来访10939人次,其中,1998年5月和10月,区残联两次赴长寿成功处理100余名残疾人集访事件。2001—2004年间人数最多,为3997人次;来信270件。2005—2006年,处理残疾人纠纷531起,来访5482人次。2007年,协助相关部门和社会单位处理各类集访126人次。2007—2010年排查涉及残疾人不稳定事件57件。2011—2014年,配合街道、拆迁指挥部等部门在拆违、综合治理、非法营运、经济纠纷等方面分别处置集访6批(250人次)、6批(59人次)、4批,信访处置率100%,未发生到市进京集访、群访事件。2015年,参与处置纠纷7件,处理集访、群访2件,19人次。采纳社会各界对残疾人事业的发展建议。2011年、2013年,分别办结人大代表建议和政协委员提案3件、2件,满意度100%。完善以司法部门、法律援助机构为主体的残疾人法律救助网络,聘请专业律师为残疾人开展法律咨询服务和法制教育。2015年,区残联与司法局联合成立法律援助领导小组,常年聘请律师每周三参与接待工作。2007—2015年,为579名残疾人提供法律援助。

第五节　大渡口区残疾人事业

一、组织机构

1989年7月21日,经大渡口区人民政府同意,启动组建大渡口区残联的筹备工作。1990年3月,大渡口区残联成立,系区民政局代管的正科级群众团体事业单位,设理事长1人(由区民政局副局长兼任),副理事长1人,无内设机构,与民政局合署办公。1999年1月18日,经区编委会研究,同意区残联归口政府领导,为区属正处级机构,理事长为专职。至2015年,区残联机关共有行政编制3名,机关后勤服务人员事业编制1名;理事长1名,副理事长2名,实际在职人数为理事长1名,调研员4名,副调研员1名,机关后勤服务事业编制1名。全区5街3镇共有8个街镇残联,32个村、51个社区共建立有残疾人协会79个,有20名残疾人工作助理员、91名残疾人专职委员分别在镇街残联或村居残协从事残疾人工作。下辖区残疾人就业服务所,为财政全额拨款科级事业单位。设有大渡口区盲人协会、肢残人协会、聋人协会、智力残疾人及亲友协会、精神残疾人及亲友协会5个残疾人专门协会。

1990年3月20日,召开区残联第一次代表大会,有正式代表103名,其中残疾人代表64名,占代表总数的62%。会议推举刘乾嘉为区残联第一届执行理事会理事长。1991年3月29日,区残联第一届二次主席团会议,聘任傅强为第一届执行理事会副理事长。1993年5月27日,召开区残联第二次代表大会,有正式代表102名,其中残疾人代表65名,占代表总数的64%。会议推举莫正贵为区残联第二届执行理事会理事长。1998年6月22日,召开区残联第三次代表大会,有正式代表130名,其中残疾人代表65名,占代表总数的50%。会议推举莫正贵为区残联第三届执行理事会理事长,傅强为副理事长。2003年4月28日,召开区残联第四次代表大会,有正式代表130名,其中残疾人代表78名,占代表总数的60%。会议推举江力为区残联第四届执行理事会理事长,傅强为副理事长。2007年11月30日,召开区残联第五次代表大会,有正式代表120名,其中残疾人代表72名,占代表总数的60%。会议推举江力为区残联第五届执行理事会理事长,傅强、王代明为副理事长。2012年12月7日,召开区残联第六次代表大会,有正式代表125名,其中残疾人代表75名,占代表总数的60%。会议推举刘军为区残联第六届执行理事会理事长,傅强、程家龙为副理事长。

二、残疾人口

至2015年12月,大渡口区常住人口约33.27万,残疾人20128人,其中听力残疾3659人,视力残疾3470人,言语残疾393人,肢体残疾6844人,智力残疾1616人,精神残疾1948人,多重残疾2198人。持有第二代残疾人证人数为4527人,其中视力残疾1002人,听力残疾386人,言语残疾29人,肢体残疾1842人,智力残疾444人,精神残疾611人,多重残疾213人。

三、残疾人康复

1990年,成立大渡口区残疾人"三项康复"工作领导小组办公室。经市残疾人"三项康复"工作领导小组办公室审批,同意重钢职工总医院为白内障、小儿麻痹后遗症定点康复医院。1990—1993年,主要实施白内障复明康复、小儿麻痹后遗症矫治康复、聋儿语言训练康复"三项康复"。1993年后,康复项目逐渐延伸至肢体、视力、智力残疾、耳聋、精神病等残疾人全面康复治疗训练。2002年5月24日,成立区精神病防治康复工作领导小组和由重钢职工总医院精神科专家组成的区精神病防治康复技术指导小组,全面启动精神病防治康复工作,定点医院设在重钢职工总医院。是年7月,大渡口区被确定为重庆市首批13个精神病防治康复区县之一。2002年12月,全区共检出疑似精神病人1297人。2005年启动“重庆市残疾人康复示范社区”创建工作。2006年12月22日,启动“白内障无障碍区”创建工作。至2008年12月,共建成19个残疾人康复示范社区,均配备有康复器材及康复协调员,为实现残疾人就近康复创造条件。2009年2月,成功创建“重庆市白内障无障碍区”。是年11月22日,成功创建“全国白内障无障碍区”。是年12月,成功创建“重庆市残疾人社区康复示范区”,同年10月18日,成功创建“全国残疾人社区康复示范区”。2011年3月22日,通过“人人享有康复服务”市级达标审评。2012年,在跳磴镇试点残疾人免费健康体检项目。2013年建立残疾人免费健康体检项目两年一次的长效机制,实现持证残疾人全覆盖。

1989—2015年,共完成白内障复明手术2545例、小儿麻痹后遗症矫治手术86例、肢体术后功能训练177例、聋儿语训16例、脑瘫儿童训练5例、智力残疾儿童训练51例、低视力康复训练13例、低视力家长训练15例、特需人群补碘3.89万人次、培训智力残疾儿童家长81人、精神病人医疗康复救助2624人次、发放辅助器具2379件。

四、残疾人教育就业

1990年,区残联与区教委等部门密切配合,在区实验小学开设了大渡口区第一个智力残疾儿童辅读班。2000年2月,出台《大渡口区贯彻落实重庆市按比例就业规定实施意见》。是年7月,以政府办名义转发《关于进一步做好残疾人劳动就业工作的通知》。2005年,联合区教委、区民政等10家单位出台《大渡口区关于开展经常性助学活动的实施意见》,将贫困残疾学生列为重点扶助对象。2007年,投入22.7万元,改造区实验小学全日制特殊教育培训中心。是年,肢残人王勇在全国残疾人职业技能竞赛中获女服制作项目第六名。至2008年12月,共招收56名智力残疾学生就读。是年10月,区政府转发《重庆市按比例安排残疾人就业规定》和《重庆市按比例安排残疾人就业规定实施细则》,按比例安排残疾人就业工作全面启动。依法依规征收、管理、使用残疾人就业保障金,确保资金全部用于残疾人事业发展。1989—2008年,征收残疾人就业保障金1298万余元;为357名残疾学生和残疾人子女在校生发放入学救助;推荐残疾人集中或分散就业2716人次;扶持47名残疾人自谋职业;为399名残疾人免费提供盲人按摩、计算机、种养业等各类实用技术培训。2010年,启动“阳光家园计划”项目。2014年9月起,实现残疾人参加小额人身意外伤害保险全覆盖。2009—2015年,区残疾人就业服务所共征收残疾人就业保障金1933万余元;为2901人次残疾学生或残疾人子女在校生发放入学救助金2009年实现全覆盖;扶持75人次残疾人自谋职业;为123人次残疾人免费提供盲人按摩、计算机、电子商务等职业培训;推荐残疾人集中或分散就业292人次。至2015年12月,共有2901名残疾人实现稳定就业。

五、残疾人宣传文化体育

区残联根据各类残疾人的特点,在文化、体育等部门的配合下,在报纸、电台、电视台及网络媒体中宣传残疾人工作和残疾人事迹。积极组织残疾人参加重庆市的文艺、体育比赛。1990年,在《重庆日报》举办的“社会主义在我心中”征文比赛中,大渡口区肢残人傅强的文章

《社会主义带给我幸福的今天》获700篇稿件中的“十佳奖”。是年9月,在市残联举办的“聋人知识竞赛”中,获得团体第二名。在市第三届伤残人运动会上,区12名伤残运动员共获得5个第一,2个第三,1个第四。1992年,在市伤残人中国象棋比赛中,肢残人钟久能获第二名。1993年,在市聋人游泳比赛中,聋人李安全获男子50米蛙泳第二名、自由泳第四名。1994年,肢残人傅强获市总工会举办的“学邓选、话改革、当主人、做贡献”演讲大赛二等奖,是全市唯一的残疾人获奖者。1997年,市肢残人协会出版反映重庆市肢残人风采的报告文学集《拥托太阳》,大渡口区有6位优秀肢残人的作品入选。1999年6月27日,在市第一届残疾人文艺会演中,聋哑人表演的以歌颂救火英雄梁强事迹为主题的大型舞蹈《火凤凰》,荣获创作和组织两项大奖,创作的另一部由聋哑人表演的哑剧《舞会》获优秀表演奖。是年9月,大渡口区组织参加首届市残疾人运动会,获得金牌2枚、银牌1枚、1个第四名、1个第五名,荣获组委会颁发的“体育道德风尚奖”。2002年7月,组织并集训20名残疾人运动员参加市第二届残疾人运动会,获7枚金牌、8枚银牌、5枚铜牌,团体总分第六名。2006年6月,区残联派出15名残疾人运动员参加市第三届残疾人运动会,获得金牌4枚、银牌6枚、铜牌1枚。9月8日,区残联网站开通。是年10月,在新山村街道沪汉社区建立全市首个社区“盲人视障阅览室”。2007年,肢残人田小焱获全国残运会女子小口径步枪射击比赛铜牌。2009年1月20日,选送的文字类消息《残疾人相亲用玫瑰传话五对男女配对成功》获2007年度全国残疾人事业好新闻评选三等奖。是年7月,“大渡口区盲人协会博客”被区委组织部评为“七一网2009年度十佳博客”。2010年5月14日,区电视台开播手语新闻节目。5月16日,在全国残疾人射击、射箭锦标赛中,田小焱以704.4环的优异成绩获得混合组SH1级气步枪卧射R3项目比赛第一名、女子SH1级10米气步枪立射40发(R)2项目比赛第二名,并在女子SH1级50米运动步枪3×20R8项目比赛中获得第四名,在混合组SH1级50米自选步枪卧射R6项目比赛中获得第五名。7月15日,组织14名残疾人运动员参加市第四届残疾人运动会,获得4枚金牌、3枚银牌、4枚铜牌及团体总分第八名。2011年5月1—9日,在西班牙阿利坎特举办的残疾人射击世界杯赛上,残疾人运动员田小焱荣获女子10米混合组气步枪卧射铜牌、10米混合组气步枪卧射(R3项目)团体金牌、50米混合组自选步枪卧射团体银牌。10月14日,区图书馆视障阅览室正式对外开放。2014年10月,13名残疾人运动员在重庆市第五届残疾人运动会上,获得4枚金牌、1枚银牌、2枚铜牌、3个第4名、1个第6名。2015年11月,选拔3名残疾健儿参加重庆市残疾人羽毛球锦标赛,荣获体育道德风尚奖,魏于浩获个人体育道德风尚奖。

六、残疾人维权

残疾人信访问题主要涉及残疾人在康复医疗、房屋拆迁、农村征地、入学教育、劳资纠纷、困难救助、代步车驾驶、残疾人证办理等方面的内容。区残联紧紧围绕全区中心工作,协调解决残疾人的实际困难,维护残疾人的合法权益,着力化解人民内部矛盾,切实维护残疾人群体的社会稳定。2010年,启动残疾人机动轮椅车燃油补贴申报工作。至2015年12月,共为1500人次残疾人发放补贴36.336万元。2011年10月,启动残疾人家庭无障碍改造工作。至2015年12月,共为463户残疾人家庭实施改造。为下肢残疾人发放C5驾照培训补贴。至2015年12月,共为19名残疾人发放补贴共计1.9万元。2014年,为具有C2、C5驾照且名下有小型汽车的下肢残疾人申办减免车辆路桥通行费。至2015年12月,共为37人次残疾人申办减免。1989—2015年,共接待、处理群众来信来访8767件次,办结率100%。

第六节　江北区残疾人事业

一、组织机构

1980年5月,建立区盲人聋哑人协会。1990年4月9日,江北区残联成立,系区民政局代管的正科级群众团体单位。1998年8月,从区民政局单列出来,机构编制独立,并升格为正处级单位。区残联代表大会设执行理事会,负责区残联日常工作。1999年1月26日,成立江北区残疾人就业康复服务所,为区残联直属事业单位(科级)。至2015年12月,区残联下设综合科和残疾人就业康复服务所。辖区9街、3镇,共有12个街镇残联,129个村(社区)残协。有江北区聋人、盲人、肢残人、精亲、智亲5个残疾人专门协会。

1990年4月9日—2015年12月,区残联代表大会共召开6次会议。第一至第六次代表大会分别于1990年4月9日、1995年12月5日、1998年8月26日、2003年11月28日、2008年4月25日、2012年12月18日召开,出席历次代表大会的正式代表人数分别为116人、81人、103人、86人、108人、109人,从第四次代表大会起邀请特邀代表参会,至第六届参会的特邀代表分别为27人、33人、28人。大会听取、审议和通过工作报告,选举产生各届主席团委员及主席、副主席,聘请名誉主席,推选执行理事会正、副理事长。其中各届主席团委员分别为58人、42人、42人、32人、38人、39人,主席均为1人,副主席分别为13人、14人、14人、11人、13人、13人;名誉主席分别为4人、3人、3人、4人、4人、4人;理事长均为1人,副理事长第二至六届各1人(第一届未设副理事长)。先后有祝利明、岳学柏、张金乙、张友华、龚正坤、卢志宏、吴志刚任理事长,阎瑞兴、赖长明任副理事长。

二、残疾人口

至2015年12月,江北区常住人口约81万人,残疾人45117人,其中视力残疾7805人,听力残疾8121人,言语残疾902人,肢体残疾15295人,智力残疾3694人,精神残疾4330人,多重残疾4970人。

三、残疾人康复

1989年12月,江北区成立残疾人"三项康复"领导小组办公室,1993年11月更名为江北区残疾人康复领导小组办公室。2004年,各街镇成立社区残疾人康复示范站。辖区残疾人康复工作全面展开。1993年12月前,主要实施残疾人白内障复明康复、小儿麻痹后遗症矫治康复、聋儿语言训练康复治疗“三项康复”,此后延伸至白内障、小儿麻痹、耳聋、智力残疾、视力、肢体、精神病等残疾人全面康复治疗训练。1990—2005年,共安排残疾人康复经费321.80万元。

2006—2011年,除12个街镇社区卫生服务中心和66个康复服务站外,新建残疾人康复技术指导中心5个。2006年,落实康复工作经费20万余元,实施白内障复明手术428例,低视力配镜8例;盲人定向行走10例;聋儿康复训练2例;肢体功能训练50例;智力残疾儿童训练28例;小腿假肢安装1例,残疾人用品用具供应430件。2007年,实施白内障复明手术583例,低视力配镜8例,聋儿训练1例,智力残疾康复训练20例,肢体残疾康复训练153例,假肢安装3例;投入12万元向350名轻度精神病患者免费发放药品,为25名重症精神病患者免费提供住院治疗。2008年,免费实施复明手术931例,复明率100%,人工晶体植入率90%,困难低视力者免费筛查及康复48例;大小腿假肢安装各1例,聋儿康复训练4例,智力残疾儿童康复训练20例,肢体残疾人康复训练409例,其中儿童10例;常年保障困难精神病患者免费提供药品482人,重症精神病患者免费住院治疗24人,全年精神病患者显好率67%,监护率100%。2009年,免费实施白内障复明手术504例;肢体残疾人康复训练45例;智力残疾儿童康复训练12例;盲人定向行走培训14例;筛查低视力者20例;大小腿假肢安装各1例;常年保障困难精神病患者免费提供药品467人,重症精神病患者免费住院治疗19人,全年精神病患者显好率67%,监护率100%。2010年,投入专项资金124.80万元,筛查白内障患者2058例,投入30万余元为困难白内障患者免费实施复明手术414例;投入18万元保障困难精神病患者免费提供药品492人;聋儿康复训练5例,聋儿家长培训5例;CP脑瘫、MR智力残疾、A自闭症等“三残”儿童筛查30例。

2011年,开展康复筛查对象1.2万人,筛查出白内障患者1358人,其中实施白内障复明手术453例;低视力困难患者配镜25例;聋儿筛查2例;肢体残疾人康复训练60例,其中肢体残疾儿童机构训练17例;智力残疾儿童训练6例;常年为贫困精神病患者提供药品522人,全年合计2088人次;大腿和小腿假肢安装各2例;免费供应残疾人用品用具263件。

2012年,完成白内障复明免费手术300例;适配低视力助视器100例;适配成人助听器20例,聋儿康复训练8例;肢体残疾康复训练200例;智力残疾儿童训练90例;残疾人用品用具免费供应270件;常年救助贫困精神病患者免费服药572人;为区精卫中心、中医院和五宝镇落实康复工作专项经费20万元。

2013年,举办康复协调员培训班2期。发放各类康复宣传资料3万余份。完成康复需求调查12217人,并按时按要求录入系统,筛查出白内障患者近800例、聋儿19例。完成白内障复明手术728例;适配低视力助视器100例;适配成人助听器20例,聋儿康复训练19例;肢体残疾康复训练307例;智力残疾儿童训练116例;残疾人用品用具免费供应377件;常年救助贫困精神病患者免费服药612人;实施“阳光家园”计划,居家托养400户,日间照料80人。

2014年,举办康复协调员培训班1期,集中对社区(村)90名康复协调员进行系统、专业培训;完成康复需求调查12217人并按时按要求录入系统,筛查出白内障患者近1100例、聋儿10例;完成白内障复明手术1000例;聋儿康复训练3例;肢体残疾康复训练307例;智力残疾儿童训练109例;残疾人用品用具免费供应265件;常年救助贫困精神病患者免费服药695人;实施“阳光家园”计划,居家托养480户,日间照料80人。

2015年,完成白内障复明手术600例;聋儿康复训练3例;肢体残疾康复训练162例;智力残疾儿童训练96例;残疾人用品用具免费供应253件;常年救助贫困精神病患者免费服药749人。是年,委托“幸福加”社会工作服务中心通过远程呼叫服务方式,已经受理受助人提出的各类需求400余件,做到每10天1次定期电话探视,共成功提供1000余次电话探视服务。

四、残疾人就业

1986—2005年,全区共集中安排残疾人到辖区民政福利企业就业1247人,分散安排到驻区社会单位就业7573人,推荐就业173人,个体经营就业1400人。2000年,江北区按比例安排残疾人劳动就业工作全面启动。至2005年,辖区应履行按比例安排残疾人就业的单位2006个,其中履行义务的单位1706个;为集中安置残疾人的福利企业减免各种税费500万余元,为在农村从事种养业的残疾人减免各种税费100万余元,为残疾人个体户减免税费50万余元,其中仅2005年为新办个体户一次性补贴1000元1项,补贴共3.7万元。

2006—2011年,共征收残疾人就业保障金3187万元。2006年,集中安置残疾人在民政福利企业就业364人,参加残疾人就业前各类技能培训80人,盲人从业医疗按摩工作11名。2007年,按比例分散安置残疾人就业96人,民政福利企业集中安置残疾人就业94人,个体经营就业安置72人,就业前技能培训181人,推荐就业159人。2008年,区残联投入6.8万元,举办电脑、烹调师、长江新里程高科技助残项目等职业技能培训班,全年累计培训残疾人332人次。投入2万元新开办残疾人“工疗室”2所,安排精神残疾和智力残疾人康复和就业共110人。扶助残疾人自谋职业,对凡持有证照并经营1年以上的残疾人个体经营户,给予2000元就业补贴等资金扶持。119名城镇残疾人、120名农村残疾人实现就业。2009年,组织289名城镇残疾人、215名农村残疾人开展就业前培训。举办残疾人就业招聘会2场,35人实现就业;全年累计安排残疾人就业再就业383人。2010—2011年,举办残疾人就业招聘会5场,推荐集中就业63人;按比例安排残疾人分散就业670人。

2012—2014年,举办就业培训班8期,免费为526名残疾人开展职业技能培训。投入3.8万元对19名取得工商营业执照的个体就业残疾人给予一次性2000元就业补贴。举办现场招聘会6次,推荐162名残疾人就业。2012年,分散安置残疾人就业184人,征收残疾人保障金达2167万元。2014年,强化按比例安置残疾人就业审核程序,审核企事业单位95家,分散安置残疾人就业359人,征收残保金3045万元。

2015年,改变就业培训模式,首次通过政府公开招标形式,与中标单位重庆艺才职业学校签订培训合同,投入33.4万元为自愿申报的167名残疾人开展包括创业培训、计算机及应用、保健按摩、家电维修、美容美甲等项目的培训。分散安置残疾人就业255人。投入1.4万元对7名取得工商营业执照的个体就业残疾人给予一次性就业补贴。

五、残疾人教育

1986—2005年,区政府先后制发《江北区特殊教育规划》《江北区残疾儿童少年义务教育“九五”规划》《江北区残疾儿童少年义务教育“十五”规划》,并设立特殊教育经费,该项经费常年保持在2万元。全区有特教专职教师5人。2001—2008年,对残疾学生实行“两免一补”政策,加上助学金共投入65.54万元。至2005年,辖区学龄残疾儿童少年482人,其中智力残疾儿童460人,盲童20人,聋生2人。

2006—2011年,全区有22名残疾儿童在特教辅读班接受教育,2名聋哑儿童在市聋哑人学校学习,143名残疾学生在中心学校随班就读。36名残疾学生在普通中小学随班就读;输送5名聋哑儿童到市聋哑学校接受语言发音训练。区残联举办电脑、烹调、IT、动漫、机械制图等职业技能培训班6期,33人接受短期培训。60名考上大中专院校的残疾人接受资助,金额共20.75万元。至2011年,先后有25名残疾学生考入市内外大中专院校。

2012年,在214名随班就读残疾学生和特教班的22名学生享受“两免一补”的基础上,另对每名学生每年1000元助学补贴(其中贫困学生另有2000元一次性资助),资助补贴标准全市最高;有2名特教教师获教育部和中国残联颁发的“国家特教园丁奖”。

2013年,将残疾儿童少年教育纳入义务教育保障体系,确保有就学能力和愿望的残疾儿童少年入学率100%。投入救助资金11.1万元,在六一儿童节和教师节,走访、慰问特教班教师和学生;改善观音桥小学特教班软硬件环境。

2014年,投入救助资金11.2万元,对27名残疾学生及残疾人子女按重点大学5000元、一般本科4000元、大学专科3000元标准给予一次性入学救助,对6名正在就读大学的残疾学生实施全程资助。

2015年,投入救助资金10.7万元,对16名残疾学生及残疾人子女实施一次性入学救助或全程资助。联合交通银行江北支行深入观音桥小学看望慰问特教班师生,为特教班的孩子送去羽毛球拍、乒乓球拍等价值3000元的体育用品。同时,支行全体员工集体献爱心,为特教班送去5340元慰问金。

六、残疾人扶贫

1986—1998年,江北区组织社会单位和个人为残疾人福利基金会捐款40万余元。1990—2008年,发放扶残助残救助金102.79万元;城镇残疾人个体经营户减免税收73.87万元;农村残疾人家庭减免税费14.10万元;救助残疾儿童入学、转学、择校、生活困难及赞助费等共64.58万元;救助精神病患者、白内障患者等贫困残疾人康复治疗费82.80万元。节日慰问和“五必访”制度落实,累计发放慰问品慰问金90万余元。2005年,区政府决定对辖区常住享受城乡最低生活保障家庭中持有中华人民共和国残疾人证的人员,自是年7月1日起,每人每月补助15元;对农村的同类残疾人每人每月补助10元。7—12月,共补助2676人次,补贴金额12.38万元。

2006年,全区筹集扶贫救助资金70.50万元。其中,投入13万元救助困难残疾人1360

人，投入5万元为农村10户残疾人家庭实施危房改造，投入10万元为300名精神病患者发放药品，投入30万余元落实城镇1442名、农村315名困难残疾人生活补贴，投入2.5万元为128名残疾人购置轮椅、拐杖，投入5万余元为160名困难白内障患者实施复明手术。2007年，区委、区政府出台《关于加强城乡社会保障救助体系的意见》，城乡享受"低保"的残疾人生活补贴标准提高至每人每月40元。城镇2458人共补贴金额11.06万元，农村219人共补贴金额13140元，为农村残疾人免征农业税等8.5万元。2008年，区政府下拨救助金98.16万元，全区2454名享受"低保"的残疾人每人每月再增加生活补贴40元。2009—2010年，为4688名生活困难的残疾人生活补贴共251.98万元。

2011年，区委、区政府出台《关于关心群众疾苦努力实现贫困有救助目标的实施意见》，并下拨资金119.71万元，全区2494名"低保"残疾人基本生活得到保障。全年走访困难残疾人家庭250户，送去大米、食用油等生活用品总计10万余元。按每人500元标准，为"低保"残疾人发放元旦、春节慰问金共计124.70万元。投入62万元，为300户残疾人家庭及10个"日间照料站"实施无障碍改造。

2012—2015年，共下拨563.4万元，累计8552人残疾人受益，各年投入资金分别为165.53万元、148.5万元、138.19万元、111.18万元，受益人数分别为2508人、2250人、1994人、1800人。累计为1255名下肢残疾人发放机动轮椅车燃油补贴32.634万元，各年人数分别为291人、318人、322人、324人，投入资金分别为7.57万元、8.268万元、8.372万元、8.424万元。2013—2014年，年均投入115.6万元，分别对2243户、1994户低保残疾人家庭及66户边缘困难残疾人家庭及2家残疾人企业进行节日慰问。2012年，为8名残疾人发放C5驾照补贴8000元。2013年，为残疾人刘立清、梁玉华子女入学和生活补贴2.2万元。2015年，投入182.1万元实施重度残疾人护理补贴，3657名符合条件的残疾人享受到优惠政策，其中按区级标准发放补贴的有791名，按市级标准发放补贴的有2866名。

七、残疾人文化体育

1986年，江北区举办第一届伤残人运动会。32名残疾人参加田径、篮球、乒乓球比赛。是年，街道、企业组织66名残疾人分别参加群众性体育竞赛活动。1990年8月24日，江北区举办第二届伤残人运动会(更名为残疾人运动会)，进行游泳、田径、乒乓球、射击项目选拔赛，选出12名运动员参加市第三届伤残人运动会，获男子50米仰泳、100米仰泳、男子50米蛙泳、100米蛙泳第一名；男子乒乓球单打、男子田径800米、男子气步枪坐姿射击第三名。2002年9月，江北区5名残疾人运动员参加全国特殊奥林匹克运动会(简称特奥会)，获得1枚金牌、6枚银牌、6枚铜牌。2005年3月17日，江北区1名残疾人在全国残疾人射击锦标赛(桂林)上，在男子小口径步枪卧射、气步枪卧射和立射等项目中(均为60发子弹)分别获得1枚金牌、1枚银牌、1枚铜牌。2008年11月，在台湾举行的第24届东亚地区残疾人特奥运动会上，1人获乒乓球女子单打银牌、女子双打铜牌和混合双打金牌。2009年5月，区残联、体育局、教委联合举办江北区首届青少年特殊运动会，49名智残运动员参加田径4个项目比赛，10人通过选拔参加重庆市首届青少年特殊运动会，获得1枚金牌、2枚银牌、10枚铜牌。2013

年,全国残疾人射击锦标赛25米男女混合慢加速30+30运动手枪项目中,区残疾人运动员周晓露代表重庆市参赛,以542环的成绩晋级决赛并获得银牌。2015年4月27日—5月3日,在德国汉诺威举行的国际射击比赛上,周小露代表中国参赛,获SH1女子10米气手枪40发项目个人和团体两枚金牌。

1988年3月1日,江北区残疾人活动中心建成,建筑面积为865平方米。内设文艺厅、台球室、音乐厅、录像、棋牌、图书室等活动厅室。2007年,该中心拆迁。2008年,投入340万元,在建新东路22号新建残疾人综合服务中心,建筑面积1180平方米。1991年4月10日,成立江北区嘉陵之声残疾人艺术团。5月,区嘉陵之声残疾人艺术团首次公演,1000余名观众观看演出。1996年9月22日,区残联组织2名残疾人参加重庆市青年歌手大奖赛,1人获演唱二等奖,1人获演唱三等奖。2000年,江北区1名残疾人在重庆市举办的"红岩光彩""两坚持杯"地方话演讲比赛中获一等奖和二等奖。2002年开展残疾人联谊文艺活动50场次,约1500人参加各种文娱活动。

2006—2008年,开展舞蹈表演、歌曲演唱、器乐演奏、诗词朗诵、讲革命传统故事等演出活动40余场(次),1700余名残疾人和残疾人工作者参加表演和观看。2009年,小品《雨后黄昏》在重庆市第四届残疾人文艺会演中获表演一等奖和创作奖,参加第七届全国残疾人艺术会演并获优秀奖;残疾人杨小坚在全区"红色岁月、故事江北"故事会上演讲故事《三滴血》获二等奖;2010—2011年,举行残疾人文化艺术及宣传活动33场。2012年,组织残疾人群众性文艺演出和比赛活动10余场。2013年,购置盲文图书500余种、辅读器材16台,建成残疾人"文化进社区"活动点30个、区级视障阅览室1个;在79个社区图书室和28个农家书屋建立残疾人图书专柜,配备残疾人书籍32087册、音像制品253套、读书辅助器具206件。承办市级第23次"全国助残日"现场活动,开展活动20余场次。2014年,承办重庆市庆祝第24次"全国助残日"暨助残阳光行动启动仪式。

八、残疾人维权

1990—2005年,区残联接待残疾人及其亲属来访10407人次,回复率90%。2006—2009年,共举办法制教育培训班11期,656名残疾人骨干参训。接待残疾人来信及其亲属来访773人次(件),办复率均为100%,满意度90%以上,化解集体上访事件6起。2010年,全年办理信访301人次(件),办结率100%。2011年,区残联全年下访残疾群众64人次,听取问题和意见80余人次,化解各类矛盾纠纷64件;转办残疾人信访件56件,办结率98%。2012年,接受培训186人次,接待处理残疾人及亲属来信8件,来访182人次,办复率100%,满意率90%以上。2013年,发放法制宣传资料3000余份;举办法制教育培训班2期,200人次残疾人接受培训。全年共处置市、区转办来信6件,办理残疾人及亲属来信5件,接待来访103人次。2014年,处置市、区转办来信4件,办理残疾人及亲属来信3件,接待来访96人次。2015年,开展"残疾体验"活动,200余名市民和20余名区人大代表参加体验。举办法制教育培训班10期,400余人次残疾人接受培训。

2001年7月,在城市建设中开始规划设计、建造"盲道"等无障碍设施。至2005年12月,已在建新南路、建新北路、建新东路、建新西路以及城区主干道、支公路两侧人行道和通往广场、步行街、商场、医院、公园、机关、学校、影剧院、公厕、商住楼、超市、社区等建筑物建造“盲道”和残疾人轮椅车上坎通道、扶手、扶梯及安全通道等各种无障碍设施。1996年,有残疾人肢体代步车26辆;2000年为240辆;2005年为264辆。根据“江北区残疾人事业‘十二五’发展规划”安排,对全区2474户有改造需求和愿望的困难残疾人家庭,实施个性化无障碍改造。2011—2014年,完成1124户。2015年,对剩下的1350户残疾人家庭实施无障碍改造,实际完成1353户。

九、示范区创建

2001年起,江北区先后开展全国社区残疾人工作示范区、全国残疾人社区康复示范区和重庆市“白内障无障碍区”创建工作、重庆市残疾人“人人享有康复服务”目标等4项创建工作;分别于2004年、2007年、2009年、2010年通过中国残联、市残联组织的检查验收小组验收,均达标,各项创建工作圆满完成。

第七节　沙坪坝区残疾人事业

一、组织机构

1989年11月20日,沙坪坝区残疾人联合会经区政府批准成立,作为区民政局下设科室。1998年9月,从民政局单列,为正处级单位,经过两次编制调整。至2015年,设有综合办公室、残疾人综合服务中心,共有编制11人,其中行政编制4人,事业编制7人,是融“代表、服务、管理”三大职能于一体的残疾人群众团体。1998—2015年,先后有宋树华、李天中、罗梦旻、张永辉任残联理事长。1995年,建立街(镇)残联,科级内设机构,每五年换届,主席团主席由街(镇)分管领导担任,理事长由部门负责人(科级)担任,全区24个街(镇)于2009年选聘配齐残疾人专职委员协助理事长工作。是年,同步成立社区(村)残协与街(镇)残联,三年换届一次,残协主席由社区(村)居(村)民委员会主任担任,副主席由残疾人专职委员担任,委员中半数以上是残疾人或亲友。2005—2007年,全区118个社区、86个村全部配齐残协专职委员即助残员。据2006年第二次全国残疾人抽样调查显示,沙坪坝区残疾人4.81万人。

二、残疾人康复

2001—2005年,受益残疾人3025人次。完成白内障复明手术688例,脱残率90%,脱盲率100%;为6名聋儿配置助听器,完成18名聋儿的语言训练,完成13名聋儿家长的康复语言训练;为152名残疾人配备康复矫形器,残疾人用品用具供应2002件;为52名肢体残疾者进行康复训练;为8名脑瘫患者进行康复训练;对46名智残儿童进行康复训练。

2006年,完成白内障复明手术120例,脱残率90%,脱盲率100%;为9名低视力患者配备助视器,对2名低视力患者的家长进行训练;完成1名聋儿的语言训练;残疾人用品用具供应450件;依靠社区对12名成年肢体残疾人、3名肢残儿童、12名智残儿童及家长进行康复训练。新建10个社区残疾人康复服务活动中心。

2007年,完成白内障复明手术200例,脱残率90%,脱盲率100%;为8名低视力患者配备助视器,对3名低视力患者的家长进行训练;假肢装配3例,残疾人辅助器具供应400件,辅助器具配发50件;1名聋儿及家长在市残疾人综合服务中心接受康复训练;依托创建的市康复示范社区对12名成年肢体残疾人、3名肢残儿童、8名智力残疾儿童及6名智力残疾儿童家长进行康复训练;对5名盲人进行定向行走训练;肢体残疾儿童筛查14人;脑瘫儿童筛查5人。2个社区创建为市级康复示范社区。

2008年,贫困精神病患者免费服药继续救助311人。筛查出白内障患者1372人(其中贫困白内障患者309人、低视力患者168人)。实施贫困白内障患者复明手术211例;完成贫困低视力患者配镜30人。完成肢体残疾成年人康复12人及儿童康复12人。发放轮椅100辆,对口支援奉节残联50辆。创建市康复示范社区10个。

2009年,贫困精神病患者免费服药继续救助360人、新增93人,共发放医疗救助卡453人。重症贫困精神病患者免费住院10人。举办盲人定向行走训练培训24人,培训盲人50人。完成肢体残疾成年人康复12人及儿童康复5人。为下肢重、中度贫困肢体残疾人发放轮椅140辆,免费安装大小腿假肢各1例。开展智力残疾儿童康复训练15人。创建市康复示范社区9个。

2010年,为465名贫困精神病患者免费发放服药救助卡。筛查出白内障患者594人1138例,实施贫困白内障免费手术94例;免费配镜14例;配发盲表130只。对15名聋儿、脑瘫、自闭症及智力残疾儿童开展聋儿语训、康复训练及家长培训。为460名残疾人进行辅助器具适配。

2011年,完成312名康复管理员、协调员、康复医生在岗培训;发放“康复医疗训练卡”“上门服务卡”“知识讲座咨询服务卡”3.12万张。白内障低视力筛查1997人,完成108例免费手术和11例免费配镜。完成20名盲人定向行走培训。免费为17名肢体残疾人进行重点康复训练,为3名贫困肢残人免费装配假肢。为新建的三个社区卫生服务中心配置康复器材33件。为残疾人提供个性化辅助器具1031件。为残疾人赠送轮椅65辆。为26名聋儿、脑瘫、自闭症及智力残疾儿童提供康复服务训练。

2012年,为9475名残疾人提供“一周一次康复训练,一月一次上门服务,一季一次知识讲座”的“三个一”社区康复服务,发放康复服务卡5.84万张;创建残疾人示范社区康复站2个,新建社区卫生服务中心2个,配置器材26件;完成白内障免费手术250例,“百万工程”项目手术100例;为0~6岁残疾儿童配辅助器具13件;为7名低视力患者配备助视器;对24名盲人进行定向行走训练;为2名贫困肢残人免费装配假肢和提供免费康复训练,赠送轮椅50辆;为112名聋儿、脑瘫、自闭症及智力残疾儿童提供康复服务训练;举办0~6岁疑似残疾儿童信息监测培训,培训人数128人;为70名残疾人举办12场心理健康知识系列讲座;对26名脑瘫儿童到定点机构接受训练并达到一定康复目标的,给予一次性补贴2000元;精神病患者免费服药585人。

2013年,为1.19万名残疾人提供“一周一次康复训练,一月一次上门服务,一季一次知识讲座”的“三个一”社区康复服务,发放康复服务卡2.67万张,实现残疾人居家康复服务全覆盖。新创建残疾人社区康复站1个、康复室2个,并配发器材33件。发放辅助器具312件,赠送轮椅32辆,精神病患者免费服药576人。

2014年,为1.29万名残疾人提供“一周一次康复训练,一月一次上门服务,一季一次知识讲座”的“三个一”社区康复服务,发放康复服务卡2.68万张,实现残疾人居家康复服务全覆盖。为468名残疾人配发居家辅助器具503件;给予578名贫困精神病患者服药救助;完成白内障免费手术142例;为24名盲人提供定向行走培训;为561名贫困低视力配发助视器;为18名贫困肢体残疾人免费装配假肢;完成国家残疾儿童康复救助“七彩梦行动计划”项目筛查113人,残疾人康复救助项目筛查132人;救助孤独症患者60人,智力残疾25人;实现62名智力残疾儿童社区、家庭康复,23名肢体残疾儿童社区康复,及112名成人社区康复。

2015年,为1.37万名残疾人提供“一周一次康复训练,一月一次上门服务,一季一次知识讲座”的“三个一”社区康复服务,发放康复服务卡2.68万张。为423名残疾人配发居家辅助器具445件;完成贫困白内障复明手术148例。为24名盲人提供定向行走训练。为341名低视力残疾人免费配发助视器。为50名贫困听力残疾人免费佩戴助听器。为22名贫困肢体残疾人免费装配假肢,免费为肢残人发放轮椅54辆。完成国家残疾儿童康复救助“七彩梦行动计划”项目筛查82人,残疾人康复救助项目筛查215人。开展0~6岁残疾儿童信息监测,已监测到有出生缺陷的儿童57例,疑似残疾的8名;为72名在机构训练的儿童发放补贴32.1万元。

三、残疾人就业

1998—2007年,举办残疾人专场招聘会,建设“爱心亭”,就业人数2000余人,就业率均在80%。开展计算机、手工编织、机械加工、农村实用技术等20余种培训,培训总人数3000余人。

2008年,举办盲人电脑、聋人刺绣、创业意识等9个培训班,对258名城乡残疾人进行免费培训,实施“长江新里程计划——高科技助残就业项目”,对4名残疾人开展IT培训并实现就业。为10名从事个体经营的贫困残疾人每人发放1000元就业补助金。全区累计就业残疾人2012人,城镇残疾人就业率85%。2009年,举办盲人电脑、聋人刺绣、创业意识等24个培训班,对578名城乡残疾人进行免费培训,为15名从事个体经营的贫困残疾人每人发放1000元就业补助金。推进按比例安排残疾人就业,全区累计就业的残疾人共2102人,城镇残疾人就业率继续保持在85%。

2011年,组织128名残疾人参加计算机、绢花、刺绣、剪纸、盲人按摩、网络创业等7个项目的技能培训,对10家用人单位新安置10名长江高科技受益人给予就业岗前培训补贴经费共计1.04万元。鼓励帮扶1个街道根据辖区内残疾人特点及街道就业特色,开设残疾人手工艺品小卖场,实现5名残疾人居家就业。完成“长江新里程计划——高科技助残就业项目”培训41人,安置7人。累计完成长江高科技助残就业项目培训85人,全年新安置残疾人就业110名,累计安置残疾人就业3748人,城镇残疾人就业率88%。“阳光家园计划”托养残疾人为4232人次,发放补贴金额为46.64万元。

2012年,举办4场残疾人专场招聘会,推荐70名残疾人就业。完成5915名残疾人的就业、失业和职业培训信息采集及实名录入,扶持22名残疾人实现自主创业,发放创业补贴5.6万元。

2013年,对145名残疾人开展现场职业指导及求职咨询服务,接待13家企业的残疾人用工服务;为69名残疾人提供计算机职业技能培训和16名聋儿蜀绣培训;举办残疾人专场招聘会4次,成功推荐残疾人就业105名;为23名自主创业残疾人发放补贴6万元。

2014年,举办残疾人专场招聘会4次,实现110名残疾人就业;扶持16名残疾人创业;完成城镇残疾人就业129人;完成1803人农村稳定就业任务,全年共完成8968名残疾人就业实名采集录入。

2015年,举办5场残疾人专场招聘会,实现158名残疾人就业。完成424名残疾人家政、厨师、计算、盲人按摩等培训。为15名残疾人探索开展订单式电子商务就业培训。对25名雇主开展培训。对10名社区残疾人就业指导员开展培训。对20名残疾人进行就业适应性测评。给予10家(15名残疾人)共计3万元的盲人保健按摩机构扶持。为10名残疾人发放创业补贴2.25万元。开展56家按摩机构和94名盲人按摩从业人员的基本情况摸底调查。开展残疾人就业服务,实施残疾人就业实名制管理,已录入就业人数8964名。

四、残疾人教育

1998—2007年,区残联对100余名特困残疾学生给予入学救助。

2008年,对11名贫困残疾中小学生实施救助,发放助学金2300余元。落实义务教育阶段残疾儿童实施“两免一补”政策,确保残疾儿童入学率100%。

2009年,开展“爱心育苗圆梦行动”,资助区聋哑学校1万元;向50名贫困残疾学生及贫困残疾人子女发放救助款2.31万元。实施“两免一补”政策,残疾儿童入学率100%。

2010年,资助贫困残疾学生及贫困残疾人子女入学共计245人,资助范围由义务教育到高等教育,资助金额从200元至3000元不等,发放资助金共计9.78万元。全区三类残疾(盲、聋、智力残疾)儿童入学率均达到100%。是年,完成长江高科技助残就业项目培训5人,安置4人。截至10月,提前一年超额完成市残联布置的“长江高科技助残培训项目”的各项任务。扶持12名残疾人通过自主创业实现就业,发放创业资金共计3.6万元。全年新安置残疾人就业110名,累计安置残疾人就业3638人。城镇残疾人就业率88%。落实市残联“阳光家园计划”,对智力、精神和重度残疾人开展摸底调查,至10月,阳光家园居家托养残疾人已达282人,7—9月累计补助793人次,补贴金额达7.93万元。

2011年,开展2011年“爱心育苗·圆梦行动”,资助贫困残疾学生及贫困残疾人子女259人,发放资助金共计10.91万元。全区五类残疾(盲、聋、智力、肢体、视力)儿童入学率均达到100%。

2012年,向233名贫困残疾学生及贫困残疾人子女发放入学救助款9.72万元。

2013年,为6名残疾儿童发放学前教育补贴3000元,补贴1万元给区聋哑学校支持特殊教育工作,为227名贫困残疾学生及残疾人子女发放入学救助金10.65万元。

2014年,205名贫困残疾学生和贫困残疾人子女享受到入学和生活救助,26名贫困残疾儿童和贫困残疾人家庭儿童享受学前教育和生活救助,申报5名残疾大学生入学和生活救助。组织18名视力残疾人分别参加国家级盲人医疗按摩人员继续教育和重庆市保健按摩继续教育。

2015年,对168名贫困残疾学生和贫困残疾人子女实施入学和生活救助7.12万元,对30名贫困残疾儿童和贫困残疾人家庭儿童实现学前教育入学和给予生活救助1.77万元,为4名残疾大学生申报入学和生活救助共计0.9万元。实现贫困残疾学生和贫困残疾人子女从学前至大学教育的全学段入学和生活救助全覆盖。

五、残疾人维权

2012年,发放残疾人法律救助卡6895张。为222名残疾人发放C5驾照或燃油补贴共6.5万元。接待处理来信来访45件,转办、自办案件结案率均达到100%。

2013年,发放残疾人法律救助卡6000余张,接待处理来信来访55件,处理率100%。为362名外省市或区县残疾人开据优惠乘车证明。给予227名残疾人燃油补贴金共计5.9万元,给予4名残疾人C5驾照培训补贴共计4000元。投入36.2万元完成9个街镇249户残疾人家庭的无障碍改造工作。

2014年,发放残疾人法律救助卡3000余张,接待处理来信来访67件,处理率100%。为240名残疾人发放燃油补贴6.24万元,为6名C5驾驶培训残疾人发放补贴6000元,为51名持C2、C5驾驶证的残疾人办理路桥费用减免。为非沙坪坝区户籍的280名残疾人、非重庆市户籍的97名残疾人开具乘坐公共交通优惠证明材料。

2015年,发放残疾人法律救助卡6700余张,接待处理来信来访49件,处理率100%。为236名残疾人发放燃油补贴6.14万元。为4名C5驾驶培训残疾人发放补贴4000元。投入12.6万元完成114户残疾人家庭无障碍改造工作。

六、残疾人扶贫

2012年,向2454名贫困残疾人发放生活救助补贴114.25万元。向163名贫困残疾人或聋人盲人家庭发放残疾鉴定补贴、数字电视基本维护费补贴1.44万元。400名精神、智力残疾人获得每月100~200元的居家托养或日间照料补贴。慰问残疾人2888名,送慰问金约33.94万元。投入24万元改造农村贫困残疾人危房12户,新建房屋总面积720平方米。

2013年,沙坪坝区残联率先在重庆市开展贫困残疾人参加城乡居民养老保险补贴工作,为117名参保残疾人发放补贴共计2780元。资助贫困残疾人住院,补贴44人次,共发放补贴7.9万元。贫困残疾人参加城乡居民合作医疗保险实现补贴全覆盖。向2460名贫困残疾人发放生活救助补贴114.75万元。为137户聋人盲人家庭发放数字电视基本维护费补贴1.1万元。为10名重度精神、智力残疾人提供上门鉴定服务;元旦春节期间共慰问残疾人3254人,慰问金、慰问品合计33.01万元。335名精神、智力残疾人获得每月100~200元的居家托养或日间照料补贴;依托民间机构启动残疾人寄宿型托养服务,已入住智力和重度肢体残疾人16名。投入34万元完成17户贫困残疾人的危房改造工作,新建住房面积达1080平方米。

2014年,为62名重度残疾人发放护理补贴3.52万元;向2388名贫困残疾人发放生活救助补贴161万元;资助贫困残疾人住院,补贴70人次,发放补贴12万元;为16名因病、因灾导致生活出现临时困难的残疾人给予临时救助总计6万元;为136户聋人盲人家庭发放数字电视基本维护费补贴1.36万元。403名精神、智力残疾人获得每月100~200元的居家托养或日间照料补贴;为23名残疾人开展寄宿型托养服务;为30名贫困残疾人发放鉴定补贴5312元;元旦春节期间共慰问残疾人3269人,为残疾人送上慰问金、慰问品合计36.92万元。投入26万元完成13户新增贫困残疾人的危房改造工作,完成改造面积820平方米。

2015年,为2935名重度残疾人发放护理补贴107.71万元;向2082名特困残疾人发放生活救助补贴149.68万元;为18名因病、因灾导致生活出现临时困难的残疾人给予临时救助总计9.98万元;为119户聋人盲人家庭发放数字电视基本维护费补贴1.19万元;为968名精神、智力残疾人发放居家托养或日间照料补贴101.16万元;投入169.16万元为享受居家托养补贴的910名残疾人、走进日间照料站的58名残疾人、入住寄宿型托养服务中心的24名残疾人开展残疾人托养服务。395名残疾人获得养老保险补贴共计4.65万元;为18名重度精神、智力残疾人提供上门鉴定服务;为52名贫困残疾人发放鉴定补贴8470元;元旦春节及助残日期间共慰问残疾人3784人,为残疾人送上慰问金、慰问品合计41.17万元。投入资金35万元完成12户新增贫困残疾人危房改造工作,完成改造面积790平方米。

第八节　九龙坡区残疾人事业

一、组织机构

1981年4月,成立九龙坡区盲人聋哑人协会。1989年7月,成立区残疾人联合会。1990年,在镇(街)建立残疾人协会,2002年,镇(街)建立残联。2005年,各街道及社区建立残疾人组织,2006年,在各村建立村残疾人协会。2012年,全区形成区级、镇(街)、村(居)三级残疾人组织网络,全区有17个镇(街)残联、198个村(居)残疾人协会、5个残疾人专门协会。

1989年8月25日,召开区残疾人联合会第一次代表大会,出席会议的正式代表104名,其中残疾人代表54名,占52%。1993年6月,召开区残疾人联合会第二次代表大会。出席会议的代表106名,残疾人和残疾人亲友占主席团委员的50%。1998年6月30日,召开区残联第三次代表大会,出席会议的代表125名,其中残疾人代表77名,占61.6%。2003年10月23日,召开区残联第四次代表大会,出席会议正式代表118名,其中各类残疾人代表74名,占代表总数的63%。2007年12月12日,召开残疾人联合会第五次代表大会,出席会议代表118名,其中残疾人代表77名,占代表总数的65%。2012年9月28日,召开区残联第六次代表大会,出席会议正式代表143名,其中各类残疾人及亲友代表80名,占代表总数的56%。先后有丁远睦、曾宪时、张朝阳、陈元礼、牟忠铸、李世龙、陈野任理事长,刘立新任党组书记;张贤忠、余才达、刘立新任副理事长。

二、残疾人口

2006年,第二次全国残疾人抽样调查,九龙坡区有残疾人5.28万人。2012年12月,有12621人办理第二代残疾人证,其中视力残疾1430人,占已办证比例的11.3%;听力残疾555人,占4.4%;言语残疾96人,占0.8%;智力残疾1272人,占10.1%;多重残疾401人,占3.2%;肢体残疾7454人,占59.1%;精神残疾1413人,占11.2%。2015年,入户上门鉴定104人,受理办证鉴定1282人、办理残疾人证1191个、注销残疾人证116个。

三、残疾人康复

1989年10月,成立区白内障、小儿麻痹、聋儿康复工作领导小组(简称"三康"领导小组),下设"三康"办公室负责日常工作。11月,对全区白内障患者、小儿麻痹症患者和聋儿进行摸底调查。摸底有白内障患者869名,经医生初析641名,复查确诊150名;小儿麻痹症摸底261名,初析147名,已达到矫形手术指征51名;聋儿语训摸底69名,初析30名,经三医大电位诱发检查达80分贝10名,需语训5名。

1989—1992年,完成白内障复明手术306例,聋儿到聋校训练12名,小儿麻痹症矫治15例。脱残率78%,脱盲率22%。

1997年8月,联合国慈善机构国际狮子会与中国签订"视觉第一中国行动"大型合作项目,主要解决白内障患者复明,1998—2001年完成白内障复明手术426例,人工晶体植入术200例,脱盲率100%,脱残率80%。1996—2000年,引导有一定听力的学龄前儿童2名进入市聋儿语训学校学习,送1名聋儿进入市聋哑校学习,聋儿家长培训2名,智力残疾儿童家长培训1名。完成肢体训练6例,假肢、矫形器装配32例,配置残疾人用品用具205件。

2001—2005年,完成白内障复明手术630例,低视力康复4人;完成肢体训练22例,普及型小腿假肢装配1例,供应用品用具673件,赠送轮椅48辆,5000人接受补碘。训练智残儿童6例,聋儿语训6例,聋儿家长培训2例。2002年11月,辖区内人群中精神病患者的检出率为6%,监护率为90%、显好率为60%。2003年7月,检查出精神病患者4371人,检出率为6%。救助精神病患者708名。2004年,建立精神病患者档案4371份,落实配套经费14.1万元,有708名患者接受康复治疗。

2006年,完成白内障复明手术325例,脱盲率99%。低视力配镜9人,家长训练2人。2007年,创建"白内障无障碍区"工作全面开展,培训康复人员40名,盲人定向行走训练5名。免费接受药物救助治疗446名,对重症精神病患者实施住院治疗,补助每人每月1500元。2008年,建立5个社区康复医疗服务站,依托区第二人民医院和精神卫生中心,投入25万元建成2个集工疗、娱疗于一体的精神病患者康复中心,为4000余名精神病患者提供娱乐、工作场所。2009年,投入白内障无障碍设施设备建设经费99.89万元,建成3个残疾人康复示范社区,全年投入康复经费742.14万元。2007—2009年,实施白内障复明手术830例,三次集中筛查疑似白内障患者1400名。成功创建为"全国白内障无障碍区"。2010年,对全区肇事精神病患者开展全面筛查,排查出重度患者1990名,救助贫困精神病患者入院治疗26名,药物救助贫困精神病患者512名,救助金额23.9万元。2006—2010年,完成聋儿语训3名;智残儿童训练16名,家长培训12名,脑瘫儿训练19名,肢残训练36名,赠送轮椅127辆,供应用品用具673件。

2011年,投入1200万元建成1800平方米的九龙坡区残疾人康复中心投入使用。3月,召开全区康复培训会,为期3天,培训328名残疾人专职委员、康复工作协调员、社区康复医生。完成康复建档1.65万份。在岗康复服务人员458名,为2.41万名残疾人开展康复训练。创建康复示范社区11个,成功创建重庆市残疾人社区康复示范区暨"人人享有康复服务"。

2012年,共筛查疑似白内障患者3200余人,实施免费复明手术257例。完成低视力康复治疗152人次,低视力助视器验配100名,培训低视力家长100名。实施精神残疾人救助工程,为667名精神病患者提供药物救助,对98名贫困重症患者进行住院治疗,补助金额54.13万元。全区8196名残疾人开展康复训练。有2.34万名残疾人享受康复服务。

2013年,为247例贫困白内障患者免费实施手术。药物救助的贫困精神病患者685名。贫困精神病患者住院救助100名。配辅具712件,盲人定向行走训练30名。为1.65万名残疾人进行康复服务,成人肢体残疾社区医疗机构训练8196名。培训社区康复协调员190名。

2014年,为200例贫困白内障患者免费实施手术,手术成功率100%,复明率100%。药物救助贫困精神病患者739名;贫困精神病患者住院救助150名,全区贫困重症精神病患者治疗监护率90%以上。配发"彩金"项目辅具877件,为1.64万名残疾人建立康复服务档案,其中7396名成年肢体残疾人参加社区康复机构训练。

2015年,筛查疑似白内障患者1800人,免费复明手术214例,低视力适配助视器103人,免费安装假肢23人,盲人定向行走训练30人。精神病患者药物救助1875人次、住院救助151人,0~6岁残疾儿童训练救助50人、康复训练生活补贴36人。免费发放轮椅、拐杖、护理床、助视器等各类辅助器具492件。社区康复训练残疾人4000余人,建立残疾人康复服务档案1.6万余份。

四、残疾人教育

1986年,区教育局在黄桷坪小学附设智力残疾儿童辅读班,并修建残疾儿童生活用房和宿舍,配备3名专职教师对8名智力残疾儿童进行智力开发和功能训练教育。至1989年,输送21名残疾学生到市聋哑学校学习,对其他"三残"儿童采取随班就读形式,招收"三残"儿童197名入学。1991年,市教委拨款2000元帮助特教班解决实际困难。1989—1991年,通过电位诱发测试听力达到80分贝的5名聋儿被送到市聋哑学校进行语言培训,使他们从不会说话到学会简单说话。1995年,招收190名"三残"儿童入学。1996年,全面完成"三残"儿童就学,普及九年义务教育。

2000年,投资30万元在滩子口小学设立特殊教育辅读班,招收12名"三残"儿童入学。另有269名"三残"儿童在区内小学随班就读,"三残"儿童入学率100%。2003年7月,全区开展"扶残助学春雨行动",发行"扶残助学春雨行动"明信片3000余套,募集资金6万余元,专项用于资助贫困线以下的义务教育年龄段的残疾儿童和少年完成学业。2004年,利用市红十字会特困救助专项经费和企业支持,为3名贫困残疾学生接受高等教育提供6000元救助。2005年,全区有特殊教育辅读班2个,就读的"三残"儿童16名,随班就读的"三残"儿童154名。有特教专职教师1名,"三残"儿童、少年入学率98%。

2006年,全区开展滩子口小学特教班助学活动,支持经费3000元,全区残疾儿童入学率100%。2007年9月,对残疾人子女考入高等院校、职业学校每人救助200~1000元,同年有23名残疾学生获救助2.08万元。2008—2009年,对残疾人子女或残疾学生考取大专以上的,全额救助14名,救助经费3.14万元。将残疾儿童、少年教育纳入义务教育规划。

2011年3月,对残疾人子女或残疾学生考入大专及以上的一次性补贴助学金1500~5000元;对考入中专、职高、技校或同等学力的一次性补贴1500~2000元;考入高中阶段一次性补贴800~1200元。2009—2012年,对122名残疾学生和"低保"户家庭残疾人子女入学救助13.31万元。2013年,对18名残疾学生及残疾人子女给予10.94万元的补助。2014年,对28名残疾学生及残疾人子女给予助学补贴。

五、残疾人就业

1989年,区政府制定《加强扶持福利企业管理工作意见》,安置残疾人达30%以上的企业,确立为福利企业,可享受免交有关税费的优惠政策。至1992年,国家机关、事业单位安置残疾人145名、国营集体单位安置残疾人1818名、乡镇企业安置残疾人800名、残疾人个体就业296名。民政局管理的城乡福利企业46个,安置残疾人705名,占福利企业职工总数的39.2%。

1994年,安置残疾人就业791名,安置率80%。1995年,新办福利企业15个,新增残疾人就业96名。全区88个福利企业,有1273名残疾人就业。

1998年6月,市政府第30号令《重庆市按比例安排残疾人就业规定》,明确单位按照不少于本单位上年度末在职职工总数1.5%的比例安排残疾人就业,对未达到比例的,征收残疾人就业保障金。2000年,29个区级机关缴纳残疾人就业保障金近7万元。1998—2002年,集中和分散安排2000名残疾人就业。

2005年,全区有城镇残疾人2.5万名。符合法定就业年龄并有一定就业能力的残疾人7130名,已实现就业5812名,其中分散就业3312名,个体从业1487名,集中安置就业1013名,就业率81.5%。

2006年,把集中就业、分散就业、按比例就业、个体就业和自愿组织起来就业相结合,落实残疾人就业的税费减免等优惠政策,区残联安排90名城镇残疾人就业,投入10万元帮扶

100名贫困残疾人。同年,全区残疾人就业6035名,其中按比例就业3442名,集中就业1034名,个体就业1559名。至2010年,城镇残疾人就业率稳定保持在85%以上。

2007年,实施市委市政府民心工程“爱心亭”项目,建成“爱心亭”39个,解决39名特困残疾人就业。2008年,做好残疾人就业申请登记,建立登记档案,及时向社会用工单位推荐,为残疾人提供就业信息,扶持中梁山以西九镇的20名贫困残疾人9万元,发展种养业。

2010年,在争取康复扶贫项目贷款中,为安排有112名残疾人就业的重庆市大林机械发展有限公司争取扶贫项目贷款452万元,贴息22.6万元。2006—2010年,共安排城镇391名残疾人就业,扶持51名个体就业。在金凤镇海兰村建残疾人扶贫基地1个,实现600名残疾人就业。

2011年3月,支持残疾人创业,每户在5年内可按照从事不同行业获3000~10000元不等的补贴。2011—2012年,8名残疾人自主创业获补贴4.7万元。2012年,新建残疾人创业基地1个。

表10-2 1984—2012年九龙坡区福利企业安置残疾人就业统计表

年份	企业(家)	安置残疾人(人)	年份	企业(家)	安置残疾人(人)
1984年	1	46	1999年	62	1343
1985年	15	189	2000年	73	1531
1986年	32	412	2001年	66	1355
1987年	—	—	2002年	—	—
1988年	68(含乡)	654	2003年	74	1727
1989年	34	657	2004年	72	1713
1990年	44	807	2005年	63	1487
1991年	48	758	2006年	—	—
1992年	44	672	2007年	67	2156
1993年	39	797	2008年	67	2156
1994年	43	904	2009年	—	2231
1995年	82	1273	2010年	90	2689
1996年	83	1492	2011年	91	3380
1997年	74	1361	2012年	91	3380
1998年	101	1596			

注:1984—1986、1989—2005年摘自区志;2008—2012年摘自区统计年鉴。

2012—2014年,新建残疾人就业创业基地1个,扶持5名城镇残疾人自主创业,新增残疾人就业70名;组织辖区企业10家,为残疾人提供就业岗位35个。扶持4名城镇残疾人自主创业补贴2.6万元。建立残疾人就业信息化工作平台,城乡残疾人就业年龄段录入8846人,录入率99%。征收残疾人就业保障金3744万元(含高新区)。

2015年,实施就业项目,残疾人集中就业企业83家3200余人,分散、灵活、个体就业的各类残疾人近1000人,规范管理盲人按摩机构5家、就业近100人。残保金征收1200万元。

六、残疾人培训

1999年8月,成立九龙坡区残疾人服务中心,为残疾人就业培训提供组织保障。2001年,对162名残疾人进行职业培训。2002年,对260名残疾人进行职业技能培训。2003年,对通过培训的107名残疾人推荐就业。

2005年4月,组织7名盲人参加市残联组织的盲人按摩初级培训班。组织100名残疾人进行1个月的电脑培训。投入就业培训经费7万元,分期对200名残疾人进行就业技能培训。

2006年,培训467名残疾人,其中城镇100名技能培训、农村360名实用技术培训。7名盲人参加市残联举办的盲人按摩培训,全部拿到按摩等级证书,其中有3名盲人获中级技术职称。安排4名特困盲人按摩师就业。全区有劳动能力的残疾人就业率85%。

2007年,投入培训经费5万元,职业技能培训167名,其中城市技能培训60名,农村实用技术培训100名,盲人按摩培训7名。区有盲人按摩机构7个,其中从事医疗按摩3个,保健按摩4个。

2008年,实施中国残联、李嘉诚基金会"长江新里程——高科技助残就业"项目,确定长江高科技助残就业培训高端人士1名、中端人士1名、低端人士10名,经过培训,12名残疾人基本掌握了不同层次的IT理论和实践操作,扩大了就业渠道。

2010年,培训城镇残疾人150名,农村残疾人200名。10名盲人进行按摩培训。全区建有盲人按摩机构31家,从业人员150名,其中有120名盲人从事按摩职业。同年,全区有就业能力的残疾人就业率86%。2006—2010年,对1030名城镇残疾人开展职业培训,城镇残疾人就业率稳定在85%;对1000名农村残疾人进行农村实用技术培训,脱贫率90%。

2011年,城镇残疾人实用技术培训98名,补贴12.35万元;农村种养业技术培训106名,补贴6.76万元。2012年,举办城镇、农村残疾人培训班各一期,投入技能培训费27.8万元,培训300名。2012—2014年,完成城镇和农村残疾人培训860人。2015年,举办城镇残疾人实用技能培训3期160人、农村残疾人种养业技术培训2期200人。

七、残疾文化体育

1982年4月,建立第一个聋哑人文艺小分队,参加全市盲人聋哑人文艺会演,小型舞蹈《风筝》荣获一等奖。1982—1986年,区残疾人参加市的文艺会演中,获一等奖2个、二等奖2个、三等奖1个。《风筝》《三个和尚》舞蹈赴四川省和全国16个城市的文艺研讨会演出,受到好评。

1982—2010年,组织参加重庆市7届(其中4届伤残人运动会,3届残疾人运动会)运动会,1次田径比赛,获得39枚金牌、21枚银牌、20枚铜牌。2010年,成立残疾人缘梦艺术团。7月,选拔29名残疾人组成残疾人合唱团,参加区委、区政府组织的精品节目展演,经过一个多月训练,选送的《红梅赞》歌曲获特别奖。

2000年9月,区首次选派运动员徐晨参加全国第五届残疾人运动会,获个人游泳项目2枚银牌、1枚铜牌。2005年,视力残疾人运动员刘玲在全国残疾人田径锦标赛比赛中,获100米、200米、400米3枚金牌。同年,肢残人徐晨在全国残疾人运动会上获S10 200米蛙泳银牌1枚、200米仰泳铜牌1枚。2002年12月3日,双臂截肢的黄国富,以口代手苦练书画,获中国书法家协会、中国美术家协会、中国摄影家协会、中国残联颁发的绘画类优秀奖证书。

2010年12月,在广州举办亚洲残疾人运动会,铁路中学残疾学生廖克力勇夺乒乓球男单金牌。2010年5月1日,成立重庆华岩奇人奇才艺术馆,该馆坐落在华岩寺风景区正大门右侧,占地700平方米。该馆的成立,填补了国内艺术馆类别一项空白。馆内收藏近300幅来自9位国内一流的口足书画家作品。

2011年1月,举办重庆市首届肢残人书法绘画艺术节,奇人奇才艺术馆成为教育基地,通过《重庆日报》《九龙报》、市残联网站等媒体宣传报道。

2014年,组团参加重庆市第五届残运会,获得5枚金牌、1枚银牌、2枚铜牌。2015年,首次组织残疾人参加区十运动会,具体承办5个比赛项目和1个趣味项目。

八、残疾人维权

1989年,收到来信来访20件(次),做到件件有回音,使残疾人反映的问题得到解决。至1992年,收到残疾人来信154件,来访273人次,反映的主要问题集中在就业、生活困难、住房、入学、就医、婚姻、户口、免税和合法权益受到侵犯。区残联主动配合有关部门进行调查,妥善处理,保护了残疾人合法权益。

1999年8月,区残联单列后,加大对残疾人合法权益保护力度,建立完善管理制度近20个。2000年,接受群众来信来访50件,处理突发事件2件。

2001—2005年,接到残疾人来信204件,接待集访13次,来访800余人次。拨付信访维权经费10万余元,发放有关法律法规宣传资料2万余份。全区未发生群体性事件。2006—2010年,收到残疾人来信27件,比"十五"期间下降87%。接待来访7942人次,无一起群体事件发生。2011—2012年,共收到残疾人反映问题的来信11件,都给予了满意的处理。

表10-3 2000—2012年九龙坡区残疾人信访及维权统计表

年份	来信(件)	来访(人次)	法律援助(件)
2000年	50	—	—
2001年	54	288	—
2002年	39	224	—
2003年	61	186	35
2004年	46	—	—
2005年	4	40	—

续表

年份	来信(件)	来访(人次)	法律援助(件)
2006年	10	86	5
2007年	5	1567	25
2008年	7	2310	31
2009年	4	1859	33
2010年	1	2120	57
2011年	6	1500	27
2012年	5	—	45

2013年,受理残疾人信访10件,接待385人次,法律援助40件。为残疾人机动轮椅代步车466辆发放燃油补贴12.1万元。对6名残疾人取得C5残疾人专用驾证共补贴6000元。

2014年,接待残疾人300人次,办理信访件4件次,依托区法律援助中心为35名残疾人提供法律援助,全年无1例1人越级上访或集访。参与全区摩托车综合整治,全区登记在册残疾人机动轮椅代步车436辆,建立残疾人代步车驾驶安全组7个,在全市率先制作完成区域内统一的代步车专用标识。

2015年,开展干部下访行动,公开接访、约访、下访27人次,接待769人次,受理残疾人法律救助46人次,入户上门鉴定104人,受理办证鉴定1282人、办理残疾人证1191个、注销残疾人证116个。落实C5驾照培训补贴7人、三轮车燃油补贴445人、减免四轮车路桥费104人,完成残疾人家庭无障碍设施改造50户、农村贫困残疾人危房改造15户。

第九节　南岸区残疾人事业

一、组织机构

1959年,南岸区盲聋哑人福利协会成立,隶属区政府民政科,性质为社团组织。1980年,南岸区盲聋哑人福利协会更名为南岸区盲聋哑人协会,隶属区民政局。1989年5月,在原南岸区盲聋哑人协会的基础上,成立南岸区残疾人联合会,编制3人,由区民政局代管。2001年11月,区残联设办公室,编制5人。至2015年12月,全区有8个街道、7个乡镇残疾人组织,成立了87个社区残疾人协会、58个村残疾人协会。设有南岸区残疾人服务中心,成立了南岸区盲人协会、区聋人协会、区肢残人协会、区智力残疾人及亲友协会、区精神残疾人及亲友协会。

1989年5月3日,召开南岸区残疾人联合会第一次代表大会。1992年12月26日,召开第二次代表大会。1998年7月16日,召开第三次代表大会。2003年4月24日,召开第四次代表大会。2008年1月19日,召开第五次代表大会。2012年12月27日,召开第六次代表大会。先后有刘宗瑜、吴安友、文科任理事长。

二、残疾人口

至2014年11月1日,南岸区常住人口84.01万人,约有残疾人3.8万人。至2015年12月,全区持证残疾人15557人,其中视力残疾3482人,听力残疾1520人,言语残疾117人,肢体残疾7551人,智力残疾1286人,精神残疾1249人,多重残疾352人。

三、残疾人康复

1989年,成立南岸区残疾人康复工作办公室,由区卫生、民政、财政、残联等部门人员组成。秘书处设在残联,负责日常工作。区第一人民医院为残疾人康复定点医院。残疾人康复工作项目主要有小儿麻痹、白内障、聋儿语训等。1991年起,每年10月10日定为全国"精神卫生日",区残联在全区开展心理咨询,发放药物和宣传资料等活动。1989—1992年,完成白内障复明手术150例,小儿麻痹后遗症矫正手术91例,聋儿语训9人。1993年,增加区第二人民医院为残疾人康复定点医院。1996年起,每年6月6日定为"全国爱眼日",区残联在全区开展免费手术、义诊、咨询、发放宣传资料等活动。2002年10月起,开展全区精神病患者普查,为精神病患者建立康复档案。是年,增加区第四人民医院为残疾人康复定点医院,将麻风畸残纳入残疾人康复项目。2003年3月,精神病患者普查工作完成,辖区有精神病患者3052人,占常住人口的6%,其中长期住院患者202人,需要家庭药物救助者280人。2003年,辖区开始建立社区康复站,就近为残疾人提供康复服务。是年起,将精神病防治康复列为工作重点。1989—2005年,全区共实施肢体康复525例,聋儿康复65例,智力康复60例,麻风畸残康复2例,白内障复明2326例,精神病防治康复462例,低视力康复65例,康复训练与服务6840人次;在"精神卫生日"活动中,共免费发放3万元的药物,心理咨询4300人次,发放精神卫生宣传资料8000份;在"全国爱眼日"活动中,共免费实施白内障摘除手术74例,义诊3000余人次,发放爱护眼睛及防盲治盲宣传资料1.2万份;在"全国爱耳日"活动中,共义诊2300人次,咨询4200人次,发放防聋、治聋宣传资料6000份。至2015年12月,全区共有残疾人康复定点医院6个,社区康复站45个,开展肢体康复、聋儿康复、智力康复、麻风畸残康复、白内障复明、精神病防治康复,低视力康复、康复训练与服务8项。2007年南岸区成功创建"全国残疾人社区康复示范区"。2008年起区残联先后建立"启明星智力残疾儿童康复托养中心""向日葵智力残疾人康复托养中心""南岸区精神病身心康复中心",并以上述中心为依托,完成智力儿童康复托养31人,智力残疾人康复托养17人,精神病托养21人。2009年,依托重庆华远现代农业公司,在广阳镇建立集现代种养业为一体的"南岸区精神残疾人农疗基地"和"南岸区扶贫基地",解决迎龙、广阳两镇15名精神残疾人农疗康复和扶贫问题。是年与区卫生局合作在市第五人民医院建立"南岸区康复中心",面积1500平方米,为视力、听力、肢体、智力残疾人提供康复服务。"十一五"期间,区残联与重庆麦格眼科医院、南岸区中西医结合医院、重庆市第五人民医院等合作,共实施白内障复明手术2200例。2008—2009年,为辖区各类残疾人配发辅助器具668件,实施中国残联0~6岁贫困残疾儿童抢救性康复项目2名。2010年成功创建为重庆市首批残疾人“人人享有康复服务”达标区。“十二五”期间,完成贫困白内障患者复明手术759例,盲人定向行走训练140人,为79名视力残疾人配发助视器145件;依托市聋儿中心、南岸区向阳花听力语言康复中心、南岸区春晖如意听力语言康复托养中心,开展聋儿康复训练159人次,为成年听力残疾人配发助听器72台;依托南岸区启明星智力儿童康复托养中心开展智力残疾儿童、孤独症儿童康复训练236人次;依托南岸区向日葵智力残疾人康复托养中心和重庆福泽残障康复托养园实施成年智力残疾人士康复训练188人次。做好贫困精神病患者服药救助工作,免费发放药物680人。2011年,开始实施《南岸区狂躁型精神病残疾人康复托养救助办法》,解决30名贫困重度狂躁型精神病人的康复托养;为21名肢体残疾人装配假肢,为各类型残疾人免费配发基本型辅助器具396件;完成国家0~6岁残疾儿童康复救助“七彩梦行动计划”及彩票公益项目190人次。“十二五”期间,加强社区康复协调员培训,165人次参加培训,增强了基层残疾人工作者的服务能力。

四、残疾人就业

1989年,辖区有福利工厂3个,共安置残疾人588人就业,占3厂职工总数的20.82%,当时全区残疾人就业率仅为35%。1999年,南岸区开始征收残疾人就业保障金。2000年起,通过委托社会培训机构、办专门培训班、推荐到市残疾人培训机构等方式,实施残疾人技能培训:对城镇残疾人主要进行电脑、盲人按摩等培训;对农村残疾人主要进行养猪、养家禽、种植花木等实用技术培训,帮助残疾人就业。对自谋职业的残疾人通过减免税费予以扶持,2002年,通过地税征管网络,强力征收残疾人就业保障金,全年征收169万元。2005年,实行地税代征和财政代扣并行方式,征收残疾人就业保障金,完成征收618万元。是年,对300名从事个体工商业的贫困残疾人给予每人1000元的自谋职业补贴,全区残疾人就业率87%。1990—2005年,辖区在市属福利企业和区属95户福利企业共安排3779名残疾人就业,其中按比例分散安排3561名残疾人就业;扶助2309名残疾人个体从业。2006—2015年,共举办盲人按摩、电脑、美发、小家电维修等技能培训25次,共918人次参训;共组织26场现场招聘会,有155家企业进场招聘,共安置1756名残疾人就业,辖区城乡残疾人就业率94%;共征收残疾人就业保障金3000万元。2011—2015年,通过委托培训、专门举办培训班等形式,完成盲人按摩、盲人电脑、肢残人电脑、烹饪、小家电维修等技能培训项目,辖区1277名残疾人受益。三年间采取召开现场招聘会、基层推荐与区残疾人服务中心推荐相结合的形式,推荐1019名残疾人就业,占应就业残疾人的90%;共征收残疾人就业保障金5000万余元,促进残疾人稳定就业。

五、残疾人教育

1989年,南岸区在十七小学和广益小学设立2个辅读班专门招收辖区智力残疾儿童学习,学制8年。1998年,全区辅读班发展到7个。2000年,辅读班更名为培智班。2004年,培智班共招收62名智力残疾学生并全部小学毕业,至此培智班暂时停办。1995年,开始在全区逐步推行智力、肢体残疾儿童随班就读。1995—2005年,全区共有860名残疾儿童先后在辖区各中小学随班就读至毕业或肄业。2004年起,南岸区对残疾儿童入学实施"两免一补"政策(即免学杂费、课本费,补助住宿费和生活费)。1989—2005年,共为4800人次减免学杂费、书本费83.1万元,教育救助投入26.2万元;残疾儿童入学率由1989年的60%逐步上升到2000年的100%,并一直保持至2015年12月。2006—2010年,共组织463名盲、聋哑、智力残疾等残疾儿童进行医疗测试鉴定,组织39名残疾儿童在普通中小学随班就读,全区接受特殊学校教育的学生达500余人,残疾儿童入学率一直保持在100%。2011—2015年,对特殊学校在校学生学杂费、书本费全免,并补助每生每月400元生活费、每生每年800元住宿费。2015年12月,南岸区有随班就读残疾学生189人,其中学前班89人,小学56人,初中23人,普高3人,职高18人。

六、残疾人宣传文化体育

1990—1997年,区残疾人体育骨干先后8次入选市代表队,参加全国、西南地区及四川省的体育比赛,共获金牌12枚、银牌6枚、铜牌8枚;组织残疾人文艺骨干先后10次加入市代表队参加全国、西南地区、四川省的文艺会演,共获一等奖5个、二等奖3个,三等奖3个。1989—2005年,区残联先后6次举办全区性的以器乐、舞蹈、声乐为主的残疾人文艺会演和4次全区性的以中国象棋、田径、乒乓球、轮椅绕杆、单臂飞镖为主的残疾人体育比赛,共培养36名残疾人文艺骨干和20名残疾人体育人才。2006—2010年,加强机关信息宣传工作,完成市残联下达的信息工作年度目标任务。每年被《重庆日报》《重庆残联通讯》《重庆市残联公众信息网》采用的稿件达数十条(篇)。2008年区残联和区体委在江南体育馆共同举办以"牵手残疾人,走进奥运会"为主题的南岸区首届残疾人趣味运动会。是年,成立南岸区残疾人艺术团,其中2名团员被选送进中国残疾人艺术团。2009年开展主题为"绽放生命光彩"的残疾人摄影比赛。在2010年第四届市残运会中,南岸区代表团获金牌10枚,银牌9枚,铜牌8枚,团体总分第三名,盲人、聋人足球队各获第三名,聋人篮球队获第五名。2014年,"全国助残日"期间,组织辖区27名聋人到重庆黄山抗战遗址博物馆参观;选拔45名运动员参加重庆第五届残疾人运动会,获13枚金牌、9枚银牌、4枚铜牌,团体总分第三。全国"两会"期间,重庆市特殊教育中心学生艺术团应邀到北京,为代表演出部分文艺节目。2015年,全国第九届残疾人运动会,南岸区选拔3名肢残人运动员参加乒乓球、硬地滚球项目比赛,何小东获乒乓球男子团体第六名,余海获硬地滚球个人银牌;余海和彭爽组合为主力,参加硬地滚球赛获团体冠军。2015年,重庆市特殊教育中心杨帆管乐团受文化部邀请到北京国家大剧院演出,中央电视台现场直播,受到文化部部长和现场观众高度赞誉。

七、残疾人维权

1990年,区残联组织肢残人进行法制知识学习,提高其遵纪守法意识和维权意识。1993年,区残联对信访者反映的残疾人就业及企业改制后生活待遇问题,与有关部门积极协商,基本妥善解决。2000年,开始在辖区开展"残疾人维权示范岗"活动。2001年,信访问题主要涉及残疾人社会生活、医疗、企业改制、农村征地、城市改造房屋拆迁，农转非等问题，经区残联积极协调，受到有关部门重视，多数问题及时解决。是年，中国残联授予南山镇法律事务所“残疾人维权示范岗”称号。2003年，市司法局、市残联授予区法律援助中心“残疾人维权示范岗”称号。2009年，南岸区政府发通告对摩托车、残疾人代步车乱停乱放、非法从事客运进行专项整治，引发渝中、江北等近郊十余个区县400余名残疾人代步车主集体信访，区残联配合信访办，稳妥处理这一事件。1989—2005年，区残联共接待残疾人来信90件，来访5867人次，协调解决矛盾180件，处置突发事件17件。2001—2005年，全区各级各类法律机构免费为28例68名贫困残疾人提供法律援助。

第十节　北碚区残疾人事业

一、组织机构

1986年5月，重庆市北碚区盲人聋人协会建立。1989年6月5日，重庆市北碚区残疾人联合会成立，属区委群团系统，正科级机构，由区民政局代管。1998年6月，北碚区残疾人联合会从区民政局单列出来，机构编制独立，升格为正处级单位。2001年，北碚区机构改革，区残联内设办公室、业务科、残疾人就业服务所。2012年12月，经区编办同意，撤销残疾人就业服务所，成立北碚区残疾人综合服务中心。同时，北碚区盲人协会、肢残人协会、聋人协会、智力残疾人及亲友协会、精神残疾人及亲友会是区残联所属的群众组织，是北碚区残疾人统一组织的组成部分。2003年9月30日，全区17个镇2个街道召开镇(街道)残疾人代表大会，镇(街道)残联主席大多数由分管社会事务的领导担任，少数镇(街道)由人大主席或副书记担任，均配备专兼职残联工作人员。同年，村和社(居委会)相继成立残疾人协会。2012年12月，全区118个村、62个社区全部挂牌成立村残疾人协会和社区残疾人协会。

1989年6月5日，召开北碚区残疾人联合会第一次代表大会，参加会议代表123人，其中各类残疾人代表69人，占代表总数的56.1%。1993年4月22日，召开第二次代表大会，应到正式代表96人，其中残疾人及亲友代表49人，占正式代表总数的51%。1998年7月16日，召开第三届残疾人代表大会，应到代表150人，其中正式代表125人，残疾人及残疾人亲友代表73人、占正式代表总数的58%。2003年11月13日，召开第四届残疾人代表大会，应到代表170人，实到代表170人，其中正式代表150人，残疾人及残疾人亲友代表83人，占正式代表总数的55%。2007年12月21日，召开第五次代表大会，应到代表180人，实到代表180人，其中正式代表170人，特邀代表10人，残疾人及残疾人亲友代表91人，占正式代表总数的53.5%。2012年10月26日，召开第六次代表大会，大会应到代表183人，实到代表183人，其中正式代表173人，特邀代表10人，残疾人及残疾人亲友代表93人、占正式代表总人数的53.8%。先后有刘劲鸣、冯鸿任理事长，张恒、李明航、潘光银任副理事长。

二、残疾人口

2013年12月,北碚区常住人口为76.09万人,约有残疾人4.1万人。至2015年12月,全区持证残疾人13401人,其中视力残疾1986人、听力残疾971人、言语残疾140人、肢体残疾6518人、智力残疾1362人、精神残疾1935人、多重残疾489人。

三、残疾人康复

北碚区残疾人"三项康复"工作起源于1989年10月,主要从事白内障患者复明康复、小儿麻痹矫正治疗康复、聋儿语言训练康复。1992年6月以后,将残疾人"三项康复"延伸至白内障、小儿麻痹、耳聋、智力残疾、低视力、肢体残疾、精神病等全面康复服务。1999—2015年,为全区城乡白内障患者免费筛查和检测14794人次,白内障复明手术3346人次,为贫困患者免费手术791人次;给轻度精神病患者无偿服药康复治疗1.08万人次,免费为贫困精神病重症患者送医院治疗康复1442人次;各类残疾人康复训练1235人次;为不同类别的残疾人赠送和配发拐杖、手杖、盲杖、助行器等残疾人辅助服务器用品用具4713件,坐便器124个,轮椅218台,安装假肢及矫形器164副,安装助听器173副,低视力配镜152副,完成医疗康复和训练康复的残疾人有效率100%。

1991—1995年,实施白内障复明手术388例,超额完成38例,脱残率95%,脱盲率85%,配镜率60%,达到国家标准要求;小儿麻痹症矫治64例,超额完成14例,有效率90%,显效率80%;聋儿语言训练25例,超额完成5例,其中有5名聋儿经语言训练后,进入普通小学就读;低视力康复10例,并对其后期继续康复训练;智残儿童家长培训46人次,超额完成任务6人次;智残儿童启智训练6人;特殊人群补碘4500人,完成新婚育龄妇女补碘654人。建成北碚区社区康复站2个,开展残疾人康复训练等项目服务。

1996—2000年,累计组织实施白内障复明手术317人次,脱盲率95%,脱残率85%;肢体矫正治疗手术20例,有效率90%;低视力康复9例;矫形手术后功能训练26例;聋儿语言训练21例;安装肢体矫形器12例;智力残疾儿童训练18人次,智力残疾儿童家长培训18人次;盲人按摩培训7人次;聋人手语培训41人次;特需人群补碘1.59万人次;残疾人用品用具配置285件。

2001—2005年,按全市精神病患者抽样摸底调查测算(占全市人口总数的6‰),全区测算出不同类型精神病患者3884人,其中有1754人就近在社区和村康复站免费服药治疗康复,有196名贫困重症精神病患者住院治疗后,得到不同程度的康复。五年间,区残联出资5万元,为全区城乡80名"嘴唇裂"和"腭鱼裂"(兔嘴唇)患者免费实施整形手术;实施白内障复明手术383例,低视力康复30例;脑瘫儿童训练13例,智力残疾儿童训练26例,智残儿童家长培训30人次;大腿安装假肢2例,小腿假肢安装6例;聋儿训练15例,聋儿家长手语培训31人次;肢体矫形器安装45例,肢体残疾功能康复训练66人次,残疾人各类用品用具共配置315件。

2006—2010年,全区筛查出需要治疗和康复的各类残疾人5362人,免费为4053名贫困残疾人治疗和康复,占需求的70%。实施白内障复明手术1511例(其中贫困家庭免费手术711例),安装晶体163例,低视力配镜110例,培训盲人行走53人次;免费为1930名贫困精神病患者服药和康复救助,对在外流浪和狂躁型贫困精神病患者200人次实施免费住院治疗;对肢体残疾者系统训练346人次,安装矫形器等辅助康复器具250例;对患有孤独症的儿童实施康复训练120人次,对其中30名贫困患儿实施救助;为贫困肢体残疾人免费安装假肢10例;聋哑儿童语言培训77人次,聋哑儿童家长手语培训84人次;安装聋人助听器56人次;帮助各类残疾人康复的用品用具和辅助器材2373件。五年间,为全区残疾人医疗和康复投入经费347万余元。

2011—2015年,成立6个技术指导中心及辅助器具用品用具站,全面开展残疾人社区康复工作,成功创建"残疾人社区康复示范区";组织实施白内障复明手术,确保发现一例跟踪一例、成熟一例手术一例,成功创建"全国白内障无障碍区";完善低视力康复服务网络,低视力助视器配备率40%,对150名盲人实施定向行走和生活技能训练;对1930人次贫困精神病患者实施免费服药救助,对250人次贫困狂躁型精神病患者给予免费住院治疗;对肢体残疾者系统训练532人次,肢体残疾人康复训练率90%;对全区有智力康复要求的残疾儿童开展系统训练,智力残疾儿童康复训练率80%;组织供应残疾人各类辅助器具2373件,残疾人基本辅助器具配置率80%;免费为贫困残疾人装配普及型下肢假肢50例,矫形器等辅助器具救助2173例。

四、残疾人教育

2006—2010年,全区城乡有读书愿望和上学能力的适龄残疾儿童少年入学率100%;在全区79所普通中小学随班就读的残疾学生共有1023人,其中小学残疾学生734人,初高中残疾学生289人,考入大专院校的残疾大学生23人;在区特殊教育学校接受教育的残疾学生有539人,其中智力残疾学生246人,盲人学生16人,聋哑学生277人。区政府、教育部门投入398.6万元,用于区特殊学校新建2030平方米的综合教学楼一栋,新建5500平方米的塑胶操场。

2011—2013年,完成残疾人特殊教育892人,其中在全区79所中小学校中随班就读的残疾学生409人;在区特教学校就读的聋哑学生443人,其中培智班316人,聋哑学生127人;三年内考入大专院校的残疾大学生15人。

2014年,区残联投入19.5万元支持北碚区特殊教育学校建设,全区有就读能力的残疾儿童义务教育阶段入学率稳定在96%。争取上级资金4.5万元,对全区学前教育机构(含全日制特教学校学前班、全日制普通幼儿园)中接受教育的家庭经济困难的15名残疾儿童进行救助;投入8万元,对19名贫困残疾人和贫困残疾人子女大学生进行入学和生活救助。

2015年,投入资金14.5万元,支持区特殊教育学校建设。投入资金26万元,首次扩大范围及对象,对76名贫困残疾大学生及残疾人子女大学生进行入学和生活救助。

五、残疾人就业

对男性16~49岁、女性16~44岁、生活能自理、有一定劳动能力、本人有求职要求的残疾人安排其劳动就业。1986—1990年,共输送和安置到46家社会福利企业的残疾人476人。

1991—1995年,向全区104家社会福利生产经营企业推荐、安置817名残疾人就业,新安置残疾人就业341人。5年来,在这104家企业就业的817名残疾人,通过自身的勤奋和努力,涌现出14名厂长经理和48名受表彰、奖励的残疾人。1996—2000年,全区社会福利企业由1996年最多时的109家,至2000年下降到71家。71家生产企业有残疾人职工927人,新集中安排残疾人就业79人。2001—2005年,全区各福利生产企业集中安排残疾人就业1505人,新增加安排残疾人就业580人,70%以上来自农村(还有部分残疾人来自外区县和外省市)。受到区里表彰和奖励的残疾人厂长21人次,残疾人职工66人次。2006—2010年,全区社会福利生产加工企业53家,共集中安排残疾人就业1674人,其中新安排残疾人就业249人。2011—2013年,全区51家社会福利生产企业中,共集中安排残疾人就业员工1515人。

2000年,北碚区按比例安排残疾人就业全面启动。1999—2015年,共征收残保金8168万元。1998年以来,在农村没有经济来源和丧失劳动能力的残疾人(65岁以上)已全部纳入"五保"或送住敬老院养老;城镇无业残疾人和贫困残疾人享受"低保"待遇。2004年,城镇无业残疾人做到应保尽保。2015年12月,全区城镇残疾人享有最低生活保障金的有1.32万人次;2007—2015年,农村贫困残疾人享受农村最低生活保障金的有1.4万人次。

六、残疾文化体育

1989年6月12日,成立重庆市北碚区残疾人培训活动中心,使用面积150平方米。是年10月25日,成立北碚区聋哑学校、北碚区聋人协会、北碚区盲人协会、北碚区肢残人协会。1999年7月,第一届重庆市残疾人文艺会演,北碚区组队参加表演的《板凳龙》荣获一等奖。2001年6月8日,北碚区残联组队参加重庆市第二届残疾人文艺会演,声乐类表演《康定情歌》荣获一等奖;表演类节目《五星红旗》荣获三等奖。2010年10月,北碚区特教学校被教育部、中国残联评为"全国特殊艺术人才培训基地"。2013年,参加第五届重庆市残疾人文艺会演,其中舞蹈类节目《雨夜》获得一等奖,演唱类节目《康定情歌》获三等奖。同时,北碚区的《雨夜》《康定情歌》参加由市残联组织的市残疾人特殊艺术巡演团,到全市各区县、各大专院校、大型企事业单位巡回演出。

1987年6月18日,重庆市举办第一届伤残人员体育运动会。北碚区选派9名运动员参加乒乓球、游泳、田径等项目的比赛,获组织奖。1988年10月10—12日,组建北碚区残疾人体育代表队参加第二届重庆市伤残人运动会,参加游泳、乒乓球、羽毛球、田径和举重等5个项目的比赛,获体育道德风尚奖。1990年9月,选拔15名残疾人运动员参加第三届重庆市伤残人体育运动会,参加游泳、乒乓球、羽毛球、田径和举重等5个项目的比赛,获全市团体总分第三名。1993年9月,选拔17名残疾人运动员参加第四届重庆市伤残人运动会,参加游泳、乒乓球、象棋、射击、田径和羽毛球6个项目的比赛,获团体总分第二名。1999年9月,选拔22名残疾人运动员参加首届(直辖后)重庆市残疾人运动会,参加游泳、田径、举重、乒乓球、羽毛球、射击等项目的比赛,获全市团体总分第三名。2002年7月4—6日,经过选拔和集训的35名残疾人运动员参加第二届重庆市残疾人运动会,经过举重、田径、游泳、乒乓球、射击、羽毛球6大项40多个小项的角逐,获得7枚金牌、6枚银牌、3枚铜牌,获团体总分第一名。2005年,为备战2008年在北京举办的世界残疾人奥运会,北碚区残联向市残联输送余明强、刘游亭、严治强、朱永承、甘静林、杜杰等7名优秀残疾人运动员。同年8月,北碚区这7名残疾人运动员随市残联组团,参加在大连市举行的全国特殊奥林匹克运动会,经过奋力拼搏,获得1枚金牌、2枚银牌、4枚铜牌,同时刘游亭还被选为2008年特奥会国家预备队队员。2006年6月,选拔和训练40多名残疾人运动员参加第三届重庆市残疾人运动会,参加7个大项40多个小项的角逐,北碚区的金牌总数和奖牌总数均获第一,荣获第三届全市残疾人运动会团体总分第一名。2007年5月12—20日,第七届全国残疾人运动会在云南昆明举行,北碚区残联输送8名优秀残疾人运动员,选入重庆市残疾人体育代表团,为重庆队获得2枚金牌、1枚银牌。2008年,选拔和推荐2008年在北京举行的世界残疾人奥林匹克运动会的火炬手1名(甘静林,上肢残),圆满完成在祖国各地的传递活动。北碚区残疾人运动员严治强,首次以中国残疾人代表国家硬地滚球队队长的身份,带领国家队参加残奥会BC1/BC2级别硬地滚球的项目比赛,获团体第四名,是中国残疾人运动员参加该项目比赛中有史以来最好的成绩。2014年,北碚区承办重庆市第五届残疾人运动会,北碚代表团以220分、23枚金牌、41枚奖牌的成绩,包揽团体总分、金牌数、奖牌数三项第一,获得“体育道德风尚奖”。同时,北碚代表团16年中连续四届荣获重庆市残疾人运动会的团体总分、金牌总数、奖牌总数第一名。

七、残疾人维权

1989—1999年,提供法律咨询368人次,提供法律援助173起,提供司法服务164起。1989—2015年,共接待和处理残疾人上访1062人次,收到上访信433件,调解残疾人各类纠纷430起,处置率和办结率100%,满意率98%。

2000年5月,区残联与区司法局共同商议,正式挂牌成立北碚区残疾人法律援助中心,为残疾人提供法律咨询、法律援助和司法服务13起。2009—2015年,为937名残疾人机动轮椅车发放燃油补贴22.94万元。2011—2015年,为25名下肢残疾人发放C5驾照补贴2.5万元。

从2006年开始,为农村贫困残疾人家庭实施危房改造工程861户,投入“危改”资金1139.3万元。2011年开始,实行城乡残疾人居家无障碍改造项目。至2015年12月,全区共有843户残疾人家庭实施无障碍改造。

第十一节 渝北区残疾人事业

一、组织机构

1981年12月18日,组建江北县盲人聋哑人协会,后在此基础上组建江北县残疾人联合会。1995年,撤县建区后,称渝北区残疾人联合会,先后由县、区民政局代管。1998年7月9日,渝北区残联从区民政局独立。1998年10月,单列为正处级机构,隶属于渝北区委、区政府。1990年,核定事业编制5名。1998年10月19日,控编8名,经费由区财政拨款。2001年,机构改革"三定"时,区残联机关行政编制4名,机关后勤服务人员事业编制1名。2003年,撤并建后,全区共有20个镇和4个街道办事处,均建立健全残联组织。2000年2月17日,建立残疾人就业服务所。2013年3月27日,召开各专门协会残疾人代表大会,专门协会调整为渝北区肢残人协会、渝北区盲人协会、渝北区聋人协会、渝北区精神残疾人及亲友协会、渝北区智力残疾人及亲友协会等5个专门协会。

1990年4月6—7日,召开江北县残疾人联合会第一次代表大会。1993年5月27—28日,召开江北县残疾人联合会第二次代表大会。1998年8月20—21日,召开渝北区残联第三次代表大会。2003年4月9—10日,召开渝北区残疾人联合会第四次代表大会。2007年12月27—28日,召开渝北区残疾人联合会第五次代表大会。2013年3月27日,召开渝北区残疾人联合会第六次代表大会。先后有陈学文、邓力、王远建、蒋家成、王静任理事长,马晓临、刘继梅、贾占轩、陈学军、张明虎任副理事长。

二、残疾人康复

1997年12月30日,渝北区开始实施"视觉第一中国行动"白内障集中复明手术。1998年,确定渝北区人民医院为定点"扶贫医院",对贫困白内障患者实施免费复明手术,对其复明手术费降低300~500元。1998—1999年,送检白内障患者170人,对其中49名符合手术条件的白内障患者实施集中复明手术,复明率99%。对全区600名白内障患者进行手术前的常规检查后,实施复明手术133人。1996—2000年,累计完成白内障复明手术349例,脱盲率95%。2001—2003年,完成白内障复明手术95例,并为低视力患者配发助视器36例。2004年,筛查白内障患者601例,成功实施手术195例,植入人工晶体169枚。2006—2008年,完成白内障患者复明手术427例,其中免费手术210例,人工晶体植入率98%。2009年,累计筛查白内障患者1500余人,手术适应症368人,实际做复明手术325例,其中优惠和全免费手术209例,人工晶体植入率98%。2010年,投入资金20万余元,对符合条件的300名患者实行全免费手术。巩固"全国白内障无障碍区"创建成果。2011—2015年,免费为704名贫困白内障患者进行免费复明手术,对140名盲人进行定向行走训练,为150名低视力残疾人发放375件助视器。

听力残疾康复,主要对全区的聋儿进行摸底调查、筛查和组织工作,依托重庆市聋儿康复中心和语训部,积极帮助贫困聋儿验配助听器和人工耳蜗,并对家庭贫困聋儿给予适当补助。2006—2010年,完成康复训练15人、家长训练15人。2011—2015年,完成人工耳蜗适配15人、康复训练20人、家长训练34人。

1998—2002年,渝北区在长江普及型假肢安装中,安装小腿假肢2人;捐赠、配发轮椅14台。2003年,完成肢体残疾人训练8人,脑瘫儿童训练2人,供应用品用具79件,为重度下肢瘫痪残疾人捐赠轮椅16台。2004年,捐赠轮椅45台,拐杖5副,残疾人用品用具供应330件。2005年,提供残疾人所需的用品用具460件。捐赠轮椅46台,安装小腿假肢7例,大腿假肢4例。2006—2010年,完成肢体残疾人康复训练74名,其中肢体成人康复训练50名,肢体儿童康复训练24名,康复有效率100%;完成辅助器具供应1485件,其中为贫困残疾人赠送轮椅178辆,为贫困缺肢残疾人安装假肢和矫形器22例。2011—2015年,完成肢体残疾人康复训练564名,共计发放4204件基本辅助器具,其中轮椅1117辆,助听器104台,假肢43例,助视器375台,拐杖912副,盲杖533支,坐厕椅328台,助行器202个,手杖450支,护理床140张,实现全区残疾人辅助器具配置全覆盖。

智力残疾康复工作,主要依托重庆市渝北区天爱残疾人康复中心、重庆市渝北区童乐儿童亲子成长中心和社区康复站,对智力残疾儿童开展运动、感知、认知、语言交往、生活自理和社会适应能力训练。1998—2002年,完成智力残疾儿童康复治疗4名。2003年,完成智力残疾儿童训练5名。2006—2010年,完成智力残疾儿童康复训练59名,家长训练59人,康复有效率100%。2011—2015年,全面完成智力残疾儿童康复训练290名,家长训练12人。

1998—2002年,区残联组织防疫医生,利用"世界精神卫生日",定点宣传、发放资料、开展专题知识讲座,为精神病患者义诊送药。重点开展精神病防治工作调查摸底试点工作,在回兴街道辖区开展摸底试点,全区32个乡镇和街道迅速做调查登记。2003年,完成第一阶段精神病患者的调查摸底、建档立卡、人员培训工作,检出率覆盖人口的6.38%(4575人),精神病患者监护率90%,明显好转率70%,社会参与率60%,肇事率下降到0.3%,康复措施落实率40%(1830人)。2004—2006年,救助450名,其中住院治疗53名,同时对2005年内未服药的44名精神病患者进行补发(药费),并落实配套经费7.2万元;对30名狂躁型精神病人实施医疗救治,两项累计投入救助资金35.2万元。2006—2010年,共救助贫困精神病患者2508名,医疗救治狂躁型精神病人99人次。监护率95%,显好率85%,社会参与率80%,肇事率下降至0.2%。2011—2015年,共对3314人次需服药的非狂躁型贫困精神残疾人发放500元/年·人的药物救助补贴。

三、残疾人扶贫

区残联自1998年以来,不断完善残疾人的社会保障体系,采取"低保"或救助,发放"低保"医疗卡等多种形式和办法,在就医、最低生活保障等方面,切实解决残疾人的实际困难。2001年,对持有中华人民共和国残疾人证并享受最低生活保障的残疾人,均发放"扶贫优诊卡",凭此卡到重庆市中医院研究所、重庆市中医院就诊,可享受免收挂号费、检查费、治疗费、手术费20%的优惠。2005年,石坪镇对既无经济来源、又无人照顾的残疾人优先纳入“五保”供养,其中45名享受城镇、农村“低保”待遇。木耳镇采取生活困难救济的形式,解决残疾人的生活困难。洛碛镇将农村132名贫困残疾人全部纳入农村“低保”范围,金额达10.92万元;城镇残疾人43名,享受城镇“低保”标准,金额达11.09万元。2009年,全额资助1.3万名残疾人参加城乡合作医疗,资助23名城镇贫困残疾人个体户参加基本养老保险补贴。2010年,对27名残疾人家庭进行调查核实,提供生活补助或康复医疗救助金,总计投入13.7万元。2011年,结合市残联“阳光家园”计划,对全区273名肢体、智力和精神一级持证残疾人,对贫困村的97名智力、精神和重度残疾人开展居家托养,并对每户给予1200元/年补贴。2013年,2334名重度残疾人享受到“低保”的分类救助。2014年,就业年龄段内的二级肢体、智力、精神残疾人可以享受护理补贴,有2776名残疾人享受到此项政策,发放资金296万元。

四、残疾人就业

1998—2006年,举办残疾人专业技术知识培训班数百期,参加者达1.07万人,其中以渝北区残联为主体举办的残疾人就业专业知识培训班22期,参培人员达1650人;部门、学校、基层政府和残联组织培训7500人。2007—2010年,为农村残疾人举办奶牛、肉兔、山羊、水果、花卉、蔬菜等农村实用技术培训班,并赠送相关资料和书籍,共计培训1967人次。举办市场营销、电脑、烹饪、家政和电工等职业技能培训班,培训800人。积极推荐盲人参加保健、医疗按摩培训,鼓励盲人个体从业,兴办盲人保健按摩机构8个。2011—2015年,对420名残疾人开展保健按摩培训,12人选择自主创业。对1060余名城镇残疾人开展职业技能培训,培训后就业率达40%。

多渠道、多层次解决残疾人就业,也是实现残疾人自食其力和成家立业的目的所在,是实现残疾人“一人就业、解放全家”目标的重要途径。通过重庆市远大印务有限公司、重庆硕尔科技发展有限公司、重庆市渝北星火机械厂、渝北区胶粘制品厂等福利企业安置残疾人就业。至2015年12月,全区50家福利企业安置残疾人就业2568人,其中渝北区残疾人1200人。1998—2015年,全区累计有上万名残疾人走上种植、养殖和自谋职业的路子。2007—2010年,对自谋职业的421名城镇残疾人每户给予1000元的资助,对其中参与养老保险的48名残疾人给予全额补助。2011—2015年,对26名(个体工商户21人,微型企业5人)开办微型企业和个体从业的残疾人给予3000~5000元不等的资助,投入资金8.8万元。

五、残疾人教育

2001年,有6名低视力儿童分别被安排到王家、木耳、茨竹中心校上学,区残联还为每人配发眼镜购置费150元。经过筛选,确定王家、华蓥山、麻柳沱、双凤桥等4所学校的30名贫困残疾儿童为“国家福利彩票公益金项目”受助对象,每年每人获得1000元救助金,连续救助3年。大湾、明月、龙兴、古路4镇的10名贫困残疾儿童为扶残助学“春雨行动”救助对象,连续3年每人每年获得救助金400元。2007年,对54名考上大中专院校的贫困残疾学生和残疾人子女进行一次性资助。2008年,实施对住读初、高中的残疾学生给予2000~2500元/年的补助政策。2006—2015年,共扶残助学1333人次,资助资金160万元。

1990年9月,集中对残疾儿童进行教育,借用并改建两路镇犀牛村小学为哑校校舍,开设两个班,招收哑童32名。1992年,由中国香港影业公司董事长邵逸夫捐资50万元港币,县政府划拨专款236万元,建起县内唯一一所九年制全日制寄宿式特殊教育学校,校园占地面积5754平方米,建筑面积2955平方米,学校运动场地2500平方米,学校有网络微机教室、多媒体教室、图书室、实验室、仪器室、律动教室、劳技室、医务室、体育器材室等多个专用室及城域网,设有培智班4个、聋哑班4个。图书室藏书2500册。1998年7月,两路镇犀牛村哑校正式迁入渝北区特殊教育学校,在职教职工29名,招收学生66名。至2006年,在校学生达到78名,其中听力残疾学生42名,智力残疾学生36名,分9个教学班实施教育。1998—2015年,在校学生巩固率100%、小学毕业率100%、初中毕业率100%,各年级学生各科合格率100%、行为规范合格率100%。学校被国家定为农村小学现代远程教育工程试点项目学校。

六、残疾人维权

贯彻执行《中华人民共和国残疾人保障法》和《重庆市残疾人保障条例》。2003年7月28日,区残联与区司法局联合成立残疾人法律援助工作站,同时渝北25个乡镇(街道)都建立了法律援助工作站。2003—2015年,为残疾人法律援助620余次,接待来访人员588人次,全部办结。发放残疾人代步车燃油补贴236人次。下肢残疾人C2、C5路桥费减免124人次。贫困残疾人家庭无障碍改造645户,投入128.26万元。残疾人学习C5驾照补贴46人,投入4.6万元。印制《残疾人身边的法律小顾问》2万余册。2014年,统一发放残疾人三轮代步车标志牌120副。

第十二节　巴南区残疾人事业

一、组织机构

1989年,经重庆市巴县人民政府批准,成立重庆市巴县残疾人联合会,由县民政局代管。1998年11月26日,重庆市巴南区残疾人联合会从巴南区民政局独立出来,为正处级机构,归口政府管理。至2015年12月,全区22个镇(街)设镇街残联,各个镇(街)残疾人代表大会选举产生镇(街)残联主席、副主席、执行理事会理事长,并配备残联干部、选拔残疾人专职委员、考核任用村(社区)残疾人康复医生等残疾人工作人员。1999年4月12日,成立区残疾人康复扶贫指导站。1999年5月7日,成立区残疾人就业服务站。两站为区残联直属全民所有制事业单位。先后组建智亲协、肢协、聋协、盲协、精亲协五大协会。

1990年4月3日,召开重庆市巴县第一次残疾人代表大会,出席会议正式代表147人,特邀代表30人。1993年6月19日,召开第二次残疾人代表大会,选举产生巴县第二届残疾人联合会主席、副主席、执行理事会理事长。1999年3月23日,召开巴南区残联第三次代表大会,参会代表有133名,特邀及列席代表(包括工作人员)69名,大会选举大会主席团委员45名。2003年11月26日,召开第四次代表大会,全区各级、各界的169名代表出席会议。2007年12月24—25日,召开第五次代表大会,180名残疾人和残疾人工作者参加代表大会。2012年12月11日,召开第六次代表大会,300人参加代表大会。巴南区委书记李建春、市残联副理事长周鸣出席会议并讲话。会议选举产生区残联第六届主席团委员和新一届领导班子,推举产生区残联各专门协会主席、副主席。先后有朱正芳、刘照全、王智刚、欧有权、蒋兴海、杨观木、钟声、田春兰、余立新任正副理事长。

二、残疾人口

至2015年12月,巴南区户籍人口90.62万人,残疾人人口约5万人。持第二代残疾人证20171人,其中视力残疾人2498名,听力残疾人1454名,言语残疾人181名,肢体残疾人11350名,智力残疾人1954名,精神残疾人2221名,多重残疾人513名。

三、残疾人康复

1998—2002年,全区共普查康复对象4571人,全部登记造册,建成相应档案。开展“视觉第一中国行动”“健康快车”活动,完成白内障复明手术任务1185例,其中脱残1043例,脱残率88%,脱盲1149例,脱盲率97%。完成低视力康复训练32人,配戴助视器26人,配镜率63.4%;完成肢体矫治手术52人和肢体残疾康复训练92人,完成残疾人用品用具供应980件;完成聋儿家长培训49人,聋儿康复训练450人;完成特需人群补碘33800人,完成智残儿童家长培训69人、智残儿童康复训练69人。

2003—2006年,成立区残疾人康复训练指导中心(设在区人民医院)和巴南区低视力康复训练指导站(设在区中西医结合眼科医院),开展白内障复明、低视力康复、聋儿康复、肢体残疾康复、精神病防治康复、麻风畸残康复、残疾人用品用具供应、特需人群补碘等各项康复工作,全区22个镇街开展眼疾病普查,为患者免费提供各类眼用药品15种1200余支,为眼疾患者发放治疗优惠卡。完成白内障复明手术1052例,其中,脱残968例,脱残率92%;脱盲1041例,脱盲率99%;人工晶体植入873例,植入率83%。免费为72名白内障患者实施复明手术。完成低视力配镜40人,对低视力儿童家长进行培训,对低视力患者开展视功能训练和提供转介配用助视器服务;组织对42名聋儿及其家长进行训练。全区精神病人5318人,其中新发现及外地迁入精神病人183人,迁出14人,走失55人,死亡127人;精神病患者监护人数达5046名,监护率95%;显好人数3949名,显好率74%;社会参与人数3362人,参与率63%;肇事19人次,肇事率0.4%。

2007—2012年,成功创建成为首批“全国白内障无障碍区”。累计完成白内障复明手术3130例(其中595名贫困患者获得免费白内障手术)。完成“白内障无障碍区”建设的“六个无障碍”目标;创建“重庆市残疾人社区康复示范区”。依托区医疗卫生机构建立6个残疾人康复技术指导中心(站),在全区65个社区中建立残疾人康复站,创建市级残疾人康复示范社区29个,建立区智力自闭症儿童康复托养基地和精神病人康复托养(农疗)基地,实现“康复进社区,服务到家庭”。对全区贫困精神病患者开展筛选、确诊,累计落实经费280万余元,对1205名贫困精神病患者实施每人每年360元的免费服药救助,探索残疾人集中托养工作。率先在全市建立精神病康复托养(农疗)中心、区智力自闭症儿童康复托养基地各1个,集中托养残疾人180余人。

2013年,完成复明手术518例,其中完成贫困白内障患者免费复明手术171例;开展第十三次“全国爱耳日”宣传咨询教育活动,筛查出听力患者81名,捐赠81台助听器,价值30万余元;完成辅助器具适配共401件,其中国家彩票公益金辅助器具项目配发23件,购买拐杖、轮椅、手杖、坐便椅、助行器、防褥疮垫、闪光门铃、语音盲表等辅具21个品种378件;为27名临时有辅助器具需求的贫困残疾人购买配发和租借相关辅助器具28件;为12名残疾人装配假肢;开展以彩票公益金和残疾儿童康复救助“七彩梦行动计划”为主题的贫困残疾儿童抢救性康复救助项目,筛查出各类残疾儿童63名,有32名贫困肢体(脑瘫)、智力残疾儿童和孤独症(自闭症)儿童得到康复救助,顺利进入定点康复机构进行康复训练;完成智力残疾儿童康复训练70名(定点康复机构训练10名;社区、家庭训练60名);完成肢体残疾儿童康复机构训练12名;肢体残疾儿童社区、家庭训练13名。

2014年,共筛查出符合贫困白内障复明手术对象413例,同时开展贫困白内障患者复明手术,开展盲人定向行走训练10人;筛查出听力患者40名,并每人免费捐赠助听器1台,总价值15万余元;配发各类辅助器具13个品种391件,适配人数340人;共筛查出有康复需求的贫困残疾儿童(聋儿、脑瘫、智力)27名;对7岁以下的脑瘫、智力、自闭症和听力残疾儿童提供每人500~600元/月的康复训练补贴;全区到定点医疗机构办理特殊病种卡的精神病人共计652人。完成社区家庭肢体残疾人康复训练50名,智力残疾儿童康复训练15名。

2015年,共筛查出符合贫困白内障复明手术对象931例,开展贫困白内障患者复明手术303例,开展盲人定向行走训练30人;为103名贫困低视力患者免费适配助视器产品204件;为40名贫困听力障碍者免费测试,捐赠助听器40台;为全区339名贫困残疾人适配各类辅助器具共12个品种370件;完成贫困残疾人大小腿假肢、特殊假肢装配共16例;组织智力残疾儿童社区家庭康复训练56名;对800余名贫困精神病患者给予500元/年·人的免费服药救助,对50名新增贫困精神病患者实施医疗救助。

四、残疾人教育

2000年,一品聋哑学校搬到走马羊小学(全区唯一的残疾人学校),并更名为巴南区特殊教育学校。特教学校在原4个班46名学生的基础上,增加两个班18名学生(其中新增加一个智力残疾班10人),全区随班就读的“三残”儿童(低视力、听力语言、智力残疾)入学率逐年上升。至11月底,已达到86%。全区共有16名贫困残疾儿童得到“长江新里程”“扶残助学”等专款资助。同时,社会各界扶残助学137人。2006年,特殊教育学校在校学生有6个班65名学生。全区随班就读的“三残”儿童入学率逐年上升,已达到98%。“十五”期间,社会各界为区特殊教育学校捐款捐物达20万余元。在全市开展的“扶残助学”“长江新里程——中西部盲童入学项目”和“春雨爱心明信片”救助活动中,全区有100余人次的贫困残疾儿童得到救助,共获得扶残助学金近5万元。帮4名残疾青年跨入普通高等院校大门,圆了其大学梦。2007—2012年,对辖区216名义务教育阶段的贫困残疾学生和贫困残疾人子女给予共计22万元的救助;给予170名考上全日制大学的残疾学生和残疾人子女一次性救助,救助金额达30万元。2015年,投入资金20.5万元,对75名残疾大学生和残疾人子女大学生进行资助;投入5.45万元,对109名义务教育阶段残疾儿童少年进行入学资助;投入9.1万元,支持特殊教育学校发展并对82名在校学生给予资助。

五、残疾人就业

1996—2000年,全区共培训残疾人1000余人,安置残疾人就业2633人,其中,集中安置(福利企业)361名,按比例安置47人,个体经营及其他行业就业2225人。同时,收取就业保障金17万余元。2001—2005年,全区安置残疾人就业3555人,其中,福利企业集中安置948人,按比例安置116人,个体经营及其他行业就业2491人,共收取就业保障金644.85万元。开展残疾人技能培训,按照“市场引导培训,培训促进就业”的工作原则,借助各种职业培训机构、福利企业等单位在场地、师资、技术力量方面的优势,以劳动力市场需求状况为职业培训的基础,开展残疾人各种岗前培训和职业技能培训1700余人次。2006—2010年,对城镇残疾人和农村残疾人分别采取岗位技能培训、农技知识培训、就业援助、设置“爱心亭”、实施“新里程·高科技助残就业项目”等方式,为残疾人就业和自主创业、脱贫致富奔小康提供更好的服务。全区残疾人就业达4500人,其中自主创业3783人,1000余名城镇残疾人掌握盲人按摩、肢残人电脑、残疾人电工、聋人电脑等基本技能,1741名农村残疾人掌握种养业技术。2013年,对47名自谋职业的残疾人进行一次性资助,资助每人1000元,共资助4.7万元,8家残疾人微型企业受到资助;开展残疾人职业技能和农村实用技术培训,共有300余名残疾人及残疾人家属参加培训。2014年,对43名自谋职业的残疾人进行一次性资助,资助每人1000元,共资助4.3万元,5家残疾人微型企业受到资助;推荐盲人参加按摩培训,共培训初级按摩师6人,中级按摩师2人;组织基层残疾人工作者参加全国就业指导员的远程培训,石龙镇和木洞镇共10名社区残联干部参加培训。2014年,征收残疾人就业保障金916万元。2015年,入户走访困难残疾人家庭20户,登记失业残疾人员105名,组织专场招聘会2次,帮助残疾登记失业人员实现就业25人,为12人次残疾人落实社会保险补贴、岗位补贴、就业补贴等扶持政策。推荐9名盲人参加盲人按摩培训,6人取得初级、2人取得中级执业资格证书;组织12名基层残疾人工作者参加全国就业指导员的远程培训。

六、残疾人扶贫

开展残疾人贫困户全面调查,全区共有贫困残疾人1082户1171人,其中可扶持377户399人,向市残联争取50万元康复扶贫贷款并如数发放。1996—2000年,全区累计扶持残疾人215户238人,其中脱贫77户92人。2003—2006年,根据文件要求,区级部门落实帮扶残疾人65名,镇街落实帮扶残疾人67名。同时,增设烟摊12个,农村落实开业资助51人,计5.1万元,减免学费68人,农转非51人(已享受“低保”待遇),安排17名残疾人进民政福利企业就业,资助城镇贫困残疾人自谋职业近300人,投入资金30万元(市残联补助10万元,社会捐赠5.3万元),全区有1344名残疾人享受最低生活保障金,有3279名残疾人被纳为扶贫户,有1791名残疾人被纳为特困户,有795名残疾人被纳为“五保”户;帮扶残疾人1.1万余人次,通过帮扶脱贫2847人。2012年12月,全区残疾人实现应保尽保,有1483名残疾人享受城市“低保”,占城市“低保”对象的17.8%;有3545名残疾人享受农村“低保”,占农村“低保”对象的16.6%。2013年,“六一”儿童节,对区特殊教育学校的40名儿童给予每人500元的资助,对镇街中小学60名残疾学生给予每人500元的资助,共计5万余元。为28名考取全日制大学的残疾人子女和残疾学生进行一次性助学资助。2014年,对特殊教育学校的40名儿童给予每人500元的资助,共2万元;对随班就读的84名残疾儿童进行每人500元的入学资助,共4.2万元;对残疾大学生和残疾人子女大学生进行一次性资助,其中资助残疾大学生23名,共计6.3万元,资助残疾人子女大学生44名,共计7.1万元。2015年,投入资金91万元,完成70户农村贫困残疾人危房改造;投入资金5万元,对100名处于就业年龄段、有劳动意愿的农村贫困残疾人进行农村实用技术培训;投入资金9万元,扶持残疾人种养业大户3户,安置33名残疾人就业,带动15户残疾人增收致富;对819户对象进行入户调查,结对帮扶单位22家,帮扶残疾人16人,帮扶贫困户63户。

七、残疾人文化体育

2001—2005年,巴南区分别为中国残联、市残联输送两名残疾人体育尖子,备战2008年北京残疾人奥运会。组队参加重庆市第二届残疾人运动会,获得2枚金牌,2枚银牌,1枚铜牌和乒乓球比赛第四、第六名,有3名运动员获得体育道德风尚奖。2002年,双下肢残疾人李兵在韩国釜山举行的第八届远南残疾人运动会上获得82.5公斤级举重铜牌。2003年,李兵在全国第六届残疾人运动会上获得90公斤级举重金牌,并打破全国纪录;2004年,李兵在第十二届雅典残奥会上,获得男子组举重100公斤级铜牌,成为巴南区乃至重庆市第一位入选国家代表团参加残奥会比赛并获得奖牌的唯一一名残疾人运动员。2004年5月,区特殊教育学校学生王唯创作的《我爱京剧中的武生》参加教育部和中国残联举办的首届全国特殊教育学校学生美术作品大赛并获一等奖,李洁创作的《牧牛图》和越冬梅创作的《江霞春色》获二等奖。2013年,巴南区残疾人举重队、女子羽毛球队代表重庆市参加全国残疾人锦标赛,获得男子举重1枚金牌、2枚铜牌,获女子羽毛球单打、双打2枚金牌。2013年12月2日,在巴南区恒大运动城成功举办2013年巴南区第二届残疾人运动会。来自全区的120名残疾人参加14个项目的比赛,为市残运会选拔运动员奠定了基础。2014年,区残联组织残疾人举重队代表重庆市参加全国残疾人举重锦标赛,获得1枚金牌、1枚银牌;组织、选拔16名运动员参加重庆市第五届残疾人运动会,获得5枚金牌、1枚银牌的历史最好成绩。2015年,培训选派8名运动员参加第九届全国残运会,获得1枚金牌、1枚银牌、2枚铜牌;组队参加全市残疾人羽毛球锦标赛,获得2枚金牌、1枚银牌。

八、残疾人维权

巴南区残疾人联合会切实按照《信访条例》,坚持“分级负责、归口办理”的信访工作原则,对来信来访均有详细登记,做到事事有交代,件件有着落。1996—2000年,共接待群众来信来访159人次,处理率100%,无重大集访事件发生。2001—2005年,收到和接待处理来信来访53件,处理率100%;配合与有关部门共同参与接待处理残疾人车主上访141批次349人次,其中到市集访1批13人次,到区集访19批151人次。2007年,组织建立巴南区法律援助中心残联工作站,并在全区22个镇街建立残疾人维权工作点,为全区贫困残疾人维护自身合法权益提供更为有效的法律保障。解决残疾人来信来访,做到办结率100%。全区无集访事件发生,确保区域稳定。2013年,对105名贫困残疾人三轮车主进行帮扶,帮扶资金达50万余元。全年共计接访71件,转办案件结案率100%,自办案件结案率100%。2014年,完成全区391名残疾人机动轮椅车燃油补贴申报、审核,燃油补贴及时准确发放到人。对105名贫困残疾人三轮车主进行帮扶,帮扶资金达50万余元。全年转办残疾人来信来访案件11件,自办来信来访案件62件,结案率100%。2015年,将10.66万元机动轮椅车燃油补贴发放给410户残疾人,并录入数据库。落实资金6万元,对30户贫困家庭进行无障碍改造。减免下肢残疾人车辆路桥免费65人、14.95万元,对12名残疾人C5驾照补贴1.2万元。

第十三节　长寿区残疾人事业

一、组织机构

1989年12月6日,长寿县残疾人联合会正式成立,属县委群团系统,由县民政局代管。1999年3月,长寿县残疾人联合会从县民政局单列出来,机构编制独立。2002年4月,长寿区挂牌成立,原重庆市长寿县残疾人联合会更名为重庆市长寿区残疾人联合会。至2015年12月,长寿区残疾人联合会执行理事会机构编制人数为7名,区残疾人综合服务中心核定事业编制6名。全区19个镇(街道)全部设有残联,261个村(社区)全部挂牌成立村残疾人协会和社区残疾人协会,残疾人协会主任由村和社区书记兼任,各村、社区均配有助残志愿者、联络员、康复指导服务员。

1989年12月5日,召开长寿县残疾人联合会第一次代表大会,参加会议的正式代表120人,其中各类残疾人代表63人,占正式代表总数的52.5%。1993年5月11日,召开长寿县残疾人联合会第二次代表大会,应到正式代表126人,实到代表125人,其中残疾人及其亲友代表76人,占正式代表总数的60.3%。1998年8月20日,召开长寿县第三次残疾人代表大会,应到代表118人,实到代表118人(正式代表99人、特邀代表19人),其中残疾人及其亲友代表61人,占正式代表总数的61.6%。2003年9月28日,召开长寿区第四次残疾人代表大会,应到代表120人,实到代表111人(正式代表102人),其中残疾人及残疾人亲友代表65人,占正式代表总数的63.7%。2007年11月13日,召开长寿区残疾人联合会第五次代表大会,应到代表141人,实到代表141人(正式代表136人、特邀代表5人),其中残疾人及其亲友代表90人,占正式代表总数的66.2%。2012年12月12日,召开长寿区残疾人联合会第六次代表大会,应到代表161人,实到代表161人。正式代表中,残疾人及残疾人亲友代表100人,占正式代表总人数的62.1%。先后有潘淑文、殷毓义、范德祥、陈显明、孟翱任长寿区残疾人联合会执行理事会理事长,袁家国、王定贤、黄树成、张中华任理事会副理事长。

二、残疾人口

长寿区户籍人口90.4万人,其中残疾人约4.7万人。截至2015年12月31日,持证残疾人数为25517人,其中视力残疾人5332名,听力残疾人2255名,言语残疾人448名,肢体残疾人12709名,精神残疾人2698名,智力残疾人1483名,多重残疾人592名。

三、残疾人康复

1982年10月18日—11月6日,长寿县民政局与县卫生局配合在全县进行盲症普查。1984年,开始进行盲聋症普查。1989年12月,成立残疾人"三项康复"工作办公室,致力于白内障复明,小儿麻痹、聋儿训练。1990年,长寿制定出台残疾人"三项康复"工作三年计划(1990—1992年),"三康"工作全面组织实施。1992年6月以后,将残疾人"三项康复"延伸至白内障、小儿麻痹症、耳聋、智力残疾、低视力、肢体残疾、精神病等全面康复服务。2003年12月,长寿区残疾人用品用具供应总站建立。2004年,康复工作正式列入长寿区政府工作目标。2005年,长寿区开启全力创建"人人享有康复服务"达标区。2009年,长寿区经过市残联验收合格,完成"全国白内障无障碍区"的创建工作。2010年11月,长寿区残联获全国残疾人康复工作办公室授予的"全国白内障无障碍区"称号。2011年1月,长寿区残联被市残联评为2010年度"白内障无障碍区"创建工作先进单位。2011年12月19日,长寿区人民政府印发《重庆市长寿区0~17岁残疾儿童抢救性康复手术实施方案》。2011年,长寿区实现有康复需求的残疾人"人人享有康复服务"目标,并经市残联评审组验收达标。2012年,长寿区开始实施国家残疾儿童康复救助"七彩梦行动计划"项目。2015年,长寿区脑瘫儿童定点康复机构在化工园区医院正式挂牌成立。

1991—2015年,利用"助残日"、元旦、春节等重大节日,进行广泛深入宣传和走访、慰问活动,并动员社会各界和使广大人民群众支持、关心残疾人,为残疾人做好事、做实事,想残疾人所想、帮残疾人所需的传统美德得到发扬光大。在残疾人康复医疗和康复训练中,为全区城乡白内障患者实施复明手术8111人次,为贫困患者免费手术3302人次;轻度精神病患者无偿服药康复治疗1.13万人次,免费为贫困精神病重症患者送医院治疗康复572人次;各类残疾人康复训练1133人;为不同类别的残疾人赠送和配发拐杖、手杖、盲杖、助行器等残疾人辅助用品用具3534件,轮椅430台,安装假肢及矫形器206副,安装助听器234副,低视力配镜46副,完成医疗康复和训练康复的残疾人有效率100%。

2011—2015年,实施居家安养及护理补贴,累计为4753人次残疾人发放补贴共计315.18万元。2015年7月,开始实施贫困残疾人生活补贴和重度残疾人护理补贴,半年发放资金335万余元。2011—2015年,引导残疾人250余人创办微型企业,带动残疾人个体创业。

四、残疾人就业

1988—1990年,全县兴办福利厂10个,输送和安置到10家社会福利企业和其他渠道就业的残疾人共300人(不含务农残疾人)。1991—1995年,向全区15家新办城乡福利生产经营企业推荐、安置200名残疾人就业;协助工商部门为245名残疾人办理个体经营执照,为350名残疾人办理经营免税手续,免税总额达3.75万元。1996—2000年,长寿县化工总厂、七化建、县教委、县法院等单位已安置残疾人1683人就业,其中集中安排残疾人就业1333人。2001—2005年,全区各福利生产企业集中安排残疾人就业1741人,机关、事业单位安排残疾人就业62名,其中推荐残疾人600余人次到福利企业集中就业,举办农村残疾人实用技术和盲人按摩培训班,培训残疾人2100余名,建立10余个盲人按摩工作点,解决盲人就业。2006—2010年,全区企业安排残疾人就业81人,机关、事业单位安排残疾人就业2名。其中推荐残疾人693余人次到福利企业集中就业。2011—2015年,在全区社会福利生产企业中,共集中安排残疾人就业773人。

2001年,长寿县按比例安排残疾人就业全面启动。2001—2015年,共征收残保金6427万元。1998年以来,在农村没有经济来源和丧失劳动能力的残疾人(65岁及以上)已全部纳入"五保"或送住敬老院养老;城镇无业残疾人和贫困残疾人享受"低保"待遇。2004年以来,城镇无业残疾人做到应保尽保,至2015年12月,全区城镇贫困残疾人享有最低生活保障金的有8527人次。

五、残疾人教育

1988年,长寿聋哑校(现长寿区特殊教育学校)建成。1991—1995年,长寿县政府把残疾儿童教育纳入普及九年制义务教育的内容,把聋哑学校纳入教委统一管理。全县聋哑儿童入学率70%,盲人入学率65%,智力残疾儿童入学率90%。县残联积极协助县教委测查智力残疾儿童500名,在双龙、渡舟两镇新办2个智力残疾儿童班,拨款5万元扩建长寿县聋哑学校,使县聋哑学校校舍由200平方米发展到2000平方米,教职工由4人增加到30人,在校生由15人增加到63人。县民政局直属的4个企业单位对残疾人进行在岗技能培训,对部分具有专业职务的残疾人开展继续教育,参加大、中专函授学习38人。1996—2000年,全县有聋哑学校一所,智力残疾儿童班2个,在校学生84人,安排毕业聋哑学生就业48人。2000—2005年,全区建立3所特教学校,每年招收残疾学生100余名,要求区内各学校就地吸收残疾儿童入学随班就读。拨款27万元,资助聋哑学校扩建校舍和解决残疾儿童生活问题,建立残疾人职业教育培训系统;争取中国残联、市残联"长江新里程——中西部盲童入学""扶残助残、春雨行动""国家彩票公益金"等4个项目的资金5万余元,对43名贫困残疾儿童进行5年的资助。2006—2010年,区残联积极配合区教委对聋哑学校进行改建,增加学校招收学生的教育类别,成立区特教中心,做好"三残"儿童的入学补助和"两免一补"工作。为全区43名残疾儿童发放救助金4万余元;中国残联将残疾人艺术基地设在长寿区特教中心,让残疾儿童得到全面发展。2011—2013年,做好"三残"儿童的入学救助和"两免一补"工作。拨款9万元对聋哑学校的残疾儿童实施生活补贴,做好18名贫困残疾高中生和大学生的入学救助工作,发放救助金4.4万元。2014年,区残联投入5.2万元,对8名贫困残疾大学生进行入学和生活救助。2015年,投入资金21.2万元,帮助104名义务教育阶段残疾学生和9名贫困残疾大学生继续接受教育。

六、残疾人文化体育

1992年,选拔2名运动员参加重庆市残疾人象棋比赛,选拔6名运动员参加市田径运动会。1993年,2名聋哑残疾人参加重庆市聋哑人游泳运动会,获得1个第一名、1个第四名、1个第六名。1995年,选拔20名残疾人组队参加市残疾人运动会,获得游泳、象棋、田径、射击、乒乓球5个项目中1个单项第一名、1个单项第二名、4个单项第三名,并获团体组织奖。1999年,参加重庆直辖后全市首届残疾人运动会,获银牌1枚、铜牌1枚。2002年,派出10名残疾人参加第二届全市残疾人运动会,获得金牌2枚、银牌3枚、铜牌5枚,团体总分位居全市前列。2006年,长寿区残疾人运动员参加第三届重庆市残疾人运动会,在田径、游泳、跳远等项目中获得4枚金牌,跳远、铅球各获1枚银牌,铁饼获得1枚铜牌。2010年,长寿区残疾人运动员参加第四届重庆市残疾人运动会,在游泳、田径、跳远3个项目中获得5枚金牌。2014年10月,长寿区残疾人运动员参加重庆市第五届残疾人运动会,获得金牌5枚、银牌4枚、铜牌4枚,团体排名全市第十,并获运动会组委会授予的"体育道德风尚奖"。2010年9月,在全国第五届特殊奥运会中,长寿区运动员聂旭在田径400米中获得金牌,实现了长寿区在全国特奥会上金牌零的突破。2012年1月28日,长寿区残疾人运动员徐嬴参加全国第八届残疾人运动会,获得200米银牌、400米栏铜牌。2013年7月,在保加利亚首都索菲亚举行的第22届聋奥会上,徐瀛获得4×100米接力铜牌。2015年9月13日,长寿区残疾人田径运动员徐瀛在第九届全国残疾人运动会上,以22秒48的成绩获得铜牌。2015年6月4—8日,在第九届全国残运会射击比赛上,长寿区射击运动员李灵威分别获得混合组SH1级50米自选步枪卧射60发(团体)、混合组SH1级10米气步枪卧射60发(团体)铜牌。

2001年8月20日,长寿区9岁盲童罗星在全国残疾人文艺会演广西片区活动中,钢琴弹奏《献给爱丽丝》,获全国残疾人文艺会演三等奖。2012年8月,长寿区残联和区图书馆共建的首个视障阅览室正式对外开放。阅览室不仅配有2000余册盲文书籍,还有盲人专用的读屏软件点显器电脑、低视力放大阅读器、智能阅读器等设备。2014年11月,在"重庆市残疾人文化月"活动中,长寿区残联被市残联、市文化委联合评定为"关心帮助残疾人实现美好中国梦"残疾人艺术作品大赛组织奖。2015年3月,重庆市残疾人宣传文体工作会在长寿召开,长寿区残疾人联合会圆满完成市残联委托的承办任务。

七、残疾人维权

1994年8月11日,长寿区开创先例颁布《残疾人优待暂行办法》。2000—2005年,为全区城乡残疾人提供法律咨询125人次,提供法律援助17件,提供司法服务164件。2003年,区残联与区司法局共同商议,正式挂牌成立长寿区法律援助中心。共收到信访12件,其中人大代表议案1件,接待来访残疾人336人次,有力地维护了残疾人的合法权益,残疾人也从中受到教育。至此,全区城乡残疾人的法律咨询、法律援助和司法服务,直接由区残疾人法律援助中心负责接待和处理,或者区法律援助中心指定镇(街道)的司法所和法律服务所负责提供援助。2012—2015年,为31名符合条件的残疾人发放C5驾驶执照和机动轮椅车燃油补贴90320元。1989—2015年,接待和处理残疾人上访信件,做到事事有答复、件件有回音,处置率和办结率100%。

第十四节　江津区残疾人事业

一、组织机构

1989年4月8日,在1980年成立的江津县聋哑人协会的基础上组建江津县残疾人联合会。1992年11月,江津县撤县设市,江津县残疾人联合会改为江津市残疾人联合会。1998年11月25日,江津市残联定为正处级事业单位,定编8人,归口江津市政府领导。2007年2月13日,江津撤市设区挂牌,江津市残疾人联合会改为重庆市江津区残疾人联合会。至2015年,江津区盲人协会、江津区聋人协会、江津区肢残人协会、江津区精神残疾人及亲友协会、江津区智力残疾人及亲友协会组织健全;全区29个镇、街及村、社区残联组织健全。下辖重庆市江津区残疾人就业康复服务中心。

1989年4月11日,召开江津县残疾人联合会第一次代表大会,出席大会的正式代表和特邀代表共145名,其中残疾人方面的代表78名,占代表总数的54%。选举余书荣为主席团执行理事会理事长,选聘万泗容为副理事长。1993年7月16日,召开第二次代表大会,出席大会的正式代表140人,特邀代表10人,列席代表30人,其中残疾人代表81人,占代表总数的58%。选举余书荣为执行理事会理事长,选聘万泗容、龚由甫为副理事长,漆一为理事。1998年6月16日,召开第三次代表大会,出席大会的代表共200名,其中正式代表171人,特邀代表和列席代表29人。代表中肢体残疾人41人,视力残疾人8人,听力言语残疾人19人,残疾人和残疾人亲属占37%。选举杨克安为执行理事会理事长,推选万泗容、龚由甫为副理事长。2003年6月10日,召开第四次代表大会,出席大会的代表共250名,其中残疾人和残疾人亲属占代表总数的52.4%。选举刁复田为理事长,万泗容、龚由甫为副理事长,任勇、李发朝为理事。2007年12月4日,召开第五次代表大会,出席大会的代表共240名,其中残疾人和残疾人亲属146人,占代表总数的60.83%。选举刁复田为理事长,李发朝、任勇为副理事长,杨燕(女)、颜明友为理事。2012年12月20—21日,召开第六次代表大会,大会代表250名,其中残疾人及残疾人亲属151名,残疾人及残疾人亲属占代表总数的60.4%。选举袁焕芬为理事长,李发朝、任勇、颜明友为副理事长。2015年6月15日,召开第六届三次主席团会议,选举何光莲为理事长。

二、残疾人口

1987年,全国第一次残疾人抽样调查,全县有残疾人8.7万人,占全县总人口的6.17%。2006年,第二次全国残疾人抽样调查,江津市有残疾人95975人,占江津市总人数的6.584%。至2015年12月,全区共颁发第二代残疾人证53720个。

三、残疾人康复

(一)医疗康复与训练

1989年,对全县聋儿语训、白内障复明、小儿麻痹后遗症矫治"三项康复"对象进行调查,筛查出"三项康复"对象有1252人。是年,实施白内障复明手术40例。先后两次在杜市、贾嗣、仁沱开展聋儿测听,购置聋儿语训器23套。1990年,实施白内障复明手术160例,小儿麻痹矫治手术9例,聋儿语训16人。1996年12月23日,全国残疾人康复办公室决定江津市为"九五"精神病防治康复工作试点市县。1996—1999年,特需人群补碘7万余人次,服用碘丸11.24万粒。2000年10月,全国康复办、重庆市康复办到江津检查验收精神病综合防治工作,作为全国第二批精神病综合防治试点县(市),经检查验收合格。1998年3月,江津市开展"视觉第一中国行动"。至2002年12月,该项目的实施使江津市1364名白内障患者经手术重见光明。2007年,江津建成"残疾人康复训练示范区"。2009年,江津建成"白内障无障碍区"。2010年,全区共建成39个残疾人康复示范社区,每个残疾人康复示范社区由重庆市补助1.5~2万元的训练器材,全部安装到位。2012年,残疾儿童康复救助"七彩梦行动计划"项目,筛查出聋儿6名,脑瘫儿童8名,智力残疾儿童8名,孤独症儿童7名,需要安装假肢的肢体残疾儿童3名,为做好残疾儿童抢救性康复打下基础。2015年,免费实施白内障复明手术900例,对901名贫困精神病患者实施救助,残疾儿童康复救助"七彩梦行动计划"开展各类残疾儿童筛查124例,区残疾儿童康复中心为99名脑瘫儿童、智力残疾儿童、孤独症儿童提供专业康复训练。巩固残疾人康复示范社区39个,培训社区康复协调员301人。开展盲人定向行走训练40名,开展聋儿康复训练10例,聋儿家长训练25例,智力残疾儿童社区康复45名,肢体残疾社区康复110名。1989—2015年,免费实施白内障手术7541例,聋儿语训242例。2004—2015年,救治精神病患者12557例。

(二)辅助器具供应与服务

1989年,全县为下肢残疾人安装、修补假肢25例。1996年,要求为残疾人用品用具供应服务种类5类,完成5类,完成率100%。2005年,发放残疾人用品用具供应与服务490件,完成任务的130.7%;完成下肢残疾人安装小腿假肢12例,完成任务的109.1%;配置聋儿助听器20例,完成任务的100%;完成大腿假肢安装8例,完成任务的100%;捐赠轮椅106台。2010年,发放辅助器具供应与服务490件,完成任务的101.03%;大小腿假肢安装17例,完成任务的170%;赠送轮椅100台。2014年,为肢体残疾人免费安装假肢27例,配发矫形鞋、矫形器共30双,配发助视器、助听器70例,配发儿童轮椅、行走器、站立架、坐姿态椅40件。免费发放轮椅135台。2015年,免费捐赠轮椅160台。为各类残疾儿童免费发放辅助器具68件。免费发放轮椅、拐杖、盲杖等常规性辅助器具360件。假肢免费安装60例,其中大腿23例,小腿36例,特殊假肢1例。1996—2015年,为残疾人辅助器具供应与服务6900余件。2003—2015年,为下肢残疾人免费安装假肢230例。

四、残疾人教育

1980年前,江津办有几江聋哑学校。1981年3月,建立江津县白沙镇聋哑学校。1985年10月,成立杜市聋哑学校,首批入学12人。1986年,江津共建有聋哑学校12所,其中农村聋哑学校11所。1988年,全县聋生入学率由41%提高到61%,学生214人,教师增加27人。至1991年,全县有聋哑学校13所,教学班18个,在校学生213人,入学率94.2%。另有两个智力残疾班,在校学生20人;1个聋儿语训班,在读学生9人。逐步完善“动员入学、教育培养、就业安置”的一条龙体系。1992年5月,江津县残疾人职业学校建立,开设财会、中医、文秘3个职业高中班,招收学生150名。该校逐步形成残疾人中专教育、大专教育和残疾人学历教育、劳动技能培训为一体的残疾人职业教育学校。1997年12月,更名为重庆市江津特殊教育职业学校。2001年7月,江津市特殊教育学校成立,主要承担江津市聋哑少年儿童的初级、中等义务教育。是年,江津有聋哑学校11所,有110余名聋哑学生在校就读,聋哑儿童入学率92%以上。2008年11月24日,举行重庆市江津区社会福利事业管理暨残疾人服务中专班开学典礼,全区43名残疾人专职委员入校学习。2009年,学校开设盲人按摩等中专学历教育。是年,该校开展农村残疾人种养业实用技术培训,开办盲人按摩、盲人电脑、肢残人电脑、车工、钳工等技术技能培训班4期,培训人数200余人。2014年2月,中国残联授予重庆市江津特殊教育职业学校“国家级残疾人职业技能培训基地”称号。2015年,落实资金250万元支持特殊教育学校迁建工程建设,继续办好江津特殊教育学校和几江菜市街小学培智班,全区有65名聋哑学生、25名智力残疾儿童在上述学校读书。全市100%的普通小学、90%以上的普通初中、85%的普通高中都有残疾儿童少年读书。至2015年,实现全区聋哑儿童义务教育,“三残”儿童入学率96%以上。

2003年,江津发行“扶残助学春雨行动”明信片6010份,获得资金12.02万元,为重庆市资助180名贫困残疾儿童上学读书做出贡献。2004—2007年,开展国家彩票公益金项目“长江新里程——扶助盲童计划”,扶助40名残疾儿童。和市残联配合,继续资助30名为期5年的贫困残疾儿童和12名贫困大学生上学。2008年,区慈善总会救助贫困残疾大学生5名、贫困残疾高中学生7名,每人救助资金2000元。2009年,救助10名贫困大学生上学,其中本科5名,专科5名,本科生每人救助5000元,专科生每人救助3000元。2010年,救助贫困大学生13名,其中大专学生10名,本科学生3名。2011年,救助贫困大学生7名。2012年,救助11名贫困大学生上学读书。2013年,救助11名在校贫困残疾大学生、16名残疾人大学新生。2014年,救助残疾大学生8人,发放助学金2.8万元;救助困难大学生22人,发放救助金4.4万元;救助残疾儿童118人,发放助学金12.774万元。

五、残疾人就业

1990年5月,县残联创办第一个经济实体——江津前进化工厂,成为江津残联第一个集中安排残疾人就业的单位。1996年,江津残联所属残疾人福利企业74家,年产值3100万元,创利税70万余元,为1000余名社会闲散劳动力提供就业机会,安置残疾人684名(包括民政福利企业),残疾职工年收入达3000~5000元。2005年,根据江津市政府指示,对辖区内的市社会福利企业进行全面整顿,6家社会福利企业被取消资格。至2015年,区残联所属集中安排残疾人就业单位27个,年产值3.42亿元,集中安排560名残疾人就业。

2001年,有125名残疾人按比例就业,共征收残疾人就业保障金10万元。2003年,经江津市政府同意,企业残疾人就业保障金由江津残联委托江津市地税局征收。是年,江津共征收残疾人就业保障金13万元。2005年,江津市政府召开常务会和市长办公会专题研究按比例安排残疾人就业工作,决定机关、团体、事业单位在规定期限内不缴纳残疾人就业保障金的由江津市财政局代扣。是年,江津共征收残疾人就业保障金124.6万元。按比例安排残疾人就业工作逐步加强。至2015年,全区累计按比例就业残疾人2190人,新增按比例就业残疾人75人,征收残疾人就业保障金1600万元,是2001年征收残疾人就业保障金的160倍。

2010年,对城镇残疾人进行盲人按摩、电脑、肢残人电脑、车工、钳工技术技能培训347人;开展花椒、柑橘、家禽家畜饲养等农村实用技术培训班2期,共培训509人。2015年,江津组织开展残疾人技术技能培训5期,培训残疾人198名;开展农村残疾人实用技术培训19期,培训残疾人1000人。

发动农村残疾人发展种养业、进城务工,发动广大残疾人个体开业、创办私营企业。鼓励盲人以按摩技术就业,从1981年江津盲哑福利厂在城关镇蒲草田开办江津县盲人按摩诊所,就业盲人工2人,至2015年全区办有盲人按摩机构17个,有200余名盲人在本地和外地按摩场所就业,残疾人月收入1800元以上。办好残疾人微型企业,加强残疾人职业技能培训,优化残疾人就业环境,全区城镇有劳动能力的残疾人就业率82%,有劳动能力的农村残疾人在业率88%。

六、残疾人文化体育

1988—2002年,江津共举办3届残疾人文艺会演。2002年9月,借江津撤县设市十周年之际,举办江津“滨江之夏”残疾人文艺专场演出。江津市残联、长寿区残联、渝中区残联、南岸区残联、开县残联、梁平县残联、沙坪坝区残联、垫江县残联等单位参与演出,参加演出的聋哑、盲人、肢体残疾人等残疾演员188人,102名健全人演员协助演出。2001年6月7—8日,江津市残联推荐的聋哑人舞蹈《我要上学》在重庆市第二届残疾人文艺会演中获表演一等奖,江津市获组织奖。2006年,江津市残联和江津广播电视台上报的电视节目《盲而不闭的何大辉》在中国残联和中国残疾人事业新闻促进会一年一度的中国残疾人好新闻评选活动上获一等奖,《爱心献给特殊教育》获二等奖,是重庆市选送的7个节目中仅有的2个获奖节目。肢残人钟雄出版散文集《天地人》,李万碧出版诗集《闪烁的瓦砾》,龚由甫出版诗集

《恋歌》,卢玲出版自传体报告文学集《当幸福逆袭》。在市残联和重庆市文化委员会组织的2014年重庆市残疾人文化月活动残疾人艺术作品大赛评奖活动中,李万碧诗集《闪烁的瓦砾》获文艺类一等奖,龚由甫诗集《恋歌》获文艺类二等奖。

1989年,成立江津县伤残人体育协会。至1999年,江津先后举办了5届残疾人运动会。建立残疾人体育人才库,组织参加重庆市直辖前的4届残疾人运动会,获得冠军奖牌14枚,亚军奖牌7枚,季军奖牌7枚;组织参加重庆直辖后的5届残疾人运动会,获得22枚金牌、2枚银牌、12枚铜牌,4次获"集体道德风尚奖"。2007年5月14日,残疾人运动员唐长亚参加在昆明举办的第七届全国残疾人运动会,获得女子T54级100米轮椅竞速第一名,为重庆市获得首金,并获得T54级半程马拉松铜牌,破全国纪录,后参加集训备战2008年北京残奥会。2011年11月,残疾人运动员刘杰、刘梅、梅忠全、袁熊、唐长亚等5名残疾人运动员参加在杭州举行的第八届全国残疾人运动会,梅忠全获男子200米个人混合泳SM5级冠军,男子100米蛙泳SB6级第三名,破全国纪录。2015年9月,江津残疾人运动员梅忠全、刘刚代表重庆市代表团参加全国第九届残疾人运动会暨第六届特殊奥林匹克运动会,获得2枚金牌、1枚银牌、2枚铜牌,梅忠全个人获得2枚金牌、1枚银牌、1枚铜牌,并打破世界纪录。

七、残疾人维权

1994—2015年,共接到残疾人来信来访887人(件),全部反馈处理。集中反映的问题是残疾人优惠扶持政策的落实,残疾人代步车营运,残疾人拆迁安置,残疾人入学、就业,残疾人康复、维权等问题。其中2003—2015年,共处理残疾人来信174件,接待群众来访264人次。2004—2008年,开展"残疾人维权示范岗"活动,对江津市25名贫困残疾人实施法律援助,有690余名残疾人得到法律咨询和指导,有220余名残疾人被指定律师服务和减免诉讼费。2010—2012年,对全区153名贫困残疾人实行法律援助,3300余名残疾人得到法律咨询和指导,450余名残疾人接受指定律师服务和减免诉讼费用。2013年,继续实施法律援助制度,发放残疾人优惠援助卡1000张,受理法律援助143件。创建"残疾人维权示范岗"10个,发放"法律援助卡"1万张。2014年,利用助残日、盲人节等发放《中华人民共和国残疾人保障法》《重庆市残疾人保障条例》读本、宣传资料;制发"法律援助卡"1.5万余张,为1300余名残疾人提供法律服务。2015年,加强残疾人法律维权示范岗的建设,建立法律援助律师人才库,发放法律援助卡1万余张,提高残疾人法律救助服务质量,办理法律援助30件。

第十五节　合川区残疾人事业

一、组织机构

1989年12月,成立合川县残疾人联合会。1992年10月,合川撤县设市,合川县残疾人联合会改为合川市残疾人联合会。2006年10月,合川撤市建区,合川市残疾人联合会改为合川区残疾人联合会。至2012年,全区30个镇(街道)及村、社区残疾人专职委员和助残志愿者配备率100%,基层残疾人组织建设完善。

1989年12月,召开第一次代表大会,选举刘前仁(县民政局民政科科长)兼任理事长。1991年3月,县民政局任命夏晓阳为副理事长。1993年,召开第二次代表大会,选举黄永新(合川市民政局副局长兼)任理事长,夏晓阳任副理事长。1998年12月,召开第三次代表大会,选举张洪武(合川市民政局财务科科长兼)、夏晓阳任副理事长。2003年4月,召开第四次代表大会,到会代表168名,选举张洪武任理事长,杨运伟(女)任副理事长。2008年1月,召开第五次代表大会,选举张洪武任理事长,杨永贵任副理事长。2010年1月,杨永贵改任非领导职务,廖均(女)任副理事长。2012年12月,召开第六次代表大会,选举杨林任理事长,廖均(女)、陈灿林任副理事长。

二、残疾人康复

2006—2010年,合川区共完成白内障复明手术2332例,人工晶体植入率98%;培训盲人定向行走10名;为28名低视力患者配用助视器,培训低视力儿童家长7名;完成聋儿康复训练32名,培训聋儿家长24名;发放辅助器具1852件,其中装配矫形器2具,假肢装配52具(大腿31具、小腿21具),发放轮椅480辆;对46名成年肢残人及肢残和脑瘫儿童进行系统康复训练;筛查出肢残儿童14名,送重庆免费进行矫治手术8名。对22名智残儿童开展康复训练,对22名智残儿童家长进行康复知识培训;对智残儿童康复训练的建档率为100%,康复训练的有效率为70%。救助贫困精神病患者760名,每人每年享受360元的常规药物救助,另有80人享受每人每年3600元的住院治疗补助。

2010年,启动“白内障无障碍区”创建工作,完成白内障筛查诊断1835名。区人民医院、区中医院、区中西医结合医院共为1305名白内障患者实施复明手术,其中,贫困患者接受全免费手术的200例,人工晶体植入率99%,术后最佳矫正视力≥0.3的患者达到90%。2010年9月28日,创建工作接受市政府残工委组织的检查验收。

2011—2015年,全区筛查出220名残疾儿童,对其中170名符合条件的残疾儿童提供康复转介,对65名残疾儿童提供轮椅、站立架等辅助器具,对27名肢体残疾儿童实施免费矫治手术,对78名脑瘫和智力残疾儿童提供系统康复训练,对175名听力患者提供助听器。对37名脑瘫和智力残疾儿童提供每人每年2000元的康复训练补助。培训盲人定向行走160名,完成聋儿康复训练24名,培训聋儿家长48名,培训智力残疾儿童家长68名;对智力残疾儿童康复训练的建档率为100%,康复训练的有效率95%;完成辅助器具供应2192件,其中装配假肢44例,发放轮椅1460台。持续为贫困精神病患者提供药物救助,2011—2013年,每年对760名患者免费提供每人每年360元的常规药物;2014年,将救助标准调整为每人每年500元。2015年,经过重新全面筛查,对符合条件的所有贫困精神病患者全部救助,救助对象扩大到1100余名,为225名患者提供每人每年4000元的免费住院救助;完成白内障复明手术5545例,其中全免费手术456例。

至2015年12月,全区建立视力、听力言语、智力、肢体、精神等5个康复指导机构,在合川区特殊教育学校建立智力残疾儿童定点康复机构1个;建立残疾人社区康复站30个,实现30个镇街全覆盖,100%完成辖区内肢残人、智力残疾和脑瘫儿童的康复训练任务;建立残疾人社区康复示范站5个,为辖区内残疾人提供康复医疗、训练指导、心理咨询、知识普及、政策咨询等服务;成功创建"全国白内障无障碍区"、残疾人社区康复示范区、残疾人"人人享有基本康复服务"示范区。

实施"七彩梦行动计划"项目。"十二五"期间,开展0~6岁残疾儿童筛查活动,共筛查出220名残疾儿童,对其中170名符合条件的残疾儿童提供康复转介,对65名残疾儿童提供轮椅、站立架等辅助器具,对27名肢体残疾儿童实施免费矫治手术,对78名脑瘫和智力残疾儿童提供系统康复训练,对175名听力患者提供助听器,对37名脑瘫和智力残疾儿童提供每人每年2000元的康复训练补助。

三、残疾人教育

1989—2010年,实施"长江新里程""扶残助学""国家彩票公益金"和"学子援助计划"等扶残助学项目。2005年起对全区贫困残疾学生进行资助,每人每年分别资助700元、500元、300元或200元。2006—2010年,全区盲、聋、智力残疾三类残疾儿童共780人,其中入学或随班就读的703人,入学率为90.1%。2007年,实施残疾人事业专项彩票公益金助学项目,60名贫困家庭的残疾儿童获得救助。普通学校随班就读的每生每年救助200元,特殊教育学校就读的每生每年救助700元。全区所有就读的"三残"儿童全部享受义务教育阶段所有的优惠政策。2008年,对当年考入普通高等院校的2名专科残疾学生分别给予3000元的一次性入学救助,对2名残疾人子女大学生每人补助1000元。2010年起对考上大学本科的残疾学生救助5000元,专科救助3000元。对在读的2012年及以后入学的贫困残疾大学生实施生活救助,标准为每人每学年2000元。2013—2015年,对当年考入普通高等院校的8名本科残疾学生、14名专科残疾学生分别进行补助,并对42名在校残疾大学生实施生活补助。

四、残疾人就业

1989—2010年,依托残疾人就业服务机构,开展残疾人就业咨询、求职登记、职业介绍等工作。在实施按比例安排残疾人就业中,合川残联鼓励和支持残疾人自谋职业和个体开业,向各镇、街残联发出调查摸底通知,确定城镇贫困残疾人作为扶助对象。贯彻执行《重庆市按比例安排残疾人就业规定》,积极与合川财政局、市地税局协调,落实代收代扣残疾人就业保障金的各项事宜。2006年5月,举办3场残疾人就业现场招聘会,各镇、街的130余名有劳动就业要求的残疾人参加招聘会,北碚泰欣铝业、鸿扬电器、临江塑料和重庆顺博4家公司前来招聘,现场达成意向性协议的有63人。2006年,合川共集中安排残疾人就业93名。2010—2015年,加强残疾人就业服务所建设,开展就业咨询、职业指导、求职登记、职业培训、职业介绍等就业服务工作。共计接待残疾人就业求职登记126人,职业技能培训320人,介绍安排集中就业128名,个体就业29名。2014—2015年,每年举办一场残疾人就业专场招聘会,参加应聘及咨询的残疾人共计100余人,其中24名残疾人成功就业。

五、残疾人宣传文化体育

从2003年9月“国际聋人节”开始,在合川电视台每周配手语新闻节目,深受聋人欢迎。开展残疾人群众性体育活动和竞技体育运动,选拔残疾人运动员组队参加市第三届、第四届残运会,在比赛中共获得2枚金牌、3枚银牌、1枚铜牌,连续两届获得体育道德风尚奖。培养和输送2名残疾人运动员,代表重庆市参加全国第七届残疾人运动会。1名队员在游泳项目上获得2个第五名和1个第六名,并获得道德风尚奖;另1名队员与队友一起,在脑瘫足球比赛中获得银牌。

2011—2015年,在重庆和合川两级报刊、电台、电视台和互联网刊播的新闻、图片共200余篇(则);撰写工作简报140余期,其中有50余期被市残联简报采用。充分利用每年“全国助残日”“国际聋人节”“国际盲人节”和“国际残疾人日”等节日举行残疾人代表座谈会、区领导走访慰问残疾人、发动社会各界捐款捐物支持残疾人事业、轮椅捐赠、宣传自强不息典型、残疾人义务服务回报社会、宣传咨询、义诊义检等多种活动,掀起关心、关注残疾人事业的热潮。2013年,“助残日”活动得到北京中奥联合投资有限公司全额赞助,举行“我的梦·中国梦重庆行”——中国残疾人艺术团大型公益文艺晚会,中奥公司现场向重庆市残疾人福利基金会捐赠20万元指定给合川残疾人购买轮椅。

六、残疾人维权

合川区成立残联信访办公室,有分管领导,有专职信访工作人员,做到残疾人信访渠道畅通,每个月召开矛盾纠纷排查工作会,分析、研究信访稳定工作,每月按时报合川区信访办和社会治安综合治理办公室,做到残疾人无进京到市集访,无重大突发事件和群体性事件发生。同时,建立合川区法律援助中心残疾人工作站,通过该站和各级法律服务及法律援助机构对残疾人进行法律服务和法律援助,为残疾人提供法律咨询和服务1000余次,提供法律援助100余次。2006—2011年,共收到来信和接待来访516件(次),其中来信18件,来访498人次。2011—2015年,巩固合川区法律援助中心残疾人工作站工作,充分发挥该站和各级法律援助机构对残疾人进行法律服务和法律援助的作用,发放法律援助卡6000余份,为残疾人提供法律咨询和服务70余次,提供法律援助10余次,内容涉及教育、就业、康复、维权、落实优惠政策、婚姻家庭等方面,对来信来访及时办理、及时答复,做到件件落实,信访人满意度达100%。残疾人信访转办案件结案率为100%。从2014年起,实行信访代理制,每年代理信访事件200件,每件补贴100元,极大地减少了残疾人信访数量。

2007年,开展合川区残疾人机动三轮车专项整治工作,通过考试考核安置残疾人专职委员24人。2011年,合川区启动“五城联创”,再次开展残疾人机动三轮车专项整治工作,回收废旧机动三轮车326辆,统一置换代步车138辆,对所有从事营运的残疾人全部进行妥善安置和有效分流,安排公益性岗位264人(含镇街、社区残疾人专职委员61人),全部参照人社部门公布的最低工资标准并购买“五险”。至此,合川区残疾人机动三轮车全部退出营运市场,整治工作走在全市前列。

第十六节　永川区残疾人事业

一、组织机构

1989年5月19日,在永川县盲人聋哑人协会的基础上建立永川县残疾人联合会。1992年5月,永川县撤县建市,永川县残疾人联合会也随之更名为永川市残疾人联合会,设有康复科、宣教科。1995年,增设办公室。2000年5月,永川市残疾人联合会升格为正处级单位,归口永川市政府管理。2006年11月,永川市撤市设区,永川市残疾人联合会更名为永川区残疾人联合会。至2015年12月,区残联编制8人,工勤1人,下属事业单位残疾人综合服务中心编制5人。全区有残疾人6.8万人。2006年12月,永川市22个镇(街道)都建立残联组织,80%的社区、村建立残疾人协会、残疾人志愿者助残联络站。

二、残疾人康复

1989—2006年,残疾人康复项目主要有小儿麻痹、白内障、聋儿语训。1994年,增加补碘项目。1997年,取消补碘项目,增加低视力康复和用品用具供应。2002年,增加麻风畸残康复项目。2003年,增加精神病防治康复和社区康复服务项目,并将精神病防治工作作为康复工作的重点。至2006年12月,共实施白内障复明手术2727例(其中脱盲561人、脱残505人);小儿麻痹矫正手术89例;聋儿语训94例、聋儿家长培训62人、康复65人;肢体矫形术74例、装配肢体矫形器91人、肢体康复训练525人;残疾人用品用具装配2147例;智残儿童家长培训35人、智残儿童培训103人、智力康复60人;低视力配镜97人、康复训练65例;麻风畸残康复矫治3例;特需人群补碘3.86万人;精神病防治康复462例、精神病救助1306人;康复训练与服务6840人次。2015年,永川区残疾人康复和托养中心竣工。500名残疾人接受白内障复明手术;15名脑瘫儿童接受机构康复训练,110名成人肢体残疾人享受残疾人社区、家庭康复服务,5名贫困肢体残疾儿童实施矫治手术;20名智力残疾儿童接受机构康复训练,45名智力残疾儿童享受社区、家庭康复服务;1650名残疾人精神病患者享受免费服药。70名精神病患者接受医院救助;为残疾人装配假肢24例,儿童矫形器装配2例,轮椅、拐杖等其他辅助器具发放224件。

三、残疾人就业

帮助残疾人群体奔小康是残联工作的中心任务,其中兴办福利企业,解决残疾人就业是一个重要渠道。永川残联通过多办经济实体,为残疾人广开就业门路,先后兴办永川县皮革福利加工厂、永川市康达肉联厂、博达利实业有限公司、永川市奉献米线厂、兴鑫卷帘门厂、石竹友谊机砖厂、华康印刷厂、永川市海棠皮革厂等8个福利企业。1989—2006年,永川市残联动员社会各方面力量,采取多渠道、多种方式帮助残疾人学技术,开拓就业渠道或自谋职业。永川市民政福利企业安置残疾人903人,社会安置735人,从事个体经商的257人、服务业31人、其他行业26人。永川撤市设区后,建立了科学化的残疾人就业服务体系,成立了规范化的残疾人就业服务机构。2015年,区残联与区人力社保局先后多次举办残疾人专场就业招聘会,举办城镇残疾人职业技能和农村残疾人实用技术培训,共培训残疾人1332人,推荐安置91名残疾人就业,城镇残疾人就业率在87%以上。新培育农村残疾人种养业大户14户,帮助带动残疾人就业138人,扶持资金31.5万元,成功探索出"公司+基地+农户"的扶残助残新模式。

四、残疾人宣传

1989—2006年,利用节假日和全国"助残日"广泛开展"扶残助残"活动,永川市(县)级领导和有关部门领导每年均有2~3次到一线,走访慰问或上街进行政策咨询活动。至2006年12月,永川市共为残疾人做好事办实事2.28万件,解答政策疑难4680余人次,发放《中华人民共和国残疾人保障法》手册2.1万余份,送慰问品(金)14.27万余元。永川市残联通过报社、电台、电视台、简报、信息、咨询等渠道大力宣传《中华人民共和国残疾人保障法》,落实残疾人优惠政策。在《永川报》上开办"心桥"栏目,为永川市残疾人提供了解外部世界的窗口和瞭望台。永川市电视台开播手语新闻节目,让辖区内3000余名聋哑人通过电视形象地听到当地党委、政府的声音。至2006年12月,共计发放《中华人民共和国残疾人保障法》手册6500余册、宣传资料(单)2.81万份,刊播宣传稿件(文章)232篇(条)。至2015年,创建44个残疾人文化进社区示范点,举办10余次以残疾人事业为主题的摄影和征文活动。新华社、凤凰网、重庆电视台、《重庆日报》《永川日报》等各类新闻媒体刊播永川区残疾人事业发展新闻稿件共计300余篇。

五、残疾人文化体育

永川残联建有残疾人文艺人才档案,注重培养有艺术专长的残疾人。在第三届重庆市残疾人文艺会演中,永川市聋哑学校表演的舞蹈《感恩的心》、中山路街道办事处表演的戏剧小品《回春曲》获得优秀奖,永川市残联获得组织奖。残疾人自编自演的2个节目选送参加重庆市残联组织的残疾人文艺会演,获得组织奖。永川市残联还多次组织残疾人编排节目参加永川市委宣传部、市文化局、市总工会等举办的各种文艺演出,受到观众欢迎。表现永川残疾人生活、工作、事业的书法、绘画、摄影、工艺品、美术品等,在重庆市残疾人书法、绘画、摄影、工艺品、美术品展览中多次获得奖励。永川市残联成立残疾人体协组织,建立体育人才档案。1990—2006年,残疾人体协组织在永川市(县)举办的迎亚运首届伤残人运动会上表现突出,有23人获得冠军,14人获得亚军,10人获得第三名。永川组队参加的重庆市迎亚运第三届伤残人运动会上以团体总分80分获得县组团第一名,并获得24个个人奖。在重庆市第三届残疾人运动会上,永川残疾人运动员获得8个第一名,获得团体第二名。在四川省举办的第三届残疾人荣光杯运动会上,永川市获得长跑5000米、3000米、1500米3项冠军。在重庆市直辖后的首届残疾人运动会上,永川市残疾人运动员获得团体第七名。在南京举行的全国残疾人运动会选拔赛中,永川选送的运动员获得个人跳远第二名。在重庆市第二届残疾人运动会上,永川市残疾人运动员获得4枚金牌、1枚银牌,永川市政府荣获重庆市“第六届全国残疾人运动会先进集体”称号。永川市残疾人运动员参加重庆市第三届残疾人运动会,个人获得2枚金牌,获得团体第7名。在重庆市第五届残疾人运动会上,永川区代表团共获得6枚金牌、3枚银牌、2枚铜牌,并获团体总分第七名。

六、残疾人维权

1991年,接待残疾人来访150余人次,来信28件,县残联给予耐心细致的宣传解释工作,化解了矛盾。1995年,残疾人因营运代步车问题集体上访9次,永川市残联通过召开座谈会,引导、劝阻、讲解政策法规化解了残疾人心中的怨气。2006年,永川市残联联合各镇街搞好残疾人的信访工作,残疾人来信来访260件(次),为残疾人解决纠纷15件。2015年,区残联通过社区工作日、“全国助残日”等各类活动,入社区、广场,到残疾人家中宣传讲解《中华人民共和国残疾人保障法》和《重庆市残疾人保障条例》,“一法一例”宣传教育工作做到“镇不漏村,村不漏户,户不漏人”,切实营造维护残疾人合法权益、帮助残疾人脱贫致富的浓厚氛围,真正让法律知识送到残疾人家里、送到每一个残疾人手里。全面实施残疾人信访代理制度,23个残疾人信访维权工作站、区残疾人法律援助中心和残疾人法律援助站三方协力共管,维护永川区残疾人合法权益。全年区残联接待残疾人来信来访67件次,无一例残疾人重特大上访事件发生。

第十七节　南川区残疾人事业

一、组织机构

1989年5月,组建南川县残疾人联合会筹备工作领导小组,开展残联筹备工作。1990年11月23日,成立南川县残疾人联合会,归口南川县民政局管理。1994年,南川撤县设市,南川县残疾人联合会更名为南川市残疾人联合会。2002年,南川市机构改革,南川市残联核定事业编制3名,其中理事长1名,副理事长1名,挂南川市残疾人综合服务中心牌子。2005年5月,南川市残联单列,不再挂靠民政局,不再挂南川市残疾人综合服务中心牌子,单独设置南川市残疾人综合服务中心,为直属事业单位。2007年,南川撤市设区,南川市残疾人联合会更名为南川区残疾人联合会,为正处级人民团体机构。至2015年12月,南川区6个乡镇(街道)残联配备专职理事长,13个乡镇(街道)残联配备兼职理事长,其余乡镇残联配备专(兼)职工作人员。2006年12月,盲人协会成立,为南川市第一个残疾人专门协会。2007年11月,南川区肢残人协会成立。2012年10月,南川区智力残疾人及亲友协会、精神残疾人及亲友协会、聋人协会相继成立。

1990年12月21日,召开第一次代表大会,大会推举张明君为理事长。1993年4月7日,召开第二次代表大会。大会选举产生第二届主席团委员及主席、副主席、理事长,张明君为执行理事会理事长。1998年6月25—26日,召开第三次代表大会。张明君为执行理事会理事长。2003年6月25日,召开第四次代表大会。胡承木当选为执行理事会理事长。2007年12月24—25日,召开第五次代表大会,蒋宜茂当选为南川区残联第五届主席团主席,肖福正为南川区残联第五届执行理事会理事长。2012年12月19—20日,召开第六次代表大会。熊昕当选为执行理事会理事长。

二、残疾人口

至2015年12月31日,南川区户籍人口68.69万人,其中残疾人约4.35万人。持证残疾人16253名,其中视力残疾人2128名、听力残疾人984名、言语残疾人130名、肢体残疾人9694名、精神残疾人1650名、智力残疾人1592名、多重残疾人75名。

三、残疾人康复

1959年9月,成立南川县慢性病生产疗养院(麻风病院),位于原马嘴乡(现三泉镇),当年接收麻风病患者30人(男21人、女9人),由民政部门安排工作人员进行行政管理,由卫生部门安排医务人员负责治疗和医药经费。至2015年12月,该院先后接收病员139人,其中当年该院在院病人25人。

2001年,"视觉第一中国行动"(国际狮子学会)专家医疗小组为南川市336名白内障患者施行白内障手术。2009年,南川区成功创建为"全国白内障无障碍区"。2011年,南川区残疾人"人人享有康复服务"工作经过市残联评审组评审,顺利达标。2014年,南川区人民医院获授牌,成为国家残疾儿童康复救助项目定点机构。至2015年,南川区残疾人康复工作已形成以区人民医院、宏仁医院为骨干,34个镇级卫生院为基础,52个残疾人社区康复站为依托的三级康复网络,优化康复医疗、功能训练、器具适配、心理疏导、疾病预防等服务,形成系统化、开放化的康复服务体系,残疾人康复服务建档率98%。建成残疾人综合服务中心、听力监测室、视力监测室各1个,建立康复示范社区52个,对辖区残疾人实行就近就便居家服务。以残疾人"人人享有康复服务"为目标,有效实施白内障复明手术、重症精神病入院治疗及免费服药救助、轮椅拐杖助听器等辅助器具配发、假肢安装、康复训练等康复服务,实施"七彩梦行动计划"抢救性康复项目,全区康复服务率99%。1988—2015年,实施白内障复明手术3835例,完成康复训练(聋儿、肢体、脑瘫、盲人、定向行走)667人次,辅具配发(轮椅、拐杖、助听器、假肢、盲杖等)6140件套,重症精神病入院治疗及免费服药救助3322人次。

四、残疾人教育

1986年,在南川隆化镇第二小学开办智力残疾儿童班,12名7~13岁的智力残疾儿童入学接受教育。1991年,在县城实验小学开办聋儿语训班,第一批吸收10名7~10岁的儿童入学。1996年,筹集资金45万元,新建南川市特殊学校,1997—1998年,拨款新建学生宿舍楼一幢。

2003年,开展以爱心助残为主题的"扶残助学春雨行动",发行"扶残助学春雨行动"纪念明信片1010套。实施“长江新里程——盲童入学计划”和“扶残助学”计划,11个盲童和15个在校残疾学生得到项目救助。南川市残联继续对特殊学校的32名贫困残疾学生进行生活补贴,共计5400元。2004年,实施“长江新里程——西部盲童入学”“扶残助学”“春雨行动”“国家彩票公益金扶残助学”4个援助项目,受助残疾人59人。2005年,实施“扶残助学项目”,受助残疾儿童20名,共计8000元;实施南川市“长江新里程——中西部地区盲童入学项目”,受助残疾儿童21名,共计3150元;实施“中国残联专项彩票公益金助学项目”,受助儿童40名,共计4万元。

2006年,实施“中国残联专项彩票公益金助学项目”,40名残疾儿童受助。利用“全国助残日”之际,在特殊教育学校举行捐赠仪式,为特校捐赠空调2台,并为在校的20余名学生赠送学习用具。2007年,协助有关部门做好普通高等学校招收残疾人考生工作,为2名考上大学的残疾考生给予8000元的救助。2008年,有1名残疾考生考上专科学校,给予3000元的入学救助。2009年,全区有5名残疾考生和5名残疾人子女考上专、本科学校,给予4.6万元的入学救助。2010年,落实残疾人事业专项彩票公益金助学项目,100名义务教育阶段残疾学生获得助学款4万元。为3名残疾大学生、残疾人家庭大学生发放助学金1.1万元。

2011年,南川区再次筹集资金,重新选址新建南川区特殊教育中心。为36名残疾大学生、残疾人家庭大学生发放助学金10.1万元。2012年1月4日,南川区特殊教育中心举行搬迁典礼,市政府副市长吴刚、南川区委书记谭家玲、市残联副理事长任能君出席挂牌仪式。同年,区特教中心被教育部、中国残联命名为“全国特殊艺术人才培养基地”。资助贫困残疾大学生和贫困残疾人子女大学生14名,发放助学金5.5万元。2013年,资助贫困残疾大学生和贫困残疾人子女大学生17名,发放助学金4.3万元。2014年,出台《南川区贫困残疾大学生以及贫困残疾人子女大学生入学和生活救助暂行办法》,资助贫困残疾大学生和贫困残疾人子女大学生30名,发放助学金7.8万元。2015年,已建立起残疾人随班就读工作保障体系,有力落实“两免一补”政策,全区义务教育阶段适龄残疾人入学率92.4%。多年资助义务教育阶段残疾学生就读,有效实施残疾大学生及贫困残疾人子女大学生入学救助,发放助学金,帮助残疾大学生和残疾人子女大学生圆梦。

五、残疾人就业

南川区先后开办福利企业13个,集中安排残疾人就业300余人,出台残疾人就业优惠政策和扶持措施,鼓励帮助残疾人自谋职业。

2000年5月,南川市政府根据《中华人民共和国残疾人保障法》《重庆市实施〈中华人民共和国残疾人保障法〉办法》和重庆市政府要求,在辖区内开展残疾人就业情况调查,摸清南川残疾人就业状况,为实施按比例安排残疾人就业提供确切的数据,奠定坚实基础。是年8月,南川市政府第34次常务办公会讨论通过《南川市按比例安排残疾人就业实施办法》,南川各乡镇、各部门、各企事业单位自2000年10月1日起实施该办法。当年,南川征收残保金1.54万元。2004年,残疾人就业保障金分别由南川市残疾人就业服务所、地税局予以代扣代征。2010年10月,南川区财政局、地税局、残联、人民银行南川支行联合出台《重庆市南川区残疾人就业保障金征收使用管理实施办法》,重新明确残疾人就业保障金由南川区残疾人综合服务中心、区地税局予以代扣代征。至2015年,南川区共按比例安置残疾人就业286人,累计征收残疾人就业保障金3143万元。

南川通过举办招聘会、扶助残疾人个体创业、实施“阳光家园”计划等多种形式,促进残疾人实现分散就业。2010年,出台《南川区“阳光家园计划”——智力精神和重度残疾人托养服务项目实施办法》,率先在全市实施残疾人托养工程,采取集中托养、日间照料、居家托养的服务方式。2010—2015年,累计投入资金684.3万元,帮助1925人次重度残疾人实现托养。举办残疾人招聘会16场,开展残疾人就业援助活动9场,累计求职登记889人次,推荐残疾人就业278人次。鼓励和扶持残疾人个体创业实现就业,229名残疾人实现个体创业就业,发放创业补助29.8万元。发展残疾人种养业大户9户,发放补助金36万元,帮助100名残疾人就近就地解决就业。

开展残疾人职业技能培训,完成职业技能培训2761人次。2014年,成功争取到“全国首批残疾人职业培训基地”落户南川区隆化职业中学。2015年,南川依托该基地先后组织和承办盲人计算机、肢残人计算机培训班、全国残疾人职业技能竞赛重庆市集训班等多个培训班次。推荐盲人参加国家和市级职业技能培训并取得国家职业资格证书。至2015年,全区已有盲人按摩机构22家,持证盲人按摩人员42人。举办农村残疾人实用技能培训班15期,受训残疾人6530人次,残疾人就业能力大幅提升。

六、残疾人扶贫

1997年,由农行重庆分行、市残联贷款50万元给南川市福利服装厂。1998年,重庆市实施《残疾人扶贫攻坚计划》,由农行重庆分行、市残联分配给南川市残联康复扶贫贷款100万元。2009年,市残联出台《重庆市残疾人康复扶贫贷款管理暂行办法》,文件下发后,南川区积极在区内进行宣传落实,符合条件的企业积极进行申报并获得贷款贴息。

2006年,对60户农村贫困残疾人的危房实施改造。南川连续10年实施农村贫困残疾人危房改造项目和阳光安居工程。2006—2015年,南川累计改造农村贫困残疾人危房1196户,投入补助资金1217.9万元。

2015年,按照重庆市民政局、市残联、市老龄委、市财政局《关于印发〈重庆市经济困难的高龄失能老年人养老服务补贴实施办法〉〈重庆市贫困残疾人生活补贴实施办法〉〈重庆市重度残疾人护理补贴实施办法〉的通知》,南川区民政局、残联联合发文对该文件进行转发。当年,南川区残联完成4000余名重度残疾人护理补贴和2600名城乡“低保”残疾人生活补贴的审核与发放,累计发放“两项补贴”156万余元。

七、残疾人宣传文化体育

2003年5月,推荐的《新年快乐》《身残志坚》《腾飞》等残疾人艺术品、剪纸、水彩画参加重庆市首届残疾人书法、绘画、摄影、工艺品大赛,获得1个二等奖、3个三等奖、1个优秀奖,其中《新年快乐》《腾飞》两副剪纸参加全国评选。录制的《青青果园、坚强的汉子》《为女儿的心愿》等电视专题片和南川报社采写的8篇报道参加全国好新闻评选。残疾人舞蹈节目《快乐少年》,参加第四届全国盲、聋、培智学校学生艺术会演。残疾人运动员唐成勇入选重庆市乒乓球队,于9月参加第六届全国残运会,获得第六名。2005年,举办第十五次"全国助残日"活动,选送的文艺节目《为奥运加油》荣获优秀奖。

2006年,参加第三届重庆市残疾人运动会,获得1枚金牌、1枚银牌、团体优秀组织奖。2007年,开展第十七次"全国助残日"活动,举行大型轮椅捐赠仪式。区四大家领导参加仪式,并向200名贫困下肢残疾人捐赠轮椅。重庆市电力集团团委向区特校捐赠8万元教学设备。2008年,举行第十八次"全国助残日"大型轮椅捐赠仪式,向200名贫困下肢残疾人捐赠轮椅,对特殊教育学校进行慰问。2009年,举行第十九次"全国助残日"大型文艺活动暨轮椅捐赠仪式,区四大家领导参加仪式,向50名贫困下肢残疾人捐赠轮椅,对特殊教育学校进行慰问。

2010年5月19日,在区残疾人康复托养院举办第二十次"全国助残日"活动暨残疾人康复托养院剪彩仪式。看望慰问在院50名精神、智力残疾人。12月3日,在区鼓楼坝广场举办第十九次"国际残疾人日"活动,向18名贫困重度下肢残疾人赠送轮椅,并开展残疾人义务按摩、义务修鞋等一系列活动。3名残疾人文艺作品在"首届全国残疾人文化活动周——重庆市残疾人书法、绘画、手工艺品展"中展出,获得优秀奖。获得重庆市第四届残运会金牌1枚,铜牌3枚。2011年,投入宣传经费20万余元,印制残疾人法律法规知识手册1万册,制作残疾人宣传手提袋2万个,宣传年画2万张。举行第二十一次"全国助残日"活动,向10名贫困下肢残疾人和7名脑瘫儿童现场赠送轮椅,爱心企业现场为残疾人义务理发13人次,社会爱心人士现场为残疾人赠书2000余册,活动发放宣传资料1000余册(份)。12月2日,庆祝第二十个"国际残疾人日",向区精神、智力残疾人托养院赠送医用棉被25床,向区盲人协会赠送盲杖35支。组织看望慰问自强模范李明学,听他讲述自力更生、艰苦创业的故事。全年编印《南川区残疾人工作信息》14期,向市残联供稿42篇,在《重庆日报》刊登南川区残疾人事业专版一期,在《今日南川》杂志刊登专题一期。2012年,编印《南川区残疾人工作简报》12期,向上报送28篇,采用26篇,及时维护更新"南川区残疾人联合会"网站,主动与南川电视台、《南川报》等新闻媒体建立长期合作伙伴关系,充分利用"全国助残日""国际残疾人日"等节日开展主题宣传活动,在全社会营造理解、关心、帮助残疾人的良好氛围。积极推进残疾人文体事业,建立残疾人文化进社区活动点15个、盲人"空中课堂"1个。2013年,新建残疾人"文化进社区"活动点15个。健全完善残疾人文体人才库,认真组织开展第22次"全国助残日"、第6次"全国特奥日"、第四届全国"残疾人文化周"活动,积极推荐、培养残疾人文化体育人才参加各类比赛。全年编印《南川区残疾人工作简报》15期,向市残联报送信息51条,采用26条。1月在《重庆政协报》刊登南川区残疾人工作宣传专版。2014年,向市残联上报工作信息96篇、采用70篇,提供新闻线索11条,协助配合市级媒体拍摄微电影2次、采访残疾人事例4次。重庆电视台《新闻联播》《天天630》栏目播放南川区残疾人新闻各1条,《重庆日报》刊登南川区残疾人工作信息和残疾人创业事迹各1篇、大渝网刊发信息2篇。投入人力、财力,对区残联门户网站进行升级改版，建立“政策法规”“工作动态”“招聘求职”“在线咨询”等多个栏目。组织开展第二十四次“全国助残日”“残疾人文化周”宣传文化活动，活动通过集中走访、分散慰问、播放公益片、开办专栏等形式，在全区范围内营造了良好的扶残助残氛围。继续推进“残疾人文化进社区活动点”建设项目，新建活动点15个；大力推进“残疾人视障阅览室”建设，整合现有图书馆资源，进行无障碍设施改造，配置视障阅读辅助设备、盲人上网专用电脑、盲文书籍等设施，累计投入资金5.7万元。2015年，区电视台开播手语新闻、《南川日报》开设残疾人专栏、刊登残疾人工作专版，为残疾人事业发展营造了良好氛围。认真组织开展“残疾人文化周”“残疾人健身周”“全国助残日”等主题宣传活动，活动通过集中走访、分散慰问、播放公益片、开办专栏等形式，在全区范围内营造出良好的扶残助残氛围。继续发挥“残疾人视障阅览室”和残疾人文化点的辐射作用，积极引导残疾人参与文体活动。对外报送残疾人工作信息75条，采用59条，重庆电视台采用南川区残疾人新闻1条。

八、残疾人维权

2003年，落实《南川市人民政府关于农村残疾人农业税及附加减免问题的通知》，8688名残疾人享受农业税减免，共计17.88万元。处理来信5件，接待来访246人。2006—2008年，建立残疾人法律援助网络，残疾人接受法律援助和服务；实行理事长来信来访负责制，每个信访件都由理事长牵头负责、办理落实，共接待来信来访422件次。2011年，接待来信来访175件，办结175件，出具法律援助介绍信35份，为188名下肢残疾人发放残疾人代步车燃油补贴5.256万元。2012年，全区4548名残疾人享受城乡“低保”。实施贫困残疾人家庭无障碍改造206户。接待来信来访42件次，办结42件次，开展摸排活动2次，化解矛盾纠纷6起。为全区1.5万名残疾人争取乘车优惠政策，帮助1名残疾人争取到21万元交通事故赔偿金。实施残疾人机动车辆燃油补贴和C5驾照补贴项目，发放燃油补贴5.9万元，C5驾照补贴1.5万元。2013年，联合司法局成立法律援助中心，依托乡镇(街道)司法所建立残疾人法律救助站，全年实施法律救助20起，接待来信来访48件次、化解矛盾纠纷10起(办结率100%)。施行残疾人乘车优惠政策，873名残疾人办理免费(优惠)乘车卡，享受优惠减免金额3.87万元。实施残疾人家庭无障碍改造64户，投入资金10万元。实施C5驾照补贴、机动轮椅车燃油补贴项目，发放补贴4.8万元，惠及156名残疾人。2014年，实施法律救助113起，接待来信来访60件次、化解矛盾纠纷10起(办结率100%)。952名残疾人办理免费(优惠)乘车卡，享受优惠减免金额4.3万元。实施残疾人家庭无障碍改造57户，投入资金12.5万元。实施C5驾照补贴、机动轮椅车燃油补贴项目，发放补贴3.4万元，惠及110名残疾人。2015年，提供法律救助15起，接待来信来访30件次，化解矛盾纠纷25起，“全国助残日”期间，积极稳妥地处置残疾人机动车改色事件，未发生残疾人赴市进京上访、集访事件。实施C5驾照补贴、机动轮椅车燃油补贴项目，为119人次残疾人发放补贴4.62万元。为30名残疾人车主落实路桥费减免政策。

第十八节 綦江区残疾人事业

一、组织机构

1989年,成立綦江县残疾人联合会,副科级,由县民政局代管。2001年8月,县级机构改革,升格为副处级单位,列入县委管理的群团序列。2002年9月23日,成立綦江县残疾人劳动就业服务所,定编2名,机构性质为财政全额拨款全民所有制事业单位。2011年,3个街道、17个镇均成立残疾人联合会。各村(居)成立残疾人协会。

1989年11月29日,召开綦江县残疾人联合会第一次代表大会,出席会议代表125人,推举陈正华为第一届执行理事会理事长。1993年5月28日,召开第二次代表大会,出席会议代表129名,推举陈正华任理事长,胡国友为副理事长,高华碧为理事。1998年12月15—16日,召开第三次代表大会,出席大会的正式代表207名,其中残疾人代表104名,占正式代表总数的50.24%。推举敖正伦为理事长。2003年9月24日,召开县残联升格后的第一次代表大会。出席大会的正式代表122人,残疾人代表75人,占正式代表总数的61.5%;推举唐炳元为县残联第一届主席团执行理事会理事长,敖正伦为副理事长。2007年12月26日,召开第二次代表大会。出席会议的正式代表121人,其中残疾人及其亲友代表70名,占代表总数的58%;推举霍家其为县残联第二届主席团执行理事会理事长,李刚为副理事长。2012年3月29日,召开綦江区残联第一次代表大会,出席大会的正式代表180人,其中残疾人和智力、精神残疾人亲友代表占代表总人数的55%;特邀代表150人;推举左清平为区残联第一届执行理事会理事长,张在金、罗宗成为副理事长。由于万盛经开区隶属关系变动,该区籍代表及委员亦相继划转后,代表及委员均出现空缺,是年11月3日,区残联主席团第二次会议召开,决定增补李光奇、赵榜明、胡辉明、徐伦兵、张家伦、王宗验等为本届代表及主席团委员,推举赵榜明任区残联第一届执行理事会理事长,左清平、罗宗成调万盛经开区任职,不再任理事长、副理事长。2013年4月,张灵调至綦江区残联担任副理事长。2014年12月,陈开全被派到綦江区残联担任纪检组长。

二、残疾人口

至2015年12月,綦江区户籍人口93.86万人,残疾人约6.1万人,占比6.5%。持第二代残疾人证的残疾人有22274人,其中视力残疾人3106名,听力残疾人1374名,言语残疾人185名,肢体残疾人12808名,精神残疾人1780名,智力残疾人1941名,多重残疾人1080名。

三、残疾人康复

1986年县盲人聋哑人协会对盲症、聋症进行普查,共检查盲症138人,聋症625人,为29名白内障患者实施复明手术,为73名盲人发示路杖。1987年7月3日,成立綦江县盲人按摩门诊部。1988年,完成白内障复明手术50例。1989年7月,共普查登记白内障437名,小儿麻痹134名,聋儿39名。1990年8月13日,成立綦江县残疾人“三项康复”工作领导小组,负责组织协调綦江县残疾人“三项康复”工作。全年施行白内障复明手术50例,有效率100%。

1991—1995年,实施白内障复明手术236例,小儿麻痹矫治手术101例,聋儿语言训练53人次。重庆市康复工作办公室主任徐玉珍带领专家教授组成的市残疾人“三项康复”工作检查验收组到綦江对残疾人“三项康复”工作进行全面的检查验收,全部合格。

1996—2000年,全县实施白内障复明手术624例,小儿麻痹矫治手术42例,聋儿语言训练84人次,低视力康复38例,残疾人用品用具供应520件套。其间,成立綦江县残疾人用品用具供应服务部。在县特校、郭扶镇、篆塘镇、赶水镇中心校建立智残儿童训练机构4个,训练智残儿童32人。

2001—2005年,全县实施白内障复明手术843例,肢体功能训练85人次,低视力康复11例,残疾人用品用具供应2070件套。组织“视觉第一中国行动”“健康快车”等活动,施行白内障复明手术。在县中医院的基础上,建立綦江县残疾人康复医院。

2006—2010年,为3105名白内障患者施行复明手术。为贫困精神病人建档立卡、施与救助,每人每年得到360元药物救助,对住院治疗的贫困精神病人,每人每年给予3600元的住院补助,救助金额共计98.06万元。为各类残疾人提供用品用具或辅助器材2217件。2010年1月,被全国残疾人康复工作办公室授予“全国白内障无障碍县”称号。10月,被民政部、卫生部、中国残联联合授予“全国残疾人社区康复示范县(市)”的称号,实现全县残疾人社区康复361个村(社区)全覆盖。

2011年,为1.93万名有康复需求的残疾人建立档案;为1116名白内障患者施行复明手术,对800名“低保”户、“五保”户、残疾人贫困家庭患者手术费、医疗费全免;全县364个村居均建立残疾人康复服务站;为300名贫困精神病患者提供人均360元的药物救助;捐赠轮椅80台、发放辅助器具400件。

2012年,筛查出白内障患者1320人,为1200名白内障患者施行复明手术,对723名患者实行费用全免;对330名贫困精神病人给予药物救助,对20名住院贫困精神病人给予3600元/年的住院补助;免费为20名贫困聋儿、40名低视力患者分别验配助听器和助视器,为13名0~6岁儿童适配抢救性辅具13件;捐赠轮椅150台,发放辅助用品用具400件。

2013年,为917名白内障患者实施复明手术,其中300名全免手术费和医疗费;给予308名贫困精神病人药物救助,给予20名贫困精神病人住院补助;为39名残疾人配备假肢,免费为80名低视力患者验配助视器,为12名0~6岁儿童适配抢救性辅具12件;免费提供轮椅、示路杖、拐杖、坐便器等用品用具563件给残疾人使用。9月30日,綦江区首家残疾人康复医院——重庆綦江爱康康复医院正式开诊营业。綦江区残疾人“人人享有康复服务”工作评审达标。

2014年,开展“健康光明綦江行”白内障筛查,对3000余名群众进行免费检查,实施白内障复明手术1200例;对全区持证残疾人免费体检3587人,免费康复治疗84人;实施贫困精神病服药救助311人,贫困精神病住院救助20人;对26名脑瘫儿童进行康复训练;为113名口腔患者进行口腔诊疗和修复;对7名残疾儿童进行矫治手术救助,为46名成年听力障碍患者免费验配助听器,为34名肢体残疾人安装假肢,适配儿童辅助器具20件,发放其他成人辅具207件。

2015年,实施贫困白内障复明手术710例;实施贫困精神病服药救助320人,贫困精神病住院救助70人;对91名贫困残疾儿童实施抢救性康复救助,85名脑瘫、智力残疾儿童得到康复训练,4名肢体残疾儿童进行矫治手术,2名听力残疾儿童安装人工耳蜗;为69名肢体残疾人免费装配假肢,配发轮椅、拐杖、助行器等各类辅助器具218件。綦江区残疾人康复中心项目动工建设。区级成立五中心一站,24个卫生院建立康复站,364个社区(村)建立康复室,配有康复指导员414名,康复协调员364名。

四、残疾人教育

1988年9月1日,綦江县第一所聋哑人学校——文龙中心校聋哑班招收3名聋哑人学生(陶亮、王俊、赵江)开始行课,有教师两名(李玉萍、代雪勤)。1989年,重庆铸钢厂下半身瘫痪的32岁女职工王万群,高中毕业后自修汉语言文学专业,获1989年度"全国残疾人高等教育自学成材奖"。肢残人彭增灿,在1989年高考中以优异成绩考入重庆教育学院,成为綦江县首位肢残人在校大学生。

1996年,残疾人陈云刚考入渝州大学中西医结合专业班。1997年,在县聋哑班的基础上,县政府批准成立綦江县特殊教育学校,县特校学生增至33名。古南镇石娅村肢残人王斌考入四川大学国际贸易专业。7月,盲人胡华雨从长春大学特教学院毕业。1998年,石角镇龙岗村肢残人蒋万勇在渝州大学中西医大专班毕业。1999—2000年,县民政、农行等108个单位向县特殊教育学校捐款3.3万元。

2001年9月1日,县特殊教育学校从文龙中心校迁到河东幼儿园行课。2002年12月3日,县特殊教育学校从河东幼儿园迁至新校址。石壕镇高山村盲人冯成洲被长春大学特殊学院录取为针灸推拿学专业本科生,成为全县第二名盲人大学生、第一名盲人本科生。2003年,全县有550名"三残"儿童在各中小学随班就读,入学率87.9%;县特殊教育学校聋哑学生增至55名,教职员工22人。"扶残助学"项目用8000元资助15名贫困残疾儿童入学。2004年,经县政府批准,县残联投资20万装修、改造县特殊教育学校的律动室、语训室、购置了钢琴、语训设备等。特校在校聋哑学生增至82人,教职工23人。县特殊学校的82名聋哑学生全部享受了145元的城镇"低保"。2005年5月13日,县特殊教育学校在县影视中心举办文艺表演。

2006—2007年,县特殊教育学校已开设到8个年级9个班,有聋哑学生86名,有智残儿童班1个,有智残学生6名;并以办特殊教育学校,选送盲、聋哑儿童少年到市盲校、哑校就读和随班就读等形式,使残疾儿童少年入学率达90%。2008年,投资21万元,在县特殊教育学校建成綦江县残疾人特殊艺术教育基地。2009—2011年,投入3.6万元补助60名残疾儿童接受义务教育;投入1万元资助2名残疾学生上大学。

2012年,开展残疾适龄儿童入学筛查工作,加大了特殊教育学校入学与随班就读的力度,确保适龄残疾儿童入学率保持在96%以上,资助学前教育残疾学生15人,资助贫困残疾大学生入学11人,共计资助资金9.4万元。2013年,资助贫困残疾大学生5人,救助贫困残疾儿童学前教育15人。2014年,对2013年以来入学的18名残疾大学生发放每人每年2000元的生活补助。2015年,特殊教育学校教职工达到37人,学生131人。同时,使用"扶贫助学""国家彩票公益金助学""扶残助学行动"等资金每年6万元,资助94名贫困残疾人接受义务教育;用国家彩票公益金作为扶残助学奖学金补助资助考入重庆师范大学的视力残疾人欧云林5000元、肢体残疾人张灵力3000元和西南大学的视力残疾人李应刚3000元;对考入清华大学的陈宽桐、重庆大学的王兴分等39名残疾人子女大学生给予每人1000元的扶残助学奖学金补助;给县特殊教育学校的40名聋哑或智残学生每人700元、石角镇和赶水镇20名随班就读残疾学生每人200元的扶残助学补助。

五、残疾人就业

1986年,全县有27名盲、聋、哑残疾人实现就业。1987—1996年,通过兴办福利企业、推荐就业、鼓励资助残疾人个体就业等形式,共有386名残疾人实现就业。

1997—2000年,发展、扶持残疾人自主创业,同时吸收其他残疾人就业,先后办起洗衣粉厂、苗圃场、茶叶加工厂等,招收100余名残疾人就业。

2001年4月18日,安排布置綦江县按比例安排残疾人就业工作。11月14日,召集19个镇分管镇长、镇残联理事长和50个县级部门、20个大中型企业领导召开的綦江县按比例安排残疾人就业工作会,全年确认安排125名残疾人就业,收取残疾人就业保障金13万元;福利企业新安排残疾人30人就业(累计安置546人),残疾人个体从业42人,推荐到县外福利企业务工5人。2002年6月27日,举办肉兔养殖、辣椒种植技术培训班各1期,65名残疾人接受培训。全年确认安置154名残疾人就业,收取残疾人就业保障金24.6万元,新办福利企业2个,新安置残疾人19人(累计安置575人);推荐28名农村残疾人到重庆铭翔机械制造有限公司就业。2003年,共安置残疾人就业130人,其中县内福利企业集中安置36人,介绍到县外福利企业23人,个体从业12人,残疾人职业技能培训87人。收取残疾人就业保障金18万元。2004年,全年确认安置残疾人203人,其中县内企业集中安置157人,科华集团安置87人,分散按比例安置42人。资助10名城镇残疾人自谋职业,共计5000元,城镇残疾人职业技能培训91人,农村实用技术培训154人,收取残疾人就业保障金90万元。2005年,共安置46名残疾人就业,其中县内福利企业集中安置18人,分散按比例安置2人,个体从业26人,收取残疾人就业保障金110万元。

2006年,介绍或确认安置城乡残疾人203人就业,举办各类培训7期,320名残疾人参加培训;15名盲人在重庆市残疾人综合服务中心接受盲人初级按摩培训。2007年,举办电脑、钳工、电器维修、家政服务和花椒、辣椒和反季节蔬菜的种植等实用技术培训11期,285名残疾人参加培训。介绍安置城镇残疾人96人就业。2008—2013年,共安置城乡残疾人1500余名就业。仅2011年,选送18名盲人到沙坪坝区盲人按摩培训中心接受盲人初、中级保健按摩培训,并全部就业;举办18期360名残疾人职业技能、实用技术培训。

2014—2015年,组织盲人保健按摩培训50人,有盲人按摩机构29家,盲人按摩从业人员24人。开展农村实用技术培训,2000余人参加。开展基层党组织结对帮扶残疾人种养业户工作,给予20户残疾人创业户创业资助共计20万元。组织福利企业召开招聘会3场,残疾人就业咨询200余人次,协调相关单位帮助残疾人办公司、申报“爱心亭”、争取停车位收费岗位等途径安置残疾人就业。代征代扣入库区级残保金2090.98万元。

六、残疾人扶贫

1990年,192名农村残疾人享受“五保”待遇,304户残疾人家庭享受特困户照顾,18名城镇孤老和特困户享受每月35.50元的定期补助,并免房租、水电和垃圾费。

1993—1999年,开展扶贫工作试点,用康复扶贫贷款扶持贫困残疾人搞种植、养殖业和服务加工业700余人次。为残疾人减免提留和社会负担120万余元。

2000年,33个乡镇为残疾人减免社会负担、义务工折款共计24万元;有152名残疾人被纳入“五保”,有103名残疾人享受城镇“低保”。全年扶持贫困残疾人5600户,已解决温饱和脱贫的5402人,占扶持人数的96.5%。2001年,全年回收1998年下发的康复扶贫贷款7.3万元,新发放5.65万元,扶持贫困残疾人400人,脱贫266人。2002年6月,为20户残疾人肉兔养殖户免费发放兔种,为20户残疾人辣椒种植户发放价值50元的尿素肥和农药。为8786名残疾人减免农业税和农业税附加23.42万元。2003年,全年为9769名残疾人减免农业税及农业税附加26.35万元,滚动使用残疾人康复扶贫贷款扶持96户残疾人搞生产经营活动,已解决温饱和脱贫72户。2004年,为1.1万名残疾人减免农业税及农业税附加26.1万元,隆盛镇向残疾人发放救济款1.56万元,大米4250斤,特困补助1.2万元。2005年,扶贫救助贫困残疾人500人。

2006—2007年,利用科技、教育、康复、资金扶助、投工投劳等形式,共扶持1000名农村贫困残疾人。同时,对11名在市级机构参加培训的盲人每人给予700元的自谋职业救助;对150户农村贫困残疾人的危房进行改造修建,每户市级补助5000元,县级补助1500元。

2008—2013年,共扶持8200余名农村贫困残疾人,脱贫5300余人。累计有2.5万人享受城乡“低保”。

2014年慰问残疾人家庭304户,惠及残疾人318名;发放慰问款物12.44万元;完成农村贫困残疾人危房改造72户,资助104万元;扶持农村贫困残疾人种养大户3户;实施阳光家园计划项目,居家托养残疾人512人,日间照料20人。

至2015年12月,全区纳入最低生活保障的残疾人4092人,享受“低保”的残疾人,在原有“低保”标准基础上,城镇一、二级重度残疾人每人每月增加75元,农村一、二级重度残疾人每人每月增加60元,其余“低保”残疾人每人每月增加30元。资助残疾人参加医疗保险,共计7896人。提高残疾人治疗报销比例,把残疾人康复治疗纳入居民医保报销范围,将白内障复明手术等纳入医疗保险报销范围,提高7%的报销比例。残疾人在各级定点医疗机构住院治疗,一、二级重度残疾人由医院减收5%的床位费、手术费。

七、残疾人文化体育

2007年,组队参加市残疾人运动会田径、乒乓球、射击等项目比赛,共获得3枚金牌、2枚银牌、2枚铜牌。射击运动员文联琼、田小燕入选重庆代表队,在昆明举行的第七届全国残疾人运动会射击比赛中,文联琼获得女子SHI级气手枪40发(P2)单项团体冠军和个人第六名;田小燕获得混合组SHI级小口径步枪卧射60发(R6)个人铜牌和女子SHI级气步枪立射40发(R2)个人第六名。

2009年,残疾人书法作品《六尺楷书中堂》《六尺楷书对联》被选为重庆市参加庆祝新中国成立60周年全国残疾人书法绘画大赛推荐参赛作品。

2010年,在全国残疾人射击锦标赛上,文联琼获得女子SH1级10米气手枪项目第六名;在第四届市残疾人运动会上,綦江代表队共获银牌3枚、铜牌3枚和团体体育道德风尚奖。在第四届重庆市残疾人文艺会演中荣获组织奖;选送舞蹈《我们的校园》荣获二等奖和创作奖,戏剧小品《暖春》《超越》获得三等奖。在首届全国残疾人文化活动周——重庆市残疾人书法、绘画、手工艺品展,选送书法、绘画、根雕等19件作品在重庆中国三峡博物馆展出。

2011年,在第八届全国残疾人运动会射击比赛中,文联琼获女子25米小口径运动手枪和10米气步枪亚军和季军,并获体育道德风尚奖。在第六届全国特教学校学生艺术会演中,选送舞蹈《彩色的梦》获表演二等奖;在全市盲人象棋锦标赛中綦江区盲人荣获团体第一名。

2012年,由区特殊艺术教育基地创编的舞蹈《红领巾的梦想》在重庆市中小学生艺术节、綦江区中小学生艺术节中均获一等奖,在区内各类演出中均获得观众一致好评。在市盲人象棋锦标赛中获团体第一名。

2013年,残疾人运动员向永红参加全国残疾人羽毛球锦标赛获双打冠军,获得金牌1枚。残疾人舞蹈《红领巾的梦想》在第五届残疾人文艺会演中获得三等奖。

2014年,组织参加第五届市残运会,共派出20名运动员参加5个大项目的比赛,获得银牌6枚、铜牌7枚,团体总分在全市40个参赛区县中获得第七名,奖牌总数和团体排名均为历届最好成绩,并获体育道德风尚奖。

2015年,残疾人射击运动员杨林兵在第九届全国残疾人运动会10米气步枪卧射和50米口径卧射两个集体项目中获得铜牌2枚。綦江区残联被中国残联、国家体育总局授予“2011—2014年全国残疾人体育先进单位”荣誉称号。

八、残疾人维权

1990—2010年,接到来信1736件次,来访924人次,做到件件有回音、有落实。2002年3月,县残联建立法律援助工作站,在县司法局法律援助中心的支持下,开展残疾人维权和法律援助工作,并常年接受残疾人法律咨询和来信来访。2008年8月17日,县委县政府联合颁布文件《关于进一步促进残疾人事业发展的意见》,残疾人的合法权益和社会保障得到进一步保障和改善,大大降低了残疾人合法权益纠纷案件及上访率。2011年,县残联回购置换226辆残疾人代步三轮车,方便部分残疾人的出行。2012—2015年,开展残疾人工作者和残疾人专题法制培训10余次,累计接待处理残疾人来信、来访2627件次,办结率100%;将城市残疾人无障碍建设纳入创建文明城区内容,将无障碍建设纳入城市公共设施建设中,同步规划、同步实施,较好地解决了残疾人出行难问题,更好地帮助残疾人参与融入社会;每年为117名符合燃油补贴条件的残疾人机动轮椅车对象申报燃油补贴;为50名使用机动四轮车代步的残疾人申办路桥费减免,为符合条件的残疾人办理残疾人免费乘车卡、半价乘车卡2000余人次,为贫困残疾人家庭实施无障碍改造250户。

第十九节　潼南区残疾人事业

一、组织机构

1990年1月4日,潼南县编委发文,同意组建潼南县残疾人联合会,隶属县民政局领导,享受副科级待遇。1990年4月21日,潼南县人民政府办公室批复,经潼南县人民政府研究,同意成立潼南县残疾人联合会。1998年12月24日,潼南县编委发文,明确潼南县残联归口县政府领导,为县属副处级机构,计划单列,理事长专职。2015年6月,潼南县撤县设区,潼南区委发文,成立重庆市潼南区残疾人联合会。重庆市潼南区残疾人联合会内设综合科1个,下属事业单位1个(重庆市潼南区残疾人服务中心)。设有重庆市潼南区残疾人工作委员会,潼南区肢残人、聋人、盲人、精亲、智亲五类残疾人协会,重庆市残疾人福利基金会潼南区办事处。全区22个镇(街)均成立了残联,304个村(社区)均成立了残疾人协会,镇街、村(社区)有残疾人专职委员326人,实现了残疾人组织建设“横向到边,纵向到底”的目标。

1990年6月10日,召开潼南县残疾人联合会第一次代表大会,参会代表151人,其中残疾人代表94人,所占比例62%。大会推举夏益乾为理事长。1993年5月29日,召开第二次代表大会,参会代表161人,其中残疾人代表89人,所占比例55%。大会推举夏益乾为理事长。1998年8月19日,召开重庆市直辖后潼南县残疾人联合会第一次代表大会,参会代表119人,其中残疾人代表69人,所占比例58%。大会推举袁家友为理事长,杨以秀为副理事长。2003年6月26日,召开重庆市直辖后潼南县残疾人联合会第二次代表大会,参会代表168人,其中残疾人代表89人,所占比例53%。大会推举袁家友为理事长,杨以秀、吕翠英为副理事长。2007年12月11日,召开重庆市直辖后潼南县残疾人联合会第三次代表大会,参会代表150人,其中残疾人代表90人,所占比例60%。大会推举袁成佑为理事长,邓青、王碧华为副理事长。2012年12月27日,召开重庆市直辖后潼南县残疾人联合会第四次代表大会,参会代表195人,其中残疾人代表117人,所占比例60%。大会推举黄小平为理事长,袁成佑、邓青、王碧华为副理事长。

二、残疾人口

至2015年12月,潼南区户籍人口103万人。全区持有第二代残疾人证15837人,其中视力残疾人2207名，听力残疾人898名，言语残疾人440名，肢体残疾人8189名，精神残疾人1632名，智力残疾人1652名，多重残疾人819名。

三、残疾人康复

开展聋儿语训、精神病防治康复、肢体残疾人康复训练与服务及残疾人辅助器具供应服务和普及型假肢装配等工作。1991—2015年，共为低视力患者配用助视器200例，聋儿语训72人，人工耳蜗植入8例，白内障复明手术5306例，智力残疾儿童培训96人，累计救助精神病患者服药1300人次、救助重度精神病患者住院550人次，残疾人居家康复500人，肢体残疾人康复训练达5100人次，大小腿假肢安装607例，发放残疾人辅助器具7000余件。建成残疾人社区康复训练站22个，残疾人辅助器具供应站1个，占地8.15亩的潼南区残疾人康复托养服务中心工程建设实现有效整合。

四、残疾人教育

潼南残联与教育部门协调，配合做好适龄残疾少年儿童入学工作，使残疾少年儿童义务教育稳步发展。2015年，全区有特殊教育学校1所。通过实施"春雨行动""长江新里程——中西部地区盲童助学项目""彩票公益金助学项目"等扶残助学项目，使505名残疾少年儿童得到救助，回归校园。同时，对365名考取大学的残疾大学生及贫困残疾人子女大学生给予1500~11000元不等的资助，圆他们的大学梦。

五、残疾人就业

潼南残联成立以来，国家、重庆市及潼南先后出台一系列关于促进残疾人就业的政策文件，为促进有劳动能力的残疾人就业提供政策依据。同时，潼南残联还抓好残疾人劳动技能和农村实用技术的培训，增强残疾人就业的专业技术和实用技术能力。1990—2015年，共培训有劳动能力的残疾人1300人，大部分人员通过培训走上就业岗位。引导、支持残疾人创办微型企业，扶持残疾人种养大户30户，并带动周边贫困残疾人350户脱贫致富。残疾人就业保障金征收逐年攀升，由起初的十几万元到2015年残保金入库达到478万元。贫困残疾人数据核实工作有序推进，完善贫困残疾人信息管理系统及应用。2015年，建成残疾人劳动就业规范化服务中心1个。

六、残疾人宣传文化体育

广泛借助公众媒体资源，充分运用电视、报纸、杂志、网络等宣传工具，多层次报道残疾人事业发展情况。1990—2015年，报纸杂志共刊发文字、图片1500余篇(幅)，电视新闻、专题片达580次，开展"全国助残日""爱耳日""肢残人日""国际残疾人日"等残疾人节日活动，特别是残疾人感恩回报社会、免费盲人按摩活动等残疾人协会一系列活动，得到各级领导及社会各界的肯定和好评。涌现出全国残疾人自强模范杨贵双、重庆市残疾人自强模范梁志平，重庆市残疾人先进工作者邓青、刘长春，重庆市残疾人工作先进集体潼南区财政局、卫计委等先进典型。特别是"十二五"期间，通过广泛深入的宣传，残疾人工作更加深入人心，关心、关爱、关注残疾人的良好氛围逐渐形成。

组织残疾人代表队参加全市文艺会演、全市残疾人运动会及单项体育比赛,并获得较好成绩。培养输送国家级残疾人运动员2名。建成残疾人阅览室22个,文化体育示范社区1个,视障阅览室1个。

七、残疾人维权

为能够及时了解残疾人的意见和要求,妥善协调解决残疾人的困难和问题,切实维护好残疾人的合法权益,维护社会稳定,潼南残联做好残疾人信访维权稳定工作。2015年,配备维权专(兼)职工作人员4人,成立潼南残疾人法律援助接待站、潼南区残联信访接待室、潼南区残疾人信访代理服务中心,建立领导干部接待制度,每年接受法律援助和服务的残疾人达300余人次。开展信访核查,通过公开举报电话,“阳光潼南114”等各类投诉的处理率、回复率均为100%。无残疾人进京到市信访、集访发生。22个镇街成立残疾人信访代理服务站,304个村(社区)设立残疾人信访代理服务点,全区有残疾人信访代理服务员330人。

完成残疾人居家无障碍设施改造450户,发放法律援助服务卡1.3万张,为15名残疾人的四轮代步车办理路桥费减免;为24名残疾人办理C5驾照补贴及机动轮椅车燃油补贴。

第二十节　铜梁区残疾人事业

一、组织机构

1989年10月5日,成立铜梁县残疾人联合会,由县民政局代管,为副科级机构。2001年,县机构改革,县残联从民政局中独立,调整为副处级,财政经费单列,改为行政编制。2014年5月2日,国务院批准撤销铜梁县设置铜梁区。原重庆市铜梁县残疾人联合会更名为重庆市铜梁区残疾人联合会。2005年7月22日,成立残疾人综合服务中心,为独立的全额拨款事业法人单位,隶属县残疾人联合会管理。同时,在铜梁县残疾人综合服务中心增挂“铜梁县残疾人就业服务所”“铜梁县残疾人服务总社”“铜梁县残疾人用品用具服务站”“铜梁县残疾人康复指导站”牌子。2015年2月,经市政府批准撤销旧县镇设旧县街道,全区为23个镇、5个街道。旧县镇残疾人联合会更名为旧县街道残疾人联合会。至此,全县有23个镇、5个街道残疾人联合会。村残疾人协会266个、社区居委会残疾人协会60个。

1990年6月14—15日,召开铜梁县残疾人联合会第一次代表大会。参会代表共计136名,残疾人代表72名,占52.9%。汪坤明当选为理事长。1993年5月27—28日,召开铜梁县残疾人联合会第二次代表大会。参会代表共计143名,残疾人代表72名。推举汪坤明为理事长,李静为副理事长。1998年8月4—5日,召开铜梁县残疾人联合会第三次代表大会。参会代表共计102名,残疾人代表54名,占53%。推举汪坤明为理事长,彭平为副理事长。2003年11月18—19日,召开铜梁县残疾人联合会第四次代表大会。参会代表共计196名,残疾人代表130名,占66%。推举汪坤明为理事长。2008年1月22—23日,召开铜梁县残疾人联合会第五次代表大会。参会代表共计200名,残疾人代表130名,占65%。推举汪坤明为理事长,杨晓波为副理事长,周文斌为理事。2012年12月25—26日,召开铜梁县残疾人联合会第六次代表大会。参会代表共计200名,残疾人代表130名,占65%。推举李静为理事长,杨晓波为副理事长,周文斌为理事。

二、残疾人口

至2015年12月,全区持有第二代残疾人证的残疾人18116人,其中视力残疾2695人,听力残疾1686人,言语残疾183人,肢体残疾9003人,智力残疾1678人,精神残疾2537人,多重残疾334人。

三、残疾人康复

1989年,成立康复工作领导小组,开展残疾人"三项康复"(白内障复明、小儿麻痹后遗症矫治、聋儿语言训练)工作。是年,全县共检查595人,初步确诊出有康复可能的87人,年内已治疗复明6人。1990年,成立残疾人"三项康复"工作领导小组。开展盲症、聋症检查,受检者855人。为70名白内障患者施行复明手术,全部脱盲。1994年,全县首次在巴川镇建成社区康复站。1991—1995年,完成白内障复明手术210人(例);为176例小儿麻痹患者施行矫治手术;对42名聋儿进行语言训练;发放碘油丸7600余人。1998年,成立铜梁县"视觉第一中国行动"领导小组。80%的康复任务得以完成。

1996—2000年,治疗白内障239例;实施肢体矫形手术37人;肢体训练85人;语训聋哑儿童52人,培训聋儿家长47人;为残疾人配置用品用具648件;特需人群补碘41500人次。

2001—2005年,实施白内障复明手术99例,低视力配镜3人,家庭社区结合语训聋儿12人,智残儿训练20人,肢残人康复训练20人,用品用具配置180件,肢体矫形手术12人。

2006—2010年,实施白内障复明手术865例,完成低视力配镜26人,训练26人;对54名聋哑儿童进行语训,培训52名聋儿家长;实施肢体矫形手术23人;对20名肢体残疾人进行定期训练;发放用品用具1047件套。

2011年,对50名贫困白内障患者,全部免费实施复明手术;协助7名聋儿家长进行听力、语言训练;对7名智力残疾儿童进行语言交流、生活自理等方面的康复训练;对10名肢体残疾人进行运动功能、生活自理能力等方面的训练,为1例大小腿缺肢者免费安装普及型假肢,为525名贫困精神病患者提供免费服药救助;发放辅助器具742余件,残疾人基本辅助器具配置达到92%。

2012年,投入37万元对550名贫困精神病患者免费救治(其中免费服药500名,免费住院50名);投入10万余元购买1100件残疾人辅助器具,免费赠送给有需求的残疾人:投入50万余元帮助650名白内障患者实施复明手术,手术安全率100%。

2013年,为100名有需求的贫困低视力患者免费配发助视器100件,为45名有需求的听力障碍患者免费配发助听器45台。免费配发赠送轮椅、拐杖等各类残疾人辅助器具113件。

为400名白内障患者实施复明手术。筹资80万元,对800名贫困精神病患者提供500元/人·年的免费服药救助,为100名贫困精神病患者提供4000元/人·年的住院救助。

2014年,为一、二级视力残疾人发放盲杖1412根,为55名下肢残疾人发放轮椅,为20名有需求的残疾人发放拐杖,为35名肢体残疾人安装大、小腿假肢。投入13.5万元,按照不超过4500元/例的手术费用标准,对30名贫困白内障患者实施免费复明手术。投入80万元,对800名贫困精神病患者进行医疗救助,每名给予500元/年的免费服药救助,对100名贫困精神病患者进行4000元/人·年的救助。投入1万余元对10名残疾人进行居家康复训练。对0~6岁残疾儿童在承担国家、市、区县康复训练项目的定点机构中进行康复训练的,均可享受每月600元补贴,补贴时间不超过10个月。为29名脑瘫儿童适配45件辅助器具。

2015年,对800名贫困精神病患者给予每名500元/年的免费服药救助,对63名贫困精神病患者进行4000元/人·年的住院救助。对35名白内障患者实施免费复明手术。为25名残疾人免费安装大小腿假肢。新建高楼、白羊、安溪、西河4个市级康复社区,新建残疾人康复标准化示范社区2个。举办1期残疾人康复管理员和协调员培训班。

四、残疾人教育

1990年,在巴川二校创办1个智力残疾儿童教学班,配备专职教师,残疾儿童入学10余人。1991年,开办聋儿听力语言训练班,招收8名聋哑儿童入学。1995年,残疾儿童入学率70%。1996年,铜梁县特殊教育学校建成招生,入校学生30人。1999年,培训智力残疾儿童及家长140人;先后训练聋哑儿童听力语言40名。2000年,全县有0~18岁应受教育残疾儿童、少年874人。

2001年,有特殊教育学校1所,特教班6个,在校残疾学生38人。全县残疾适龄儿童入学率80%。有100名残疾人参加技能培训。2002年,全县有适龄残疾儿童839人,其中小学541人,初中178人,适龄残疾儿童入学率85.2%。全县随班就读残疾儿童少年达778人。市残联为铜梁县的10名贫困残疾学生资助5600元。2004年,特殊教育学校在校学生53人。2005年,残疾学生随班就读746人,入学率为90%。特殊学校在校学生达56人。

2006年,继续做好“扶残助学”“扶残助学春雨行动”“中国残联专项彩票公益金助学项目”等工作,配合招办做好残疾考生的高考招录工作,提高录取率。2007年,县残联对考上大学的13名贫困残疾学生和残疾人子女进行救助,本科救助5000元/人,专科救助3000元/人,共发放扶残助学奖学金6.1万元。2008年,县特殊教育学校在册就读残疾学生71人。2009年,县残联争取国家彩票公益金2万元救助县特殊教育学校贫困学生30人。争取市残联1.5万元教育救助资金救助3名贫困残疾大学生,给予每人5000元资金救助。全县残疾人入学率96%以上。2010年,县残联争取国家彩票公益金1.5万元救助县特殊教育学校贫困学生30名。争取市残联5000元教育救助资金,救助1名贫困残疾大学生。全县残疾人入学率96%以上。

2011年,县残联争取国家彩票公益金1.5万元救助县特殊教育学校贫困学生30名。争取市残联10000元教育救助资金,救助2名贫困残疾大学生。全县残疾人入学率96%以上。

2012年,投入13万余元救助45名残疾人子女大学生,其中3万元救助2名贫困残疾大学生。投入10万元在县职业教育学校对50名残疾人实行为期一个月的免费职业技能培训。2013年,推行残疾儿童随班就读。配合教育部门继续加强和普及残疾儿童少年的九年义务教育。完善、落实残疾学生和残疾人子女的助学办法,保障残疾学生和残疾人子女免费接受义务教育。帮助特校毕业学生就业6人。2014年,投入12.1万元,对16名残疾大学生入学生活救助,对41名残疾人子女大学生给予入学救助。2015年,继续执行残疾大学生给予入学资助及生活救助政策,新考入大学的残疾大学生享受本科5000元、专科3000元的入学资助,在校大学生享受2000元的生活救助,资助学生20人,资助资金共6万元。对残疾人子女新考入大学的40人进行资助,每人资助1000元,共资助4万元。

五、残疾人就业

1990年,城镇残疾人就业70人,比1987年增长57.14%;农村残疾人就业113人,比1987年增长61.9%,年递增20.6%。

1991—1994年,在兴办福利企业中安置残疾人4272人。1993年,成立铜梁县盲人按摩康复诊所。1995年,残疾人就业率为80%。通过兴办福利企业,稳定在业残疾人,支持残疾人个体开业近800人,重点扶持100名贫困残疾人解决温饱问题。

1996年,安排200名残疾人到福利厂就业,扶持1000名残疾人个体经商,残疾人就业率60%。1997年,对12户特困残疾人进行养蚕技术培训。1998年,兴办福利企业12个,安置残疾人200余人。鼓励残疾人学1~2门技术,个体从业。工商部门批准残疾人个体从业1000余人,残疾人就业率60%。争取小额康复扶助信贷资金70万元。1999年,对城镇残疾人就业进行调查,结果显示:城镇残疾人有504人,其中就业246人,未就业258人,在未就业的残疾人中,有154人有劳动能力,有104人丧失劳动能力。为残疾人家庭进行扶贫贷款23.85万元,扶持53户残疾人,建立扶贫基地2个,扶持残疾人13户。2000年,“残疾人家庭贷”贷款扶贫资金22.6万元;扶持60户残疾人家庭,其中有55户残疾人家庭已脱贫,有10户已进入小康。

2001—2005年,对960名残疾人进行职业技能培训;安排105名残疾人到企业就业;全县8个民政福利企业安置残疾人就业268人次;有157名残疾人走上自谋职业的道路。滚动使用国家康复扶贫贷款265万元。2005年,结对帮扶残疾人495人,占任务数的123.75%。解决964名残疾人的生活困难问题,其中有550名城镇残疾人享受城镇“低保”政策。

2006—2010年,征收残疾人就业保障金804万元。按比例就业25人;个体从业及集中就业295人。对8300余人次残疾人开展种植、养殖业等实用技术培训。2010年,由县残联组织150名残疾人在县职中进行职业技能培训。在28个乡镇(街道)组织3000名残疾人开展种植、养殖业实用技术培训。免费对9名盲人进行初级保健按摩培训,结业后均实现就业。对2名自主创业的残疾人每户给予1000元创业补助资金。

2011年,征收残疾人就业保障金220万元,按比例安置60余名残疾人就业,城镇有劳动能力的残疾人就业率在98%以上。巩固建设残疾人就业扶贫基地2处,安置6名残疾人从业,带动5户残疾人从业脱贫。投入20万余元培训各类残疾人2000余人次。为7名盲人免费进行初中级保健按摩培训,结业后均实现就业。发展残疾人微型企业18个,每个给予3万元扶持鼓励资金,带动和解决20个残疾人就业。

2012年,征收残疾人就业保障金427万元,推荐到福利企业或私营企业按比例就业80人。发展盲人按摩业,组织4名人员参加初级盲人按摩培训和3名人员参加中级盲人按摩培训。

2013年,征收残疾人就业保障金547万元(其中市级69万元),推荐到福利企业或私营企业按比例就业10人。发展残疾人个体工商户61户。组织3人参加初级盲人按摩培训,并全部实现就业。

2014年,征收残疾人就业保障金665.6万元。推荐到福利企业或私营企业按比例就业171人。10名残疾人经过应聘进入重庆市仁和压铸有限公司务工。组织厨师培训1人、盲人保健按摩培训10人、肢体残疾人电脑培训7人、盲人按摩人员继续教育培训11人、完成市残联下达的远程就业指导员培训5名。帮助6名特殊困难残疾人享受重庆刘一手爱心火锅慈善基金会每人每月1000元的扶贫政策。

2015年,完成盲人按摩培训11人。完成2015年全区盲人按摩机构及人员的调查工作,全区盲人按摩机构共14个,从业人员36人。帮助残疾人就业登记11人,解决3人就业。全区上报残疾人种养业大户14户,个体工商户10户。征收区级残疾人就业保障金670万元。

六、残疾人文化体育

1990年9月17日,铜梁组织4名伤残人运动员参加重庆市举行的第三次伤残人运动会,魏兵获市A2级男子100米自由泳第一名、50米仰泳第二名;李兴全获A2级男子跳远第一名、铅球第三名。1992年10月19日,举办铜梁县第二届伤残人田径运动会。1995年,8名运动员参加重庆市第四届残疾人运动会,获得团体道德风尚奖;残疾人运动员李兴全获A4级跳高第一名、跳远第二名,运动员魏彬获得A2级蛙泳50米、自由泳100米两个第一名和自由泳50米第二名。2005年,选送参加重庆市第三届残疾人文艺会演的节目《龙飞凤舞》获得二等奖。2006年,组织残疾人体育代表团参加市残疾人运动会,获得1枚金牌、1枚银牌、1枚铜牌的优异成绩。2008年,特殊教育学校新创编大型龙舞表演节目《龙飞凤舞》和手语舞蹈节目《感恩的心》,多次参加市级残疾人文艺演出和县级相关部门组织开展的演出。2010年,参加市第四届残疾人运动会,获得2枚金牌、1枚铜牌。2013年,县残联组织编排的听力残疾人舞蹈《大山之子》和盲人独唱《山里的女人喊太阳》两个节目,分别获得市级和全国比赛二等奖和三等奖。同时,被市残联选拔参加市第五届残疾人文艺颁奖晚会演出和全国第八届残疾人文艺颁奖晚会演出。2014年,为参加庆祝“全国助残日”市残疾人特殊艺术巡回演出,铜梁编排的听力残疾人舞蹈《大山之子》《飞龙献瑞》和盲人独唱《山里的女人喊太阳》3个节目,于5月17日在重庆市群众艺术馆参加晚会演出。2015年,投资12万元,对已经建成的文化社区配置设备设施;新建成文化进社区10个。新建成文化体育活动示范点1个。参加重庆市残疾人羽毛球锦标赛,获得听力组男子双打第二名及体育风尚奖。

七、残疾人维权

1990—1996年,共来信来访1511件,办结率95.5%。1998—1999年,信访工作建立收发、登记、拟办和分类统计、归档等一系列行之有效的信访工作制度,共接待来信来访1105人次,办结率96%。

2000—2004年,共接待残疾人及其亲属来信来访1677人次,办结率96%。2005年,县残联创新残疾人维权方式,联合县司法局在全市率先开展"向残疾人发放法律服务卡,为残疾人提供终身免费法律服务"活动,5月13日,开展"助残日"活动,有255名残疾人接受法律服务。为残疾人发放终身法律援助卡在全市乃至全国属新举措,得到市残联和市司法局的充分肯定,并在全市推广。2008年,共办结各类残疾人法律援助案件46件、民事案件45件,提供法律咨询174人次,代书63件。受援人数46人,直接挽回经济损失84.46万元。县领导接待残疾人来访25件次,群众满意率100%。信访工作人员日常接待残疾人及其亲属(包括外地残疾人)来信来访200余人次,群众满意率100%。是年,帮助50户农村贫困残疾人改造危房,每户给予5000元的补助,县里给予每户2000元的配套补贴,全部实行"零税费"优惠政策。2009年,接待来访149件(次),办结149件,办结率为100%。司法部门共查办侵害残疾人合法权益案件37件,代写法律文书37件。2010年,受理残疾人法律援助案件35件,其中已结案23件,接待残疾人法律咨询126人次,为残疾人避免和挽回经济损失104.66万元。

2011年,受理残疾人法律援助案件30件,结案30件,接待残疾人法律咨询60余人次,为残疾人避免和挽回经济损失20万余元。是年,投入262.5万元对75户农村贫困残疾人实施危房改造。2012年,受理残疾人法律援助案件21件,结案11件,接待残疾人法律咨询215余人次,为残疾人避免和挽回经济损失11.2万余元,投入350万元帮助100名贫困残疾人实施D类危房改造。2013年,配合有关部门抓好139辆残疾人三轮车非法营运整治工作,让不再从事非法营运且符合条件的残疾人三轮车车主享受不同程度的优惠政策。落实一、二级重度残疾人在城区乘公交车全免费,三、四级残疾人减半的乘车优惠政策。为17名残疾人学习驾驶技术兑现补贴1.7万元。2014年,领导下访100余次,接待来信来访80余人次,办结案率均达到100%。受理残疾人维权案件32件,结案32件,结案率100%,直接帮助残疾人挽回经济损失21.4万余元。做好42名持C2或C5驾驶证车辆的路桥费减免工作,做好10名残疾人C5汽车驾驶培训补贴发放工作,每人给予1000元的补贴资金。2015年,推行信访代理制度,做好网上信访信息系统的运行,12名持C2或C5驾驶证车辆的路桥费减免工作,4名C5汽车驾驶培训补贴工作。

第二十一节　大足区残疾人事业

一、组织机构

(一)大足县残联

1989年7月,大足县残联成立,隶属于大足县民政局。1998年7月,大足县残联从县民政局独立出来,为副处级单位,属于群团部门。1991年4月,组建全县11个(区)镇残联,67个乡(镇)街道残协。1998年8月,大足县残疾人服务社成立;1998年12月,大足县残疾人康复服务指导站成立。2002年4月,大足县残疾人用品用具供应站成立。2007年11月,成立肢残人、聋人、盲人、精亲和智亲协会,分别由黄晓强、袁雪容、陈中建、何阳烈(精亲和智亲)担任协会会长。2009年12月,成立重庆市残疾人福利基金会大足县办事处。2012年,因原大足县和原双桥区合并为大足区,原大足县残疾人服务社更名为大足区残疾人综合服务中心。

(二)双桥区残联

1989年11月30日,组建重庆市双桥区残疾人联合会,由区民政局代管并合署办公。1990年1月,区残联单列办公。1993年5月,区残联与区民政局正式合署办公。是年,区成立残疾人工作协调委员会,镇(乡)街实行领导分管、专人负责、经费纳入财政预算。2001年,区残联升格为副处级。2009年1月1日,区残联和区民政局经费分开,区残联经费单列。2000年,区政府批准成立重庆市双桥区残疾人综合服务站。2011年,成立区残疾人专门协会,2009年,全区两镇一街的21个社区居委会均成立社区残疾人协会,分别配协会主席、副主席各1人,残疾人专职委员1人。

(三)大足区残联

2011年11月,大足县和双桥区合并,撤销原大足县残联和双桥区残联,成立大足区残联。有编制人数16人,其中行政编制7人,工勤人员2人,事业编制7人。行政编制中理事长1人,书记1人,副理事长2人,正调研员2人,副调研员1人;事业编制7人均属残疾人服务中心。2012年,换届选举产生名誉主席廖文丽、陈仲伦、骆华,主席由大足区人民政府副区长周虹担任,副主席有易才军、陈川、王晓东、周惠敏、李雪梅、覃伦富、胡仁举、林志刚、陈东坡、黄秀荣、童强、席家庄、龙飞、冷娇、邓廷力,理事长由易才军担任,党组书记由熊厚文担任,副理事长由肖宁剑(正处级)、陈朝碧担任。

二、代表大会

(一)大足县残联代表大会

1990年5月17日,召开四川省重庆市大足县第一次残疾人代表大会,徐治武任理事长。1993年5月,召开四川省重庆市大足县第二次残疾人代表大会,胡仁忠任执行理事会理事长。1998年6月,召开重庆市直辖后大足县残疾人联合会第一次代表大会。2003年4月,召开重庆市大足县残疾人联合会第二次代表大会,选举周昌建任理事长。2007年11月18日,召开重庆市大足县残疾人联合会第三次代表大会,理事长由易才军担任,副理事长由陈朝碧、王光明担任。

(二)双桥区残联代表大会

1989年12月29—30日,召开双桥区残联第一次代表大会,李胜禄任执行理事会理事长。1993年6月9日,召开第二次代表大会,73名正式代表。1998年6月15日,召开第三次代表大会,执行理事长为吴洪奎(兼)。2003年5月30日,召开第四次代表大会,刁维才任执行理事会理事长。2007年12月20日,召开第五次残疾人代表大会,熊厚文任执行理事会理事长。

(三)大足区残联代表大会

2012年2月,召开重庆市大足区残疾人联合会第一次代表大会,理事长由易才军担任,副理事长由肖宁剑、陈朝碧担任。2012年4月,成立重庆市大足区人民政府残疾人工作委员会,易才军任办公室主任,熊厚文、肖宁剑、陈朝碧任办公室副主任。

三、残疾人口

至2015年12月,大足区户籍人口103.39万人,全区有各类残疾人5.8万人。持有第二代残疾人证的有4.276万人,占全区总人口的4.14%,其中视力残疾0.45万人、听力残疾0.2万人、言语残疾0.08万人、肢体残疾1.72万人、智力残疾0.36万人、精神残疾0.28万人、多重残疾0.036万人,一、二级重度残疾1.15万人。

四、残疾人康复

(一)大足县

1990年,全县设立22个"三项康复"点,普查人数760人,初诊507人,确诊384人,其中白内障138人,小儿麻痹166人,聋儿语训71人,白内障手术完成31例。

1991年,大足县为"五保"残疾人捐款1340元,让100名白内障患者重见光明,为43例小儿麻痹患者进行手术,解决143名残疾人的治疗费用。1992年,完成白内障手术52例,小儿麻痹矫治手术67例,聋儿语训8人。1993年,完成小儿麻痹矫治手术40例,白内障复明手术58例,实地调查17名白内障患者、9名小儿麻痹患者。1994年,完成白内障手术60例,脱盲60人,脱残59人,低视力配镜10例,将"三康办"改名为康复办公室。1995年,完成白内障复明手术32例,脱盲率95%,脱残率85%,低视力配镜5例,补碘完成5500人,石马镇康复站投入使用。

1996年,完成白内障复明手术40例,残疾人矫治手术6例,肢体残疾术后功能训练12人,对3名聋儿和5名智力残疾儿童及家长进行培训,残疾人用品发放128件。1997年,完成白内障手术150例,残疾人矫形手术5人,装配矫形器5人,聋儿语言训练6人,孕妇补碘6100人,婴幼儿补碘1900人,发放残疾人用具120件。1998年,完成白内障手术151例,低视力配镜4人,聋儿语训7人,聋儿家长培训5人,残疾人用具发放119件,盲人按摩2人,智残儿童训练16人。1999年,完成白内障复明手术125例,低视力配镜3人,聋儿语训6人,聋儿家长培训4人,残疾人用具发放120件,盲人按摩培训2人,智残儿童训练4人,补碘7000人。2000年,完成白内障手术131例,低视力配镜3例,聋儿语训7人,聋儿家长培训7人,残疾人用品用具供应130件,盲人按摩培训1人,智残儿童训练20人,肢体残疾系统康复训练20人,开展补碘宣传2次,发放各种宣传资料1500份。

2001年,共为600名残疾人进行健康体检,派医务人员到各镇普查各类康复对象454名,其中白内障患者256名,实施白内障手术196例,肢体康复训练21人,聋儿语训8人,智残儿童康复训练6人,低视力配镜10人,残疾人用品用具供应125件,为各类康复对象减免医疗费和其他费用100万余元。2002年,普查各类康复对象1100人,其中白内障患者960名,对262名白内障患者进行手术,低视力配助视器5名,聋儿康复训练92名,配助听器22名,肢体康复训练8人,智残儿童康复6名,残疾人用品用具270件,盲人按摩3名,减免各类医疗费用100万余元。2003年,实施白内障患者手术110例,低视力配助视器6名,聋儿康复训练95名,为聋哑儿童配助听器52名,肢体康复训练8人,为6名重度残疾人配轮椅车,残疾人用品用具280件。2004年,实施白内障手术190例,人工晶体植入率70%以上,聋儿语训7人,低视力配助视器5名,培训家长1名,智残儿童康复训练6名,脑瘫儿童康复训练1名,肢残者系统康复训练10人,听力助残捐赠助听器23台,免费安装假肢11条,免费供应用品用具272件,提供矫形器30件,发放轮椅40台。2005年,完成白内障复明手术190例,脱盲率100%,赠送残疾人轮椅50台,免费为残疾人安装假肢21例,完成肢体残疾人康复训练10人,免费为5名低视力患者配镜。低视力康复训练5名,培训低视力家属1名,聋儿语训7人,训练聋儿家长7人,免费为残疾人配助听器11台,为残疾人提供用品用具270件,成立50个社区残疾人康复站。

2006年,建立50个康复社区,争取康复资金100万余元,减免全县67名白内障患者手术费用,收训7名聋儿,对3名低视力残疾人配助视器,智残儿童康复训练10名,家长培训5人,肢残康复训练9人,儿童3人,免费安装假肢4例,免费为108名精神病患者提供药品。2007年,贫困精神病患者免费服药801名,补助资金45万元,为8名残疾人安装假肢,发放轮椅70辆,配发社区康复训练器材2套,开展聋儿康复训练7名,脑瘫儿童早期康复训练6名,肢体残疾人功能训练12名,提供辅助用具60余件。2008年,继续为801名精神病人实施全年免费服药,16名贫困精神病人免费住院3个月,筛查3名贫困聋儿到重庆市康复中心进行训练,为1名儿童实施矫治手术,为100名白内障患者进行手术,为15名残疾人安装假肢,发放70辆轮椅,全年为残疾人提供辅助器具400件。2009年,实施白内障复明手术278例,共植入人工晶体275枚;为539名贫困精神病患者实施全年免费服药,16名贫困精神病患者免费住院3个月,提供拐杖等辅助用具400件。筛查2名贫困聋儿并送去市康复中心参加聋儿康复训练,4名聋儿接受国家彩票公益金人工耳蜗筛查,为14名残疾人安装假肢,共发放100辆轮椅,培训康复专业人员33人。2010年,全县共筛查出有康复需求的残疾人19864人,残疾人康复服务建档人数19864人;实施贫困白内障患者免费复明手术348例,为患者节约近100万元;对5名盲人进行定向行走训练;5名聋儿、6名家长接受市聋儿中心语训部训练;对3名智力残疾儿童进行康复训练;对9名肢体残疾人进行康复训练;对310名特困精神病患者实施免费住院治疗,为534名贫困精神病患者提供免费服药。提供辅具450件,免费发放轮椅150台,为6

名下肢残疾人装配假肢。

2011年，完成白内障免费手术450例，顺利通过“全国白内障无障碍区”创建达标验收。完成盲人定向行走训练10名；新收训聋儿5名，培训聋儿家长5名；配发成人助听器10名；智力残疾儿童康复训练3人，培训家长1人；肢体残疾康复训练9人，肢体残疾儿童社区康复训练5人；彩票公益金精神病免费服药200人，住院20人；精神病免费服药380人；完成聋儿筛查5人；脑瘫儿童筛查2人；智力残疾儿童筛查5人；孤独症儿童筛查5人；假肢筛查6人，其中大、小腿各3人；免费发放轮椅200台。

(二)双桥区

1988—1992年，小儿麻痹矫治13人，白内障复明12人。1993—1997年，白内障复明、小儿麻痹矫治、聋哑儿语训、低视力康复、特需人群补碘等工作，超额完成市下达任务。

1998—2002年，肢残康复训练36人，智残康复训练31人，小儿麻痹矫治4人，白内障复明43人，聋哑儿语训3人，配用助视器低视力者10人，装配假肢(矫形器)肢残者25人，供应残疾人用品用具300件，配合市残联替台湾“曹氏基金会”向贫困下肢残疾人赠送轮椅3辆。

2003年，白内障手术完成15例，低视力者配用助视器完成4例，聋儿训练2人，助听器3人，家长培训2人，矫形器31件，脑瘫儿童训练3人，智残儿童训练9人，用品用具120件。2004年，完成白内障手术10例，低视力儿童家长培训3人，聋儿培训2人，公益金项目配助听器1人，公益金项目聋儿家长培训2人，完成肢体儿童训练1人，智力残疾儿童训练2人，完成公益金大腿假肢1例，矫形器装配30件，用品用具60件，发放残疾人用品辅具18件。2005年，免费发放100件辅助器具，发放22辆轮椅。

2006年，完成白内障手术7例，每例补助800元。盲人按摩培训2人。免费发放轮椅7辆，拐杖、助行器等37件。2007年筛查白内障人员140名，完成白内障手术17例，每例800元补助。肢体康复训练2人，智力残疾儿童训练2人，家长训练2人。辅助器具供应121件。聋儿语言培训2人。肢体儿童矫正筛查4人。开展“白内障无障碍区”创建工作。出台相关文件，建立长效机制，做到新发生一例及时治疗一例。2008年，围绕2011年实现残疾人“人人享有康复服务”的目标，不断完善残疾人康复服务体系建设，加大创建“白内障无障碍区”的工作力度，确保2010年全区建成“白内障无障碍区”。对白内障手术给予补助。免费发放轮椅18辆，其他辅助器具20余件，发放助听器2个，低视力助视器6个，筛查聋儿及聋儿家长各1名。对13名贫困精神病患者发放医疗救助卡，每人每年600元。对病情严重的4名精神病患者进行住院救治，治疗费近2万余元。2009年，对9名白内障患者实施手术。每例补助1000元。2010年，组织全区0~6岁儿童筛查，为3名贫困残疾儿童申请中国福利基金会给予救助。筛查267名眼疾病患者，免费实施白内障手术58例，每例补助1000元，10月份完成“白内障无障碍区”的检查验收。启动居家托养项目，对30名智力、精神和重度残疾人实施居家托养，并为每户发放补助金600元。

2011年，围绕“人人享有康复服务”的目标，申报康复示范社区，建成3个残疾人社区康复站。完成白内障手术13例，每例补助1000元。建立白内障救助长效机制。为36名贫困残疾人配发轮椅,投入资金1.08万元。对47名智力、精神和重度残疾人实施居家托养,每户发放1000元补贴。

(三)大足区

2012年,全区27个镇街卫生院全面开展康复工作,建立残疾人示范社区康复站2个,完成白内障免费复明手术202名,盲人定向行走训练30名,聋儿训练6名,聋儿家长培训13名,配置聋儿助听器15台,社区智力残疾儿童康复90名,居家康复69名,成人肢体康复200名,完成成人助听器配置20台,轮椅发放100台,助行器、拐杖等辅具发放102件,助视器配置40台,精神病免费发药701名,住院救助20名,完成“七彩梦行动计划”项目筛查残疾儿童70名,完成贫困肢体残疾人矫治手术16名。出台《大足区残疾人康复人才培训方案》,对全区339名康复医生、康复协调员进行业务培训。完成市级社区康复协调员师资培训6名,JICA中西部康复人才培训3名。

2013年,对15名肢体残疾人免费实施矫治手术;对210名贫困白内障患者实施免费手术;对800名精神病患者免费发药;假肢(含大小腿)装配共45例;低视力适配助视器150人;成人助听器筛查146人;各类残疾儿童筛查50人,共18名残疾儿童得到康复救助;完成盲人定向行走训练30人;对17名聋儿及家长进行培训,并免费配助听器34台;自筹资金新建残疾人康复社区4个;培训智力残疾儿童45名,成人智力残疾社区及家庭康复138名,肢体残疾人社区及家庭康复120名;免费发放轮椅200台。

2014年,精神病患者免费服药1006名,安排精神病患者住院516人。残疾老年人口腔疾病治疗82人,发放低视力助视器185人,白内障已开手术通知单233人,手术已完成210人。成人助听器筛查170人,配置100台助听器,假肢筛查12人。成人智力残疾社区家庭康复45名,肢体残疾人康复90名;做好“七彩梦行动计划”工作,各类残疾儿童筛查66人,矫治手术20人,脑瘫15人,听力残疾15人,智力残疾9人,低视力患者8人,孤独症患者初筛10人。完成盲人定向行走训练30人,结合听力指导中心对8名聋儿及家长进行培训,并配助听器34台,培训智力残疾儿童45名。发放儿童辅具45件,发放“阳光伴我行”儿童轮椅6辆。

2015年,完成白内障手术300人。发放助听器90台、轮椅200辆,儿童辅具45件。完成国家残疾儿童康复救助任务,各类残疾儿童筛查131人,新建残疾人康复示范社区10个。对5个残疾人康复示范社区进行标准化建设,每个增加2.4万元的康复器材。盲人定向行走训练30名,新收训聋儿4人,聋儿家长培训8人,人工耳蜗申请成功9人,发放助听器90台,装配假肢6例。“七彩梦行动计划”筛查123人,转介111人,智力残疾儿童社区康复45名,肢体残疾人社区康复90人。医生在职培训3人,社区康复协调员培训349人。免费为1139名精神病患者发药,住院救助505名患者,报销标准提高到1500元/人·月。

五、残疾人就业

(一)大足县

1990年,全年安排各类残疾人到国营、集体企事业单位就业790人,其中民政企业88人。税务部门为9个残疾人福利企业和45名残疾人个体经营者办理减税手续。兴办盲人按摩门诊部,3名盲人医生在成都、重庆等地接受训练。

1991年,大足县兴办福利企业14个,集中安置残疾人128名,民政部门安置8名残疾军人到机关、企事业单位工作。1992年,县民政、残联兴办福利企业4个,新安置残疾人26名,累计安置150人。工商税务部门为18名残疾人办理营业执照,为185名残疾人和残疾人企业减免税收。1993年,民政新办福利企业3个,安置残疾人37名。为27名残疾人优惠办理营业执照,为18家福利企业和153名残疾人个体减免税收。1994年,对1950名残疾人传授种植、养殖业技术。有126名残疾人到乡镇福利企业务工,有205名残疾人从事个体经营,有205名残疾人得到减免税费的优惠照顾,对256名孤残老人和丧失劳动力的残疾人进行"五保"供养。1995年,介绍124名残疾人到企业务工,816名从事个体经营。

1996年,推选195名残疾人到34个福利企业务工,2152名残疾人从事个体经营活动。1997年,介绍131名残疾人到企业务工,为825名残疾人从事个体经营减税。1998年,乡镇企业和福利企业有188名残疾人就业,为500余名个体经营者减免税费。1999年,全县从事工商业工作的残疾人886人,其中新增212人,主要安排在乡镇企业、福利企业和个体工商业工作。2000年,新办福利企业2个,共安置44名残疾人就业,全年新增残疾人个体工商户53户。

2001年,全县共计减免工商行政管理费用20万余元,返还税款34.8万元。通过残疾人福利企业、私营企业、个体工商业等安置残疾人81名。技能培训各类残疾人98名。2002年,共计减免工商行政管理费用20万余元,返还税款35.6万元。通过残疾人福利企业、私营企业、个体工商业等安置残疾人81名。技能培训各类残疾人96名,对残疾人进行种养业的生产技能培训。2003年,进行种养业技能培训3天,共计100人,为每位参加培训的残疾人发放50只家禽,安置200人就业。2004年,向各乡镇提供职业技术培训费5万元,有27人到成都接受按摩培训,开办5家盲人按摩诊所,累计就业人数达1867人。2005年,组织300名残疾人到职业技能学校参加缝纫、计算机、电工、种植、养殖技术培训。帮助243名残疾人就业,帮助130名残疾人自谋职业。

2006年,免费培训各类残疾人615名,安置352名残疾人就业。3月,县残联首次开展招聘,34名残疾人签订合同,对农村贫困残疾人危房改造61户。2007年,县六大基地共解决37名残疾人就业,为56人免费提供种养植技术,免费送种兔800余对,葡萄苗2.16万株,送重庆市培训101人,帮助困难残疾人就业1175人,对农村贫困残疾人危房改造154户。2008年,集中安置43名残疾人就业,推荐226名残疾人就业,对368名残疾人进行实用技能培训,对农村贫困残疾人危房改造160户。2009年,集中安置176名残疾人就业。组织街镇两级残联开展残疾人就业需求摸底工作,新登记在册人员58人,本年度为226名残疾人推荐安置就业。县残联对449名残疾人进行为期一周的实用技术培训,帮助近200名农村残疾人掌握兔子的养殖方法,并配送种兔200对,各街镇采取多种方式培训残疾人3500余名;帮助400余名残疾人实现就业,对农村贫困残疾人危房改造106户。2010年,全面开展残疾人就业工作,全县城镇新增82名残疾人就业,农村稳定就业人数达到1.6万人。全县领导干部与1018名残疾人结成帮扶对子,为他们送信息、送技术、送资金,提供致富信息1500条,解决突出问题150余件,提供帮扶资金20万余元,对农村贫困残疾人危房改造160户。

2011年,对221名农村残疾人进行实用技术培训并帮助其就业。强化残疾人就业保障金征收,全年征收残保金565万元,增长60万元,同比增长11%,对农村贫困残疾人危房改造103户。

(二)双桥区

1988—1992年,安置100余名残疾人进入福利企业,帮助30余名残疾人从事个体经营。1993—1997年,安置280余名残疾人就业。

2002年,城镇"低保"户74户,危房重建户6户,会同民政部门对18户农村受灾残疾人家庭进行救济,救济金额达到4000元。2003年,全区企事业单位安置城镇残疾人就业40人,农村残疾人就业50人,征收残保金16.7万元。53户农村残疾人"低保"户,82户城镇残疾人"低保"户,帮助14户农村残疾人进行危房改造,救助金额4.5万元。全区334名农村残疾人得到农业税减免,共计6702.6元。2004年,安排城镇职工就业18人,农村残疾人就业50人,征收残保金20万元。61户农村残疾人纳入"低保",72户城镇残疾人纳入"低保",进行8户农村残疾人倒房重建,救助金额1.6万元。2005年,全区共扶助贫困残疾人自谋职业40人,补助资金3.3万元。农村危房改造10户,落实资金7.7万元。共有204名残疾人纳入农村"低保",75名残疾人纳入城镇"低保"。

2006年,帮助2名盲人自谋职业,发放盲人按摩自谋职业补助1400元。解决残疾人就业20人。2007年,通过社会分散安置、福利企业集中安置以及扶持个体从业等形式,安置城镇残疾人186人,占城镇残疾人符合劳动年龄段残疾人总数的85%;安置农村残疾人94人,占农村残疾人符合就业年龄段残疾人总数的80%。敦促企业将300余名残疾人纳入社会保险,保障残疾人稳定就业。累计扶贫达302户,脱贫率86%。将229名城乡贫困残疾人纳入城镇、农村"低保"。10户城镇贫困残疾人住进廉租房,帮助农村贫困残疾人改造危房45户。帮助120名农村残疾人掌握1~2门实用技术,加快脱贫致富奔小康的步伐。2008年,在民福企业安置17名城镇残疾人和40名农村残疾人就业,组织选派4名优秀残疾人参加市残联组织的技能培训,1名盲人按摩培训,超额完成高科技就业培训项目并安置工作。完成残疾人危房改造10户,投入6.5万元。在"低保"、医保等方面,按照"应保尽保"的要求,全区共237名残疾人享受最低生活保障(其中城镇110人、农村127人),600余名农村残疾人参加新型农村合作医疗保险,参加残疾人社会养老保险238人。区委常委、副区长苏一元带队走访危房贫困残疾人家庭20户、残疾学生25余人。2009年,安置城镇残疾人就业20人,帮助农村残疾人就业和个体就业50人,征收残保金22万元。开展18名残疾人电脑培训、20名残疾人"爱心亭"岗前培训、50名农村贫困残疾人实用技术培训。2009年将残疾人大病医疗救助纳入新型农村合作医疗救助范围,救助残疾人32人次,新农合救助309人次。解决123名残疾人享受城市"低保"、142名残疾人享受农村"低保",15名残疾人搬进廉租房。民政福利企业及社会企业约300余名残疾人参加基本养老、失业、工伤保险。为农村贫困残疾人发展种养业解决资金2000元,给予城镇贫困残疾人自谋职业开业补贴1000元。2010年,完成"长江新里程高科技助残就业项目"4名培训人员就业,通过中国残联就业指导中心验收;推荐按比例就业56

人,完成安置残疾人就业39人;完成市级残疾人技能培训18人。全年征收残保金23万元;区政府分管领导走访慰问残疾人45户,残疾学生25人,发放慰问金2.49万元,完成残疾人危房改造20户,近300人享受城乡“低保”。成立区残疾人微型企业创业指导站。

2011年,按比例推荐残疾人18人,安置15人,成功扶持两名残疾人开办盲人按摩店,提供资助资金4000元。对115名农村贫困残疾人进行实用技术培训,培训种养业、钳工、车工、电脑,为期7天,投入75900元。区委书记、区长、区人大常委会主任等领导端午节走访慰问福利企业中的残疾人职工,区分管领导走访慰问双桥中学的残疾学生,走访残疾人职工以及贫困残疾人,发放慰问金和慰问品3.2万元。成功创建8个残疾人微型企业,提供补助25万元。投入3万元对2户农村贫困残疾人家庭进行危房改造。全区300余名残疾人享受城乡“低保”。

(三)大足区

2012年,对221名农村残疾人进行区级实用技术培训,对27个镇街的3300余名残疾人进行实用技术培训。建立36个残疾人科技扶贫基地,带动417名残疾人就业,对农村贫困残疾人危房改造180户,整合国土、建委的资源,残疾人危房改造补助资金达到2.8万元。

2013年,新增100个城镇残疾人就业,顺利完成市技能培训任务11人,完成区级实用技术培训930人(其中区集中培训207人,镇街培训723人),完成13859个残疾人就业实名制信息录入,对农村贫困残疾人危房改造196户,每户补助资金3.7万元,准确完成“危改户”信息录入“危改”数据库工作。

2014年,开展农村实用技术培训,培训1915人次,使685名残疾人熟练掌握种养业技术,发展种养业。扶持18户农村残疾人种养业大户,补助资金33万元。完成残疾人职业技能培训102人,实用技术培训1915人,新增就业残疾人102人。加强盲人按摩管理工作,开办盲人按摩店10家。扶持创办微型企业73个,补助资金累计218.1万元。对农村贫困残疾人危房改造392户,每户补助资金3.7万元,区长周少政亲自担任“低保”户残疾人危房改造工作领导小组组长。中国残联党组书记、理事长鲁勇带队到大足调研残疾人工作时,对大足区“低保”户残疾人危房改造工作给予了充分肯定。

2015年,扶持3户农村残疾人种养业大户。推进残疾人就业和培训实名制录入工作,已录入就业状况人数为1.5万余人。完成残疾人实用技术培训2800余人,区级培训200人,镇街培训2600余人,及时录入数据库。全年共安置残疾人就业1261人,改造农村贫困残疾人危房396户,每户补助资金3.7万元。

六、残疾人教育

(一)大足县

1990年11月,万古镇小学开办大足县第一个特教班,有8名智力残疾儿童接受特殊教育训练。1991年,在石马区金山乡兴办一个特教班,为每名学生送上一套校服,全年有120余名残疾人在中小学上学,残疾人刘晗在残联的帮助下被渝州大学顺利录取。1992年,万古镇、金山乡、铁山乡和龙水镇先后兴办特教班,有34名智力残疾儿童接受特殊教育,全县有314

名残疾学生在中小学就读,对218名家庭困难的残疾人减免学杂费。1993年,大足县开办特教班4个,解决350名残疾学生就读困难的问题,推荐4名残疾学生去江津县中医专业医士班学习。1994年,34名智力残疾儿童接受教育,解决245名残疾学生的困难,资助8名学生分别到江津和成都进行学习。1995年8月,大足县教委支付4万余元用于建立残疾人学校,推荐8名学生学习中西医。

1996年9月,县特殊教育学校正式开学,有两个班30名聋哑儿童,县民政局和残联为他们送去价值2000元的慰问品。1997年,特殊教育学校两个班有33名残疾儿童就读,卫生保健站送去价值8600元的慰问品。1998年,特殊教育学校有42名学生接受特殊教育,随班就读的残疾学生245人。1999年,随班就读的学生245人,有32名智力残疾儿童在特教班接受特别教育,有52名聋哑少年儿童在接受"中国手语"训练。2000年,共有适龄残疾少年儿童443人,其中在聋哑校就读的有52人,32名智力残疾儿童在四个特教班接受教育,随班就读的学生有249人,适龄残疾少年儿童入学率86.8%。救助贫困残疾学生6人,补助金额6500元。

2001年,有56名残疾学生在县特教校接受教育,同时47名智力残疾儿童在四个乡镇设置的智力残疾班接受特殊培训,有873名残疾儿童在全县各中小学随班就读。2002年,有56名残疾学生在县特教校接受教育,47名智力残疾儿童在四个乡镇设置的智力残疾班接受特殊培训,有892名残疾儿童在全县各中小学随班就读,为残疾学生捐款2.77万元,并赠送校服56套。2003年,资助105名残疾人特困学生,为每人救助400元。2004年,开展"扶残助学春雨行动",资助156名贫困残疾人家庭适龄儿童共计60000元,有56名残疾学生在特教校就读。2005年,全县随班就读残疾学生达892人,入学率88%,扶残助学150人,发放助学资金6万元。

2006年,免费救助156名贫困残疾儿童少年入学,解决183名残疾学生的"两免一补"费用,资助2名残疾大学生入学,为全县残疾学生补助生活费9.5万元。2007年,开展"扶残助学春雨行动"和国家公益彩票助学项目,资助贫困残疾学生600余名,发放补助金16.6万元。2008年,资助83名残疾学生入学,资助金额5.7万元,帮助2位考入大中专院校的残疾学生及残疾人子女圆大学梦,共资助经费8000元。2009年,残疾少年儿童入学率95%。落实"两免一补"政策,全年共资助116名贫困残疾人子女及残疾学生,发放助学金10万余元。帮助8位考入大中专院校的残疾人圆大学梦,共资助经费计2.8万元。2010年,开展"扶残助学"活动,资助44名贫困残疾学生及残疾人子女圆大学梦,其中残疾学生7名、残疾人子女37名,资助金额11万元。

2011年,实施"雨露助残"助学项目,资助97名残疾学生及残疾人子女大学生上大学,资助金额20.7万元。

(二)双桥区

1999—2002年,全区视力、听力言语残疾儿童少年接受初等教育率为80%。2002年,救助盲童、低视力儿童9名,其他残疾儿童6名,救济金额7600元。2003年,救助残疾失学少年6名,资助金额1200元,救助盲童、低视力儿童6名,其他残疾儿童13名,总资助金额9050元。

2004年,资助在校儿童23人,资助金额8550元。其中,资助1名盲童到市盲校读书,每月解决"低保"金150元;帮助2名聋儿,1名到市聋儿语训中心读书,1名到荣昌特校读书,每月解决"低保"金100元。2005年,救助在校儿童20余名,残疾儿童义务教育入学率为100%。

2006年,救助在校残疾儿童10名,救助资金约2000元。2007年,认真做好残疾儿童义务教育工作,落实"两免一补"残疾学生6名,救助"三残"(肢残、低视力、盲童)适龄儿童38名入学,"三残"儿童入学率100%,慰问残疾儿童45名,送2名聋儿到市聋儿培训中心、荣昌特校学习。培训初级盲人按摩员2名,中级盲人按摩员4名,及时救助残疾人家庭大学生4名,完成区残疾人第四次代表大会提出的落实减免学杂费的目标任务。2008年,51名残疾儿童全部入学,入学率100%。2010年,资助在读中小学残疾学生25名,资助残疾大学生1名,市级资金5000元,区级资金2000元。

2011年,报送3名残疾人工作者参加市残联举办的为期一个月的手语培训班。在校就读中小学生18名,入学率100%。资助一名残疾大学生3000元。

(三)大足区

2012年,市残疾人福利基金会大足区办事处募集到位资金100万余元,实施"启明行动""残疾大学生及残疾人子女大学生入学救助行动""肢体残疾矫治手术"等项目。

2013年,为83名(福利基金会资助81名,资助18.5万元)贫困残疾大学生及贫困残疾人子女大学生发放助学金19.1万元,"三残"儿童少年入学率94%。

2014年,完成残疾儿童、彩票公益金助学项目,帮扶学生20人,同时录入数据库。完成大学生救助60人,救助金13.4万元;完成适龄残疾学生摸底调查工作,调查625名残疾学生。

2015年,对33名残疾大学生及贫困残疾人子女大学生进行3000~6000元/人的入学救助,资助资金11.5万元。实施彩票公益金救助项目,救助学生20人。特教校开设有9个班,141名残疾儿童在校就读。

七、残疾人宣传文化体育

(一)大足县

1990年,珠溪镇中学15岁肢残学生叶良东和三溪镇肢残人谭兴在重庆市第三届伤残人运动会上分别获得田径赛100米、自由泳50米第一名,叶良东参加四川省伤残人运动会,获得田径300米银牌。1992年10月20日,县民政局、县残联举办伤残人田径运动会,13人参加,选拔6人参加重庆市伤残运动会,珠溪区三溪镇残疾人叶良东获得100米第一名,石马区梁利治获得跳高和跳远比赛第一名。石马区聋哑人何达召获得聋哑组800米第二名,大足县制氧站残疾人陈必奎获得男子200米第三名。1993年,为残疾人免费广播、录像、点播歌曲共18次,各镇、乡有线广播243次,标语发放1000余张,墙报及板报40余版,新闻报道14次。1994年,有线广播134次,电视新闻报道51次,标语245幅,墙报55块。1995年9月,残疾人叶良东参加四川省第三届残疾人运动会,获得3个第三名,1个第五名。

1996年,派出5名运动员参加市第四届残疾人运动会,获得好成绩。1997年,全年悬挂标语850余幅,墙报、板报30余版,新闻报道12次。1998年,为迎接1999年的曼谷"远南运动会”,备战2000年悉尼残奥会,组织6名残疾人进行体育训练。1999年9月,组团参加重庆市残疾人运动会,获得1枚金牌、3枚银牌、2枚铜牌。2000年,大足县残疾人叶良东随重庆代表团参加5月在上海举办的第五届全国残疾人运动会,获得道德风尚奖。在“国际残疾人日”活动期间,特邀北京残疾人艺术团来大足县巡回演出。

2001年,县图书馆设立盲文及盲文有声读物室,开展爱心赠书和上门借阅,以便利残疾人。2002年7月,大足县组织17名残疾人运动员参加市第二届残运会,获得6枚金牌、1枚铜牌。2003年,组织特校学生开展文化活动“万古鲤鱼灯”节目的排演。2004年,县残联组织残疾人到各镇街宣传20余次,大足报社和电视台进行报道,办专栏10期,墙报8期。2005年,选拔青少年残疾人运动员15名,为市第三届运动会做准备。

2006年,组织15名运动员参加市第三届残疾人运动会,获得团体第九名的成绩,乒乓球选手吴达均获得冠军,并代表重庆市参加第四届全国特殊奥林匹克运动会,获得乒乓球16~21岁组男子单打金牌。2007年,大足县选手吴达均在上海2007世界特奥会上得到乒乓球混双、男子单打2枚金牌。2008年,投入5万元组建残疾人艺术团,精心创编舞蹈《十二乐舞》,得到专家好评。积极开展“牵手残疾人、走进残奥会”活动;“助残日”期间,组织大型活动——第十八个助残日庆祝活动暨大足县首届特殊艺术汇报演出。5月,一级视力残疾学生王一木参加全国青少年英才推选活动“星星火炬”重庆赛区爵士鼓专业组初中组比赛,荣获集体和个人两个一等奖;7月,代表重庆市参加“星星火炬”全国总决赛,荣获爵士鼓专业组初中组银奖。2009年2月,一级盲残学生爵士鼓表演者王一木入选中国残疾人艺术团。2010年,县残疾人艺术团深入镇街、村(社区)演出,展示残疾人特殊艺术成果,丰富残疾人文体生活;组织参加全市第四届残疾人运动会,获得1枚金牌、2枚银牌、1枚铜牌,并获体育道德风尚奖。

2011年,选送5件作品参加喜迎建党90周年征文活动,两件作品获得奖励,选送节目《唱响祖国》《天使之歌》参加全市文艺会演。

(二)双桥区

2002年,组队参加全市第二届残疾人运动会,在田径、游泳、乒乓球、射击4个大项的9个小项中获得1枚银牌、3枚铜牌、两个体育道德风尚奖。2004年,与区广播电视局开办“双桥区残疾人之声”节目,全年播放有关残疾人事业的政策、法规、文章、消息40条。2006年,组队参加重庆市第三届残疾人运动会。2008年,组织开展“心向奥运放飞梦想”全国残疾人青少年书画作品展活动,参赛作品入围全国青少年优秀书画作品展,为区争得荣誉。汶川地震发生后,很多残疾人自发组织为灾区捐款捐物,折合现金近3万元,区残联积极为灾区捐款1万元。免费安装21台残疾人专用电话收音机。2010年7月,参加重庆市第四届残疾人运动会,获得金牌2枚、银牌2枚、1个第五名、1个第六名。2011年,与区文化馆联合成立全区残疾人阅读指导委员会,与龙滩子街道龙滩园社区共同建立市级文化社区,共投入1.5万元。参加中国残联“生命中的太阳——残疾人喜迎建党90周年征文”活动,全区共投稿3篇。

(三)大足区

2012年,在区公共图书馆建立盲人阅览室和残疾人读书角。新建残疾人文化进社区15

个。建立特奥运动员信息库,完成特奥运动员51人建档工作。2013年,参加第三届全国“残疾人文化周”活动,组织参加第五届重庆市残疾人文艺会演。新建文化进社区15个,组织参加重庆市第一届特奥会,建立健全输送残疾人优秀运动员长效机制,完善优秀运动员数据库录入,积极组织参加市残联残疾人体育健身指导员培训。2014年,扶持残疾人文化发展,培养残疾人文化品牌石雕、刺绣、牙签画、鲤鱼灯舞等。组织参加残疾人运动会,共参加7个项目,获得1枚金牌、1枚银牌、4枚铜牌。2015年,投入资金1.5万元,按标准完成市级“文化示范社区”创建工作。继续投入资金6万元,在区图书馆建立视障阅览室,每年服务残疾人100余人次。培育残疾人文化品牌3个。在第七届全国特教学校学生艺术会演中,特殊教育学校选送的《有一个美丽的地方》获得舞蹈类二等奖,《腰鼓》获得三等奖,《在阳光下成长》获得智残综合类二等奖。加强残疾人体育运动后备人才队伍建设,对14~18岁的残疾人进行排查摸底,确定适合体育运动的残疾人后备运动员25名,建立资料库,组织后备运动员进行训练。建设1个市级残疾人群众体育活动示范点,体育中心设施完善。参加市级残疾人运动会、羽毛球比赛,获得体育道德风尚奖。

八、残疾人权益

(一)大足县

1990—1995年,收到残疾群众来信72件,来访431人次,集中解决反映就业、生活、上学和优惠政策情况的落实等问题。县残联采取“发现一起,解决一起”的方法,圆满解决问题。

1996—2000年,共收到残疾人来信32件、来访136人次,主要涉及就业、上学、生活、残疾人摩托车整顿等问题。做到事事有答复,件件有回音。

2001年,组织各级各部门,加强对10个乡镇、10个部门和10个企业进行抽查,加强《中华人民共和国残疾人保障法》的宣传。全年共收到群众来信2件,接待来访30余人次,解决残疾人的问题。2002年,全年对残疾人减免农业税43万元,投放小额信贷扶贫资金60万元,落实扶贫贷款发放对象2250人,将1350人纳入“低保”,月发放82300元。2003年,共收到群众来信5件,接待来访30人次,均得到处理。2004年,共收到来信来访13次,其中侵权2次,社会就业2次,康复1次,借贷2次,优惠政策6次,集访1次(16人)。为50名残疾人更换、新办残疾人代步车证。2005年,受理侵害残疾人合法权益案件10件,为残疾人挽回经济损失达30万元。

2006年,对12件残疾人法律案件进行无偿帮助,挽回经济损失19万元。残联领导班子下访86次,解决多年来遗留问题64起。2007年,残疾人援助维权52起,其中5起10人以上的群访,通过协调法律援助中心挽回经济损失255万元。2008年,把信访工作列为重要工作之一,本着“谁接待谁负责”的原则,制定明确的“首问工作责任制”,对残疾人信访工作实行“一站式服务”,为广大残疾人提供良好的服务。全年共接待残疾人及亲属来信来访40余人次,办结率100%。2009年,全年免费为残疾人提供法律咨询190余次,办结涉残案件52次,办结率100%。县残联共接待残疾人及亲属来信来访40余人次,办结率100%。无1人到市及以上单位或部门上访,也无5人以上集访事件,大足县被评为“全国残疾人稳定维权先进县”。

2010年,与县司法局联合成立县法律援助中心残疾人维权工作部1处、镇街援助联络站24个、村(社区)援助岗291个,发放法律援助卡1.2万张,共接待来访人员720人次,处理来信17件,为95名残疾人提供法律援助,信访案件办结率100%。2011年,法制宣传2次,执法检查1次。发放法律救助卡1.8万份。及时处理涉及残疾人的信访案件,无进京到市集访,无重大突发事件和群体性事件发生,残疾人信访转办案件结案率100%,自办案件结案率98%以上。

(二)双桥区

1999—2002年,收到残疾人来信8件,接待来访残疾人256人次。来信来访涉及残疾人子女入学、就业、税费减免、残疾人三轮摩托车牌照、经营场地、生活困难等问题。通过沟通协调,做到件件有答复,事事有着落。2003—2007年,成立区残疾人法律救助工作站。2008年,共计5人接受法律援助。征订《中华人民共和国残疾人保障法》100本,免费发放给残疾人。2011年,对全区9名残疾人机动三轮车主发放燃油补贴,制定出台《重庆市双桥区残疾人救助办法(试行)》。

(三)大足区

2012年,对基层残疾人法律援助机构进行规范化建设,发放法律援助卡5000余张。做好残疾人信访工作,渠道畅通,回复及时,与信访人见面或通电话,信访人满意度100%。2013年,对基层残疾人法律援助机构进行规范化建设,发放法律援助卡6000余张。无残疾人进京和到市进行集体上访,对残疾人反映的特殊困难问题和矛盾,区残联向区领导反映,均得到及时解决,并协调相关部门为残疾人化解矛盾解决困难,维护社会稳定,转办残疾人信访、来访案件,结案率100%,自办案件结案率90%以上。渠道畅通,回复及时,与信访人见面或通电话,信访人满意度100%。积极配合政府"阳光信访"办件网站,处理好网站信访件。2014年,发放法律援助卡5000余张,完成无障碍改造89户,区残联按照要求配套资金8.9万元,288名残疾人享受燃油补贴,组建代理员、信息员513人,先后为83名残疾人提供法律服务,办理群众来信44件。2015年,与司法局联合建立法律救助站1个,镇街建立法律救助岗27个,村(社区)建立救助点312个;委托律师开展法律援助服务。举办残疾人法制培训班4个。落实残疾人乘坐公共交通工具优惠减免政策,办理本地爱心公交卡1362张,异地卡2张。完成残疾人家庭无障碍改造82户,按照要求配套改造资金。303名残疾人享受燃油补贴,18名残疾人获得路桥费减免。完成残疾人"两项补贴"的发放工作,全年发放生活补贴6502人,发放金额190万余元,发放重度护理补贴8699人,发放金额260万余元。

第二十二节　荣昌区残疾人事业

一、组织机构

1990年6月6日,经荣昌县政府批准,成立荣昌县残疾人联合会,属财政全额拨款的副科级事业单位,由县民政局代管,理事长由县民政局副局长兼任。1999年3月23日,县残联从县民政局分离出来，升格为副处级事业单位，直接受县委县政府领导。1999年5月16日，县残联正式挂牌独立办公。

2015年，荣昌撤县设区，7月6日，设立重庆市荣昌区残疾人联合会，为独立的正处级群团组织。10月21日，区残联设办公室和综合科两个内设机构。核定机关行政编制4名，其中理事长1名，副理事长1名；内设机构领导职数2名。

1999年8月17日，设立荣昌县残疾人服务总社，为县残联的下属事业单位。2015年10月29日，荣昌县残疾人服务总社更名为重庆市荣昌区残疾人服务总社，为区残联管理的正科级财政全额拨款事业单位(公益一类)，核定事业编制3名，其中社长1名。2015年9月29日，设荣昌区盲人协会、聋人协会、肢残人协会、智力残疾人及亲友协会、精神残疾人及亲友协会。全区各镇(街)均组建残联，各村社区组建残疾人协会。至2015年，全区21个镇(街道)均成立残联，全区164个村(社区)均成立残协，选聘残疾人专职委员协助残协主席开展工作。

1990年6月，召开荣昌县第一次残疾人代表大会，选举刘佰万为理事长，薛晓池为副理事长。1993年11月19日，召开第二次残疾人代表大会，正式代表80人，列席代表23人，特邀代表9人，选举刘佰万为理事长，薛晓池为副理事长。1998年10月29日，召开第三次残疾人代表大会，正式代表105名，其中残疾人代表54名，选举高思泉为理事长。2003年4月25日，召开荣昌区第四次残疾人代表大会，选举贺秋玲为理事长。2005年，理事长由古登安代理。2007年7月，贺长荣由县纪委考调至县残联担任副理事长。2007年12月3—4日，召开第五次残疾人代表大会，选举古登安为理事长，贺长荣为副理事长，晏文素、肖华凤为理事。2008年增补李春梅为理事。2008年10月，理事长调整为王官俊。2013年3月12日，召开第六次残疾人代表大会，理事长为王官俊，副理事长为贺长荣，理事为晏文素、肖华凤、李春梅。2014年9月，理事长调整为周林春。2015年8月，副理事长调整为古家兰。

二、残疾人口

第二次全国残疾人抽样调查结果显示，荣昌县共有40200名残疾人，占常住人口的6.17%。至2015年12月，全区持有第二代证残疾人19610人，其中视力残疾2714人，听力残疾785人，言语残疾188人，肢体残疾11128人，智力残疾1733人，精神残疾2271人，多重残疾791人。

三、残疾人康复

1991—2015年，通过“健康快车”等活动及县人民医院、中医院开展白内障复明手术3333例。其中，2004年，“视觉第一中国行动”首次在荣昌县开展，共为145例白内障患者实施复明手术；2005年搭乘“健康快车”，护送42名白内障患者到万州实施复明手术；2008年，在“健康快车荣昌行”活动中，为100名白内障患者实施复明手术；2011年，实施“百万贫困白内障患者复明手术”100例。

低视力康复。2009年，对15名低视力患者及家长进行培训。2010年，对5名低视力患者及家长进行培训。2012年，102名低视力患者获得助视器。2013年，77名低视力患者获得助视器102件。2014年,配发低视力助视器155件。2012—2015年,发放低视力助视器359件。

盲人定向行走训练。2009—2015年,开展盲人定向行走训练90人次。2009年,对5名盲人进行定向行走训练。2010年,33名盲人接受定向行走训练。2011年,30名盲人接受定向行走训练。35名镇街残联理事长及专职委员接受盲人指导师理论及实践知识培训。2013年,44名学员得到盲人定向行走师资培训。2015年,50名学员得到培训。

聋儿听力言语训练。1991—2015年,聋儿语训271人次。组织聋儿语训师到市残疾人综合服务中心培训专业知识,回来后培训聋儿家长69人次;为79名聋儿适配助听器。国家彩票公益金资助贫困聋儿107人次。2013年为区特殊教育学校听力残疾学生适配助听器57台。

肢体残疾康复。1991—2015年,完成小儿麻痹矫治手术93例,护送39名残疾儿童到重庆儿童医院等地进行肢体矫治手术。2012—2015年,组织37名脑瘫儿童在定点机构接受康复训练。

假肢及矫形器装配。1991—2015年,安装大小腿假肢128例,装配儿童矫形器31例。

智力残疾康复。1991—2015年,对361名智力残疾儿童及成年智力残疾人进行康复训练,对44名智力残疾儿童家长进行训练。

精神残疾康复。2009年,开始对精神残疾人实施救助。2009—2015年,救助1117名精神残疾人服药治疗,救助88名精神残疾人住院治疗。

四、残疾人教育

2015年,全区6~15周岁适龄残疾儿童334人,其中入学288人,入学率86.23%。2007年,争取到国家彩票公益金助学项目,持续资助80名学生4年,共计资助18.4万元。其中县特校60名住读生,每人每年700元,观胜镇、河包镇各10名走读生每人每年200元。从2007年起,对考上大学的残疾大学生及残疾人子女大学生进行入学资助,2007—2015年,共计出资45万元,资助248名残疾大学生及残疾人子女大学生入学。2014—2015年,实施“通向明天——交通银行残疾青少年助学计划”在校高中生助学项目,资助区特校22名残疾高中生,每人每年1000元,共计4.4万元。

五、残疾人就业

2000年,县残联与民政福利企业和县外企业协调,推荐安置25名残疾人就业。2004年,新安置城镇残疾人230人,为10名个体残疾人发放就业补助,每人补助500元。2005年,征收企业残保金75万元,新增个体就业121人;对54名贫困残疾人个体就业给予补贴,每人补贴1000元。2006年,征收企业残保金121万元,新安置残疾人216人,新增个体就业65人。2007年,在昌元、昌州街道落实市委市政府民心工程“爱心亭”11个。2008年,共有30个行政事业单位安置43名残疾人就业。2010—2012年,协助32名残疾人开办小微企业,并按规定获得补助。2012年,出资11万元,补助残疾人种养业大户。创建2个县级扶贫基地,补助两个基地共计10万元。2014年,创建1个县级残疾人扶贫基地——荣昌巍业茶叶残疾人扶贫基地,补助扶贫资金5万元。2015年,出资18万元,对11户种养业大户进行扶持补助,鼓励他们勤劳致富。

2008—2015年,开展农村残疾人种养业技能培训,共计培训3655人,并发给参训人员每人200元启动资金和饲料、肥料、农家科技书籍等物资。护送有职业技能培训需求的残疾人到江津特殊教育学校进行职业技能培训,其中107名盲人经过培训已实现就业,有的自己开办盲人按摩店,当起店主。67名其他类别残疾人通过职业技能培训实现就业。对个体从业的残疾人进行就业扶持,2005—2015年,对40余名残疾人进行个体就业扶持,每人补助1000元。对荣昌鑫藤福利服装厂、荣昌县轩辕服装有限公司等残疾人开办的企业进行扶持,2006—2013年,共计补助资金8万余元。

六、残疾人扶贫

2005年,开始实施农村贫困残疾人危房改造,2005—2015年,共计改造1248户,补助1103.1万元。其中2005—2010年改造483户,每户补助7000元,共计补助338.1万元;2011—2015年改造765户,每户补助10000元,共计补助765万元。全区1600余名残疾人搬进了宽敞明亮的新家。实施"万村千乡市场工程"扶贫项目。2012—2015年,共计协调安置残疾人12人,其中连锁超市安置4人,村级农家门店安置8人,有8名残疾人开办个体村级门店。2015年12月,完成1639户残疾人建档立卡贫困户的脱贫任务,实现整体脱贫。

七、残疾人文化体育

2000年6月7日,县残联组织荣昌特校学生参加重庆市第二届残疾人文艺演出,舞蹈《好日子》荣获舞蹈组三等奖。2002年5月,举办第十二次"全国助残日"文艺演出,共演出16个节目。2003年12月,举办第十二次"国际残疾人日"文艺调演,县特校学生表演的小品《让我们荡起双桨》获得一等奖。2005年5月,参加第三届重庆市残疾人文艺会演,荣昌选送的戏剧小品《鞋》《琴声未了》分获二等奖、优秀奖;8月15日,《鞋》在第六届全国残疾人艺术会演陕西赛区中获得三等奖。2014年,新建12个残疾人文化进社区活动示范点。

1993年,县残联组队参加在西安市举行的全国残疾人运动会,参加的项目有田径、乒乓球、游泳、射击,获得铁饼第一名、铅球第二名。1995年,组织15名运动员参加重庆市残疾人运动会,获得11枚金牌、3枚银牌、5枚铜牌,团体总分名列第三。同年,参加四川省第三届残疾人运动会,获得肢残A6级游泳金牌3枚,铜牌1枚,并打破三项省残运会游泳纪录,何晓东获得聋人乒乓球单打冠军,获得金牌1枚。参加重庆市第二届残疾人运动会,获得4枚金牌、3枚银牌、1枚铜牌。2006年6月,参加重庆市第三届残疾人运动会,获得13枚金牌、6枚银牌、6枚铜牌,获团体总分第一名。2005年8月,杨光参加在大连举行的2005年全国特殊奥林匹克运动会,获得4×100米团体金牌。2010年7月,参加重庆市第四届残疾人运动会,在聋人乒乓、聋人篮球、肢残人乒乓等4个项目的比赛中,获得4枚金牌、1枚银牌、1枚铜牌,名列全市第12位。2014年8月,参加重庆市第五届残疾人运动会,在聋人篮球(男队、女队)比赛中,聋人女队获得冠军,聋人男队获得第六名。

八、残疾人维权

2006年,在20个镇建立法律援助机构,在各镇建立法律维权示范岗,开展残保法宣传。2011年,与县司法局协调,在21个镇街设立残疾人法律援助中心残疾人维权岗,发放法律援助卡1.3万张。从2014年开始,与重庆川伟律师事务所签约,每月派律师到县残联坐班,为残疾人提供法律咨询,并提供法律援助。2008—2015年,共为86名残疾人提供法律服务与法律援助。

2011年,开始实施残疾人机动轮椅车燃油补贴。2011—2015年,共计补贴612辆(次),补贴资金15.9万元。2013—2015年,共有19名取得C5驾照的残疾人获得补贴,每人补贴1000元。2014—2015年,为48名下肢残疾人完成路桥费减免初审工作。

1991—2015年,共接待来信来访4037件次。2004年,建立信访接待制度,印制接待登记表,残联主要领导亲自处理各种来信来访,每季度按时报送工作情况。2005年,开展"扶残维权行动",为残疾人提供法律服务和法律援助,全年共处理各种来信来访58件次。2006年,开展"扶残维权行动",处理各种来信来访82件次。2008年,开展"扶残维权行动",建立信访接待制度。2009年,开展"理事长大接访"活动,开展矛盾纠纷排查化解工作,对排查出的问题落实"五个一"措施,确保矛盾不上交,不激化。2010年,开展"大下访"活动,走访120余户,接待来信来访80件次,化解群众难题6件。2011年,制定"维稳工作预案",建立信访接待制度,全年办结各类来信来访246件次。2012年,接待来信来访560件次,其中受理107件次,调解453件次。2013年,接待来信来访647件次。2014年,推行残疾人"信访代理制度"。2015年,处理来信来访578件次,办结率100%。建立"大维权、大接访、大稳定"工作机制,落实专人负责和管理网上信访信息系统,实行残疾人信访登记录入制度。继续推行残疾人信访代理制度,对信访信息员和代理员队伍开展业务培训,全年共为83名残疾人代办信访事项。

第二十三节　璧山区残疾人事业

一、组织机构

1989年10月,成立璧山县残疾人联合会,为副科级事业单位。1998年11月,县残联从民政局分出,升格为副处级事业单位。2014年7月17日,因璧山撤县设区,设置重庆市璧山区残疾人联合会。至2015年12月,规格为正处级。区残联核定编制5名(事业干部4名,机关工人1名),实有在职人员13人。

1998年7月,成立璧山县残疾人服务总社。1999年2月,改为璧山县残疾人服务社。1999年7月,成立璧山县残疾人康复服务指导站、县残疾人用品用具供应站、县残疾人服务社,三块牌子一套班子。1994年,26个乡镇残联、社区康复领导小组健全,全县458个村(居)残疾人服务小组健全,乡镇村居的残疾人工作运转正常。2004年,全县各镇街设立残联组织,配备专兼职理事长,并设专人做残联工作,各村居成立残疾人协会,配备残联主席和专职委员,残疾人专职委员由综合服务专干兼任。2014年,区编委明确镇街残联理事长按乡镇中层干部正职的职级配备。

1990年7月,召开璧山县残疾人联合会第一次代表大会,吴中嶽、沈世伦先后任理事长。1993年6月,召开璧山县残疾人联合会第二次代表大会,马建明任理事长。1998年11月,召开璧山县残疾人联合会第三次代表大会,李克荣任理事长。2003年4月,召开璧山县残疾人联合会第四次代表大会,推举产生县残联第四届执行理事长、副理事长和理事。2007年11月,召开璧山县残疾人联合会第五次代表大会,推举肖祖兴为第五届残联执行理事会理事长,张元智、叶太荣、岳万勇为副理事长。2012年12月,召开璧山县残疾人联合会第六次代表大会,推举产生第六届县残联执行理事会理事长、副理事长和理事;2014年9月,因璧山撤县设区,召开区残联第六届主席团第二次全体会议,推举产生区残联第六届执行理事会理事长和副理事长。

二、残疾人口

至2015年12月,璧山区总人口63万人,残疾人约3.7万人,全区持有第二代残疾人证的残疾人15823名。

三、残疾人康复

(一)视力残疾人康复

1993年前,完成白内障复明手术689例。1994—1998年,共实施白内障复明手术882例。

2001年,县残联与县民政局、卫生局联合,让99名贫困白内障患者参加由北京协和医院眼科专家组成的“健康快车”活动,使病患重见光明。2002年和2005年,在中国残联和国际狮子会联合开展的白内障复明行动“视觉第一中国行动”中,重庆市医疗专家让璧山县578名白内障患者恢复光明。2009年,开展“百万贫困白内障患者复明工程”项目,免费实施白内障复明手术50例。2012年,规范免费白内障手术的对象和标准,建立本地区白内障复明手术长效机制。2014年,市残疾人福利基金会和重庆市爱尔眼科医院“雨露助残”光明助困项目走进璧山区,免费为186名白内障患者实施复明手术。1999—2014年,共有5659名白内障患者重见光明。2015年,区残联积极配合重庆爱尔眼科医院和重庆市新视界眼科医院,对1059名白内障患者免费实施白内障复明手术。

1993年,为11名低视力患者验配助视器。1994—1997年,低视力患者助视器验配25人。1998—2005年,为12名低视力患者配助视器,并进行培训。2006—2014年,为453名低视力患者验配助视器,开展低视力家长培训453名。2015年,免费发放低视力助视器311件。2005—2015年,开展盲人定向行走训练220人次。

(二)听力言语残疾人康复

1993年前,县开办聋儿语训班1个,培训聋儿22人次。1994—1997年,聋儿听力语言训练24人次,培训聋儿家长23人;1998—2005年,聋儿家长培训21人;2006—2014年,为儿童验配助听器105例，进行言语训练105人，培训聋儿家长98名；2015年，康复机构训练聋儿4人，培训聋儿家长18名。2010—2014年，为成年听力残疾人配发助听器258台，2015年验配助听器80台。

（三）肢体残疾人康复

1990—1997年，累计完成肢体矫形手术（小儿麻痹）40人，装配矫形器40人，肢体术后训练60人。1998—2005年，进行肢体矫形手术24人，装配肢体矫形器8人。2006—2014年，进行肢体矫治手术24例，装配矫形器8人，为165名下肢残疾人安装假肢，其中免费为残疾人安装大小腿假肢77例。2012年，"解救肢残爱心救助"项目筛查出16人。2015年免费装配假肢28例。

（四）智力残疾人康复

1990—1997年，智力残疾儿童训练38人、智力残疾儿童家长培训38人。1998—2014年，训练智力残疾儿童62名，培训智力残疾儿童家长28名。2015年，培训智力残疾儿童30名，培训智力残疾儿童家长15名。

（五）精神残疾人康复

2006—2014年，为3795人次持证贫困精神障碍患者进行免费药物救助，对1185人次"低保""五保"和城市"三无"人员精神障碍患者提供免费住院补助，补助金额373万元。2015年，对1892名精神障碍患者给予免费药物救助，对137名贫困精神障碍患者提供免费住院治疗，共投入170万元。2008年，成立星世界特殊儿童康复训练中心，负责全县孤独症儿童康复训练。2010—2014年，机构训练孤独症儿童110名。2015年，机构训练孤独症儿童30名。

（六）"七彩梦行动计划"项目残疾儿童救助

2006年，全县开展残疾儿童的康复服务救助项目，完成"七彩梦行动计划"残疾儿童筛查。2008年，县建立自闭症儿童康复训练中心。至2014年，该中心新增脑瘫和智力残疾儿童训练项目。2006—2015年，筛查出0~6岁脑瘫、智力残疾、听力残疾、肢体残疾、自闭症儿童62名。2008—2014年，训练中心康复训练自闭症儿童70人次，脑瘫儿童10人次，智力残疾儿童40人次。2015年开展自闭症儿童训练30人，智力残疾儿童30人，脑瘫儿童20人。

四、残疾人就业

1990以来，帮助残疾人掌握就业技能，县残联每年举办残疾人职业技术技能培训班。1990—2014年，共有1607人参加培训并就业。2015年，培训114名残疾人掌握烹饪、盲人按摩、电脑刺绣等技能。

1990—1997年，全县的残疾人就业工作主要是向福利企业推荐，共推荐残疾人109名到福利企业就业。1998年，市政府要求全市所有单位都应按比例安排一定的残疾人就业，没有安排就业的要收取残疾人就业保障金。2000年9月，县政府规定从10月1日起在全县范围内实施按比例安排残疾人就业。2004年2月，县政府规定在全县的企业中安排残疾人就业，未安排就业的单位收取残疾人就业保障金。2000—2015年，通过个体从业、集中就业和分散按比例就业等形式,安排2084名残疾人就业。2004—2014年,共征收残疾人就业保障金4359.6万元。2015年,征收残疾人就业保障金1085万元。

五、残疾人教育

1993年9月,县聋哑学校正式建校。1996年6月,投资78万元新建的县聋哑学校落成。学生由建校时的1个班12人发展到4个班39人,教师由4人发展到10人。2003年12月,璧山县聋哑学校更名为重庆市璧山县特殊教育学校。2005年,特殊教育学校开设8个班,就读学生65人,教师27人。2001年12月,校长廖世明获全国特殊教育先进工作者称号。2003年起,县每年从残疾人就业保障金中抽出3.24万元,用于改善县特殊教育学校学生住宿条件和对学生生活进行补助。2009年,提高到5.4万元。2013年,对学校进行改造,校舍、活动场地面积由原来的4650平方米扩大到1万平方米,增招智力残疾学生近70人,成为一所集学前教育、九年制义务教育和职业教育为一体的综合性特殊教育学校。

2001年,县残联向市残联争取"长江新里程——中西部盲童入学"救助项目资金4200元,救助何伟等28名盲童入学。2003年,争取450元的"长江新里程"救助款,解决伍有利等3名盲童的入学问题。2002年,市残联下拨扶残助学款8000元,解决44名残疾儿童入学问题。2003年,市残联和市邮政局为让更多的残疾儿童接受义务教育,共同发行以"涓涓细流、润物无声"为主题的"扶残助学——春雨行动"纪念明信片,全县完成2000套明信片。争取到市残联"扶残助学——春雨行动"首发式在璧山举行,10名残疾儿童得到7200元救助。2005年继续争取资金1.99万元,解决80余名残疾儿童的入学问题。2011年开始,对残疾儿童学前教育给予每人每年3000元的学费资助。2011—2015年,筹集资金36万元,对120名残疾儿童学前教育进行救助。

2006年,开始对残疾大学生实行一次性入学救助,当年对正兴镇贫困残疾大学生陈贞就读重庆大学资助8000元。2007年,开始对贫困残疾人子女大学生入学给予2000~3000元的一次性救助。2006—2014年,对311名残疾大学生和残疾人子女大学生进行一次性入学资助,资助金额80.8万元。对2012年后入学的13名残疾大学生给予2.6万元的生活补助。2015年,对11名残疾大学生和54名残疾人子女大学生分别给予4.9万元和13.5万元的入学救助。

六、残疾人文化体育

1999年6月,由县残联组织、县聋哑学校儿童表演的舞蹈《吆蝗虫》获重庆市首届残疾人文艺会演舞蹈类二等奖;11月,《吆蝗虫》送教育部、文化部、广播电视总局、中国残联共同举办的第三届全国盲、聋、培智学校学生艺术会演,获表演二等奖。2001年,舞蹈《三娃闹春》在重庆市第二届残疾人文艺会演中获特等奖,同年参加全国残疾人文艺会演获广西(南宁)片区一等奖,并获国家表演银奖。2005年,反映聋哑儿童喜迎新年的欢乐心情舞蹈《闹春年宵》在市文艺调演中获二等奖,并获中国儿童文学研究会、北京五洲之星文化艺术院举办的"新苗奖全国第十届儿童舞蹈大赛"银奖。2013年,残疾人小品《我也有个梦》、盲人独唱《怒放的生命》、笛子独奏《牧民新歌》参加第五届重庆市残疾人文艺会演,分获特等奖、一等奖和二等奖,县残联获组织奖、创作奖。《我也有个梦》代表重庆市参加第八届全国残疾人文艺会演(甘肃片区)获一等奖,也是重庆市参赛的6个节目之中唯一获得一等奖的节目。

1992年10月16—17日,璧山县举办首届残疾人田径运动会,有盲人男、女组,截肢组,聋哑人男、女组等3个大项目21个小项。1993—2005年,全县残疾人体育取得很大成绩,共参加重庆市残疾人运动会4次,获金牌14枚、银牌11枚、铜牌9枚,其中原龙江乡视力残疾人运动员曾建参加运动会2次获4枚金牌,还成为市盲人球队的主力队员和队长。2002年,智力残疾人运动员江帆参加全国特奥运动会获银牌。2003年7月,县残联配合县文体局成功举办全国性赛事中国第六届残疾人运动会坐式排球预赛暨2003年锦标赛。此次比赛共有18个省(自治区、直辖市)33支代表队,400余名运动员参加比赛。2006年6月,组队参加重庆市第三届残疾人运动会,获得3枚金牌、2枚银牌和3枚铜牌。2010年6月,组队参加重庆市第四届残疾人运动会,获得2枚金牌、2枚银牌、3枚铜牌,奖牌总数在全市名列第十三位。2014年9月,组队参加重庆市第五届残疾人运动会,获得1枚金牌、2枚银牌、3枚铜牌。2015年11月,组团参加重庆市羽毛球锦标赛,肢体残疾人冯世阳获SL3级别冠军,刘凯获亚军。

七、残疾人维权

1990—2015年,接到来信1536件次,来访924人次,做到件件有回音,件件有落实。2009年,在县法律援助中心设立残疾人法律援助中心,并在13个乡镇街道成立残疾人法律援助站。2006—2014年,向残疾人发放法律援助服务卡3.5万张,为残疾人提供法律援助635人次,接待残疾人来信来访496人次。2015年,对10名残疾人进行法律援助,发放法律救助卡2万张。

2014年,区残联制作残疾人三轮代步车标识牌,解决43名下肢残疾人代步问题。2015年,对全区41名残疾人三轮代步车车型、颜色进行规范,统一制作残疾人三轮代步车信息卡,并与平安保险公司协调,办理相关保险。

1998年,璧山县启动城镇最低生活保障。1998—2015年,共有14042人次城镇残疾人享受最低生活保障。2007年,启动农村“低保”工作。2007—2015年,共有1.96万人次的农村残疾人享受最低生活保障。推行残疾人的其他救助政策。1990—2015年,共有6521人次残疾人享受“五保”集中供养政策,1.98万人次残疾人得到临时困难救助。2009年7月,县政府提高“低保”残疾人救助标准,重度残疾人享受分类救助政策,提高75元。2009年,对持证残疾人参加城乡居民基本医疗保险实行全额代缴。2009—2014年,为6.38万人次持证残疾人代缴城乡基本医疗保险费(一档)271.9万元。2015年,为1.6万名持证残疾人缴纳110元(一档)的城乡基本医疗保险个人缴费部分,代缴金额87万元。

第二十四节　北部新区残疾人事业

一、组织机构

2007年，重庆市委市政府决定，北部新区、经开区(含出口加工区)、高新区实行“三区合一”管理体制。2008年，撤销原重庆市残疾人联合会高新区办事处和重庆市残疾人联合会经开区办事处，成立重庆市残疾人联合会北部新区办事处，负责全区残疾人工作，挂牌在社会保障局，负责全区残疾人工作。全区共有8个街道、35个社区，其中6个街道成立残疾人联合会，22个社区成立残疾人协会。

二、残疾人康复

视力残疾人康复。至2015年12月，对510名居民提供免费白内障复明手术，完成手术685例，脱盲率100%，免除手术费用共计61.6万元；为36名视力残疾人验配低视力助视器36件，价值3.6万元；在大竹林街道建成一个区级视障阅览室。

听力残疾人康复。为改善听力残疾人的生活质量和提高助听器的佩戴效果，区残联办事处每年为符合验配条件的残疾人在专业助听器验配机构选配助听器和配制耳膜，并提供后续使用指导。至2015年12月，共为117名听力残疾人免费配置117件助听器，金额达35.1万元。

肢体残疾人康复。每年均开展免费辅助器具配发工作，针对不同的残缺部位，分别提供小腿假肢、大腿假肢、髋离断假肢、膝离断假肢、踝离断假肢的适配。至2015年12月，累计发放轮椅158台(其中儿童轮椅3台)，价值15.8万元；为35名残疾人装配假肢，价值16.4万元。

智力、精神残疾人康复。结合彩票公益金项目积极开展相关救治工作，至2015年12月，共办理精神病患者服药卡368张，为596名精神残疾人提供免费长期服药，价值102.1万元。对199名贫困精神残疾人实行住院医疗，累计补助442.5万元，其中60名贫困精神病人服药救助和15名贫困精神病人住院医疗救助由彩票公益金项目提供支持。

“七彩梦行动计划”项目。2012—2015年，筛查出符合项目实施年龄的智力残疾儿童11人，脑瘫儿童4人，肢体残疾儿童6人，听力残疾儿童4人；并成功转介智力残疾儿童8人，脑瘫儿童4人，肢体残疾儿童4人，听力残疾儿童2人至“七彩梦行动计划”项目定点康复机构进行康复训练或配置矫形器。

社区康复。为使辖区内残疾人“人人享有康复服务”，2006年开始陆续创建残疾人康复示范社区。至2015年，创建残疾人康复示范社区共计12个。其中万紫山、凤栖沱、翠渝路等3个社区为全市标准化示范性社区。

三、残疾人教育就业

2013年，残疾人新增就业100人，参加技能培训120人。2014年，残疾人新增就业100人，参加技能培训120人。2015年，残疾人新增就业100人，参加技能培训107人。至2015年

12月,已有904名残疾人就业,就业率91%。2013—2015年,残疾大学生享受市级生活救助10人,合计金额2万元。

四、残疾人救助

至2015年12月,为1868名重度残疾人(肢体1~2级,智力、精神1~4级)发放托养护理补贴232.08万元。对57名残疾人给予18.21万元经费补助,涉及数字电视收视维护补贴、下肢残疾人C5驾照补贴、住读残疾学生生活补贴、贫困残疾大学生一次性入学资助、残疾人创微型企业一次性扶助、残疾人鉴定费补贴和残疾儿童少年康复训练补贴等7个项目。

五、残疾人维权

至2015年12月,共发放20人次、0.52万元的"残疾人机动轮椅车燃油补贴"。累计实施残疾人家庭无障碍设施改造246户,投入66.9万元。累计为5名残疾人申请路桥通行费减免。

第二十五节　万盛经开区残疾人事业

一、组织机构

早期万盛区残疾人联合会组织为南桐矿区盲人聋哑人协会,成立于1982年11月29日,归区民政局领导和管理。1989年3月,组建南桐矿区残疾人联合会,是年10月正式成立,为副科级机构,由区民政局代管,人员编制和事业经费实行单列。1993年5月,明确区残疾人联合会为正科级机构,列入政府序列,属区政府领导,编制2名不变。1998年,区残联升格为正处级,列入政府序列,隶属区政府领导,核定编制4人。2001年,机构改革,设1个职能科(室),即办公室。行政编制2名,其中理事长1名,科级领导职数1名。

1991年,全区各乡镇(街道)均召开残疾人代表会议,建立残疾人协会组织。1993年,各乡镇(街道)残疾人协会均更名为残疾人联合会。部分福利企业成立残疾人协会,村(居)民委员会成立残疾人小组,全区形成残疾人工作网络,建立起一支为残疾人服务的工作队伍。至2009年,全区57个村、30个社区都成立了残疾人协会。明确和聘用残疾人工作联络员。同时,安排一定的工作经费,对村、社区残疾人工作联络员每人每年给予600元的生活补助,使全区残疾人工作队伍和组织延伸到村、社区,残疾人工作得到全面加强。

1998年12月,成立万盛区残疾人服务社,为全民自收自支的科级事业单位,隶属区残疾人联合会领导。2004—2009年,先后成立万盛区肢残人、聋人、盲人、精神残疾人及亲友协会。

1989年10月31日,召开重庆市南桐矿区残疾人联合会第一次代表大会,参加会议的正式代表147名。选举产生区残联主席团、理事会,戴天云为理事长,周汝华为副理事长。1993年6月3—4日,召开第二次代表大会,出席会议的代表173名(含特邀代表15名),其中残疾人代表占60%。黄明吉任理事长，张永良任副理事长，杨万德、杨盛富、娄必文为理事。1998年7月15日，召开第三次代表大会，出席会议的代表139名。推选董泽海为理事长，王万年为副理事长，董泽海、王万年、王凤远、吴雪毅、杨万德、尧放鸣、秦克服为理事。2003年7月4日，召开第四次代表大会，出席大会的代表共120人。推选王万年为理事长，王万年、尧放鸣、杨安福、卓丽、梁大财、程庆祝、鲜光惠为理事。2004年10月，李荣刚任区残联理事长。2006年10月，李荣刚改任区残联调研员，朱金明任理事长。2007年12月25日，召开第五次代表大会，参加会议的残疾人代表85人，列席和特邀代表37人。推选朱金明为理事长，朱金明、李鑫、吴彤飚为理事。2009年3月，罗昭胜任区残联理事长。2012年9月24日，召开万盛经开区残疾人联合会第一次代表大会，出席会议残疾人代表90人，列席和特邀代表30人。推选王慧明为理事长，陈勘为副理事长。

1991年5月11日，区政府决定成立南桐矿区残疾人事业领导小组。该领导小组于1993年撤销。1994年，成立万盛区残疾人工作协调委员会。2006年8月，更名为万盛区残疾人工作委员会，办公室设在区残联。2013年5月，更名为万盛经开区残疾人工作委员会，办公室设在区残联。

二、残疾人口

至2015年12月，全区有残疾人15993人，占全区总人口的5.92%，其中肢体残疾9667人，听力残疾528人，视力残疾2314人，智力残疾2076人，精神残疾1045人，言语残疾172人，多重残疾191人。农村残疾人9886人，城镇残疾人6107人。持第二代残疾证的有7253人。

三、康复服务

1985年5月，对43名盲人进行检查，为4名盲人做复明手术，脱盲率75%。

1990—1995年，实施白内障复明手术162例，脱盲率100%，并为2名低视力患者配用助视器。全区共有小儿麻痹后遗症患者170人，实施矫治手术127例，小儿麻痹后遗症逐年减少。完成聋儿语训21名。

1996—2000年，实施白内障复明手术106例，脱盲率99%。聋儿语训10名，培训智残儿童42人。为残疾人提供用品用具96件。

2001—2005年，通过开展“视觉第一中国行动”“彩票公益金项目”等助残活动，实施白内障复明手术511例，人工晶体植入率92%，复明率99.8%，对贫困患者发放医疗手术补贴10万元，为304名贫困残疾人配发助视器。完成聋儿语训46名，为30名听力残疾人装配助听器。完成智残康复训练共12例。为残疾人提供用品用具500余件。

2006—2010年，实施白内障患者复明手术567例，复明率99%。为14名聋儿装配助听器。为45名肢残人安装大、小腿假肢，捐赠贫困下肢残疾人轮椅234辆，拐杖45副，下肢残疾人康复训练200余人。训练智残人康复11例。为贫困精神病患者建卡1545人次，服药救助1204人次、补助资金43.34万元，住院治疗179人次、补助资金10.58万元。供应残疾人用品用具300余件。

2011年1月,被市残联评为“2010年白内障无障碍区创建工作”先进单位。是年,为贫困精神病患者建卡390人,服药救助351人、补助资金12.64万元,住院治疗166人、补助资金22.19万元。

2012—2015年,先后成功创建为残疾人“人人享有基本康复服务”示范区、“全国白内障无障碍区”和“全国残疾人无障碍建设示范区”。免费实施白内障复明手术655例;为5846名残疾人提供康复服务;精神病患者免费药物治疗1420人次,投入经费65.53万元;住院治疗救助630人次,投入经费115.45万元;为841名残疾人提供辅助器具,共计1152件。在区中医院和人民医院成立“五中心一站”,在6个镇街建立残疾人康复站,14个村(居)建立残疾人康复室,为全区残疾人就近就便提供康复服务。

四、残疾人就业

1986年,全区有残疾人福利企业14个,实现产值86.08万元,职工人均年收入648元。1987年,有67名残疾人在福利企业工作。1988年,全区残疾人福利企业职工人数273人,其中残疾人132人。1989年,福利企业安置残疾人就业156人。

1991年,区民政局设立民政福利生产办公室,对残疾人福利企业实施指导和管理。1993—2000年,随着经济体制改革的深入发展,市场竞争加剧,福利企业处境艰难。1996年,通过招商引资,全区残疾人福利企业达到25个,职工总人数445人,安置残疾人224人。2000年,对不符合条件的3家企业吊销福利企业的证书。对其他企业进行整顿,加强对职工安全质量、效益教育,同时积极引进资金,调整产品结构,从而改善企业的生存环境。1999年,实施按比例安排残疾人就业,全区各单位应按比例安置残疾人就业1438人,实有在单位就业458人,自谋职业和从事个体经营1831人,务农6529人,无业2506人。2000年8月31日,区残联与区财政局联合下发《关于印发〈重庆市万盛区残疾人就业保障金收取和使用管理办法〉的通知》,并召开工作部署会议。

2001—2005年,通过不断完善管理制度,提高产品质量,加强市场营销,全区福利企业稳步健康发展。企业的效益和残疾人就业数都有提高,实现了较好的经济效益和社会效益。举办农村残疾人实用技术、电脑、残疾人专用代步车驾驶等培训100余期,700余人次参训。至2005年,全区有16家福利企业,安置残疾人292名,累计征收残保金301.75万元。

2006—2011年,受国家产业结构调整以及国际金融危机等影响,全区福利企业基本处于维持状态。举办农村残疾人实用技术培训、电脑、缝纫、钳工、养殖等培训,2000余人次参训。举办4次现场招聘会,27名残疾人实现就业。按比例安排残疾人就业147人,征收残保金1596.44万元。至2011年,全区有12家福利企业,安置残疾人222名。有盲人按摩诊所2所,安置盲人7名,23名盲人取得盲人按摩资格证书。残疾人就业保障金结存200万余元。2006—2011年,全区城镇残疾人就业率分别为85%、85.3%、85.3%、85.3%、85.5%、85.5%。农村就业残疾人数分别为2188人、2256人、2640人、2647人、2987人、2605人。

2012—2015年,举办残疾人技能培训班35期,培训残疾人1600余人。举办残疾人专场招聘会15场(次),推进残疾人按比例就业,使186名残疾人实现就业。通过举办专场招聘会、定向招聘、上门推荐、跟踪服务等方式,推进残疾人就业。2012—2015年,扶持种养业户61户,创业就业扶持38户,全区城镇残疾人就业率分别为85.6%、85.8%、86.2%、85.8%;农村残疾人就业人数分别为2612人、2635人、2628人、2646人。

五、残疾人教育

1985年3月,对全区聋哑人、盲人的文化程度进行调查,在383名盲人、聋哑人之中,文盲、半文盲307人,占80.2%,小学68人、中学5人、大学3人。是年,举办第一期在职聋哑人文化扫盲班,对全区城镇青壮年(35周岁以下)聋哑人进行扫盲。1990年10月,南桐矿区第一个智力残疾儿童辅读班在万盛乡中心小学举行开学典礼,共接收9名智力残疾儿童入学。

1990年3月,区政府做出批复,同意建立区聋哑学校。是年11月,借用万盛小学开设一个班,招收聋哑儿童13名。区财政拨款150万元,修建区聋哑学校,于1994年正式落成,又招收11名聋哑儿童(一个班)。2001—2005年,开展未入学适龄儿童调查。利用"扶残助学项目""春蕾计划救助项目""长江新里程——中西部地区盲童入学项目"资金为47人次贫困残疾学生发放助学资金2.04万元。

2006—2010年,利用"扶残助学项目"等资金,资助44名贫困残疾大学生和贫困残疾人子女(大学生)入学,资助18.2万元。

2011年,扶残助学资助1名专科残疾学生,1名本科残疾学生,共资助8000元。同时,对10名贫困残疾人子女入学进行资助,共资助7000元。2012—2015年,资助贫困残疾大学生55人次,职业高中残疾学生37人次,特殊教育学校就读残疾学生43人次,随班就读小学和初中残疾学生共计171人次,资助金额48.27万元。

六、残疾人文化体育

1985年6月初,区盲人聋哑人协会与区民政局、区体委联合举办全区盲人,聋哑人田径、篮球选拔赛,选拔14名运动员(盲人1名,聋哑人11名,肢残人2名)参加在南岸区举行的重庆市第一届伤残人运动会。获得男子跳远A8级第一名、男子铅球A8级第一名、A级60米赛跑第三名、跳高第三名。1990年8月,组队参加重庆市第三届残疾人运动会,获得3枚金牌、2枚银牌。1992年11月,6名运动员参加重庆市伤残人田径比赛,获得3个第一名,2个第二名;肢残人杨联成4次蝉联A8级铅球冠军。1997年,组织残疾人参加重庆市直辖后的第一届文艺会演和体育运动会。万盛区获声乐奖,并获金牌、银牌各1枚。2006年5月,举办万盛区第一届残疾人运动会。150余名运动员参加田径、乒乓球、象棋三大类比赛。2010年6月,组队参加重庆市第四届残疾人体育运动会。万盛街道残疾人李雪峰获得T36组1500米长跑金牌。2015年11月17—18日,成功举办万盛经开区第一届残疾人运动会,来自全区10个镇街的134名残疾人运动员参加田径、乒乓球、羽毛球、象棋、飞镖比赛。是年11月24—27日,在区羽毛球场馆举办重庆市残疾人羽毛球锦标赛,万盛籍残疾人运动员取得了3块金牌的优异成绩,同时万盛经开区被确定为重庆市残疾人羽毛球训练基地。

七、残疾人维权

残疾人的来信来访涉及劳动就业、社会负担、生活救济、婚姻家庭、户口关系、就读入学、民事纠纷等方面。区残联对信访工作十分重视,落实首问责任制,指定专人负责,并做到热情接待,认真处理。1990—2011年,接收接待残疾人来信来访4000余件(次)。2000年,全区指定或委托为残疾人服务的律师事务所有3个,残疾人法律援助(服务)中心1个。为30名残疾人提供法律援助。2011年,万盛区残联被市残联评为"2010年度残疾人稳定工作先进集体"。万盛区农村残疾人危房改造工作从2005年开始启动,2005—2011年,为316户贫困残疾人家庭实施危房改造,350余名残疾人受益,市残联投入经费160万余元,区残联投入50万余元。2012—2015年,建立残疾人维权服务网络。成立残疾人维权信访领导小组,建立残疾人法律维权援助工作站,形成"区镇村"全覆盖的维权服务网络。加强信访接待工作,累计接访残疾人900余人次,全部按时办结。

第二章　县(自治县)残疾人事业

第一节　梁平县残疾人事业

一、组织机构

1990年9月,成立梁平县残疾人联合会,为事业性社会团体,副科级建制,挂靠县民政局。1999年11月,梁平县残疾人联合会升格为副处级,单独设置。2001年10月,梁平县机构改革,明确梁平县残疾人联合会是主管全县残疾人工作的群众团体,核定机关行政编制4名,设理事长1名,副理事长1名。至2015年12月,全县持有第二代残疾人证的残疾人有22003名。

2000年8月,成立梁平县残疾人服务所,为县残联直属事业机构。2013年11月,梁平县残疾人服务所加挂梁平县残疾人用品供应服务站牌子。至2015年,全县33个乡镇(街道)都建立了残疾人联合会,配备理事长、专职干事,全县28个社区、315个行政村都建立了残疾人协会组织,同时选配残疾人专职委员(助残志愿者)405名;设有梁平县肢体残疾人协会、盲人协会、聋人协会、智力残疾人及亲友协会、精神残疾人及亲友协会等五个专门协会。

1990年12月25日,召开梁平县残联第一次代表大会,出席大会的正式代表共200人,其中残疾人及残疾人亲属代表105人,占参会代表总数的52.5%。大会推选杨占松为第一次县残联执行理事会理事长。1999年11月23日,召开第二次代表大会,出席大会的正式代表共120人,其中残疾人及残疾人亲属代表63人,占参会代表总数的52.5%。大会推选舒宗仁为执行理事长,刘治国为副理事长。2003年4月30日,召开第三次代表大会,出席大会的正式代表120人,其中,残疾人及残疾人亲属代表66人,占参会代表总数的55%。大会推选邹祥国为执行理事长,刘治国为副理事长。2008年3月3日,召开第四次代表大会,出席大会的正式代表121人,其中,残疾人及残疾人亲属代表74人,占参会代表总数的61.2%。大会推选唐尚芬为理事长,周世波为副理事长。2012年4月27—28日,召开第五次代表大会,出席大会的正式代表共118人,其中残疾人及残疾人亲属代表71人,占参会代表总数的60.2%。大会推选陈茂发为理事长,周祥芬为副理事长。

二、残疾人康复

1989年,梁平县成立以常务副县长任组长的康复工作领导小组,下设办公室,加强对康复工作的领导。1991年1月,成立由县政府牵头,县政府办、民政、卫生、计委、残联等部门参加的残疾人“三康”工作领导小组,下设办公室,组织实施白内障复明手术、小儿麻痹矫治手术和聋儿语言训练康复工作。1995—2000年,残疾人康复由3项发展到8项,重点组织实施视力残疾人康复、听力残疾人康复、肢体残疾人康复、智力残疾人康复、精神残疾人防治康复工作。2003年,县残工委组建梁平县残疾人康复工作办公室,33个乡镇(街道)配备专职残联干部,341个村(社区)配备康复协调员,形成上下联动、通力合作的整体效应。2004年以来,建立县、乡镇(街道)、村(社区)三级康复工作机构,全县34个乡镇卫生院(社区卫生服务中心)均建立残疾人康复站,村(社区)配备康复协调员384名,将残疾人康复服务工作纳入规范化管理。

(一)视力残疾人康复

1991年,梁平县“三康”(白内障复明、小儿麻痹矫治、聋儿语训)领导小组,以县人民医院为依托,定点定人成立由各医院副院长参加的小儿麻痹矫治、白内障复明手术医疗小组。完成115例,脱盲率71.3%,脱残率26.1%,有效率97.4%。1992年,县“三康”办将“三康”工作任务分配到各乡镇,县政府与各区、镇签订完成“三康”任务合同书。实施白内障手术23例,脱盲率100%。1993—1995年,实施白内障复明手术293例,脱盲率98.3%,脱残率100%,有效率100%。1996—2000年,配合“视觉第一中国行动”工作,共实施白内障复明手术357例,脱盲率86.2%,脱残率86.5%。2001—2005年,全县组织实施白内障复明手术714例,脱盲率和脱残率均达到99%。2006—2010年,共实施白内障复明手术1832例,其中免费手术1201例。2011—2015年,全县完成白内障复明手术2300例,其中免费手术1890名。

1998—2002年,低视力配用助视器4人;进行低视力康复训练和家长培训31人次。2003—2010年,低视力配用助视器50例,低视力儿童家长培训33例。2011—2014年,全县开展低视力筛查2399人次,其中验配助视器608人,助视器验配率26%。2015年,共筛查出有辅助器具需求的城乡贫困残疾儿童62人,对54名残疾儿童免费适配60件器具。2001—2015

年,全县共组织850人次盲人进行定向行走训练。

(二)听力残疾人康复

1997年,各乡镇对7岁以下聋儿进行全面摸底,登记造册,并开始对聋儿和聋儿家长的培训。1998—2005年,聋儿听力训练101人。2006—2010年,选送25名聋儿到康复中心筛查、验配助听器及进行语言训练,为73名聋儿进行听力语言训练。2011—2015年,共筛查出有康复需求的0~6周岁聋儿86人,其中在聋儿培训机构、社区和家庭进行复训的有61人。2001—2007年,为贫困家庭聋儿赠送助听器68台。2012年,为23名听障人士免费配送价值近31万元的助听器。2013—2015年,为聋儿适配助听器155台。

(三)肢体残疾人康复

1991—1995年,完成小儿麻痹矫治手术184人次。1996—1999年,实施肢体矫治手术79例,显效率100%。2000—2001年,实施肢体矫治手术24例,显效率100%。2014年,为肢体残疾儿童实施矫治手术5例。2015年,对全县0~7周岁有矫治手术需求的残疾患者进行筛查,共筛查出11人,转介其中5名残疾儿童到垫江县中医院成功进行免费矫治手术。2000—2015年,实施肢体残疾人康复训练377名。2004—2005年,装配矫形器203件,装配小腿假肢17例,完成残疾人用品用具915件,为贫困残疾人赠送轮椅35辆,拐杖40件。2006—2010年,装配大小腿假肢41例,完成用品用具1800件。2011—2015年,为肢体残疾人提供康复训练与服务1.21万人次,发放轮椅450台,发放其他辅助器具428件,假肢适配100例。

(四)智力残疾人康复

2002—2006年,实施小儿脑瘫康复训练87人,智力残疾儿童训练99人。2007—2011年,实施智力残疾儿童康复训练42名,家长培训42名。2012—2013年,筛查出有康复需求的0~7岁智力残疾儿童758人,其中在各类机构、社区和家庭进行训练的有538人、训练率71%。2014—2015年,组织县医院成功申办重庆市脑瘫儿童康复训练定点机构,为19名县内0~7岁的脑瘫儿童提供康复训练,转介10名0~7岁听力语言、智力残疾儿童到定点机构进行康复训练。

(五)精神残疾人康复

2007—2013年,在全县建立精神病防治康复网络和"社会化、综合性、开放式"精神病防治康复工作的基础上,重点实施全覆盖防精康复网络。加大精神病防治工作经费投入力度,实施贫困精神病人住院救助和持证贫困精神病人免费服药救助。以县精神病防治康复技术指导中心为阵地,集中管理和指导全县社区精神病防治康复工作,逐步缓解精神病患者对家庭和社会的危害。县残联与梁平精神病医院组成农村巡回医疗队,每年组织3~4次到全县20余个乡镇为贫困精神病患者送医送药。共筛查出有康复需求的精神残疾人5614人,其中通过公安、民政、医疗机构、家庭对精神病患者进行监护的有5333人,实施免费医疗救助1496人次,其中实施精神病患者服药救助820人次,住院救助250人次。2014—2015年,实施精神病患者服药救助和住院救助598人次。

三、残疾人就业

1991年,实行集中与分散相结合的原则,除鼓励、帮助一大批残疾人自愿组织起来从业或个体创业以外,采取动员集资、引进技术、招聘能人等办法,试办梁平县残联节能制品厂、金属加工厂和电器厂。梁平县复平乡兴办残联竹器加工厂,先后解决30名残疾人就业。1992—1995年,开办扶贫福利企业和经济实体10余个,安置200余名残疾人就业。1996—1999年,全县民政福利企业共安置残疾人就业800余人次。2000年,建立梁平县残疾人服务所,出台《梁平县残疾人就业保障金收取和使用管理的实施细则》,明确县内机关、团体、企事业单位和其他组织应按不少于本单位职工总数1.5%的比例安排残疾人就业,达不到规定比例的,应缴纳一定的残疾人就业保障金。2001年,有就业能力的残疾人2.63万人,其中农村2.45万人,已就业2.08万人,未就业3672人;城镇1793人,已就业1279人,未就业514人,就业率78%。2003年,全年安置64名残疾人集中就业,按比例安排就业35人,安排个体就业56人。2004年,残联登记残疾人求职140人,推荐就业113人,农村就业累计达到2.13万人。2006年,共按比例安排残疾人就业571人,其中安排23人。2007—2010年,共按比例安排残疾人就业680人,累计安置城镇残疾人就业2009人。2015年,全县残疾人就业2512人,县残联将残疾人就业和培训情况录入中国残联就业培训信息系统。

2001年,对全县182名农村残疾人进行栽培、种植、养殖等实用技术培训。县残联和县科委为金带镇8个村276名农村贫困残疾人进行虎蜜柚栽培技术培训。2002—2004年,对934名农村残疾人进行实用技术培训。推举肢残人廖常平代表重庆市参加在上海举行的第二届全国残疾人职业技能计算机装配调试竞赛,获第8名。2005—2006年,选拔15名盲人到市参加盲人按摩培训,并全部就业。2007—2010年,选拔30名盲人到涪陵参加盲人按摩培训;43名聋哑残疾人参加电脑培训;对1412名农村残疾人进行实用技术培训。2011—2015年,选送34名盲人参加盲人按摩技术培训,对残疾人进行电脑、刺绣、家政培训及农村实用技术培训4946人次,并将2512名残疾人就业和培训情况录入中国残联就业培训信息系统。

四、残疾人教育

1991年,办起聋哑学校,有教职工10人,聋哑儿童、少年12名。1995年,三类残疾儿童、少年入学人数达120人。1996—1999年,全县378名残疾儿童、少年随班就读,入学率97%;有两名残疾学生考入中、高等院校深造,近10名残疾人自学成才,获得中专、大专学历。梁平县聋哑学校重新修建校舍,占地20亩,有教职工15名,设有5个班。建校以来共招生43人,已毕业15人。2000年,残疾儿童7~12岁的入学率为90.44%,13~15岁的入学率为93.37%。2001年,全县共有“三残”儿童458名,其中已入学318名,依法免学或缓学的113名,未入学27名。2002年,开展“长江新里程”盲童入学项目和“春雨计划”救助工程,救助近30名残疾儿童入学,发放救助款4000余元。2003年,组织实施“长江新里程——中西部盲童入学项目”工作,为24名低视力残疾儿童发放救助入学款4000元。2006—2010年,残疾儿童少年入学率为92%,已有297名残疾儿童在全县各类学校就读。救助16名残疾人及残疾人子女上大学,5年持续争取市级救助资金,对梁平县500余名贫困残疾学生进行救助。2011—2015年,全县残疾学龄儿童少年受教育总人数208人,适龄特殊教育的残疾儿童76人,随班就读132人,义务教育入学率100%;救助残疾人及残疾人子女大学生入学155人,视力、听力残疾初中学生全部升入高中。

五、残疾人文化体育

1995年9月,在四川省绵阳市举行的四川省第三届残疾人运动会上,县丝绸厂职工游小莉获女子TT9级乒乓球单打冠军。1999年9月,参加重庆市第一届残疾人运动会,游晓莉获女子TT9级乒乓球单打冠军,吴顺元获男子小儿麻痹组65公斤级举重亚军。2001年,参加重庆市第二届残疾人文艺会演,荣获组织奖,女声独唱《塞北的雪》获表演一等奖;舞蹈《三峡,我的家》获表演三等奖和辅导奖。2002年7月,在重庆市第二届残疾人运动会上,梁平县运动员游小莉获女子TT8级乒乓球单打冠军,吴顺元获男子75公斤级举重冠军,谢直贵获男子F44级铅球亚军。2006年7月,袁洪相代表国家在瑞士举办的2006年残疾人射击世界锦标赛上,以698.0环的成绩获得R9个人赛冠军。2008年9月,袁洪相代表国家参加北京残奥会射击比赛。2009年7月,运动员黄海丰参加2009年全国残疾人(18周岁以下)游泳锦标赛获得男子组S5级100米自由泳第一名。2010年4月,黄海丰在全国残疾人游泳锦标赛中获男子S5级50米自由泳、50米蝶游、100米自由泳及200米个人混合游4枚金牌。2011年,在浙江省举行的第八届全国残运会上,射击运动员袁洪相斩获2金1铜。2013年,投入3万元资金建成残疾人文化试点社区。为屏锦镇新桥社区免费送去图书、期刊600余册,有声读物60件,电脑一台和其他文化办公用品。2015年,在全国第九届残疾人运动会上,袁洪相获得3块金牌2块银牌和1块铜牌。

六、残疾人维权

1992—2015年,在每年的“全国助残日”活动中,采取领导电视讲话、广场咨询、标语、专栏、报纸杂志等多种形式,宣传《中华人民共和国残疾人保障法》《重庆市残疾人保障条例》等法律法规。1992年,县残联接待群众来信来访426件次,其中残疾人及其亲友389件次。为267名残疾人出具介绍信到县医院体检。1993—1995年,接待来信来访达1600余件次,妥善解决龙门、七桥等乡镇有关残疾人落户上户难、分田难等问题。1996—1997年,解决30余起残疾人投诉的问题,法律援助40余人。1998—2000年,共接待残疾人及亲属来信来访476件次,在司法局等部门的支持下,残疾人享受法律援助和法律帮助80人次。2001—2005年,共接待残疾人及亲属来信来访465件次,残疾人受法律帮助250件次。2006—2010年,共接待残疾人及亲属来信来访284件次,法律援助残疾人180人次。2011—2015年,全县建立残疾人法律援助站11个,发放法律援助卡5000份。共办理残疾人法律援助案件132件,提供法律咨询215人次;接待来访咨询2345人次,处理来信6件。

2012—2015年,投入73万元,为贫困户残疾人进行家庭无障碍改造。2011—2015年,发放C5驾照补贴6000元,燃油补贴2340元。

第二节　城口县残疾人事业

一、组织机构

1991年9月,城口县残疾人联合会成立。1999年5月,城口县残疾人联合会由正科级升为副处级单位,从县民政局分离,计划单列,由县政府直接管理。1998年7月23日,城口县残疾人就业服务所和城口县残疾人服务社成立。1999年8月,县残联下设城口县残疾人康复服务指导站、残疾人用品用具供应服务站、残疾人就业服务所、残疾人服务社等4个机构。2010年11月,县残疾人康复服务指导站和残疾人用品用具供应站整合为城口县残疾人康复服务指导中心。2012年11月,城口县残疾人联合会第五次代表大会主席团第一次会议通过县肢体残疾人协会、盲人协会、聋人协会、智亲协会、精亲协会等五个协会组成人员名单。

1993年6月,城口县41个乡、镇残联组建工作全部完成。乡、镇残联建立后,采取两块牌子、一套班子的方式,与当地政府民政办公室合署办公。2002年3月28日,乡镇(街道)残联按照一体化模式进行建设,做到"有专职干部,有办公场所,有服务载体,有联系网络"。乡镇(街道)残联由同级政府领导,设专职理事长主持日常工作,残联主席由主管副乡(镇)长担任,村、居委会建立残疾人协会或小组。乡镇残联建立残疾人服务社,配备专职工作人员。街道残联建立残疾人活动站(多依托社区服务机构、文化活动站)。乡镇(街道)都建立助残志愿者联络站。2013年,全县建立纵向到底、横向到边的村级残疾人网络,共有残疾人专职委员231名。完成全县残疾人基层联络员信息采集工作。

1990年9月25日,城口县残疾人联合会第一次代表大会召开,大会正式代表100名,特邀代表2名,其中残疾人代表占代表总数的12%。1998年8月12日,第二次代表大会召开,大会正式代表60名,特邀代表2名,其中残疾人代表占代表总数的52%。2005年6月28日,第三次代表大会召开,大会正式代表106名,残疾人代表占代表总数的51%。2007年12月25日,第四次代表大会召开,大会代表总计120名,其中残疾人及残疾人亲属代表73名,占总数的61%。2012年11月21日,第五次代表大会召开,大会代表120名,其中残疾人代表65名,占代表总数的54%。至2015年12月,先后有秦廷发、李开友、江成洪任理事长,熊绪端、邓道平、肖体桂任副理事长。

二、残疾人口

至2015年12月,城口县户籍总人口25.12万人,共有残疾人12100人,持有第二代残疾人证的残疾人8375人,其中视力残疾1356人、听力残疾1022人、言语残疾435人、肢体残疾5121人、智力残疾211人、精神残疾230人。

三、残疾人康复

1984年，柳河麻风病医院开始接收麻风病人并开展康复治疗，到1988年12月，柳河麻风病医院共有40名麻风病人接受治疗，7名病人康复出院。1988年，城口县共为27名下肢缺损的残疾人安装、修配假肢。1989年，城口县残疾人"三项康复"领导小组成立。1990—1998年，共完成白内障复明手术132例，小儿麻痹矫治手术12例，为88人安装假肢128例，低视力配镜6人，肢体康复训练4例，聋儿语训3人，智力残疾儿童家长训练9人，学前班训练3人，特需人群补碘23950人。1999—2005年，累计2800余名残疾人享受康复服务。实施298例白内障复明手术，对167名盲、聋、哑、肢体残疾人进行培训，安装普及型小腿假肢、大腿假肢共63例，发放残疾人用品用具486件，特需人群补碘3.57万人次。2006—2010年，为残疾人提供各类康复服务3000余人次。实施免费白内障复明手术286例，为15名盲人进行定向行走训练，40名肢体残疾人在机构、社区、家庭内接受康复服务指导与训练，15名聋儿受训，22名智力残疾儿童受训，实施残疾人辅助器具供应免费配发服务1552件。2006—2010年，共实施白内障手术226例，聋儿训练42名，安装普及型假肢54例，发放用品用具1164件，对556名贫困精神病患者实施免费服药救助。2011—2015年，以残疾人"人人享有康复服务"达标评审为载体，实施"助明、助听、助行、助智"康复工程，对520例白内障患者实施复明手术，对210余名贫困精神病患者实施住院救助，对500余名贫困精神病患者实施服药救助，对30名低视力残疾人配用助视器，对15名0~6岁残疾儿童实施康复工程救助，对100余名盲人实施定向行走训练。免费实施贫困肢体残疾儿童矫治手术15例，装配普及型假肢、矫形器85例，免费验配助听器180只，建成12个市级残疾人康复示范社区，培训社区康复协调员200人，康复训练各类残疾人300余名，发放轮椅、盲杖、拐杖等辅助器具1500余件。

四、残疾人教育

1990年，城口县残联联合县教育局下发文件，组织残疾儿童接受义务教育，年内入学残疾儿童共计108人。1991年，坪坝职业中学在校内成立助残基金会，共为1667名残疾儿童入学减免学杂费1.04万元，全县残疾儿童入学率为43.3%。1999—2005年，全县80%的残疾儿童走进教室。223名贫困残疾学生得到入学救助，33名盲、聋、哑儿童得到中国香港李嘉诚助学基金资助。2006—2010年，按照《残疾人教育条例》要求，残疾儿童入学教育纳入普及九年义务教育总体规划。从小学到初中，全县在校残疾学生346名，占入学残疾学生的95%以上，高中至大学的残疾学生数量比过去有很大的增加。出台扶残助学优惠政策，对小学、初中、高中、大学阶段就读的贫困残疾学生或残疾人子女进行入学救助，共有1241名学生获得救助，其中贫困残疾学生346名，贫困残疾人子女895名。2011—2015年，县残联加强与教育等部门配合，深化教育救助政策实施，完善贫困残疾学生入学救助体系。贯彻落实《残疾人教育条例》，完善以随班就读和以特教班为主体的残疾儿童少年义务教育体系。县特教学校建成并投入使用，残疾学生、残疾人家庭学生全部纳入农村义务教育学生营养改善计划，学前教育和普通高中教育的残疾学生、残疾人家庭学生享受国家助学金。对接受高等教育(高职教育)的残疾学生、残疾人家庭学生,一次性按照每人不低于2000元的标准给予助学救助,累计发放高等教育助学补助金97万余元。全县残疾学生义务教育入学率85%。

五、残疾人就业

1987年,城口县民政社会福利公司投产,公司招收临时计件残疾工人3名,主要从事被服加工生产。1990—1998年,城口县内未办福利企业和经济实体,县残联安排残疾人就业,一般采取分散安置、个体就业两种形式。县内国家机关、团体、企事业单位接收安置残疾人就业102人,占年度职工总数的1%。帮助城乡残疾人办理个体就业执照282人,全部享受工商、税务部门税费和杂费减免。1999—2002年,县残联新安置残疾人就业10名。2000年,城镇残疾人就业累计达到820人。2002年,征收残疾人就业保障金43万元。2004年,补助城口县残疾人个体从业人员10名,每人500元。2005年,17名自谋职业的残疾人在县残联的帮助下,获得了重庆市扶助贫困残疾人自谋职业项目帮助。2006—2010年,县残联分散安置300余名有劳动能力的残疾人,对160名残疾人开展以电脑、家电维修、美容美发、厨师等项目的职业技能培训,使参训人员熟练掌握一项技能,有一项求生创业的本领。对1250名残疾人及残疾人家庭进行农村实用技术培训。累计征收残疾人就业保障金480万余元。2011—2015年,县残联开展残疾人职业技能和农村实用技术培训12期,培训1000人,投入培训经费200万元。其中举办6期中蜂养殖培训,为每位参训者提供3个价值400元的蜂箱。选送盲人等优秀残疾人参加盲人按摩、电子商务等技能培训,共培训120人。为残疾人搭建创业就业平台,积极鼓励和扶持残疾人自谋职业和自主创业,对80名新创业的残疾人,分别给予1000元的创业补助。落实"财政代扣,地税代征"的残疾人就业保障金征收政策,加大督查力度,共征收残保金1600万余元。

六、残疾人文化体育

1999年6月,市残联举办第一届残疾人文艺调演,城口县节目《问候你》《爱心》获得表演鼓励奖。2000年,城口县残疾人体育代表团有稳定的体育教练员2人,完成2个残疾人体育团队出访。2002年6月,组织10名残疾人运动员参加第二届重庆市残疾人运动会,获得2枚银牌、4枚铜牌。2004年,城口县残疾人运动员谢朝勇参加全国第六届残疾人运动会,在女子SH2气步枪卧射中,获得全国冠军,并破全国纪录,谢朝勇顺利进入国家队。2005年6月,残疾人运动员谢朝勇参加在澳大利亚举行的世界残疾人锦标赛,获女子SH2气步枪金牌。2006年5月,城口县10名残疾人运动员组团参加重庆市第三届残疾人运动会,获得3枚金牌、3枚银牌、3枚铜牌,排名重庆市第十一位,集体获体育道德风尚奖。2006年9月,残疾人运动员谢朝勇参加在瑞士举办的世锦赛,获得银牌。2007年,城口县残联组织残疾人运动员参加第七届全国残疾人运动会,获得团体金牌,一名运动员获得银牌。2010年7月,市第四届残疾人运动会在重庆医科大学举行,城口县共有15名残疾人运动员参加市残运会,获得7枚金牌、1枚银牌、6枚铜牌,金牌和奖牌总数都位列全市第五位,总分居全市第十一位,总成绩排列全市所有县级参赛队伍第一位。2011年10月12—19日,第八届全国残疾人运动会在浙江杭州举行，县残联选派2名残疾人运动员参加第八届全国残疾人运动会，获得射击团体铜牌、个人第五名和第六名。2013年11月16日，城口县残疾人运动员段友兰代表重庆参加在成都举办的全国残疾人青少年射击锦标赛，获得混合SH2级R5气步枪卧射第一名，混合5.6口径自选步枪卧射第二名，混合气步枪立射第三名。2014年6月，全国残疾人射击锦标赛和举重锦标赛在陕西举行，城口县残疾人运动员段友兰等获得H2级气步枪10米卧射第二名、SH2级气步枪10米立射第二名、SH2级步枪50米卧射团体第二名、SH2级气步枪卧射第三名、SH2级步枪50米卧射第三名，65公斤级举重第二名，县政府残工委对运动员给予奖励。是年10月12—18日，在重庆市残疾人第五届残疾人运动会上，共获得8枚金牌、3枚银牌、3枚铜牌，总积分排名全市第十一位，县级第二位，并获得体育道德风尚奖。2015年10月26日，市残联、市体育局在市残疾人文化体育训练活动管理中心召开全国第九届残运会暨第六届特奥会重庆代表团总结表彰大会，城口县教练员、运动员代表罗兆莲、段友兰、吴维军出席大会并获得表彰。

七、残疾人维权

县残联高度重视残疾人信访维权工作，县残联机关、直属单位、乡镇残联机构、残疾人法律援助站坚持常年向残疾人免费开放。1997年，共收到残疾人来信5件，接待来访69人次。1998年，接待残疾人来访115人次。2000年，县残联协调县司法局为残疾人建立法律援助机构1个。2004年，完成残疾人法律援助案件24起，共接待残疾人来信2件，来访32人次。2005年，法律援助残疾人案件31起。2006—2010年，县、乡人民政府相继出台残疾人优惠政策，成立县法律援助中心。共接待残疾人来信来访1216件次，为125名残疾人提供法律援助服务。2011—2015年，全面建成残疾人法律援助绿色通道，共为残疾人提供法律援助80余人次，处理残疾人来信11件、来访124人，办结率100%。

第三节　丰都县残疾人事业

一、组织机构

1990年6月，丰都县残疾人联合会成立。1999年1月，丰都县残疾人联合会单列(与县民政局脱钩)，归口县政府领导，机构规格为副处级。2001年9月，全县机构改革，将丰都县残疾人联合会定为政府管理的群众团体，副处级单位，行政编制5人。2001年12月，县编委批复设立丰都县残疾人综合服务中心，在县残疾人联合会挂牌子，不另增编制及人员。2007年2月，在丰都县残疾人综合服务中心内分设丰都县残疾人辅助器具服务站、丰都县残疾人康复指导站、丰都县残疾人劳动就业服务所3个机构。2011年县编委批准残疾人综合服务中心事业编制4名。2011年11月，成立丰都县肢残人协会、盲人协会、智力精神残疾人及亲友协会、聋哑人协会。2010年，330个村(社区)成立残疾人协会，配备助残员330名。2012年，乡镇残联换届,30个乡镇(街道)都配齐了理事长和专(兼)职残联干部。

1990年11月13日,召开丰都县残疾人联合会第一次代表大会,会议选举杨安忠为理事长,张南山为副理事长,郑吉厚为理事。1993年10月28日,召开丰都县残疾人联合会第二次代表大会,会议选举张南山为理事长,郑吉厚为理事。1998年7月28日,召开丰都县残疾人联合会第三次代表大会,会议选举张廷忠为理事长,刘宪权为副理事长,郑吉厚、蹇龙舟、聂敬学为理事。2003年6月17—18日,召开丰都县残疾人联合会第四次代表大会。大会代表228名,其中残疾人代表117名。会议选举杨安忠为理事长,黄官贤为副理事长,聂敬学、刘纯华为理事。2007年2月2—3日,召开丰都县残疾人联合会第五次代表大会,参加大会正式代表185名,特邀代表40名。会议选举毛禄国为理事长,黄官贤、姜宗祥为副理事长,聂敬学、刘纯华为理事。2012年12月27—28日,召开丰都县残疾人联合会第六次代表大会,参加代表大会正式代表216名,特邀代表40名。会议选举鲁华为理事长,姜宗祥为副理事长,聂敬学、刘纯华为理事。

二、残疾人口

丰都县户籍人口85万人。根据全国第二次残疾人抽样调查,全县有各类残疾人51471人,占全县总人口的6.1%。至2015年12月,全县持有第二代残疾人证的残疾人21547人,其中视力残疾3449人,听力残疾898人,言语残疾834人,肢体残疾12583人,智力残疾1274人,精神残疾1807人,多重残疾702人。

三、残疾人康复

1997—1998年,开展特需人群补碘工作,1.11万人次服用碘油丸。1997—2005年训练低视力34人。2010—2015年,完成盲人定向行走训练100名,配发低视力产品(助视器或镜)205件。市残联先后在1999年、2004年、2010年选派市级医疗队到丰都实施“视觉第一中国行动”白内障复明手术,共实施2773例。2010年,丰都县被国务院残工委命名为“全国白内障无障碍县”。

1997—2015年,开展聋儿训练157人,开展聋儿家长培训62人,为听力残疾人配助听器149台(其中成人60台,儿童89台),安装人工耳蜗7人。

1997—2015年,在社区和家庭开展脑瘫儿童训练159名,机构训练10人;实施肢残儿童矫治手术37人;在社区和家庭开展成人肢体康复训练566名;安装假肢大小腿68条;免费发放4473件辅具(手杖、腋杖、轮椅、助行器等);配矫形器61人。

1997—2015年,开展智力残疾儿童训练291名,在社区和家庭开展成人智残人康复训练25名。

2002年,全县共筛查出精神病患者4707人,其中,监护精神病人4561人,关锁病人54人。从2003年开始实施贫困精神病人服药救助。至2015年,共服药救助2160人次、住院救助190人次。

2006—2015年,成立社区康复室7个,康复站29个,为1.89万人次提供康复服务。2012

年，成功创建“重庆市康复示范县”。2014年10月，通过残疾人“人人享有基本康复服务”市级审评验收。

四、残疾人就业

1999年6月13日，丰都县人民政府办公室转发《重庆市按比例安排残疾人就业实施细则的通知》。2001年12月，依据重庆市政府30号令和其他相关法律法规规定，在全市率先开展行政执法，依法强制征收残疾人就业保障金，对丰都县农村信用社等6个单位依法申请人民法院强制执行。2015年4月，丰都县三峡移民职业技术学校被中国残联授予“国家级残疾人职业培训基地”称号并授牌。2015年10月，在县就业局设立残疾人就业服务大厅。

表10-4　2001—2015年丰都县残疾人就业一览表

年度	安置残疾人就业(人)				收取保障金(万)	培训(人)	
	集中安排就业	按比例安排就业	分散及其他形式就业	盲人按摩就业		实用技术培训	职业技能培训
2001年	10	6	30	—	—	50	4
2002年	6	4	23	—	17	110	4
2003年	20	30	50	3	30	400	3
2004年	12	—	—	—	52	250	8
2005年	6	—	—	—	90	425	6
2006年	14	6	120	20	85	210	41
2007年	21	6	93	6	119	175	39
2008年	26	12	251	20	153	104	23
2009年	24	17	145	8	202	100	56
2010年	20	1	164	15	204	372	22
2011年	16	43	80	5	304	292	18
2012年	10	15	80	5	430	202	19
2013年	25	15	60	3	480	203	29
2014年	10	15	60	16	580.6	173	64
2015年	35	23	80	9	675	100	55

五、残疾人教育

1991年，丰都县实验小学设立智力特教班，配备专业教师3名，常年就读智力残疾学生12~16名。1998年，新建残疾人特殊教育学校(听力、言语)，占地2504平方米，建筑面积1521平方米。2002年，新建890平方米的高标准教学楼，配置计算机，律动教室，美工教室，动作康复、感统训练、唱游、阅览、科技、职业训练(含烘焙、美发、美容、缝纫)等专用功能的康复用房,配置设施设备,并对学生宿舍、食堂等配套设施进行改造,学校设听力教学班5个,常年有70名听力残疾学生就读。2012年,增设智力残疾班,常年有30名智力残疾儿童集中在特教学校学习。全县有6~14岁持证适龄残疾儿童787人,其中在特殊教育学校(班)就读的智力、听力言语残疾学生111名,其他各类残疾儿童少年615名,在各中小学随班就读,入学率92.2%。仅"十二五"期间,通过高考上大学的残疾学生有52名,录取率100%,其中重本录取率在90%以上。累计向特殊教育学校资助174.5万元。2001—2006年,实施"长江新里程盲童入学""扶残助学春雨行动"和"彩票公益金助学"项目,资助特困残疾儿童入学就读418名。2007—2015年,扶持贫困残疾大学生和贫困残疾人子女大学生242人,资助金额70.2万元。

六、残疾人文化体育

1999年6月24日,重庆市第一届残疾人文艺会演在丰都县举办,丰都县获组织奖。2001年6月,丰都县残联获重庆市第二届残疾人文艺会演组织奖。2013年,组织参加重庆市第五届残疾人文艺会演,获得组织奖,选送的作品情景剧《天使情·中国梦》获三等奖;参加中国残联"我的中国梦"艺术作品赛荣获优秀组织奖。2014年,与县图书馆合作,投资6万余元,建立盲人视障阅览室,并在11月底正式对外开放;在丰都电视台《时政周末》栏目开办手语新闻节目,并在11月实现首播;投入资金4万元,建立文化进社区活动点10个。2015年,组织参与市残联摄影大赛和特校学生艺术比赛,选送的作品获得摄影大赛奖和特校学生艺术比赛二等奖。

1999年9月6—8日,丰都县12名运动员和5名领队、教练员组成代表团参加重庆市首届残运会。2002年7月5—6日,丰都县9名运动员参加重庆市第二届残疾人运动会,通过田径、游泳、乒乓球、举重4个项目的角逐,获得1枚金牌、1枚银牌、1枚铜牌。2006年5月,在重庆市第三届残运会上,丰都代表团获得1枚金牌、2枚银牌、1枚铜牌及第四名1个、第五名3个、第六名1个,同时荣获体育道德风尚奖。2010年7月,丰都县组队参加重庆市第四届残疾人运动会,参赛运动员12人,工作人员5人,通过参加田径、象棋、游泳、乒乓球等4个项目的比赛获1枚象棋银牌、1枚田径铜牌,乒乓球第四名1个。2014年10月,组团参加重庆市第五届残疾人运动会,获得女子(聋哑组)100米跑和(肢体组)象棋两项比赛金牌、女子(聋哑组)200米跑比赛银牌和女子(聋哑组)400米跑铜牌,并在男子(聋哑组)400米跑比赛和象棋(肢体组)比赛中分获第四名,取得历史最好成绩。同时建立残疾人运动员资料库,培养体育人才。投入3万元,在三合镇平都中路社区打造文化体育示范社区,为残疾人社区文化体育活动的开展搭建平台,继续巩固已有成果。

七、残疾人维权

建立以司法行政部门、法律援助机构提供的法律服务和以法律援助为主导、县残联建立的法律援助工作站,并协同司法行政部门在乡镇(街道)建立法律援助站和信访代理机构,村社建立残疾人法律援助点,落实信访信息员和信访代理员。县、乡镇(街道)、村(社)形成信访代理和法律救助服务工作网络,他们既是信访代理员、信访信息员,又是调解员,为残疾人提供个性化服务,实现法律救助全覆盖。受理处置信访代理案件1件、法律援助案件78件。无残疾人进京上访,确保了一方平安和社会稳定。加强无障碍设施建设和管理,着力推进城市道路、公共建筑、居住建筑、居住区、公园绿地的无障碍设施新建、改建。协调有关部门联合出台《关于印发丰都县公交IC卡实施暂行办法的通知》,落实残疾人减、免费乘坐公交车政策。为240户贫困残疾人家庭实施无障碍环境改造项目,项目投入80万元。为下肢残疾机动三轮车燃油补助16人次,补助金额4160元。为下肢残疾学C5驾照补助9人,补助金额9000元。

第四节 垫江县残疾人事业

一、组织机构

1990年11月,成立垫江县残疾人联合会,规格为副科级。2001年8月,机构改革,县残联从县民政局单列出来,机构编制独立,机构为副处级单位。1998年4月16日,设立垫江县残疾人服务总社。是年5月6日,兴建垫江县残疾人康复服务中心。2002年3月15日,垫江县残疾人服务总社盲人按摩培训中心成立。是年4月11日,建立残疾人用品用具服务站。2004年8月30日,垫江县肢残人协会成立。2005年10月,县盲人协会成立。2007年11月,县聋人协会、智亲协会、精亲协会相继成立。至此全县共有5个残疾人专门协会,至2015年保持不变。

2003年7月,全县25个乡镇成立乡镇残疾人联合会。2013年4月,在全县25个乡镇建立残疾人福利基金会乡镇工作站,实现基金会基层工作组织全覆盖。2005年,全县开始在村及社区建立残协组织。至2011年6月,全县301个村(社区)均建立残疾人协会,基层残疾人组织网络实现全覆盖。2014年,桂溪镇设置桂阳、桂溪两个街道,分别成立街道残联。至此,全县26个乡镇(街道)全部建立残联。

1990年12月17日,召开垫江县残疾人联合会第一次代表大会,会议选举钱光国为执行理事会理事长,李传国为副理事长。1993年4月7日,召开垫江县残疾人联合会第二次代表大会,选举汪池鹏为执行理事会理事长,李传国为副理事长。1998年6月25日,召开垫江县残疾人联合会第三次代表大会,会议选举汪池鹏为执行理事会理事长,杨太明为副理事长。2003年7月3日,召开第四次残疾人联合会代表大会,选举钱志碧为执行理事会理事长,杨太明、谈常川、龚晓红为副理事长。2007年11月26—28日,召开第五次代表大会。先后有钱志碧、李仟福任第五届理事长,谈常川、赵行伟、龚晓红为副理事长。2012年12月10—12日,召开第六次代表大会,选举钟洪波为执行理事会理事长,赵行伟、夏传涛、余庆新为副理事长。

二、残疾人口

至2015年12月,垫江县户籍人口97.05万人。根据全国第二次残疾人抽样调查,全县有各类残疾人58715人,其中视力残疾11919人,听力残疾11097人,言语残疾1702人,肢体残疾19669人,智力残疾4462人,精神残疾4990人,多重残疾4876人。

三、残疾人康复

1989年12月,垫江县成立残疾人“三项康复”领导小组办公室。1991年,全年实施白内障复明手术61例,小儿麻痹矫治50人,聋儿训练16人。1993年,共完成白内障复明手术56例,小儿麻痹矫治52人,聋儿训练16人。1996年,完成白内障复明手术50例,聋儿训练25人。1989—2005年,共完成白内障复明手术1643例、小儿麻痹后遗症矫治手术387例、聋儿语言训练191人,累计安排残疾人康复经费289万余元。

2006—2007年,完成1297例白内障复明手术;完成41名聋儿及家长语言训练;完成大、小腿假肢装配37例,用品用具供应1113件;对425人次重症精神病患者提供医疗救助。新建坪山镇、包家镇残疾人康复示范社区2个。

2010—2012年,完成聋儿家长培训36名、肢体残疾人康复训练245名、肢体残疾儿童机构康复训练和筛查8名、智力残疾儿童进行康复训练15名、低视力儿童家长培训7名、筛查及新收训聋儿13名、智力残疾儿童家长培训7名、助视器配发22例;供应辅助器具619件;对200人次重症精神病患者提供医疗救助。成功创建为“白内障无障碍县”;新建6个康复示范社区康复站。

2013年,开展残疾人“人人享有康复服务”工作。是年11月,通过重庆市检查组的检查审评验收。全年完成肢残儿童矫治手术105例;完成聋儿语训13例,培训聋儿家长22名,免费验配助听器31人;开展智力残疾儿童康复训练45名,培训家长80余名;完成残疾人辅助器具供应130余件;对60名重症精神病人进行集中托养服务。

2014年,通过残疾儿童康复救助“七彩梦行动计划”、国家和市级彩票公益金等项目,对肢体残疾、脑瘫、智力残疾、视力残疾、听力残疾、癫痫、白内障等进行筛查,筛查出394人,送治298人;新增2处残疾人康复示范社区康复站,同时对其他20个康复站加强管理和督导;发放康复训练治疗卡14200张、上门服务卡1830张、社区(村)知识讲座服务卡1746张。

2015年,探索成立残疾人家庭康复培训学校,并开展首期脑瘫家庭康复培训,培训残疾人亲友70余名;对135名残疾儿童实施免费康复救助,其中肢体矫治手术90例,脑瘫康复训练25例,智力康复训练10例,聋儿(助听器)康复训练10例;免费为肢体残疾人适配假肢35例,为听力残疾人适配助听器67例,免费发放儿童轮椅等辅具110件;培训康复人才236人次;发放康复服务卡2万余张;对70名重症精神病人进行集中托养服务。

四、残疾人就业

1990—2006年,全县共集中安排残疾人到辖区民政福利企业就业321人,分散安排到驻区社会单位就业643人,推荐就业122人,个体经营就业547人。为集中安置残疾人的福利企业减免各种税费300万余元,为在农村从事种养业的残疾人减免各种税费140万余元,为残疾人个体户减免税费60万余元。

2007—2009年,共征收残疾人就业保障金342万元。2007年,按比例分散安置残疾人就业85人,民政福利企业集中安置残疾人就业129人,个体经营就业安置43人,就业前技能培训122人,推荐就业131人。2008年,县残联投入5.7万元,举办各类技能培训班,全年累计培训残疾人297人次。2009年,组织346名城镇、农村残疾人开展就业前培训。举办残疾人就业招聘会1场,22人实现就业。

2010—2015年,累计征收残保金3630万元,全县各福利企业累计集中安置残疾人573名,分散按比例安置残疾人216名;举办残疾人创业就业培训班5期,培训有创业就业愿望的残疾人240人;征集适合残疾人就业创业的项目80余项,编印完成《垫江县残疾人创业就业项目选择手册》2620册;有41名残疾人成功创办微型企业,个体工商经营户38户,种养业大户24户;实现培训目标1850人;累计完成盲人按摩初级培训37人、中级培训19人;盲人电脑培训12人,肢残人电脑培训60人;累计建成残疾人扶贫示范基地24个,其中市级基地11个,县级基地13个。共安置残疾人就业328名。

五、残疾人教育

1989—2005年,县政府先后制发《垫江县特殊教育规划》《垫江县残疾儿童少年义务教育"九五"规划》《垫江县残疾儿童少年义务教育"十五"规划》,并设立特殊教育经费,予以足额保障。全县有特教专职教师12人,其中大学专科8人,中专4人。2001—2008年,对残疾学生实行"两免一补"和助学金政策,共投入57.6万元。

2006—2009年,全县"三残"(视力、听力、智力残疾)儿童少年入学率93.2%。2007年起,县残联开展"扶残助学"圆梦行动,共救助35名贫困残疾大学生和贫困残疾人家庭大学生入学,累计发放助学金15万元。争取中国残联专项彩票公益金助学项目,每年资助100名贫困残疾儿童少年入学。

2010—2015年,继续配合教育部门做好残疾儿童少年义务教育工作,对接受义务教育的贫困残疾学生免除学杂费,并纳入社会捐资助学重点安排,落实"两免一补"政策,提高残疾儿童少年入学率。2010年,争取中国残联专项彩票公益金助学项目,加大对贫困残疾学生的救助力度,对200名贫困残疾学生实施入学救助;成立一所民营特殊学校(高安镇兰兰小学),接纳13名智力、肢体残疾的适龄儿童、少年入学,开创了县域内民间兴办特殊学校的先河。2011年,投入10万元,对全县253名贫困残疾学生实施入学救助,每人每年救助200元。2014年,对全县义务教育阶段残疾儿童少年接受教育情况进行入户调查,摸清全县残疾学生情况,撰写《学前残疾儿童和适龄残疾学生受教育情况报告》。加强残疾人子女及残疾大学生的入学救助工作,共资助56名应届贫困残疾大学生和贫困残疾人家庭大学生入学,累计发放助学金22.8万元。是年,有2名特教教师获教育部和中国残联颁发的"国家特教园丁奖"。

六、残疾人文化体育

1995年9月7日,垫江县两名聋人运动员参加四川省第三届残疾人运动会,陈伟获得男子3000米银牌、1500米铜牌,并被评为优秀运动员,程建获得男子100米铜牌、跳远第五名。

1999年6月23日，县残联组织文艺代表队，参加重庆市第一届残疾人文艺会演，参赛的舞蹈《无声的呼唤》荣获舞蹈组三等奖。9月7日，举办重庆市首届残运会，垫江县组队参加比赛，获得2枚银牌、1枚铜牌。2001年6月8日，重庆市第二届残疾人文艺会演，垫江县以真人真事编创的舞蹈《共撑一片爱的天空》获得一等奖、创作奖、辅导奖，盲人二胡独奏《山村变样》获得三等奖，垫江代表队获组织奖。是年8月23日，垫江县残疾人文艺代表队的舞蹈《共撑一片爱的天空》获得第五届全国残疾人艺术会演铜奖。2006年6月3—7日，垫江县代表队参加重庆市第三届残疾人运动会中的田径、游泳、乒乓球、举重等4个项目比赛，获得2枚金牌、2枚铜牌，代表队获得团体道德风尚奖，2名运动员获得个人道德风尚奖。2010年7月，在重庆市举办的第四届残疾人运动会上，残疾人运动员获得1枚金牌、1枚银牌、3枚铜牌。2014年10月，在重庆市第五届残运会上，垫江县代表队共获得肢体男子跳远金牌、男子田径100米银牌、肢体组飞镖第四名、男子田径800米第六名、体育道德风尚奖、飞镖比赛团队第四名。

七、残疾人维权

1990—2005年，县残联共接待残疾人及其亲属来信来访9450件次，办结率95%。

2006—2009年，共举办法制教育培训班8期，473名残疾人骨干参训。接待残疾人来信及其亲属来信来访1240件次，办复率均为100%，满意度95%以上。化解集体上访事件5起。

2013年，创新开展残疾人信访代理制。是年10月，全市残疾人维权工作会议在垫江召开，该项工作在全市推广。2014—2015年，开展主导代理103件，疏导代理426件。

2010—2015年，共接待残疾人来信来访816件次，办结率100%；共开展人大、政协执法检查和视察活动7次；为残疾人提供优质、优惠的法律服务和法律援助，先后建立残疾人维权示范岗26个，提供法律咨询2430人次，法律援助204件；做好残疾人机动轮椅车燃油补贴工作，补贴残疾人749人次，累计发放残疾人学习C5驾驶培训补贴33人；开展残疾人家庭无障碍改造，投入资金87.6万元，完成改造292户。

第五节　武隆县残疾人事业

一、组织机构

1990年8月18日，武隆县残疾人联合会成立，为副科级，其性质为社会团体，设在县民政局内，其工作受民政局指导，事业编制3人。2005年4月6日，武隆县残疾人联合会从县民政局分离出来，独立设置为财政全额拨款副处级群团组织机构。

1999年4月18日，成立武隆县残疾人综合服务中心，兼挂“武隆县残疾人法律援助站”“武隆县残疾人用品用具供应站”“武隆县残疾人康复技术指导中心”牌子。至2015年12月，武隆县残疾人联合会机构编制人数为4人，其中行政编制3人，机关工勤编制1人；武隆县残疾人综合服务中心事业编制4人。2008年1月，成立盲人协会、肢残人协会、聋人协会、精神和智力残疾人亲友协会。2013年1月，第六次残疾人代表大会将精神和智力残疾人亲友协会分设为精神残疾人及亲友协会和智力残疾人及亲友协会，增至5个专门协会。2012年11月，全县26个乡镇(12个镇、14个乡)相继召开乡镇残疾人联合会代表大会，顺利完成乡镇残联换届选举工作，186个村和24个社区均成立残疾人协会。

1990年12月22日，召开武隆县残疾人联合会第一次代表大会，出席代表大会正式代表105人(其中残疾人代表76名，占正式代表总数的72.38%)，特别邀请代表10名。1993年5月9日，召开第二次代表大会，出席会议的代表112人(残疾人代表79人，占正式代表的70.54%)，列席代表33人。1998年4月25日，召开第三次代表大会，出席会议正式代表104人(其中残疾人代表73人，占正式代表总人数的70.19%)，列席代表21人，特邀代表10人。2003年4月25日，召开第四次代表大会，出席会议的正式代表162人(残疾人代表113人，占正式代表的69.75%)，特邀代表12人，共计174人。2008年1月14日，召开第五次代表大会，出席会议的正式代表139人，实际到会代表139人(其中残疾人及残疾人亲友代表79人，占正式代表的56.83%)，特邀代表15人，共计154人。2013年1月8日，召开第六次残疾人代表大会，出席会议的正式代表97人(其中残疾人及残疾人亲友代表54人，占正式代表的55.67%)，特邀代表和嘉宾15人，共计112人。先后有刘文义、陈加强、钱进、彭福国、陈小平、陈大洲、黄平任理事长，李元福、谢心诚、汪玫、王小平、梁川江任副理事长。

二、残疾人口

根据全国第二次残疾人抽样调查，武隆县约有残疾人2.3万人。至2015年12月，全县持有第二代残疾人证的残疾人12524名，其中视力残疾2285人，听力残疾641人，言语残疾206人，肢体残疾7564人，智力残疾617人，精神残疾719人，多重残疾492人。

三、残疾人康复

武隆县残疾人“三项康复”工作起源于1990年10月。1992年6月以前，主要从事残疾人白内障患者复明(主要是白内障手术)康复、小儿麻痹矫正治疗康复、聋儿语言训练康复。1992年6月以后，将残疾人“三项康复”延伸至白内障、小儿麻痹症、耳聋、智力残疾、低视力、肢体残疾、精神病等全面康复服务。

1991—1995年，实施白内障复明手术148例；小儿麻痹矫治完成113例；聋儿语言训练完成23例，其中有6名聋儿经过语言训练后，进入普通小学就读。

1996—2000年，为贫困聋儿验配助听器13台，培训聋儿家长9人，选送3名聋儿家长到重庆市聋儿语训中心学习培训，吸收6名聋儿到县特殊教育学校学习，全部免交学杂费和生活费。为16名听力残疾人验配助听器。

2001—2005年，完成白内障手术521例，同时争取“视觉第一中国行动”白内障复明重庆市市级医疗队完成全免费手术133例；完成聋儿培训39名，验配助听器29台，其中5名聋儿通过康复训练进入普校随班就读；完成5名麻风畸残病人康复训练，免费安装小腿假肢12

例、大腿假肢6例;提供用品用具722件,捐赠轮椅71辆。

2006—2010年,完成白内障复明手术1248例,免费手术583例;为113名低视力患者配用助视器,培训家长39例,盲人定向行走培训28例;听力语言训练205名,聋儿家长培训85例;为贫困肢残者安装普及型小腿假肢56例,安装普及型大腿假肢32例;装配矫形器10件;提供残疾人用品用具13个品种,供应用品用具1613件,其中免费配发1388件;71名肢体残疾人(贫困肢残儿童矫正手术8名、肢体康复训练47名、肢体残疾儿童康复培训16名)得到矫治手术和康复训练,33名智残儿童得到抢救性康复训练,同时对28名智力残疾儿童的家长进行培训;开展以家庭治疗为主,住院治疗救助、门诊服药救助为辅的社会化、开放式的综合性精神病防治康复工作,住院救助63名,门诊服药救助900人次,经费投入共计47万余元,使963名贫困精神病患者得到及时、有效的康复治疗。

2011—2015年,建立残疾人肢体、视力、听力言语、智力、精神残疾康复技术指导中心和辅助器具供应站;新建26个残疾人康复示范社区;开展白内障筛查5849人,实施免费复明手术1253人,成功创建为“白内障无障碍县”。开展肢残矫治手术筛查550名,实施免费矫治手术86人;免费为485名听力障碍患者验配助听器;为贫困精神病患者提供免费服药救助1245人次,住院医疗救助140人次,救助金额85万元;安装假肢69例;开展0~6岁残疾儿童抢救性康复项目,康复救助16名儿童;开展辅助器具适配及发放工作,免费发放轮椅、盲棍、腋杖等辅助器具1814件;为残疾儿童配发助听器79台,老年助听器150台。

四、残疾人教育就业

1990—1994年,全县兴办福利企业16个,集中安置残疾人就业123人。自谋职业就业的残疾人132人。至1999年12月,全县残疾人自谋职业的就业人数达206人。2001年,全县共有24名残疾人被企业录用为合同工,39名残疾人进入个体工商行业和在私营企业就业。

2002—2005年,全县36个行政机关、事业单位、企业单位接纳安排有就业能力的城镇残疾人就业,其中按比例安排就业的196人,自谋职业的64人,以其他形式就业的29人。2005年,对123名自谋职业的残疾人发放扶助金12.3万元;全年开展两期农村残疾人实用技术培训;为县特殊教育学校年满16周岁的学生开办按摩技术和电脑知识培训班;共培训农村残疾人150人。

2006—2010年,投入10.9万元资助49名贫困残疾大学生和贫困残疾人子女上大学。同时,建立特殊教育学校及随班就读教育机制,对义务教育阶段残疾学生实行“两免一补”政策,投入资金14万元。县政府出台残疾人按比例就业规定,全县共集中安置451人,分散安置残疾人就业1.07万人。对残疾人培训、就业、发证等实行标准化管理,培训农村残疾人960人,城镇残疾人455人。2008年,全县“三残”儿童入学率85%;出台非义务教育阶段贫困残疾学生就读优惠政策,扶助3名残疾大学生和5名贫困残疾人子女大学生接受高等教育。2009年,举办一期计算机操作和电工培训班,培训贫困残疾人65名,其中55人为计算机专业,10人为电工专业;以台商在白云乡红云村投资打造的海恒生态养殖场为依托,开办残疾人肉兔养殖技术培训班,培训残疾人165人。2010年,全年资助残疾大学生和残疾人子女大学生6名,资助金额1.3万元;补助义务教育阶段特校学生住读费4.1万元,协助特校做好招收残疾学生工作,残疾儿童义务教育入学率70.2%;对150名城乡残疾人集中进行实用技术和技能培训,带动农村残疾人发展种植业、养殖业和加工业。

2011年,投入4.5万元资助18名贫困残疾大学生和残疾人子女大学生入学;投入50万元改善县特殊学校教学环境,资助义务教育阶段特校生1万元,协助特殊学校做好招收残疾学生工作,残疾儿童义务教育入学率90%。对350名城乡残疾人开展农村实用技术和技能培训,安置城镇残疾人就业80人、农村残疾人就业100人。输送10名盲人进行技能培训,安置盲人就业5人。扶持贫困残疾人1000人,帮助脱贫500人。投入13万元完成217名残疾人"阳光家园计划"居家托养工作。与财政、地税衔接,全年征收残疾人就业保障金221万元。

2012年,落实4名学龄前残疾儿童在幼儿园就读补助政策;征收残疾人就业保障金260万元。免费输送18名盲人参加初级、中级和高级盲人按摩培训;开展残疾人实用技术培训480人。为5名有创业意愿的残疾人申报创办微型企业的各项手续,残疾人创办微型企业累计50户。解决残疾人就业320人。

2013年,为15名家庭经济困难的残疾儿童接受普惠性学前教育提供资助;资助29名大学生,发放资助金8.1万元。为26名适龄残疾人开展电脑技能培训;免费输送5名盲人参加初级、中级和高级盲人按摩培训,5名盲人都得到就业岗位。开展残疾人实用技术培训350人,城镇残疾人电脑及电工、烹饪的技能培训91人。为8名有创业意愿的残疾人申报微型企业,累计残疾人创办微型企业61家;完善残疾人就业和实名制系统,解决残疾人就业320人。征收残保金280万元。

2014年,为38名残疾大学生及残疾人子女大学生发放助学金10.8万元。新增城镇就业128名和农村多种形式就业150名;输送6名盲人参加免费按摩培训;利用特校教学资源开展残疾人电脑培训32人,开展残疾人就业培训1281人次;完成残疾人就业保障金征收305万元。

2015年,为56名残疾大学生及残疾人子女大学生发放助学金15.3万元;开展特殊教育工作,发放特教学生生活补助4.5万元;开展农村贫困残疾人实用技术培训800人;开展电子商务培训班3期共180人;输送2名盲人参加中级按摩培训。开展武隆县残疾人就业服务所规范化建设,11月,通过中国残联和市残联的验收。完成残疾人就业实名制录入工作;举办残疾人就业招聘会,200余名残疾人参加招聘会,签订意向性就业协议70余人;全年代扣代征残疾人就业保障金297万元;争取上级项目资金312万元。1998—2015年,武隆县特殊教育学校就读聋生1300人,培智生971人。

五、残疾人文化体育

2005—2010年,全县残疾人事业宣传在国家、市、县等新闻媒体发稿300余篇,先后被《中国残疾人》《重庆日报》《重庆残联通讯》《武隆报》、武隆电视台等媒体采用121篇,县残联每年编写《残联工作简报》60期以上，超额完成上级下达的任务；2009年10月27日，选送新闻《武隆残联举办残疾人职业技能培训》参加全国好新闻评选。2011—2015年，利用“国际残疾人日”“国际盲人节”“国际聋人节”“全国助残日”“爱耳日”等活动，宣传《中华人民共和国残疾人保障法》《重庆市残疾人保障条例》以及相关的法律法规，在市、县各类媒体发表宣传稿件320余篇。参加重庆市第五届残疾人文艺会演，选送的舞蹈《和你一样》荣获舞蹈类一等奖；建立10个残疾人文化进社区活动点，在县图书馆建立1个残疾人视障阅览室；在县体育馆举办残疾人“全民健身日”暨全国“肢残人活动日”文体运动会，开展5个竞技项目的比赛；投入5万元建立10个残疾人文化社区示范点。利用“全国助残日”、肢残人活动日等节日，开展象棋、短跑、乒乓球、飞镖等文体活动，丰富了残疾人的精神文化生活。

1999年9月10日，组织县残疾人运动员代表队参加重庆市首届残疾人运动会，获得1枚金牌、1枚银牌。2010年7月16日，武隆县11名残疾人运动员参加重庆市第四届残疾人运动会，荣获2枚金牌、3枚银牌、4枚铜牌，两项前5名，两项前6名，创历史佳绩，列奖牌数第十二位，同时还获得体育道德风尚先进集体称号。2014年10月17日，14名残疾人运动员参加市第五届残运会13个项目中6个大项14个小项的比赛，获得奖牌16人次，其中2枚金牌、3枚银牌、1枚铜牌，第四名5个、第六名3个，团体总分排全市第十二位、县第三位、渝东南第二位，并获得体育道德风尚奖。

六、残疾人维权

2005—2010年，开展法律服务，为残疾人提供法律援助，成立武隆县残疾人法律援助站(挂牌于武隆县残疾人综合服务中心)，并联合县司法局在各乡镇成立法律援助联络站。共免费为残疾人提供法律咨询344人次，发放残疾人法律援助卡1万余张，确保残疾人合法权益不受侵害。接待残疾人来信来访，共办理信访案件56件，办结率、办案回访率均达100%，无赴市和进京集访。

2011—2015年，免费为残疾人提供法律咨询428人次，免费为残疾人提供法律援助135人，办结率100%，有效维护了残疾人的合法权益，无到县、市和进京集访及个访。开展法制宣传，发放资料1.2万余份。对66名残疾人驾驶机动三轮车进行燃油补贴。对21名残疾人C5驾驶培训进行补贴。衔接财政、交委落实持证残疾人乘坐县内公交车相关优惠政策。对381户贫困残疾人家庭实施无障碍改造。

第六节　忠县残疾人事业

一、组织机构

1990年6月9日，成立忠县残疾人联合会，为副科级事业单位，列为政府归口管理，由民政局代管，配专职理事长1名，暂定编制3名。1999年3月15日，残联升为副处级。1994年12

月19日,成立忠县残疾人用品用具服务站,为县残联下属全民所有制事业单位。1999年5月6日,成立忠县残疾人劳动就业服务所,为全民所有制事业单位,隶属于县残联领导。2011年12月28日,忠县残疾人劳动就业服务所经费渠道由自收自支调整为财政全额拨款。

2000年,全县42个乡镇建立残疾人工作协调委员会和乡镇残联,773个村和26个居民委员会建立残疾人协调会。2002年,行政体制改革,精简机构,撤销12个区工作委员会及事业单位的区级机构,调整合并村、组,全县辖42个乡镇、368个村、30个居委会。乡镇残疾人组织也进行了相应调整。2006年3月,忠县进行乡镇综合改革,经市政府批复,将原42个乡镇合并为28个乡镇。乡镇残疾人联合会由42个调整为28个。2014年,经市政府批复,将原忠州镇撤镇设为忠州街道、白公街道。乡镇(街道)残疾人联合会由28个调整为29个。2012年,忠县29个乡镇(街道)成立残疾人联合会并配齐残联理事长,365个村(社区)成立残疾人协会并配备残疾人协管员,各乡镇(街道)成立残疾人志愿者服务组织。

1990年12月17—18日,召开忠县残疾人联合会第一次代表大会。大会推举丁明安为理事长。1998年7月17日,召开忠县残疾人联合会第二次代表大会,正式代表150名、列席代表94名、特邀代表6名,共计250名。推举冉启江为理事长。2003年7月17日,召开忠县残疾人联合会第三次代表大会,正式代表、特邀代表、列席代表总计300名。推举周新民为理事长,卢国洪任副理事长,张龙群、李秀英为理事会理事。2007年12月4日,召开忠县残疾人联合会第四次代表大会,推举周文权为理事长,卢国洪任副理事长,张龙群、李秀英为理事。2012年11月14日,召开忠县残疾人联合会第五次代表大会,代表总计300名。大会选举产生第五届忠县残疾人联合会主席团委员23名,推选胡显权为理事长,谢桂凡任副理事长,卢国洪、李秀英为理事。

二、残疾人康复

1998年11月17日—12月16日,首次邀请重庆市"视觉第一中国行动"医疗队到忠县实施白内障复明手术工作,为385名白内障患者进行复检,对符合手术的136名白内障患者实施复明手术,其中植入人工晶体118例,占87%,手术成功率100%,脱盲率98%,脱残率90%以上。1999—2001年,组织护送白内障患者前往丰都县医院、重庆西南医院复明中心、南川市医院的"视觉第一中国行动"重庆市医疗队施行复明手术62人。2002年11月,第二次邀请"视觉第一中国行动"重庆市医疗队到县,历时22天,为483名白内障患者施行复明手术,植入人工晶体391例,手术成功率100%,手术后视力最好的达国际标准5.0。2000—2005年,组织护送白内障患者前往丰都县医院、万州区的重庆市医疗队施行复明手术193人。2006—2010年,完成白内障复明手术2270例,脱盲率100%,脱残率95%,人工晶体植入率100%。2013年,免费为100名贫困白内障患者实施复明手术。2014年,全县完成白内障复明手术657例,其中,组织实施"百万贫困白内障患者免费复明"手术209例。2015年,全县完成白内障复明手术689例,其中为112名贫困白内障患者实施免费白内障手术。

2002年8月20日,在全县42个乡镇97万人中,对5760名重症精神病患者开展社会化、综合性、开放式的精神病防治康复工作。精神病患者监护率90%,显好率60%,社会参与率50%,肇事率下降到0.5%以下。2003年11月10日,通过调查摸底,全县有精神病人数5966人,检出率为6.19%(超标0.19个百分点);防治后精神病患者显好人数有3379人,显好率为56.64%(与达标差3.4个百分点);参与社会精神病人数2940人,社会参与率49.28%(与达标差0.72个百分点);肇事人次数57人次,肇事率0.96%;在各级医疗机构住院患者253人,建立家庭病床24人;已解除关锁病人11人,关锁病人38人。2004年,精神病人数6004人,经过防治,显好精神病人数3673人,社会参与精神病人数3034人。2005年4月7—20日,到全县42个乡镇为原确定救助的294名贫困精神病患者进行第三次发放救助药品和复诊,对645名贫困精神病患者又进行医疗咨询和确诊,从中确定新增救助贫困精神病患者281名。

1991—2000年,无脊灰病例报告。2001年,顺利通过无脊灰病例验收。2004—2013年,全县服用糖丸27.8万人次。2002年,全县发放麻风畸残病人防护鞋、鞋垫、护目镜、拐杖辅助用具111件。2003年,发放麻风畸残病人辅助用具123件。2005年,发放麻风畸残病人辅助用具60件。2009—2012年,发放各类辅助用具786件。2013年,救助68名重度贫困精神病患者住院3个月进行医疗康复。为11名肢体残疾儿童进行康复矫治手术,为贫困残疾人家庭配置发放轮椅50辆、安装成人助听器10台、儿童助听器2台,发放盲杖、腋拐、拐杖、手杖等康复辅具142件。2014年,免费为38名重度贫困精神病患者安排住院3个月,进行医疗救助,为140名贫困精神病患者实施服药救助。适配助视器50件,发放彩票公益金辅助器具83件,轮椅400台。筛查"七彩梦行动计划"儿童救助40人,成功转介38人到康复机构进行康复,转介率95%。2015年,救助贫困精神病患者住院72人、服药230人,对6岁以下残疾儿童康复筛查73人,转介51人;为249名听障人士免费适配助听器(其中市级项目适配60台,县残联和县侨联共同实施台湾爱心人士"天籁列车"救助项目189台)。免费发放助视器60件、辅助器具550件。

2014年,成功创建社区康复示范县。至2015年,全县共建立26个康复示范站,为残疾人提供就近就便的康复服务。

三、残疾人就业

1980—1990年,办有被服加工厂、利民服装厂、电视机装配厂、玻璃竹器制品加工厂、船舶修造厂、综合门市部、百货布匹、日杂批发门市部、联办饮料厂、卫星水泥厂、毛毯厂等。成立忠县民政企业公司,13个区(镇)先后建立民政企业公司,办起45个商业服务网点、11个加工场,组织街道企业生产自救小组13个,解决贫苦居民和残疾人569人就业。县区两级企业共安排身残人员71人就业。盲、聋、哑残疾人安置在国营镇办街道企业和福利院59人。

表10-5 1987—2015年忠县城镇残疾人就业统计表

单位:人

年度	年12月累计				本年内安排				本年技能培训	本年服务机构推荐就业
	合计	集中就业	个体就业	按比例就业	合计	集中就业	个体就业	按比例就业		
1987年	130	—	—	—	—	—	—	—	—	—
1990年	329	318	11	—	—	—	—	—	—	—
1996年	303	53	250	—	—	—	—	—	—	—
1997年	1310	—	—	—	—	—	—	—	—	—
1998年	465	120	325	20	78	6	72	—	—	—
1999年	1086	132	902	52	138	12	126	—	—	—
2000年	696	66	499	131	62	8	48	6	—	—
2001年	1146	68	944	134	132	2	105	25	—	—
2002年	1186	74	976	136	54	6	33	15	—	—
2003年	1264	92	1060	112	101	18	78	5	—	—
2004年	1668	158	1375	135	404	66	315	23	320	360
2005年	1880	184	1531	165	212	26	156	30	206	106
2006年	1898	184	1589	125	234	23	186	25	368	144
2007年	1982	190	1638	154	189	18	160	11	324	201
2008年	1988	188	1667	133	258	19	214	25	426	185
2009年	2013	203	1686	124	312	23	267	22	338	196
2010年	2688	254	2332	102	285	26	241	18	363	156
2011年	2899	214	2418	267	302	28	264	10	432	211
2012年	3024	256	2542	226	266	25	230	11	511	148
2013年	3456	255	2998	203	222	15	188	19	352	186
2014年	5689	306	5027	356	331	16	285	30	486	152
2015年	7928	458	7007	463	413	20	351	42	553	218

2009—2012年,忠县残联组织1644名残疾人参加技能培训,选送残疾人到各地培训126人,8365名农村残疾人参加实用技术培训。2013年,组织残疾人技能培训812人,其中盲人免费保健按摩培训8人,农村残疾人实用技术培训800人,4名残疾人参加清华大学远程教育培训。2014年,开办按摩、编织、家政、家电维修、种养业等培训班18期,共培训1128人,培训资金20万元;农村贫困残疾人以其他形式就业达3213人。促进单位按比例安排30名残疾人就业。4个残疾人养殖业大户带动44户残疾人脱贫致富,通过残疾人扶贫基地安置带动258

名残疾人就业。2015年,举办残疾人就业现场招聘会1期,开展职业技能和实用技术培训1000余人次。开展盲人按摩机构扶持,建立残疾人扶贫示范基地1个,为3名农村残疾人养殖大户给予创业就业补助金6万元。

四、残疾人教育

1991年8月,建立忠县聋哑学校,学校占地2.67亩,建筑面积3900平方米。可开办5个教学班,供100人左右学习、食宿。有教职工20人,5个教学班,学生60人,先后有89名聋哑学生达到小学毕业程度,有20%以上升入聋哑人职业学校,70%以上已自谋职业。1991年,学龄残疾儿童数420人,已入学249人。1992年9月,忠县师范附小成立智力残疾儿童班。举办智力残疾儿童辅读班,此后,乡镇中心校相继开设"三残"(视残、听残、智残)儿童少年随读班。1993年,忠县聋哑学校建成并招生。2003年12月,全县7~12周岁"三残"儿童281人,免缓入学56人,已入学191人,入学率67.97%。13~15周岁"三残"少年286人,免缓入学57人,已入学193人,入学率67.48%。同年,忠县聋哑校招生17人,在校学生5班59人;忠师附小智力残疾儿童辅读班学生14人。2004年,全县7~15周岁"三残"儿童少年535人,免缓入学109人,已入学383人,入学率71.59%。2005年10月,全县7~15周岁"三残"儿童少年435人,免缓入学85人,已入学338人,入学率77.70%。忠县聋哑校招生9人,在校学生6班78人。白公路小学智力残疾班学生3人。2007年10月,县残联为3名残疾人应届大学生每人入学补助5000元,10名残疾人子女应届大学生每人补助1000元,共计2.5万元。2008年5月26日,忠县聋哑学校从原忠州镇健康路130号整体搬迁至忠州镇郑公村罗洋路居民小区,7月8日,正式使用忠县特殊教育学校校名。新学校占地面积15.21亩,拥有教学大楼、学生宿舍楼、实验大楼共3539平方米。开设智力残疾教育,该校系全县聋哑、中度智力残疾儿童就读中心和残疾儿童职业教育培训基地。2010年在校学生85人,共8个教学班,其中聋哑学生48人,智残儿童37人。是年,该校原初中毕业生周江、秦娜在重庆市特殊教育学校高中毕业后考入重庆师范大学教育科学学院特殊教育(信息与资源)专业本科学习。2014年,投入特殊教育发展事业资金200万余元,县特校新招收聋哑、智力残疾等残疾学生30名,有残疾学生150余人,残疾儿童少年入学率保持在96.7%。对62名学龄前残疾儿童进行入园救助;对8名2014年新入学的残疾大学生进行入学救助,对11名2012—2013年在校残疾大学生进行生活救助。2015年,105名学龄前残疾儿童享受入园救助,残疾学生入学率为97.6%;对14名残疾大学新生进行入学资助和对19名在校残疾大学生给予生活补助;在特殊学校建立残疾学生劳动实践基地1个。

五、残疾人文化体育

1992年,忠县肢残人王利民参加中国硬笔书法艺术研讨北京笔会,获得硬笔书法大赛一等奖,并被聘请为东方文艺社创作员。1993年8月,肢残人王利民的二胡独奏《二泉映月》,参加全国第二届残疾人艺术会演西南片区获二胡独奏表演二等奖。1998年12月4日,忠县王群英和彭庆华指导的聋人文艺节目均获得重庆市残疾人文艺会演二等奖。2001年6月,组织残疾人文艺代表队14人参加重庆市第二届残疾人文艺会演。方言小品《大路朝天》获表演二等奖(全市只评出小品类二等奖1名、三等奖3名);《我们这群聋哑娃》《金龙飞舞》两个舞蹈节目均获表演三等奖。《大路朝天》方言小品获创作奖,还获参赛组织奖。2003年6月3日,重庆市举办首届残疾人书法、绘画、摄影、工艺品大赛。忠县组织选送的聋哑人朱丽娜的《快乐星期天》获绘画类三等奖;聋哑人付远勇的《我的家乡》获绘画类优秀奖和参赛组织奖。2008年3月3日,忠县聋哑学生李佳烩参加由中国残联、中国聋儿康复研究中心主办的第二届全国听障儿童才艺(绘画)大赛,作品《我的奥运梦想》荣获中学组优秀奖,其作品作为《第二届全国听障儿童才艺(绘画)大赛优秀作品集萃》一书的封面唯一插图。2009年2月,特校组队参加忠州镇元宵文艺演出和"洗脸创卫"启动仪式演出,文艺节目《让世界充满爱》荣获特等奖。是年9月,忠县肢残人袁德洪的绘画作品《炭精山水画》在民政部、国家广播电影电视总局、中国文学艺术界联合会、中国残联等承办庆祝中华人民共和国成立60周年全国残疾人书法、绘画大赛中荣获绘画类鼓励奖。2012年11月5日,视力残疾人田林获文化部中国文化管理学会、中国民族器乐协会等单位举办的"闪亮新星"全国青少年才艺展示器乐《竹笛》青年A组金奖,器乐《葫芦丝》青年A组银奖。2013年7月,参加重庆市第五届残疾人文艺会演,器乐《春到湘江》获一等奖,声乐《同一个世界》获二等奖,舞蹈《红橘颂》获创作奖;视力残疾人田林代表重庆市参加全国第八届残疾人文艺会演笛子独奏《牧民新歌》获二等奖。2014年,选送残疾人13件作品参加重庆市残疾人艺术作品大赛,8件作品经过初选入围,冯晓晓的《直到时光的尽头》获文艺类二等奖,张太英的《清明上河图》获手工艺类三等奖,罗海霞的《红楼群芳图》获手工艺类优秀奖,袁德洪的《雨中情》《峡险云横》获书画类优秀奖,忠县获组织奖。

1995年8月22日,聋哑学生刘银在由国家体委、国家教委、中国科协、共青团中央和全国妇联联合主办的"飞向北京"全国青少年航空模型比赛中获橡筋伞翼模型飞机项目小学组第18名。是年,忠县选送肢残人王洪波参加四川省首届残运会,获田径5000米二等奖。1999年9月,组织残疾人运动员代表队(8人)参加重庆市第一届残疾人运动会,共获得2枚金牌、2枚铜牌、两项前四名,聋哑男子乒乓球单打第六名。王洪波获肢残男子田径A4组200米和400米两项第一名、跳远第三名,被选定为市级运动员;王海春获盲人B2男子组田径400米第三名、800米第四名;邓丽娥获肢残A8女子组400米第四名;张海涛获聋哑男子组乒乓球单打第六名。2000年5月,忠县植物油厂肢残职工王洪波参加重庆市组团出席的第五届全国残疾人运动会,获男子P38级组铅球项目竞赛银牌奖1枚。2001年9月,忠县肢残人王洪波参加重庆市组团出席的全国残疾人田径、举重锦标赛暨"远南"选拔赛,获男子800米项目T38级(组)别第一名、男子1500米项目T38级(组)第一名。2002年7月,参加重庆市第二届残疾人运动会,获得1枚金牌、2枚铜牌、两项第六名,其中邓丽娥获羽毛球金牌1枚,孙纯祥获游泳铜牌1枚,冉瑞兵获田径100米铜牌1枚,陈永才获游泳第六名,黄克军获乒乓球单打第六名。2005年4月,忠县肢残人聂红燕参加重庆市组团出席的2005年全国残疾人田径锦标赛,获女乙组F44级跳远第二名,女F44级铅球第四名,女F44级100米第四名,并荣获2005年全国残疾人田径锦标赛体育道德风尚奖。2010年4月,忠县肢残疾人聂红燕获全国残疾人举重锦标赛女子组67.5公斤级第六名。2014年,组织15名残疾人运动员参加重庆市第五届残疾人运动会,何秋蓉获女子羽毛球听力组金牌,张蜀疆获男子象棋视力组银牌,杨雪梅获女子田径T12组400米铜牌,李财文获男子象棋视力组第四名,蒋海平获男子乒乓球听力组第四名,韩帅获男子田径T12组200米第六名,忠县获团体道德风尚奖。2015年组织2名盲人参加重庆市盲人象棋锦标赛,忠县获团体奖第三名。

六、残疾人维权

1999—2004年,全县持证残疾人1.7万人,享受减免各种税费291.22万元,其中减免农业税153.3万元,社会统筹减免65.82万元,其他各种费用减免72.1万元。

1997—2015年,全县11105名残疾人享受民政贫困残疾人救助,其中享受最低生活保障8585人,“五保”供养2156人,临时救济364人。2014—2015年,全县共有2万余名持证残疾人享受到城乡居民养老保险和医疗保险缴费县级补助资金255万余元,做到应保尽保、应补尽补。

2007年,忠县建立残疾人法律援助所,28个乡镇建立残疾人法律援助工作站,为残疾人提供法律服务和法律援助。2007—2015年,通过法律援助所、“残疾人维权示范岗”和乡镇(街道)法律援助站办理残疾人法律援助案子641件,避免或挽回经济损失1600万余元。

2012—2015年,为忠州街道等11个乡镇(街道)的524户残疾人家庭进行无障碍改造,给残疾人生活带来方便。9名残疾人享受到机动轮椅车燃油补贴,6名残疾人享受到机动车路桥费减免补贴,708名残疾人享受到城区乘坐公交车减免优惠政策。

第七节　开县残疾人事业

一、组织机构

1990年11月24日,成立开县残疾人联合会,受县政府领导、县民政局代管,是副科级事业团体。2001年11月8日,县残联内设3个职能科室,定编5名。1999年11月12日,成立开县残疾人服务中心,为隶属开县残疾人联合会的全民所有制事业单位。1992年12月,完成乡镇(街道)残疾人联合会组建任务。2009年,对全县508个村(社区)残疾人协会完善相关工作制度和职责,残疾人专职委员配备基本到位。2012年,完成乡镇残联换届,配备专职残联理事长40名。全县聘用550名助残志愿者。2015年,完成10个乡镇(街道)残联规范化建设,开展基层残联干部培训1次,培训40人。为531名专职委员发放工作补贴63万元。

1990年12月23日,召开开县残疾人联合会第一次代表大会,参会代表151人,其中残疾人(含智力和精神残疾人亲友)代表85名,占总数的56%。推举余其平任理事长,岳山贵、廖铭任理事。1998年9月4日,召开开县残疾人联合会第二次代表大会,参会代表268人(正式代表265人,特邀代表3人),其中残疾人(含智力和精神残疾人亲友)代表134名,占总数的

50%。推举余其平任理事长,李永红、廖铭、赵新华任理事。2003年11月24日,召开开县残疾人联合会第三次代表大会,参会代表280人(正式代表240人,特邀代表40人),其中残疾人(含智力和精神残疾人亲友)代表168名,占总数的60%。推举桂本有任理事长,李永红、廖铭、赵新华任理事。是年11月,选举产生开县盲人协会、聋人协会、肢残人协会、智力残疾人及亲友协会、精神残疾人及亲友协会主席和副主席。2007年11月16日,召开开县残疾人联合会第四次代表大会,参会代表166人(正式代表150人,特邀代表16人),其中残疾人(含智力和精神残疾人亲友)代表90名,占总数的54.22%。推选李维任理事长,赵新华任副理事长。2012年12月26日,召开开县残疾人联合会第五次代表大会,参会代表170人(其中正式代表157人,特邀代表13人),其中残疾人(含智力和精神残疾人亲友,从事智力残疾人、精神残疾人工作的专业工作者)正式代表95名,占总数的55.88%。推选韦德东任理事长,杨明星、全光美任副理事长。

二、残疾人口

开县总人口169万。至2015年12月,全县持有第二代残疾人证的残疾人32409人,其中视力残疾5520人,听力残疾928人,言语残疾197人,肢体残疾16779人,智力残疾2580人,精神残疾3916人,多重残疾2489人。

三、残疾人康复

1990年,制定《开县残疾人"三项康复"工作规划》,明确"三项康复"任务。抽调县人民医院6名医生与"三康办"组成医疗队,为12名白内障患者施行复明手术,对全县102个乡镇全面开展"三康"对象摸底调查初诊工作。经调查,白内障患者346人,小儿麻痹后遗症患者427人,聋儿205人。完成白内障复明手术40例,完成小儿麻痹矫治手术10例。11月18日—12月15日,全县700余名眼病患者接受"视觉第一中国行动"重庆医疗队检查,其中186名患者接受手术。1991年,将12名聋哑儿童护送到重庆市大坪医院进行听力测试,为12名聋哑儿童配备助听器。在县人民医院为残疾人康复病员增设床位50张。是年10月,国家医疗队抵达开县实施白内障手术84例、小儿麻痹矫治手术185例,有效率100%。1992—1994年,实施白内障复明手术789例、小儿麻痹矫治手术403例、聋儿言语训练101人次,为已做手术的713例"三康"患者建立个人档案。1995年,实施白内障复明手术458例,肢体矫形手术13例,低视力康复38人,聋儿听力言语训练11人。1996年,在55个乡镇开展精神残疾摸底调查,查出精神病人1238人;对4.62万名"特殊人群"人口开展补碘工作。1997年,开展碘缺乏病防治工作,在新婚育龄妇女、孕妇、0~2岁婴幼儿中补碘3.4万人。2000年,完成白内障手术312例,为14名肢残人施行矫形手术。

2001—2002年,"视觉第一中国行动"重庆医疗队为开县736名符合手术条件的患者施行复明手术。2003年,建立残疾人康复档案,累计为残疾人提供康复训练服务1387人次,实施白内障复明手术320例,肢体矫形手术38例,装配矫形手术38例,装配矫形器38件,为残疾人提供用品用具329件,为13名残疾人免费安装小腿假肢8条、大腿假肢3条。2004年,完成白内障复明手术312例,送复明中心复明8人;完成肢体矫形术38例,装配矫形器38件;提供用品用具336件;语训聋儿25人,训练聋儿家长14人;低视力配镜及训练8人;智力残疾儿童生活自理能力训练4人;为13名残疾人免费安装小腿式假肢12条、大腿式假肢3条。确诊1284名精神病患者,并在义和镇开展精神病防治试点工作。2005年,为128名下肢残疾人每人配送轮椅。5月16日,启动开县残疾人“康福工程”,为44名小腿截肢残疾人和12名大腿截肢残疾人免费安装假腿;为54名有残余听力的0~7岁聋哑儿童免费配置助听器;实施“健康快车”行动,使234名白内障患者重见光明。“视觉第一中国行动”重庆医疗队为全县符合手术的白内障患者实施复明手术302例,脱盲率为99.5%,脱残率为97.7%。

2006—2010年,实施白内障患者复明手术1830例;对2961人次贫困精神病患者实施医疗救助;开展残疾人康复训练737人次;为1744名残疾人配用用品用具,为790名贫困截瘫残疾人赠送轮椅。

2011—2014年,免费救助贫困白内障患者4060名;药物救助贫困精神病患者3400名、住院救助精神病患者93名;在14个乡镇(街道)卫生院新建残疾人康复示范社区;完成康复训练131人次;免费配发成人轮椅、盲杖、助行器、助听器、助视器等其他残疾人辅助用具2477件套。2015年,完成贫困白内障患者免费救治1000例;贫困精神病患者免费药物救助1000例;完成市级残疾儿童“七彩梦行动计划”项目40例。标准化示范社区康复站建设7个,建成家长学校1所,开展康复协调员培训389人次。开展残疾人筛查活动15次,发放残疾人辅具150例。

四、残疾人就业

1990年,协助开办福利厂,共安置残疾人27人,向县内外企业、个体户推荐安置77名残疾人。2004年,县残联与县财政局、县地税局、中国人民银行开县支行联合制发《关于征收残疾人就业保障金的通知》。按比例安置残疾人就业完成率86.7%,依法征收残疾人就业保障金24万元。组织培训城镇有劳动能力的残疾人共121人次,推荐35人到重庆渝江压铸有限公司、人和压铸有限公司、豪森印务有限公司等企业实现稳定就业,22人实现个体从业。加大开县盲人按摩院的资金投入,增加设备,并为参加培训的7名盲人每人购置1台随身听和30盒学习磁带,向县外盲人按摩院推荐安置6名盲人。2005年,征收残疾人就业保障金28万元。为150名城镇贫困残疾人每人补助1000元帮助他们个体从业。在麻柳乡和铁桥镇扶持60名农村贫困残疾人发展养殖业。举办盲人培训班,所培训的5名学员全部安置就业。推荐26名残疾人到深圳和重庆务工。

2006年,推荐安置80名残疾人就业。对210名残疾人进行种植、养殖业及实用技术培训,对16名视力残疾人进行保健按摩培训,并全部推荐就业。依法征收残疾人就业保障金36万元。2007年,培训电工、焊工、钳工、美容美发、厨师、电脑、小家电维修等,参训残疾人11名均安排就业,推荐安置7名盲人按摩人员。完成20个“爱心亭”的选址定点工作。依法征收残疾人就业保障金73万元。2008年,重庆力扬塑胶工业有限公司招聘安置开县30名家庭贫困的重度残疾人上岗就业。推荐安置6名盲人按摩人员。依法征收残疾人就业保障金

135万元。对100人进行焊工、钳工、厨师、电脑、小家电维修等技能培训。2009年,集中安排残疾人就业24人。依法征收残疾人就业保障金210万元。输送22名盲人到重庆学习保健按摩技术。对421户残疾人进行肉兔养殖和种猪养殖培训,并免费发放肉兔1795只和种猪180头,发放肉兔养殖技术资料400余份。2010年,扶持1000户残疾人家庭发展种猪、肉兔、山羊养殖。对40名有劳动需求的残疾人进行技能培训,向县外推荐安置30人就业。5名视力残疾人参加盲人按摩培训后全部就业。是年,收取残疾人就业保障金250万元。

2011年,对100名有劳动需求的城镇残疾人进行技能培训并推荐安置就业80名,27名视力残疾人参加盲人按摩培训后全部就业,收取残疾人就业保障金365.2万元。2012年,推荐安置城镇残疾人就业100人。支持残疾人开办小微企业12户,实施"万村千乡"市场工程,发展残疾人商户6家,落实农村基层党组织助残扶贫10户,落实盲人按摩初高级培训10名,对600名残疾人进行实用技术培训。全县征收残保金340万元。2013年,组织10名视力残疾人参加重庆市盲人按摩初、中级技术培训,对2000名农村贫困残疾人进行种养业技术培训。是年5月,承办市级就业招聘会,共有80名残疾人上岗就业。帮扶3户种养业大户,引导5名残疾人成功申办微型企业。征收420万元残疾人就业保障金。2014年,完成残疾人实用技术培训2750户(县级2000户、市级750户),培训盲人按摩人员15名,电脑操作员4名。残疾人就业培训录入1.62万名。完成残保金征收工作,已入库430万元。2015年,培训盲人按摩人员16名,电脑操作员305名。组织4名残疾人参加全国残疾人职业技能大赛。落实176名残疾人就业帮扶工作,发放岗位补助金211万元。完成残疾人实用技术培训2200户,组织26名残联干部参加残疾人就业指导员培训。

五、残疾人教育

2004年,开展"春雨助学""西部盲童助学"等助学项目,共资助义务教育阶段学生130名,贫困残疾大学生2名。2005年,争取"西部盲童""彩票公益""春雨"助学金共7.27万元,资助130名残疾儿童入学。为谭家乡明水村贫困残疾考生黄裕林争取专项彩票公益金助学款2000元。2007年,实施"西部盲童助学""彩票公益金助学""春雨助学"项目,筹集1.45万元慈善捐款,为29个残疾学生及残疾人子女每人资助500元学费,对贫困残疾大学生及贫困残疾人子女颁发1.2万元奖学金。2008年,共筹措资金10.2万元,对212名贫困残疾大中小学残疾学生进行救助。2009年,对4位家庭困难的残疾大学生实行每人3000~5000元的入学救助。特殊教育学校107名学生每人每月得到300元的生活救助。2010年,争取上级援助资金10.1万元,扶助127名残疾儿童少年重新走进校园。

2011年,对应届贫困残疾大学生及贫困残疾人子女大学生入学给予一次性入学救助,共资助贫困残疾大学生及残疾人子女38名上大学,合计救助金额8.1万元。2012年,采取特校教育和随班就读并举的办法,解决残疾儿童就读问题。出资3.5万元救助146名贫困残疾中小学生;出资4.1万元资助9名贫困残疾人应届大学生。2013年,资助3名贫困残疾大学生每人5000元,救助7名贫困残疾学生每人2000元,协助教育部门对0~7岁的学龄前儿童进行摸底,有效提高残疾儿童入学率。2014年,完成470名学前残疾儿童和残疾在校生的摸底调查工作。2015年,开展残疾大学新生入学救助8人、生活救助10人,启动县特教学校培智部建设项目,完成特教园丁奖评选1人。

六、残疾人文化体育

组织参加重庆市第一届残疾人文艺会演,舞蹈《童年的七月》荣获表演三等奖。组织残疾人排练《火红的十月》参加开县国庆50周年文艺晚会。举办开县首届残疾人运动会,17个代表团和240名运动员参赛。组织19名残疾人运动员参加重庆直辖后的第一次残疾人体育运动会,获得8枚金牌、5枚银牌、4枚铜牌,获得全市总分第二名。2002年,组织20名残疾人运动员参加重庆市残疾人体育运动会,获得4枚金牌、1枚银牌、6枚铜牌。2005年,组织脑瘫残疾人、聋哑人、肢体残疾人参加重庆市残疾人运动员选拔赛,开县脑瘫残疾人廖黎入选市残疾人脑瘫足球组参加全国残疾人脑瘫足球锦标赛;肢残人谭冰参加全国残疾人田径锦标赛,获得跳远第二名。组织肢残人和盲人参加重庆市第三届残疾人文艺会演,参赛的声乐类节目《高原红》、器乐类节目《架子鼓合奏》、戏剧小品类节目《别扭话》,均获得优秀奖。2006年,在重庆市第三届残疾人运动会上,开县肢体、脑瘫、言语类共15名残疾人运动员参加比赛,获得3枚金牌、1枚银牌、3枚铜牌,团体总分第八名。开县1名运动员代表重庆市参加全国残疾人运动会,获得铜牌。2010年,组织参加重庆市第四届残疾人运动会,获金牌2枚、银牌2枚、铜牌3枚。开展"全国助残日""国际聋人节""国际盲人节""志愿者助残"等活动。2012年,举办以"传播文化弘扬慈善扶残助残"为主题的第二十二次"全国助残日"暨文化下乡活动,募集善款3万元解决50名贫困残疾人家庭学生入学难和50户残疾人家庭增收难问题。2013年,选拔残疾人参加第四届全国"残疾人文化周"活动,组织残疾人演员参加重庆市第五届残疾人文艺会演,完成10个社区"残疾人文化进社区"建设。组织5名残联干部和特教教师参加残疾人体育健身指导员培训。2014年,组织残疾人运动员参加重庆市第五届残运会,获得团体第5名。组织完成第24次"全国助残日"系列活动。2015年,残联开办的残疾人手语专题栏目《同在蓝天下》在开县广播电视台综合频道8个时段重复播出,共计播出6期。建成"残疾人文化体育进社区"示范点2个,配发图书4000余册。完成县级残疾人视障阅览室建设。组织6名残疾人运动员参加重庆市羽毛球专项赛事,获得2个第三名、1个第四名、3个个人道德风尚奖、1个集体道德风尚奖。组织残疾人运动员参加各类棋赛,其中开县盲协会员参加重庆盲人协会组织的盲人象棋比赛,获得团体第二名、个人第一名、个人第四名。组织开县残疾人围棋选手参加全国围棋筛选赛出线并进入决赛。

七、残疾人维权

2004年,建立信访接待首问负责制度、矛盾纠纷排查制度、典型问题落实到人制度。2010年,为69名残疾人提供法律服务。在新县城的规划和建设中推行无障碍建设。2011年,发放法律援助卡1.4万余份,6户残疾人家庭接受法律救助服务;对100户贫困残疾人家庭进行无障碍改造;及时发放机动轮椅车燃油补贴;建立矛盾纠纷排查制度,强化信访首问负责制,推行"办案式信访",信访自办案件及转办案件办结率均为100%。2012年,发放法律援助卡5000余份。落实贫困残疾人家庭无障碍改造240户。落实信访首问负责制，信访自办案件及转办案件办结率均为100%。启动C5车辆补贴工作并发放培训费。2013年，开展残疾人法律救助站规范化建设，发放法律援助卡1.5万余份。对11名残疾人开展法律救助服务。落实贫困残疾人家庭无障碍改造60户，资料档案健全。落实114台车辆燃油补贴2.9万元。全年信访交办事项完成率100%。2014年，组建残疾人信访代理(信息)员队伍，初步建立起残疾人信访代理制度。全县140名残疾人机动车燃油补贴完成调查、审核、上报和发放工作。启动2014年残疾人路桥费减免工作。是年，县残联领导接待群众信访21次。实施残疾人家庭无障碍改造260户(县级200户、市级60户)。2015年，开展干部下访活动13次，接待残疾人信访200余人次。实施残疾人家庭无障碍改造200户。发放10名残疾人驾驶员C5驾驶培训补贴和156名残疾人机动车燃油补贴。

第八节　云阳县残疾人事业

一、组织机构

1989年8月28日，成立云阳县残疾人联合会，为副科级单位。1997年4月4日，云阳县残疾人联合会升格为正科级。2001年，机构改革，重新核定县残联行政编制4名。是年，成立县残疾人多功能服务中心。2013年10月17日，云阳县残疾人多功能服务中心更名为云阳县残疾人服务中心。2015年8月10日，县残疾人服务中心事业编制总数5名。2011年11月2日，成立重庆市残疾人福利基金会云阳县办事处。2013年，在479个村(社区)成立残疾人协会，以县残联为主导、乡镇(街道)残联为基础、村(社区)残疾人协会为依托的残疾人服务体系形成。

1990年9月28日，召开云阳县残疾人联合会第一次代表大会，选举残联理事会理事31名。2003年7月9日，召开第二次残疾人代表大会。先后有杨志权、黄德君、陈群英、赵猛任、程平康任理事长，周振竹、龚延清、向发瑶、李彬任副理事长。

二、残疾人口

云阳县总人口136万。根据2006年第二次全国抽样调查数据显示，云阳县共有残疾人81070人，约占全县总人数的5.96%。至2015年12月，全县持有第二代残疾人证的残疾人27796人，其中视力残疾4982人，听力残疾1398人，言语残疾311人，肢体残疾14081人，智力残疾3095人，精神残疾2698人，多重残疾1231人。

三、残疾人康复

1990—1995年，完成白内障手术671例，小儿麻痹矫治手术270例。

1996—2000年，完成白内障复明手术416例、肢体矫治手术103例；聋儿、智力残疾儿童家长培训159名;发放各类辅助器具273件。

2001—2005年,共完成白内障复明手术1003例;低视力配镜23人,家长培训25人;聋儿语训80人,配助听器38人,聋儿家长培训70人;精神病住院治疗1000余人,服药治疗3000人;安装普及型假肢50例,配矫形器114例,肢体矫治手术23例;脑瘫训练7人,智残儿童训练23人;麻风畸残康复矫治13人,训练18人,培训盲人按摩6人,建聋儿语训班3个,新建低视力康复机构1个,建立用品用具服务站1个,用品用具供应1065件。

2006—2010年,全县白内障复明手术730例,脱盲率98%,脱残数700例,脱残率96%。聋儿语训23名,对207名聋儿家长进行培训,聋儿语训后进入普幼、普小就读的有3名。配发残疾人用品450件,肢体残疾人康复训练190人,智力残疾儿童训练45人,肢体残疾矫治手术10例,完成假肢、矫形器安装59人,为麻风畸残患者配发辅助用具38件,康复训练40人。

2011年,为723名贫困白内障患者实施免费手术,装配假肢14例,18名聋儿在语训班进行康复训练。为10名聋儿免费清洗助听器;为1481名精神残疾人免费发放药物,50名重度精神残疾人得到免费住院治疗;免费发放辅助器具114件。

2012年,对25名特困精神病患者实施免费住院治疗,对72名重症精神病患者给予每人1000元的住院补贴,为1258名贫困精神病患者送去免费治疗药物。为特教学校的19名聋生免费适配助听器,免费安装成人助听器22例;对18名3~6岁的贫困聋儿进行语言恢复训练。实施白内障免费复明手术203例。安装发放轮椅74辆,安装大小腿假肢21例。为13名0~6岁的脑瘫儿童适配助行辅具18件。发放盲杖等其他辅具320件。

2013年,15名聋儿、12名脑瘫儿接受免费康复治疗。全年安装假肢48例,低视力适配助视器60人78件,盲人定向行走训练20人,白内障复明手术920例(其中免费手术200例),救助精神病人共计1320人,筛查出各类残疾儿童394人,转介至各个康复训练机构进行康复救助的有65人次,智力残疾儿童社区康复35人,肢体残疾人社区康复75人,聋儿家长培训30人,其他辅具发放200件。

2014年,建立康复服务档案2万余份;10名聋儿、20名脑瘫儿接受免费康复治疗;安装假肢31例;低视力适配助视器70人78件,盲人定向行走训练30人,白内障复明手术478例(其中免费手术250例),救助精神病人共计1320人,筛查出各类残疾儿童394人,转介至各个康复训练机构进行康复救助的有25人次;智力残疾儿童社区康复35人,肢体残疾人社区康复75人,聋儿家长培训35人,其他辅具发放200余件。

2015年,调查并录入数据2.52万条,调查完成率100%。精神病服药救助1400人,住院救助258人,实施贫困白内障患者免费手术371例。免费康复训练0~6岁贫困听力残疾儿童10名、智力残疾儿童50名、脑瘫儿童30名。适配低视力助视器100例、盲杖39根、儿童助听器12例、成人助听器80台、轮椅201台、0~6岁脑瘫儿童辅具51台;安装假肢17例、发放儿童矫正鞋9例,重庆康复中心假肢打样16例。

四、残疾人就业

1995年,解决残疾人集体就业61名。2007年,对15名残疾人进行职业技能培训,对300名残疾人进行实用技术培训。2009年,对150名农村残疾人进行实用技术培训、对70名残疾人进行职业技能培训、对10名盲人免费按摩培训。

2006—2010年,累计安置411名残疾人就业。企业集中安置残疾人就业人数累计达到537人。扶持3011名残疾人实现个体从业。

2011年,残疾人实用技术培训281人,23名盲人免费进行按摩培训。2012年,安排50名残疾人就业。培育致富带头人15户,并带动300名残疾人就业。农村残疾人实用技术培训262人次,城镇残疾人技能培训80人次,盲人按摩培训10人次。帮助436名就业困难残疾人享受到补贴政策。2013年,培育致富带头人8户,并带动300名残疾人就业,开展盲人按摩等残疾人技能培训280人次。2014年,培育致富带头人10户,并带动300名残疾人就业,开展盲人按摩等残疾人技能培训280人次。2015年,培育致富带头人21户,并带动500名残疾人就业,开展盲人按摩等技能培训120人次,电子商务培训24人,对700名农村残疾人开展种养业实用技术培训。

五、残疾人教育

1995年,解决158名残疾人入学。1997年,在双江民德小学兴办特教班一个,9名残疾儿童在此接受特殊教育;全县共有30名残疾儿童入学,3名残疾学生考上大学。2001年,云阳县特教学校建立,设5个教学班,在校生58人,“三残”儿童入学率60%。2006年,为30名贫困残疾学生每人每年解决生活及学习费用1000元;“扶残助学”“春雨行动”救助10名残疾儿童,每人救助1350元;为28名盲童每年解决150元的学习费用。2011年,为贫困残疾大学生及残疾人子女大学生提供资助5.6万元。2013年,帮助3名贫困残疾大学生实现大学梦并对6名在校贫困残疾大学生给予生活救助。2014年,帮助13名贫困残疾大学生实现大学梦并对8名在校贫困残疾大学生给予生活救助。2015年,帮助22名贫困残疾大学生实现大学梦并对8名在校贫困残疾大学生给予生活救助。

六、残疾人文化体育

在第三届全国残运会上,残疾人运动员盛亮获得羽毛球个人第三名,葛宗祥获得男子乒乓球铜牌,6名运动员获得道德风尚奖。在第四届重庆市残运会上,残疾人运动员盛亮获得男单羽毛球金牌,聋人足球队获得男子组第六名。在第三、四届重庆市残疾人文艺会演中,县特校代表队表演的舞蹈《春芽》《折耳根》获得二等奖。2012年,残疾青少年表演的舞蹈《折耳根》节目获国家级金奖。

七、残疾人维权

2005年,共接待残疾人上访80人次,来信11件。2009年,共接待来访300余人次,来信5件。2006—2010年,共接待来访人员980人次,处理来信33件,为412名残疾人提供法律援助和法律服务,为残疾人追回应得补偿105万元。2011年,全年共处理来信来访51件次。为49名残疾人代步车车主发放燃油补贴,对7名考取C5驾照的残疾人给予每人1000元的学习补贴。2012年,接待来访人员2607人次,处理来信19件,办理落实《行风热线》节目中反映的问题12个,排查矛盾纠纷12起,成功化解12起。走访残疾人1134户,妥善解决肢残人员营运长安车置换矛盾,对矛盾中所涉的84人分别进行就业安置,化解这个群体在县里的多次上访、集访矛盾。2013年,接待来访人员45人次,处理来信6件,走访残疾人350户;为5名残疾人进行法律援助。2015年,宣传《中华人民共和国残疾人保障法》等法律法规6次;接访203人次,下访35人次,开展民生"面对面"活动3次;落实74名残疾人代步车燃油补贴1.92万元,为3名残疾人办理重庆市路桥费减免,为8名残疾人进行C5驾照补贴8000元,维护7名残疾人的申诉权利,法律援助117人次。

第九节　奉节县残疾人事业

一、组织机构

1990年8月,成立奉节县残疾人联合会,属民政局管理的副科级单位。1999年5月,升格为副处级群团组织机构,与县民政局脱钩,由县委、县政府直接领导管理。1998年12月,成立奉节县残疾人综合服务总社。2003年9月,全县31个乡镇成立残疾人联合会,配备专职理事长;全县386个村和社区建立残疾人协会,由村和社区支书或主任担任协会主席。2004年9月,成立奉节县残疾人康复服务所和奉节县残疾人就业服务所,隶属县残联直接领导管理,两个服务所均为财政全额拨款的法人事业单位。2007年3月,成立奉节县盲人协会、聋人协会、肢残人协会、智力残疾人及亲友协会和精神残疾人及亲友协会5个专门协会。2010年10月,全县386个村和社区配备了残疾人专职联络员。至2015年12月,全县持有第二代残疾人证的残疾人27519人。

1990年12月,召开奉节县第一次残疾人代表大会,正式代表160名,推举舒兴贵为理事长。1998年8月,召开第二次代表大会,选举向光林为理事长。2003年10月,召开第三次代表大会,选举陈步军为理事长,霍长喜为副理事长。2007年3月,召开第四次代表大会,选举彭书华为理事长,霍长喜、王江奎为副理事长。2012年7月,召开第五次代表大会,选举刘雅洵为理事长,常本权、王江奎为副理事长。

二、残疾人康复

1990—1994年,完成白内障复明手术557名,小儿麻痹后遗症矫治521名;聋哑儿童听力培训87人。1995年5月,奉节县成立残疾人事业捐赠工作办公室,收到106个单位3390人的捐款共计2.88万元,全部用于残疾人"三康"工作。2006—2015年,完成白内障复明手术4556例。2012—2015年,贫困精神病患者服药救助1110人次,住院救助100人次。2006—2010年,在村、社区建8个康复室。2011—2015年,在乡镇中心卫生院建25个社区康复站。2009—2015年,共救助0~6岁残疾儿童250人次,其中脑瘫儿童康复训练89人次,智力残疾儿童康复训练22人次,孤独症儿童康复训练15人次,肢体矫正手术27人,人工耳蜗手术及语言训练8人,助听器适配及语言训练32人。2011—2015年,0~6岁儿童辅具适配57人。2007—2015年,安装假肢133例。2012—2015年,适配助听器230台。2013—2015年,适配低视力助视器229人,受益人数425人。2006—2015年,辅助器具适配4000余件。2010年12月成功创建"全国白内障无障碍县",对贫困白内障患者实行全免费手术。

三、残疾人就业

1992年,县残联兴办奉节县康福公司,从业人员15人,其中吸纳残疾人就业10人。帮助残疾人进入福利企业38人,个体自谋职业135人。1993—1998年,按比例安排残疾人就业22人,福利企业就业385人,个体经营自谋职业874人。2001—2015年,组织残疾人职业技能培训1520人次,农村残疾人实用技术培训2130人次,初级和中级盲人按摩培训180人次。帮助残疾人在县内和县外务工就业2830人,自谋职业830人,开办盲人按摩店18家,扶持种养业大户12户。累计征收残疾人就业保障金5782万元。

四、残疾人教育

2007年以来,为改善奉节县特殊教育学校的办学条件,完善教学功能,提高残疾儿童的入学率和巩固率,累计投入资金282万元。在特教学校开办除手语班之外的聋儿语训班、智力培育班、脑瘫训练班等,接纳残疾儿童300余人。积极开展"扶残助学"活动,投入资金12万元,资助贫困残疾学生随班就读1850人、残疾大学生45人,确保"三残"儿童入学。

五、残疾人扶贫

2010年,投入资金60万元为全县300户贫困残疾人发放优质肉牛饲养,帮助他们脱贫致富。从2006年开始,免费为全县残疾人参加新型农村合作医疗保险累计投入资金1260万余元。2004—2015年,农村残疾人危房改造913户,投入资金801.15万元。2008—2015年,为1760名贫困残疾人实施"阳光家园"救助项目,投入资金211.2万元。2010—2015年,为让"双扶公司"福利企业残疾职工老有所养,投入资金30万元,帮助缴纳养老保险金。

六、残疾人维权

残疾人信访维权工作涉及社会稳定和残疾人切身利益。为让残疾人"话有地方说,苦有地方述,冤有地方申",2008年,县残联与重庆聚焦律师事务所合作,成立奉节县残疾人维权中心,免费为残疾人提供法律服务和法律援助。2010年,县残联与县司法局协调沟通,建立残疾人法律援助站,并在各乡镇司法所设立残疾人法律援助岗,发放援助卡1.8万张。至2015年12月,累计接待各类残疾人来信来访3000余次,法律援助120余件,挽回残疾人经济损失80万余元,使残疾人合法权益得到有力保障。

第十节　巫山县残疾人事业

一、组织机构

1991年5月28日,成立巫山县残疾人联合会,是由县民政局代管、归口县政府管理的副科级机构。1995年4月,县残联脱离县民政局,升格为正科级,为独立核算、全额拨款的事业单位,核编4人。1998年,巫山县残联下设残疾人服务总社、巫山县残疾人康复指导站。2007年,残疾人服务总社更名为巫山县残疾人综合服务中心。2011年,撤销残疾人康复指导站,其职能交由巫山县残疾人综合服务中心承担。至2015年,全县有26个乡镇(街道)残疾人基层联合会、338个村级残疾人协会,形成以县残联为主导、乡镇残联为基础、村(社区)残疾人协会为依托的残疾人工作体制。

二、残疾人康复

(一)视力残疾康复

1990年5月,国家白内障复明手术医疗队到巫山县开展"三康"工作,实施手术55例。2001—2004年完成白内障患者复明手术805例。2005—2010年,共完成白内障复明手术1186例。2011年,成功创建重庆市"白内障无障碍县",筛查眼病患者2000余例,筛查出疑似白内障患者724名,符合手术指针的白内障患者600余例,其中贫困白内障疑似患者578名,累计手术515例。2013年,免费实施白内障复明手术260例,免费配发低视力助视器80例,配发辅具750件。2015年,实施白内障复明手术368例。

(二)听力残疾康复

1994年,全县有听力残疾人3688人。2001—2005年,开展聋儿康复训练及聋儿康复家长训练78人次,免费验配赠送助听器37台。2006年,对0~9岁贫困聋哑儿童进行筛查,聋儿康复8人。2009年,开展第十次全国"爱耳日"宣传活动,向社会宣传普及残疾预防康复知识。2010年,筛查0~6岁贫困儿童听力残疾5人,配送助听器5台。2012年,开展"爱让你听见——慈善1+1助听器救助活动",为特殊教育学校13名聋儿患者免费发放助听器。2012—2015年,共有22名聋儿成功申请人工耳蜗。2014—2015年,为714人发放"魏基成"助听器。

(三)肢体残疾康复

1989年,全县有瘫痪者305人,缺双腿者65人,缺双手者39人,缺一只腿者228人,缺一只手者131人。1994年,普查登记肢残8152人。2001—2002年,完成肢体矫治术15例,肢体残疾系统康复训练31人。2004—2007年,完成肢体残疾人大、小腿假肢安装64例,0~7岁肢残儿童矫治手术14例。2008年,肢体矫治20人。2011年,装配残疾人假肢11例。2013年免费为20名肢体残疾儿童配发辅助器具。2003—2012年,为肢残人无偿发放代步轮椅、拐杖、辅助器具共1998件。2015年,装配大小腿假肢37例,肢体残疾儿童矫治手术7人。

(四)智力残疾康复

1986年,全县有智力残疾175户202人,均获得规定供给,基本生活得到保障。1994年,全县有智残2766人,巫山县师范附小设有智力残疾儿童班。2002年,对智力残疾儿童进行康复训练6人。2005—2010年,20名智残儿童享受抢救性康复训练,培训智力残疾儿童家长20名。2013年,有35名智力残疾儿童得到救助。

(五)精神残疾康复

1994年,全县有精神病患者1744人。免费发放镇静药品,开展以家庭治疗为主,县残联救助住院治疗、门诊服药为辅的社会化综合性精神病防治康复工作。2008—2012年,资助治疗精神病患者50人。2010年,开始为精神病人建档建卡,跟踪随访,本着就近方便原则,组织输送农村重症精神病患者到万州等精神病医院住院治疗。2012年,对精神病患者每人每年给予600元护理补贴。2013年,启动精神病防治康复工作。

三、残疾人培训就业

2001—2002年,向市残联推荐参训初、中级保健按摩人员20人,并获得初、中级保健按摩师证书。2004—2006年,共组织60名盲人到广东省培英职业学校学习盲人按摩技术。2007年,残疾人劳动就业培训74人,其中初级盲人按摩师15人,中级盲人按摩师6人,高级盲人按摩师5人,电脑培训15人,车工5人,美容美发15人,家电维修5人,摄影5人,服装裁剪3人,均实现就业。对农村残疾人种植业培训450人,养殖业培训45人。2008年,培训各类残疾人1000人。2009年,对100名有劳动能力的农村贫困残疾人进行种植、养殖业实用技术培训。分期培训盲人电脑19人、手工编制10人、民用电工20人。2010年,组织10名盲人到万州参加盲人初级、中级保健按摩培训,在竹贤乡举办残疾人农村实用技术培训141人。2012年,举办农村残疾人种植、养殖实用技术培训班10期,培训农村残疾人500人。选送残疾人参加盲人按摩培训20人次。2013年,共举办农村残疾人种植、养殖实用技术培训班10期,培训农村残疾人500余人次。选送残疾人参加盲人按摩及盲人医疗按摩师培训14人次。2013—2015年,重点进行农村残疾人实用技术培训,对城镇残疾人进行盲人初中级按摩、电脑、缝纫车工等实用技术培训。

2002—2005年,落实按比例就业安置350人。2005年,帮助50名残疾人自谋职业,减免231名经商残疾人税费共计14.85万元。2007—2009年,协调安置538名残疾人就业。2010年,完成城镇就业80人,农村就业120人。2011年,全县城镇残疾人就业48人,农村就业1.89万人,全县累计按比例安置124名残疾人就业。扶持84名残疾人个体创业,从业人员62人。2012年,在当阳乡、抱龙镇建立残疾人就业示范基地,发展种植、养殖业。缙宏劳保服装厂集中安置残疾人就业17人。全县城镇残疾人就业623人,农村就业1.63万人。全县累计按比例安置623名残疾人就业,企业集中安置残疾人就业72人。全县有25家福利企业,从业残疾人320人。2013年,共实现城镇残疾人就业673人,农村残疾人就业1.86万人。全县累计按比例安置673名残疾人就业,企业集中安置残疾人就业72人。扶持60名残疾人实现多种形式就业,发展残疾人微型企业5户。创办盲人医疗按摩机构2个,累计12个,从业人员72人。

四、残疾人教育

1992年,巫山县第一个聋哑班在巫山县师范附小开办,学生25人,专任教师6人。全县残疾儿童少年以随班就读为主。到1998年,残疾儿童少年入学率为72.16%。1999年,巫山县经教育部批准为“中国——联合国儿童基金会促进贫困地区特殊教育项目”县。2000年8月,特殊教育学校在旧城原红光中学挂牌成立,开办聋哑、智力残疾班,17名学生。2003年9月,特殊教育学校搬至原西坪中学。2004年,全县“三残”(盲、聋、哑)儿童入学率分别达到86.4%、71.1%、88.9%。2005年,全县有特殊教育学生274人。2010年建成建筑面积4700平方米的特殊教育学校,并于当年9月1日投入使用。至2015年,该校有教师11名,学生84人,设2个聋哑班、3个培智班。

1998—2007年,帮助残疾儿童入学,实行“两免一补”政策,惠及3200人,共免除和补助经费24.96万元。2011年,将残疾儿童少年教育纳入全县义务教育体系,在全县各中小学普及残疾儿童、少年随班就读,执行“两免一补”政策,扶残助学。对特殊教育学校建立长效扶持工作机制,支持配备硬件设施15万元,赠送书包60个、床上用品50套及体育活动器具。全县适龄残疾儿童210名,在校就读178名,入学率为85%,120名贫困残疾学生受益。2012年,为特殊教育学校支持配备硬件设施1万元,落实“扶残助学”规定,全县共185名贫困残疾学生受益。至12月,全县在校(园)残疾学生230人,入学率85%。2013年,支持特殊教育学校配备硬件设施2万元,落实“扶残助学”有关规定,全县共180余名贫困残疾学生受益。2014年,协助市特教学校2014年的秋季招生工作,全县“三类”适龄残疾少年儿童入学率在70%以上。

2008年,资助3名残疾大学生就读大学。2009年,救助应届残疾大学生5人,每人3000~5000元,共发放助学金2.1万元。2010年,为考入大学本科的2名残疾学生每人救助5000元。2011年,资助9名贫困残疾学生读大学。至2012年,共资助37名残疾人和残疾人子女上大学。2013年,资助10名贫困残疾大学生生活补助2.4万元。2014年,为21名贫困残疾大学生提供入学和生活救助,合计4.8万元。2015年,为20名贫困残疾大学生提供入学和生活救助4.6万元。

五、残疾人维权

2003年,4711名农村残疾人享受税费减免政策。2004年,宣传贯彻执行《中华人民共和国残疾人保障法》,县政府出台减免残疾人农业税的优惠政策,1150人受益。2001—2005年,2.38万人次享受税费减免,减免金额160万余元。同时与县司法局协调,对残疾人施行司法援助,推动部门、行业和农村乡镇残疾人的维权工作。2008—2012年,巫山县残疾人法律援助中心免费为残疾人提供法律援助11次,发放法律援助卡5000余份。2012年,建立残疾人维权联席会议制度和维权行动小组,成立残疾人法律援助站1个,发放残疾人法律援助卡200张,帮助6名残疾人打官司。发放机动轮椅35辆、补贴燃油9100元,保护残疾人合法权益。2013年,发放残疾人法律援助卡1.28万张,定期对残疾人维权提供免费法律咨询及援助救济,帮助8名残疾人打赢官司。为解决残疾人实际困难,完成家庭无障碍改造100户并建档,同时发放机动轮椅车燃油补贴9880元。全年共处理来信86件,来访987人次,办结率100%,

发放临时救助款3万余元,无残疾人到县、市、进京集访和重大突发事件及群体性事件发生。2015年,帮助2名残疾人打赢官司,完成家庭无障碍改造100户并建档,发放机动轮椅车燃油补贴1.07万元。全年共处理来信76件,来访483人次,办结率100%。

第十一节 巫溪县残疾人事业

一、组织机构

1990年7月5日,成立巫溪县残疾人联合会,确定为副科级事业单位,列为政府序列管理,由巫溪县民政局代管。1997年10月7日,县残联不再归属县民政局管理,属归口县人民政府管理和领导的副处级事业机构。1998年4月10日,成立巫溪县残疾人劳动就业服务所。同时建立巫溪县残疾人服务总社,为事业单位,与残疾人劳动就业服务所实行一套班子、两块牌子,均属于县残联领导下的事业机构。2008年2月12日,成立巫溪县盲人协会、巫溪县智力残疾人及亲友协会、巫溪县精神残疾人及亲友协会等5个残疾人专门协会。

2003年8月,建立乡镇残疾人联合会。乡镇残疾人联合会由同级乡镇人民政府领导,在党政办公室内挂牌,不增加机构、编制和人员。乡镇残疾人联合会理事长由分管民政工作的乡镇领导兼任,残联干部(残联助理员)由民政干部兼任。2010年,全县30个乡镇都配备残联主席、理事长和残疾人联络员,县残联统一为各乡镇残联制作公章、牌子和上墙制度;全县26个社区、298个村都建立残疾人协会,全部由残疾人担任联络员。

1990年12月20日,召开巫溪县残疾人联合会第一次代表大会,选举产生主席团成员28名,推举崔启安为理事长,余碧和为副理事长,廖典清、林代丽为理事。2003年12月30—31日,召开县残联第二次代表大会。参加会议代表180名,其中残疾人及亲属代表92名,占51%;推举廖典清为理事长,余碧和为副理事长。2008年1月22日,召开县残联第三次代表大会。出席大会的代表128名,其中正式代表108名,特邀代表20名。会议推举邓绪权为理事长,余碧和为副理事长。

二、残疾人康复

1988—1989年,完成残疾人“三项康复”78人,占总任务的31.5%。1991年,共培训300名医疗技术人员。在全县开展残疾人“三项康复”摸底调查,检查眼病患者200余人,共查出白内障患者165人,其中可做康复手术89人。检查小儿麻痹症患者56人,其中可做康复手术40人。全年完成白内障复明手术78人,小儿麻痹矫治3人。1993年,完成白内障复明手术53例,累计完成白内障复明手术244例;完成小儿麻痹矫治手术35例,累计完成120例;聋哑儿童语训完成100%。1997年,完成白内障复明手术113例,脱盲率为100%,脱残率为85%;小儿麻痹矫治手术30例,有效率100%;聋儿语训5人,聋儿家长培训10人,智残儿童家长培训4人;低视力康复8人;假肢装配8例,残疾人用具供应75件。1999年,完成白内障复明手术87

例,脱盲率96%,脱残率88%;低视力配镜1例。2003—2007年,完成白内障复明手术370例,精神病医疗救助727人,发放残疾人用品用具1024件,智力残疾儿童及家长训练99人。2009年,精神病患者康复医疗救助470名,救助资金29万元;供应辅助器具253件;完成智力残疾儿童及家长训练10人,肢体残疾人康复训练7人,聋儿语训5人。2010年,全县积极推进残疾人"人人享有康复服务"工作,共托养残疾人118名;实施贫困精神病患者医疗救助439人,实施白内障复明手术218例;完成智力残疾儿童训练5人,家长培训5人;完成肢体残疾康复训练7人,聋儿语训5人;安装假肢9例;残疾人辅助器具供应352件。

三、残疾人就业

1991年,帮助29名残疾人解决就业问题,其中到福利企业6人,到乡镇企业8人;得到资金扶持新开业个体户有15人。1993年,县残联支持兴办两个实体,从业人员16人,其中残疾人8人。其他各种渠道帮助残疾人就业达250余人。1994年,扶持10户残疾人贫困户发展养猪;帮助考核选定10名残疾人进木雕工艺厂务工。全年帮助15名残疾人就业。1997年,县残联选择吸收巫溪县康扶石油液化气公司、巫溪县精工木制工艺品加工厂两家为下属福利企业,招收14名残疾人为企业职工。1999年,安排27人到福利企业就业;动员个体户雇佣5名残疾人务工;鼓励、帮助11名残疾人从事个体行业;对41名城镇残疾人进行职业技能培训;对62名农村残疾人进行种植、养殖技术培训。2001年,县残联按比例安排残疾人就业工作全面展开。全年安排3名残疾人就业,收取残疾人就业保障金2.03万元,组织残疾人职业培训16人。2002年,全年共收取残疾人就业保障金47万元,按比例安排残疾人就业3人,组织残疾人职业技能培训15人,扶持残疾人个体从业5人。2004年,征收残疾人就业保障金58万元,开展5期城镇残疾人职业培训和农村残疾人实用技术培训,共培训211人,推荐14名城镇残疾人就业。2005年,县残联多渠道组织培训城镇残疾人62人,安排个体就业180人。2006年,组织城镇残疾人就业培训130人,安排个体就业105人,组织残疾人到外地福利工厂务工21人。2007年,组织城镇残疾人职业培训110人,安排个体就业43人,推荐25名残疾人到外地福利工厂务工。2008年,共组织举办培训班8期,培训残疾人310人;帮助266名残疾人就业。2009年,完成残疾人职业技能培训132人,征收残疾人就业保障金198万元,帮助305名残疾人实现就业(城镇85名,农村220名)。2010年,完成残疾人职业技能培训110人,推荐残疾人就业81人;培训农村残疾人210人,扶持就业101人。

四、残疾人教育

1999年,对残疾儿童少年入学情况做抽样调查,协调教育部门对贫困残疾学生减免学杂费,联系"希望工程"实施机构救助失学残疾儿童。残疾考生刘玉平高中毕业被渝州大学录取,刘仁庆初中毕业被巫溪中学录取,残疾学生受教育权利得到保障。2002年,全县有两名残疾学生高考上线,通过实施"长江新里程盲童入学救助"和"春雨行动"项目,全县有29名残疾学生得到救助。2004年,实施"国家彩票公益金""长江新里程""春雨行动"等助学项目,共救助81名残疾儿童少年入学。2006年,实施"扶残助学春雨行动"项目,投入资金6850元;救助随班就读残疾贫困学生7名，资助每人4000元，资助住读贫困残疾学生3名，每人1350元。2010年，残疾学生随班就读，落实“两免一补”政策；支持县特殊教育学校建设，保障“三残”儿童入学，残疾儿童入学率得到巩固；落实非义务教育阶段贫困残疾学生优惠政策，对4名残疾大学生入学救助1.9万元。

五、残疾人宣传文化体育

2008年，县残联建立残疾人文体活动中心，定期开展活动。建立残疾人文体人才库，登记文体人才26人；支持县特殊教育学校师生编排聋儿舞蹈《感恩的心》，在县内多次公开演出，获得观众好评；参加全市和全国“好新闻评选活动”，向国家、市、县新闻媒体投稿56篇，发表信息39篇，论文1篇；建立残疾人自强模范和扶残助残先进典型信息库，收录16名先进典型人物事迹；《巫溪时报》开设残疾人工作栏目，巫溪电视台播报残疾人工作相关新闻1条；制作图片展8块，宣传残疾人工作图片108张。2009年，组织残疾演员开展经常性训练，编排3个文艺节目参加市残联第四届文艺会演；5月18日，在县人民广场举办第十九次“全国助残日”暨“残疾儿童走进课堂”募捐文艺晚会，11个节目由县特殊教育学校师生、残疾人模范典型和爱心人士汇报表演，为县特殊教育学校募集资金80万元；规范建设残联机关网站，宣传残疾人事业，共制发简报48期，撰写调研文章2篇，在中国残联网站和市县报刊发表通讯、信息78篇，县电视台制作播出白内障复明工作专题片。2009年7月20日，县残联、县特殊教育学校、县智力残疾人亲友协会联合开展第三次“全国特奥日”宣传活动。在县人民广场设立宣传台，发放宣传资料1000余份；在县残疾人服务中心举办特奥运动知识讲座，20名智力残疾儿童及家长参加讲座。2010年，组织参加全国和市级“好新闻”评选活动，制发工作简报49期，撰写调研报告3篇，向各类报刊、新闻媒体投稿，发表信息、通讯41篇。组织特殊教育学校师生深入社区进行文艺演出，在文峰镇开展残疾人迎中秋晚会活动。

1999年9月6—8日，县残联组织孙昌平、刘玉春、周品高、李子成、余民爱、文永平、陈昌富、陈世友等8名运动员参加重庆市首届残疾人运动会的田径、游泳、射击、乒乓球4个大项比赛，有7名运动员获得名次，巫溪县获得组织奖，游泳运动员文永平入选2000年在上海举行的第五届全国残疾人运动会重庆代表队赛前集训队。2002年7月3—6日，重庆市举行第二届残疾人运动会。巫溪县代表团有10名运动员参赛，获得1枚金牌、2枚银牌、1枚铜牌，3名运动员获得体育道德风尚奖，团体总分排名全市第二十二位。2006年6月5—6日，重庆市第三届残疾人运动会在渝中区召开，全市41个代表团参加，巫溪代表团由13人组成，参加田径、乒乓球、射击、象棋4个大项14个小项的比赛，获得2枚金牌、2枚银牌、1枚铜牌的佳绩，团体总分由上届第二十二名上升到第九名。2010年7月12—16日，重庆市第四届残疾人运动会在九龙坡区召开。县残联组织30人代表团参加，参加游泳、举重、田径、射击、象棋、乒乓球等6个单项比赛，县特殊教育学校的9名学生参加集体项目聋人篮球比赛。巫溪代表团获得2枚金牌、2枚银牌、2枚铜牌，代表团和运动员王健、朱灵获得“体育道德风尚奖”。

六、残疾人维权

2010年11月25日，成立巫溪县残疾人法律援助站(设在县法律援助中心)，同时明确各乡镇司法所设立残疾人法律援助岗，由司法所所长负责日常工作，乡镇法律援助岗接受县法律援助站的业务指导，组织开展残疾人法律援助工作，全县298个村、26个社区建立残疾人法律服务维权点，制发残疾人法律援助卡1.5万张。1992—2015年，共协调司法部门为30余名残疾人提供无偿法律援助；共接待来信来访案件1840件次，其中转办6件，办结6件，办结率100%；自办1834件，办结1770件，办结率96.5%。

第十二节　石柱土家族自治县残疾人事业

一、组织机构

1990年10月23日，成立石柱土家族自治县残疾人联合会，属县政府管理的副科级事业单位。2001年9月，机构改革为副处级事业单位。2012年，落实乡镇残联理事长正职中层干部政策。

2002年2月，全县32个乡镇均建立残疾人服务社。健全乡镇、村(社区)残联组织，配备乡镇专兼职工作人员38人，残疾人专职委员246人。县残联设石柱残疾人用品用具服务站、石柱残疾人综合服务中心。2014年11月，成立县聋哑人协会、盲人协会、肢残人协会、智力残疾人及亲友协会、精神残疾人及亲友协会等5类残疾人协会。

1990年12月26日，召开石柱土家族自治县第一次残疾人代表大会，参会代表70人，其中残疾人代表50人，推选谭逢华为理事长，杨明为副理事长。1994年2月25日，召开第二次残疾人代表大会，参会代表74人，其中残疾代表人41人，推选张远碧为理事长，杨明为副理事长。1998年7月25日，召开第三次残疾人代表大会，参会代表150人，其中残疾人代表90人，选举张远碧为理事长，秦丹为副理事长。2001年9月，召开第四次残疾人代表大会，选举杜旭明为县残联理事长，谢远程为副理事长。2007年12月，召开第五次残疾人代表大会，选举杜旭明为理事长，隆渝林为副理事长。2012年11月，召开第六次残疾人代表大会，选举秦大志为理事长，秦新华为副理事长。

二、残疾人口

至2015年12月，石柱土家族自治县常住人口50万人，约有残疾人3万人；全县持有第二代残疾人证的残疾人14937人，其中视力残疾1961人，听力残疾764人，言语残疾241人，肢体残疾9839人，智力残疾1027人，精神残疾606人，多重残疾499人。

三、残疾人康复

1993年，投资10万元在县医院、西沱区卫生院培训医生，购置设备，设立白内障复明点，为463名患者做白内障复明手术。1999年10月16日—11月5日,“视觉第一中国行动”重庆市医疗队到石柱县诊治眼病患者600余名,实施白内障复明手术125例,成功率100%。2007年,设立7个筛查点,筛查出白内障患者312名。依托县医院、县中医院开展白内障复明手术229例。2008年,在中国香港慈辉佛教基金会和中国香港佛教基金会资助下,重庆市医疗队在石柱县中医院共检查疑似白内障患者930余例,确诊并免费实施复明手术432例,脱盲率75%,脱残率90%以上。2010—2015年,县残联、县卫生局、县人民医院、县中医院等实施白内障手术2257例。2001—2002年,全县培训聋儿家长6人。2007—2015年,完成聋儿免费人工耳蜗手术7例,开展聋儿家长培训39例、实施聋儿助听器验配55例,并对聋儿进行康复语言训练。2007—2015年,为肢体残疾人免费安装假肢141例,其中大腿66例,小腿75例;肢体残疾人康复训练54例。2012—2015年,开展智力残疾儿童康复筛查,筛查出智力残疾儿童康复需求24例。2013—2015年,实施精神病人服药救助265例。2007—2015年,为残疾人发放辅助器具1706件。

2012年,32个调查小组在全县开展残疾人康复需求调查。是年,新建7个残疾人康复示范社区和2个残疾人康复指导站。2013—2015年,为1.6万名残疾人建立康复档案,建立25个康复示范社区,完成“残疾人康复示范县”和残疾人“人人享有基本康复服务”创建工作,并通过市级审评验收。2011—2015年,共投入康复资金1219.7万元,建立康复站32个、村(社区)康复室2个、康复中心1个,累计对1.59万人次残疾人进行康复训练,为贫困残疾人配发各类辅助器具1241件,实施免费复明手术1915例,精神病患者服药救助362人次,住院救助115人次,培训残疾人康复协调员和卫生院康复指导员共1067人次。2015年县政府出台《关于做好残疾儿童康复救助工作的通知》,对0~14岁残疾儿童进行早期康复救助,一级100元/月,二级50元/月。2015年度,荣获“重庆市残疾人工作综合目标考核先进单位”称号。

四、残疾人就业

1986—1997年,安置345名残疾人到企业务工,安置20名残疾人到民政部门办的经济实体就业。2007年,推荐32名残疾人到县外福利企业就业。选送13名残疾人到重庆市区、涪陵、万州免费学习盲人按摩、服装裁剪、电器维修、电工、钳工等专业技术。是年10—11月,在石柱县精华职业技术培训学校组织举办1期残疾人职业技术培训班,54名残疾人参加家电维修、计算机操作、缝纫加工3个专业的免费学习培训,为其就业提供技术扶持。2008年,全县按比例安排残疾人就业123人,收取残疾人就业保障金31.4万元。举办农村残疾人实用技术培训班,88名残疾人参加培训。2009年,全县安排残疾人就业132人,收取残疾人就业保障金96.18万元;是年8月,举办残疾人实用技术及职业技术培训,152名残疾人参加培训。2010年,县残联、县委党校和就业培训中心联合开展农村实用技术培训,共免费培训残疾人101人,推荐10名残疾人到重庆仁和压铸公司工作。2011年,征收残疾人就业保障金181.18万元;各机关企事业单位按比例安置残疾人就业152人;介绍15人到重庆仁和压铸公司就业。2012年,征缴残保金420万余元,组织256名残疾人分两期到县农广校(县委党校)参加农村实用技术培训;安置残疾人新增就业32人;通过扶持残疾人创业大户,带动50余名残疾人就业，提高残疾人就业率。2013年，投入资金12万元扶持残疾人种养业大户4户，带动残疾人就业50余人；推荐25名残疾人赴重庆仁和压铸有限公司就业，全年新增残疾人就业78人。2015年，县政府出台《关于做好残疾人创业就业扶持工作的通知》，对残疾人创业、就业实施2000~10000元的扶持，鼓励残疾人创业；投入资金14万元，扶持种养业大户5户。是年，开展残疾人职业技能培训406人。2015年，投入资金8万元，扶持种养业大户2户，带动周边残疾人就业40余人，全县按比例安置残疾人就业162人，全年新增残疾人就业20人；建立残疾人创业就业机制，投入资金28.9万元，131名残疾人创业者直接受益。

五、残疾人教育

1998年，新建石柱县特殊教育学校，25名残疾儿童就读。2009年，"三残"儿童入学率89.6%；制定非义务教育阶段的贫困残疾学生就读优惠政策。"助残日"为县特殊教育学校筹集资金5000元。2011年，争取残疾贫困儿童助学金1.04万元，资助20名残疾儿童入学，同时每年拿出专项资金1万元对在校残疾学生进行慰问。2013年，促进残疾人义务教育发展，全县残疾学生义务教育入学率98%，其中在县特教学校就读的残疾学生达45人。对当年考上高等院校和仍在校就读的6名残疾本、专科学生的给予2.2万元的入学补助和生活补助。2014年，县残联决定自当年起每年资助县特殊教育学校助残资金8万元。对当年考上高等院校和仍在校就读的15名残疾本、专科大学生给予4.6万元的入学补助和生活补助。2015年，对当年考上高等院校和仍在校就读的21名残疾本、专科大学生给予5.6万元的入学补助和生活补助。

六、残疾人宣传文化体育

2011年，对全县残疾人体育人才进行全面调查，建立残疾人体育人才库；邀请《重庆日报》记者到石柱县采访残疾人事业，进行专题报道。2012年，举办大型专题文艺演出并启动首个"助残月"活动，建立5月"助残月"机制；邀请《凡人有约》记者到石柱县对残疾人谭启树进行采访、专题报道；建立残疾人工作宣传信息奖励制度。2013年，在市、县各类媒体刊用残疾人事业新闻稿件20余条，在市、县残联网站刊用信息30余条；开展残疾人文化进社区活动，依托农家书屋，建立10个社区残疾人文化活动室。组织残疾人文艺代表团参加市第三届残疾人文艺会演，代表团获优秀组织奖；加强残疾人体育人才培养选拔，建立残疾人体育人才信息库，筹备参加重庆市第五届残疾人运动会。2014年，在市、县各类媒体刊用残疾人事业新闻稿件40余条，在市、县残联网站刊用信息50条，开展"助残日""爱耳日"等宣传活动并做专题报道。开展残疾人文化进社区活动，依托农家书屋，建立31个残疾人文化进社区活动点；组织15名残疾人运动员参加重庆市第五届残疾人运动会，获得1枚金牌、1枚银牌、2枚铜牌。2015年，在市、县各类媒体刊用残疾人事业新闻稿件70余条，在市、县残联网站刊用信息47条。开展"助残日""爱耳日"等宣传活动并做专题报道，在市级主流媒体刊发新闻稿6条。完善视障阅览室基础设施。开展残疾人文化进社区活动，完善31个残疾人文化进社区活动点。组织4名残疾人运动员参加重庆市残疾人羽毛球锦标赛。

七、残疾人维权

2007—2008年,全年接待残疾人来信来访122件,做到件件有回复;为残疾人提供法律援助39人次。2009年,利用“爱耳日”“助残日”等节日开展残疾人法规知识宣传;积极开展残疾人法律援助工作和普法工作。全年共接待126件信访,办结率100%。2010年,在司法局设立专门的残疾人法律援助站,由政府出资聘请法律顾问,发放残疾人法律援助卡750份。2010—2015年,累计为235名残疾人成功维权。2012年,投入资金13万元,为65户贫困残疾人实施家庭无障碍改造。2013年,投入资金20.8万元,为80户贫困残疾人实施家庭无障碍改造;共接待残疾人来信来访42件次;制作并发放残疾人优惠政策明白卡2万余张。同年4月1日,启动残疾人免费乘坐公交车工作,共计投入资金8万元,近5000名残疾人直接受益。2014年,投入资金22.7万元,为71户贫困残疾人实施家庭无障碍改造;全年接待残疾人来信来访46件次;推行残疾人诉求代理制度,并对各乡镇残疾人诉求代理员进行培训,帮助残疾人反映合法诉求,完成残疾人诉求代理96人次。2015年,投入资金23.9万元,为70户贫困残疾人实施家庭无障碍改造;全年接待残疾人来信来访54件,做到件件有回复;“助残日”“国际残疾人日”等节日期间积极开展残疾人法律咨询活动,发放法律宣传资料3500余份。

第十三节　秀山土家族苗族自治县残疾人事业

一、组织机构

1990年12月27日,成立秀山土家族苗族自治县残疾人联合会,级别为副科级事业单位,列为政府归口管理,由县民政局代管,纳入事业编制。2000年10月10日,县残疾机构规格明确为副处级,实行计划单列,机关事业编制4名,其中理事长或副理事长1名,科长职数1名。2003年11月4日,成立秀山土家族苗族自治县残疾人就业服务所,属县残联下属单位,人员和编制3名,自收自支事业单位,编制内调剂解决。2005年9月27日,设立秀山土家族苗族自治县肢体残疾人协会、聋哑人协会、盲人协会、智力残疾人及亲友协会、精神残疾人及亲友协会。

2002年,全县32个乡镇成立残疾人联合组织。2009年,组建全县村、社区居委会残疾人协会,选举产生协会主席、副主席和委员,完成村(居)助残联络员推选工作,并利用村委会办公资源实行合署办公。明确乡镇、村(居)残疾人工作职责,健全基层残疾人组织体系。

1991年6月18日,召开秀山土家族苗族自治县残疾人联合会第一次代表大会,推举张汉周为理事长,李小勇为理事。1994年6月26日,召开第二次代表大会,正式代表130人,其中残疾人代表68名,占代表总数的52%。推举张汉周为理事长,李小勇为理事。2012年12月27日,召开第三次代表大会,出席大会代表168名,推举洪跃新为理事长,李小勇、赵茂兴为副理事长。

二、残疾人口

至2015年12月,秀山土家族苗族自治县总人口66.46万人,全县有各类残疾人3.15万人,占总人口的4.74%。全县持有第二代残疾人证的残疾人15739人,其中视力残疾2590人,听力残疾856人,语言残疾244人,肢体残疾9467人,智力残疾1581人,精神残疾696人,多重残疾305人。

三、残疾人康复

2002年,为全县33名耳聋者免费检测听力,对适合佩戴助听器的14名患者安装助听器。2003年,完成白内障复明手术39例;完成280名白内障患者的调查摸底登记工作;选派2名聋哑学校教师到市聋儿语训中心进行培训,开展听力助残。对40名聋儿家长进行培训,为8名聋儿安装助听器。2004年,开展"视觉第一中国行动"白内障复明手术工作,共为190人实施203例复明手术,手术成功率100%,复明率98%,脱残率92%,人工晶体植入率90%。争取市残联"国家彩票公益金"资助贫困聋儿项目,为3名贫困聋儿免费检测听力、制作耳膜、配送6台价值5000元的助听器。2005年,免费为8名聋儿配送助听器;新增3名聋儿入班进行听力语言训练。2006年,争取到市听力助残分队为13名聋儿免费检查听力,并为3名聋儿免费赠送助听器3台,制作耳膜6个,培训聋儿家长12人。全年共补贴33人次,补贴金额7.1万元。2007年,完成复明手术187人235例,手术成功率100%,脱盲率98%。2002—2007年,对136名聋儿及家长进行培训,制作耳膜、配送68台助听器。发放辅助器具960台,免费为2名聋儿验配助听器,为7名聋儿免费制作耳膜,配送100颗助听器电池。2008年,在全县开展白内障患者筛查工作,确定初筛患者612名。2009年,完成白内障患者筛查68名,低视力配用助视器5名。2010年,成立县贫困白内障复明手术工作领导小组,实施贫困白内障免费复明手术402例。2009年,新筛查0~7周岁聋儿8名,聋儿语言康复7名。2011—2015年,共实施白内障手术1412例。为贫困成年听力残疾人一次性资助数字式助听器1只、电池50块,并提供硬耳膜制作及验配服务费300元。对贫困家庭中6岁以下的聋儿每人赠送一对全数码助听器,连续3年每年发放2只耳膜、100颗电池和2000元康复训练经费,3年内每个孩子都享受6000元的康复训练经费。2003—2009年,配发辅助用具762件(套),大、小腿假肢安装49例,免费发放轮椅80辆。2011—2014年,配发辅助用具811件(套),大、小腿假肢安装31例,免费发放轮椅128辆。2007—2015年,对1188人次贫困精神病人实施免费服药救助,为240人次重症贫困精神病患者实施免费住院治疗。全县共发现麻风病123例,治愈111例,有麻风现症病人3例。至2015年12月,全县残疾人康复示范社区建设达25个,建设率100%,切实为残疾人提供康复训练与服务。成功创建残疾人社区康复示范县。

四、残疾人培训就业

2003—2015年,对2361人次具有一定劳动技能的残疾人进行水果栽培、家禽饲养等实用技术培训,从而加快农村残疾人脱贫致富步伐。2000年,为400余户残疾人个体经商户减免各种税费近10万元。鼓励残疾人个体就业,新增个体就业25人。2002年11月14日,县政府召开县长办公会,审议通过“全县城镇残疾人分散按比例就业工作”。2004年,依法推进全县残疾人按比例就业工作,完成全县按比例安排残疾人就业单位基本情况统计,全年安置残疾人就业48人,扶持残疾人个体从业10人。2005年,开展扶持城镇残疾人个体就业调查,扶持102名城镇残疾人,个体就业48人。2006年,组织23名残疾人到重庆市百吉机械厂和迪强摩托车配件厂就业;组织10名盲人参加市残联举办的盲人按摩免费培训,补助资金4200元,开设盲人按摩门诊2家,扶持6名盲人实现就业。2007年,扶持7名盲人实现就业,为3名肢体残疾人推荐就业。落实扶持残疾人就业“爱心亭”选址22个,多渠道开展残疾人就业。2011年,开展2期、共7名城镇残疾人参训的职业技能培训,其中盲人中级按摩培训1人,初级6人;农村残疾人实用技术培训102人,扶持16名残疾人创办微型企业。2012年,组织4名盲人参加盲人按摩培训,扶持7家盲人按摩机构。农村残疾人实用技术培训337人。推荐3名残疾人到重庆鑫磊机械厂务工。投资21万元对27个乡镇360户有一定产业发展基础的农村残疾人实现增收帮扶工作。2013年,组织17名盲人参加盲人按摩培训,其中高级4人、中级5人、初级6人、医疗按摩2人;扶持7家盲人按摩机构。农村残疾人实用技术培训260人。推荐3名残疾人到重庆鑫磊机械厂务工。2014年,组织9名盲人参加盲人按摩培训,其中中级4人、初级4人、医疗按摩1人。农村残疾人实用技术培训250人。组织31名残疾人到重庆市仁和压铸有限公司务工。残疾人苗绣培训28人。2015年,组织9名盲人参加盲人按摩培训。农村残疾人实用技术培训200人。组织52名残疾人到重庆市仁和压铸有限公司务工。对全县32户残疾人自主创业大户补助59.75万元。2004—2015年,共征收残疾人就业保障金2990.5万元。

五、残疾人教育

2000年,创办一所九年一贯制特殊教育学校。学校有聋教班4个,学生49人,教职工24人。2011年,适龄残疾儿童478人,义务教育阶段在校残疾学生426人,其中特教学校63人,适龄残疾儿童入学率89%。2012年,毕业1个聋教班13人,新招1个聋教班14人和1个智教班14人,达到5个教学班,学生总数74人。2013年,新招2个智教班24人,达到7个教学班,学生总数98人。2014年,新招1个聋教班10人,1个智教班14人,达到9个教学班,学生总数122人。2015年,毕业1个聋教班16人,当年不计划招新生,8个教学班,学生总数106人。开办智力学前教育班。2007年,落实扶残助学资金6.49万元,对167名残疾适龄儿童进行入学救助。2008年,对县聋哑学校40名、官庄中心校12名、钟灵乡中心校8名贫困残疾学生进行入学救助。2009年,帮助2名残疾大学生入学;争取公益金助学项目(学前教育),资助15名残疾儿童入学,每人资助3000元。2010年,共资助64名贫困残疾少年儿童入学,发放助学资金3.6万元。2015年,与县电视台合作,在县特校支持配合下,电视手语节目顺利开播,实现残疾人信息交流无障碍。

六、残疾人文化体育

1992年,开展第二次“全国助残日”活动,走访慰问社会福利厂36名残疾职工,并与残疾职工联欢。1999年,组织5名残疾人运动员参加重庆市首届残疾人运动会,获得较好成绩。2002年,组织残疾人运动员参加重庆市第二届残疾人运动会,获得1枚金牌、4枚银牌、1枚铜牌,位居全市第15位。2004年9月,县特殊教育学校编排的反映秀山花灯文化的舞蹈节目《喜庆的日子》,被市残联选入全市13个区县文艺调演节目。2005年8月,组织县特殊教育学校编排舞蹈节目《土家娃子》,代表重庆市参加在陕西省西安市由民政部、教育部、文化部、广电总局和中国残联举办的全国第六届残疾人文艺会演,获舞蹈类节目三等奖。2010年8月,秀山县龙池镇龙冠居委会七组盲童陈渝获第七届"星星火炬"中国青少年艺术英才全国总决赛金奖。2013年,组织县特殊教育学校编排舞蹈节目《花灯红》,参加重庆市第五届残疾人文艺会演,获舞蹈类节目三等奖。2014年,组织6名残疾人运动员参加重庆市第五届残疾人运动会田径、象棋、乒乓球3个项目。肢残运动员黄敏获得乒乓球金牌,实现市残运会秀山乒乓球项目金牌零的突破。肢残运动员翟林果分别获得田径100米、200米铜牌,秀山县团体总积分20分,排全市40个参赛单位第二十六名,并荣获重庆市第五届运动会体育道德风尚奖。2015年3月,县残联制作的纪录片《五妹绣娘》在中央电视台十频道播出。

七、残疾人维权

1991年县残联成立以来,努力打造残疾人来信来访维权平台,建立有效的工作机制,残疾人的合法权益得到有效保护。1993年,处理残疾人来信21件,接待来访群众120人次。1997年,共接待残疾人来访250余人次,来信15件。1998年,共接待来访215人次,来信10件。2000年,接待来信来访110件次,并给予相应的答复、办理。2011年,建立县、乡、村三级法律援助网络。在县级建立秀山土家族苗族自治县法律援助中心残疾人法律服务工作站;在设有司法所的10个乡镇、暂未建立司法所的22个乡镇综治办、5个法律服务所、3个律师事务所设立残疾人法律援助岗;在10个村(居)建立法律援助点。2008年县委、县政府出台《关于促进残疾人事业发展的实施意见》;2011年,秀山县人民政府出台《关于加快推进残疾人社会保障体系和服务体系建设的实施意见》;县政府先后制定"十五""十一五""十二五"残疾人事业发展规划,分别对残疾人合法权益进行规范和保障。1991—2015年,残疾人来电来访咨询2.18万人次,来信153件,民刑事诉讼法律援助37件次,涉残民事纠纷调解54人次,流动残疾人咨询帮助310人次。

第十四节　酉阳土家族苗族自治县残疾人事业

一、机构设置

2013年1月,酉阳县残联与县民政局分署办公,核定编制9人。2013年1月10—11日,召开县残疾人联合会第三次代表大会,选举罗文生为主席团主席,冉景扬为理事长,龙安成为副理事长。

2013年9月26日,成立酉阳土家族苗族自治县残疾人综合服务中心,为县残疾人联合会所属公益一类全额拨款法人事业单位。2014年11月12日,在酉阳土家族苗族自治县残疾人综合服务中心加挂酉阳土家族苗族自治县残疾人就业服务所牌子。2014年,完成县、乡镇第三届残疾人换届选举(配备县残联班子),组建肢残、盲人2个协会;配齐39个乡镇(街道)残联理事长和相关工作人员,县委首次将乡镇(街道)残联理事长纳入县级干部培训,乡镇(街道)残联全面挂牌;配齐278个村(社区)残疾人联络员和康复协调员,落实基本待遇,多次组织培训。

二、残疾人口

至2015年12月,酉阳土家族苗族自治县总人口84万人,全县有各类残疾人4.8万人,占总人口的5.7%。全县持有第二代残疾人证的残疾人14416人,其中视力残疾2289人,听力残疾260人,言语残疾827人,肢体残疾9077人,智力残疾1039人,精神残疾642人,多重残疾282人。

三、残疾人康复

2011—2015年,建成残疾人康复示范社区41个,建成"五中心一站",残疾人"人人享有基本康复服务"通过市级单位评审验收;康复需求建档1.22万人;实施五大类别残疾人康复救助项目。假肢安装65例,儿童矫正手术73例;助听器验配225台,人工耳蜗2例;助视器验配458例,县级医院白内障复明手术1427例;盲人定向行走59例;精神病服药救助342人次;脑瘫儿康复手术110余例;辅具适配6000余件(次);实施"居家托养",有1225名残疾人受益,共计投入资金73.5万元。

四、残疾人就业

2011—2015年,安排残疾人就业54人,岗前培训残疾人124人,城镇残疾人登记就业率95%,就业失业率4.8%;15名残疾人参与全县重点产业发展;残联系统定点集中培训残疾人发展种养业1200人次,扶持市级残疾人种养业示范基地17个,扶持县级残疾人种养业创业大户38户,投入资金35.66万元;慰问1520个贫困残疾人家庭;"居家托养"共1225人;启动1691名建卡贫困残疾人精准扶贫工作。

五、残疾人教育

2014年5月6日,残疾儿童手工培训班在酉阳县特殊教育学校举行开班仪式。2011—2015年,在校"三残"学生287人,入学率98.2%;在校残疾大学生26人,升学率86.7%;救助贫困残疾人家庭大学生58人,共计投入资金16.4万元;特校贫困学生交通、生活救助160人,共计投入资金35万元;特校聋哑学生技能开发投入资金25万元。

六、残疾人文化体育

2006年,残疾人运动员在重庆市第三届残疾人运动会上获得乒乓球女子听力组单打冠军。2013年,编排《哩嘞响》节目参加市第五届文艺表演;组织6名运动员参加市第五届残疾人运动会;组织3名运动员参加市残疾人羽毛球锦标赛。2014年,摸底建立县残疾人特殊人才库,入库24人。至2015年,建立社区残疾人文化服务站20个。

七、残疾人维权

“十二五”期间,建立残疾人法律援助站1个,处理残疾人重大信访5件。公共场所和部分县级机关增设残疾人无障碍设施,残疾人家庭无障碍改造160户。改造残疾人危房、新建370户,市级部门投入资金303万元,县级部门配套资金175万元。

第十五节　彭水苗族土家族自治县残疾人事业

一、组织机构

1990年12月5日,成立彭水苗族土家族自治县残疾人联合会,属副科级事业单位,列为政府归口管理,由县民政局代管。2001年4月,县编委会批复同意县民政局组建残疾人劳动就业服务所,为县残疾人联合会下属自收自支的事业单位。2001年11月,机构改革,县残疾人联合会从县民政局单列出来,机构编制独立,规格为副处级单位。2004年5月,县残疾人劳动就业服务所明确为县残疾人联合会下属财政全额拨款的事业单位。2008年,建立盲人协会、精神病人及亲友协会、智力残疾人及亲友协会、聋人协会、肢残人协会。2009年,全县39个乡镇分别挂牌成立残疾人联合会,300个村(社区)挂牌成立残疾人协会。2012年,撤汉葭镇、靛水乡,成立汉葭、绍庆、靛水街道,部分村(社区)合并,全县共有296个村(社区)残疾人协会。

1990年12月5日,召开彭水县第一次残疾人代表大会,正式代表113人,其中残疾人代表88人,占代表总数的78%。推选徐业模为理事长。1998年10月,召开第二次残疾人代表大会,正式代表91人,其中残疾代表51人,占代表总人数的56%。推选赵宏强为理事长,赵治东为副理事长。2008年1月10日,召开第三次残疾人代表大会,正式代表110人,其中残疾人及亲友代表63人,占代表总人数的57%。推选刘绍杰为理事长,谢刚俊、杨巧林为副理事长。2012年5月28日,召开第四次残疾人代表大会,正式代表111人,其中残疾人及亲友代表64人,占代表总人数的58%。推选彭华为理事长,谢直兴为副理事长。

二、残疾人口

至2015年12月,彭水自治县户籍人口69.7万人。全县持有第二代残疾人证的残疾人12598人,其中视力残疾2242人,听力残疾345人,言语残疾366人,肢体残疾7912人,智力残疾878人,精神残疾250人,多重残疾605人。

三、残疾人康复

彭水残疾人“三项康复”(白内障复明手术、小儿麻痹矫治和聋儿语言训练)工作起源于

1989年10月。1992年6月以前,主要从事残疾人"三项康复"工作。1992年6月以后,将残疾人"三项康复"延伸至白内障、小儿麻痹、聋哑、智力残疾、低视力、肢体残疾、精神残疾等康复。

1990—1995年,实施白内障复明手术350例,装配假肢40例,低视力患者验配助视器40例,聋儿听力语言训练40例,智力残疾儿童系统训练80例,家庭培训260名。

1996—2000年,实施白内障复明手术400例,装配假肢50例,低视力患者验配助视器50例,聋儿听力语言训练50例,智力残疾儿童系统训练100例,家庭培训300名。

2001—2005年,实施白内障复明手术450例,装配假肢60例,低视力患者验配助视器50例,聋儿听力语言训练60例,智力残疾儿童系统训练150例,家庭培训350名。发放残疾人辅助用品用具274件。

2006—2010年,实施白内障复明手术670例,创建市级康复示范社区1个,救治精神病患者365人次,安装假肢45例,验配助听器20个,为6名残疾儿童实施肢体矫治手术,发放辅助用品用具1200件,残疾人参加城乡居民医疗保险达100%。2010年,成功创建"全国白内障无障碍县"。

2011—2015年,全县创建残疾人康复示范社区39个,培训康复工作人员496人次,配备村(社区)康复协调员296人。指导各康复示范社区和康复技术指导中心开展服务工作,康复建档7466人,为1.04万人提供各类康复服务。扎实推进残疾儿童抢救性康复项目,聋儿训练30人,培训家长50人。社区智力残疾人康复训练175人,肢体残疾人康复训练375人,脑瘫康复训练184人。贫困白内障患者免费手术1400例。完成16岁以下残疾儿童矫治手术90人。验配成人助听器160人,儿童助听器7人,低视力适配80人。免费安装假肢65例、矫形器12例,开展盲人定向行走训练85例,救治重度精神病患者551人次,免费开展残疾儿童康复训练45人,落实残疾儿童康复训练期间生活补贴6.8万元。免费发放各种用品用具2451件。2015年5月,实现残疾人"人人享有基本康复服务"目标。

四、残疾人教育

2001年9月1日,彭水县特殊教育学校在县教委二楼成立。2001—2005年,全县继续推动残疾儿童少年普及九年义务教育,对普通中、小学随班就读的430名贫困残疾学生实施入学资助。特殊教育学校主要招收智力残疾、聋哑儿童,常年在校学生18人。适龄残疾儿童少年入学率84%。考入大专高等院校的残疾学生有11人。

2006—2010年,大力发展特殊教育,对普通中、小学义务教育阶段残疾学生开展入学资助506人。2010年,特殊教育学校搬迁到汉葭街道芦渡湖社区4组(关口原敬老院),常年在校学生达90人。适龄残疾儿童入学率89%。2009年,对普通中小学义务教育阶段随班就读的残疾学生按每年每人200元、特殊教育学校学生按每年每人400元标准给予资助,对考入中高等院校的残疾学生按中专2000元、大专3000元、本科4000元给予一次性资助。考入高等院校的残疾学生18人。

2011—2015年,按每年每人400元、800元的标准分别落实义务教育阶段随班就读和特殊教育学校残疾学生生活补贴1448人次,共计75.78万元。对新入高等院校的残疾学生落实一次性资助17人,共计7.1万元。对2012年及以后入学的9名在校残疾大学生发放生活补贴2.4万元。落实15名特殊教育学校困难学生,共资助4.5万元;落实贫困残疾人子女考入高等院校一次性资助18人,共计5.4万元。

五、残疾人就业

1996—2000年,县残联与有关部门配合,帮助残疾人个体就业137人。

2001—2005年,建立残疾人劳动就业服务机构,县人事劳动部门将残疾人劳动就业纳入县劳动就业规划、统筹安排,县属各单位招工招干、安排适合残疾人的工作岗位,残疾人劳动就业服务机构对残疾人免费开展技术培训,扶持生产资料等,解决残疾人就业,扶持城镇残疾人个体就业350余人。

2006—2010年,加大残疾人就业扶持力度,加大残疾人培训力度,建立残疾人就业服务信息网络,促进各机关、企(事)业单位按比例安排残疾人就业。政府开发公益性岗位,建立"爱心亭"解决10名残疾人就业。开展残疾人实用技术和职业技能免费培训600人,通过各种渠道新安置残疾人就业150人,扶持残疾人个体就业200人。

2011—2015年,共开展实用技术免费培训9期,培训残疾人1088人次,输送残疾人参加职业技能免费培训7期47人次。开展残疾人就业现场招聘会6场。集中解决残疾人就业205人次。建立残疾人扶贫基地2家,安置残疾人就业20人,辐射带动20户残疾人家庭。按比例安排残疾人就业35人。残疾人申报创办微型企业46家。支持残疾人自主创业,对残疾人种养业大户、个体工商户、盲人按摩店发放创业补贴36户,共计23万元。

六、残疾人扶贫

1996—2000年,落实《重庆市残疾人扶贫攻坚计划》,共帮扶残疾人贫困户2341户2364人。解决无劳动能力、无生活来源残疾人定期定量补助133人,落实城市最低生活保障144人。

2001—2005年,采取行之有效的措施,改造贫困残疾人危房50户。

2006—2010年,扶持贫困残疾人9960人次,改造农村贫困残疾人危房340户。

2011—2015年,投入资金506.8万元,改造农村贫困残疾人危房362户。投入资金45万元,实施残疾人家庭无障碍改造162户。县残联、县财政局联合印发《彭水自治县重度残疾人护理补贴和贫困残疾人生活补贴工作指南》,对重度一、二级残疾人落实护理补贴3780人次,共计119.7万元;对贫困残疾人落实生活补贴1725人次,共计49.44万元。

七、残疾人体育

2002年6月20日,彭水县残联选拔和训练5名运动员,参加第二届重庆市残疾人运动会,参与乒乓球、象棋、田径等3个大项7个小项的角逐,荣获1金、1银、1铜。2006年6月,彭水县残联选拔和训练4名残疾人运动员,参加第三届重庆市残疾人运动会,参与乒乓球、象棋、田径3个大项6个小项的角逐,荣获1金、1银。2010年7月,彭水县残联选拔和训练4名残疾人运动员,参加在市奥体中心举办的第四届重庆市残疾人运动会,参与乒乓球、象棋、田径3个大项6个小项的角逐,荣获金牌2枚、银牌1枚、铜牌1枚。2014年,彭水县残联选拔和训练9名残疾人运动员参加北碚区承办的重庆市第五届残疾人运动会,乒乓球、田径、象棋3个大项8个小项的比赛,获银牌3枚。

八、残疾人维权

彭水县残疾人联合会通过接待残疾人来信来访,为残疾人提供法律咨询、政策解答,县司法局提供法律援助等措施,维护残疾人合法权益。1990—2015年,全县无残疾人集访,无到市、进京上访和重信、重访事件发生,残疾人信访案件办结率、处置率、满意率均达到100%。2009—2015年,发放残疾人机动轮椅车燃油补贴26人次,共计6760元。2011—2015年,发放下肢残疾人C5驾照培训补贴5人,共计5000元。

附　录

一、市残联历任领导简历

刘永康　男，四川省富顺县人，出生于1934年8月，汉族，中共党员，高中学历。1951—1952年，重庆市第五区政府秘书；1952—1954年，南岸区龙门浩公安派出所民政干事；1954—1956年，南岸区广黔路派出所民政干事。1956—1958年，南岸区海棠溪街道办事处主任、党支部书记；1958—1963年，南岸区计委秘书；1963—1986年，南岸区民政局秘书、副局长、局长；1987—1989年，南岸区政府办公室主任、党组成员；1989年3月—1993年8月，市残联理事长。

程年珍　女，湖北省孝感县人，出生于1944年2月，汉族，中共党员，在职大专学历。1962年8月—1966年5月，重庆国营建设机床厂子弟小学少先队总辅导员；1966年5月—1967年5月，重庆市委国防工业政治部干事；1967年5月—1972年9月，重庆市革筹组革委会政工组干事；1972年9月—1975年1月，重庆市"五·七"干校(南桐九锅箐)劳动；1975年1月—1985年7月，重庆市委组织部干事；1985年7月—1988年3月，重庆市委整党办公室秘书组副组长、组织部组织处副处长；1988年3月—1993年8月，重庆市监察局政研室副主任、主任；1993年8月—1997年8月，市残联党组书记、理事长(副局级)；1997年8月—2003年7月，市残联党组副书记、副理事长(副局级)；2003年7月—2004年2月，市残联巡视员；2004年2月退休。

袁绍华　男，四川省长寿县人，出生于1942年2月，汉族，中共党员，高中学历。1962年6月—1962年10月，重庆市民警九中队战士；1962年11月—1963年10月，54军130师388团三连战士；1963年10月—1964年2月，成都步校学习；1964年3月—1965年9月，54军130师388团3连班长；1965年9月—1969年8月，54军130师388团3连排长、副指导员；1969年9月—1970年6月，54军130师政治部组织科干事；1970年6月—1976年4月，武汉军区政治部秘书处政研科干事；1976年5月—1977年4月，长寿县渡舟区委、区革委副主任、宣传委员；1977年4月—1981年5月，长寿县渡舟区委副书记；1981年5月—1982年1月，长寿县渡舟区委副书记、区长；1982年1月—1983年11月，长寿县渡舟区委书记；1983年12月—1986年11月，中共长寿县委副书记；1986年11月—1992年11月，中共长寿县委书记；1992年11月—1998年4月，重庆市民政局副局长；1998年4月—2002年3月，市残联党组书记、理事长；2002

年3月退休。

李光华 男,四川省井研县人,出生于1946年8月,汉族,中共党员,高中学历。1965年12月—1969年4月,原成都军区步兵23团7连战士、文书;1969年4月—1970年4月,四川省军区独立2师8团4连文书;1972年2月—1981年4月,四川省涪陵军分区作训科参谋;1981年4月—1983年9月,四川省涪陵市人武部军事科科长;1983年9月—1986年6月,四川省涪陵市人武部部长;1986年6月—1989年12月,四川省涪陵市委常委、人武部部长;1989年12月—1997年6月,中共四川省垫江县委书记;1997年6月—1999年1月,中共重庆市垫江县委书记;1999年1月—2002年3月,中共重庆市綦江县委书记;2002年3月—2006年8月,市残联党组书记、理事长;2006年5月—2006年9月,市残联巡视员;2006年9月退休。

江绍中 男,重庆市开县人,出生于1953年3月,汉族,中共党员,在职本科学历。1971年9月—1973年7月,四川省开县师范学校学习;1973年8月—1976年10月,四川省开县岳溪小学教师(其间:1983年9月—1985年7月,中共四川省委第二党校大专班政治经济学专业脱产学习);1985年8月—1990年3月,四川省开县岳溪区委书记;1990年3月—1994年5月,四川省开县副县长;1994年5月—1995年5月,四川省开县县委常委、副县长;1997年5月—2001年10月,重庆市城口县委书记(其间:1997年9月—1999年12月,重庆市委党校函授学院本科班法律专业学习);2001年10月—2006年5月,重庆市荣昌县委书记;2006年5月—2007年9月,市残联党组书记、理事长。

谢嘉庆 男,重庆市江北区人,出生于1954年12月,汉族,中共党员,在职研究生学历。1971年12月—1976年9月,四川省永川县茶店公社知青;1976年9月—1978年12月,四川省永川县师范学校学生;1978年12月—1982年9月,四川省永川县第五中学教师、校团委书记;1982年9月—1983年3月,四川省永川县教育局理论干事;1984年9月—1986年7月,西南师范大学政治系政治理论专业学习;1986年7月—1990年2月,四川省永川县委宣传部干事、副局级主办干事;1990年2月—1993年1月,四川省永川县(市)委宣传部副部长(其间:1990年2月—1992年3月,兼任《永川报》总编辑、社长);1993年1月—1995年4月,四川省永川市委常委、宣传部部长;1995年4月—1997年5月,四川省永川市委常委、纪委书记(其间:1995年9月—1997年7月,在中共四川省委第二党校党建专业研究生班学习);1997年5月—1997年12月,重庆永川市委常委、纪委书记;1997年12月—2002年12月,重庆永川市委副书记(其间:1996年11月—2000年2月,兼任永川市交通建设领导小组常务副组长);2002年12月—2006年12月,重庆南川市委书记(其间:2004年3月—2004年7月,在中央党校县、市委书记培训班学习);重庆市第二次党代会代表、重庆市第二次人代会代表;2006年12月—2007年12月,重庆市民政局副局长、党组副书记(正厅局长级别);2007年12月—2013年1月,市残联理事长、党组书记。

周鸣 男,江苏镇江人,1957年9月出生于重庆北碚,汉族,中共党员,本科学历。1980年4月—1986年7月,四川外语学院团委文体、宣传、组织干事;1986年7月—1990年8月,四川外语学院团委负责人(其间:1988年9月—1990年8月,西南师范大学教育系教育管理专业脱产学习)；1990年8月—1991年1月，四川外语学院团委副书记(主持工作)；1991年1月—1991年3月，四川外语学院外事处办公室主任；1991年3月—1993年7月，四川省团委“关心办”干事；1992年9月，任主任干事(其间：1992年9月—1993年1月，四川省委党校第四期中青年班学习)；1993年7月—1995年11月，四川省成都市青少年宫常务副主任；1995年3月，成都市青少年发展基金会副秘书长；1995年11月—1998年8月，四川外语学院总务处副处长；1998年6月，正处级(1995年9月—1997年7月，西南师范大学经济管理系公共关系与现代企业管理专业研究生课程班学习)；1998年8月—2013年7月，市残联副理事长、党组成员(其间：2000年10月—2000年12月，重庆市委党校第六期市级部门领导干部进修班学习；2010年9月—2011年1月，重庆市委党校中青一班学习)；2013年7月—2018年1月，市残联党组书记、理事长(其间：2014年6月，参加中央党校残疾人工作专题研讨班学习)。

黎德龙 男，出生于1966年10月，汉族，中共党员，本科学历。1983年9月—1986年7月，四川省阆中师范学校学习；1986年9月—1990年7月，西南师范大学教育系心理学专业学习，获教育学学士学位；1990年7月—1994年12月，四川省重庆市委宣传部工作；1994年11月，任副主任干事(其间：1991年7月—1993年6月，挂职任四川省江津市琅山乡副乡长、党委委员)；1994年12月—1997年6月，四川省重庆市社会科学院工作，1995年7月，任办公室副主任；1997年6月—1997年9月，重庆市社会科学院办公室副主任；1997年9月—1998年9月，重庆市北碚区政府办公室工作，1997年12月，任办公室副主任；1998年9月—2003年3月，重庆市北碚区政府办公室主任(其间：2001年7月—2002年7月，新加坡南洋理工大学管理经济学专业学习，获管理经济学硕士学位)；2003年3月—2007年1月，重庆市北碚区副区长、区政府党组成员；2007年1月—2018年3月，重庆市委教育工作委员会委员、重庆市教育委员会副主任(2018年1月，市政协提案委副主任)；2018年3月至今，市残联党组书记、理事长，市政协提案委副主任，市五届政协委员，市五届政协常委。

王熹 男，重庆人，出生于1948年12月，汉族，中共党员，大专学历。1965年11月—1970年5月，重庆市民政局属九锅箐农场工人；1970年5月—1971年2月，重庆市第三福利院教师；1971年2月—1985年3月，重庆市红旗开关厂科长、副厂长；1985年3月—1989年3月，重庆市残疾人福利基金会副秘书长；1989年3月—1993年9月，市残联副理事长；1993年9月—2000年3月，市残联调研员；2000年3月，市残联助理巡视员。

吴芙蓉 女，四川省巴县人，出生于1942年8月，汉族，中共党员，本科学历。1965年8月—1984年5月，北碚区民政局内勤秘书；1984年5月—1985年5月，北碚区政府办公室秘书；1985年6月—1990年3月，北碚区天生街道办事处副主任；1990年3月—1992年1月，北碚区精神文明办主任；1992年，市残联副理事长(正处级)。

何德元 男，重庆人，出生于1951年1月，汉族，中共党员，大专学历。1969年4月—1978年9月，原成都军区骑兵一团战士、文书、书记、新闻干事；1978年9月—1987年4月，四川仪表总厂宣传部干事、科长，《川仪报》主编(其间：1983年9月—1985年7月，在市委党校专科脱产学习马列主义理论教育专业)；1987年4月—1988年11月，川仪总厂党委办公室副主任；

1988年11月—1991年3月,川仪总厂办公室副主任;1991年3月—1994年1月,川仪总厂办公室主任(1992年11月,兼任四联仪器仪表集团公司办公室主任);1994年1月—1998年4月,重庆市人民政府驻北京办事处副主任、党组成员;1998年4月—2008年4月,市残联副理事长;2008年4月—2011年2月,市残联巡视员。

任能君 男,重庆云阳人,出生于1958年9月,汉族,中共党员,在职研究生学历。1977年10月—1978年9月,四川省云阳县红旗公社知青;1978年9月—1981年7月,四川省云阳师范学校学习;1981年7月—1982年8月,四川省云阳县上坪小学语文教师;1982年8月—1984年7月,四川省云阳县沙坨初级中学教师;1984年7月—1985年12月,四川省云阳县教育局办事员(其间:1981年10月—1984年12月,万县教育学院函授数学专业专科班学习);1985年12月—1990年6月,四川省云阳县人民政府办公室秘书股股长(其间:1987年4月—1988年10月,全国高等教育自学考试工业经济管理专科毕业);1990年6月—1995年11月,四川省云阳县政府办公室秘书股股长;1995年11月—1997年5月,重庆市开县县委常委、组织部部长;1998年1月—1998年7月,重庆市开县县委副书记;1998年7月—1999年2月,重庆市开县县委副书记、开县人民政府代县长;1999年2月—2003年2月,重庆市开县县委副书记、开县人民政府县长(其间:1999年9月—2001年12月,在重庆市委党校函授区域经济专业研究生班学习);2003年2月—2018年10月,市残联党组成员、副理事长(2011年7月,兼任重庆市残疾人福利基金会理事长)。

彭美云 男,重庆巫山人,出生于1958年5月,汉族,中共党员,在职研究生学历。1976年6月—1978年4月,四川省巫山县白云公社知青;1978年4月—1980年4月,四川省巫山县师范学校数学专业学习;1980年4月—1985年9月,四川省巫山县委办公室秘书;1985年9月—1987年7月,四川省万县地委党校大专班政经专业学习;1987年7月—1991年10月,四川省巫山县委办公室秘书、副主任;1991年10月—1995年2月,四川省巫山县巫峡镇党委书记;1995年2月—1996年11月,四川省巫山县新城委员会副书记、新城建设指挥部副指挥长、新城办事处副主任;1996年11月—1997年6月,四川省巫山县政府县长助理;1997年6月—1998年2月,重庆市巫山县政府县长助理;1998年2月—2003年2月,重庆市巫山县委常委、副县长(1996年9月—1998年12月,重庆市委党校本科班法律专业学习);2003年2月—2008年12月,重庆市巫山县委副书记(其间:2005年9月—2008年6月,重庆市委党校在职研究生班区域经济专业学习);2008年12月—2009年1月,市残联党组成员;2009年1月—2018年8月,市残联党组成员、副理事长。

张青莉 女,重庆奉节人,出生于1973年3月,汉族,中共党员,在职研究生学历。1991年9月—1993年8月,四川省档案学校文秘档案专业学习;1993年8月—2001年11月,奉节县政府办公室文档科科长、副科级秘书(其间:1994年9月—1996年7月,四川省广播电视大学经济法专业专科学习);2001年11月—2003年5月,共青团奉节县委副书记、党组成员(其间:1998年10月—2003年6月,西南政法大学法律专业自考本科学习);2003年5月—2005年12月,共青团奉节县委书记、党组书记(其间:2004年4月—2004年9月,参加中组部、统战部、国家民宗委组织的选派“西部地区和少数民族干部到经济相对发达地区”挂职锻炼，先后挂职任杭州市石桥镇镇长助理、东新街道主任助理；2005年4月—2005年11月，挂职任共青团重庆市委权益部副部长；2005年12月—2007年2月，奉节县卫生局副局长、党组成员（副处级）（2003年9月—2006年6月，重庆市委党校在职研究生班区域经济学专业学习）；2007年2月—2009年1月，奉节县机关事务局局长、党组书记（其间：2008年8月—2009年1月，在市残联办公室上挂锻炼）；2009年1—4月，市残联办公室主任助理；2009年4月—2010年6月，市残联办公室副主任（主持工作）；2010年6月—2013年7月，市残联办公室主任；2013年7月至今，市残联党组成员、副理事长（其间：2014年5月—2014年7月，参加国家行政学院第27期厅局级公务员任职培训班学习）。

孙连尚　男，河北丰南人，出生于1967年12月，汉族，中共党员，大学军事学学士。1985年6月—1988年3月，空军第一飞行基础学校航空飞行与指挥专业学员；1988年3月—1990年7月，空军第七飞行学院航空飞行与指挥专业学员（获军事学学士）；1990年7月—1991年7月，空军航空兵飞行二大队副连职飞行员；1991年7月—1992年3月，空军航空兵飞行二大队正连职飞行员；1992年3月—1993年2月，空军航空兵飞行三大队正连职飞行员；1993年2月—1994年7月，空军航空兵飞行一大队正连职飞行员；1994年7月—1996年2月，空军航空兵飞行三大队副营职飞行员；1996年2月—1997年7月，空军航空兵飞行三大队二中队副营职中队长；1997年7月—1999年3月，空军航空兵飞行三大队二中队正营职中队长；1993年3月—2000年2月，空军航空兵司令部正营职领航主任；2000年2月—2001年7月，空军航空兵第三十三师九十七团司令部正营职领航主任；2001年7月—2002年7月，空军航空兵第三十三师九十七团司令部副团职领航主任；2002年7月—2005年7月，空军航空兵第三十三师九十七团副参谋长；2005年7月—2010年12月，空军航空兵第三十三师九十七团正团职副参谋长；2010年12月—2012年3月空军航空兵第三十三师九十七团副师职副参谋长；2012年3月—2013年10月，空军航空兵第三十三师副师长；2013年10月至今，市残联党组成员、副巡视员。

谭正萱　女，重庆万州人，1963年2月生，汉族，中共党员，本科学历。1979年9月—1983年8月，四川农学院兽医专业本科学习；1983年8月—1985年12月，重庆市九龙坡区农业局兽防站干部；1985年12月—1988年4月，重庆市九龙坡区农业局农广校副校长；1988年4月—1991年11月，重庆市九龙坡区委政研室、体改办副主任干事；1991年11月—1994年5月，重庆市九龙坡区委政研室、区体改办城镇集体经济管理科科长（正科级）；1994年5月—1998年3月，共青团重庆市九龙坡区委副书记（其间：1994年4月—1994年6月，重庆市九龙坡区委党校中青班培训；1995年7月—1997年12月，在市委党校函授学院经济管理专业本科学习）；1998年3月—1999年5月，共青团重庆市九龙坡区委书记；1999年5月—2001年9月，重庆市九龙坡区黄桷坪街道办事处副主任（正处级）（其间：1999年3月—2001年7月，在西南师范大学区域经济开发与技术创新研究生课程班学习）；2001年9月—2002年9月，重庆市九龙坡区谢家湾街道党工委副书记、纪工委书记；2002年9月—2003年5月，重庆市九龙坡区谢家湾街道党工委副书记、办事处主任、纪工委书记;2003年5月—2007年1月,重庆市九龙坡区谢家湾街道党工委副书记、办事处主任;2007年1月—2007年4月,重庆市九龙坡区谢家湾街道党工委书记;2007年4月—2013年5月,重庆市九龙坡区谢家湾街道党工委书记、人大工委主任(其间:2009年3月1日—2009年4月30日,重庆市委党校第三期区县街道党政领导干部班培训);2013年5月—2016年10月,重庆市九龙坡区谢家湾街道党工委书记;2016年10月—2018年8月,重庆市九龙坡区残疾人联合会党组副书记、理事长;2018年8月至今,市残联党组成员、副理事长。

雷建平 男,重庆长寿人,1964年9月生,汉族,中共党员,本科学历。1981年9月—1985年7月,四川师范大学政教系政治教育专业学习;1985年7月—1990年8月,四川省长寿第二中学任教;1990年8月—1991年7月,四川省长寿中学任教;1991年7月—1995年10月,中共长寿县委办公室秘书;1995年10月—1997年11月,中共长寿县朱家镇党委副书记;1997年11月—2001年5月,中共长寿县合兴乡党委书记、人大主席;2001年5月—2001年9月,重庆市残疾人联合会办公室副主任;2001年9月—2009年3月,重庆市残疾人联合会办公室主任(其间:2006年4月,兼任市残联信息中心主任);2009年3月—2013年2月,重庆市残疾人综合服务中心主任(其间:2009年9月—2009年12月,参加第2期中青班学习);2013年2月—2018年8月,重庆市残疾人联合会教育就业部主任;2018年8月至今,市残联党组成员、副理事长。

郝建新 男,出生于1956年2月,汉族,中共党员,在职大专学历。1971年12月—1986年5月,永川地区文工团工作人员;1986年5月—1989年12月,重庆市民政局干部;1989年12月—1990年4月,市残联科员;1998年6月—1998年10月,市残联助理调研员;1998年10月—2000年9月,市残联就业部副主任;2000年9月—2012年8月,市残联教育就业部主任;2012年8月—2013年2月,市残联副巡视员、教育就业部主任;2013年2月—2013年8月,市残联副巡视员、重庆市残疾人劳动就业服务指导中心主任;2013年8月—2016年3月,市残联副巡视员;2016年3月退休。

陈登武 男,重庆合川人,1963年6月生,汉族,中共党员,本科学历。1980年11月—1985年9月,步兵第140师警侦连战士;1985年9月—1991年2月,陆军第47集团军司令部保密室保密员;1991年2月—1991年12月,步兵第140师423团4连副连长;1991年12月—1994年3月,步兵第140师423团1连指导员(其间:1989年9月—1992年7月,西安陆军学院军事指挥专业函授大专学习);1994年3月—1994年6月,步兵第140师423团政治处干部股股长;1994年6月—1996年6月,原兰州军区司令部军务装备部组织编制处副营职参谋;1996年6月—1998年4月,原兰州军区士兵招待所政治教导员;1998年4月—1999年6月,原兰州军区司令部军务装备部组织编制处正营职参谋(其间:1996年9月—1999年7月,中国人民解放军陆军参谋学院军事理论专业本科学习);1999年6月—2003年2月,原兰州军区司令部军务装备部组织编制处副团职参谋(其间:2001年3月—2003年2月,首都师范大学政法学院哲学专业硕士研究生课程进修班学习);2003年2月—2009年10月,原兰州军区甘肃省崇信县委常委、人武部政委;2009年10月—2010年2月,重庆市残疾人联合会正处长级干部;2010年

2月—2012年2月,重庆市残疾人联合会机关党委专职副书记、正处长级干部;2012年2月—2013年12月,重庆市残疾人联合会机关党委专职副书记、办公室副主任、正处长级干部;2013年12月—2015年2月,重庆市残疾人联合会宣传文体部主任、机关党委专职副书记;2015年2月—2017年1月,重庆市残疾人联合会宣传文体部主任;2017年1月—2019年5月,重庆市残疾人联合会权益保障部主任;2019年5月—2019年6月,重庆市残疾人联合会副巡视员、权益保障部主任;2019年6月—2019年7月,重庆市残疾人联合会二级巡视员、权益保障部主任;2019年7月至今,市残联二级巡视员。

二、表彰奖励

先进集体

获奖时间(年)	获奖单位	荣获奖项	颁发单位
1991年	江津县残联	残疾人之家称号	中宣部、人事部、民政部、解放军原总政治部、全国妇联、全国总工会、共青团中央、中国残联8部委
	万县市粮油食品第一供应公司环城路粮店	全国扶残助残先进集体	中宣部、人事部、民政部、解放军原总政治部、全国妇联、全国总工会、共青团中央、中国残联8部委
1993年	江津市	全国特殊教育先进市	国务院残工委、国家教委、民政部、中国残联
1994年	江津市残联	全国基层残疾人工作先进单位	中国残联
1995年	南岸区残联	全国报刊宣传发行工作先进单位	中国残联
1996年	渝中区残联	“八五”残疾人工作先进单位	重庆市人民政府
	铜梁县蒲侣镇人和村残疾人协会	残疾人之家	中国残联
	重庆汇洋实业(集团)有限公司	全国助残先进集体	中国残联
	江津市	全国残疾人工作先进市	国务院残工委
1997年	铜梁县蒲吕镇人和村残疾人协会	残疾人之家、助残先进集体	中国残联
	重庆市残联	1996年度杂志征订工作全国先进单位	中国残联
	南岸区残联	1996年度杂志征订工作全国先进单位	中国残联
	江津市残联	1996年度杂志征订工作全国先进单位	中国残联

续表

获奖时间(年)	获奖单位	荣获奖项	颁发单位
1999年	南岸区	全国按比例安排残疾人就业先进单位	中国残联
2000年	重庆市残联	全国残疾人事业宣传文化工作优秀单位	中国残联
	万盛区万东镇法律服务所	残疾人维权示范岗	司法部、中国残联
2001年	渝中区	“九五”全国残疾人工作先进区	国务院残工委
	南岸区	“九五”全国残疾人工作先进集体	国务院残工委
	七星岗街道办事处	重庆市“九五”残疾人工作先进集体	重庆市人民政府
	北碚区残联	重庆市残疾人工作先进集体	重庆市人民政府
	南川区残联	重庆市残疾人工作先进集体	重庆市人民政府
	忠县残联	全国残疾人按比例就业工作先进单位	中国残联
	梁平县残联	重庆市扶残助残先进集体	重庆市人民政府
	云阳镇人民政府	重庆市扶残助残先进集体	重庆市人民政府
	云阳县财政局	重庆市扶残助残先进集体	重庆市人民政府
	丰都县电力公司	重庆市扶残助残先进集体	重庆市人民政府
	新山村街道办事处	重庆市残疾人工作先进集体	重庆市人民政府
	丰都县树人镇残联	重庆市残疾人工作先进集体	重庆市人民政府
	江津市残联	残疾人工作先进集体	重庆市人民政府
	大渡口区	全国残疾人按比例就业工作先进单位	中国残联
	城口县司法局	扶残助残先进集体	重庆市人民政府
	大足区残联	重庆市残疾人工作先进集体	重庆市人民政府

续表

获奖时间（年）	获奖单位	荣获奖项	颁发单位
2002年	渝中区	全国残疾人康复工作先进区	国务院残工委
	江津市	全国特殊教育先进市	教育部、民政部、中国残联
	江津市残联	全国残疾人康复工作先进集体	国务院残工委、卫生部、财政部、公安部、教育部、中国残联
	万州区	全国白内障复明工作先进集体	国务院残工委
	南岸区	全国残疾人工作先进区	国务院残工委
2003年	渝中区	全国社区残疾人工作示范区	中国残联
	南岸区	全国社区残疾人工作示范区	中国残联
	江北区大石坝街道	全国扶残助残先进集体	人事部、国务院残工委、中国残联
	北碚区	1998—2002年全国残疾人体育工作先进单位	中国残联、国家体育总局
	北碚区偏岩镇司法所	全国残疾人维权示范岗	司法部、中国残联
	巴川司法所	全国残疾人维权示范岗	司法部、中国残联
	丰都县残联	残疾人之家	国务院残工委
	南岸区残联	全国社区残疾人工作示范区	中国残联
2004年	重庆市	2004年度全国残疾人体育竞赛优秀赛区	中国残联、国家体育总局
	渝中区残联	全国残疾人信访工作先进集体	国务院残工委
2005年	江北区	“十五”期间全国残疾人工作先进区	国务院残工委
	涪陵区	全国残疾人信访工作先进单位	中国残联
	北碚区	全国社区残疾人工作示范区	中国残联
	万州区	全国社区残疾人工作示范区	中国残联

续表

获奖时间（年）	获奖单位	荣获奖项	颁发单位
2006年	大渡口区	“十五”期间残疾人工作先进集体	重庆市人民政府
	江北区	全国残疾人工作先进区	国务院残工委
	云阳县	全国残疾人工作先进县	国务院残工委
	万州区盲人协会	全国盲人协会工作先进集体	中国残联
	涪陵区残联	残疾人维权示范岗	中国残联
	江津市	全国残疾人工作先进市	国务院残工委
	南岸区	十五全国无障碍建设先进区	建设部、民政部、中国残联、国家老龄委
	开县残联	“十五”期间重庆市残疾人工作先进集体	重庆市人民政府
	云阳县残联	“十五”期间重庆市残疾人工作先进集体	重庆市人民政府
	云阳县路阳镇龙王桥社区	“十五”期间重庆市残疾人工作先进集体	重庆市人民政府
	云阳县交警大队	“十五”期间重庆市残疾人工作先进集体	重庆市人民政府
	永川区	全国残疾人工作先进县	国务院残工委
	大足区残联	残疾人康复示范社区	重庆市委、市政府
	南川区	全国特殊奥林匹克活动示范社区	中国残联
	璧山县残联	重庆市残疾人事业先进集体	重庆市人民政府
2007年	南岸区	全国残疾人社区康复示范区	民政部、卫生部、中国残联
	渝中区	全国残疾人体育工作先进集体	国家体育总局、中国残联
	江北区	2003—2006年全国残疾人体育工作先进单位	国家体育总局、中国残联
	江北区	全国残疾人社区康复示范区	民政部、卫生部、中国残联
	渝中区	全国残疾人社区康复示范区	民政部、卫生部、中国残联

续表

获奖时间（年）	获奖单位	荣获奖项	颁发单位
2007年	江津区残联	中国残联专项彩票公益金残疾人康复项目先进集体	中国残联
	市聋儿康复中心	中国残联专项彩票公益金残疾人康复项目先进集体	中国残联
	武隆县抽调队	全国第二次残疾人抽样调查先进调查队	中国残联
2008年	北碚区残联	2008年度“两刊”宣传工作先进单位	中国残联
	周家坝街道流水社区（万州区）	全国残疾人之家	中国残联
2009年	渝中区	全国白内障无障碍区	中国残联
	九龙坡区	全国白内障无障碍区	中国残联
	大渡口区	全国白内障无障碍区	中国残联
	北碚区	全国白内障无障碍区	中国残联
	南岸区	全国白内障无障碍区	中国残联
	万州区	全国残疾人信访工作先进集体	国家信访总局、中国残联
	万州区周家坝街道流水社区	全国残疾人之家	中国残联
	长寿区聋哑儿童学校	全国特殊教育先进单位	教育部、民政部、中国残联
	大足区残联	全国残疾人信访工作先进集体	国家信访总局、中国残联
	市地方税务局	全国扶残助残先进集体	人事部、国务院残工委、中国残联
	中国农业银行重庆市分行	全国扶残助残先进集体	人事部、国务院残工委、中国残联
2010年	渝中区残联	2006—2010年全国特奥工作先进单位	国家体育总局、中国残联
	北碚区	2006—2010年全国特奥工作先进单位	国家体育总局、中国残联
	北碚区特教学校	全国特殊艺术人才培训基地	教育部、中国残联
	潼南县	全国白内障无障碍县	中国残联

续表

获奖时间(年)	获奖单位	荣获奖项	颁发单位
2010年	铜梁县	全国残疾人社区康复示范县	中国残联
	大渡口区	全国残疾人社区康复示范县	中国残联
	璧山县	全国残疾人社区康复示范县	中国残联
	荣昌县	全国白内障无障碍县	中国残联
	丰都县	全国白内障无障碍县	全国残疾人康复工作办公室
	垫江县	全国白内障无障碍县	全国残疾人康复工作办公室
	云阳县	全国白内障无障碍县	全国残疾人康复工作办公室
	长寿区	全国白内障无障碍区	全国残疾人康复工作办公室
	潼南县	全国白内障无障碍县	全国残疾人康复工作办公室
	璧山县	全国白内障无障碍县	全国残疾人康复工作办公室
	秀山县	全国白内障无障碍县	全国残疾人康复工作办公室
	江津区	全国白内障无障碍区	全国残疾人康复工作办公室
	南川区	全国白内障无障碍区	全国残疾人康复工作办公室
	南岸区龙门街道一天社区	全国特奥活动示范区	中国残联、中国特奥委员会
	江津区李市镇三角坝社区	全国特奥活动示范区	中国残联、中国特奥委员会
	荣昌县昌州街道板桥社区	全国特奥活动示范区	中国残联、中国特奥委员会
	大足区	全国残疾人社区康复示范区	中国残联
2011年	重庆市	全国无障碍建设先进城市	住建部、民政部、全国老龄办、中国残联
	南川区残联	全国残疾人文化进社区试点单位	中国残联
	潼南县残联	重庆市文明单位	重庆市人民政府
	荣昌县残联	全国残疾人工作先进单位	中国残联
	万州区	“十一五”残疾人工作先进单位	国务院残工委
	大渡口区	“十一五”全国残疾人康复工作先进集体	中国残联

续表

获奖时间（年）	获奖单位	荣获奖项	颁发单位
2011年	南岸区	“十一五”全国残疾人康复工作先进集体	中国残联
	长寿区残联	“两刊”宣传工作先进单位	中国残联
	南岸区残联	全国残疾人特殊艺术培养基地	中国残联
	大足区龙岗街道办事处	全国残疾人之家	国务院残工委
	开县残联	2008—2011年度全国残疾人事业统计工作先进集体	中国残联
	大足区	全国残疾人工作先进单位	国务院残工委
	大足区残联	全国残疾人文化进社区试点单位	中国残联
	大足区残联	2001—2010年农村残疾人扶贫开发工作先进集体	国务院扶贫办、中国残联
	市残疾人综合服务中心听力语言康复中心	“十一五”全国听力语言康复工作先进单位	中国残联
	大足区	全国白内障无障碍区	全国残疾人康复工作办公室
	万州区	全国白内障无障碍区	全国残疾人康复工作办公室
2012年	市残联	2009—2012年度全国群众体育先进单位	国家体育总局
	市残联信息中心	2008—2011年度全国残疾人事业统计工作先进集体	中国残联
	开县残联	2008—2011年全国残疾人事业统计工作先进集体	中国残联
	万州区	全国残疾人工作先进单位	国务院残工委
	涪陵区	全国残疾人工作先进单位	国务院残工委
	沙坪坝区	全国残疾人工作先进单位	国务院残工委
	大足县	全国残疾人工作先进单位	国务院残工委
	九龙坡区残联	2012年度“两刊”宣传工作先进单位	中国残联
	渝北区	“十一五”全国残联精神残疾人及亲友协会工作优秀奖	中国残联

续表

获奖时间(年)	获奖单位	荣获奖项	颁发单位
2012年	梁平县	全国白内障无障碍县	全国残疾人康复工作办公室
	城口县	全国白内障无障碍县	全国残疾人康复工作办公室
	武隆县	全国白内障无障碍县	全国残疾人康复工作办公室
	南川区特殊教育中心	全国特殊艺术人才培养基地	教育部、中国残联
	沙坪坝区	2008—2011年全国残疾人事业统计工作先进集体	中国残联
	南岸区	2008—2011年全国残疾人事业统计工作先进集体	中国残联
	北碚区	2008—2011年全国残疾人事业统计工作先进集体	中国残联
2013年	万州区残疾人综合服务中心	国家级残疾人职业培训基地	中国残联
2014年	重庆市残联	2009—2012年度全国群众体育先进单位	国家体育总局
	江北区残联	残疾人之家	国务院残工委
2015年	重庆市	全国白内障无障碍先进市	全国残疾人康复工作办公室
	北碚区残联	全国残疾人体育先进单位	国家体育总局、中国残联
	三峡移民职业技术学校	国家级残疾人职业培训基地	中国残联
	丰都县残联	“十二五”残疾人事业先进集体	中共重庆市委、重庆市人民政府
	荣昌区残联	“十二五”残疾人事业先进集体	中共重庆市委、重庆市人民政府
	梁平县残联	全国残疾人体育工作先进单位	国家体育总局、中国残联
	南岸区残联	2011—2014年度全国残疾人体育先进集体	国家体育总局、中国残联
	綦江区残联	2011—2014年度全国残疾人体育先进集体	国家体育总局、中国残联
	万州区残联	2011—2014年度全国残疾人体育先进集体	国家体育总局、中国残联
	城口县残联	2011—2014年度全国残疾人体育先进集体	国家体育总局、中国残联

续表

获奖时间（年）	获奖单位	荣获奖项	颁发单位
2016年	万州区人民政府残疾人工作委员会	“十二五”全国残疾人工作先进单位	国务院残工委
	渝中区人民政府残疾人工作委员会	“十二五”全国残疾人工作先进单位	国务院残工委
	永川区人民政府残疾人工作委员会	“十二五”全国残疾人工作先进单位	国务院残工委
	大足区人民政府残疾人工作委员会	“十二五”全国残疾人工作先进单位	国务院残工委
	垫江县人民政府残疾人工作委员会	“十二五”全国残疾人工作先进单位	国务院残工委
2017年	重庆城市管理职业学院	职业院校残疾人康复人才培养改革试点单位	中国残联、教育部
	重庆医药高等专科学校临床医学院	职业院校残疾人康复人才培养改革试点单位	中国残联、教育部
	市残疾人综合服务中心	职业院校残疾人康复人才培养改革试点单位	中国残联、教育部
	重庆师范大学儿童智能发展研究中心	职业院校残疾人康复人才培养改革试点单位	中国残联、教育部

先进个人

获奖时间（年）	获奖人姓名	荣获奖项	颁发单位
1984年	邓玉才	省劳动模范称号	四川省人民政府
1985年	山福元	全国劳动模范称号	邮电部
	张治平	全国特殊教育先进工作者	文化部、国家教委
1988年	童永胜	重庆市劳动模范	重庆市总工会
	周青	四川省三八红旗手	四川省人民政府
	宦秉瑜	全国性病防治工作先进称号	卫生部
1991年	周青	园丁勋章	四川省人民政府
	程军	全国自强模范	国家人事部、中国残联
1997年	童永胜	全国助残先进个人	中国残联
	程军	全国自强模范	国家人事部、中国残联
	周晋康	全国助残先进个人	国务院残工委
	余书荣	“八五”全国残联系统先进工作者	国务院残工委、中国残联

续表

获奖时间（年）	获奖人姓名	荣获奖项	颁发单位
2000年	秦廷焕	全国劳模	重庆市人民政府
	周青	全国先进女职工	中华全国总工会
2001年	涂太碧	“九五”残疾人工作先进工作者	重庆市人民政府
	詹先毅	“九五”扶残助残先进个人	重庆市人民政府
	石磊	“九五”残疾人自强模范	重庆市人民政府
	邹亚军	“九五”残疾人工作先进个人	重庆市人民政府
	冉启江	残疾人工作先进工作者	重庆市人民政府
	龚由甫	残疾人工作先进工作者	重庆市人民政府
	胡尚雄	残疾人工作先进工作者	重庆市人民政府
	秦廷焕	重庆市“自强模范”	重庆市人民政府
	周万明	重庆市“自强模范”	重庆市人民政府
	张俊	全国残疾人扶贫先进个人	国务院扶贫开发领导小组、财政部、中国农业银行、中国残联
	周　青	“十佳”自强模范	重庆市人民政府
	范德祥	全国残疾人扶贫先进个人	国务院扶贫开发领导小组、财政部、中国农业银行、中国残联
2002年	余自力	全国残疾人康复工作先进个人	国务院残工委、卫生部、中国残联
	廖均	1998—2002年度全国残疾人体育先进个人	国家体育总局、中国残联
	马占山	重庆市信访工作先进工作者	中共重庆市委
2003年	孙长国	全国残疾人体育工作先进个人	中国残联
	杨树明	全国自强模范	人事部、中国残联
	余海涛	全国自强模范	人事部、中国残联
	甘静林	1998—2002年全国残疾人体育先进个人	中国残联 国家体育总局
	谭传华	全国自强模范	国务院残工委
	李晓鸿	扶残助残先进个人	重庆市人民政府
	耿琳	第六届全国残疾人运动会先进个人	重庆市人民政府
2005年	丁明	“十五”残疾人工作先进个人	重庆市人民政府
	程钢	全国优秀社区残疾人专职委员	中国残联
	秦廷焕	全国劳模	全国总工会
	阳建友	先进残疾人理事长	中国残联

续表

获奖时间（年）	获奖人姓名	荣获奖项	颁发单位
2006年	叶梅	重庆市残疾人工作先进工作者	重庆市人民政府
	董强	重庆市残疾人自强模范	重庆市人民政府
	张国相	重庆市残疾人自强模范	重庆市人民政府
	周青	重庆市三八红旗手	重庆市人民政府
	刘磊	“十五”期间残疾人工作先进工作者	重庆市人民政府
	谭福朝	重庆市残疾人自强模范	重庆市人民政府
	陈家瑜	“十五”期间重庆市残疾人事业残疾人自强模范	重庆市人民政府
	黄德君	“十五”期间重庆市残疾人事业残疾人自强模范	重庆市人民政府
	唐萍	重庆市扶残助残先进个人	重庆市人民政府
	李克荣	重庆市残疾人事业先进个人	重庆市人民政府
2007年	安代煜	第二次全国残疾人抽样调查先进个人	国务院残工委
	李小勇	第二次全国残疾人抽样调查先进个人	国务院残工委
	刘春帼	全国首届“十大爱心记者”	全国新闻工作者协会、中国残联、人民网
	杨莉	中国残联专项彩票公益金残疾人康复项目先进个人	中国残联
	陈新钊	中国残联专项彩票公益金残疾人康复项目先进个人	中国残联
	陈卫东	中国残联专项彩票公益金残疾人康复项目先进个人	中国残联
	王承伦	中国残联专项彩票公益金残疾人康复项目先进个人	中国残联
	刘明亮	重庆市信访工作先进工作者	中共重庆市委
2008年	周月华	全国优秀乡村医生称号	国家卫生部、中国残联
2009年	陈玉英	全国三八红旗手称号	国务院、中华全国妇女联合会
	周武生	全国自强模范	国务院残工委、人社部
	唐毅	全国自强模范	国务院残工委、人社部
	周万明	全国江民特殊园丁奖	中国残联、国家教委
	李小勇	全国自强模范	国务院残工委、人社部
	郑光宇	全国自强模范	国务院残工委、人社部
	鄢秀菊	全国扶残助残先进个人	国务院残工委

续表

获奖时间(年)	获奖人姓名	荣获奖项	颁发单位
2009年	邓已律	全国扶残助残先进个人	国务院残工委
	叶梅	全国残联系统先进工作者	中国残联
	程军	重庆市群英谱纪念章	中共重庆市委、重庆市人民政府
	周安会	重庆市第二届道德模范	市残工委、市人社局
	冯忠元	重庆市第二届道德模范	市残工委、市人社局
2010年	袁世诚	2006—2010年全国特奥工作先进个人	国家体育总局、中国残联
	周青	优秀共产党员	重庆市人民政府
	王正兰	感动重庆市十佳教师	重庆市人民政府
2011年	卢国洪	“十一五”全国残疾人工作先进个人	国务院残工委
	王江奎	全国残疾人工作先进个人	国务院残工委
	贤彬理	全国残疾人工作先进个人	国务院残工委
	李西富	“十一五”全国残疾人工作先进个人	国务院残工委
	刘玉霞	“十一五”全国残疾人工作先进个人	国务院残工委
	谭福朝	2001—2010年农村残疾人扶贫开发工作先进个人	国务院扶贫办、中国残联
	易才军	“十一五”全国残疾人康复工作先进个人	国务院残工委
	岳万勇	“十一五”全国残疾人康复工作先进个人	中国残联
	蒋长荣	全国康复工作先进个人	中国残联
	敖行琴	交通银行特教园丁奖	交通银行、教育部、中国残联
	周德波	重庆市第二届“十佳”返乡创业明星	中共重庆市委、重庆市人民政府
2012年	曾时容	“十一五”全国残疾人康复工作先进个人	全国残疾人康复办公室
	李明学	全国绿化劳动模范	国家绿化委人社部林业局
	文勇	交通银行特教园丁奖	中国残联、教育部
	毛建军	自强创业奖	中国残联
	刘松	自强创业奖	中国残联
	李泽秀	全国就业创业优秀个人	国务院
	周月华	2012年度感动中国人物	中央电视台
	周德波	全国就业创业优秀个人	国务院
	唐毅	全国就业创业优秀个人	国务院

续表

获奖时间（年）	获奖人姓名	荣获奖项	颁发单位
2012年	杨倩	2008—2011年度残疾人事业统计工作先进个人	中国残联
	罗成	2008—2011年度残疾人事业统计工作先进个人	中国残联
	张林波	交通银行特教园丁奖	中国残联、教育部、团中央
	胡杨	2008—2011年度残疾人事业统计工作先进个人	中国残联
	卢国洪	全国残疾人工作先进个人	国务院残工委
	赵新华	全国残疾人工作先进个人	国务院残工委
	李西富	全国残疾人工作先进个人	国务院残工委
	余波	2008—2011年度残疾人事业统计工作先进个人	中国残联
	王林刚	2008—2011年度残疾人事业统计工作先进个人	中国残联
	谭启树	2001—2010年度农村残疾人扶贫开发工作先进个人	国务院扶贫办、中国残联
	敖行琴	全国三八红旗手	全国妇联
	郝光灯	2007—2011年度重庆市信访工作先进个人	中共重庆市委
	唐敏	重庆市未成年人保护工作先进个人	重庆市人民政府
	李霞	重庆市实施2001—2010年妇女儿童发展规划先进个人	重庆市人民政府
2013年	周月华	全国三八红旗手	全国妇联
	李小勇	全国自强模范	国务院残工委
	陈群	交通银行特教园丁奖	中国残联、教育部、团中央
	冉启明	交通银行特教园丁奖	中国残联、教育部、团中央
	周建勋	交通银行特教园丁奖	中国残联、教育部、团中央
	陈兴武	交通银行特教园丁奖	中国残联、教育部、团中央
	李明学	全国道德模范提名奖	中央宣传部、中央文明办、原总政治部、全国总工会、共青团中央、全国妇联
2014年	刘坤贤	全国自强模范	国务院残工委、人社部
	周娟	全国自强模范	国务院残工委、人社部
	陈冰	全国自强模范	国务院残工委、人社部

续表

获奖时间（年）	获奖人姓名	荣获奖项	颁发单位
2014年	郑建伟	全国自强模范	国务院残工委、人社部
	刘坤贤	全国自强模范	国务院残工委、人社部
	毕富纯	全国助残先进个人	国务院残工委
	张爽	全国助残先进个人	国务院残工委
	孔祥麟	全国助残先进个人	国务院残工委
	林梅	全国残联系统先进工作者	中国残联
	陈明英	交通银行特教园丁奖	中国残联、教育部、团中央
	陈玉洁	中国好人	中央文明办、中国文明网
	周菊	交通银行特教园丁奖	中国残联、教育部、团中央
	周代君	交通银行特教园丁奖	中国残联、教育部、团中央
	彭劲	交通银行特教园丁奖	中国残联、教育部、团中央
	陈玉洁	中国好人	中央文明办
2015年	艾起、周月华	全国最美家庭称号	全国妇联
	李明航	全国残疾人体育先进个人	中国残联、国家体育总局
	聂敬学	“十二五”时期残疾人事业先进个人	中共重庆市委、重庆市人民政府
	何玉池	“十二五”时期残疾人事业先进个人	中共重庆市委、重庆市人民政府
	颜明友	2011—2014年全国残疾人体育先进个人	中国残联、国家体育总局
	杨安容	全国三八红旗手	全国妇联
	唐萍	2011—2014年全国残疾人体育先进个人	中国残联国家体育总局
	张林波	2011—2014年全国残疾人体育先进个人	中国残联国家体育总局
	晏成方	交通银行特教园丁奖	中国残联、教育部、团中央
	叶其琼	交通银行特教园丁奖	中国残联、教育部、团中央
	邓君	交通银行特教园丁奖	中国残联、教育部、团中央
	韦苏娅	交通银行特教园丁奖	中国残联、教育部、团中央
	张永辉	“十二五”全国残疾人工作先进个人	国务院残工委
2016年	杨红波	“十二五”全国残疾人工作先进个人	国务院残工委
	罗成	“十二五”全国残疾人工作先进个人	国务院残工委
	周品高	“十二五”全国残疾人工作先进个人	国务院残工委
	邓小玲	“十二五”全国残疾人工作先进个人	国务院残工委

续表

获奖时间（年）	获奖人姓名	荣获奖项	颁发单位
2016年	傅强	“十二五”全国残疾人工作先进个人	国务院残工委
	唐毅	“十二五”全国残疾人工作先进个人	国务院残工委
	张琳	“十二五”全国残疾人工作先进个人	国务院残工委
	王轩	“十二五”全国残疾人工作先进个人	国务院残工委
	陈益	“十二五”全国残疾人工作先进个人	国务院残工委
	周娟	全国优秀共产党员	中共中央
	陈冰	重庆市优秀共产党员	重庆市委
	郑璇	重庆市优秀共产党员	重庆市委

三、地方性法规规章

重庆市残疾人保障条例

（2011年11月25日重庆市第三届人民代表大会常务委员会第二十八次会议通过）

第一章　总则

第一条　根据《中华人民共和国残疾人保障法》等有关法律、行政法规，结合本市实际，制定本条例。

第二条　残疾人享有同其他公民同等的权利。

全社会应当理解、尊重、关心、帮助残疾人，支持残疾人事业。

残疾人应当遵守法律、法规，履行应尽的义务，遵守公共秩序，遵守社会公德。

第三条　市、区县（自治县）人民政府应当加强对残疾人工作的领导，将残疾人事业纳入国民经济和社会发展规划，制定本行政区域残疾人事业发展规划和年度计划，及时解决残疾人事业发展中的重大问题。

市、区县（自治县）人民政府残疾人工作委员会负责组织、协调、指导、督促有关部门做好残疾人事业的工作。

残疾人工作委员会的办事机构设在同级残疾人组织，负责残疾人工作委员会的日常工作。

市、区县（自治县）人民政府有关部门、乡镇人民政府和街道办事处应当按照各自职责，做好残疾人工作。

第四条　各级残疾人组织代表残疾人的共同利益，维护残疾人的合法权益，团结教育残疾人，为残疾人服务，依照法律、法规、章程或者接受政府委托，开展残疾人工作，动员社会力量,发展残疾人事业。

乡镇(街道)、村(社区)残疾人组织选聘专干或者专职委员协助开展残疾人工作。

市、区县(自治县)残疾人组织应当每年开展残疾人状况的统计调查和分析,并向本级人民政府报告。

第五条　市、区县(自治县)人民政府应当将残疾人事业经费列入财政预算,建立稳定的经费保障机制。

市、区县(自治县)留存的福利彩票公益金应当按照不低于百分之十的比例用于发展残疾人事业,体育彩票公益金应当按照不低于百分之五的比例用于发展残疾人体育事业。

鼓励社会组织和个人为发展残疾人事业提供捐助和服务。

财政、审计等部门应当加强对残疾人事业经费和彩票公益金使用情况的检查、监督。

第六条　市、区县(自治县)人民政府应当将残疾人综合服务设施建设纳入公益性建设项目,并在立项、规划、资金和税费减免等方面给予支持。

第七条　各级人民政府和有关部门开展残疾人康复医疗、教育培训、劳动就业、文化体育、社会保障、无障碍环境建设等工作的监督、检查,应当邀请残疾人组织参加。

第二章　预防和康复

第八条　市、区县(自治县)人民政府应当建立和完善残疾预防和残疾人康复服务体系,有计划地开展残疾预防和残疾人康复工作。

第九条　市、区县(自治县)人民政府应当针对遗传、疾病、药物、事故、灾害、环境污染和其他致残因素,组织相关部门、动员社会力量,采取预防和控制措施,防止和减少残疾的发生,减轻残疾程度。

第十条　人口计生部门应当组织人口计生服务机构开展免费孕前优生健康检查。

卫生部门应当组织医疗保健机构提供婚前保健服务和孕产期保健服务,建立残疾儿童早期报告制度,开展残疾儿童筛查、诊断、评估、监测和转介工作,建立健全残疾儿童康复档案和数据库。

第十一条　市、区县(自治县)人民政府应当建立和完善残疾人康复救助制度,对六周岁以下的残疾孤儿、贫困家庭残疾儿童免费提供抢救性康复;对贫困残疾人白内障复明手术、重度耳聋患者听力恢复手术、精神病患者服药、小儿麻痹矫治手术等提供康复救助;对贫困残疾人康复训练、辅助器具适配等基本康复需求给予补贴;逐步将符合规定的残疾人康复医疗项目纳入基本医疗保险支付范围。

第十二条　市、区县(自治县)人民政府应当加强公益性残疾人康复机构建设。

有条件的二级以上综合医院、中医院应当设立康复医学科室,开展康复医疗与训练、临床研究等工作;乡镇卫生院和社区卫生服务机构应当根据康复服务需求设立康复室,配备相应的康复医疗人员和设备,为残疾人提供康复服务。

残疾人教育机构、福利性单位和其他为残疾人服务的机构,应当根据实际需要配备一定数量的专业康复技术人员,指导残疾人开展功能、自理能力和劳动技能训练。

鼓励和扶持社会力量兴办残疾人康复机构。

卫生部门和残疾人组织应当对基层康复人员开展业务培训和技术指导。

第十三条　各级人民政府和残疾人组织应当宣传、普及残疾预防和康复知识。鼓励各类媒体宣传残疾预防和康复知识。

第三章　教育

第十四条　市、区县(自治县)人民政府应当将残疾人教育纳入教育事业发展总体规划和教育发展评价考核体系,安排专项资金发展残疾人教育,普及残疾儿童和少年九年义务教育,保障残疾人享有平等接受教育的权利。

第十五条　市、区县(自治县)人民政府和教育主管部门应当将具有接受普通教育能力的残疾儿童、少年纳入普通教育机构实施学前教育和义务教育,为其学习提供便利和帮助。鼓励和倡导残疾儿童、少年随班就读。

市、区县(自治县)人民政府和教育主管部门应当组织力量,采取社区教育、送教上门等多种形式,对一级二级肢体残疾、一级二级智力残疾、多重残疾等残疾儿童、少年实施义务教育;有条件的地方可以举办专门招收一级二级残疾儿童、少年的康复教育学校。

第十六条　义务教育学校应当按照就近、便利的原则,招收能适应其学习生活的残疾儿童、少年入学;跨户籍地的残疾儿童、少年和残疾人子女就学由现居住地人民政府按照就近、便利的原则负责安排。

普通高中、中等职业学校和高等学校,必须招收符合国家规定的录取要求的残疾考生入学,不得因其残疾而拒绝招收。

残疾考生和在校残疾学生可以免试与本人身体状况不适宜的体育项目,听力残疾考生免试听力考试。

第十七条　市、区县(自治县)人民政府应当根据残疾人的数量、分布状况和残疾类别等因素合理设置残疾人特殊教育机构,或者通过在普通学校附设特殊教育点等形式,对不适应在普通教育机构学习的残疾人实施特殊教育。

特殊教育机构和普通学校附设的特殊教育点,应当具备适合残疾人学习、康复和生活特点的场所和设施。

第十八条　市、区县(自治县)人民政府应当将民办特殊教育机构中接受义务教育的学生纳入免费义务教育体系。

市、区县(自治县)人民政府对接受义务教育的残疾学生、贫困残疾人家庭的学生提供免费教科书、寄宿生活费补助;对普通高校全日制本科、专科在校生中的残疾学生、贫困残疾人家庭的学生,中等职业学校一、二年级在校生中的残疾学生,特殊教育学校职业高中班就读的残疾学生提供国家助学金补助。

贫困残疾人接受高等职业教育,政府应当给予补助。

第十九条　市、区县(自治县)人民政府应当有计划地开展特殊教育师资的培养和培训,为各类教育机构提供特殊教育师资,不断提高残疾人教育质量。

普通教育机构应当根据实际需要,配备具有特殊教育知识和技能的教师,为残疾学生提供帮助。

从事特殊教育的教师和从事手语、盲文翻译的人员,享受国家规定的特殊教育津贴;从事以上工作十年以上的,发给特殊教育荣誉证书;从事特殊教育累计满十五年,并在特殊教育岗位退休的教师,其享受的特殊教育津贴计入退休金。

从事特殊教育的教师,在职称评定、晋级等方面给予优先照顾。

第四章　劳动就业

第二十条　各级人民政府应当采取措施拓宽残疾人就业渠道,保障残疾人的劳动权利。

第二十一条　市、区县(自治县)人民政府,人力资源和社会保障局、民政、税务等有关部门,应当鼓励、扶持兴办残疾人福利企业、盲人按摩机构、工(农)疗机构、辅助性工场等残疾人集中就业单位,并按照有关规定减免税费。

第二十二条　本市行政区域内的国家机关、社会团体、企业事业单位和民办非企业单位(以下统称用人单位)应当按照不少于本单位在职职工总数百分之一点五的比例安排残疾人就业,并为其安排适当的工种和岗位。

人力资源和社会保障部门应当将用人单位按比例安排残疾人就业情况纳入劳动保障监察范围,定期进行监督检查。

第二十三条　用人单位(城乡养老机构除外)安排残疾人就业未达到规定比例的,应当依法缴纳残疾人就业保障金。

依法征收的残疾人就业保障金应当纳入财政预算,用于促进残疾人就业和残疾人事业的发展。

市人民政府每年从区县(自治县)收取的残疾人就业保障金总额中提取一定比例,用于促进地区间残疾人事业的平衡发展和重大项目的实施。

第二十四条　对从事个体经营的残疾人,有关部门应当给予支持,并按照有关规定减免税费。

各级人民政府开发或者购买的公益性岗位,应当优先安排符合条件的残疾人就业。

鼓励社会组织和个人对残疾人自主创业给予支持和帮助。

第二十五条　用人单位招用残疾人应当依法与其签订一年以上劳动合同或者服务协议;不得在招用、转正、晋级、职称评定、劳动报酬、生活福利、休息休假、社会保险等方面歧视残疾人。

禁止任何单位和个人以暴力、威胁、非法限制人身自由的手段以及其他手段强迫残疾人劳动,或者强迫残疾人从事违背自身意愿的活动;禁止胁迫、诱骗、教唆、利用残疾人从事违法活动,或者假冒残疾人从事违法活动。

依靠残疾人或者其配偶一方工资收入维持家庭生活的，用人单位非因撤销、解散、停产、破产或者其他正当理由，不得安排残疾人或者其配偶下岗。对因撤销、解散、停产、破产等原因失去工作岗位的残疾人，有关部门和单位按照国家和本市规定保障其家庭的基本生活，并组织参加就业培训，优先推荐上岗就业。

第五章　文化生活

第二十六条　市、区县（自治县）人民政府应当增加残疾人文化体育事业经费，拓展残疾人文化体育活动场所，组织开展残疾人文化体育活动，不断满足残疾人精神文化需求。

第二十七条　各级人民政府和社会采取下列措施，丰富残疾人的精神文化生活：

（一）有计划地新建、扩建和改建适合残疾人活动的文化、体育和娱乐场所；

（二）公共媒体应当无偿刊登、播放宣传残疾人事业的公益广告；

（三）市、区县（自治县）有条件的公共图书馆应当配备盲文读物、设立盲人有声读物图书室，并根据盲人的实际需要，增加盲文读物和有声读物种类、数量；

（四）建立志愿者根据需要为残疾人提供帮助和服务的制度；

（五）体育场（馆）、影剧院、广场等公共活动场所应当为开展残疾人体育训练、体育比赛和文艺演出等活动提供方便并减免相关费用。

第二十八条　残疾人凭《中华人民共和国残疾人证》（以下简称残疾人证）免费进入公益性博物馆、纪念馆、科技馆（活动中心）、美术馆、展览馆、体育健身场（馆）、文化馆（宫、站）、图书馆、公园、动物园等公共场所和风景名胜区。视力、智力残疾人和一级二级肢体残疾人的一名陪护人员享受相同优惠。

以上场所应当设置明显的免费标识。

有条件的场所应当配备一定数量的轮椅供残疾人免费使用。

第二十九条　文化广播、体育主管部门和残疾人组织应当组织和扶持残疾人开展群众性文化、体育活动，组织残疾人文艺演出和残疾人体育运动会。

各级人民政府应当重视残疾人文艺、体育人才的培养，有关单位应当为残疾人文艺、体育训练提供支持、帮助。

残疾人在集训、演出和比赛期间，所在学校应当保留其学籍，所在单位应当保障其工资福利待遇不变。对无固定收入的残疾人，由活动组织者给予补贴。

市、区县（自治县）人民政府和文化广播、体育主管部门和残疾人组织应当对参加重大的国际、国内演出、比赛并获奖的残疾人予以奖励。

第六章　社会保障

第三十条　用人单位招用残疾人，应当按照有关规定为其缴纳社会保险，并按照国家和本市规定享受岗位补贴和社会保险费补贴。

鼓励残疾人参加社会保险。对参保的残疾人，按照国家和本市规定给予补贴。

鼓励各类商业保险机构增设预防伤残风险和面向残疾人的专项险种。

第三十一条 市、区县(自治县)人民政府应当加强公益性残疾人托养机构建设。

有条件的区县(自治县)人民政府应当通过公办、民办公助等形式,建立专门的残疾人托养机构,对生活不能自理的残疾人实施集中托养;乡镇(街道)、村(社区)应当依托社区服务设施和福利机构开展日间照料等服务,以多种形式支持残疾人居家安养。

鼓励和扶持社会力量兴办残疾人托养机构。

第三十二条 各级人民政府和民政部门应当对生活困难的残疾人提供基本生活保障:

(一)对纳入最低生活保障的智力残疾、精神残疾、其他一级二级残疾、老残一体、一户多残等生活困难家庭中的残疾人本人给予重点照顾;

(二)对无劳动能力、无扶养人或者扶养人不具有扶养能力、无生活来源的残疾人,按照国家和本市规定予以供养;

(三)对在城市流浪乞讨的残疾人依法给予救助;

(四)对生活不能自理的残疾人按照国家和本市规定给予护理补贴;

(五)对低收入残疾人家庭给予临时救助。

第三十三条 对符合迁移条件的残疾人及其配偶、子女申请户口迁移的,公安机关应当优先办理,并免收工本费。

第三十四条 市、区县(自治县)人民政府应当为符合公租房、廉租房申请条件的城镇残疾人家庭优先提供公租房、廉租房,在楼层分配上应当对行动不便的残疾人家庭给予照顾。

区县(自治县)人民政府应当将农村贫困残疾人家庭优先纳入住房补助和农村危房改造范围;国土房屋主管部门和乡镇人民政府应当优先为符合申请条件的农村残疾人家庭办理宅基地审批手续。

对因集体土地征收需要安置、补偿的农村残疾人家庭,当地人民政府应当优先给予安置、补偿。

对国有土地上房屋被依法征收的残疾人家庭,当地人民政府应当按照方便残疾人生活的原则妥善安置。

第三十五条 盲人和其他一级二级残疾人凭残疾人证办理免费乘车卡,并凭该卡免费乘坐所在城市市内公共交通工具;三级四级残疾人凭残疾人证办理优惠乘车卡,并凭该卡减半优惠乘坐所在城市市内公共交通工具。

残疾人免费携带随身必备的辅助器具搭乘公共交通工具或者进入公共场所。

政府鼓励和支持提供电信、广播电视服务的单位对盲人、听力残疾人、言语残疾人给予优惠。

享受城市居民最低生活保障的残疾人家庭免交城市生活垃圾处置费。

第三十六条 对经济困难或者其他原因确需法律援助或者司法救助的残疾人和贫困残疾人家庭,当地法律援助机构应当依法提供法律援助,受理案件的人民法院应当依法给予司法救助。

对未达到法律援助条件的贫困残疾人，律师事务所应当按照国家和本市规定减免服务收费，公证机构应当按照国家和本市规定减免公证费。

第七章　无障碍环境

第三十七条　市、区县（自治县）人民政府应当对无障碍环境建设进行统筹规划，逐步完善无障碍设施。规划、城乡建设、交通、市政、通信、经济信息等部门应当按照各自的职责，对无障碍设施的规划、设计、建设、养护和使用实施监督管理。残疾人组织可以提出监督意见和建议，有关部门应当及时处理。

第三十八条　新建、扩建城市道路、车站、停车场、码头、商场、宾馆、影剧场等公共活动场所，业主应当进行无障碍设计和建设，并设立国际通用的无障碍标志；现有大中型公共场所不方便残疾人进出的通道，其所有权人或者管理人应当进行无障碍改造。

公共交通站场和公共交通工具应当配置无障碍设备；公共停车场所应当设置方便残疾人的专用停车位，并减免残疾人专用车的停车费用。

第三十九条　配套建设无障碍设施，应当与建设项目同时设计、同时施工、同时验收使用，所需经费应当纳入建设项目经费预算。

第四十条　无障碍设施所有人、管理人应当维护和管理无障碍设施，确保无障碍设施的正常使用。

任何组织和个人不得损毁、擅自侵占无障碍设施，或者擅自改变无障碍设施的用途。因特殊情况需要临时占用无障碍设施的，应当经无障碍设施所有权人或者管理人同意，并设置警示标志或者信号设施。临时占用期满，占用单位应当及时恢复原状。

第四十一条　各级人民政府应当推进住宅、社区的无障碍设施建设和改造。

第四十二条　各级人民政府和有关部门应当为残疾人获取政务信息提供方便。

公共服务机构应当建设信息无障碍平台，提供语音、文字提示、盲文、手语等无障碍服务。

电视台应当定时播出手语或者配有字幕的新闻节目。

电信、互联网等运营企业应当根据残疾人的特点和需求，逐步推出适合残疾人使用的信息产品和符合残疾人需要的无障碍业务。

第四十三条　盲人携带有识别标识的导盲犬出入公共场所和搭乘公共交通工具应当遵守国家有关规定，相关单位和个人应当给予便利。

第八章　法律责任

第四十四条　残疾人的合法权益受到侵害的，可以向残疾人组织投诉，残疾人组织有权要求有关部门或者单位查处。有关部门或者单位应当依法查处，并在六十日内给予书面答复。

有关部门或者单位对侵害残疾人合法权益的行为不依法查处的，同级人民政府残疾人工作委员会应当督促其依法处理，对无正当理由拒不履行职责的，可以建议有关机关依法对直接负责的主管人员和其他直接责任人给予处分。

第四十五条　有关行政部门、残疾人组织的工作人员在残疾人权益保障工作中，有下列情形之一的，由监察机关或者其所在单位依法给予处分；构成犯罪的，依法追究刑事责任：

（一）不认真履行残疾人权益保障职责，导致残疾人权益受到侵犯的；

（二）贪污、挪用、截留或者私分残疾人就业保障金或者其他专项用于残疾人事业经费的；

（三）不按照国家和本市规定核发和管理残疾人证的；

（四）其他滥用职权、玩忽职守、徇私舞弊、索贿受贿的行为。

第四十六条　违反本条例规定，有下列行为之一的，由有关主管部门责令改正；拒不改正的，依法处理：

（一）医疗机构出具虚假残疾评定结果的；

（二）教育机构拒不接收残疾学生入学，或者在国家规定的录取要求以外附加条件限制残疾学生入学的；

（三）用人单位在招用职工等方面歧视残疾人，拒不按规定安排残疾人就业的；

（四）用人单位违反有关法律、法规解除或者终止与残疾职工签订的劳动合同的；

（五）用人单位故意拖欠残疾人工资的；

（六）用人单位虚报安排残疾人就业人数，骗取相关税费减免优惠待遇的；

（七）用人单位未依法为残疾人缴纳社会保险费用的；

（八）拒不实施或者执行残疾人优惠政策的。

第四十七条　新建、扩建城市道路、车站、停车场、码头、商场、宾馆、影剧场等公共活动场所的无障碍设施，不符合国家有关无障碍设施工程建设标准的，由城乡建设等有关部门责令限期改正；逾期不改正的，处一万元以上十万元以下罚款。

对侵占、损坏公共场所、城市道路范围内无障碍设施的，由市政主管部门或者其他职能部门、综合执法机构依法处理。

第四十八条　违反本条例规定，强迫残疾人劳动或者强迫残疾人从事违背自身意愿活动的，由公安机关责令改正，可处以二百元以上五百元以下罚款；有违反治安管理行为的，由公安机关依法给予治安管理处罚；构成犯罪的，依法追究刑事责任。

第四十九条　违反本条例规定，胁迫、诱骗或者教唆残疾人从事违法活动的，按照其胁迫、诱骗或者教唆的行为处罚；利用残疾人或者假冒残疾人从事违法活动的，从重处罚。

第九章　附则

第五十条　市、区县（自治县）残疾人组织按照国家有关规定组织残疾评定，核发、管理残疾人证。

残疾人证是认定残疾人和残疾类别、等级以及残疾人享受相关优惠政策、福利待遇的合法凭证。

第五十一条　本条例中下列用语的含义：

（一）工（农）疗机构，是指集劳动和康复为一体，组织精神、智力等残疾人员参加适当生产劳动与训练、开展生活与职业技能训练和实施康复治疗的集中安置残疾人机构，包括精神病院附设的康复车间、企业附设的工疗车间、基层政府和组织兴办的工疗或者家疗站等。

（二）辅助性就业工场，是指除福利企业、盲人按摩机构、工疗或者农疗机构以外的，集中安置残疾人的托养服务工场、职业康复工场等。主要集中安置残疾程度较重、适应能力较弱、通过一般方式和途径难以实现就业的中重度智力残疾人、精神残疾人和重度肢体残疾人，为其提供照管、生活与就业技能训练和过渡性就业安置。

第五十二条　本条例自2012年1月1日起施行。2000年3月23日重庆市第一届人民代表大会常务委员会第二十三次会议通过的《重庆市实施〈中华人民共和国残疾人保障法〉办法》同时废止。

重庆市按比例安排残疾人就业规定

渝府令[2004]第162号

《重庆市按比例安排残疾人就业规定》已经于2003年12月30日市人民政府第21次常务会议审议通过，现予公布，自2004年2月1日起施行。

市长王鸿举

二〇〇四年一月十日

重庆市按比例安排残疾人就业规定

第一条　为促进残疾人就业，根据《重庆市实施〈中华人民共和国残疾人保障法〉办法》，制定本规定。

第二条　本市行政区域内的机关、团体、事业、企业、其他经济组织等各类用人单位（以下简称用人单位），均应遵守本规定。

鼓励城乡个体工商户安排残疾人就业。

鼓励、支持集中安排残疾人就业和用人单位超比例安排残疾人就业。

第三条　本市符合法定就业年龄、有一定劳动能力的无业城镇残疾人，为本规定按比例安排就业的对象。

第四条　各级人民政府要将按比例安排残疾人就业纳入劳动就业计划，采取措施，保障本规定的贯彻实施。

市、区县（自治县、市）残疾人联合会负责按比例安排残疾人就业工作。

市、区县（自治县、市）劳动保障、人事、计划、财政、税务、工商、民政、统计等部门依照各自职能协同做好按比例安排残疾人就业工作。

第五条　按比例安排残疾人就业工作实行分级管理。

市残疾人就业服务机构具体实施市级机关、团体、事业单位,中央直属单位、外地驻渝单位以及由市工商行政管理部门登记注册企业的按比例安排残疾人就业工作。区县(自治县、市)残疾人就业服务机构,具体实施本行政区域内其他用人单位的按比例安排残疾人就业工作。

第六条　用人单位应按照不少于本单位在岗职工人数1.5%的比例安排残疾人就业。安排1名盲人或者1名一级肢体残疾人就业的,按安排两名残疾人计算。

按比例安排残疾人就业的残疾人人数不足1人而在0.5人以上的,按安排1名计算;不足0.5人的,可安排1人,也可按比例缴纳残疾人就业保障金。

第七条　用人单位应在每年第一季度内,如实填写重庆市按比例安排残疾人就业统计表,报主管的残疾人就业服务机构。

残疾人就业服务机构根据有关部门提供的用人单位在岗职工人数等资料,对用人单位安排残疾人就业情况进行审核,30日内将审核结果通知用人单位和相关部门。

第八条　用人单位安排残疾人就业,可向社会招聘,也可在残疾人就业服务机构推荐的残疾人中选聘。

第九条　残疾人被正式录用后,用人单位应当为其安排合适的工种和岗位,依法签订1年以上劳动合同,并按国家和本市规定办理养老、失业、医疗等社会保险。

第十条　安排残疾人就业未达到规定比例的用人单位,每年应按实际差额人数缴纳残疾人就业保障金。残疾人就业保障金以所在地的市、区县(自治县、市)统计部门公布的上年度本地区职工年平均工资为标准。

残疾人就业保障金计算公式为:(单位在岗职工总数×1.5% - 单位已安排残疾职工数)×(本地区上年度职工年平均工资)=应缴纳残疾人就业保障金。

第十一条　企业、其他经济组织和自收自支的事业单位应缴纳的残疾人就业保障金由所在地地方税务部门代收。

财政拨款的机关、团体、事业单位等用人单位应缴纳的残疾人就业保障金由残疾人就业服务机构收取。对不按规定比例安排残疾人就业又不主动缴纳残疾人就业保障金的,年终由残疾人联合会提供有关单位名称和应扣款金额,财政部门协助予以代扣。

残疾人就业保障金的具体收取办法由市残疾人联合会、市财政局、市地方税务局制定。

第十二条　安排残疾人就业未达到规定比例的用人单位,在收到《残疾人就业保障金交款通知书》之日起30日内,应将残疾人就业保障金缴入指定的银行账户。

用人单位缴纳残疾人就业保障金,企业和其他经济组织可从管理费中列支,机关、团体、事业单位从可预算经费或自有资金中列支。

第十三条　企业和其他经济组织确因亏损需缓缴或减缴保障金的,可在收到《残疾人就业保障金交款通知书》之日起20日内,向主管的残疾人联合会提出书面申请。

残疾人联合会在收到用人单位缓缴、减缴申请书之日起20日内,会同财政部门审查,做出决定。

第十四条　残疾人就业保障金纳入预算管理，缴入同级国库，专款专用。

残疾人就业服务机构每年必须将残疾人就业保障金的收支使用计划报经同级残疾人联合会审核，并经同级财政部门批准。计划执行和财务收支情况，依法接受财政、审计部门和上级残疾人联合会的监督。

第十五条　残疾人就业保障金专项用于下列范围：

（一）对超比例安排残疾人就业的用人单位的奖励；

（二）残疾人就业前职业培训和康复费用的补贴；

（三）扶持残疾人个体开业费用的补贴；

（四）为安排残疾人就业所需设备、设施费用的补贴；

（五）有关残疾人社会保障费用的补贴；

（六）经同级财政部门批准，适当补助残疾人就业服务机构的经费开支。

市级残疾人就业保障金还应当扶持贫困区县（自治县、市）的残疾人就业保障金。

第十六条　劳动、人事部门应将用人单位按比例安排残疾人就业情况纳入劳动监察和人事管理范围，定期进行监督、检查。

第十七条　对不按本规定安排残疾人就业，又拒不缴纳残疾人就业保障金的用人单位，由县级以上残疾人联合会予以警告，责令限期改正。拒不改正的，处以1000元以下罚款；逾期不缴纳残疾人就业保障金的，按日加收欠缴金额千分之五的滞纳金，并可对直接负责的主管人员和其他直接责任人员处以500元以上1000元以下罚款。

第十八条　残疾人就业服务机构和有关协同部门及其工作人员应当遵纪守法，秉公执法。对玩忽职守、滥用职权、徇私舞弊、索贿受贿、枉法执行者，由其所在单位或者上级主管部门给予行政处分；涉嫌犯罪的，移送司法机关处理。

第十九条　本规定自2004年2月1日起施行。1998年6月19日发布的《重庆市按比例安排残疾人就业规定》（重庆市人民政府令第30号）同时废止。

中共重庆市委　重庆市人民政府
关于促进残疾人事业发展的意见

渝委发〔2008〕27号

（2008年10月21日）

残疾人事业是中国特色社会主义事业的重要组成部分。发展残疾人事业，是各级党委、政府义不容辞的责任。市委、市政府历来高度重视发展残疾人事业，特别是直辖以来，采取了一系列重大举措，使残疾人参与社会生活的环境和条件明显改善，生活水平和质量不断提高。但是，必须清醒地看到，我市残疾人事业基础还比较薄弱，残疾人社会保障政策措施还不够完善,残疾人总体生活状况与社会平均水平存在较大差距。为贯彻落实党的十七大精神和《中共中央、国务院关于促进残疾人事业发展的意见》(中发〔2008〕7号),现就促进我市残疾人事业发展提出如下意见。

一、明确总体要求,促进残疾人事业协调发展

(一)残疾人事业发展的指导思想和原则。高举中国特色社会主义伟大旗帜,以邓小平理论和“三个代表”重要思想为指导,深入贯彻落实科学发展观,紧紧围绕统筹城乡发展、实现全面建设小康社会奋斗目标,坚持“政府主导、社会参与,国家扶持、市场推动,城乡统筹、协调发展,分类指导、突出重点,立足基层、面向群众”的原则,促进我市残疾人事业与经济社会协调发展。

(二)统筹城乡残疾人事业发展。按照“城乡一体、分类指导,综合配套、统筹发展”的要求,制定城乡统筹的残疾人事业发展规划。加大农村残疾人工作力度,各级各部门特别是与残疾人康复、教育、就业、扶贫等密切相关的部门和单位,要制定专门的帮扶措施,切实解决农村贫困残疾人在生产、生活中的实际困难。

(三)统筹区域残疾人事业发展。加大对渝东南地区、三峡库区的扶持力度。建立对口帮扶机制,实行主城区、渝西地区区县对渝东南地区、三峡库区区县(自治县)结对帮扶,加强基础设施建设,增强服务功能,促进渝东南地区、三峡库区残疾人事业的发展。

二、以“人人享有康复服务”为目标,切实加强残疾人康复和残疾预防工作

(一)保障残疾人享有基本医疗卫生服务。公共医疗卫生服务机构要逐步配备康复专业人员,建立康复科室,加强残疾人医疗康复服务。残疾人必须纳入城乡居民合作医疗保险,对贫困残疾人个人出资部分由各级政府在公共财政中安排资金适当补贴。将白内障复明手术、精神病患者治疗、畸残儿童矫治手术、残疾儿童抢救性治疗纳入城乡居民合作医疗保险报销范围,适当提高报销比例,并逐步纳入残疾人的其他医疗康复项目,保障残疾人的医疗康复需求。城乡医疗救助要将贫困残疾人作为重点救助对象。做好残疾人参加社会医疗保险和医疗救助的衔接工作。

(二)加强残疾人康复服务保障。将残疾人康复纳入国家基本医疗卫生制度和基层医疗卫生服务内容,确保2015年全市残疾人人人享有康复服务。大力加强社区残疾人康复工作,推进康复进社区、服务到家庭。继续实施国家重点康复工程,着力解决农村及边远地区贫困残疾人康复难的问题。制定和完善残疾人康复救助办法,对贫困残疾人康复训练、辅助器具适配等基本康复需求给予补贴。优先开展残疾儿童抢救性治疗和康复,对贫困残疾儿童康复给予补助,研究建立残疾儿童康复救助制度。

(三)加强残疾预防工作。按照国家残疾预防行动计划,建立综合性、社会化预防和控制网络,形成科学、有效的残疾预防机制。广泛开展以社区为基础、以一级预防为重点的三级预防工作。提高出生人口素质,开展心理健康教育和保健,注重精神残疾预防,做好补碘、改水等工作,加强食品、药品安全保障,强化安全生产、劳动保护和交通安全等措施,有效控制残疾的发生和发展。建立残疾报告制度，加强信息收集、监测和研究。机关、学校、社区、企事业单位大力普及残疾预防知识，提高公众残疾预防意识。

三、采取多种帮扶措施，保障残疾人基本生活

（一）做好残疾人生活救助工作。按照重点保障和特殊扶助的要求，制定针对残疾人特殊困难和需求的社会保障政策措施。对“低保”户残疾人，由公共财政按每人每月增加20元提高保障水平，有条件的地方可给予特殊补贴。对“低保”户的一、二级重残人员，按规定提高保障水平。着力解决好重度残疾、一户多残、老残一体等特殊困难家庭的基本生活保障问题，对低收入残疾人家庭实行生活救助。安置和照顾好伤残军人。加快实施农村贫困残疾人家庭危房改造，把贫困残疾人的危房改造与社会主义新农村建设、生态家园建设、灾民倒房重建等结合，落实好建设补助资金，确保无房、危房贫困残疾人居有其所。城市廉租住房政策优先照顾贫困残疾人家庭。

（二）完善残疾人社会保险政策。加强监督检查，确保城镇残疾职工按照规定参加基本养老、失业、工伤和生育保险。对残疾人中的失地农民、超龄人员、贫困个体户参加基本养老保险，由各级政府安排专项资金给予补贴。鼓励并组织个体就业残疾人参加社会保险。

（三）发展残疾人社会福利和慈善事业。完善残疾人社会福利政策，逐步扩大残疾人社会福利范围，适当提高残疾人社会福利水平。重点做好残疾老人和残疾儿童的福利服务。从2008年起，市和区县（自治县）本级福利彩票公益金收入用于残疾人事业不低于10%，并逐年有所增加。支持残疾人福利基金会的发展，广泛募集社会资金，用于发展残疾人事业，提高残疾人社会福利水平。

四、提高自身综合素质，促进残疾人全面发展

（一）发展残疾人教育。发展残疾儿童学前康复教育，推动残疾儿童少年普及义务教育，大力发展高中阶段特殊教育。逐步解决重度肢体残疾、重度智力残疾、失明、失聪、脑瘫、孤独症等残疾儿童少年的教育问题。加强重庆市特殊教育中心建设，充分发挥辐射带动作用；其他区县（自治县）要加大投入，加强管理，办好特殊教育学校，推进特殊教育课程改革，提高特殊教育教学质量，努力把我市建成西部地区特殊教育高地。积极开展残疾人职业教育及培训。应用现代远程教育等手段，发展残疾人成人教育。采取多种措施扫除残疾青壮年文盲。完善残疾学生的助学政策，通过减免学杂费、书本费等费用，给予适当生活补贴，保障残疾学前儿童、残疾学生、残疾人子女接受教育的权利。加强师资队伍建设，鼓励和支持普通高等学校开办特殊教育专业，动员社会力量兴办特殊教育。鼓励从事特殊教育，落实特殊教育教师、手语翻译特殊教育津贴政策。各级各类学校在招生、入学等方面不得歧视残疾学生。

（二）大力促进残疾人就业。党政机关、社会团体、企事业单位和民办非企业单位要依法按比例安排残疾人就业，安置残疾人未达到规定比例的单位，要依法缴纳残疾人就业保障金。要逐步扩大残疾人就业保障金使用范围。把残疾人就业再就业工作纳入政府专项目标考核。鼓励和扶持兴办福利企业、盲人按摩机构、工(农)疗机构、辅助性工场等,集中安排残疾人就业。市和区县(自治县)残疾人联合会(以下简称“残联”)要做好残疾人集中就业单位用工情况调查和残疾人比例核查工作。完善资金扶持、税费减免、贷款贴息、社会保险补贴、岗位补贴、专产专营等残疾人就业保护政策措施。同等条件下,政府优先采购残疾人集中就业单位的产品和服务。多形式开发适合残疾人就业的公益性岗位,安排残疾人或贫困残疾人家庭成员就业。将登记失业的残疾人列入就业困难人员范围,提供就业援助和政策扶持。对残疾人自愿自主创业的,要在免收项目审批、证照办理行政事业性收费等方面给予照顾,并在一定期限内给予小额信贷扶持。广泛开展残疾人职业技能和农村实用技术培训,全面提高残疾人综合就业能力。制定和完善针对残疾人特点的扶贫政策措施,扶持农村残疾人发展生产,有序组织农村残疾人转移就业,促进残疾人增加收入。

(三)繁荣残疾人文化体育事业。组织残疾人开展形式多样、健康有益的群众性文化、艺术、娱乐活动,丰富残疾人精神文化生活。扶持残疾人文化艺术产品生产等公益性文化事业。发展残疾人特殊艺术,培养优秀特殊艺术人才。建立健全残疾人体育管理机构,开展残奥、特奥、聋奥运动和残疾人群众性体育活动,增强体质,康复身心。开辟残疾人文化体育活动场所,公共文化、体育设施对残疾人优惠开放。

五、建立健全服务体系,改善对残疾人的服务

(一)健全残疾人服务体系。针对残疾人特殊性、多样性、类别化的服务需求,建立健全以专业机构为骨干、社区为基础、家庭邻里为依托的残疾人服务体系。建立市级残疾人康复中心(康复医院)、就业培训中心、文体中心、托养中心、特教中心(学校)、维权服务中心等专业服务机构,发挥技术和人才资源中心作用,搞好全市残疾人各类服务的示范、指导工作。区县(自治县)要建立功能齐全、规模适度的综合性服务中心,发挥窗口和阵地作用,搞好本区域残疾人服务的推广、带动工作。各乡镇(街道)、社区要因地制宜、形式多样地开展残疾人的各种服务。加强残疾人专业服务机构建设和管理,提高服务水平。

(二)加快无障碍建设和改造。制定无障碍建设实施办法,加快推进与残疾人日常生活密切相关的住宅、社区、学校、福利机构、公共交通、公共服务场所等无障碍设施的建设和改造。市和区县(自治县)残联要参与对无障碍建设的设计审核和工程验收工作,会同当地建设主管部门促进无障碍建设和改造的落实。小城镇、农村地区逐步推行无障碍建设,有条件的地方要对贫困残疾人家庭住宅无障碍改造提供资助。公共交通工具要加快配置无障碍设备,公共停车区要设置残疾人专用停车泊位。切实加强无障碍设施设备的管理和维护。积极推进信息和交流无障碍,公共机构要提供语音、文字提示、盲文、手语等无障碍服务,影视作品和节目要加配字幕,电视台要开办电视手语新闻栏目,电台、报刊要开设残疾人专题节(栏)目。网络、电子信息和通信产品要方便残疾人使用。

(三)发展残疾人服务业。依托社区开展为重度残疾人、智力残疾人、精神残疾人、老年残疾人服务的公益性、综合性项目。鼓励发展残疾人居家服务,有条件的区县(自治县)建立残疾人居家服务补贴制度。积极培育面向残疾人服务的社会组织,通过民办公助、政府补贴、政府购买服务等多种方式，鼓励各类组织、企业和个人建设残疾人服务设施，发展残疾人服务业。将残疾人服务设施建设纳入城乡公益性建设项目，给予重点扶持。

六、弘扬人道主义精神，优化残疾人事业发展的社会环境

（一）增强全社会扶残助残意识。大力弘扬人道主义思想和中华民族传统美德，倡导“平等、参与、共享”的现代文明社会残疾人观。宣传、文化、新闻、出版等部门和单位要积极宣传残疾人事业，宣传残疾人自强模范和扶残助残先进事迹。教育部门要将人道主义、自强与助残教育纳入中小学德育等课程。机关、团体、企事业单位和其他组织要结合开展群众性精神文明创建活动，广泛开展形式多样的扶残助残活动。组织好“全国助残日”“国际残疾人日”等活动，激励广大残疾人自尊、自信、自强、自立，融入社会，参与发展，共享发展成果。

（二）创造残疾人事业发展的良好法治环境。认真贯彻执行《中华人民共和国残疾人保障法》和相关法律法规，加强地方立法和执法监督检查，充分保障残疾人的平等权益，尊重残疾人对相关立法和残疾人事务的知情权、参与权、表达权、监督权。加强法制宣传教育，增强全社会依法维护残疾人权益的法制观念，提高残疾人依法维权的意识和能力。建立残疾人法律救助体系。加大对侵害残疾人合法权益案件的查处力度。

（三）动员各方力量参与残疾人事业发展。工会、共青团、妇联等人民团体和老龄协会等社会组织要发挥各自优势，支持残疾人工作。红十字会、慈善会等慈善团体要积极为残疾人事业筹集善款，开展爱心捐助活动。企事业单位要增强社会责任感，为残疾人事业发展贡献力量。拓展对外交流领域，加强与国内外慈善机构的合作，促进我市残疾人事业发展。

七、加强对残疾人工作的领导，确保残疾人事业健康发展

（一）完善残疾人工作领导体制。全市各级党委、政府要高度重视残疾人事业，把残疾人工作列入重要议事日程，党委、政府要分别明确一位领导同志联系、分管残疾人工作，进一步完善党委领导、政府负责的残疾人工作领导体制。党委、政府主要领导每年至少听取一次残疾人工作汇报，认真研究部署残疾人工作，着眼于解决残疾人最关心、最直接、最现实的利益问题，多为残疾人办实事。各级政府要把残疾人事业纳入当地国民经济和社会发展总体规划、相关专项规划和年度计划。

（二）加大残疾人工作考核力度。党委、政府要将残疾人工作纳入年度工作目标考核。各级政府残疾人工作委员会要强化职责，及时研究解决重大问题，统筹协调有关促进残疾人事业发展的方针、政策、法规、规划的制定和实施，监督检查落实情况。市级各有关部门、单位要将残疾人工作纳入职责范围和目标管理，密切配合协作，切实提高为残疾人提供社会保障和公共服务的水平。城乡基层组织要抓好残疾人工作的落实。

（三）加大对残疾人事业的投入。残疾人事业经费要列入各级财政预算，并随着国民经济发展和财政收入的增长逐步增加，建立稳定的残疾人事业经费保障机制。多渠道筹集资金，引导社会资金投入残疾人事业。

（四）加强残疾人组织建设。根据新时期残疾人事业发展需要，完善市和区县（自治县）

残联组织机构,配备与残联工作任务相适应的人员编制。健全基层残疾人组织,建立完善区县(自治县)残疾人专门协会组织。

(五)发挥残疾人组织作用。充分发挥残疾人组织和残疾人代表在经济、政治、文化、社会生活中的民主参与、民主管理和民主监督作用,拓宽残疾人组织民主参与渠道。各级残联要切实履行职能,代表残疾人的共同利益,维护残疾人合法权益,努力为残疾人服务,发展和管理残疾人事业。

(六)加强残疾人工作干部队伍建设。按照“地方残联干部的管理,以地方党委为主,上一级残联协助”和“上一级残联对下一级残联领导班子成员负有培养、教育、了解、考察和提出使用建议的责任”的要求,下一级残联配备班子成员时要征求上一级残联的意见,切实选好配强各级残联领导班子。将残联干部队伍建设纳入各级干部队伍和人才队伍建设整体规划,加大培养、使用和交流力度,造就一支恪守“人道、廉洁、服务、奉献”职业道德的高素质残疾人工作干部队伍。解决好残疾人工作者待遇问题,为残疾人工作提供有力保障。做好残疾人干部的选拔、培养和使用工作。加强康复、教育、职业培训等方面的专业人才队伍建设。培育基层残疾人工作者队伍,提高为残疾人服务的能力。广泛动员社会力量,发展壮大助残志愿者队伍。

重庆市人民政府
关于加快推进残疾人小康进程的实施意见

渝府发〔2015〕58号

各区县(自治县)人民政府,市政府各部门,有关单位:

残疾人是一个特殊困难群体,需要格外关心、格外关注。多年来,市委、市政府高度重视残疾人工作,不断加大投入,着力解决残疾人最关心最直接最现实的利益问题,全市残疾人生活状况不断改善,保障和服务水平明显提高,残疾人工作基础更加稳固,扶残助残的社会氛围更加浓厚。但是,目前我市169.4万残疾人中,还有15万农村残疾人尚未脱贫,6万城镇残疾人生活十分困难。没有残疾人的小康,就不是真正意义上的全面小康。为深入贯彻十八届三中、四中全会精神和“四个全面”战略部署,让残疾人生活更加殷实、更加幸福、更有尊严,切实保障和改善残疾人生活水平,根据《国务院关于加快推进残疾人小康进程的意见》(国发〔2015〕7号),结合我市实际,制定本实施意见。

一、总体要求

(一)指导思想。

以邓小平理论、“三个代表”重要思想、科学发展观为指导,健全残疾人权益保障制度,完善残疾人基本公共服务体系,着力“兜底线”“补短板”“促公平”“建机制”“活市场”,使改革发展成果更多更公平惠及广大残疾人，促进残疾人收入水平大幅提高、生活质量明显改善、融合发展持续推进，努力让残疾人共享改革发展成果，过上安居乐业的幸福美好生活。

（二）基本原则。

坚持普惠加特惠，强化政府责任。要让残疾人在享受普惠性制度基础上，增加特惠性制度安排。全市各级政府各部门要切实履行职责，依法维护残疾人合法权益，针对残疾人的特殊需求和特殊困难，给予残疾人特别扶助和优先保障。

坚持兜底保障，促进就业增收。以扎实开展残疾人基本服务状况和需求专项调查为契机，掌握残疾人动态服务需求。紧紧牵住残疾人奔小康的“牛鼻子”，兜底保障残疾人基本民生，千方百计促进残疾人及其家庭就业增收和融合发展。

坚持社会帮扶，发挥市场作用。既要充分调动社会力量形成合力，帮助残疾人解决好生产生活中存在的突出困难，又要尊重残疾人的首创精神，激发残疾人内在发展活力，激励残疾人自强自立。既要发挥政府“输血式”作用，又要充分发挥市场在资源配置中的决定性作用，积极探索、敢于突破、敢于创新。

坚持分类指导，统筹协调推进。既要注重加快推进残疾人小康进程的整体设计，又要充分考虑城乡发展差异、残疾人事业联动发展、不同残疾人类别等分类施策。按分类指导的要求，制定和落实差异化的考评监测体系和政策措施，最大限度调动各方面的积极性。

（三）主要目标。

按照党的十八大提出的全面建成小康社会目标，加快推进残疾人小康进程。到2020年，残疾人权益保障制度基本健全、基本公共服务体系更加完善，残疾人整体生活状况与社会平均水平的差距明显缩小。残疾人社会保障和基本公共服务水平明显提高，残疾人的生存状况、发展状况和环境状况明显改善。残疾人劳有所得、病有所医、住有所居、学有所教得到明显改善，精神文化生活更加丰富，参与社会的能力显著增强。

二、主要任务和措施

（一）着力“兜底线”，提高残疾人社会保障水平。

1.建立健全残疾人社会救助制度。对符合城乡最低生活保障条件的残疾人家庭应保尽保。靠家庭供养的成年重度残疾人单独分户的，按规定纳入最低生活保障范围。对纳入特困人员供养范围的残疾人，逐步改善供养条件。加大对符合医疗救助条件的低收入残疾人医疗救助力度，对其重大疾病住院费用经医疗保险报销后，属于医疗保险政策范围内的自付费用，按不低于50%的比例予以优先救助，逐步提高救助标准和封顶线。精神障碍患者通过基本医疗保险支付医疗费用后仍有困难，或者不能通过基本医疗保险支付医疗费用的，应当优先给予医疗救助。社会救助经办机构对于残疾人申请社会救助的，应当及时受理并提供相应便利条件。

2.建立健全残疾人福利补贴制度。落实贫困残疾人生活补贴制度和重度残疾人护理补贴制度，随着我市经济社会发展，适时调整补贴标准。落实城乡“低保”残疾人家庭生活自用水、电、气、电视等费用优惠。落实残疾人乘坐公共交通工具优惠政策。加大通信服务单位对视力残疾人、听力残疾人、言语残疾人的优惠力度。落实减免下肢残疾人自用车辆路桥通行费优惠政策。享受城市居民最低生活保障的残疾人家庭免交城市生活垃圾处置费。

3.帮助残疾人普遍参加基本养老保险和基本医疗保险。落实贫困和重度残疾人参加城乡居民基本养老保险、城镇居民医疗保险、新型农村合作医疗个人缴费资助政策,有条件的区县(自治县)要扩大资助范围、提高资助标准,帮助城乡残疾人普遍按规定加入基本医疗保险和基本养老保险。对三、四级贫困残疾人参加城乡居民基本养老保险,可由政府按一定比例资助代缴最低档次的保险金。做好脑瘫、偏瘫肢体综合训练、运动疗法等治疗性康复项目医疗保险相关工作,逐步扩大基本医疗保险支付的医疗康复项目。完善重度残疾人医疗报销制度,做好重度残疾人就医费用结算服务。

4.优先保障城乡残疾人基本住房。将城镇低收入住房困难残疾人家庭纳入城镇基本住房保障制度,为符合住房保障条件的城镇残疾人家庭优先提供公共租赁住房或发放住房租赁补贴。全市各级政府要将贫困残疾人家庭危房改造纳入农村危房改造年度任务。对无力自筹资金的残疾人家庭给予倾斜照顾。2020年12月前,完成农村贫困残疾人家庭存量危房改造任务。

(二)着力"补短板",保障残疾人平等就业权利。

1.依法推进按比例就业和稳定发展集中就业。建立用人单位按比例安排残疾人就业公示制度。完善残疾人就业保障金征收使用管理工作机制。除创业3年内、在职职工总数不超过20人的小微企业外,对达不到比例要求的严格依法征缴残疾人就业保障金;制定超比例安排残疾人就业奖励办法。全市各级党政机关、事业单位、国有企业应当带头招录(聘)和安置残疾人就业。完善残疾人集中就业单位资格认定管理办法,搭建残疾人集中就业单位产品和服务展销平台,政府优先采购残疾人集中就业单位的产品和服务。通过税收优惠、社会保险补贴、岗前培训补贴,鼓励用人单位吸纳更多残疾人就业。

2.加大残疾人就业扶持力度。全市各级政府开发或者购买的公益性岗位,优先安排符合条件的残疾人。建立残疾人创业孵化机制,残疾人创办的小微企业和社会组织按规定享受国家扶持政策及孵化服务。对残疾人灵活就业、个体就业创业、创办小微企业给予相应的政策扶持。按规定对符合条件的残疾人给予职业培训和就业相关补贴。鼓励、扶持兴办残疾人福利企业、盲人按摩机构、工(农)疗机构、辅助性工场等残疾人集中就业单位,并按照有关规定减免税费。完善盲人按摩行业扶持政策。对残疾人辅助性就业机构的设施设备、无障碍改造等给予扶持,吸纳更多精神、智力和重度肢体残疾人辅助性就业。充分利用"互联网+",对残疾人开展远程培训、职业介绍、就业信息发布等就业服务,开发残疾人无障碍空中教育课堂,支持残疾人运用互联网信息科技在电子商务、广告设计等领域积极创业。坚持安全规范、试点先行、稳妥实施的原则,依法有序探索残疾人驾驶符合国家标准的小型汽车在符合驾驶和运营安全要求的前提下,提供城乡社区与地铁站(客运枢纽站)及公交站点间的短距离运输服务的政策措施。

3.不断提高残疾人就业服务水平。将残疾人就业信息纳入全市人力资源市场信息网络，实施资源共享。公共就业服务机构服务窗口优先为残疾人提供服务，免费为残疾人提供就业信息发布、职业指导、职业介绍、职业适应评估、职业技能鉴定、技能竞赛、就业和失业登记等就业服务和针对性就业援助。

4.大力实施残疾人精准扶贫。把农村贫困残疾人作为重点扶持对象纳入精准扶贫工作机制和贫困监测体系，将农村贫困残疾人生活水平提高和数量减少纳入贫困区县（自治县）考核指标。采取项目扶贫、产业扶贫、金融扶贫、智力扶贫、基础设施改造扶贫和社会帮扶等多种措施，帮助残疾人增收脱贫。全市各级政府举办或补助的促进扶贫就业的培训机构和培训项目，要将残疾人优先纳入培训范围。落实扶贫贷款贴息政策，支持农村残疾人扶贫基地发展和扶贫对象家庭参与养殖、种植、设施农业等增收项目，加大残疾人种养大户扶持力度。组织农村贫困残疾人家庭参与合作经济组织和产业化经营，保障残疾人土地承包经营权和土地流转等合法收益。

5.加强残疾人就业劳动保障监察。加强劳动保障监察，严肃查处强迫残疾人劳动、虚假用工、不依法与残疾劳动者签订劳动合同、不缴纳社会保险费等违法行为，依法纠正用人单位招用人员时歧视残疾人行为，切实维护残疾人劳动保障权益。人力社保部门应当将用人单位按比例安排残疾人就业情况纳入劳动保障监察范围，依法定期进行监督检查。

（三）着力“促公平”，提升残疾人公共服务水平。

1.实施残疾预防及个性化康复服务行动计划。实施残疾预防行动计划。完善残疾儿童筛查制度，对0~6岁儿童残疾初筛给予免费，建立贫困疑似残疾儿童诊断补贴制度。加强婚前医学检查和产前优生健康检查及孕期、产后保健服务。强化安全生产、劳动保护和交通安全等领域的执法监察，有效控制残疾的发生。开展残疾人心理健康预防。逐步建立残疾报告制度，推动卫生计生部门与残联信息共享。完善残疾儿童康复救助制度，实施0~6岁残疾儿童免费康复项目，有条件的区县（自治县）对进入康复机构接受训练的贫困残疾儿童家庭一次性给予补助，对基本型辅助器具配置给予补贴。市、区县（自治县）人民政府应当加强公益性残疾人康复机构建设。乡镇（街道）卫生服务机构残疾人康复站全覆盖，在符合条件的村（社区）建设残疾人康复室，一次性给予每个康复室适当补助。扶持标准定点康复机构发展。依托专业康复机构指导社区和家庭为残疾人实施康复训练，将残疾人社区医疗康复纳入城乡基层医疗卫生机构考核内容。建立医疗机构与残疾人专业康复机构双向转诊制度，实现分层级医疗、分阶段康复。实施残疾人就医绿色通道服务举措。试点设立残疾人心理康复服务机构。

2.实施特殊教育提升行动计划。落实《重庆市特殊教育提升计划实施方案（2014—2016年）》及后续行动。特殊教育学校普遍开展学前教育，资助残疾儿童接受普惠性学前教育。切实解决未入学适龄残疾儿童少年义务教育问题。推行全纳教育，建立随班就读支持保障体系。加大残疾学生就学支持力度，扶持高中阶段残疾学生入学；完善残疾大学生入学和生活救助制度。探索贫困残疾人子女接受教育救助机制。建立完善残疾学生特殊学习用品、教育训练、交通费等补助政策。实施国家手语、盲文规范化行动计划,推广国家通用手语和通用盲文,完善残疾考生考试辅助办法。加强特殊教育教师队伍建设,加大对特殊教育学校教师、承担残疾学生教学和管理工作的普通学校教师的培训力度。完善特殊教育教师收入分配激励机制。加快发展残疾人职业教育,推动发展以职业教育为重点的残疾人高中阶段教育。

3.实施文化体育惠残服务行动计划。扩大"文体进社区"项目覆盖面。大力发展残疾人文化创意产业,建成一批残疾人文化产业创业孵化基地。开展残疾人特殊艺术演出活动。扶持残疾人特殊艺术种类的挖掘和培育工作,建成一批残疾人特殊艺术培训基地。扶持盲人读物、残疾人题材图书和音像制品出版;在公共图书馆设立盲文读物、盲人有声读物图书室,增加盲文读物和有声读物种类、数量。公共媒体应当无偿刊登、播放宣传残疾人事业的公益广告。体育场(馆)等公共活动场所应当为残疾人开展文化体育活动提供方便并减免相关费用。实施残疾人康复体育关爱家庭计划,建成一批残疾人运动员训练基地,普及一批适合残疾人的体育健身项目。

4.实施公益志愿助残服务行动计划。制定和完善志愿助残的招募注册、服务记录、权益维护、评估监督、表彰奖励等制度,鼓励更多的人参加志愿助残服务。实施"百千万阳光行动"助残计划,到2020年,培育100个各具特色的助残志愿服务项目,建设1000个助残志愿服务站点,培育10000名优秀助残青年志愿者。广泛开展"万村千乡市场工程助残扶贫"、少先队"红领巾助残"等群众性助残活动。提倡在单位内部、城乡社区开展群众性助残活动,鼓励青少年深入城乡社区市民学校,注册成为志愿者,参与助残公益劳动和志愿服务。

5.实施智能化管理服务行动计划。建立残疾人基本服务状况和需求信息采集、维护和管理机制,健全残疾人统计调查制度,实现劳动就业、扶贫、民政等部门残疾人基本信息共享,完善残疾人人口综合信息。提升残疾人工作的精细化管理和个性化服务水平,探索推行智能化残疾人证。

(四)着力"建机制",充分保障残疾人合法权益。

1.建立完善保障残疾人合法权益的法律法规体系。加快推进与残疾人权益保障、残疾人发展紧密相关的残疾人教育、残疾人康复等立法工作,制定完善配套政策和标准体系。深入贯彻落实《中华人民共和国残疾人保障法》和《重庆市残疾人保障条例》,分类完善配套政策。完善残疾人权益保障机制。建立"大维权、大接访、大稳定"工作机制。广泛开展普法宣传教育,形成保障残疾人合法权益的良好社会氛围。加强残疾人法律救助、法律服务和法律援助。

2.加大依法维护残疾人合法权益力度。建立残疾人权益保障法律法规执行检查的常态工作机制。建立残疾人参政议政服务工作机制。研究通过司法手段维护残疾人合法权益的新途径新方法。加大对残疾人就业保障金征收和使用的执法检查力度。加大对办理残疾人假证和不按规定标准评定残疾人残疾等级的处罚力度。加大依法维护残疾人合法权益的执法力度,对假扮残疾人、强迫残疾人行乞等侵害残疾人权益的行为坚决予以打击。

3.全面推进城乡无障碍环境建设。出台《重庆市无障碍环境建设和管理规定》。要按照无障碍设施工程建设相关标准和规范要求，对新建、改建项目的规划、设计、施工、验收严格监管，加快推进政府机关、学校、社区、社会福利、公共交通等公共场所和设施的无障碍改造，逐步推进农村地区无障碍环境建设。实施残疾人家庭无障碍改造。完善信息无障碍标准体系，逐步推进政务信息以无障碍方式发布、影像制品加配字幕，鼓励食品药品添加无障碍识别标识。市和区县(自治县)政府网站，按照网站建设无障碍标准，逐步进行网站无障碍改造。落实市、区县(自治县)电视台开办手语栏目，主要新闻栏目加配手语解说和字幕。公共服务机构、公共场所、公共交通工具等要提供语音、文字提示、盲文、手语、视觉引导等无障碍服务。研究制定聋人、盲人特定信息消费支持政策。

(五)着力"活市场"，实现助残资源配置合理化。

1.强化残疾人服务设施建设。统筹规划城乡残疾人服务设施配套建设，实现合理布局。建设市级残疾人康复机构。推动有条件的区县(自治县)建设残疾人教育、就业、文化体育、综合服务等服务设施项目。倡导社会力量兴办以残疾人为服务对象的公益性医疗、康复、特殊教育、托养照料、社会工作服务等机构和设施。

2.强化残疾人服务产业发展。统筹规划残疾人服务业发展，大力发展残疾人服务中小企业，培育一批残疾人服务龙头企业，在用地、金融、价格等方面给予优惠，在人才、技术、管理等方面给予扶持，支持研发具有自主知识产权的技术和产品。以培育推广残疾人服务品牌和先进技术为重点，加大政府采购力度。鼓励商业保险公司开发适合残疾人的康复、托养、护理等保险产品。制定残疾人服务行业管理制度，发挥残疾人服务行业组织自律监督作用，营造公平、有序的市场环境。

3.强化政府购买残疾人服务。落实《重庆市政府购买残疾人服务暂行办法》。坚持政府主导、部门负责、分类推进、社会参与、共同监督、注重实效的原则，积极稳妥推进政府购买残疾人服务工作。突出残疾人服务的公共性和公益性，优先设立受益面广、受益对象直接的政府购买服务项目。切实转变政府职能，充分发挥政府引导作用，引入市场竞争机制。大力培育、扶持扶残助残社会组织。实现政府购买服务对扩大残疾人服务供给的放大效应。

4.强化残疾人服务队伍建设。实施"强基育人"项目。抓好区县(自治县)残联领导干部协管、优秀年轻残疾人干部培养、残疾人专职委员队伍培训等工作。加强各级残联作为群团组织的机构建设，建立与残疾人工作相适应的机构人员管理机制。加快残疾人康复、教育、就业、维权、托养、文化体育、社会工作等专门人才培养。完善残疾人服务相关职业设置、专业技术人员和技能人员职业能力水平评价办法。将乡镇(街道)、村(社区)两级残疾人专职委员工作补贴或误工补贴、教育培训经费纳入当地财政预算，提高残疾人专职委员待遇。

三、组织保障

(一)加强组织领导。市政府将落实加快推进残疾人小康进程具体措施列为市级目标管理绩效考核内容。各区县(自治县)人民政府要将加快推进残疾人小康进程纳入重要议事日程，列为政府目标管理和绩效考核内容，主要负责人负总责，分管负责人具体负责。全市各级政府残疾人工作委员会要进一步完善工作机制，加强统筹协调和监督检查，研究加快推进残疾人小康进程的重大事项，及时解决突出困难和问题；各成员单位要各司其职，密切配合，形成合力。各级残联要进一步履行好“代表、服务、管理”职能，充分发挥各级残工委秘书处作用，全心全意为残疾人服务，为实现残疾人小康发挥好桥梁纽带作用。

（二）切实落实责任。全市各级政府各部门要按照统一部署，认真落实工作责任（重点任务分工见附件）。各级财政要按照支出责任合理安排所需经费，保障残疾人事业发展资金，大力推进残疾人小康进程。统计部门要指导残联部门制定残疾人小康进程监测指标体系，每年对全市残疾人小康进程情况进行一次监测。发展改革、教育、民政、人力社保、卫生计生、扶贫等部门要进一步细化相关配套政策方案，确保改善残疾人民生政策落地生根。组织、编制、人事等部门要重视残疾人工作者队伍建设，为推进残疾人小康进程提供组织保障。各级群团组织、各类慈善机构要实施一批扶残助残项目。宣传、文化等部门要紧扣加快残疾人小康进程主题，开辟专栏、解读政策、宣传典型、推介经验，在全市上下营造浓厚氛围。

（三）创新工作机制。及时总结推广加快推进残疾人小康进程中的好经验和好做法，探索建立结合实际、体现特色、高效推动残疾人小康建设的工作机制。建立帮扶机制。充分发挥各类帮扶平台作用，把残疾人作为对口帮扶的重要对象，实施精准帮扶。建立示范带动机制。探索推进一批试点举措，通过示范带动全面推进残疾人小康进程。建立资源整合机制。整合卫生、民政、扶贫、就业等服务机构资源以及村（社区）等公共服务资源，为残疾人服务提供更多机会和平台。建立考评激励机制。全市各级政府职能部门要将残疾人工作内容列入系统内职责范围和目标管理考核。建立督查机制。各级政府督查室根据重点任务分工定期开展督查，确保各项任务务实有效推进。

（四）优化发展环境。大力发展残疾人慈善事业，引导社会各界参与支持残疾人事业发展。全市各级党政机关、事业单位要广泛动员干部职工积极参与助残慈善活动。鼓励以服务残疾人为宗旨的各类公益慈善组织发展。大力培育“筑梦善行”“雨露助残”等残疾人慈善项目品牌。充分利用报刊、广播、电视等媒体和互联网，开展形式多样的主题宣传、典型宣传和舆论引导。围绕残疾人事业重要政策、重要事件、重要活动和重大典型，推出一批有影响力的宣传报道。培育一批残疾人和扶残助残先进典型，鼓励广大残疾人自尊、自信、自强、自立，不断增强自我发展能力，积极参与和融入社会，与全市人民一道共创共享小康社会。

全市各级政府各部门要按照职责和重点任务分工抓紧细化相关配套政策措施。各区县（自治县）人民政府要结合实际制定具体实施办法。实施中的重大问题，各区县（自治县）人民政府、市政府有关部门和有关单位要及时向市政府报告。

附件：重点任务分工表

重庆市人民政府办公厅

2015年9月16日

重点任务分工表

序号	重点任务	责任部门
1	落实贫困残疾人生活补贴制度和重度残疾人护理补贴制度，随着我市经济社会发展，适时调整补贴标准。	市财政局、市残联
2	靠家庭供养的成年重度残疾人单独分户的，按规定纳入最低生活保障范围。	市民政局
3	加大对符合医疗救助条件低收入残疾人的医疗救助力度，对其重大疾病住院费用经医疗保险报销后，属于医疗保险政策范围内的自付费用，按不低于50%的比例予以优先救助，逐步提高救助标准和封顶线。精神障碍患者通过基本医疗保险支付医疗费用后仍有困难，或者不能通过基本医疗保险支付医疗费用的，应当优先给予医疗救助。	市民政局
4	完善残疾儿童筛查制度，对0~6岁儿童残疾初筛给予免费，建立贫困疑似残疾儿童诊断补贴制度。	市卫生计生委
5	落实城乡低保残疾人家庭生活自用水、电、气、电视等费用优惠。	各区县(自治县)人民政府、市政府有关部门、有关单位
6	落实贫困和重度残疾人参加城乡居民基本养老保险、城镇居民医疗保险、新型农村合作医疗个人缴费资助政策，有条件的区县(自治县)要扩大资助范围、提高资助标准，帮助城乡残疾人普遍按规定加入基本医疗保险和基本养老保险。对三、四级贫困残疾人参加城乡居民基本养老保险，可由政府按一定比例资助代缴最低档次的保险金。做好脑瘫、偏瘫肢体综合训练、运动疗法等治疗性康复项目医疗保险相关工作，逐步扩大基本医疗保险支付的医疗康复项目。	市人社局
7	将城镇低收入住房困难残疾人家庭纳入城镇基本住房保障制度，为符合住房保障条件的城镇残疾人家庭优先提供公共租赁住房或发放住房租赁补贴。	市国土房管局
8	到2020年完成农村贫困残疾人家庭存量危房改造任务。	市残联
9	制定超比例安排残疾人就业奖励办法。	市残联
10	全市各级党政机关、事业单位、国有企业应当带头招录(聘)和安置残疾人就业。	市人社局
11	坚持安全规范、稳妥实施的原则，依法有序探索残疾人驾驶符合国家标准的小型汽车在符合驾驶和运营安全要求的前提下，提供城乡社区与地铁站(客运枢纽站)及公交站点间的短距离运输服务的政策措施。	市交委、市公安局
12	把农村贫困残疾人作为重点扶持对象纳入精准扶贫工作机制和贫困监测体系，将农村贫困残疾人生活水平提高和数量减少纳入贫困区县(自治县)考核指标。建立帮扶机制。	市扶贫办、市残联
13	完善残疾儿童康复救助制度，实施0~6岁残疾儿童免费康复项目，有条件的区县(自治县)对进入康复机构接受训练的贫困残疾儿童家庭一次性给予补助，对基本型辅助器具配置给予补贴。	市残联

续表

序号	重点任务	责任部门
14	乡镇(街道)卫生服务机构残疾人康复站全覆盖,在符合条件的村(社区)建设残疾人康复室,一次性给予每个康复室适当补助。扶持标准定点康复机构发展。	市残联
15	加大残疾学生就学支持力度,扶持高中阶段残疾学生入学;完善残疾大学生入学和生活救助制度。探索贫困残疾人子女接受教育救助机制。	市教委
16	扩大"文体进社区"项目覆盖面。建成一批残疾人文化产业创业孵化基地。开展残疾人特殊艺术演出活动。建成一批残疾人特殊艺术培训基地;实施残疾人康复体育关爱家庭计划,建成一批残疾人运动员训练基地,普及一批适合残疾人的体育健身项目。	市文化委、市体育局
17	健全残疾人统计调查制度。统计部门要指导残联部门制定残疾人小康进程监测指标体系,每年对全市残疾人小康进程情况进行一次监测。	市残联、市统计局
18	市和区县(自治县)政府网站,按照网站建设无障碍标准,进行网站无障碍改造。探索推行智能化残疾人证。	市残联、各区县(自治县)人民政府
19	出台《重庆市无障碍环境建设和管理规定》。实施残疾人家庭无障碍改造。	市城乡建委、市残联
20	市政府将落实加快推进残疾人小康进程具体措施列为市级目标管理绩效考核内容。各区县(自治县)人民政府要将加快推进残疾人小康进程纳入重要议事日程,列为政府目标管理和绩效考核内容,主要负责人负总责,分管负责人具体负责。	市政府督查室、各区县(自治县)人民政府

重庆市人民政府办公厅
转发市残联等部门和单位关于加快推进残疾人
社会保障体系和服务体系建设实施意见的通知

渝办发〔2010〕389号

各区县(自治县)人民政府,市政府各部门,有关单位:

市残联、市教委、市民政局、市人社局、市卫生局、市委宣传部、市发改委、市科委、市司法局、市财政局、市城乡建委、市国土房管局、市交委、市经济信息委、市文化广电局、市扶贫办、市编办、市公安局、人行重庆营管部《关于加快推进残疾人社会保障体系和服务体系建设的实施意见》已经得到市政府同意,现转发给你们,请结合实际,认真贯彻执行。

二〇一〇年十二月三十一日

关于加快推进残疾人社会保障体系和服务体系建设的实施意见

为认真贯彻落实《国务院办公厅转发中国残联等部门和单位关于加快推进残疾人社会保障体系和服务体系建设指导意见的通知》(国办发〔2010〕19号)精神,加快推进残疾人社会保障体系和服务体系(以下简称“两个体系”)建设,缩小残疾人生活状况与社会平均水平的差距,实现残疾人事业与经济社会协调发展,结合我市实际,现提出以下实施意见。

一、深刻认识残疾人“两个体系”建设的重要意义,明确指导原则和目标任务

(一)重要意义。我市有169.4万残疾人,涉及620万家庭人口。重庆直辖以来,残疾人“两个体系”建设虽然取得了一定成绩,但还存在基础薄弱、体系不完备、覆盖面较窄、城乡区域差别较大、投入不足、服务设施和专业人才队伍匮乏等问题,残疾人基本生活、医疗、康复、教育、就业、社会参与等方面还存在许多困难,总体生活状况与社会平均水平还存在较大差距。推进残疾人“两个体系”建设,把残疾人最关心、最直接、最现实的利益实现好、维护好、发展好,是深入学习实践科学发展观、维护社会公平正义、保障和改善民生、促进经济社会协调发展的必然要求,是帮助残疾人改善基本生活条件、促进残疾人全面发展、实现残疾人共享改革发展成果的根本举措。全市各级各部门要充分认识残疾人“两个体系”建设的重要意义,切实增强责任感和紧迫感,把残疾人“两个体系”建设作为全面建设小康社会、构建和谐社会和促进城乡统筹发展的一项重要而紧迫的任务,纳入经济和社会发展全局,加大投入,加快推进,务求实效。

(二)指导原则。坚持以人为本,促进残疾人事业全面发展;坚持残疾人“两个体系”建设与经济社会发展水平相适应,保基本、广覆盖、多层次、可持续;坚持将残疾人“两个体系”纳入全市总体社会保障和公共服务体系,并予以优先发展;坚持政府主导与社会参与相结合,重点保障与特殊扶助相结合,一般性制度安排与专项制度安排相结合;坚持统筹兼顾,把解决当前突出问题与完善制度体系相结合;坚持资源共享,充分依靠现有公共服务体系和保障制度为残疾人服务;坚持城乡统筹,加大农村残疾人服务设施建设力度,促进城乡区域均衡发展;加强残疾人社会保障和服务政策理论研究,建立健全法律法规和基本制度,构建残疾人“两个体系”建设的长效机制。

(三)目标任务。到2015年,建立起残疾人“两个体系”基本框架,使残疾人基本生活、医疗、康复、教育、就业等基本需求得到制度性保障,残疾人生活状况进一步改善。到2020年,残疾人“两个体系”更加完备,保障水平和服务能力大幅度提高,残疾人都能得到基本公共服务,实现残疾人人人享有基本生活保障,人人享有基本医疗保障和康复服务,残疾儿童少年全面普及义务教育,残疾人文化教育水平明显提高,就业更加充分,参与社会更加广泛,普遍达到小康水平。

二、建立完善残疾人社会保障制度,大力提高残疾人社会保障水平

(一)加强残疾人社会救助。符合城乡“低保”条件的残疾人实现应保尽保,靠父母或兄弟姐妹供养的成年重度残疾人,按《重庆市城乡居民最低生活保障家庭收入核算办法(试行)》规定实行分户计算;对享受最低生活保障待遇后生活仍特别困难的残疾人家庭,实施重点救助,并逐步提高救助标准;对一户多残、老残一体以及一、二级重度残疾人,学龄前残疾儿童,在校残疾学生和托养服务机构里的残疾人等特殊困难家庭和低收入残疾人家庭,实行临时救助;对享受城乡居民最低生活保障的残疾人员,纳入分类重点救助,在其家庭享受城乡居民最低生活保障差额救助基础上,对其本人每人每月增加20元救助金;一、二级重度残疾人属城市居民最低生活保障对象的每人每月再增加35元救助金,属农村居民最低生活保障对象的每人每月再增加20元救助金,并逐步提高救助标准。对城乡流浪乞讨生活无着的残疾人,给予及时救助和妥善安置;将符合条件的城乡贫困残疾人纳入医疗救助范围,并逐步提高救助水平;对贫困残疾人实施白内障复明手术、精神病患者服药、小儿麻痹矫治手术等康复救助。

将住房困难的低收入残疾人家庭纳入城市住房保障和城乡住房救助制度。城市保障性住房、农村危房改造计划等安排符合条件的困难残疾人家庭。对符合城市廉租住房保障条件的残疾人家庭做到应保尽保,并安排实物配租廉租住房;符合公租房保障条件的残疾人可申请租住公租房。将农村贫困残疾人家庭优先纳入住房补助范围,整合资源加快实施农村贫困残疾人家庭危房改造项目。

全市各级人民政府要全面实施残疾学生免费义务教育。将民办特殊教育机构中接受义务教育的学生纳入免费义务教育体系之中。普通高校全日制本专科在校生中残疾人子女及家庭经济困难的残疾学生,中等职业学校一、二年级在校生中残疾学生,在特殊教育学校职业高中班就读的残疾学生要全部享受国家助学金;贫困残疾人接受高等职业教育,政府给予一定补助;残疾人接受中等职业教育实行免费,充分保障残疾学生接受教育的权利。

(二)落实残疾人社会保险补贴和各项待遇。对符合条件的贫困残疾人参加社会保险按规定给予政府补贴。鼓励督促城镇企业为残疾职工按规定参加基本养老、医疗、工伤、失业、生育保险。对残疾人参加城乡居民养老保险的,按《重庆市人民政府关于开展城乡居民社会养老保险试点工作的通知》(渝府发〔2009〕85号)有关规定给予补贴。对享受“低保”的残疾人,由政府按规定资助其参加城乡居民合作医疗保险。对各类企业招用符合条件的残疾就业困难人员,按有关规定给予社会保险补贴。支持符合条件的企业为残疾职工办理补充养老保险和补充医疗保险。逐步将符合规定的残疾人康复医疗项目纳入基本医疗保险支付范围,稳步提高待遇水平。符合医疗救助条件的重度残疾人每人每年给予不低于200元的定额门诊救助,其他残疾人用药目录内的门诊费用经城乡居民合作医疗保险或城镇职工医疗保险报销后,在救助限额内自付部分按不低于50%的比例给予救助;大病救助、医疗补助优先照顾残疾人;逐步增加工伤保险职业康复项目。

(三)进一步提高残疾人社会福利水平。逐步提高对低收入残疾人的生活救助水平;对残疾人适配基本型辅助器具、残疾人家居环境无障碍建设和改造、寄宿型托养、日间照料、护理、居家服务给予政府补贴,对享受“低保”的重度残疾人逐步实现免费适配。将所有符合条件的残疾人纳入供养范围,改善供养条件,提高供养水平。实施养育、康复、教育、就业、住房相配套的孤残儿童综合性福利政策;支持对0~6岁残疾儿童免费实施抢救性康复。加强精神病防治工作,改善精神病人福利机构基础设施条件。落实残疾人个人所得税减免政策。对无民事行为能力或者限制民事行为能力的残疾人实行财产信托等保护措施。

三、加快残疾人服务体系建设步伐,不断提高为残疾人服务的能力和水平

(一)完善社会化康复服务网络,逐步实现残疾人人人享有康复服务。完善以专业康复机构为骨干、社区为基础、家庭为依托,发挥医疗机构、城市社区卫生服务中心、村卫生室、特教机构、残疾人集中就业单位、残疾人福利机构等作用,形成社会化的残疾人康复服务体系,全面开展康复医疗、功能训练、辅助器具适配、心理辅导、康复转介、残疾预防、知识普及和咨询等康复服务。

加强市、区县(自治县)级专业康复机构的建设。在2015年前,市级要建成康复托养服务中心,有条件的区县(自治县)要建成康复托养服务中心,按照《康复机构建设规范》要求,主城区和区域性中心城市的专业康复机构要建设成为当地残疾人康复工作的示范窗口、技术资源中心和人才培养基地,其余区县(自治县)要负责开展残疾人需要的康复服务和社区康复指导。制定完善聋儿语训,脑瘫、智力残疾、孤独症儿童康复训练,辅助器具适配等方面的专业康复机构建设标准和康复技术标准,推进康复机构规范化建设,提高康复服务的针对性和有效性。大力开展社区康复,城市社区卫生服务中心、乡镇卫生院要根据康复服务需求设立康复室,开展康复训练、家庭病床、转诊随访、亲属培训和健康教育等服务。有条件的二级以上综合医院设立康复医学科室,开展康复治疗与训练、人员培训、技术指导、临床研究等工作;社区(村)卫生室(站)要有专(兼)职康复协调员,并配备康复设施设备。

(二)完善残疾人教育服务体系,不断提高残疾人受教育水平。贯彻落实《残疾人教育条例》,完善以特殊教育学校为骨干、随班就读和特教班为主体的残疾儿童少年义务教育体系;将随班就读工作纳入教师绩效工资考核内容,建立完善残疾儿童少年随班就读支持保障体系。以社区教育、送教上门等多种形式对重度肢体残疾、重度智力残疾、孤独症、脑瘫和多重残疾等儿童少年实施义务教育;有条件的地方可以举办专门招收重度残疾儿童少年的康复教育学校。依托各类残疾儿童康复机构、福利机构和学前教育机构开展学前残疾儿童早期干预、早期教育和康复,做好残疾儿童接受义务教育的转移衔接服务。依托各类教育培训、文化服务和残疾人集中就业机构,大力扫除青壮年残疾人文盲。

加快发展以职业教育为主的高级中等以上教育。要以重庆市特殊教育中心和重庆师范大学特殊教育学院为龙头,加强残疾人中等职业学校和高等特殊教育学院(专业)建设,拓宽专业设置,扩大招生规模,提高办学质量。鼓励特殊教育学校(院)、职业学校及其他教育培训机构开展多层次残疾人职业教育培训,建立残疾人职业培训补贴与培训质量、一次性就业率相衔接的机制。

合理配置特殊教育资源,加强特殊教育师资力量培训,提高教学质量,加快特殊教育信息化建设,根据残疾学生特点配备信息教育技术设备,开通远程教学网络,实现教育资源共享。加强特殊教育学校规划和建设,改善办学条件。充分发挥特殊教育学校在残疾儿童少年随班就读、社区教育、家长培训、选派巡回教师等工作中的作用。

(三)优化残疾人就业服务网络,促进残疾人稳定就业。贯彻《残疾人就业条例》和《重庆市按比例安排残疾人就业规定》,落实残疾人按比例就业、安置残疾人单位税收优惠、残疾人个体就业扶持、政府应优先采购集中使用残疾人的用人单位的产品或服务等残疾人就业促进和保护政策。对安置残疾人职工占职工总数的25%以上,残疾人职工不少于10人的社会福利企业减免城镇土地使用税。进一步完善残联审核、地税代征、财政代扣的残疾人就业保障金征收机制,扩大残疾人就业保障金使用范围,提高残疾人受益面;加强残疾人就业保障金的规范管理,市残疾人事业统筹金从渝中区、大渡口区、江北区、沙坪坝区、九龙坡区、南岸区、北碚区、渝北区、巴南区、北部新区残疾人就业保障金收入总额中按不低于20%的比例提取,用于促进残疾人事业区域间、城乡间平衡发展和重大项目的实施。坚持集中与分散相结合,鼓励兴办福利企业、盲人按摩机构、工(农)疗机构、辅助性工场等残疾人集中就业单位。对社会福利企业产业结构调整、技术创新、品牌创新过程中遇到的困难和问题,全市各级人民政府和有关部门应高度重视,同等条件下,在土地使用、物资保障、银行贷款、政府贴息等方面给予优先扶持。全市各级各部门制定的支持企业发展的其他各项政策,社会福利企业在同等条件下优先享受;社会福利企业用水执行城镇居民用水价格。积极扶持残疾人自主创业、兴办微型企业,完善资金扶持、税费减免、贷款贴息等保护政策措施,多渠道、多形式为残疾人就业创造条件,保障残疾人的就业权利。政府开发的公益性岗位要按一定比例安置符合条件的残疾人就业;用人单位招用残疾人职工,应当依法与其签订劳动合同或服务协议,提供适合其身体状况的劳动条件和劳动保护,在晋职、晋级、评定职称、报酬、社会保险、生活福利等方面不得歧视残疾人。

残疾人就业服务机构是公共就业服务机构的重要组成部分。加强市和区县(自治县)残疾人就业服务机构建设,配备必要的工作人员和设施设备,并将所需经费纳入本级财政预算,将其纳入公共就业服务体系统筹管理。残疾人就业服务机构在人力资源社会保障部门指导和委托下,综合管理残疾人劳动就业工作,为用人单位提供就业信息发布等支持性服务,为残疾人提供职业指导、职业介绍、职业适应评估、就业和失业登记等就业服务;开展盲人按摩管理指导和服务工作;引导和支持智力、精神和重度肢体残疾人辅助性就业。加强残疾人职业技能鉴定工作。开展统一服务对象、统一业务流程、统一机构标识、统一人员标准和统一服务准则的残疾人就业服务机构规范化建设。公共就业服务机构设立残疾人服务窗口和服务项目,免费为残疾人提供就业服务和就业援助。人力资源市场信息网络将残疾人就业信息纳入其中,实现资源共享。

（四）加强农村残疾人扶贫服务，促进残疾人脱贫。全市各级人民政府和有关部门要将农村贫困残疾人作为扶贫开发重点对象，统筹安排，同步实施，整合资源，优先扶持。金融机构要向残疾人提供方便可及的金融服务，农民专业合作社、农业农村各种社会化服务组织等要加强对残疾人的帮扶。加强扶贫基地建设，优化扶贫基地功能，强化脱贫辐射效应，扶持农村残疾人从事种植业、养殖业、手工业、家庭副业等多种形式的生产劳动，提供产前、产中、产后配套服务，帮助农村残疾人获得扶贫贴息贷款，保障农村残疾人充分享受各项惠农政策和社会保障政策，推动残疾人扶贫开发政策与各项社会保障政策的有效衔接。

（五）健全残疾人托养服务体系，大力发展居家助残服务。2015年前，市级要建成残疾人托养服务中心，各区县（自治县）至少要建成1个公办或民办公助的残疾人托养服务机构，并依托社区和社会民间机构建设日间照料站，基本建立以市级托养服务机构为示范、区县（自治县）托养服务机构为骨干、乡镇（街道）和社区日间照料服务为主体、居家安养服务为基础的残疾人托养服务体系，为精神、智力残疾人和其他各类重度残疾人提供生活照料、职业康复、辅助性就业和工疗、农疗、文化体育、心理疏导、娱乐等服务。坚持以政府投入为主，鼓励引导社会力量参与，采取政府主导、公建民营、民办公助、市场运作等形式，支持残疾人居家安养。做好残疾人托养服务工作，着力实施“阳光家园”计划，建立残疾人托养护理补贴制度。

（六）加快推进无障碍建设，方便残疾人生活。严格执行国家和行业无障碍建设标准，制定和完善重庆市无障碍相关规范和地方标准，加强无障碍设施建设和管理，提高无障碍设施建设质量。加快推进城市道路、公共建筑、居住建筑、居住区、公园绿地无障碍设施建设和改造。对特殊教育学校、福利机构、残疾人综合服务设施、铁路旅客车站、码头、城市交通设施、民用机场旅客航站区等要按照行业无障碍标准建设和管理。公共交通逐步完善无障碍设备。加大投入，有计划地对残疾人住宅进行无障碍改造。

推进信息和交流无障碍建设。有关部门要将信息交流无障碍纳入信息化建设规划，推进政府政务公众信息无障碍建设，公共服务机构采用盲文、手语、语音提示、文字提示、特殊通信设备等辅助技术和替代技术，为残疾人接收和传播信息，参与社会生活等提供无障碍服务。全市各级电视台要开办电视手语新闻节目，广播电台要开设残疾人专题节目，影视作品要加配字幕，图书和声像资源数字化建设要实现信息无障碍。

（七）发展残疾人文化体育服务，丰富残疾人精神文化生活。2012年前，建成市残疾人文化体育活动中心；2015年前，有条件的区县（自治县）力争建成残疾人文化体育活动中心，已建成的要对相关设施进行无障碍改造，为残疾人开展文化体育活动提供平台。定期举办市残疾人运动会、特奥会和残疾人艺术会演；积极选拔推荐优秀残疾人体育、文艺人才参加国际、国内各项比赛；特殊教育学校、残疾人专门协会、社区残疾人组织要积极开展残疾人群众性文化体育活动；文化信息资源共享、文化下乡等政府重点文化体育工程要有为残疾人服务的内容。加强全市各级残疾人文化艺术组织和团体建设，鼓励残疾人参与文化艺术创作。

市、区县（自治县）图书馆、博物馆、体育场馆、群众艺术馆、文化馆和乡镇综合文化站、社区文化中心(街道文化站)等公共文化体育设施免费向残疾人开放,并为残疾人参加文化体育活动提供便利。市、区县(自治县)公共图书馆要设立盲文和盲人有声读物阅览室,街道社区和乡镇村社要建立盲文和盲人有声读物角或残疾人书架。

(八)完善残疾人法律服务体系,维护残疾人合法权益。建立以各级司法行政部门、法律援助机构提供的法律服务和法律援助为主导,以有关部门、残联、社会力量等提供的法律救助为补充的残疾人法律救助体系。2011年前,各区县(自治县)要建立健全残疾人法律援助绿色通道,落实专人负责,优先为残疾人提供法律援助服务;乡镇(街道)要建立残疾人法律服务和法律援助工作岗,重点村、社区建立法律援助服务点。将《中华人民共和国残疾人保障法》《重庆市残疾人保障条例》等法律法规纳入全市普法规划,不断增强全社会维护残疾人权益的意识。进一步完善残疾人信访工作机制,畅通信访渠道,健全信访事项督查督办与突发群体性事件应急处置机制,妥善处理重大信访事件,切实保障残疾人的合法权益,把问题解决在基层。

加强残疾人事业信息专业机构和专业人才队伍建设,建立健全全市残疾人事业信息化工作组织体系。完善残疾人基础信息数据库建设,整合残疾人事业信息资源,实现与社会保障和公共服务管理信息平台数据交换和资源共享。加强残疾人社会保障和服务的统计工作,开展残疾人基本状况动态监测和调查。

(九)加强基层残疾人组织建设,为残疾人提供贴心服务。按照《基层残疾人组织规范化建设达标验收标准》,整体推进全市基层残疾人组织规范化建设。进一步加强和规范区县(自治县)、乡镇(街道)、社区(村)基层残疾人组织,选好配强残联干部,选聘优秀残疾人担任乡镇(街道)残疾人专职干事和社区(村)残疾人专职委员,深入开展调查摸底工作,建立残疾人需求与保障档案,做好残疾人需求分析和转介服务,促进各项社会保障和服务措施的落实,为残疾人提供"个性化"服务。

四、强化工作措施,建立完善残疾人"两个体系"建设的体制机制

(一)加强领导,落实责任。全市各级人民政府要把残疾人"两个体系"建设纳入本地国民经济和社会发展总体规划、相关专项规划和年度计划,各有关部门和单位要将残疾人"两个体系"建设列入职责范围和目标管理,各级残疾人工作委员会要加强统筹协调和监督检查,城乡基层组织要发挥在残疾人"两个体系"建设中的基础性作用,将残疾人社会保障和服务列入社区建设规划,抓好各项政策措施的落实,确保取得实效。区县(自治县)要突出重点,优先解决残疾人的基本生活、就学、就医等迫切需求;要加快发展,缩小残疾人社会保障和服务与社会平均水平的差距,有条件的区县(自治县)要率先实现残疾人社会保障和服务的制度化、专业化和标准化。要按照城乡统筹发展要求,完善农村残疾人保障制度和服务设施,加快推进城乡残疾人社会保障一体化和服务均等化。

(二)完善政策,整合资源。全市各级人民政府要建立稳定的经费保障机制,残疾人社会保障和公共服务等经费通过各级财政预算安排、社会捐助及个人与单位负担等多渠道筹集,其中财政投入随着国民经济发展和财政收入增长逐步增加;市和区县(自治县)福利彩票公益金本级留存部分应按10%的比例，专项划拨给残联，支持残疾人“两个体系”建设，并逐年有所增加。将残疾人康复、教育、就业、托养、文化体育、综合服务等专业服务设施建设纳入城乡公益性建设项目，在立项、规划和建设用地等方面优先安排，加大投入，重点扶持，并向三峡库区和农村地区倾斜。建立健全为残疾人提供基本公共服务的公益性服务机构。鼓励各类民间组织、企业、个人和社会资本参与发展残疾人服务业，在资金、场地、人才等方面予以扶持。加强残疾人福利基金会工作，大力发展残疾人慈善事业。加快残疾人康复、教育、就业、托养、文化体育、社会工作等专门人才培养，将其纳入国家教育和人才培养计划，鼓励高等学校开设相关课程。全市各级残联要加大对残疾人工作者业务能力的培训教育力度。按照国家有关规定落实对为残疾人服务的工作人员工资待遇倾斜政策，对残疾人工作岗位实行手语翻译特教津贴。

（三）突出重点，加强宣传。推进残疾人“两个体系”建设，要统筹兼顾、整体推进，突出重点、培育亮点，抓好典型、总结经验，分类指导、分步实施。要调动各种宣传资源，运用各种宣传方式，大力宣传党中央、国务院和市委、市政府对促进残疾人事业的高度重视，宣传加快推进残疾人“两个体系”建设的重要意义、政策措施、先进典型和新经验、新成效，营造良好的舆论氛围。大力弘扬人道主义思想和中华民族传统，培育良好的社会风尚。

（四）发挥残疾人组织作用。全市各级残联受政府委托，承办和管理残疾人康复、就业、职业教育、托养等服务项目，做好残疾评估、鉴定和制发第二代残疾人证工作，掌握残疾人社会保障和服务的基本情况和基础数据，积极向政府反映残疾人的特殊困难和需求，协助政府做好有关政策法规、规划的制定和行业管理工作。发挥残疾人专门协会的代表、服务、维权职能。

编后记

《重庆市志·残疾人事业志(1986—2015)》(以下简称《残疾人事业志》)是根据国务院《地方志工作条例》和市政府《关于认真做好第二届重庆市志编修工作的通知》精神进行编纂。旨在客观、全面记录在中共重庆市委、重庆市人民政府的领导下,1986—2015年重庆残疾人事业工作历程及取得的成就。

《残疾人事业志》编纂工作于2014年12月正式启动,市残联党组、执行理事会高度重视,2015年3月成立编纂委员会。2018年9月对编纂委员会进行调整。由党组书记、理事长担任编委会主任,市残联其他领导任副主任,各部室负责人及区县(自治县)残联理事长任编委会委员;成立编辑部,设于市残联办公室内,并明确各部室及区县(自治县)残联联络员。同时,制定《残疾人事业志》编纂工作计划,确定篇目提纲,编制工作流程,使《残疾人事业志》编纂工作进入有机构、有专人、有计划、有安排的常态化工作程序。

《残疾人事业志》的编纂,经历了六个阶段:第一阶段,篇目设计。《残疾人事业志》于2014年12月开始篇目设计,经过2015年2月、4月、7月3次邀请市志办专家、残联系统领导及相关部室评审、修改,并报送市志办审核通过,形成定稿。第二阶段,搜集资料。2015年12月,市残联印发《〈重庆市志·残疾人事业志(1986—2015)〉编纂方案的通知》进行资料搜集。2015年12月—2016年4月,编辑部工作人员参照篇目,在四川省档案馆、四川省残联、重庆市档案馆、市志办、市残联档案室、市残联各部室多次走访,查阅、借用、复印、拷贝大量的志书原始资料。第三阶段,资料整理。2016年2—5月,在资料搜集的同时,对资料进行分类、考证、补充、汇集等,形成近300万字的资料库。第四阶段,编写初稿。按照志稿的篇、章、节、目进行逻辑排列,并对资料进行筛选、排比、补缺、鉴别、考证、修饰、加工等,于2016年9月形成65万字的草稿。按照志书编写要求,再在草稿的基础上,进行鉴别考证、去伪存真,突出"删、削、并、改"的特点,做到观点一致、数据统一、格式规范。于2017年1月,形成55万字的《残疾人事业志》初稿。第五阶段,志稿初审。主要是对志稿进行初审评议、修改补充。2017年3月,《残疾人事业志》初稿分送编委会成员、初评审核小组成员等进行初评审核。并召开初审会议,编委会领导、市志办有关专家、初评审核小组成员等参加初审评议会。与会人员听取《残疾人事业志》编辑部工作情况汇报,对《残疾人事业志》进行认真负责的审议,认为本志书初审稿观点正确,内容全面,记述准确,资料丰富。同时,指出志稿在图片、概述、个别篇目设置、正文内容、大事记等方面需要修改和完善的地方,要求按照初审评议会提出的意见,进一步做好《残疾人事业志》稿修改。第六阶段，志稿的复审、终审验收。2018年8月，市残联将修改完善后的《残疾人事业志(复审稿)》报送市志办复审。市志办对《残疾人事业志》进行认真仔细的审查，并提出具体的修改意见。《残疾人事业志》编辑部根据修改意见再次进行修改。2019年4月，《残疾人事业志》进行终审验收。

《残疾人事业志》的编纂始终得到市志办、市残联党组的指导和帮助。市残联领导多次给予指导、审稿，做了大量工作。在编辑过程中，还得到市残联机关各部室及区县(自治县)残联的大力支持和具体帮助。谨此，对上述单位和个人表示诚挚的谢意！

由于编纂《残疾人事业志》工作工程浩繁，涉及面广，存在部分资料缺乏和编写人员能力水平有限的问题，虽经几多努力，反复修改，书中疏漏和错误仍然难免。不妥之处，敬请专家学者和广大读者不吝赐教。

《重庆市志·残疾人事业志(1986—2015)》编辑部

2019年12月